U0216136

吉林人民出版社

简体字本二十六史

北史

卷六二——卷一〇〇

（三）

［唐］ 李延寿 撰

陈 勇等 标点

北史卷六二
列传第五○

王罴　王思政　尉迟迥
王轨

　　王罴字熊罴,京兆霸城人,汉河南尹遵之后,世为州郡著姓。罴质直木强,处物平当,州闾敬惮之。魏太和中,除殿中将军,稍迁雍州别驾,清廉疾恶,励精公事。刺史崔亮有知人之鉴,见罴雅相钦挹。亮后转定州,启罴为长史。。执政者恐罴不称,不许。及梁人寇硖石,亮为都督南讨,复启罴为长史,带锐军。朝廷以亮频举罴,故当可用。及克硖石,罴功居多。先是南岐、东益氐羌反叛,乃拜罴冠军将军,镇梁州,讨平诸贼。还,授西河内史,辞不拜。时人谓曰:"西河大邦,奉禄优厚,何为致辞?"罴曰:"京洛材木,尽出西河,朝贵营第宅者,皆有求假。如其私办,则力所不堪,若科发人间,又违犯宪法。以此致辞耳。"

　　后以军功封定阳子,除荆州刺史。梁复遣曹义宗围荆州,堰水灌城,不没者数版。时既内外多虞,未遑救援,乃遗罴铁券,云城全当授本州刺史。城中粮尽,罴乃煮粥与将士均分食之。每出战,常不擐甲胄,大呼告天曰:"荆州城,孝文皇帝所置。天若不祐国家,使箭中王罴额;不尔,王罴须破贼。"屡经战阵,亦不被伤。弥历三年。义宗方退。进封霸城县公。元颢入洛,以罴为左军大都督。颢败,庄帝以罴受颢官,故不得本州,更除岐州刺史。

　　时南秦数叛,以罴行南秦州事。罴至州,召其魁帅为腹心,击捕反者略尽。乃谓魁帅等曰:"汝党皆死尽,何用活为!"乃以次斩之。自是南秦无复反者。又诏罴行秦州事。寻迁泾州刺史。未及部,属周文帝征兵为勤王之举,罴请前驱效命,遂为大都督,镇华州。

孝武西迁,进车骑大将军、仪同三司,别封万年县伯,乃除华州刺史。齐神武率军进潼关,人怀危惧,罴勤励将士,众心乃安。神武退,拜骠骑大将军,加侍中、开府。尝修州城未毕,梯在城外。神武遣韩轨、司马子如从河东宵济袭罴,罴不觉。比晓,轨众已乘梯入城。罴尚卧未起,闻阁外汹汹有声,便袒身露髻徒跣,持一白棒,大呼而出,谓曰:"老罴当道卧,貉子那得过!"敌见,惊退。逐至东门,左右稍集,合战破之。轨遂投城遁走。文帝闻而壮之。时关中大饥,征税人间谷食,以供军费。或隐匿者,令递相告,多被搒捶,以人有逃散。唯罴信著于人,莫有隐者,得粟不少诸州,而无怨言。沙苑之役,神武士马甚盛。文帝以华州冲要,遣使劳罴,令加守备。及神武至城下,谓罴曰:"何不早降?"罴乃大呼曰:"此城是王罴家,死生在此,欲死者来!"神武不敢攻。

后移镇河东,以前后功进爵扶风郡公。河桥之战,王师不利,赵青雀据长安城,所在莫有固志。罴乃大开州门,召城中战士谓曰:"如闻天子败绩,不知吉凶,诸人相惊,咸有异望。王罴受委于此,以死报恩。诸人若有异图,可来见杀。必恐城陷没者,亦任出城。如有忠诚,能与王罴同心,可共固守。"军人见其诚信,皆无异心。

及军还,征拜雍州刺史。时蠕蠕度河南寇,候骑已至豳州。朝廷虑其深入,乃征发士马,屯守京城,堑诸街巷,以备侵轶。右仆射周惠达召罴议之。罴不应命,卧而不起,谓其使曰:"若蠕蠕至渭北者,王罴率乡里自破之,不烦国家兵。何为天子城中,遂作如此惊动!由周家小儿恇怯致此。"罴轻侮权贵,守正不回,皆此类也。未几,还镇河东。

罴性俭率,不事边幅。尝有台使至,罴为设食,使乃裂去薄饼缘。罴曰:"耕种收获,其功已深,春䉛造成,用力不少,尔之选择,当是未饥。"命左右撤去之。使者愕然大惭。又客与罴食瓜,客削瓜皮,侵肉稍厚，罴意嫌之。及瓜皮落地，乃引手就地取而食之。客甚愧色。性又严急，尝有吏挟私陈事者，罴不暇命捶打，乃手自取靴履，持以击之。每至享会，自秤量酒肉，分给将士。时人尚其均平，嗤其鄙碎。罴举动率情，不为巧诈，凡所经处，虽无当时功迹，咸去乃见思。卒于官，赠太尉、都督、相冀等十州刺史，谥曰忠。

罴安于贫素，不营生业，后虽贵显，乡里旧宅，不改衡门，身死之日，家甚贫罄，当时伏其清洁。

子庆远，弱冠以功臣子拜直阁将军，先罴卒。孙述。

述字长述。少孤，为祖罴所养。聪敏有识度。年八岁，周文帝见而奇之曰：“王公有此孙，足为不朽。”解褐员外散骑侍郎，封长安县伯。罴薨，居丧过礼，有诏褒之。免丧，袭封扶风郡公。除中书舍人，修起居注，改封龙门郡公。周受禅，拜宾部下大夫。累迁广州刺史，甚有威惠。朝议嘉之，就拜大将军。后历襄、仁二州总管，并有能名。隋文帝为丞相，授信州总管，位上大将军。王谦作乱，遣使致书于长述。因执其使，上书，又陈取谦策。上大悦，前后赐金五百两，授行军总管，讨谦。以功进位柱国。开皇初，献平陈计，修营战舰，为上流之师。上善其能，频加赏劳。后数岁，以行军总管击南宁，未至而卒。上甚伤惜之。赠上柱国、冀州刺史，谥曰庄。

子谟嗣。谟弟轨，大业末郡守。少子文楷，起部郎。

王思政，太原祁人，汉司徒允之后也。自魏太尉凌诛后，冠冕遂绝。父祐，州主簿。

思政容貌魁梧，有筹策，解褐员外散骑侍郎。属万俟丑奴、宿勤明达等扰乱关右，北海王颢讨之，闻思政壮健，启与随军，所有谋议，并与参详。时孝武在藩，素闻其名，乃引为宾客，遇之甚厚。及登大位，委以心膂。预定策功，封祁县侯，为武卫将军。俄而齐神武潜有异图，帝以思政可任大事，拜使持节、中军大将军、大都督，总宿卫兵。思政乃言于帝曰：“洛阳四面受敌，非用武之地。关中有崤函之固，且士马精强。宇文夏州纠合同盟，愿立功效，若闻车驾西幸，必当奔走奉迎。藉天府之资，因已成之业，二年修复旧京，何虑不克。"帝深然之。及神武兵至河北，帝乃西迁。进爵太原郡公，拜光禄卿、并州刺史，加散骑常侍、大都督。

大统之后，思政虽被任委，自以非相府之旧，每不自安。周文帝曾在同州，与群公宴集，出锦罽及杂绫绢数千段，令诸将搏蒲取之。物尽，周文又解所服金带，令诸人遍掷，曰："先得卢者即与之。"群公掷将遍，莫有得者。次至思政，乃敛容跪而誓曰："王思政羁旅归朝，蒙宰相国士之遇，方愿尽心效命，上报知己。若此诚有实，令宰相赐知者，愿掷即为卢；若内怀不尽，神灵亦当明之，使不作也，便当杀身以谢所奉。"辞气慷慨，一座尽惊。即拔所佩刀，横于膝上，揽搏蒲，拊髀掷之。比周文止之，已掷为卢矣。徐乃拜而受带。自此朝寄更深。

及河桥之战，思政下马，用长矟左右横击，一击踣数人。时陷阵既深，从者死尽，思政被重创闷绝。会日暮，敌亦收军。思政久经军旅，每战唯著破衣弊甲，敌人疑非将帅，故得免。有帐下督雷五安于战处哭求思政，会已苏，遂相得。乃割衣裹创，扶思政上马，夜久方得还军。仍镇弘农，除侍中、东道行台。思政以玉壁地险要，请筑城。即自营度，移镇之。迁汾晋并三州诸军事、并州刺史、行台如故，仍镇玉壁。八年，东魏复来寇，卒不能克。以全城功，授骠骑大将军、开府仪同三司。

高仲密以北豫州来附，周文亲接援之，乃驿召思政，将镇成皋。未至而班师，复命思政镇弘农。思政入弘农，令开城门，解衣而卧，慰勉将士，示不足畏。数日后，东魏将刘丰生率数千骑至城下，惮之，不敢进，乃引军还。于是修城郭，起楼橹，营田农，积刍秣，凡可以守御者皆具焉。弘农之有备，自思政始也。

十二年，加特进，兼尚书左仆射、行台、都督、荆州刺史。境内卑湿，城堑多坏。思政乃命都督蔺小欢督工匠缮修之。掘得黄金三十斤，夜中密送。至旦，思政召佐史，以金示之曰："人臣不宜有私。"悉封金送上。周文嘉之，赐钱二十万。思政之去玉壁也，周文命举代人，思政乃进所部都督韦孝宽。其后东魏来寇，孝宽卒能全城，时论称其知人。

十三年，侯景叛东魏，请援乞师。当时未即应接。思政以为若不因机进取，后悔无及，即率荆州步骑万余，从鲁关向阳翟。周文闻思政已发，乃遣太尉李弼赴颍川。东魏将高岳等闻大兵至，收军而遁。思政入守颍川。景引兵向豫州，外称略地，乃密遣送款于梁。先是，周文遣帅都督贺兰愿德助景捍御，景既有异图，因厚愿德等，冀为己用。思政知景诡诈，乃密追愿德。思政分布诸军，据景七州十二镇。周文乃以所授景使持节、太傅、大将军，兼尚书令、河南大行台、河南诸军事，回授思政，思政并让不受。频使敦喻，唯受河南诸军事。

十四年，拜大将军。九月，东魏太尉高岳、行台慕容绍宗、仪同刘丰生等率步骑十万来攻颍川，杀伤甚众。岳又筑土山以临城中，飞梯火车，尽攻击之法。思政亦作火䂭，因迅风便投之土山。又射以火箭，烧其攻具。仍募勇士，缒而出战，据其两土山，置楼堞以助防守。齐文襄更益兵，堰洧水以灌城。时虽有怪兽，每冲坏其堰，然城被灌已久，多亦崩颓。岳悉众苦攻。思政身当矢石，与士卒同劳苦。岳乃更修堰，作铁龙杂兽，用厌水神。堰成，水大至。城中泉涌溢，悬釜而炊，粮力俱竭。慕容绍宗、刘丰生及其将慕容永珍意以为闲，共乘楼船以望城内，令善射人俯射城中。俄而大风暴起，船乃飘至城下。城上人以长钩牵船，弓弩乱发。绍宗穷急，透水而死。丰生浮向土山，复中矢而毙。禽永珍，并获船中器械。思政谓永珍曰："仆之破亡，在于晷漏。诚知杀卿无益，然人臣之节，守之以死。"乃流涕斩之。并收绍宗等尸，以礼埋瘗。

岳既失绍宗等，志气沮丧，不敢逼城。齐文襄闻之，乃率步骑十万来攻。思政知不济，率左右据土山，因仰天大哭，左右皆号恸。思政西向再拜，便欲自刭。先是，文襄告城中人曰："有能生致王大将军者，封侯重赏。若大将军身有损伤，亲近左右皆从大戮。"都督骆训固止之，不得引决。齐文襄遣其通直散骑常侍赵彦深，就土山遗以白羽扇而说之，牵手以下。引见文襄，辞气慷慨，涕泪交流，无挠屈之容。文襄以其忠于所事，起而礼之，接遇甚厚。其督将分禁诸州地牢，数年尽死。

思政初入颍川，士卒八千人。被围既久，城中无盐，肿死者十六七，及城陷之日，存者才三千人。虽外无救援，遂无叛者。思政常以勤王为务，不营赀产。尝被赐园地，思政出征后，家人种桑果杂树。及还，见而怒曰："匈奴未灭，去病辞家，况大贼未平，欲事产业，岂所谓忧公忘私邪！"命左右拔而弃之。故身陷之后，家无蓄积。及齐文宣受东魏禅，以思政为都官尚书、仪同三司。卒，赠以本官，加兖州刺史。

初，思政在荆州，自武关以南延袤一千五百里，置三十余城，并当冲要之地。凡所举荐，咸得其才。

子康，沈毅有度量，后为周文亲信。思政陷后，诏以因水城陷，非战之罪，增邑三千五百户，以康袭爵太原公，除骠骑大将军、侍中、开府仪同三司。康弟揆，先封中都县侯，增邑通前一千五百户，进爵为公。揆弟邳，封西安县侯。邳弟恭，忠诚县伯。恭弟幼，显亲县伯。康姊封齐郡君。康兄元逊亦陷于颍川，封其子景晋阳县侯。康抗表固让，不许。十六年，王师东讨，加康使持节、大都督，以思政所部兵皆配之。魏废帝二年，随尉迟迥征蜀，镇天水郡。寻赐姓拓王氏。为鄜州刺史。武成末，除匠师中大夫，转载师。保定二年，历安、襄二州总管，位柱国。入隋，终于汴州刺史。

尉迟迥字薄居罗，代人也。其先，魏之别号尉迟部，因而氏焉。父俟兜，性弘裕有鉴识，尚周文帝姊昌乐大长公主，生迥及纲。迥年七岁，纲年六岁，俟兜病且卒，呼二子，抚其首曰："汝等并有贵相，但恨吾不见耳，各勉之。"武成初，追赠柱国大将军、太傅、长乐郡公，谥曰定。

迥少聪敏，美容仪。及长，有大志，好施爱士。尚魏文帝女金明公主，拜驸马都尉，封西都侯。大统十一年，拜侍中、骠骑大将军、开府仪同三司,进爵魏安郡公。十五年,迁尚书左仆射,兼领军将军。迥通敏有干能,虽任兼文武,颇允时望,周文以此深委仗焉。十六年,拜大将军。

侯景之渡江也,梁元帝时镇江陵,请修邻好。其弟武陵王纪在蜀称帝,率众东下,将攻之。梁元帝大惧,移书请救。周文曰:“蜀可图矣!取蜀制梁,在兹一举。”乃与群公会议,诸将多有异同。唯迥以为纪既尽锐东下,蜀必空虚,王师临之,必有征无战。周文以为然,谓曰:“伐蜀之事,一以委汝。”于是令迥督开府元珍、乙弗亚、侯吕陵始、叱奴兴、綦连雄、宇文升等六军甲士取晋寿,开平林旧道。迥前军临剑阁,纪安州刺史乐广以州先降。纪梁州刺史杨乾运时镇潼水,先已遣诣阙,密送诚款,然恐其下不从,犹据潼水别营拒守。迥遣元珍、侯吕陵始等袭之,乾运还保潼川。珍等遂围之,乾运降。迥至潼川,大飨将士,度涪江,至青溪,登南原,勒兵讲武,修缮约束,阅器械,自开府以下赏金帛各有差。时夏中连雨,山路险峻,将士疲病者十二三,迥亲自劳问,加以汤药,引之而西。纪益州刺史萧㧑婴城自守,进军围之。初,纪至巴郡,遣前梁州刺史史欣景、幽州刺史赵拔扈等为㧑外援。迥分遣元珍、乙弗亚等击破之。拔扈等遁走,欣景遂降。㧑被围五旬,频战为迥所破。遣使乞降,许之。㧑乃与纪子宜都王圆肃率其文武诣军门请见,迥以礼接之。其吏人等各令复业,唯收僮隶及储积以赏将士。号令严肃,军无私焉。诏以迥为大都督、益潼等十二州诸军事、益州刺史。三年,加督六州,通前十八州诸军事。以平蜀功,封一子安固郡公。自剑阁以南得承制封拜及黜陟。迥乃明赏罚,布恩威,绥辑新邦,经略未附,人夷怀而归之。

性至孝,色养不怠,身虽在外,所得四时甘脆,必先荐奉,然后敢尝。大长公主年高多病,迥往在京师,每退朝参候起居,忧悴形于容色。大长公主每为之和颜进食,以宁迥心。周文知其至性,征迥入朝,以慰其母意。遣大鸿胪郊劳,仍赐迥衮冕之服。蜀人思之,为立碑颂德。六官初建,拜小宗伯。

　　周孝闵帝践阼，进位柱国大将军，以迥有平蜀功，同霍去病冠
军之义，改封宁蜀公。迁大司马。寻以本官镇陇右。武成元年，进
封蜀国公，邑万户，除秦州总管、秦渭等十四州诸军事、陇右大都
督。保定二年，拜大司马。及晋公护东伐，迥帅师攻洛阳。齐王宪
等军于芒山，齐众度河，诸军惊散。迥率麾下反行却敌，于是诸将遂
得全师而还。迁太保、太傅。建德初，拜太师，寻加上柱国。

　　宣帝即位，以迥为大右弼，转大前疑，出为相州总管。宣帝崩，
隋文帝辅政，以迥位望宿重，惧为异图，乃令迥子魏安郡公惇赍诏
书以会葬征迥。寻以郧国公韦孝宽代迥为总管。迥以隋文帝当权，
将图篡夺，遂谋举兵，留惇而不受代。隋文帝又令候正破六韩裒诣
迥喻旨，密与总管府长史晋昶等书，令为之备。迥闻之，杀昶，集文
武士庶等登城北楼而令之。于是众咸从命，莫不感激。乃自称大总
管，承制署官司。于时赵王招已入朝，留少子在国，迥又奉以号令。
迥弟子大将军、成平郡公勤时为青州总管，初得迥书表送之，寻亦
从迥。迥所管相、卫、黎、毛、洺、贝、赵、冀、瀛、沧，勤所统青、齐、胶、
光、莒诸州皆从之，众数十万。荥州刺史邵国公宇文胄、申州刺史李
惠、东楚州刺史费也利进国、东潼州刺史曹孝达各据州以应迥。徐
州总管司录席毗与前东平郡守毕义绪据兖州及徐州之兰陵郡，亦
以应迥。永桥镇将纥豆陵惠以城降迥。迥又北结高宝宁以通突厥。
南连陈人，许割江淮之地。

　　隋文帝于是征兵讨迥，即以韦孝宽为元帅，阴罗云监诸军，郕
国公梁士彦、乐安公元谐、化政公宇文忻、汉阳公宇文述、武乡公崔
弘度、清河公杨素、陇西公李询、延寿公于仲文等皆为行军总管。迥
遣所署大将军石逊攻建州，刺史宇文允以州降逊。迥又遣西道行台
韩长业攻陷潞州，执刺史赵威，署城人郭子胜为刺史。上仪同赫连
士猷攻晋州，即据小乡城。纥豆陵惠袭陷定州之钜鹿郡，遂围恒州。
上大将军宇文威攻汴州，上开府莒州刺史乌丸尼、开府尉迟俊率
胶、光、青、齐、莒、兖之众围沂州。大将军檀让攻陷曹、亳二州，屯兵
梁郡。大将军、东南道行台席毗众号八万，军于藩城，攻陷昌虑、下

邑、丰县。李惠自申州攻永州,焚之而还。宇文胄军于洛口。开府
梁子康攻怀州。

魏安公惇率众十万人入武德,军于沁东。孝宽等诸军隔水,相
持不进。隋文帝又遣高颎驰驿督战。惇布兵二十余里,麾军小却,
欲待孝宽军半度而击之。孝宽因其却,乃鸣鼓齐进,惇遂大败。孝
宽乘胜进至邺,迥与其子惇、祐等又悉其卒十三万,阵于城南。迥别
统万人,皆绿巾锦袄,号曰黄龙兵。勤率众五万自青州赴迥,以三千
骑先到。迥旧集军旅,虽老,犹被甲临阵。其麾下兵皆关中人,为之
力战。孝宽等军失利而却。邺中士女观者如堵。高颎与李询乃整
阵先犯观者,因其扰而乘之。迥众大败,遂入邺城。迥走保北城,孝
宽纵兵围之。李询、贺娄子干以其属先登。迥上楼,射杀数人,乃自
杀。勤、祐、惇等东走青州,未至,开府郭衍追及之,并为衍所获。隋
文帝以勤实有诚款,特释之。李惠先是自缚归罪,隋文帝复其官爵。

迥末年衰耄,惑于后妻王氏,而诸子多不睦。及起兵,以开府、
小御正崔达拏为长史,自余委任,亦多用齐人。达拏文士,无筹略,
举措多失纲纪,不能匡救。迥自起兵至于败,凡经六十八日焉。

子宽,大将军、长乐郡公,先迥卒。宽兄谊,开府、资中郡公。宽
弟顺,以迥平蜀功,授开府、安固郡公。后以女为宣帝皇后,拜上柱
国,封酂国公。顺弟惇,军正下大夫、魏安郡公。惇弟祐,西都郡公。
皆被诛,而谊等诸子以幼,并获全。

武德中,迥从孙库部员外郎耆福上表请改葬。朝议以迥忠于周
室,有诏许焉,仍赠绢百匹。迥弟纲。

纲字婆罗,少孤,与兄迥依托舅氏。周文帝西讨关陇,迥、纲与
母昌乐大长公主留于晋阳。后方入关。从周文征伐,常陪侍帷幄,
出入卧内。以军功封广宗县伯。纲骁果有膂力,善骑射,周文甚宠
之,委以心膂。河桥之战,周文马中流矢,因而惊奔。纲与李穆等左
右力战,众皆披靡,文帝方得乘马。大统十四年,进爵平昌郡公。废
帝二年,拜大将军,兼领军。及魏帝有异谋,言颇漏泄。周文以纲职
典禁旅,使密为之备。俄而废帝立齐王,仍以纲为中领军,总宿卫

事。

纲兄迥伐蜀，从周文送之于城西，见一走兔，周文命纲射之。誓曰："若获此兔，必当破蜀。"俄而纲获兔而返。周文喜曰："事平，当赏汝佳口。"及克蜀，赐纲侍婢二人。又尝从周文北狩云阳，见五鹿俱走，纲获其三。每从游宴，周文以珍异之物令诸功臣射而取之。纲所获辄多。

周孝闵帝践阼，纲以亲戚掌禁兵，除小司马。又与晋公护废帝。明帝即位，进位柱国大将军。武成元年，进封吴国公，邑万户，除泾州总管。历位少傅、大司空、陕州总管。晋公护东讨，乃配纲甲士，留镇京师。大军还，纲复归。天和二年，以纲政绩可纪，赐帛及钱谷等，增邑，以褒赏之。陈公纯等以皇后阿史那氏自突厥将入塞，诏征纲与大将军王杰率众迎卫于境首。三年，追论河桥功，封二子县公。四年，薨于京师。赠太保，谥曰武。

第二子安以嫡嗣。大象末，位柱国。入隋，历鸿胪卿、左卫大将军。安兄运。

运少强济，志在立功。魏大统十六年，以父勋封安喜县侯。周明帝立，以预定策勋，进爵周城县公。历位陇州刺史，再迁左武伯中大夫，寻加军司马。运既职兼文武，甚见委任。进爵广业郡公，转右司卫。时宣帝在东宫，亲狎谄佞，数有罪失。武帝于朝臣内选忠谅鲠正者以匡弼之，于是以运为右宫正。

建德三年，帝幸云阳宫，又令运以本官兼司武，与长孙览辅皇太子居守。俄而卫刺王直作乱，率其党袭肃章门。览惧，走行在所。运时偶在门中，直兵奄至，不暇命左右，乃手自合门。直党与运争门，斫伤运指，仅而得闭。直既不得入，乃纵火。运恐火尽，直党得进，乃取宫中材木及床等以益火，更以膏油灌之，火转炽。久之，直不得进，乃退。运率留守兵因其退以击之，直大败而走。是夜微运，宫中已不守矣。武帝嘉之，授大将军，赐以直田宅、妓乐、金帛、车马、什物等不可胜数。

四年，出为同州刺史，同州、蒲津、潼关等六防诸军事。帝将伐齐,召运参议,东夏底定,颇有力焉。五年,拜柱国,进爵卢国公。转司武上大夫,总宿卫军事。帝崩于云阳宫,秘未发丧,运总侍卫兵还京师。

宣帝即位,授上柱国。运之为宫正也,数进谏于帝。帝不纳,反疏忌之。时运又与王轨、宇文孝伯等皆为武帝亲待。轨屡言帝失于武帝,帝谓运预其事,愈更衔之。及轨被诛,运惧及于祸,寻而得出为秦州总管。至州,犹惧不免,遂以忧薨于州。赠大后丞、七州诸军事、秦州刺史,谥曰忠。子靖嗣。

运弟勤,大象末,青州总管,起兵应伯迥。

勤弟敬,尚明帝女河南公主,位仪同三司。

王轨,太原祁人也,小名沙门。汉司徒允之后,世为州郡冠族。累叶仕魏,赐姓乌丸氏。父光,少雄武,有将帅才略。频有战功,周文帝遇之甚厚。位至骠骑大将军、开府仪同三司、平原县公。

轨性质直,起家事辅城公。及武帝即位,累迁内史下大夫,遂处腹心之任。帝将诛晋公护,轨赞成其谋。建德初,转内史中大夫,加授开府仪同三司,又拜上开府仪同大将军,封上黄县公,军国之政,皆参预焉。从平并、邺,以功进位上大将军,进爵郯国公。

及陈将吴明彻入寇吕梁,徐州总管梁士彦频与战不利,乃退保州城。明彻遂堰清水以灌之,列船舰于城下,以图攻取。诏以轨为行军总管,率诸军赴救。轨潜于清水入淮口,多竖大木,以铁锁贯车轮,横截水流,以断其船路,方欲密决其堰以毙之。明彻知之,乃破堰遽退,冀乘决水以得入淮。比至清口,川流已阔,水势亦衰,船并碍于车轮,不复得过。轨因率兵围而毙之。唯有骑将萧摩诃以二十骑先走,得免。明彻及将士三万余人并器械辎重并就俘获。陈之锐卒,于是歼焉。进位柱国,仍拜徐州总管。轨性严重,善谋略,兼有吕梁之捷,威振敌境。陈人甚惮之。

宣帝之征吐谷浑也,武帝令轨与宇文孝伯并从,军中进趣,皆委轨等,宣帝仰成而已。时宫尹郑译、王端并得幸于宣帝。宣帝宫中颇有失德，译等皆预焉。军还，轨等言之于武帝。武帝大怒，乃挞宣帝，除译等名，仍加捶楚。宣帝因此大衔之。轨又尝与小内史贺若弼言及此事，且言皇太子必不克负荷。弼深以为然，劝轨陈之。轨后因侍坐，乃白武帝言："皇太子多凉德，恐了不陛下家事。愚臣暗短，不足以论是非。陛下恒以贺若弼有文武奇才，识度宏远，而弼比再对臣，深以此事为虑。"武帝召弼问之。弼曰："皇太子养德春宫，未闻有过。未审陛下何从得闻此言？"既退，轨诮弼曰："平生言论，无所不道，今者乃尔翻覆！"弼曰："此公之过也。皇子国之储副，岂易为言，事有差跌，便至灭门之祸。本谓公密陈臧否，何得遂至是言？"轨默然久之，乃曰："吾专心国家，遂不存私计。向者对众，良实非宜。"其后轨因内宴上寿，又捋武帝须曰："可爱好老公，但恨后嗣弱耳！"武帝深以为然。但汉王次长，又不才，此外诸子并幼，故不能用其说。及宣帝即位，追郑译等复为近侍。轨自知必及于祸，谓所亲曰："吾昔在先朝，实申社稷至计。今日之事，断可知矣。此州控带淮南，邻接强寇，欲为身计，易同反掌。但忠义之节，不可亏违。况荷先帝厚恩，每思以死自效，岂以获罪于嗣主，便欲背德于先帝？止可于此待死，义不为他计。冀千载之后，知吾此心。"

大象元年，帝使内史杜虔信就徐州杀轨。御正大大夫颜之仪切谏，帝不纳，遂诛之。轨立朝忠恕，兼有大功，忽以无罪被戮，天下知与不知皆伤惜。时京兆郡丞乐运亦以直言数谏于帝。

乐运字承业，南阳清阳人，晋尚书令广之八世孙。祖文素，齐南郡守。父均，梁义阳郡守。

运少好学，涉猎经史。年十五而江陵灭，随例迁长安。其亲属等多被籍没，运积年为人佣保，皆赎免之。事母及寡嫂甚谨，由是以孝闻。梁故都官郎琅邪王澄美之，次其行事为《孝义传》。性方直，未尝求媚于人。临淄公唐瑾荐之，自柱国府记室为露门学士。前后犯颜屡谏武帝，多被纳用。建德二年，除万年县丞。抑挫豪右，号称强直。武帝嘉之。特许通籍，事有不便于时者，令巨细奏闻。

武帝尝幸同州，召运赴行在所。既至，谓曰："卿言太子如何人?"运曰:"中人也。"时齐王宪以下并在帝侧,帝顾谓宪等曰:"百官佞我,皆云太子聪明睿智,唯运云中人,方验运之忠直耳。"于是因问运中人状。运对曰:"班固以齐桓公为中人,管仲相之则霸,竖貂辅之则乱。可与为善,亦可与为恶也。"帝曰:"我知之矣。"遂妙选宫官以匡弼之。乃超拜运京兆郡丞。太子闻之,意甚不悦。

及武帝崩,宣帝嗣位,葬讫,诏天下公除,帝及六宫,便议即吉。运上疏曰:"三年之丧,自天子达于庶人。先王制礼,安可诬之。礼天子七月而葬,以候天下毕至。今葬期既促,事讫便除,文轨之内,奔赴未尽;邻境远闻,使犹未至。若以丧服受吊,不可既吉更凶;如以玄冠对使,未知此出何礼。进退无据,愚臣窃所未安。"书奏,帝不纳。

自是德政不修,数行赦宥。运又上疏曰:

臣谨按《周官》曰:"国君之过市,刑人赦。"此谓市者交利之所,君子无故不游观焉,则施惠以悦之也。《尚书》曰:"眚灾肆赦。"此为过误为害,罪虽大,当缓赦之。谨寻经典,未有罪无轻重,溥天大赦之文。故管仲曰:"有赦者,奔马之委辔;不赦者,痤疽之砭石。"又曰:"惠者,人之仇雠;法者,人之父母。"吴汉遗言,犹云:"唯愿无赦。"王符著论,亦云:"赦者非明世之所宜有。"大尊岂可数施非常之惠,以肆奸宄之恶乎。

帝亦不纳,而昏暴滋甚。

运乃舆榇诣朝堂,陈帝八失:

一曰:内史御正,职在弼谐,皆须参议,共理天下。大尊比来小大之事,多独断之。尧、舜至圣,尚资辅弼,况大尊未为圣主,而可专恣己心?凡诸刑罚爵赏,爰及军国大事,请参诸宰辅,与众共之。

二曰:内作色荒,古人重诫。大尊初临四海,德惠未洽,先搜天下美女,用实后宫,又诏仪同以上女,不许辄嫁。贵贱同怨,声溢朝野。请姬媵非幸御者,放还本族。欲嫁之女,勿更禁之。

　　三曰：天子未明求衣，日旰忘食，犹恐万机不理，天下拥滞。大尊比来一入后宫，数日不出。所须闻奏，多附内竖。传言失实，是非可惧。事由宦者，亡国之征。请准高祖，居外听政。

　　四曰：变故易常，乃为政之大忌；淫刑酷罚，非致安之弘规，若罚无定刑，则天下皆惧；政无常法，则人无适从。岂有削严刑之诏未及半秅，便即遣改，更严前制？政令不定，乃至于此！今宿卫之官，有一夜不直者，罪至削除；因而逃亡者，遂便籍没。此则大逆之罪，与杖十同科。虽为法愈严，恐人情愈散。一人心散，尚或不可止，若天下皆散，将如之何？请遵轻典，并依大律，则亿兆之人，手足有所措矣。

　　五曰：高祖斫雕为朴，本欲传之万世。大尊朝夕趋庭，亲承圣旨。岂有崩未逾年，而处穷奢丽，成父之志，义岂然乎？请兴造之制，务从卑俭，雕文刻镂，一切勿营。

　　六曰：都下之人，徭赋稍重。必是军国之要，不敢惮劳。岂容朝夕征求，唯供鱼龙烂漫；士庶从役，祗为俳优角抵？纷纷不已，财力俱竭，业业相顾，无复聊生。凡无益之事，请并停罢。

　　七曰：近见有诏，上书字误者即科其罪。假有忠谠之人，欲陈时事，尺有所短，文字非工，不密失身，义无假手，脱有舛谬，便迫严科。婴径尺之鳞，其事非易；下不讳之诏，犹惧未来。更加刑戮，能无钳口？大尊纵不能采诽谤之言，无宜杜献替之路。请停此诏，则天下幸甚。

　　八曰：昔桑谷生朝，殷王因之获福；今玄象垂戒，此亦兴周之祥。大尊虽减膳撤县，未尽销谴之理。诚愿谘诹善道，修布德政，解兆庶之愠，引万方之罪。则天变可除，鼎业方固。大尊若不革兹八事，臣见周庙不血食矣。

帝大怒，将戮之。内史元岩谏，因而获免。翌日，帝颇感悟，召运谓之曰："朕昨夜思卿所奏，实是忠臣。先皇圣明，卿数有规谏；朕既昏暗，卿复能如此！"乃赐御食以赏之。朝之公卿，初见帝甚怒，莫不为运寒心。后见获赏，又皆相贺，以为幸免兽口。

内史郑译常以私事请托，运不知许，因此衔之。及隋文帝为丞相，译为长史，遂左迁运为广州滍阳令。开皇五年，转毛州高唐令。频历二县，并有声绩。运常愿处一谏官，从容讽议，而性讦直，为人所排抵，遂不被任用。乃发愤录夏、殷以来谏争事，集而部之，凡六百三十九条，合四十一卷，名曰《谏苑》。奏上之。隋文帝览而嘉焉。

论曰：王罴刚峭有余，弘雅未之闻也。情安俭率，志在公平。既而奋节危城，抗辞勍敌，梁人为之退舍，高氏不敢加兵。以此见称，信非虚矣。至述不隍门风，亦足称也。

王思政驱驰有事之秋，慷慨功名之际。及乎策名霸府，作镇颍川，设萦带之险，修守御之术，以一城之众，抗倾国之师，率疲弊之兵，当劲勇之卒，犹能亟摧大敌，屡建奇功。忠节冠于本朝，义声动于邻听。运穷事蹙，城陷身囚，壮志高风，亦足奋于百世矣。

尉迟迥地则舅甥，职惟台衮，沐恩累叶，荷睠一时，居形胜之地，受藩维之托，颠而不扶，忧责斯在。及主威云谢，鼎业将迁，九服移心，三灵改卜，遂能志存赴蹈，投袂称兵。忠君之勤未宣，违天之祸便及。校其心，翟义、葛诞之俦欤。纲、运积宣王室，勤劳出内。观其自致荣宠，岂唯恩泽而已乎。

夫士之成名，其途不一，盖有不待爵禄而贵，不因学艺而重者何？亦云忠孝而已。若乃竭力以奉其亲者，人子之行也；致身以事其君者，人臣之节也。斯固弥纶三极，囊括百代。当宣帝之在东朝，凶德方兆，王轨志惟无讳，极议于骨肉之间，竟遇淫刑，以至夷灭。若斯人者，人或以为其不忠，则天下莫之信也。观乐运之所以行己之节，其有古之遗直之风乎。

北史卷六三
列传第五一

周惠达　冯景　蒯缓

　　周惠达字怀文,章武文安人也。父信,历乐乡、平舒、成平三县令,皆以廉能称。惠达幼有节操,好读书,美容貌。魏齐王萧宝夤为瀛州刺史,召惠达及河间冯景同同在阁下,甚礼之。及宝夤还朝,惠达随入洛阳。宝夤西征,惠达复随入关。宝夤除雍州刺史,令惠达使洛阳。未还,而宝夤谋反闻于京师。有司以惠达是其行人,将执之。惠达乃私驰还。至潼关,遇大使杨侃。侃谓曰:"何为故入兽口?"惠达曰:"萧王必为左右所误,今往,庶其改图。"及至,宝夤反形已露,不可弥缝。遂用惠达为光禄勋、中书舍人。宝夤既败,唯惠达等数人从之。宝夤语惠达曰:"人生富贵,左右咸言尽节,及遭厄难,乃知岁寒也。"

　　贺拔岳为关中大行台,惠达为岳府属。岳为侯莫陈悦所害,惠达遁入汉阳之麦积崖。悦平,归于周文帝。文帝复以为府司马,便委任焉。周文帝为大将军、大行台,以惠达为行台尚书、大将军府司马,封文安县子。周文出镇华州,留惠达知后事。

　　时既承丧乱,庶事多阙。惠达营造戎仗,储积仓粮,简阅士马,以济军国之务,甚为朝廷所称。后拜中书令,进爵为公。大统四年,兼尚书右仆射。其年,周文与魏文帝东讨,令惠达辅魏太子居守,总留台事。及芒山失律,人情骇动。赵青雀据长安子城反,惠达奉太子出渭桥北以御之。军还,青雀等诛。拜吏部尚书。久之,复为右仆射。

自关右草创，礼乐缺然。惠达与礼官损益旧章，是以仪轨稍备。魏文帝因朝奏乐，愿谓惠达曰："此卿功也。"惠达虽居显职，性谦退，善下人，尽心勤公，爱拔良士，以此皆敬而附之。薨，子题嗣。隋开皇初，以惠达著绩前代，追封萧国公。

冯景字长明，河间武垣人也。父杰，为伏与令。

景少与周惠达友，俱以客从萧宝夤。宝夤后为尚书右仆射，引景领尚书都令史。正光中，宝夤为关西大知台，景又为行台都令史。及宝夤败还长安，或议归罪关下，或言留州立功。景曰："拥兵不还，此罪将大。"宝夤不从，遂反。及宝夤平，景方得还洛。朝廷闻景有谏言，故不罪之。

后事贺拔岳为行台郎。岳使景诣齐神武，察其行事。神武闻岳使至，甚有喜色，问曰："贺拔公讵忆吾邪？"即与景歃血，托岳为兄弟。景还，以状报岳。岳曰："此奸有余，而实不足。自古王臣无私盟者也，吾料之熟矣。"岳北合费也头，东引纥豆陵伊利，西总侯莫陈悦、河州刺史梁景睿及酋渠为盟誓，共会平凉，移军东下。惧有专任之嫌，使景启孝武帝。帝甚悦。又为岳大都督府从事中郎。

后侯莫陈悦平，周文使景于京师告捷。帝有西迁意，因问关中事势。景劝帝西迁。后以迎孝武功，封高阳县伯，除散骑常侍、行台尚书。大统初，诏行泾州事，卒于官。

苏绰字令绰，武功人，魏侍中则之九世孙也。累世二千石。父协，武功郡守。

绰少好学，博览群书，尤善算术。从兄让为汾州刺史，周帝饯于都门外。临别，谓曰："卿家子弟之中，谁可任用者？"让因荐绰。周文乃召为行台郎中。在官岁余，未见知。然诸曹疑事，皆询于绰而后定。所行公文，绰又为之条式。台中咸称其能。周文与仆射周惠达论事，惠达不能对，请出外议之。乃召绰，告以其事，绰即为量定。

惠达入呈,周文称善,谓曰:"谁与卿为此议者?"惠达以绰对,因称其有王佐才。周文曰:"吾亦闻之久矣。"寻除著作佐郎。

属周文与公卿往昆明池观渔,行至城西汉故仓地,顾问左右,莫有知者。或曰:"苏绰博物多通,请问之。"周文乃召绰问,具以状对。周文大悦,因问天地造化之始,历代兴亡之迹。绰既有口辩,应对如流。周文益嘉之,乃与绰并马徐行至池,竟不设网罟而还。遂留绰至夜,问以政道,卧而听之。绰于是指陈帝王之道,兼述申、韩之要。周文乃起,整衣危坐,不觉膝之前席。语遂达曙不厌。诘朝,谓周惠达曰:"苏绰真奇士,吾方任之以政。"即拜大行台左丞,参典机密。自是宠遇日隆。绰始制文案程式,朱出墨入,及计帐、户籍之法。

大统三年,齐神武三道入寇,诸将咸欲分兵御之,独绰意与周文同。遂并力拒窦泰,擒之于潼关。封美阳县伯。十一年,授大行台度支尚书,领著作,兼司农卿。

周文方欲革易时政,务弘强国富人之道,故绰得尽其智能,赞成其事。减官员,置二长,并置屯田以资军国。又为六条诏书,奏施行之。

其一,先修心,曰:

凡今之方伯守令,皆受命天朝,出临下国,论其尊贵,并古之诸侯也。是以前代帝王,每称共理天下者唯良宰守耳。明知百僚卿尹虽各有所司,然其理人之本,莫若守宰之量重也。凡理人之体,当先理己心,心者一身之主,百行之本。心不清静,则思虑妄生。思虑妄生,则见理不明。见理不明,则是非谬乱。是非既乱,则一身不能自理,安能理人也?是以理人之要,在于清心而已。夫所谓清心者,非不贪货财之谓,乃欲使心气清和,志意端静。心和志静,则邪僻之虑无因而作。邪僻不作,则凡所思念无不皆得至公之理。率至公之理以临其人,则彼下人孰不从化?是以称理人之本,先在理心。

其次又在理身。凡人君之身者,乃百姓之表,一国之的也。

表不正,不可求直影;的不明,不可责射中。今君身不能自理,而望理百姓,是犹曲表而求直影也;君行不能自修,而欲百姓修行者,是犹无的而责射中也。故为人君者,必心如清水,形如白玉,躬行仁义,躬行孝悌,躬行忠信,躬行礼让,躬行廉平,躬行俭约,然后继之以无倦,加之以明察。行此八者以训其人。是以其人畏而爱之,则而象之,不待家教日见而自兴行矣。

其二,敦教化,曰:

天地之性,唯人为贵。明其有中和之心,仁恕之行,异于木石,不同禽兽,故贵之耳。然性无常守,随化而迁。化于敦朴者则质直,化于浇伪者则浮薄。浮薄者则衰弊之风,质直者则淳和之俗。衰弊则祸乱交兴,淳和则天下自治。自古安危兴亡,无不皆由所化也。

然世道凋丧,已数百年。大乱滋甚,且二十载。人不见德,唯兵革是闻;上无教化,唯刑罚是用。而中兴始尔,大难未弭,加之以师旅,因之以饥馑,凡百草创,率多权宜。致使礼让弗兴,风俗未反。比年稍登稔,徭赋差轻,衣食不切,则教化可修矣。凡诸牧守令长,各宜洗心革意,上承朝旨,下宣教化者,贵能扇之以淳风,浸之以太和,被之以道德,示之以朴素。使百姓亹亹,日迁于善,邪伪之心,嗜欲之性,潜以消化,而不知其所以然,此之谓化也。然后教之以孝悌,使人慈爱;教之以仁顺,使人和睦;教之以礼义,使人敬让。慈爱则不遗其亲,和睦则无怨于人,敬让则不竞于物。三者既备,则王道成矣。此之谓教也。先王之所以移风易俗,还淳反素,垂拱而临天下以至于太平者,莫不由此。此之谓要道也。

其三,尽地利,曰:

人生天地之间,衣食为命,食不足则饥,衣不足则寒。饥寒切体,而欲使人兴行礼让者,此犹逆坂走丸,势不可得也。是以古之圣主知其若此,先足其衣食,然后教化随之。夫衣食所以足者,由于地利尽。地利所以尽者,由于劝课有方。主此教者,在乎牧守令长而已。人者冥也，智不自周，必待劝教然后得尽其力。诸州郡县，每至岁首，必戒敕部人，无问少长，但能操持农器者皆令就田，垦发以时，勿失其所。及布种既讫，嘉苗须理，麦秋在野，蚕停于室，若此之时，皆宜少长悉力，男女并功，若扬汤救火，寇盗之将至，然后可使农夫不失其业，蚕妇得就其功。若游手怠惰，早归晚出，好逸恶劳，不勤事业者，则正长牒名郡县，守令随事加罚，罪一劝百。此则明宰之教也。

夫百亩之田，必春耕之，夏种之，秋收之，然后冬食之。此三时者，农之要月也。若失其一时，则谷不可得而食。故先王之戒曰："一夫不耕，天下必有受其饥者；一妇不织，天下必有受其寒者。"若此三时，不务省事，而令人废农者，是则绝人之命，驱以就死然。单劣之户，及无牛之家，劝令有无相通，使得兼济。三农之隙，及阴雨之暇，又当教人种桑植果，艺其疏菜，修其围圃，畜育鸡豚，以备生生之资，以供养老之具。

夫为政不欲过碎，碎则人烦；劝课亦不容太简，简则人怠。善为政者，必消息时宜而适烦简之中。故《诗》曰："不刚不柔，布政优优，百禄是求。"如不能尔，则必陷于刑辟矣。

其四，擢贤良曰：

天生蒸黎，不能自化，故必立君以理之。人君不能独理，故必置臣以佐之。上自帝王，下及列国，置臣得贤则安，失贤则乱，此乃自然之理，百王不能易也。

今刺史县令，悉有僚吏，皆佐助之人也。刺史府官则命于天朝；其州吏以下，并牧守自置。自昔以来，州郡大夫，但取门资，多不择贤良；末曹小吏，唯试刀笔，并不问志行。夫门资者，乃先世之爵禄，无妨子孙之愚瞽；刀笔者，乃身外之末材，不废性行之浇伪。若门资之中而得贤良，是则策骐骥而取千里也；若门资之中而得愚瞽，是则土牛木马，形似而用非，不可以涉道也。若刀笔之中而得志行，是则金相玉质，内外俱美，实为人宝也；若刀笔之中而得浇伪，是则饰画朽木，悦目一时，不可以充榱橼之用也。今之选举者,当不限资荫,唯在得人。苟得其人,自可起厮养而为卿相,则伊尹、傅说是也,而况州郡之职乎?苟非其人,则丹朱、商均虽帝王之胤,不能守百里之封,而况于公卿之胄乎?由此而言,官人之道可见矣。

凡所求材艺者,为其可以理人。若有材艺而以正直为本者,必以材而为理也;若有材艺而以奸伪为本者,将因其官而乱也,何致化之可得乎?是故将求材艺,必先择志行,善者则举之,其志行不善则去之。

而今择人者,多云邦国无贤,莫知所举。此乃未之思也,非适理之论。所以然者,古人有言:明主聿兴,不降佐于昊天;大人基命,不擢才于后土。常引一世之人,理一世之务。故殷、周不待稷、契之臣,魏晋无假萧、曹之佐。仲尼曰:"十室之邑,必有忠信如丘者焉。"岂有万家之都,而云无士?但求之不勤,择之不审,或授之不得其年,任之不尽其材,故云无耳。古人云:"千人之秀曰英,万人之英曰俊。"今之智效一官,行闻一邦者,岂非近英俊之士也?但能勤而审之,去虚取实,各得州郡之最而用之,则人无多少,皆足化矣。孰云无贤!

夫良玉未剖,与瓦石相类;名骥未驰,与驽马相杂。及其剖而莹之,驰而试之,玉石驽骥,然后始分。彼贤士之未用也,混于凡品,竟何以异。要任之以事业,责之以成务,方与彼庸流较然不同。昔吕望之屠钓,百里奚之饭牛,宁生之扣角,管夷吾之三败,当此之时,悠悠之徒,岂谓其贤?及升王朝,登霸国,积数十年,功成事立,始识其奇士也。于是后世称之,不容于口。彼瑰玮之材,不世之杰,尚不能以未遇之时,自异于凡品,况降此者哉!若必待太公而后用,是千载无太公;必待夷吾而后任,是百世无夷吾。所以然者,士必从微而至著,功必积小以至大,岂有未任而已成,不用而光达也?若识此理,则贤可求,士可择。得贤而任之,得士而使之,则天下之理,何向而不可成也?

然善官人者,必先省其官。官省,则善人易充。善人易充,则事无不理。官烦，则必杂不善之人。杂不善之人，则政必有得失。故语曰："官省则事省，事省则人清；官烦则事烦，事烦则人浊。"清浊之由，在于官之烦省。案今吏员，其数不少。昔人殷事广，尚能克济，况今户口减耗？依员而置，犹以为少。如闻在下州郡，尚有兼假，扰乱细人，甚为无理。诸如此辈，悉宜罢黜，无得习常。

非直州郡之官，宜须善人，爰至党族闾里正长之职，皆当审择，各得一乡之选，以相监统。夫正长者，理人之基。基不倾者上必安。

凡求贤之路，自非一途。然所以得之审者，必由任而试之，考而察之。起于居家，至于乡党，访其所以，观其所由，则人道明矣，贤与不肖别矣。率此以求，则庶无忿悔矣。

其五，恤狱讼，曰：

人受阴阳之气以生，有情有性。性则为善，情则为恶。善恶既分，赏罚随焉。赏罚得中，则恶止而善劝；赏罚不中，则人无所措手足，则怨叛之心生。是以先王重之，特加戒慎者，欲使察狱之官，精心悉意，推究根源。先之以五听，参之以证验，妙睹情状，穷鉴隐伏，使奸无所容，罪人得。然后随事加刑，轻重皆当，舍过矜愚，得情勿喜。又能消息情理，斟酌礼律，无不曲尽人心，而远明大教，使获罪者如归。此则善之上者也。然宰守非一，不可人人皆有通识，推理求情，时或难尽。唯当率至公之心，去阿枉之志，务求曲下，念尽平当。听察之理，必穷所见，然后考讯以法，不苛不暴，有疑则从轻，未审不妄罚，随事断理，狱无停滞。此亦其次。若乃不仁恕而肆其残暴，同人木石，专用捶楚。巧诈者，虽事彰而获免；辞弱者，乃无罪而被罚。有如此者，斯则下矣，非共理所寄。今之宰守，当勤于中科，而慕其上善。如在下条，则刑所不赦。

又当深思远大，念存德教。先王之制曰：与杀无辜，宁赦有罪；与其害善，宁其利淫。明必不得中，宁滥舍有罪，不谬害善人也。今之从政者则不然，深文巧劾，宁致善人于法，不免有罪于刑。所以然者，非皆好杀人也，但云为吏宁酷，可免后患。此则情存自便，不念至公，奉法如此，皆奸人也。夫人者，天地之贵物，一死不可复生。然楚毒之下，以痛自诬，不被申理，遂陷刑戮者，将恐往往而有。是以自古已来，设五听三宥之法，著明慎庶狱之典，此皆爱人甚也。凡伐木杀草，田猎不顺，尚违时令而亏帝道；况刑罚不中，泛害善人，宁不伤天心，犯和气！和气损而欲阴阳调适，四时顺序，万物阜安，苍生悦乐者，不可得也。故语曰，一夫吁嗟，王道为之倾覆，正谓此也。凡百宰守，可无慎乎！

若深奸巨猾，伤化败俗，悖乱人伦，不忠不孝，故为背道，杀一利百，以清王化，重刑可也。识此二途，则刑政尽矣。

其六，均赋役，曰：

圣人之大宝曰位。何以守位，曰仁。何以聚人，曰财。明先王必以财聚人，以仁守位。国而无财，位不可守。是故三五以来，皆有征税之法。虽轻重不同，而济用一也。今寇逆未平，军国费广，虽未遑减省，以恤人瘼，然宜令平均，使下无怨。平均者，不舍豪强而征贫弱，不纵奸巧而困愚拙，此之谓均也。故圣人曰："盖均无贫。"

然财货之生，其均不易。纺纴织绩，起于有渐，非旬日之间，所可造次。必须劝课，使预营理。绢乡先事织纴，麻土早修纺绩。先时而备，至时而输，故王赋获供，下人无困。如其不预劝戒，临时迫切，复恐稽缓，以为己过，捶扑交至，取办目前。富商大贾，缘兹射利，有者从之贵买，无者与之举息。输税之人，于是弊矣。

租税之时，虽有大式，至于斟酌贫富，差次先后，皆事起于正长，而系之于守令。若斟酌得所，则政和而人悦；若检理无方，则吏奸而人怨。又差发徭役，多不存意，致令贫弱者或重徭而远戍，富强者或轻使而近防。守令用怀如此，不存恤人之心，皆王政之罪人也。

周文甚重之，常置诸坐右。又令百司习诵之，其牧守令长非通六条及计帐者，不得居官。

自有晋之季，文章竞为浮华，遂以成俗。周文欲革其弊，因魏帝祭庙，群臣毕至，乃命绰为《大诰》，奏行之。其词曰：

惟中兴十有一年仲夏，庶邦百辟，咸会于王庭。柱国泰泊群公列将罔不来朝。时乃大稽百宪，敷于庶邦，用绥我王度。皇帝若曰：“昔尧命羲和，允厘百工。舜命九官，庶绩咸熙。武丁命说，克号高宗。时休哉，朕其钦若。格尔有位，胥暨我太祖之庭，朕将丕命女以厥官。”

六月丁巳，皇帝朝格于太庙，凡厥具僚，罔不在位。

皇帝若曰：“咨我元辅、群公、列将、百辟、卿士、庶尹、卿事，朕惟贲敷祖宗之灵命，稽于先王之典训，以大诰乎尔在位。昔我太祖神皇，肇膺明命，以创我皇基，烈祖、景宗，廓开四表，底定武功。暨乎文租，诞敷文德。袭惟孝武，不贾其旧。自时厥后，陵夷之弊，用兴大难于彼东土，则我黎庶，咸坠涂炭。惟台一人，缵戎下武，夙夜祗畏，若涉大川，罔识攸济。是用稽于帝典，揆于王度，拯我人瘼。惟彼哲王，示我通训，曰天生黎蒸，罔克自乂，上帝降鉴睿圣，植元后以乂之。时惟元后弗克独乂，博求明德，命百辟群吏以佐之。肆天之命辟，辟之命官，惟以恤人，弗惟逸豫。辟惟元首，庶黎惟趾，股肱惟弼。上下一体，各勤攸司，兹用克臻于皇极。故皇其彝训曰：‘后克艰厥后，臣克艰厥臣，政乃乂。’嗟！后弗艰厥后，臣弗艰厥臣，政于何弗绎？呜呼艰哉！凡尔在位，其敬听命。”

皇帝若曰：“柱国，惟四海之不造，载繇二纪。我太祖、烈祖之命，用锡我以元辅。国家将坠，公惟栋梁。皇之弗极，公惟作相。百揆愆度，公惟大录。公其允文允武，克明克乂，迪七德，敷九功，尪暴除乱，下绥我苍生，傍施于九正，若伊之在商，周之有吕，说之相丁，用保我无疆之祚。”

皇帝若曰:"群公、太宰、太尉、司徒、司空。惟公作朕鼎足,以弼乎朕躬。宰惟天官,克谐六职。尉惟司武,武在止戈。徒惟司众,敬敷五教。空惟司土,利用厚生。惟时三事,若三阶之在天;惟兹四辅,若四时之成岁。天工人其代诸。"

皇帝若曰:"列将,汝惟鹰扬,作朕爪牙。寇贼奸宄,蛮夷猾夏,汝徂征。绥之以惠,董之以威,刑期无刑,万邦咸宁。俾八表之内,莫违朕命,时汝功。"

皇帝若曰:"庶邦列辟,汝惟守土,作人父母。人惟不胜其饥,故先王重农;不胜其寒,故先王贵女工。人之不率于孝慈,则骨肉之恩薄;弗惇于礼让,则争夺之萌生。惟兹六物,实为教本。呜呼!为上在宽,宽则人怠,齐之以礼,不刚不柔,稽极于道。"

皇帝若曰:"卿士、庶尹、凡百御事,王省惟岁,卿士惟月,庶尹惟日,卿事惟时。岁月日时,罔易其度,百宪咸贞,庶绩其凝。呜呼!惟若王官,陶均万国,若天之有斗,斟元气,酌阴阳,弗失其和,苍生永赖;悖其序,万物以伤。时惟艰哉!"

皇帝若曰:"惟天地之道,一阴一阳;礼俗之变,一文一质。爰自三五,以迄于兹,匪惟相革,惟其救弊;匪惟相袭,惟其可久。惟我有魏,承乎周之末流,接秦、汉遗弊,袭魏、晋之华诞,五代浇风,因而未革,将以穆俗兴化,庸可暨乎!嗟我公辅、庶僚、列辟,朕惟否德,其一朕心力,祗慎厥艰,克遵前王之丕显休烈,弗敢怠荒。咨尔在位,亦叶于朕心,惇德允元,惟厥艰是务。克捐厥华,即厥实,背厥伪,崇厥诚。勿怠勿忘,一乎三代之彝典,归于道德仁义,用保我祖宗之丕命。荷天之休,克绥我万方,永康我黎庶。戒之哉,朕言不再。"

柱国泰洎庶僚百辟拜手稽首曰:"'亶聪明,作元后,元后作人父母。'惟三五之王,率繇此道,用臻于刑措。自时厥后,历千载未闻。惟帝念功,将反叔世,遄致于雍熙,庸锡降丕命于我群臣。博哉王言,非言之难,行之实难。臣闻'靡不有初',鲜克有终。《商书》曰：'终始惟一，德乃日新。'惟帝敬厥始，慎厥终，以跻日新之德，则我群臣，敢不夙夜对扬休哉！惟兹大谊，未光于四表，以迈种德，俾九域幽遐，咸昭奉元后之明训，率迁于道，永膺无疆之休。"

帝曰："钦哉。"

自是之后，文笔皆依此体。

绰性俭素，不事产业，家无余财。以海内未平，常以天下为己任。博求贤俊，共弘政道，凡所荐达皆至大官。周文亦推心委任，而无间言焉。或出游，常预署空纸以授绰，若须有处分，则随事施行。及还，启知而已。绰常谓为国之道，当爱人如慈父，训人如严师。每与公卿议论，自昼达夜，事无巨细，皆指诸掌。积思劳倦，遂成气疾。十二年，卒于位，时年四十九。

周文痛惜之，哀动左右。及将葬，乃谓公卿等曰："苏尚书平生谦退，敦尚俭约。吾欲全其素志，便恐悠悠之徒，有所未达；如其厚加赠谥，又乖宿昔相知之道。进退惟谷，孤有疑焉。"尚书令史麻瑶越次而进曰："昔晏子，齐之贤大夫，一狐裘三十年。及其死也，遣车一乘。齐侯不夺其志。绰既操履清白，谦挹自居，愚谓宜从俭约，以彰其美。"周文称善，因荐瑶于朝廷。及绰归葬武功，唯载以布车一乘。周文与群公，皆步送出同州郭外。周文亲于车后酹酒而言曰："尚书平生为事，妻子兄弟不知者，吾皆知之。惟尔知吾心，吾知尔意。方欲共定天下，不幸遂舍吾去，奈何！"因举声恸哭，不觉主卮坠于手。至葬日，又遣使祭以太牢，周文自为其文。

绰又著《佛性论》、《七经论》，并行于世。周明帝二年，以绰配享文帝庙廷。子威嗣。

威字无畏。少有至性，五岁丧父，哀毁有若成人。周文帝时，袭爵美阳县公，仕郡功曹。大冢宰宇文护见而礼之，以其女新兴公主妻焉。威见护专权，恐祸及己，逃入山。为叔父所逼，卒不获免。然每居山寺，以讽读为娱。未几，授持节、车骑大将军、仪同三司，改封怀道县公。武帝亲总万机，拜稍伯下大夫。前后所授，并辞疾不拜。

有从父妹适河南元世雄。世雄先与突厥有隙,突厥入朝,请世雄及其妻子,将甘心焉。周遂遣之。威以夷人昧利,遂标卖田宅,罄资产赎世雄。论者义之。宣帝嗣位,就拜开府。

隋文帝为丞相,高颎屡言其贤,亦素重其名,召入卧内,与语大悦。居月余,威闻禅代之议,遁归田里。高颎请追之。帝曰:"此不欲预吾事,且置之。"及受禅,征拜太子少保,追赠其父邳国公,以威袭焉。俄兼纳言,威上表陈让,优诏不许。

帝尝与文献皇后对饎,召威及高颎、杨素、广平王雄四人,谓曰:"太史言朕祚运尽于三年,朕忧懑,故举此酒耳。今欲营南山险处,与公等固之,以观时变,将如何?"威进曰:"周文修德,旋地动之灾;宋景一言,退法星三舍。愿陛下恢崇德度,享天之休。若弃德恃险,周舟之人,谁非敌国!纵南山之阻,安足固哉?"帝善其言,属之以酒。

初,威父绰在魏,以国用不足,为征税法,颇称为重。既而叹曰:"所为者正如张弓,非平世法也。后之君子,谁能弛乎?"威闻其言每以为己任。至是,奏减赋役,务从轻典,帝悉从之。渐见亲重,与高颎参掌朝政。威见宫中以银为幔钩,因盛陈节俭之美,谕帝。帝为改容,雕饰旧物,悉命除毁。帝尝怒一人,将杀之。威入阁进谏,不纳。帝怒甚,将自出斩之。威当前不去,帝避之而出。威又遮止帝,帝拂衣入。良久,乃召威谢曰:"公能若是,吾无忧矣。"于是赐马二匹、钱十余万。岁余,寻复兼大理卿、京兆尹、御史大夫,本官悉如故。持书侍御史梁毗劾威兼领五职,安繁恋剧,无举贤自代心。帝曰:"苏威朝夕孜孜,志存远大,举贤有阙,何遽迫之。"顾谓威曰:"用之则行,舍之则藏,唯我与尔有是夫!因为朝臣曰:"苏威不遇我,无以措其言;我不得苏威,何以行其道?杨素才辩无双,至若斟酌古今,助我宣化,非威匹也。苏威若逢乱世,商山四皓,岂易屈哉!"其见重如此。

未几,拜刑部尚书,解少保、御史大夫官。后京兆尹废,检校雍州别驾。时高颎与威同心,协赞政刑,大小无不筹之,故革运数年,天下称平。俄转户部尚书,纳言如故。属山东诸州人饥,帝令威振恤之。迁吏部尚书,兼领国子祭酒。隋承战争之后,宪章舛驳。帝令朝臣厘改旧法,为一代通典,律令格式多威所定。世以为能。九年,拜尚书右仆射。其年,以母忧去职,柴毁骨立。敕勉谕殷勤,未几,起令视事。固辞,优诏不许。明年,帝幸并州,命与高颎同总留事。俄追诣行在所,使决人讼。

寻令持节巡抚江南,得以便宜从事。过会稽,逾五岭而还。江表自晋已来,刑法疏缓,代族贵贱,不相陵越。平陈之后,牧人者尽改变之,无长幼悉使诵五教。威加以烦鄙之辞,百姓嗟怨。使还,奏言江表依内州责户籍。上以江表初平,召户部尚书张婴,责以政急。时江南州县又讹言欲徙之入关,远近惊骇。饶州吴世华起兵为乱,生脔县令,啖其肉。于是旧陈率土皆反,执长史,抽其肠而杀之,曰:"更使侬诵五教邪!"寻诏内史令杨素讨平之。时突厥都蓝可汗屡为患,复令威至可汗所。

威子夔以公子盛名,引致宾客,四海士大夫多归之。时议乐,夔与国子博士何妥各有所持。于是夔、妥各为一议,使百僚署其所同。朝廷多附威,同夔者十八九。妥恚曰:"吾席间函丈四十余年,反为昨暮儿之所屈也!"遂奏威与礼部尚书卢恺、吏部侍郎薛道衡、尚书右丞王弘、考功侍郎李同和等为朋党,省中呼王弘为世子,李同和为叔,言二人如威子弟。复言威以曲道任其从父弟彻、肃等闷冒为官。又国子学请黎阳人王孝逸为书学博士,威属卢恺,以为其府参军。上令蜀王秀、上柱国卢庆则等杂按之,事皆验。帝以《宋书·谢晦传》中朋党事令威读之。威惧,免冠顿首。帝曰:"谢已晚矣!"于是免威官爵,以开府就第。知名之士,坐威得罪者百余人。未几,帝曰:"苏威德行者,但为人误耳。"命之通籍。

岁余,复爵邳公,拜纳言。从祠太山,坐不敬免。俄而复位。帝谓群臣曰:"世人言苏威诈清,家累金玉,此妄言也。然其性狠戾,不切世要,求名太甚,从己则悦,违之必怒,此其大病耳。"仁寿初,复拜尚书右仆射。帝幸仁寿宫,以威总留事。及帝还,御史奏威职事多不理。帝怒,诘责威。威谢,帝亦止。

炀帝嗣位,上将大起长城之役,威谏止之。高颎、贺若弼之诛也,威坐相连免官。岁余,拜鲁郡太守,修羽仪。召拜太常卿。从征吐谷浑,进拜右光禄大夫。岁余,复为纳言,与左翊卫大将军宇文述、黄门侍郎裴矩、御史大夫裴蕴、内史侍郎虞世基参掌朝政,时人称为五贵。及征辽东,以本官领右武卫大将军,进位光禄大夫,赐爵房陵侯,寻进封房公。以年老乞骸骨,不许。复以本官参掌选事。明年,从征辽东,领右御卫大将军。

杨玄感之反,帝引威于帐中,惧见于色,谓曰:"此小儿聪明,得不为忠邪?"威曰:"粗疏非聪明者,必无虑,但恐浸成乱阶耳。"威见劳役不已,百姓思乱,以此微欲讽帝。帝竟不悟。

从还,至涿郡,诏威安抚关中,以其孙尚辇直长偡副。威子鸿胪少卿巙先为关中简黜大使。一家三人,俱使关右,三辅荣之。岁余,帝手诏曰:"玉以洁润,丹紫莫能渝其质;松表岁寒,霜雪莫能凋其采。可谓温仁劲直,性之然乎。房公威,先后旧臣,朝之宿齿,栋梁社稷,弼谐朕躬,守文奉法,卑身率礼。昔汉之三杰,辅惠帝者萧何;周之十乱,佐成王者邵奭。国之宝器,其在得贤。参蠻台阶,具胆斯允。虽事藉论道,终期献替,铨衡时务,朝寄为重。可开府仪同三司,余并如故。"威当时尊重,朝臣莫与为比。

后从幸雁门。帝为突厥所围,朝廷危惧。帝欲轻骑溃围而出。威谏曰:"城守则我有余力,轻骑则彼之所长。陛下万乘主,何宜轻脱!"帝乃止。突厥俄亦解围去。车驾次太原,威以盗贼不止,劝帝还京师,深根固本,为社稷计。帝初从之,竟用宇文述等议,遂往东都。天下大乱,威知帝不可匡正,甚患之。属帝问盗贼事。宇文述曰:"盗贼信少,不足为虞。"威不能诡对,以身隐殿柱。帝呼问之。威曰:"臣非职司,不知多少,但患其渐近。"帝曰:"何谓也?"威曰:"他日贼据长白山,今者近在荥阳、汜水。"帝不悦而罢。属五月五日,百僚上馈,多以珍玩,威献《尚书》一部,微以讽帝。帝弥不平。后复问伐辽东事,威对愿赦群盗,遣讨高丽,帝益怒。御史大夫裴蕴希旨,令御史张行本，奏威昔在高阳典选，滥授人官，怯畏突厥，请还京师。帝令案其事，乃下诏曰："威立性朋党，好异端，怀挟诡道，徼幸名利，诋诃律令，谤讪台省。昔岁薄伐，奉述先志，凡预切问，各尽胸臆，而威不以开怀，遂无对命。启沃之道，其若是乎！"于是除名。后月余，人有奏威与突厥阴图不轨。大理簿责威。威自陈精诚不能上感，瑕衅屡彰，罪当万死。帝悯而释之。其年，从幸江都宫。帝将复用威，裴蕴、虞世基奏言昏耄羸疾，帝乃止。

宇文化及弑逆，以威为光禄大夫、开府仪同三司。化及败，归于李密。密败，归东都，越王侗以为上柱国、邳公。王世充僭，署太师。威自以隋室旧臣，遭逢丧乱，所经之处，皆与时消息，以求容免。

及太宗平世充，坐于东都阊阖门内，威请谒见，称老病不能拜起。上遣人数之曰："公隋朝宰辅，政乱不能匡救，遂令品物涂炭，君弑国亡。见李密、世充皆拜伏舞蹈。今既老病，无劳相见。"寻入长安，至朝堂请见，高祖又不许。终于家，时年八十二。

威行己清俭，以廉慎见称。然每至公议，恶人异己，虽或小事，必固争之。时人以为无大臣之体。所修格令章程，并行于当世，颇伤烦碎，论者以为非简久之法。及大业末年，尤多征役，至于论功行赏，威每承望风旨，辄寝其事。时群盗蜂起，郡县有奏闻者，又诃诘使人，令减贼数，故出师攻讨，多不克捷。由是遂致败乱，为物议所讥。子夔。

夔字伯尼。聪敏有口辩，然性轻险无行。八岁诵诗，兼解骑射。年三十，从父至尚书省，与安德王雄射，赌得骏马而归。十四诣学，与诸儒议论，词致可观。见者皆称善。及长，博览群言，尤以钟律自命。初名哲，字知人，父威由是改之，颇为有识所哂。起家太子通事舍人。杨素见而奇之，每戏威曰："杨素无儿，苏夔无父。"后与郑译、何妥议乐，得罪，议寝不行。著《乐志》十五篇以见其志。数载，迁太子舍人，以罪免居数年。仁寿三年，诏天下举达礼乐源者。晋王昭时为雍州牧，举夔。与诸州所举五十余人谒见。帝望夔，谓侍臣曰："唯此一人，称吾所举。"于是拜晋王友。

炀帝嗣位，历太子洗马、司朝谒者。以父免职，夔亦去官。后历尚书职方郎、燕王司马。辽东之役，以功拜朝散大夫。时帝方勤远略，蛮夷来朝。帝谓宇文述、虞世基曰："四夷率服，观礼华夏，鸿胪之职，须归令望。宁有多才艺，美容仪，可接宾客者为之乎？"咸以夔对。即日拜鸿胪少卿。其年，高昌王麹伯雅来朝，朝廷妻以公主。夔有雅望，令主婚。

其后延和、弘化等数郡盗贼屯结，诏夔巡关中。及突厥围雁门，夔于镇城东南为弩楼、车箱、兽圈，一夕而就。帝见善之。以功进位通议大夫。坐父事，除名。后会丁母忧，不胜哀，卒，时年四十九。

绰弟椿，字令钦。性廉慎，沈勇有决断。魏正光中，关右贼乱，椿应募讨之。授荡寇将军。以功累迁中散大夫，赐爵美阳子。大统初，拜镇东将军、金紫光禄大夫，赐姓贺兰氏。后除帅都督，行弘农郡事。椿当官强济，特为周文帝所知。

十四年，置当州乡师，自非乡望允当众心者不得预焉。乃令驿追椿，领乡兵。其年，破桀头氏有功，除散骑常侍，加大都督。十六年，征随郡。军还，除武功郡守。既为本邑，以清俭自居，小大之政，必尽忠恕。进爵为侯，位骠骑大将军、开府仪同三司、大都督。卒。子植嗣。

亮字景顺，绰从兄也。祖稚，字天祐，位中书侍郎、王门郡守。父祐，泰山郡守。

亮少通敏，博学好属文，善章奏，与弟湛等皆著名西土，一家举二秀才。亮初举秀才，至洛阳，过河内常景。景深器之，而谓人曰："秦中才学可以抗山东，将此人乎！"魏齐王萧宝夤引为参军。宝夤迁大将军，仍为之掾。宝夤雅相知重，凡有文檄谋议，皆以委之。寻行武功郡事，甚著声绩。宝夤作乱，以亮为黄门侍郎。亮善处人间，与物无忤。及宝夤败，从之者多遇祸，唯亮获全。及长孙承业、尔朱天光等西讨，并以亮为郎中，专典文翰。贺拔岳为关西行台，引亮为左丞，典机密。

魏孝武西迁，迁吏部郎中。大统二年，拜给事黄门侍郎，领中书舍人。魏文帝子宜都王式为秦州刺史,以亮为司马。帝谓亮曰:"黄门侍郎岂可为秦州司马?直以朕爱子出藩,故以心腹相委,勿以为恨。"临辞,赐以御马。八年,封临泾县子,除中书监,领著作,修国史。亮有机辩,善谈笑。周文帝甚重之,有所筹议,率多会旨。记人之善,忘人之过,荐达后进,常如弗及,故当世敬慕。历秘书监、大行台尚书,出为岐州刺史。朝廷以其作牧本州,特给路车、鼓吹,先还其宅,并给骑士三千,列羽仪,游乡党,经过故人,欢饮旬日,然后入州。世以为荣。十七年,征拜侍中,卒于位。赠本官。

亮少与从弟绰俱知名,然绰稍不逮亮,至于经画进趣,亮又减之。故世称二苏焉。亮自大统以来,无岁不转官,一年或至三迁。金曰才至,不怪其速也。所著文笔数十篇,颇行于世。子师嗣,以亮名重于时,起家黄门侍郎。

亮弟湛,字景俊。少有志行,与亮俱著名西土。年二十余,举秀才,除奉朝请,领侍御史,加员外散骑侍郎。萧宝夤西讨,以湛为行台郎中,深见委任。及宝夤将谋叛逆,湛时卧疾于家。宝夤乃令湛从母弟天水姜俭谓湛曰:"吾不能坐受死亡,今便为身计,不复作魏臣也。与卿死生荣辱,方当共之,故以相报。"湛闻之,举声大哭。俭遽止之曰:"何得便尔?"湛曰:"合门百口,即时屠灭,云何不哭!"哭数十声,徐谓俭曰:"为我白齐王,王本以穷而归人,赖朝廷假王羽翼,遂得荣宠至此。既属国步多虞,不能竭诚报德,岂可乘人间隙,便有问鼎之心乎!今魏德虽衰,天命未改,王之恩义,未洽于人,破亡之期,必不旋踵。苏湛终不能以积世忠贞之基,一旦为王族灭也。"宝夤复令俭谓湛曰:"此是救命之计,不得不尔。"湛复曰:"凡举大事,当得天下奇士。今但共长安博徒小儿辈为此计,岂有办哉?湛不忍见荆棘生王户庭也。愿赐骸骨还旧里,庶归全地下,无愧先人。"宝夤素重之,知必不为己用,遂听还武功。宝夤后果败。

孝庄帝即位,征拜尚书郎。帝尝谓之曰:"闻卿答萧宝夤,甚有美辞,可为我说之。"湛顿首谢曰:"臣自惟言辞不如伍被远矣,然始终不易,窃谓过之。但臣与宝夤周旋契阔,言得尽心,而不能令其守节，此臣之罪也。"孝庄大悦，加散骑侍郎。寻迁中书。孝武初，以疾还乡里，终于家。赠散骑常侍、镇西将军、雍州刺史。

湛弟让，字景恕，幼聪敏，好学，颇有人伦鉴。初为本州主簿，稍迁别驾、武都郡守、镇远将军、金紫光禄大夫。及周文帝为丞相，引为府属，甚见亲待。出为卫将军、南汾州刺史，有善政。寻卒官。赠车骑大将军、仪同三司、泾州刺史。

论曰：周惠达见礼宝夤，遂契阔于戎寇，不以夷险易志，斯固笃终之士也。

周文提剑而起，百度草创，施约法之制于竞逐之辰，修太平之礼于鼎峙之日，终能渐雕为朴，变奢从俭，风化既被，而下肃上尊，疆场屡动，而内安外附，斯盖苏之力也。

邳公周道云季，方事幽贞，隋室龙兴，首应旌命。绸缪任遇，穷极宠荣，久处机衡，多所损益，馨竭心力，知无不为。然志尚清俭，体非弘广，好同恶异，有乖直道，不存易简，未为通德。历事二帝，三十余年，虽废黜当时，终称遗老。君邪而不能正言，国亡而情均众庶，予违汝弼，徒闻其语，疾风劲草，未见其人。礼命阙于兴王，抑亦此之由也。

夔志识沈敏，方雅可称，若天假之年，足以不亏堂构矣。

北史卷六四
列传第五二

韦孝宽　韦瑱　柳虬

　　韦叔裕字孝宽，京兆杜陵人也，少以字行。世为三辅著姓。祖直善，魏冯翊、扶风二郡守。父旭，武威郡守。建义初，为大行台右丞，加辅国将军、雍州大中正。永安二年，拜平将军、南幽州刺史。时氐贼数为抄窃，旭随机招抚，并即归附。寻卒官，赠司空、冀州刺史，谥曰文惠。

　　孝宽沈敏和正，涉猎经史。弱冠，属萧宝夤作乱关右，乃诣阙，请为军前驱。朝廷嘉之，即拜统军。随冯翊公长孙承业西征，每战有功。拜国子博士，行华山郡事。属侍中杨侃为大都督，出镇潼关，引孝宽为司马。侃奇其才，以女妻之。永安中，授宣威将军、给事中，寻赐爵山北县男。普泰中，以都督从荆州刺史源子恭镇穰城，以功除浙阳郡守。时独孤信为新野郡守，同隶荆州，与孝宽情好款密，政术俱美，荆部吏人号为连璧。

　　孝武初，以都督镇城。周文帝自原州赴雍州，命孝宽随军。及克潼关，即授弘农郡守。从擒窦泰，兼左丞，节度宜阳兵马事。仍与独孤信入洛，为阳城郡守，复与宇文贵、怡峰应接颍川义徒，破东魏将任祥、尧雄于颍川。孝宽又进平乐口，下豫州，获刺史冯邕。又从战于河桥。时大军不利，边境骚然，乃令孝宽以本将军行宜阳郡事。寻迁南兖州刺史。是岁，东魏将段琛、尧杰复据宜阳，遣其扬州刺史牛道恒扇诱边人。孝宽深患之，乃遣谍人访获道恒手迹，令善学书者伪作道恒与孝宽书，论归款意，又为落烬烧迹，若火下书者，还令谍人送于琛营。琛得书，果疑道恒，其所欲经略，皆不见用。孝宽知其离阻，因出奇兵掩袭，禽道恒及琛等，崤渑遂清。

大统五年，进爵为侯，八年，转晋州刺史，寻移镇玉璧，兼摄南汾州事。先是，山胡负险，屡为劫盗，孝宽示以威信，州境肃然。进授大都督。

二十年，齐神武倾山东之众，志图西入，以玉璧冲要，先命攻之。连营数十里，至于城下。乃于城南起土山，欲乘之以入。当其山处，城上先有两高楼。孝宽更缚木接之，令极高峻，多积战具以御之。齐神武使谓城中曰："纵尔缚楼至天，我会穿城取尔。"遂于城南凿地道，又于城北起土山，攻具昼夜不息。孝宽复掘长堑，要其地道，仍简战士屯堑。城外每穿至堑，战士即擒杀之。又于堑外积柴贮火，敌人有在地道内者，便下柴火，以皮排吹之。火气一冲，咸即灼烂。城外又造攻车，车之所及，莫不摧毁，虽有排楯，莫之能抗。孝宽乃缝布为缦，随其所向则张设之。布悬于空中，其车竟不能坏。城外又缚松于竿，灌油加火，规以烧布，并欲焚楼。孝宽复长作铁勾，利其锋刃，火竿一来，以勾遥割之，松麻俱落。外又于城四面穿地，作二十一道，分为四路，于其中各施梁柱。作讫，以油灌柱，放火烧之，柱折，城并崩坏。孝宽又随崩处，竖木栅以扞之，敌不得入。城外尽其攻击之术，孝宽咸拒破之。

神武无如之何，乃遣仓曹参军祖孝征谓曰："未闻救兵，何不降也？"孝宽报云："我城池严固，兵食有余，攻者自劳，守者常逸，岂有旬朔之间，已须救援？适忧尔众有不反之危。孝宽关西男子，必不为降将军也。"俄而孝征复谓城中人曰："韦城主受彼荣禄，或复可尔，自外军士，何事相随入汤火中邪？"乃射募格于城中云："能斩城主降者，拜太尉，封开国郡公，邑万户，赏帛万匹。"孝宽手题书背，反射城外，云："若有斩高欢者，一依此赏。"孝宽弟子迁，先在山东，又锁至城下，临以白刃云："若不早降，便行大戮。"孝宽慷慨激扬，略无顾意。士卒莫不感励，人有死难之心。神武苦战六旬，伤及病死者十四五,智力俱困,因而发疾。其夜遁去。后因此忿恚,遂殂。魏文帝嘉孝宽功,令殿中尚书长孙绍远、左丞王悦至玉壁劳问,授骠骑大将军、开府仪同三司,进爵建忠郡公。

废帝二年,为雍州刺史。先是,路侧一里置一土堠,经雨颓毁,每须修之。自孝宽临州乃勒部内,当堠处植槐树代之。既免修复,行旅又得庇荫。周文后见,怪问知之曰:“岂得一州独尔,当令天下同之。”于是令诸州夹道一里种一树,十里种三树,百里种五树焉。

恭帝元年,以大将军与燕公于谨伐江陵,平之,以功封穰县公。还,拜尚书右仆射,赐姓宇文氏。三年,周文北巡,命孝宽还镇玉壁。周孝闵帝践祚,拜小司徒。明帝初,参麟趾殿学士,考校图籍。

保定初,以孝宽立勋玉壁,置勋州,仍授勋州刺史。齐人遣使至玉壁,求通互市。晋公护以其相持日久,绝无使命,一日忽来求交易,疑别有故。又以皇姑、皇世母先没于彼,因其请和之际,或可致之。遂令司门下大夫尹公正至玉壁,共孝宽详议。孝宽乃于郊盛设供帐,令公正接对使人,兼论皇家亲属在东之意。使者辞色甚悦。时又有汾州胡抄得关东人,孝宽复放东还,并致书一牍,具陈朝廷欲敦邻好。遂以礼送皇姑及护母等。

孝宽善于抚御,能得人心,所遣间谍入齐者,皆为尽力。亦有齐人得孝宽金货,遥通书疏。故齐动静,朝廷皆先知。时有主帅许盆,孝宽度以心膂,令守一城。盆乃以城东入。孝宽怒,遣谍取之,俄而斩首而还。其能致物情如此。

汾州之北,离石以南,悉是生胡,抄掠居人,阻断河路。孝宽深患之,而地入于齐,无方诛剪。欲当其要处,置一大城。乃于河西征役徒十万,甲士百人,遣开府姚岳监筑之。岳色惧,以兵少为难。孝宽曰:“计成此城,十日即毕。既去晋州四百余里,一日创手,二日伪境始知,设令晋州征兵,二日方集,谋议之间,自稽三日,计其军行,二日不到。我之城隍,足得办矣。”乃令筑之。齐人果至南首,疑有大军,乃停留不进。其夜,又令汾水以南,傍介山、稷山诸村,所在纵炎。齐人谓是军营,遂收兵自固。版筑克就,卒如其言。

　　四年，进位柱国。时晋公护将东讨，孝宽遣长史辛道宪启陈不可，护不纳。既而大军果不利。后孔城遂陷，宜阳被围。孝宽乃谓其将帅曰："宜阳一城之地，未能损益。然两国争之，劳师数载。彼多君子，宁乏谋猷？若弃崤东，来图汾北，我之疆界，必见侵扰。今宜于华谷及长秋速筑城，以杜贼志。脱其先我，图之实难。"于是画地形，具陈其状。晋公护令长史叱罗协谓使人曰："韦公子孙虽多，数不满百。汾北筑城，遣谁固守？"事遂不行。

　　天和五年，进爵郧国公，增邑通前一万户。是岁，齐人果解宜阳之围，经略汾北，遂筑城守之。其丞相斛律明月至汾东，请与孝宽相见。明月云："宜阳小城，外劳战争。今既入彼，欲于汾北取偿，幸勿怪也。"孝宽答曰："宜阳彼之要冲，汾北我之所弃。我弃彼图，取偿安在？且若辅翼幼主，位重望隆，理宜调阴阳，抚百姓，焉用极武穷兵，构怨连祸！且沧、瀛大水，千里无烟，复欲使汾、晋之间，横尸暴骨，苟贪寻常之地，涂炭疲弊之人，窃为君不取。"

　　孝宽参军曲岩颇知卜筮，谓孝宽曰："来年东朝必大相杀戮。"孝宽因令岩作谣歌曰："百升飞上天，明月照长安。"百升，斛也。又言："高山不摧自崩，槲树不扶自竖。"令谍人多赍此文，遗之于邺。祖孝征既闻，更润色之，明月竟以此诛。

　　建德之后，武帝志在平齐。孝宽乃上疏陈三策。

　　其第一策曰："臣在边积年，颇见间隙，不因际会，难以成功。是以往岁出车，彼有劳费，功绩不立，由失机会。何者？长淮之南，旧为沃土，陈氏以破亡余烬，犹能一举平之。齐人历年赴救，丧败而反。内离外叛，计尽力穷。《传》不云乎：'臝有衅焉，不可失也。'今大军若出轵关，方轨而进，兼与陈氏共为掎角；并令广州义旅出自三鸦；又募山南骁锐，沿河而下；复遣北山稽胡绝其并、晋之路。凡此诸军，仍令各募关、河之外劲勇之士，厚其爵赏，使为前驱。岳动川移，雷骇电激，百道俱进，并趋虏庭。必当望旗奔溃，所向摧殄。一戎大定，实在此机。"

　　其第二策曰："若国家更为后图，未即大举，宜与陈人分其兵势。三鸦以北，万春以南，广事屯田，预为贮积。募其骁悍，立为部伍。彼既东南有敌，戎马相持，我出奇兵，破其疆埸。彼若兴师赴援，我则坚壁清野，待其去远，还复出师。常以边外之军，引其腹心之众。我无宿舂之费，彼有奔命之劳。一二年中，必自离叛。且齐氏昏暴，政出多门，鬻狱卖官，唯利是视，荒淫酒色，忌害忠良。阖境嗷然，不胜其弊。以此而观，覆亡可待。然后乘间电扫，事等摧枯。"

其第三策曰："窃以大周土宇，跨据关、河，蓄席卷之威，持建瓴之势。太祖受天明命，与物更新，是以二纪之中，大功克举。南清江、汉，西兼巴、蜀，塞表无虞，河右底定。唯彼赵、魏，独为榛梗者，正以有事三方，未遑东略。遂使漳、滏游魂，更存余咎。昔勾践亡吴，尚期十载；武王取乱，犹烦再举。今若更存遵养，且复相时，臣谓宜还崇邻好，申其盟约，安人和众，通商惠工，蓄锐养威，观衅而动。斯则长策远驭，坐自兼并也。"

书奏，武帝遣小司寇淮南公元卫、开府伊娄谦等重币聘齐。尔后遂大举，再驾而定山东。卒如孝宽之策。

孝宽每以年迫悬车，屡请致仕。帝以海内未平，优诏弗许。至是，复称疾乞骸骨。帝曰："往以面申本怀，何烦重请也。"

五年，帝东伐，过幸玉璧。观御敌之所，深叹美之，移时乃去。孝宽自以习练齐人虚实，请为先驱。帝以玉璧要冲，非孝宽无以镇之，乃不许。及赵王招率兵出稽胡，与大军掎角，乃敕孝宽为行军总管，围守华谷以应接之。孝宽克其四城。武帝平晋州，复令孝宽还旧镇。及帝凯旋，复幸玉璧。从容谓孝宽曰："世称老人多智，善为军谋。然朕唯共少年一举平贼，公以为如何？"孝宽对曰："臣今衰耄，为有诚心而已。然昔在少壮，亦曾输力先朝，以定关右。"帝大笑曰："实如公言。"乃诏孝宽随驾还京。拜大司空，出为延州总管，进上柱国。

大象元年，除徐、兖等十一州十五镇诸军事、徐州总管。又为行军元帅，徇地淮南。乃分遣杞公宇文亮攻黄城，郕公梁士彦攻广陵，孝宽率众攻寿阳，并拔之。初，孝宽到淮南，所在皆密送诚款。然彼五门，尤为险要，陈人若开塘放水，即津济路绝。孝宽遽令分兵据守之。陈刺史吴文立果遣决堰，已无及。于是陈人退走，江北悉平。

军还，至豫州，宇文亮举兵反，立以数百骑袭孝宽营。时亮国官茹宽密白其状，宽有备，亮不得入，遁走，孝宽追获之。诏以平淮南之功，别封一子滑国公。

及宣帝崩，隋文帝辅政。时尉迟迥先为相州总管，诏孝宽代之。又以小司徒叱列长文为相州刺史，先令赴邺。孝宽续进，至朝歌，迥遣其大都督贺兰贵赍书候孝宽。孝宽留贵与语以察之，疑其有变，遂称疾徐行。又使人至相州求医药，密以伺之。既到汤阴，逢长文奔还。孝宽兄子魏郡守艺又弃郡南走。孝宽审知其状，乃驰还。所经桥道，皆令毁撤，驿马悉拥以自随。又勒驿将曰："蜀公将至，可多备饩酒及刍粟以待之。"迥果遣仪同梁子康将数百骑追孝宽，驿司供设丰厚，所经之处，皆辄停留，由是不及。

时或劝孝宽，以为洛京虚弱，素无守备，河阳镇防，悉是关东鲜卑，迥若先往据之，则为祸不小。乃入保河阳。河阳城内，旧有鲜卑八百人，家并在邺，见孝宽轻来，谋欲应迥。孝宽知之，遂密造东京官司，诈称遣行，分人诣洛受赐。既至洛阳，并留不遣。因此离解，其谋不成。

六月，诏发关中兵，以孝宽为元帅东伐。七月，军次河阳。迥所署仪同薛公礼等围逼怀州，孝宽遣兵击破之。进次怀县永桥城之东南，其城既在要冲，雉堞牢固，迥已遣兵据之。诸将士以此城当路，请先攻取。孝宽曰："城小而固，若攻而不拔，损我兵威。今破其大军，此亦何能为也。"于是引军次于武陟，大破迥子惇，惇轻骑奔邺。军次于邺西门豹祠之南，迥自出战，又破之。迥穷迫自杀。兵士在小城中者，尽坑之于游豫园。诸有未服，皆随机讨之。关东悉平。

十月，凯还京师。十一月，薨，时年七十二。赠太傅、十二州诸军事、雍州牧，谥曰襄。

孝宽在边多载，屡抗强敌。所有经略，布置之初，人莫之解；见其成事，方乃惊服。虽在军中，笃意文史，政事之余，每自披阅。末年患眼，犹令学士读而听之。又早丧父母，事兄嫂甚谨，所得俸禄，不入私房。亲族有孤遗者，必加振赡。朝野以此称焉。长子谌，年十岁，魏文帝欲以女妻之。孝宽见辞以兄子世康年长。帝嘉之，遂以妻世康。

孝宽有六子，总、寿、霁、津知名。

总字善会，聪敏好学。位骠骑大将军、开府仪同三司、纳言、京兆尹。武帝尝戏总曰："卿师尹帝乡，故当不以富贵威福乡里邪？"总乃正色对曰："陛下擢臣非分，窃谓已鉴愚诚。今奉严旨，便似未照丹赤。岂可久忝此职，用疑圣虑。请解印绶，以避贤能。"帝大笑曰："前言戏之耳。"五年，从武帝东征。总每率麾下，先驱陷敌，遂于并州战殁，时年二十九。赠上大将军，追封河南郡公，谥曰贞。六年，重赠柱国、五州刺史。

子国成嗣，后袭孝宽爵郧国公。隋文帝追录孝宽旧勋，开皇初，诏国成食封三千户，收其租赋。

寿字世龄，以贵公子早有令誉。位京兆尹。武帝亲征齐，委以后事。以父军功，赐爵永安县侯。隋文帝为丞相，以其父平尉迟迥，拜寿仪同三司，进封滑国公。文帝受禅，历位恒、尾二州刺史，颇有能名。以疾征还，卒于家。谥曰定。仁寿中，文帝为晋王广纳其女为妃。其子保峦嗣。

寿弟霁，位太常少卿、安邑县伯。

霁弟津，位内史侍郎、户部侍郎、判尚书事。孝宽兄琼。琼字敬远，志尚夷简，澹于荣利。弱冠，被召拜雍州中从事，非其好也，遂谢疾去。前后十见征辟，皆不应命。属周文帝经纶王业，侧席求贤，闻琼养高不仕，虚心敬悦，遣使辟之，备加礼命。虽情谕甚至，而竟不能屈。弥以重之，亦弗之夺也。所居之宅，枕带林泉。琼对玩琴书，萧然自逸，时人号为居士焉。至有慕其闲素者，或载酒从之，琼亦为之尽欢，接对忘倦。

明帝即位，礼敬愈厚。乃为诗以贻之曰："六爻贞遁世，三辰光少微。颍阳让逾远，沧州去不归。香动秋兰佩，风飘莲叶衣。坐石窥仙洞，乘槎下钓矶。岭松千仞直，岩泉百丈飞。聊登平乐观，遥望首阳薇。讵能同四隐,来参余万机?"琼答帝诗,愿时朝谒。帝大悦,敕有司日给河东酒一升,号之曰逍遥公。

时晋公护执政,广营第宅。尝召琼至宅,访以政事。琼仰视其堂,徐而叹曰:"酣酒嗜音,峻宇雕墙,有一于此,未或弗亡。"护不悦。有识者以为知言。

陈遣其尚书周弘正来聘,素闻琼名,请与相见。朝廷许之。弘正乃造琼,谈谑尽日,恨相遇之晚。后请琼至宾馆,琼不时赴。弘正乃赠诗曰:"德星犹未动,真车讵肯来?"其为当时所钦挹如此。

武帝尝与琼夜宴,大赐之缣帛,令侍臣数人负以送出。琼唯取一匹,示承恩旨而已,帝以此益重之。孝宽为延州总管,琼至州,与孝宽相见。将还,孝宽以所乘马及辔载与琼。琼以其华饰,心弗欲之。笑谓孝宽曰:"昔人不弃遗簪坠履者,恶与之同出,不与同归。吾之操行,虽不逮前烈,然拾旧录新,亦非吾志也。"于是乃乘旧马以归。

武帝又以佛、道、儒三教不同,诏琼辨其优劣。琼以三教虽殊,同归于善,其迹似有深浅,其致理如无等级。乃著《三教序》奏之。帝览而称善。时宣帝在东宫,亦遗琼书,并令以帝所乘马迎之,问以立身之道。琼对曰:"《传》不云乎,俭为德之恭,侈为恶之大。欲不可纵,志不可满。并圣人之训也,愿殿下察之。"

琼子瓛,行随州刺史,因疾物故。孝宽子总复于并州战殁。一日之中,凶问俱至。家人相对悲恸,而琼神色自若,谓之曰:"死生命也,去来常事,亦何足悲!"援琴抚之如旧。琼又雅好名义,虚襟善诱,虽耕夫牧竖,有一介可称者,皆接引之。特与族人处玄及定梁旷为放逸之友。少爱文史,留性著述,手自抄录数十万言。晚年虚静,唯以体道会真为务,旧所制述,咸削其稿,故文笔多并不存。

建德中,琼以年老,预戒其子等曰:"昔士安以蘧蒢束体,王孙以布囊绕尸,二贤高达,非庸才能继。吾死之日,可敛旧衣,勿更新造。使棺足周尸,牛车载柩,坟高四尺,圹深一丈。其余烦杂,悉无用也。朝晡奠食,于事弥烦,吾不能顿绝汝辈之情,可朔望一奠而已。仍荐蔬素,勿设牲牢。亲友欲以物吊祭者,并不得为受。吾常恐临终恍惚,故以此言预戒汝辈。瞑目之日,勿违吾志也。"宣政元年二月,卒于家,时年七十七。武帝遣使吊祭,赙赠有加。其丧制葬礼,诸子等并遵其遗戒。子世康。

世康幼而沈敏,有器度。年十岁,州辟主簿。在魏,弱冠为直寝,封汉安县公,尚周文帝女襄乐公主,授仪同三司。仕周,历位典祠下大夫,沨、碤二州刺史。从武帝平齐,授司州总管长史。时东夏初定,百姓未安,世康绥抚之,士庶胥悦。入为户部中大夫,进位上开府,转司会中大夫。尉迟迥之乱,隋文帝谓世康曰:"汾、绛旧是周、齐分界,因此乱阶,恐生摇动,今以委公。"因授绛州刺史。以雅望镇之,阖境清肃。

世康性恬素好古,不以得丧干怀。在州有止足之志,与子弟书曰:"吾生因绪余,夙沾缨弁,驱驰不已,四纪于兹,亟登衮命,频莅方岳。志除三惑,心慎四知,以不贪为宝,处脂膏而莫润。如斯之事,颇为时悉。今耄虽未及,壮年已谢。霜早梧楸,风先蒲柳。眼暗更剧,不见细书;足疾弥增,非可趋走。禄岂须多,防满则退;年不待暮,有疾便辞。况娘春秋已高,温清宜奉,晨昏有阙,罪在我躬。今世穆、世文,并从武役,吾与世冲,复婴远任,陟岵瞻望,此情弥切。桓山之悲,倍深常恋。意欲上闻,乞遵礼教,未访汝等,故遣此及。兴言远慕,感咽难胜。"诸弟报以事恐难遂,乃止。

在任有惠政,奏课连最,擢为礼部尚书。世康寡嗜欲,不慕势贵,未尝以位望矜物。闻人之善,若己有之,亦不显人过咎,以求名誉。进爵上庸郡公。转吏部尚书,选用平允,请托不行。以母忧去职,固辞,乞终私制。上不许。开皇七年,将事江南,议重方镇,拜襄州刺史。坐事免。未几授安州总管,迁信州总管。十三年,复拜吏部尚书。前后十余年间,多所进拔,朝廷称为廉平。

尝因休暇,谓子弟曰:"吾闻功遂身退,古人常道。今年将耳顺,志在悬车,汝辈以为云何?"子福嗣答曰:"大人澡身浴德,名立官成。盈满之戒,先哲所重,欲追踪二疏,伏奉尊命。"后因侍宴,世康再拜陈让，愿乞骸骨。上曰："冀与公共理天下，今之所请，深乖本望。纵筋力衰谢，犹屈公卧临一隅。"于是出拜荆州总管。时天下唯置荆、并、杨、益四大总管，并、杨、益三州并亲王临统，唯荆州委于世康，时论以此为美。世康为政简静，百姓爱悦。卒于州。上闻而痛惜，赠大将军，谥曰文。

世康性孝友，初以诸弟位并隆贵，独季弟世约宦途不达，共推父时田宅尽以与之。世多其义。

长子福子，位司隶别驾。

次子福嗣，位内史舍人。后以罪黜。杨玄感之乱，从卫玄战，败于城北，为玄感所获。令为文檄，词甚不逊。寻背玄感还东都，帝衔之，车裂于高阳。

少子福奖，通事舍人。在东都，与玄感战没。

世康兄洸，字世穆。性刚毅，有器干，少便弓马。仕周，释褐直寝上士。数从征伐，累迁开府，赐爵卫国县公。隋文帝为丞相，从季父孝宽击尉迟迥于相州，以功拜柱国，进襄阳郡公。时突厥寇边，皇太子屯咸阳，令洸统兵出原州道。与虏相遇，击破之。拜江陵总管，俄拜安州总管。伐陈之役，为行军总管。及陈平，拜江州总管。略定九江，遂进图岭南。上与书慰勉之。洸至广州，岭表皆降之。上闻而大悦，许以便宜从事。洸所绥集二十四州，拜广州总管。岁余，番禺夷王仲宣反，以兵围洸，洸拒之，中流矢卒。赠上柱国，赐绵绢万段，谥曰敬。

子协，字钦仁。好学有雅量，位秘书郎。其父在广州有功，上命协赍诏书劳问，未至而父卒。上以其父死王事，拜协柱国，历定、息、秦三州刺史，有能名。卒官。

洸弟瓛，字世恭。御正下大夫，仪同三司、行随州刺史。

瓛弟艺，字世文。周武帝时，以军功位上仪同，赐爵修武县侯，授左旅下大夫，出为魏郡太守。及隋文帝为丞相，尉迟迥阴图不轨，朝廷遣艺季父孝宽驰往代迥。孝宽将至邺，诈病止传舍，从迥求药，以密观变，艺因投孝宽，即从孝宽击迥。以功进位上大将军，改封武威县公，以修武县侯别封一子。文帝受禅，进封魏兴郡公，拜齐州刺史。为政通简，士庶怀惠。迁营州总管。艺容貌瑰伟，每夷狄参谒，必整仪卫，盛服以见之，独坐满一榻。蕃人畏惧，莫敢仰视。而大修产业，与北夷贸易，家资钜万。颇为清论所讥。卒官。谥曰怀。

艺弟冲，字世冲，以名家子，在周释褐卫公府礼曹参军。从大将军元定度江伐陈，为陈人所虏。周武帝以币赎还之。帝复令冲以马千匹使陈，赎开府贺拔华等五十人及元定之枢而还。冲有辞辩，奉使称旨。累迁小御伯下大夫，加上仪同，拜汾州刺史。

隋文帝践阼，征兼散骑常侍，进位开府，赐爵安固县侯。岁余，发南汾州胡千余人北筑长城，在途皆亡。上呼冲问计，冲曰："皆由牧宰不称所致，请以理绥静，可不劳兵而定。"上因命冲绥怀叛者，月余，并赴长城。上降书劳勉之。寻拜石州刺史，甚得诸胡欢心。以母忧去职。俄起为南宁州总管，持节抚慰，复遣柱国王长述以兵继进。冲既至南宁，渠帅首领皆诣府参谒。上大悦，下诏褒扬之。其兄子伯仁随冲在府，掠人之妻，士卒纵暴，边人失望。上闻之，大怒，令蜀王秀按其事。益州长史元岩性方正，按冲无所宽贷。竟坐免管。其弟太子洗马世约潜岩于皇太子。上谓太子曰："古人云：'酤酒酸而不售者，为噬犬耳。'今何用世约乎！"世约遂除名。

后令冲检校括州事。时东阳贼帅陶子定、吴州贼帅罗慧方并聚众为乱，冲率兵破之。改封义丰县侯，检校泉州事，迁营州总管。冲容貌都雅，宽厚得众心，抚靺鞨、契丹，皆能致其死力。奚、霫畏惧，朝贡相续。高丽尝入寇，冲击走之。及文帝为豫章王暕纳冲女为妃，征拜户部尚书。卒官。少子挺知名。

韦瓗字世珍，京兆杜陵人也。世为三辅著姓。曾祖惠度，姚泓尚书郎。随刘义真过江，仕宋为顺阳太守，行南雍州事。后于襄阳归魏，拜中书侍郎，赠洛州刺史。祖千雄，略阳郡守。父英，代郡守，赠兖州刺史。

瓗幼聪敏，有凤成之量。起家太尉府法曹参军，累迁谏议大夫。

周文帝为丞相，封长安县男。转行台左丞，迁南郢州刺史，复令为行台左丞。瑱明察有干局，再居左辖，时论荣之。从复弘农，战沙苑，加卫大将军、左光禄大夫。从战河桥，进爵为子。大统八年，齐神武侵汾、绛，瑱从周文御之。军还，以本官镇蒲津关，带中潬城主。历鸿胪卿。以望族兼领乡兵，加帅都督，进散骑常侍。

魏恭帝三年，赐姓宇文氏。三年，除瓜州刺史。州通西城，蕃夷往来，前后刺史多受赂遗，胡寇犯边，又莫能御。瑱雅性清俭，兼有武略，蕃夷赠遗，一无所受。胡人畏威，不敢为寇。公私安静，夷夏怀之。周孝闵帝践祚，进爵平齐县伯。秩满还京，吏人恋慕，老幼追送，留连十数日方得出境。明帝嘉之，授侍中、骠骑大将军、开府仪同三司。卒，赠岐、宜二州刺史，谥曰惠。又追封为公，诏其子峻袭。

峻位至车骑大将军、仪同三司。峻子德政，隋大业中给事郎。峻弟师。

师字公颖。少沈谨，有至性。初就学，始读《孝经》，舍书而叹曰："名教之极，其在兹乎！"少丁父母忧，居丧尽礼，州里称其有孝行。及长，略涉经史，尤工骑射。周大冢宰宇文护引为中外府记室，转宾曹参军。师雅知诸蕃风俗及山川险易，其有夷狄朝贡，师必接对，论其国俗，如视诸掌。夷人惊服，无敢隐情。齐王宪为雍州牧，引为主簿，本官如故。及武帝亲总万机，转少府大夫。及齐平，诏师安抚山东。徙为宾部大夫。隋文帝受禅，拜吏部侍郎，赐爵井陉侯。迁河北道行台兵部尚书。奉诏为山东、河南十八州安抚大使。奏事称旨，兼领晋王广司马。

其族人世康为吏部尚书，与师素怀胜负。于时广为雍州牧，盛存望第，以司空杨雄、尚书左仆射高颎并为州都督，引师为主簿，而世康弟世约为法曹从事。世康恚恨不能食，又耻世约在师之下，召世约数之曰："汝何故为从事！"遂杖之。

后从上幸醴泉宫，上召师与左仆射高颎、上柱国韩擒等于卧内赐宴，令各叙旧事，以为笑乐。平陈之役，以本官领元帅掾。陈国府藏，悉委于师，秋毫无犯，称为清白，后上为长宁王俨纳其女为妃。

除汴州刺史,甚有政名。卒官,谥曰定。

师宗人暮,仕周,位内史大夫。隋文帝初,以定策功,累迁上柱国,封普安郡公。开皇初,卒于蒲州刺史。

柳虬字仲盘,河东解人也。五世祖恭,仕后赵为河东郡守。后以秦、赵丧乱,率人南徙,居汝、颍间,遂仕江表。祖缉,宋州别驾、宋安郡守。父僧习,善隶书,敏于当世。与豫州刺史裴叔业据州归魏,历北地颍川二郡守、扬州大中正。

虬年十三,便专精好学。时贵游子弟就学者,并车服华盛,唯虬不事容饰。遍受《五经》,略通大义,兼涉子史,雅好属文。孝昌中,扬州刺史李宪举虬秀才,兖州刺史冯俊引虬为府主簿。既而樊子鹄为吏部尚书,其兄义为扬州刺史,乃以虬为扬州中从事,加镇远将军。非其好也,并弃官还洛阳。属天下丧乱,乃退耕于阳城,有终焉之志。

大统三年,冯翊王元季海、领军独孤信镇洛阳。于时旧京荒废,人物罕存,唯有虬在阳城,裴诹在颍川。信等乃俱征之,以虬为行台郎中,诹为北府属,并掌文翰。时人为之语曰:"北府裴诹,南府柳虬。"时军旅务殷,虬励精从事,或通夜不寝。季海常云:"柳郎中判事,我不复重看。"四年入朝,周文帝欲官之,虬辞母老,乞侍医药。周文许焉。又为独孤信开府从事中郎。信出镇陇右,因为秦州刺史,以虬为二府司马。虽处元僚,不综府事,唯在信左右谈论而已。因使见周文,被留为丞相府记室。追论归朝功,封美阳县男。

虬以史官密书善恶,未足惩劝,乃上疏曰:"古者人君立史官,非但记事而已,盖所为鉴诫也。动则左史书之,言则右史书之,彰善瘅恶,以树风声。故南史抗节,表崔杼之罪;董狐书法,明赵盾之愆。是知执笔于朝,其来久矣。而汉、魏已还,密为记注,徒闻后世,无益当时。非所谓将顺其美,匡救其恶者。且著述之人,密书纵能直笔,人莫知之。何止物生横议,亦自异端互起。故班固致受金之名,陈寿有求米之论。著汉、魏者非一氏,造晋史者至数家。后代纷纭,莫知准的。伏惟陛下则天稽古，劳心庶政，开诽谤之路，纳忠说之言。诸史官记事者，请皆当朝显言其状，然后付之史阁。庶令是非明著，得失无隐，使闻善者日修，有过者知惧。"事遂施行。

十四年，除秘书丞，领著作。旧丞不参史事，自虬为丞，始令监掌焉。迁中书侍郎，修起居注，仍领丞事。时人论文体者，有今古之异。虬又以为时有古今，非文有古今，乃为《文质论》。文多不载。废帝初，迁秘书监，加车骑大将军、仪同三司。

虬脱略人间，不事小节，弊衣蔬食，未尝改操。人或讥之。虬曰："衣不过适体，食不过充饥，孜孜营求，徒劳思虑耳。"恭帝元年冬卒，时年五十四。赠兖州刺史，谥曰孝。有文章数十篇，行于世。子鸿渐嗣。虬弟桧。

桧字季华。性刚简，任气少文，善骑射，果于断决。年十八，起家奉朝请。居父丧，毁瘠骨立。服阕，除阳城郡丞、防城都督。大统四年，从周文战于河桥，先登有功。授都督，镇鄩州。八年，拜湟河郡守，仍典军事。寻加平东将军、太中大夫。吐谷浑入寇郡境，时桧兵少，人怀忧惧，桧抚而勉之，众心乃安。因率数十人先击之，浑人溃乱，余众乘之，遂大败而走。以功封万年县子。时吐谷浑强盛，数侵疆场，自桧镇鄩州，屡战必破之。数年之后，不敢为寇。十四年，迁河州别驾，转帅都督。俄拜使持节、抚军将军、大都督。居三载，征还京师。

时桧兄虬为秘书丞，弟庆为尚书左丞。桧尝谓兄弟曰："兄则职典简牍，褒贬人伦，弟则管辖群司，股肱朝廷。可谓荣宠矣。然而四方未静，车书不一，桧唯当蒙矢石，履危难，以报国恩耳。"顷之，周文谓桧曰："卿昔在鄩州，忠勇显著。今西境肃清，无劳经略。九曲，国之东鄙，当劳君守之。"遂令桧镇九曲。

寻从大将军王雄讨上津、魏兴，平之，即除魏兴、华阳二郡。安康人黄众宝谋反，连结党与，将围州城，乃相谓曰："常闻柳府君勇悍有余，不可当。今既在外，方为吾徒腹心之疾也，不如先击之。"遂围桧郡。郡城卑下，士众寡弱，又无守御之备。连战积十余日，士卒仅有存者。于是力屈城陷，身被十余创，遂为贼所获。既而众宝等进围东梁州，乃缚桧置城下，欲令诱城中。桧乃大呼曰："群贼为乌合，粮食已罄，行即退散，各宜勉之！"众宝大怒，乃临桧以兵曰："速更汝辞！不尔便就戮矣。"桧守节不变，遂害之，弃尸水中城，中人皆为之流涕。众宝解围之后，桧兄子止戈方收桧尸还长安。赠东梁州刺史。子斌嗣。

斌字伯达。年十七，齐公宪召为记室。早卒。

斌弟雄亮，字信诚。父桧在华阳见害，雄亮时年十四，哀毁过礼，阴有复雠之志。武帝时，众宝率其部归长安，帝待之甚厚。雄亮手斩众宝于城中，请罪阙下。帝特原之。后累迁内史中大夫，赐爵汝阳县子。隋文帝受禅，拜尚书考功侍郎，迁给事黄门侍郎。尚书省凡所奏事，多所驳正，深为公卿所惮。俄以本官检校太子左庶子，进爵为伯。秦王后镇陇右，出为秦州总管府司马，领山南道行台左丞。卒。子赞嗣。

桧弟鸷，好学善属文，卒于魏临淮王记室参军事。

子带韦，字孝孙。深沉有度量，少好学，身长八尺三寸，美风仪，善占对。周文辟为参军事。侯景作乱江南，周文令带韦使江、郢二州，与梁邵陵、南平二王通好。行至安州，遇段宝等反，带韦乃矫为周文书以安之，并即降附。及见邵陵，具申周文意。邵陵遣使随带韦报命。以奉使称旨，授辅国将军、中散大夫。

后达奚武经略汉川，以带韦为行台左丞，从军南讨，时梁宜丰侯萧修守南郑，武攻之未拔，乃令带韦入城，说修降之。废帝元年，出为解县令。加授骠骑将军、光禄大夫。转汾阴令。发摘奸伏，百姓畏而怀之。周武成元年，授武藏下大夫。天和二年，封康城县男。累迁兵部中大夫。虽频改职，仍领武藏。五年，转武藏中大夫。俄迁骠骑大将军、开府仪同三司。凡居剧职十有余年，处断无滞，官曹清肃。

时谯王俭为益州总管，汉王赞为益州刺史。武帝以带韦为益州总管府长史，领益州别驾，辅弼二王，总知军事。及大军东讨，征为前军总管齐王宪府长史。齐平，以功授上开府仪同大将军，进爵为公。陈王纯镇并州，以带韦为并州司会、并州总管府长史。卒官，谥曰恺。

子祚嗣。少有名誉，位宣纳上士。入隋，位司勋侍郎。骛弟庆。

庆字更兴。幼聪敏有器量，博涉群书，不为章句，好饮酒，闲于占对。年十三，因暴书，父僧习试令庆于杂赋集中取赋一篇千余言，诵之。庆立读三遍，便诵之无所漏。时僧习为颍川郡守，地接都畿，人多豪右。将选乡官，皆依贵势，竞来请托。选用既定。僧习谓诸子曰："权贵请托，吾并不用。其使欲还，皆须有答。汝等各以意为吾作书。"庆乃具书草。僧习读，叹曰："此儿有意气，丈夫理当如是。"即依庆所草以报。起家奉朝请。

庆出后第四叔，及遭父忧，议者不许为服重。庆泣曰："礼缘人情，若于出后之家，更有苴斩之服，可夺以此从彼。今四叔薨背已久，情事不追。岂容夺礼，乖违天性！"时论不能抑，遂以苫块终丧。既葬，乃与诸兄负土成坟。

孝武将西迁，庆以散骑侍郎驰传入关。庆至高平，见周文，共论时事。周文即请奉迎舆驾，仍令庆先还复命。时贺拔胜在荆州，帝屏左右谓庆曰："朕欲往荆州，何如？"庆曰："关中金城千里，天下之强国也。荆州地无要害，宁足以固鸿基？"帝纳之。及帝西迁，庆以母老不从。独孤信之镇洛阳，乃得入关。除相府东阁祭酒。

大统十年，除尚书都兵郎中，并领记室。时北雍州献白鹿，群臣欲贺。尚书苏绰谓庆曰："近代已来，文章华靡，逮于江左，弥复轻薄。洛阳后进，祖述未已。相公柄人轨物，君职典文房，宜制此表，以革前弊。"庆操笔立成，辞兼文质。绰读而笑曰："枳橘犹自可移，况才子也！"寻以本官领雍州别驾。广陵王欣，魏之懿亲。其甥孟氏，屡为凶横。或有告其盗牛。庆捕得实，趣令就禁。孟氏殊无惧容，乃谓曰："若加以桎梏，后独何以脱之？"欣亦遣使辨其无罪。孟氏由此益骄。庆乃大集僚吏，盛言孟氏倚权侵虐之状。言毕，令笞杀之。此后贵戚敛手。

有贾人持金二十斤诣京师,寄人居止。每欲出行,常自执管钥。无何,缄闭不异而并失之。谓主人所窃。郡县讯问,主人自诬服。庆疑之,乃召问贾人曰:"卿钥恒置何处?"对曰:"恒自带之。"庆曰:"颇与人同宿乎?"曰:"无。""与同饮乎?"曰:"日者曾与一沙门再度酣宴,醉而昼寝。"庆曰:"沙门乃真盗耳。"即遣捕沙门,乃怀金逃匿。后捕得,尽获所失金。十二年,改三十六曹为十二部,以庆为计部郎中,别驾如故。

又有胡家被劫,郡县按察,莫知贼所,邻近被囚者甚多。庆以贼是乌合,可以诈求之。乃作匿名书,多榜官门曰:"我等共劫胡家,徒侣混杂,终恐泄露。今欲首伏,惧不免诛。若听先首免罪,便欲来告。"庆乃复施免罪之牒。居二日,广陵王欣家奴面缚自告牒下,因此尽获党与。庆之守正明察,皆此类也。每叹曰:"昔于公断狱无私,辟高门以待封。傥斯言有验,吾其庶几乎。"封清河县男,除尚书左丞,摄计部。

周文尝怒安定国臣王茂,将杀之,而非其罪。朝臣咸知,而莫敢谏。庆乃进争之。周文逾怒曰:"卿若明其无罪,亦须坐之。"乃执庆于前。庆辞气不挠,抗声曰:"窃闻君有不达者为不明,臣有不争者为不忠。庆谨竭愚诚,实不敢爱死,但惧公为不明之君耳。"周文乃悟而赦茂,已不及矣。周文默然。明日,谓庆曰:"吾不用卿言,遂令王茂冤死。可赐茂家钱帛,以旌吾过。"寻进爵为子。庆威仪端肃,枢机明辩。周文每发号令,常使庆宣之。天性抗直,无所回避。周文亦以此深委仗焉。恭帝初,进位骠骑大将军、开府仪同三司、尚书右仆射,转左仆射,领著作。六官建,拜司会中大夫。

周孝闵帝践祚,赐姓宇文氏,进爵平齐县公。晋公护初执政,欲引为腹心。庆辞之,颇忤旨。又与杨宽有隙,及宽参知政事,庆遂见疏忌,出为万州刺史。明帝寻悟,留为雍州别驾,领京兆尹。武成二年,除宜州刺史。庆自为郎,迄为司会,府库仓储,并其职也。及在宜州,宽为小冢宰,乃囚庆故吏,求其罪失。案验积六十余日,吏或有死于狱者,终无所言,唯得乘锦数匹。时人服其廉慎。又入为司会。

　　先是，庆兄桧为魏兴郡守，为贼黄众宝所害。桧子三人皆幼弱，庆抚养甚笃。后众宝归朝，朝廷待以优礼。居数年，桧次子雄亮白日手刃众宝于长安城中。晋公护闻而大怒，执庆诸子侄皆囚之，让庆擅杀人。对曰："庆闻父母之雠不同天，昆弟之雠不同国。明公以孝临天下，何乃责于此乎？"护逾怒，庆辞色无屈，竟以俱免。卒。赠郿、绥、丹三州刺史，谥曰景。子机嗣。

　　机字匡时。伟容仪，有器局，颇涉经史。年十九，周武帝时为鲁公，引为记室。及帝嗣位，累迁太子官尹，封平齐县公。宣帝时，为御正上大夫。机见帝失德，屡谏不听，恐祸及己，托于郑译，求出，拜华州刺史。及隋文帝作相，征还京师。时周代旧臣皆劝禅让，机独义形于色，无所陈请。俄拜卫州刺史。及践祚，进爵建安郡公，征为纳言。机性宽简，有雅望，当近侍，无所损益。又好饮酒，不亲细务。数年，出为华州刺史，奉诏每月朝见。寻转冀州刺史。后征入朝，以其子述尚兰陵公主，礼遇益隆。

　　初，机在周，与族人文城公昂俱历显要，及此，昂、机并为外职。杨素时为纳言，方用事，因上赐宴，素戏曰："二柳俱摧，孤杨独耸。"坐者欢笑，机竟无言。未几还州。前后作守，俱称宽惠。后以征还，卒于家。赠大将军、青州刺史，谥曰简。子述嗣。

　　述字业隆。性明敏，有干略，颇涉文艺。以父荫为太子亲卫。后以尚主故，拜开府仪同三司、内史侍郎。上于诸婿中特见宠遇。岁余，判兵部尚书事。父艰去职。未几，起摄给事黄门侍郎事，袭爵建安郡公。

　　仁寿中，判吏部尚书事。述虽职务修理，为当时所称，然不达大体，暴于驭下，又怙宠骄豪，无所降屈。杨素时方贵重，朝臣莫不詟惮，述每陵侮之，数于上前面折素短。判事有不合，素意或令述改，辄谓将命者曰："语仆射，道尚书不肯。"素由是衔之。俄而杨素被疏忌，不知省事。述任寄逾重，拜兵部尚书，参掌机密。述自以无功可纪，过叨匪服，抗表陈让。上许之，命摄兵部尚书。

上于仁寿宫寝疾，述与杨素、黄门侍郎元岩等侍疾宫中。时皇太子无礼于陈贵人，上知之，大怒，令述召房陵王。述与元岩出外作敕书。杨素见之，与皇太子谋，矫诏执述、岩属吏。及炀帝嗣位，述坐除名。公主请与同徙，帝不听。述在龙川数年，复徙宁越，遇瘴疠死。

机弟弘，字匡道。少聪颖，工草隶，博涉群书，辞采雅赡。与弘农杨素为莫逆交。解巾中外府记室。建德初，除内史上士。历小宫尹、御正上士。陈遣王偃人来聘，武帝令弘劳之。偃人谓弘曰："来日至蓝田，正逢滋水暴长，所赍国信，溺而从流。今所进，假之从吏。请勒下流人见为寻此物。"弘曰："昔淳于之献空笼，前史称以为美。足下假物而进，讵是陈君命乎？"偃人惭不能对。武帝闻而嘉之，尽以偃人所进物赐弘，仍令报聘。占对敏捷，见称于时。

后卒于御正下大夫。赠晋州刺史。杨素诔之曰："山阳王弼，风流长逝。颍川荀粲，零落无时。修竹夹池，永绝梁围之赋；长杨映沼，无复洛川之文。"其为士友所痛惜如此。有文集行于世。

弘弟旦，字匡德。工骑射，颇涉书籍。仕周，位兵部下大夫。以行军长史从梁睿讨王谦，以功授仪同三司。开皇元年，加开府，封新城县男，授掌设骠骑。历罗、淅、鲁三州刺史，并有能名。大业初，拜龙川太守。郡人居山洞，好相攻击。旦为开设学校，大变其风。帝闻，下诏褒美之。征为太常少卿，摄判黄门侍郎事。卒。

子燮，官至河内郡掾。

旦弟肃，字匡仁。少聪敏，闲于占对。仕周，位宣纳上士。隋文帝作相，引为宾曹参军。开皇初，授太子洗马。陈使谢泉来聘，以才学见称，诏肃宴接，时论称其华辩。历太子内舍人，迁太子仆。太子废，坐除名。

大业中，帝与段达语及庶人罪恶。达云："柳肃在宫，大见疏斥。"帝问其故。答曰："学士刘臻尝进章仇太翼宫中，为巫蛊事。肃知而谏曰：'殿下位当储贰，戒在不孝，无患见疑。刘臻书生，鼓摇唇舌，适足以相诖误。愿勿纳之。'庶人不怿，他日，谓臻曰：'汝何漏泄,使柳肃知之,令面折我!'自是后,言皆不用。"帝曰:"肃横除名。"乃召守礼部侍郎。坐事免。后守工部侍郎,大见亲任,每幸辽东,常委于涿郡留守。卒官。

机从子謇之,字公正。父蔡年,周顺州刺史。謇之身长七尺五寸,仪容甚伟,风神爽亮,进止可观。为童儿时,周齐王宪遇之于途,异而与语,大奇之,因奏为国子生。以明经擢第,拜宫师中士,转守庙下士。武帝有事太庙,謇之读祝文,音韵清雅,观者属目。帝善之,擢为宣纳上士。开皇初,拜通事舍人,寻迁内史舍人。历兵部、司勋二曹侍郎。朝廷以謇之雅望,善谈谑,又饮酒至一石不乱,由是,每梁陈使至,辄令接对。迁光禄少卿。出入十余年,每参掌敷奏。

会吐谷浑来降,朝廷以宗女光化公主妻之,以謇之兼散骑常侍,送公主于西域。及突厥启人可汗求和亲,复令謇之送义成公主于突厥。前后使二国,得赠马二千余匹,杂物称是,皆散之宗族,家无余财。出为肃、息二州刺史,俱有惠政。炀帝践祚,复拜光禄。大业初,启人可汗自以内附,遂畜牧于定襄、马邑间。帝使謇之谕令出塞。还,拜黄门侍郎。

时元德太子初薨,朝野注望,以齐王当立。帝方重王府之选,拜为齐王长史。帝法服临轩,命齐王立于西朝堂,遣吏部尚书牛弘、内史令杨约、左卫大将军宇文述等从殿廷引謇之诣齐王所,西面立。弘宣敕谓齐王曰:"我出蕃之初,时年十二。先帝立我于西朝堂,乃命高颎、虞庆则、元旻等从内送王子相于我。诫我曰:'以汝更世事,令子相作辅于汝,事无大小,皆可委之。无得昵近小人,疏远子相。若从我言者,有益于社稷,成立汝名行;如不用此言,唯国及身,败无日矣。'吾受敕,奉以周旋,不敢失坠。微子相之力,吾几无今日矣。若与謇之从事,一如子相出。"又敕謇之曰:"今卿作辅于齐,副朕所望。若齐王德业修备,富贵自当钟卿一门。若有不善,罪亦相及。"时齐王擅宠,乔令则之徒,深见昵狎,謇之知其非,不能匡正。及王得罪,謇之竟坐除名。

及帝幸辽东,召检校燕郡事。帝班师至燕郡,供顿不给,配戍岭南，卒于洭口。子威明。

论曰：高氏籍四胡之势，跨有山东，周文承二将之余，创基关右，似商、周之不敌，若汉、楚之争雄。又连官渡之兵，未定鸿沟之约。虽弘农、沙苑，齐卒先奔；而河桥、北芒，周师桡败。于是竞图进取，各务兵戈，齐谓兼并有余，周则自守不足。韦孝宽奇材异度，纬武经文，居要害之地，受干城之托。东人怙恃其众，悉力来攻，将欲酾酒未央，饮马清渭。孝宽乃冯兹雉堞，抗彼仇雠，事甚析骸，势危负户，终能奋其智勇，应变无方，城守六旬，竟摧大敌。齐人既焚营宵遁，高氏遂愤恚而殂。虽即墨破燕，晋阳存赵，何以能尚？若使平阳不守，邺城无众人之师；玉璧启关，函谷失封泥之固。斯岂一城之得丧，实亦二国之兴亡者欤。

韦琼隐不负人，贞不绝俗，怡神坟籍，养素丘园，哀乐无以动其心，名利不足干其虑，确乎不拔，实近代之高人也。明帝比诸园、绮，岂徒然哉！世康风神雅量，一代称伟，簪缨人物，见重京华。瓛素望高风，亦云美矣。

柳虬兄弟，雅道是基，并能誉重搢绅，岂虚至也。庆束带立朝，匪躬是蹈，莅官从政，清白著美。至于畏避权宠，违忤宰臣，虽取诎于一时，实获申于千载矣。机立身行己，本以宽雅流誉，至于登朝正色，可谓不违直道。虽陵谷迁贸，终以雅正自居，古所谓以道事人，斯之谓矣。虽干略见称，终乃败于骄宠，惜矣。

北史卷六五
列传第五三

达奚武　若干惠　怡峰
刘亮　王德　赫连达　韩果
蔡祐　常善　辛威　厍狄昌
梁椿　梁台　田弘

达奚武字成兴，代人也。祖眷，父长，并为镇将。

武少倜傥好驰射，贺拔岳征关右，引为别将。及岳为侯莫陈悦所害，武与赵贵收尸归平凉，同翊戴周文帝。从平悦，封须昌县伯。大统初，自大丞相府中兵参军出为东秦州刺史。齐神武与窦泰、高敖曹三道来侵，周文欲并兵击泰，诸将多异议，唯武及苏绰与周文帝意同，遂禽之。周文进图弘农，遣武从两骑觇候。武与其候骑遇，即交战，斩六级，获三人而反。齐神武趣沙苑，周文遣武觇之。武从三骑，皆衣敌人衣，至暮，下马潜听其军号，历营若警夜者，有不如法者，往往挞之。具知敌情以告，周文遂从破之。进爵高阳郡公。

四年，周文援洛阳，武为前锋，与李弼破莫多娄贷文。又进至河桥，力战，斩其司徒高敖曹。再迁雍州刺史。复从战芒山，时大军不利，齐神武乘胜进军至陕。武御之，乃退。七年，诏武经略汉川。梁梁州刺史宜丰侯萧修固守南郑。武围之，修请服。会梁武陵王遣其将杨乾运等救修，修更不下。武击走乾运，修乃降。自剑门以北悉平。明年，振旅还京师。朝议欲以武为柱国，武曰："我作柱国，不应在元子孝前。"固辞。以大将军出镇玉壁。

周孝闵帝践祚，授柱国、大司寇。齐北豫州刺史司马消难举州来附，诏武与杨忠迎消难以归。武成初，转大宗伯，进封郑国公。齐将斛律敦侵汾、绛，武御之，敦退。武筑柏壁城，留开府权严、薛羽生守之。保定三年，迁太保。其年，大军东伐，随公杨忠引突厥自北道，武以三万骑自东道期会晋阳。武至平阳，后期不进，而忠已还，武尚未知。齐将斛律明月遗武书曰："鸿鹤已翔于寥廓，罗者犹视于沮泽也。"武览书，乃班师。出为同州刺史。明年，从晋公护东伐。时尉迟迥围洛阳，为敌所败。武与齐王宪于芒山御之。至夜，收军。宪欲待明更战。武曰："洛阳军散，人情骇动，不因夜速还，明日欲归不得。"宪从之，遂全军而返。天和三年，转太傅。

武微时，奢侈好华饰。及居重位，不持威仪，行常单马，左右从一两人而已，门外不施戟，恒昼掩一扉。或谓曰："公位冠群后，何轻率若是？"武曰："吾昔在布衣，岂望富贵！今日富贵，不可顿忘畴昔。且天下未平，国恩未报，安可过事威容乎？"言者惭而退。武之在同州，时旱，武帝敕武礼华岳。岳庙旧在山下，常所祈祷。武谓僚属曰："吾备位三公，不能燮理阴阳，不可同于众人，在常祀所，必须登峰展诚，寻其圣奥。"岳既高峻，人迹罕通。武年逾六十，唯将数人攀藤而上，于是稽首祈请。晚不得还，即于岳上藉草而宿。梦一白衣来执武手曰："快辛苦。"甚相嘉尚。武遂惊觉，益用祗肃。至旦，云雾四起，俄而澍雨，远近沾洽。武帝闻之，玺书劳武，赐彩百匹。

武性贪吝，其为大司寇也，在库有万钉金带，当时宝之，武因入库，乃取以归。主者白晋公护，护以武勋重，不彰其过，因而赐之。时论深鄙焉。薨，赠太傅、十五州诸军事、同州刺史，谥曰桓。子震嗣。

震字猛略。骁勇，走及奔马。周文尝于渭北校猎，时有兔过周文前，震与诸将竞射之，马倒而坠。震足不倾踬，因步走射之，一发中兔。顾马才起，遂回身腾上。周文喜曰："非此父不生此子。"乃赐震杂彩一百段。后封魏昌县公。明帝初，拜司右中大夫，加骠骑大将军、开府仪同三司。武成初,进爵广平郡公,除华州刺史。震虽出自膏腴,少习武艺,然颇有政术。天和六年,拜柱国。

建德初,袭爵郑国公。从平邺,赐妾二人、女乐一部,拜大宗伯。震父尝为此职,时论荣之。宣政中,出为原州总管。隋开皇初,薨于家。

震弟甚,大象末,为益州刺史,与王谦据蜀起兵,被诛。

若干惠字惠保,代武川人也。其先与魏俱起,以国为姓。父树利周,从魏广阳王深征葛荣,战没,赠冀州刺史。

惠以别将从贺拔岳,以功封北平县男。及岳为侯莫陈悦所害,惠与寇洛、赵贵等同谋翊戴周文。仍从平悦,拜直阁将军。从禽窦泰,复弘农,破沙苑,惠每先登陷阵。加侍中、开府仪同三司、封长乐郡公。大统四年,从魏文帝东巡洛阳,与齐神武战于河桥,力战破之。七年,迁领军。

及高仲密举北豫州来附,周文迎之。军至洛阳,齐神武屯于芒山。惠为右军,与中军大破之。齐神武兵乃萃左军,军将赵贵等战不利。会日暮,齐神武进兵攻惠,惠击之,皆披靡。至夜中,神武骑复来追惠。惠徐下马,顾命厨人营食。食讫,谓左右曰:"长安死,此中死,异乎?"乃建旗鸣角,收军而还。神武追骑惮惠,疑有伏兵,不敢逼。至弘农,见周文,陈贼形势,恨其垂成之功,亏于一篑,歔欷不自胜。周文壮之,迁司空。惠性刚质,有勇力,容貌魁岸。善于抚御,将士莫不怀恩。及侯景内附,朝议欲收辑河南,令惠以本官镇鲁阳。遇病,薨于军。

惠于诸将年最少。早丧父,事母以孝闻。周文尝造射堂新成,与诸将宴射。惠窃叹曰:"亲老矣,何时办此!"周文闻之,即日徙堂于惠宅。其见重如此。及薨,为流涕久之。惠丧至,又临抚焉。加赠秦州刺史,谥曰武烈。子凤嗣。

凤字达摩,有识度。袭父爵长乐郡公,尚周文女。位开府仪同三司、大驭中大夫。后录惠佐命功,封凤徐国公,拜柱国。

怡峰字景阜，辽西人也。本姓默台，因避难改焉。高祖宽，燕辽西郡守，魏道武时归朝，拜羽真，赐爵长蛇公。曾祖文，冀州刺史。

峰少以骁勇闻。从贺拔岳讨万俟丑奴，赐爵蒲阴县男。岳被害，峰与赵贵等同谋翊戴周文，进爵为伯。及齐神武与孝武帝构隙，文帝令峰与都督赵贵赴洛阳。至潼关，属孝武西迁，峰即从周文帝拔回洛，复潼关。后以讨曹泥功，进爵华阳县公。又从破窦泰于小关。复弘农，破沙苑，进爵乐陵郡公。仍与元季海、独孤信复洛阳。东魏行台任祥率步骑万余攻颍川，峰复以轻骑五百邀击，大破之。自是威名转盛。加授开府仪同三司。

及周文与东魏战河桥，时峰为左军，不利，与李远先还，周文遂班师。诏原其罪。拜夏州刺史。大统十五年，东魏围颍川，峰与赵贵赴援。至南阳，病卒。峰沈毅有胆略，得士卒心，当时号骁将。周文嗟悼者久之。赠华州刺史，谥曰襄威。

子昂嗣。位开府仪同三司。朝廷追录峰功，封昂□郡公。

昂弟光，少以峰勋，赐爵安平县侯，加开府仪同三司。

光弟春，少知名，位吏部下大夫、仪同三司。

刘亮，中山人也，本名道德。父特真，位领人酋长。魏大统中，以亮著勋，追赠恒州刺史。

亮少倜傥，有从横计略，姿貌魁杰，见者惮之。以都督从贺拔岳西征，以功封广兴县子。侯莫陈悦害岳，亮与诸将谋迎周文。及平悦后，悦党幽州刺史孙定儿仍据州不下，众至数万。周文令亮袭之。定儿以义兵犹远，未为之备。亮乃轻将二十骑，先竖一纛于近城高岭，即驰入城中。定儿方置酒高会，卒见亮至，众皆骇愕。亮乃麾兵斩定儿，悬首州门，号令贼党。仍遥指城外纛，命二骑曰：“出追大军。”贼党凶惧，一时降服。

及周文置十二军，简诸将领之，亮领一军。每征讨，常与怡峰俱为骑将。以复潼关功，封饶阳县伯。寻加侍中。从禽窦泰，复弘农，战沙苑,并力战有功。迁开府仪同三司、大都督,进爵长广公。以母忧去职,居丧毁瘠。周文嗟其至性,每忧惜之。起复本官。

亮以勇敢见知,为当时名将,兼屡陈谋策,多合机宜。周文谓曰:"卿文武兼资,即孤之孔明也。"乃赐名亮,并赐姓侯莫陈氏。出为东雍州刺史,为政清静,百姓安之。卒于州。丧还京,周文亲临之,泣而谓人曰:"股肱丧矣,腹心何寄!"令鸿胪卿监护丧事,追赠太尉,谥曰襄。后配飨周文庙廷。子昶嗣。

昶尚周文女西河长公主,大象中,位柱国、秦灵二州总管,以亮功封彭国公。隋开皇中,坐事死。

昶弟静,天水郡守。静弟恭,开府仪同三司、饶阳县伯。恭弟干,上仪同三司、褒中侯。

王德字天恩,代武川人也。少善骑射,虽不经师训,以孝悌称。初从尔朱荣讨元颢,赐爵同官县子。又从贺拔岳讨平万俟丑奴,别封深泽县男。及侯莫陈悦害岳,德与寇洛等议,翊戴周文,于是除平凉郡守。德虽不知书,至于断决处分,良吏无以过。泾州所部五郡,德常为最。

及孝武西迁,进封下博县伯,行东雍事。在州未几,百姓怀之。赐姓乌丸氏。大统元年,进爵为公,加车骑大将军、仪同三司、北雍州刺史。后常从周文征伐,累有战功,加开府、侍中,进爵河间郡公。先是河渭间种羌屡叛,以德有威名,拜河州刺史。群羌率服。后卒于泾州刺史,谥曰献。德性厚重廉慎,言行无择。母几年百岁,后德终。

子庆嗣,小名公奴。性谨厚,位开府仪同三司。初德丧父,贫无以葬,乃卖公奴并一女以营葬事。因遭兵乱,不复相知。及德在平凉,始得之,遂名曰庆。

赫连达字朔周,盛乐人,勃勃之后也。曾祖库多汗,因避难改姓杜氏。

达性刚鲠有胆力。少从贺拔岳征讨有功，赐爵长广乡男。及岳为侯莫陈悦所害，赵贵建议迎周文，达赞成其议，请轻骑告周文，仍迎之。诸将或欲面追贺拔胜，或云东告朝廷。达又曰：“此皆远水不救近火，何足道哉！”谋遂定，令达驰往。周文见达恸哭，遂以数百骑南赴平凉，令达率骑据弹筝峡。时百姓惶惧奔散者，军争欲掠之。达止之，乃抚以恩信，人皆悦附。周文闻而嘉之。加平东将军。周文谓诸将曰：“当清水公遇祸之日，君等性命悬于贼手。杜朔周冒万死之难，远来见及，遂得同雪仇耻。劳而不酬，何以劝善？”乃赐马二百匹。

孝武入关，褒叙勋义，以达首迎元帅，匡复秦、陇，进爵魏昌县伯。从仪同李虎破曹泥。后复弘农，战沙苑，皆有功。诏复姓赫连。以达勋望兼隆，乃除云州刺史，进爵为公。从大将军达奚武攻汉中。梁宜丰侯萧修拒守积时，后乃送款。开府贺兰愿德等以其食尽，欲急攻取之。达曰：“不战而获城，策之上也。无容利其子女，贪其财帛，仁者不为。如其困兽犹斗，则成败未可知。”武遂受修降。师还，迁骠骑大将军、开府仪同三司，加侍中，进爵蓝田县公。

保定初，为大将军、夏州总管。达虽非文史，然性质直，遵奉法度，轻于鞭挞，而重慎死罪。性又廉俭。边境胡人或馈达羊，达欲招异类，报以缯帛。主司请用官物。达曰：“羊入我厨，物出官库，是欺上也。”命取私帛与之。识者嘉其仁恕。寻进爵乐川郡公，位柱国。薨。

子迁嗣。位大将军、蒲州刺史。

韩果字阿六拔，代武川人也，少骁雄，善骑射。贺拔岳西征，引为帐内，击万俟丑奴。后从周文讨平侯莫陈悦。大统初，累进爵石城公。果性强记，兼有权略。善伺敌虚实，揣知情状。有潜匿溪谷欲为间侦者，果登高望之，所疑处，往必有获。周文由是以果为虞侯都督。每从征行，常领候骑，昼夜巡察，略不眠寝。

从平窦泰于潼关，周文因其规划，军以胜返，赏真珠金带一条。

又从复弘农，破沙苑，战河桥，并有功。历朔、安二州刺史。从战芒山，军还，除河东郡守。又从大将军破稽胡于北山。胡地险阻，人迹罕至，果进兵穷讨，散其种落。稽胡惮其劲勇矫捷，号为著翅人。周文闻之，笑曰："著翅之名，宁减飞将。"累迁开府仪同三司、进爵褒中郡公。保定三年，拜少师，进位柱国。天和初，授华州刺史。为政宽简，吏人称之。薨。

子明嗣。为黎州刺史，与尉迟迥同谋反，被诛。

蔡祐字承先，其先陈留圉人也。曾祖绍为夏州镇将，徙居高平，因家焉。父袭，名著西州。魏正光中，万俟丑奴乱关中，袭乃背贼归洛阳。拜齐安郡守。及孝武西迁，始拔难西归。赐爵平舒县伯，除岐、雍二州刺史。

祐性聪敏，有行检。袭之背贼东归，祐年十四，事母以孝闻。及长，有膂力。周文在原州，召为帐下亲信。及迁夏州，以祐为都督。侯莫陈悦害贺拔岳，诸将迎周文，周文将赴之。夏州首望弥姐元进等阴有异计。周文微知之，召元进等入计事，既而目祐。祐即出外，衣甲持刀直入，叱元进而斩之，并其党伏诛。一坐皆战栗。于是与诸将盟，同心诛悦。周文以此重之，谓祐曰："吾今以尔为子，尔其父事我。"后迎孝武于潼关，以前后功封长乡县伯。后从禽窦泰，复弘农，战沙苑，皆有功。授平东将军、太中大夫。

又从战河桥，祐下马步斗，左右劝乘马以备急卒。祐怒之曰："丞相养我如子，今日岂以性命为念？"遂率左右十余人，齐声大呼，杀伤甚多。敌以其无继，围之十余重。祐乃弯弓持满，四面拒之。东魏人乃募厚甲长刀者，直进取祐。去祐可三十步，左右劝射之。祐曰："吾曹性命，在此一矢耳，岂虚发哉！"敌人可十步，祐乃射之，中其面，应弦而倒，便以稍刺杀之。敌乃稍却。祐乃徐引退。是战也，西军不利，周文已还。祐至弘农，夜与周文会。周文字之曰："承先，尔来吾无忧矣！"周文惊，不得寝，枕祐股上乃安。以功进爵为公，授京兆郡守。

高仲密举北豫来附,周文率军援之,与齐神武遇芒山。祐时著明光铁铠,所向无敌。齐人咸曰:"此是铁猛兽也。"皆避之,历青、原二州刺史,寻除大都督。遭父忧,请终丧纪,弗许。累迁开府仪同三司,加侍中,赐姓大利稽氏,进爵怀宁郡公。六官建,授兵部中大夫。周文不豫,祐与晋公护、贺兰祥等侍疾。及周文崩,祐悲慕不已,遂得气疾。

周孝闵帝践祚,拜少保。祐与尉迟纲俱掌禁兵。时帝信任司会李植等,谋害晋公护。祐每泣谏,帝不听。寻而帝废。明帝之为公子也,与祐特相友昵,及即位,礼遇弥隆。加拜小司马。御膳每有异味,辄以赐祐,群臣朝宴,每被别留,或至昏夜,列炬鸣笳,送祐还宅。祐以过蒙殊遇,常辞疾避之。至于婚姻,尤不愿结于权要。寻以本官权镇原州。顷之,授宜州刺史。未之部,卒于原州。

祐少与乡人李穆布衣齐名,常相谓曰:"大丈夫当建立功名,以取富贵,安能久处贫贱。"言讫,各大笑。后皆如言。及从征伐,为士卒先。军还,诸将争功,祐终无所竞。周文每叹之曰:"承先口不言勋,孤当代其论叙。"性节俭,所得禄秩,皆散宗族,身死之日,家无余财。赠柱国大将军、原州都督,谥曰庄。子正嗣。

祐弟泽,颇好学,有干能。后为邛州刺史,以不从司马消难被害。

常善,高阳人也。家本豪族。魏孝昌中,从尔朱荣入洛,封房城县男。后周文平侯莫陈悦,除天水郡守。累迁骠骑大将军、开府仪同三司、西安州刺史,转蔚州刺史。频莅二藩,有政绩。进爵康阳郡公。周孝闵帝践祚,拜大将军、宁州总管。保定二年,入为小司徒。卒,赠柱国大将军、都督、延州刺史。子昂和嗣。

辛威,陇西人也。少慷慨有志略。初从贺拔岳征伐有功,假辅国将军、都督。及周文统岳众,见威奇之,引为帐内,封白土县伯,后进爵为公。累迁开府仪同三司,赐姓普屯氏。出为郧州刺史。威时望既重,朝廷以桑梓荣之,迁河州刺史、本州大中正。频领二镇,颇得人和。周孝闵帝践祚,拜大将军,进爵枹罕郡公。宣政元年,进位上柱国。大象二年,进封宿国公,复为少傅。薨。

威性持重,有威严。历官数十年,未尝有过,故得以身名终。兼其家有义,五世同居,时以此称之。

子永达嗣。位仪同大将军。

库狄昌字恃德,神武人也。少便弓马,有膂力。及长,进止闲雅,胆气壮烈,每以将帅自许。从耳朱元光定关中。天光败,又从贺拔岳征讨。及岳被害,昌与诸将议翊戴周文。从平侯莫陈悦。赐爵阴盘县子。后从迎孝武,复潼关,改封长子县子。大统初,累迁开府仪同三司,进爵方城郡公。六官建,授稍伯中大夫。周孝闵帝践祚,拜大将军,卒。

梁椿字千年,代人也。初从尔朱荣入洛,又从贺拔岳讨平万俟丑奴,仍从周文平侯莫陈悦。大统中,累以战功封东平郡公,位开府仪同三司。周孝闵帝践祚,除华州刺史,改封清陵郡公。保定元年,拜大将军,卒于位。赠都督、恒州刺史,谥曰烈。

椿性果毅,善于抚纳,所获赏物,分赐麾下,故每践敌场,咸得其死力。雅好俭素,不营赀产,时论以此称焉。

子明,以椿功赐爵丰阳县公。后袭椿爵,旧封回授弟朗。

梁台字洛都,茇池人也。少果敢,有志操。从尔朱天光平关、陇,赐爵陇城乡男。及天光败于韩陵,贺拔岳又引为心膂。岳为侯莫陈悦所害,台与诸将翊戴周文。从平悦,累功授颖川刺史,赐姓贺兰氏。累迁骠骑大将军、开府仪同、侍中。周孝闵帝践祚,进爵中部县公。

保定四年,拜大将军。时大军围洛阳,久不拔。齐骑奄至,齐公宪御之。有数人为敌所执,已去。台单马突入,射杀两人,敌皆披靡,被执者遂还。齐公宪每叹曰："梁台果毅胆决，不可及也"五年，拜鄜州刺史。

台性疏通，恕以待物，至于莅人，尤以惠爱为心。不过识千余字，口占书启，词意可观。年过六十，犹能被甲跨马，足不蹑镫，驰射弋猎，矢不虚发。后以疾卒。

田弘字广路，高平人也。少慷慨，有谋略。初陷万俟丑奴。尔朱天光入关，弘自原州归顺。及周文统众，弘求谒见，乃论时事，即处以爪牙之任。又以迎孝武功，封鹑阴县子。周文尝以所著铁甲赐弘，云："天下若定，还将此甲示孤也。"累功赐姓纥干氏，授原州刺史。以弘勋望兼至，故以衣锦荣之。周文在同州，文武并集，乃谓之曰："人人如弘尽心，天下岂不早定？"即授车骑大将军、仪同三司。

魏废帝元年，加骠骑大将军、开府仪同三司。平蜀后，梁信州刺史萧韶等未从朝化，诏弘讨平之。又讨西平反羌及凤州叛氐等，并破之。每临阵，推锋直前，身被一百余箭，破骨者九，马被十稍。朝廷壮之。周孝闵践阼，进爵雁门郡公。保定元年，出为岷州刺史。弘虽武将，而动遵法式，百姓赖安之。三年，从随公杨忠伐齐，拜大将军。后进柱国大将军，历位大司空、少保、襄州总管。薨于州。子仁恭嗣。

仁恭字长贵。性宽仁，有局度。历位幽州总管。隋文帝受禅，进上柱国，拜太子太师，甚见亲重。尝幸其第，宴饮极欢，礼赐甚厚。寻奉诏营太庙，进爵观国公，拜武卫大将军，转左武卫大将军。卒官。赠司空，谥曰敬。子世师嗣。

次子德懋，少以孝友知名。开皇初，以父军功赐爵平原郡公，授太子千牛备身。丁父艰，哀毁骨立，庐于墓侧，负土成坟。帝闻而嘉之，遣员外散骑侍郎元志就吊焉。复降玺书存问，赐帛及米，下诏表其闾。大业中，位尚书驾部郎，卒官。

时有玉城郡公王景、鲜虞县公谢庆恩并位上柱国，大义公辛遵及其弟韶并位柱国。隋文帝以其俱佐命功臣，特加崇贵，亲礼与仁恭等事，皆亡失云。

论曰：周文接丧乱之际，乘战争之余，发迹平凉，抚征关右。于时外虞孔炽，内难方殷，羽檄交驰，戎轩屡驾，终能荡清逋孽，克固鸿基。虽禀算于庙堂，实责成于将帅。达奚武、若干惠、怡峰、刘亮、王德、赫连达、韩果、蔡祐、常善、辛威、库狄昌、梁椿、梁台、田弘等，并兼资勇略，咸会风云，或效绩中权，或立功方面，均分休戚，同济艰危，可谓国之爪牙，朝之御侮者也。而武叶规文后，得隽小关，周瑜赤壁之谋，贾诩乌巢之策，何以能尚？一言兴邦，斯之谓矣。惠、德本以果毅知名，而能率由孝道，虽图史所叹，何以加焉？勇者不必有仁，斯不然矣。以赫连达之先识而加之以仁恕，蔡祐之敢勇而终之以不伐，斯岂企及之所致乎，抑亦天性而已。仁恭出内荣显，岂徒然哉。德懋道协天经，亦足嘉矣。

北史卷六六
列传第五四

王杰　王勇　宇文虬　耿豪
高琳　李和　伊娄穆
达奚实　刘雄　侯植
李延孙　韦祐　陈欣　魏玄
泉仚　李迁哲　杨乾运
扶猛　阳雄　席固　任果

　　王杰,金城直城人也,本名文达。父巢,魏榆中镇将。杰少有壮志,每以功名自许。从孝武西迁,赐爵都昌县子。周文奇其才,尝谓诸将曰:"王文达万人敌也,但恐勇决太过耳。"从复潼关,破沙苑,争河桥,战芒山,皆以勇敢闻。亲待日隆,于是赐姓宇文氏,进爵为公。累迁侍中、骠骑大将军、开府仪同三司。
　　恭帝元年,从于谨围江陵。时栅内有人,善用长矟,将士登者,多为所弊。谨令杰射之,应弦而倒。登者乃得入,遂拔之。谨曰:"济我大事者,在公此箭也。"周孝闵帝践祚,进爵张掖郡公,为河州刺史。朝廷以杰勋望俱重,故授以本州。后与随公杨忠自汉北伐齐。又从齐公宪东御齐将斛律明月。进位柱国。建德初,除泾州总管,颇为百姓所慕。宣帝即位,拜上柱国。薨。赠七州诸军事、河州刺史,追封鄂国公,谥曰威。

子孝迁,位开府仪同大将军。

王勇,代武川人也,本名胡仁。少雄健,有胆决。数从侯莫陈悦、贺拔岳征讨,功居多,拜别将。周文为丞相,封包信县子。从禽窦泰,复弘农,战沙苑,气盖众军,所当必破。周文叹其勇敢,赏赐特隆,进爵为公。大军不利,唯胡仁及王文达、耿令贵三人力战,皆有殊功。军还,拜上州刺史,以雍州、岐州、北雍州拟授胡仁等。然州颇有优劣,文令探筹取之。胡仁遂得雍州,文达岐州,令贵得北雍州。仍赐胡仁名勇,令贵名豪,文达名杰,以彰其功。进侍中、骠骑大将军、开府仪同三司。

恭帝元年,从柱国赵贵征蠕蠕,破之,进爵新阳郡公,赐姓库汗氏。又论讨蠕蠕功,别封永固县伯。时有别封者,例听回授次子,勇独请封兄子兴,时人义之。寻进位大将军。勇性雄猛,为当时骁将。矜功伐善,好论人之恶,时论亦以此鄙之。柱国侯莫陈崇勋高望重,与诸将同谒晋公护,闻勇数论人短,乃于众中折辱之。勇惭恚,因疽发背卒。

子昌嗣,官至大将军。

宇文虬字乐仁,代武川人也。骁悍有胆略。少从征讨,累有战功,封南安侯。孝武西迁,以独孤信为行台,信引虬为帐内都督,随信奔梁。大统三年归阙,进爵为公。禽窦泰,复弘农,及沙苑、河桥之战,皆有功。又从独孤信讨梁仚定,破之。累迁南秦州刺中、骠骑大将军、开府仪同三司。虬每经行阵,必身行士卒,故上下同心,战'无不克'。后除金州刺史、大将军。卒。

耿豪,钜鹿人也,本名令贵。其先家于武川。豪少粗犷,有武艺,好以气陵人。贺拔岳西征,引为帐内。归周文,以武勇见知。豪亦自谓所事得主。从讨侯莫陈悦及迎孝武,录前后功,封平原子。沙苑之战,豪杀伤甚多,血染甲裳尽赤。周文叹曰:"令贵武猛,所向无前,观其甲裳,足以为验,不须更论级数也。"进爵为公。从周文战芒山,豪谓所部曰:"大丈夫除贼,须右手拔刀,左手把矟,直斫直刺,慎莫畏死。"遂大呼独入,敌人锋刃乱下,当时咸谓豪殁。俄然奋刀而还。战数合,当豪前者死伤相继。又谓左右曰:"吾岂乐杀人,但壮士除贼,不得不尔。若不能杀贼,又不为人所伤,何异逐坐人也!"周文嘉之。拜北雍州刺史,赐姓和稽氏。进位侍中、骠骑大将军、开府仪同三司。

豪性凶悍,言多不逊,周文惜其骁勇,每优容之。豪亦自谓意气冠群,终无所屈。李穆、蔡祐与豪同时开府,后并居豪之右。豪不能平,谓周文曰:"人间物议,谓豪胜李穆、蔡祐。"周文曰:"何以言之?"豪曰:"人言李穆、蔡祐是丞相髀髀,耿豪、王勇,丞相咽项,以在上,故为胜也。"豪之粗猛皆此类。卒,周文痛惜之。

子雄嗣。位至大将军。

高琳字季珉,其先高丽人也。仕于燕,又归魏,赐姓羽真氏。琳母尝被褉泗滨,遇见一石,光彩朗润,遂持以归。是夜,梦人衣冠有若仙者,谓曰:"夫人向所将来石,是浮磬之精。若能宝持,必生令子。"母惊寤,举身流汗。俄而有娠,及生,因名琳,字季珉。从孝武西迁,封钜野县子。河桥之役,琳勇冠诸军。周文谓曰:"公即我之韩、白也。"复从战芒山,除正平郡守。齐将东方老来寇,琳击之。老中数创乃退,谓其左右曰:"吾经阵多矣,未见如此健儿。"后除郿州刺史,加骠骑大将军、开府仪同三司、侍中。

周孝闵帝践祚,进爵犍为郡公。武成二年,讨平文州氏。师还,帝宴群公卿士,仍赋诗言志。琳诗末章云:"寄言窦车骑,为谢霍将军。何以报天子?沙漠静妖氛。"帝大悦曰:"獯、猃陆梁,未时款塞,卿言有验,国之福也。"天和三年,为江陵副总管。时陈将吴明彻来寇,总管田弘与梁主萧岿出保纪南城,唯琳与梁仆射王操固守江陵三城以抗之。昼夜拒战,凡经十旬,明彻退走。岿表言其状,帝乃优诏追琳入朝，亲加劳问。六年，进位柱国。薨。赠本官，加五州诸军事、冀州刺史，谥曰襄。

子儒袭爵。位仪同大将军。

李和本名庆和，朔方岩绿人也。父僧养，以累世雄豪，为夏州酋。

和少敢勇有识度，状貌魁伟，为州里所推。贺拔岳作镇关中，引为帐内都督。后从周文累迁侍中、骠骑大将军、开府仪同三司、夏州刺史，赐姓宇文氏。周文尝谓诸将曰："宇文庆和累经任委，每称吾意。"又赐名意焉。改封永丰县公。保定二年，除司宪中大夫。寻改封德广郡公，出为洛州刺史。和前在夏州，颇留遗惠，及有此授，商、洛父老若不想望德音。和至州，以仁恕训物，狱讼为之简静。进柱国大将军。

隋开皇元年，迁上柱国。和立身刚简，老而逾励，诸子趋事，若奉严君。以意是周文帝赐名，帝朝已革；庆和则父之所命，义不可违。至是，遂以和为名。二年，薨。赠本官，加司徒公，谥曰肃。子彻嗣。

彻字广达。性刚毅，有器干。周武帝时，从皇太子西征吐谷浑，以功赐爵周昌县男。从武帝平齐，录前后功，再进爵。迁左武卫将军。及隋晋王广镇并州，妙选府官，诏彻总晋王府军事，进爵齐安郡公。时蜀王秀亦镇益州，上谓侍臣曰："安得文同王子相，武如李广达者乎"，其见重如此。明年，突厥沙钵略可汗犯塞，上令卫王爽为元帅击之，以彻为长史。遇虏于白道，行军总管李充请袭之。诸将多以为疑，唯彻奖成其事，请同行，遂掩击大破之。沙钵略弃所服金甲而遁。以功加上大将军。沙钵略因此称藩。改封安道郡公。

开皇十年，进位柱国。及晋王为扬州总管，以彻为司马，改封德广郡公。寻徙封城阳郡公。其后突厥犯塞，彻复领行军总管破之。及左仆射高颎得罪，彻素与颎善，被疏忌。后出怨言，上闻，召入卧内赐宴，言及平生，因遇鸩卒。大业中，其妻元氏为孽子安远诬以咒诅，伏诛。

伊娄穆字奴干，代人也。父灵，善骑射，为周文所知，尝谓之曰：“若伊尹阿衡于殷，致主尧、舜。卿既姓伊，庶卿不替前绪。”于是赐名尹焉。历卫将军、隆州刺史、卢奴县公。

穆弱冠为周文帐内亲信，以机辩见知。历中书舍人、通直散骑常侍。尝入白事，周文望见悦之，字之曰：“奴干作仪同面见我矣。”于是拜仪同三司，赐封安阳县伯。周孝闵帝践阼，进位骠骑大将军。建德中，卒。

达奚实字什伐代，河南洛阳人也。父显相，武卫将军。

实少修立，有干局。从魏孝武西迁，封临汾县伯。从周文禽窦泰，复弘农，破沙苑，皆力战有功。累迁相府从事中郎。实性严重，深见器遇。六官建，行蕃部中大夫，加骠骑大将军、开府仪同三司，进爵平阳县公。周保定初，卒于刺史。谥曰恭。子丰嗣。

刘雄字猛雀，临洮子城人也。少机辩，慷慨有大志。初为周文亲信，后拜中大夫，兼中书舍人，赐姓宇文氏。周孝闵帝践阼，加大都督。天和中，累迁骠骑大将军、开府仪同三司，封周昌侯。历位纳言、内史中大夫、候正。武帝尝从容谓曰：“古人云：‘富贵不归故乡，犹衣锦夜游。’”乃以雄为河州刺史。雄先已为本县令，复有此授，乡里荣之。及皇太子西征吐谷浑，雄自凉州从滕王逌先入，功居多，加上开府仪同三司。从平并州，拜上大将军，进爵赵郡公。平邺城，进柱国。宣政元年，突厥寇幽州，雄战殁。赠亳州总管。

子升嗣。以雄死王事，授仪同大将军。

侯植字仁干，其先上谷人也。高祖恕，为北地太守，子孙因家于北地之三水。

植少倜傥，有大节，容貌奇伟，武艺绝伦。仕魏为义州刺史，甚有政绩。后从孝武西迁,赐姓侯伏氏。从周文破沙苑,战河桥,进大都督。凉州刺史宇文仲和据州作逆,植从开府独孤信讨禽之,封肥城县公,赐姓贺屯氏。后从于谨平江陵,进骠骑大将军、开府仪同三司,别封一子汧源县伯。

周孝闵帝践阼,进爵郡公。时帝幼冲,晋公护执政,植从兄龙恩为护所亲。及护诛赵贵,诸宿将等多不自安。植谓从兄龙恩曰:"主上春秋既富,安危系于数公,若多诛戮,自立威权,何止社稷有累卵之危,恐吾宗亦缘此败。兄安得知而不言!"龙恩竟不能用。植又承间言于护曰:"公以骨肉之亲,当社稷之寄,愿推诚王室,拟迹伊、周,则率士幸甚。"护曰:"我誓以身报国,卿岂谓吾有他志邪?"又闻其先与龙恩言,乃阴忌之。植惧不免祸,遂以忧卒。赠大将军、平州刺史,谥曰节。子定嗣。及护伏诛,龙恩及其弟万寿并预其祸。武帝以植忠于朝廷,特免其子孙。

李延孙,伊川人也。父长寿,性雄豪,少与蛮酋结托,侵掠阚南。魏孝昌中,朝议恐其为乱,乃以长寿为防蛮都督,给其鼓节。长寿尽其智力,防遏群蛮,伊川左右,寇盗为之稍息。永安之后,长寿徒侣日盛,魏帝藉其力用,因而抚之。累迁北华州刺史,赐爵清河郡公。及孝武西迁,长寿率励义士拒东魏。后为广州刺史。东魏遣行台侯景攻之,城陷,遇害。追赠太尉。

延孙亦雄武,有将率才略,少从长寿征讨,以勇敢闻。贺拔胜为荆州刺史,表延孙为都督,肃清鸦路,颇有力焉。及长寿被害,延孙乃还,收集其父之众。自孝武西迁后,朝士流亡。广陵王欣、录尚书长孙承业、颍川王斌之、安昌王子均及建宁、江夏、陇东诸王并百官等携持妻子来投延孙者,即率众卫送,并赠以珍玩,咸达关中。齐神武深患之,遣行台慕容绍宗等数道攻击,延孙大破之。乃授延孙京南行台、节度河南诸军事、广州刺史。寻进车骑大将军、仪同三司、大都督,赐爵华山郡公。延孙既蒙重委,每以克清伊、洛为己任,频以寡击众,威振敌境。大统四年,为其长史杨伯兰所害。赠司空。

子人杰，有祖、父风。官至开府仪同三司，改封颍川郡公。

韦祐字法保，京兆山北人也，以字行。为州郡著姓。父义，上洛郡守。魏大统中，以法保著勋，追赠秦州刺史。

法保少好游侠，而质直少言，所与交游，皆轻猾亡命。父没，事母以孝闻。慕李长寿之为人，遂娶其女，因寓居阙南。正光末，王公避难者或依之，多得全济，以此为贵游所德。及孝武西迁，法保赴行在所，封固安县男。

及长寿被害，其子延孙收长寿余众，守御东境。朝廷恐延孙兵少，乃除法保东洛州刺史，配兵数百，以授延孙。法保至潼关，弘农郡守韦孝宽谓曰：“恐子此役，难以吉还。”法保曰：“古人称不入兽穴，不得兽子。安危之事，未可预量。”遂倍道兼行。与延孙兵接，乃并势置栅于伏流。未几，周文追法保与延孙还朝，赏劳甚厚。除河南尹。及延孙被害，法保乃率所部据延孙旧栅。尝与东魏战，流矢中颈，从口中出，久之乃苏。大统九年，镇九曲城。及侯景以豫州附，法保率兵赴。景欲留之，法保疑其贰，乃固辞还所镇。十五年，加骠骑大将军、开府仪同三司，寻进爵为公。会东魏遣军送粮馈宜阳，法保潜邀之。中流矢，卒于阵。谥曰庄。

子初嗣。位开府仪同大将军、阎韩防主。

陈欣字永怡，宜阳人也。少骁勇，有气侠，姿貌魁岸，同类咸敬惮之。孝武西迁后，欣乃于辟恶山招集勇敢少年，寇掠东魏，仍密遣使归附。授立义大都督，赐爵霸城县男。累迁宜阳郡守。恭帝二年，进位骠骑大将军、开府仪同三司，加侍中、宜阳邑大中正，赐姓尉迟氏。周文以欣著绩累载，赠其祖昆及父兴孙俱为仪同三司，位刺史。东魏洛州刺史独孤永业，号有智谋，往来境上。欣与韩雄等恒令间谍觇其动静，齐兵每至，辄破之。故永业深惮欣等，不敢为寇。周孝闵帝践阼，进爵许昌县公，后除熊州刺史，卒于州。

欣与韩雄里闬姻娅，少相亲昵，俱总兵境上三十余载。每御扦，二人相赴,常若影响。故数对勍敌,而常保功名。虽并有武力,至于挽强射中,欣不如雄;散财施惠,得士众心,则雄不如欣。身死之日,将吏荷其恩德,莫不感恸。

子万敌嗣。朝廷以欣雅得士心,还令万敌领其部曲。

魏玄字僧智,其先任城人也,后徙于新安。玄少慷慨,有胆略。孝武西迁,东魏北徙,人情各怀去就,玄每率乡兵抗拒东魏。芒山之役,大军不利,宜阳、洛州皆为东魏守,而玄母及弟并在宜阳。玄以为忠孝不两立,乃率义徒还阙南镇抚。周文手书劳之。除洛阳令,封广宗县子。

周保定元年,累迁骠骑将军、开府仪同三司,镇阎韩。迁熊州刺史,政存简惠,百姓悦之。转和州刺史、伏流防主,进爵为公。及齐将斛律明月率众向宜阳,兵威甚盛,玄率众御之,每战辄克。后以疾卒于位。

泉仚字思道,上洛丰阳人也。世雄商洛,自晋东度,常贡属江东。曾祖景言,魏太延五年率乡里归化,仍引王师平商洛。拜建节将军,假宜阳郡守,世袭本县令,封丹水侯。父安志,复为建节将军、宜阳郡守,领本县令,降爵为伯。

仚九岁丧父,哀毁类于成人。服阕袭爵,年十二。乡人皇平、陈合等三百余人诣州,请仚为县令。州为申上。时吏部尚书郭祚以仚年少,请别选遣,终此一限,令仚代之。宣武诏依皇平等所请。巴俗事道,尤重老子之术。仚虽童幼,而好学恬静,百姓安之。寻以母忧去职。县中父老复表请起复本任。后除上洛郡守。及萧宝夤反,遣兵趣青泥,图取上洛,豪族泉、杜二姓密应之。仚与刺史董绍掩袭,二姓散走,宝夤亦退。迁浙州刺史,别封泾阳县伯。

永安中,大破梁将王玄真于顺阳,除东雍州刺史,进爵为侯。部人杨羊皮,太保椿之从弟,恃椿,侵扰百姓。守宰多被其陵侮,皆畏而不敢言。仚收之,将加极法。杨氏惭惧,阖宗请恩。自此豪右无敢犯者。性又清约，纤毫不扰于人。在州五年，每于乡里运米自给。梁魏兴郡与洛州接壤，表请内属，诏佥为行台尚书以抚纳之。大行台贺拔岳以佥昔莅东雍，为吏人所怀，乃表佥复为刺史。诏许之。蜀人张国俊聚党剽劫，州郡不能制，佥收戮之，阖境清肃。

及齐神武专政，孝武有西顾之心，欲委佥以山南之事，乃除洛州刺史。未几，帝西迁。齐神武率众至潼关，佥遣其子元礼御之，神武不敢进。上洛人都督泉岳，其弟猛略与顺阳人杜窋等谋翻洛州以应东魏。顺知之，杀岳及猛略，传首诣阙。大统元年，加开府仪同三司，兼尚书右仆射，进爵上洛郡公。顺志尚廉慎，每除一官，忧见颜色，寝食辄减。至是频让，魏帝手诏不许。三年，高敖曹围逼州城，杜窋为其乡导。顺拒守旬余，矢尽援绝，城乃陷焉。谓敖曹曰："泉佥力屈，志不服也。"及窦泰被禽，敖曹退走，遂执佥而东，以窋为刺史。临发，密戒二子元礼、仲遵曰："吾生平志愿，不过令长，幸逢圣会，位亚台司。今爵禄既隆，年齿又暮，前途夷险，抑亦可知。汝等堪立功效，不得以我在东，遂亏臣节也。"乃挥涕而诀。闻者莫不愤叹。寻卒于邺。

元礼少有志气，好弓马，颇闲草隶，有士君子之风。赐爵临洮县伯，散骑常侍。及洛州陷，与佥俱被执而东。元礼于路逃归。时杜窋虽为刺史，然巴人素轻杜而重泉。及元礼至，与仲遵相见，感父临别之言，潜与豪右结托。遂率乡人袭州城，斩窋，传首长安。朝廷嘉之。代袭洛州刺史。从周文战于沙苑，中流矢卒。子贞嗣。

仲遵一名恭。少谨实，涉猎经史。年十三为郡主簿，十四为县令。及长，有武艺。高敖曹攻洛州，与佥力战拒守。矢尽，以棒杖捍之，为流矢中目，不堪复战。及城陷，士卒叹曰："若二郎不伤，岂至于此！"佥之东也，仲遵以被伤不行。后与元礼斩窋，以功封丰阳县伯，东豫州刺史。及元礼战没，复以仲遵为洛州刺史，颇得誉。

大统十三年，行荆州刺史事。梁司州刺史柳仲礼每为边寇，周文令仲遵率乡兵，从开府杨忠讨之。梁随郡守桓和拒守不降。忠谓诸将曰："先取仲礼，则桓和不攻而自服也。"仲遵对曰："若弃和深入,仲礼未即就禽,则首尾受敌,此危道也。"忠从之。仲遵以计由己出,乃先登城,遂禽和。从击仲礼,又获之。进骠骑大将军、开府仪同三司、本州大中正,复行荆州刺史、十三州诸军事。寻遭母忧,请终丧制,不许。大将军王雄南征上津、魏兴,仲遵从雄讨平之。遂于上津置南洛州,以仲遵为刺史。仲遵留情抚接,百姓安之。

初,蛮帅杜青和自称巴州刺史,以州入附。朝廷因其所据而授之,仍隶东梁州都督。青和以仲遵善于抚御,请隶仲遵。朝议以山川非便,弗之许也。青和遂结安康酋帅黄众宝等,举兵共围东梁州。复遣王雄讨平之,改巴州为洵州,隶于仲遵。先是东梁州刺史刘孟良在职贪婪,人多背叛。仲遵以廉简处之,群蛮帅服。

仲遵虽出自巴夷,而有方雅之操,历官之处,皆以清白见称。朝廷又以其父临危抗节,乃令袭爵上洛郡公,旧封听回授一子。寻出为都督、金州刺史。卒官。赠大将军、三州刺史,谥曰庄。

子晅嗣。位至开府仪同大将军。

李迁哲字孝彦,安康人也。世为山南豪族,仕于江左。父元直,仕梁,历东梁、衡二州刺史、散骑常侍、沌阳侯。

迁哲少修立,有识度,慷慨善谋画。起家文德主帅。其父为衡州,留迁哲本乡,监统部曲事。时年二十,抚驭群下,甚得其情。后袭爵沌阳侯,位都督、东梁州刺史。侯景篡逆,迁哲外御边寇,自守而已。

大统十七年,周文遣达奚武、王雄等略地山南,迁哲军败,遂降于武。然犹意气自若。武乃执送京师。周文责以不早归国。答曰:"不能死节,实以此愧耳。"周文深嘉之,封沌阳县伯。

恭帝初,直州人乐炽、洋州人黄国等连结为乱。周文以迁哲信著山南,乃令与开府贺若敦同经略。炽等寻并平荡,仍与敦南出徇地。迁哲先至巴州,入其封郭。梁巴州刺史牟安人开门请降。安人子宗彻等犹据巴城不下,迁哲攻克之。军次鹿城,城主遣使请降。迁哲谓其众曰:"纳降如受敌,吾观其使,瞻视犹高,得无诈也?"遂不许之。梁人果于道左设伏以邀迁哲，迁哲进击破之，遂屠其城。自此巴、濮之人，降隶相继。军还，周文赐以所服紫袍玉带及所乘马，加授侍中、骠骑大将军、开府仪同三司，除直州刺史，即本州也。仍给军仪鼓节，令与田弘同讨信州。

时信州为蛮酋向五子王等所围，弘遣迁哲赴援。比至，信州已陷。五子王等闻迁哲至，狼狈遁走。迁哲入据白帝，贺若敦等复至，遂共追五子王等，破之。及田弘旋军，周文令迁哲留镇白帝。信州先无仓储，军粮匮乏。迁哲乃收葛根造粉，兼米以给之，迁哲亦自取供食。时有异膳，即分赐兵士。有疾患者，又亲加医药。以此军中感之，人思效命。黔阳蛮田乌度、田乌唐等每抄掠江中，为百姓患。迁哲随机出讨，杀获甚多。由是诸蛮畏威，各送粮饩。又遣子弟入质者千有余家，迁哲乃于白帝城外筑城以处之。并置四镇，以静峡路。自此寇抄颇息，军粮赡给焉。周明帝初，授都督、信州刺史。二年，进爵古城县公。

武成元年，朝于京师。明帝甚礼之，赐甲第及庄田等。天和三年，进位大将军。诏迁哲率金、上等诸州兵镇襄阳。五年，陈将章昭达攻逼江陵，梁明帝告急于襄州，卫公直令迁哲往救焉。迁哲率其所部守江陵外城，自率骑出南门，又令步兵自北门出，两军首尾邀之，陈人多投水死。是夜，陈人又窃于城西堞以梯登城，登者已百数人。迁哲又率骁勇扞之，陈人复溃。俄而大风暴起，迁哲乘暗出兵击其营，陈人大乱，杀伤甚众。江陵总管陆腾复破之于西堤，陈人乃遁。建德二年，进爵安康郡公。三年，卒于襄州。赠金州总管，谥曰壮武。

迁哲累叶雄豪，为乡里所服。性复华侈，能厚自奉养。姬媵至有百数，男女六十九人。缘汉千余里间，第宅相次，姬媵之有子者，分处其中，各有僮仆侍婢阍人守护。迁哲每鸣笳导从，往来其间，纵酒欢宴，尽生平之乐。子孙参见，或忘其年名者，披簿以审之。

长子敬仁，先迁哲卒。第六子敬猷嗣，还统父兵，位仪同大将军。

迁哲弟显，位上仪同大将军。

杨乾运字玄邈，傥城兴势人也。少雄武，为乡闾信服。为安康郡守。陷梁，仕历潼、南梁二州刺史。及武陵王萧纪称尊号，以乾运威服巴、渝，乃拜梁州刺史，镇潼州，封万春县公。时纪与其兄湘东王绎争帝。乾运兄子略劝乾运归附，乾运然之。会周文令乾运孙法洛至，略押夜送之。乾运送款，周文密赐乾运铁券，授开府仪同三司、侍中、梁州刺史、安康郡公。及尉迟迥征蜀，遂降迥。迥因此进军成都，数旬克之。及至京师，礼遇隆渥。寻卒于长安。赠尚书右仆射。子端嗣。

略亦以归附功，位至开府仪同三司、大将军，封上庸县伯。

乾运女婿乐广，安州刺史，封安康县公。

扶猛字宗略，上甲黄土人也。其种落号白兽蛮。猛仕梁，位南洛、北司二州刺史，封宕渠县男。魏废帝元年，以众降。周文厚加抚纳，复爵宕梁县男，割二郡为罗州，以猛为刺史。令从开府贺若敦南讨会州。敦令猛直道白帝，所由之路，人迹不通。猛乃梯山扪葛，备历艰阻，遂入白帝城。抚慰人夷，莫不悦附。以功进开府仪同三司。俄而信州蛮反，猛复从贺若敦平之，进爵临江县公。后从田弘破汉南诸蛮，进位大将军。卒。

阳雄字元略，上洛邑阳人也。累叶豪族。父猛，从孝武西迁，以功封郃阳伯，位征东将军、杨州刺史。

雄起家奉朝请，以军功封安平县侯。得子孙相袭拜邑阳郡守。累迁平州刺史，进爵玉城县公，加开府仪同三司、骠骑大将军。历京兆尹、户部中大夫，进位大将军，转中外府长史，迁江陵总管，改封鲁阳县公。卒于镇。追封郡公，谥曰怀。雄善附会，能自谋身，故任兼出内，保全爵禄。子长宽嗣。

席固字子坚,其先安定人也。高祖衡,因姚氏之乱,寓居襄阳,仕晋,为建威将军,遂为襄阳著姓。

固少有远志。梁大同中,为齐兴郡守。久居郡职,士多附之,遂有亲兵千余人。梁元帝时,迁兴州刺史,军人募从者至五千余人。固欲自据一州,以观时变。大统中,以地归魏。时周文南取江陵,西定蜀、汉,闻固至,甚礼遇之。就拜使持节、骠骑大将军、开府仪同三司、大都督、侍中、丰州刺史,封新丰县公。后转湖州刺史,启求入觐。及至,进爵静安郡公。寻拜昌归宪三州诸军事、昌州刺史。固居家孝友,莅官颇有声绩。卒于州。赠大将军、五州刺史,谥曰肃,敕襄州赐其墓田。子雅嗣。

雅字彦文。性方正,少以孝闻。位大将军。

雅弟英,上开府仪同大将军。

任果字静鸾,南安人也。本方隅豪族。父褒,仕梁,为沙州刺史、新巴县公。

果性勇决,志在立功。魏废帝元年,率所部来附。周文嘉其远至,待以优礼。果因面陈取蜀策,深被纳之。乃授沙州刺史、南安县公。从尉迟迥伐蜀。寻进授骠骑大将军、开府仪同三司。及成都平,除始州刺史。周文以其方隅首领,早立忠节,进爵乐安郡公,赐以铁券,听相传袭,并赐路车驷马及仪卫等以光宠之。寻为刺客所害。

论曰:王杰、王勇、宇文虬、耿豪、高琳、李和、伊娄穆、侯植等咸以果毅之姿,效节扰攘之际,各能摧坚覆锐,自致其功,高爵厚位,固其宜也。仲尼称无求备于一人,信矣。夫文士怀温恭之操,其弊也懦弱;武夫禀刚烈之资,其弊也敢悍。故有使酒不逊之祸,拔剑争功之尤,大则莫全其生,小则仅而获免。耿豪、王勇不其然乎!

李延孙、韦祐、陈欣、魏玄等以勇略之姿,受扞城之委。灌瓜赠药,虽有愧于昔贤;御侮折冲,足方驾于前烈。用能观兵伊、洛,保据崤、函,齐人阻西路之谋,周朝缓东贡之虑,皆其力也。

　　泉仚长自山谷,素无月旦之誉,而临难慷慨,无失人臣之节,岂非蹈仁义之徒欤!元礼、仲遵,聿遵其志,卒成功业,庶乎克负荷矣。

　　李迁哲、杨乾运、席固之徒,属方隅扰攘,咸知委质,遂享爵位,以保终始。观迁哲之对周文,有尚义之气。乾运受任武陵,乖事人之道。若乃校其优劣,固不可同年而语。阳雄任兼文武,声著土内,抑亦志能之士也。

　　旧史有代人宇文盛,字保兴,以武毅显,盛弟丘,字胡奴,盛子述,位柱国,并有传。然事无足可纪。盛见子述传首,丘略之云。

北史卷六七
列传第五五

崔彦穆　　杨纂　　段永
令狐整　　唐永　　柳敏
王士良

崔彦穆字彦穆，清河东武城人，魏司空安阳侯林之九世孙也。曾祖颐，后魏平东府谘议参军。祖蔚，遭从兄司徒浩之难，南奔江左。仕宋，为给事黄门侍郎、汝南义阳二郡守。延兴初，复归于魏，拜颍川郡守，因家焉。后终于郢州刺史。父幼，位终永昌郡守。隋开皇初，以献皇后外曾祖，追赠上开府仪同三司、新州刺史。

彦穆幼明悟，神彩卓然。魏吏部尚书陇西李神俊，有知人之鉴，见而叹曰："王佐才也。"永安末，除司徒府参军事，再迁大司马从事中郎。孝武西迁，彦穆时不得从。大统三年，乃与兄彦珍于成皋举义，因攻拔荥阳，禽东魏郡守苏淑，仍与乡郡王元法威攻颍川，斩其刺史李景道。即拜荥阳郡守，寻赐爵千乘县侯。十四年，授散骑常侍、司农卿。时军国草创，众务殷繁，周文乃引彦穆入幕府，兼掌文翰。及于谨伐江陵，彦穆以本官从平之。

周明帝初，进骠骑大将军、开府仪同三司。俄拜安州刺史，总管十二州诸军事。入为御正大夫。陈氏请敦邻好，诏彦穆使焉。彦穆风韵闲旷，器度方雅，善玄言，解谈谑，甚为江表所称。转户部中大夫，进爵为公。天和三年，聘齐还，除金州刺史，总管七州诸军事，进位大将军。寻征拜小司徒。

及宣帝崩，隋文帝辅政，三方起兵，以彦穆为行军总管，与襄州总管王谊讨司马消难。军次荆州，总管独孤永业有异志，遂收而戮之。及事平，隋文帝征王谊入朝，即以彦穆为襄州刺史，总管六州诸军事，加授上大将军，进爵东郡公。顷之，永业家自理得雪，彦稍坐除名。寻复官爵。开皇元年卒。子君绰嗣。

君绰性夷简，博览经史，有父风。大象末，丞相府宾曹参军。

君绰弟君肃，解巾道王侍读，大象末，颍川郡守。

杨纂，广宁人也。父安仁，魏朔州镇将。纂少慷慨有志略，勇力兼人。年二十，从齐神武起兵于信都，以军功，稍迁武州刺史。自以赏薄，志怀怨愤，每叹曰：“大丈夫富贵何必故乡！若以妻子经怀，岂不沮人雄志！”大统初，乃间行入关。周文执纂手曰：“人所贵者忠义也，所惧者危亡也，其能不惮危亡，蹈兹忠义者，今方见之于卿耳。”即授征南将军、大都督，封永兴县侯。

从周文解洛阳围，经河桥、芒山之战，纂每先登，军中咸推其敢勇。累迁骠骑大将军、开府仪同三司，加侍中，进爵为公，赐姓莫胡卢氏。俄授岐州刺史。周孝闵帝践阼，进爵宋熙郡公。保定元年，位大将军，改封陇东郡公，除陇州刺史。从隋公杨忠东伐，至并州而还。天和六年，进授柱国大将军，转华州刺史。

纂性质朴，又不识文字，前后莅职，但推诚信而已。吏人以其忠恕，颇亦怀之。寻卒于州。

子睿，位至上柱国、渔阳郡公。

段永字永宾，其先辽西石城人，晋幽州刺史疋磾之后也。曾祖恨，仕魏黄龙镇将，因从高陆之河阳焉。

永幼有志操，闾里称之。魏正光末，北镇扰乱，遂携老幼，避地中山。后赴洛阳，拜平东将军，封沃阳县伯。青州人崔社客举兵反，永讨平之。进爵为侯，除左光禄大夫。

　　时有贼魁元伯生，西自崤、潼，东至巩、洛，屠陷城壁，所在为患。孝武遣京畿大都督疋娄昭讨之，昭请以五千人行。永进曰："此贼既无城栅，唯以寇抄为资，取之在速，不在众也。若星驰电发，出其不虞，精骑五百足矣。"帝然其计，于是命永代昭，以五百骑倍道兼进，遂破平之。

　　及帝西迁，永时不及从。大统初，乃结宗人，潜谋归款。密与都督赵业等袭斩西中郎将慕容显和，传首京师。以功别封昌平县子，徐州刺史。从禽窦泰，复弘农，破沙苑，并有战功，进爵为公。河桥之役，永力战先登，授南汾州刺史。累迁骠骑大将军、开府仪同三司，赐姓尔绵氏。废帝元年，授恒州刺史。于时朝贵多其部人，谒永之日，冠盖盈路，当时荣之。永历任内外，所在颇有声称，轻财好士，朝野以此重焉。

　　天和四年，授小司寇。寻为右二军总管，率兵北道讲武。遇疾，卒贺葛城。丧还，武帝亲临，赠使持节、柱国大将军、同华等五州刺史，谥曰基。

　　子岌嗣。位至仪同三司、兵部下大夫。

　　令狐整字延保，敦煌人也，本名延。世为西土冠冕。曾祖嗣，祖绍安，官至郡守，咸为良二千石。父虬，早以名德著闻，仕历瓜州司马、敦煌郡守、郢州刺史，封长城县子。魏大统末，卒于家。周文帝伤悼之，遣使者监护丧事，又敕乡人为营坟垄。赠龙骧将军、瓜州刺史。

　　整幼聪敏，沈深有识量，学艺骑射，并为河右所推。刺史魏东阳王元荣辟整为主簿，加荡寇将军。整进趣详雅，对扬辩畅，谒见之际，州府倾目。荣器整德望，尝谓僚属曰："令狐延保，西州令望，方成重器，岂州郡之职所絷维？但一日千里，必基武步，寡人当委以庶务，画诺而已。"

　　顷之，孝武西迁，河右扰乱。荣仗整防扞，州境获宁。及邓彦窃据瓜州，拒不受代，整与开府张穆等密应使者申徽，执彦送京师。周

文嘉其忠节,表为都督。寻而城人张保又杀刺史成庆,与凉州刺史
宇文仲和构逆,规据河西。晋昌人吕兴等复害郡守郭肆,以郡应保。
初,保等将图为乱,虑整守义不从,既杀成庆,因欲及整。然人之望,
复恐其下叛之,遂不敢害。虽外加礼敬,内甚忌整。整亦伪若亲附,
而密欲图之。阴令所亲说保曰:“君与仲和结为唇齿,今东军渐逼凉
州,彼势孤危,恐不能敌。若或摧衄,则祸及此土。宜分遣锐师,星
言救援。二州合势,则东军可图。然后保境息人,计之上者。”保然
之,而未知所任。整又令说保曰:“历观成败,在于任使,所择不善,
旋致倾危。令狐延保兼资文武,才堪统御,若使为将,蔑不济矣。”保
纳其计,且以整父兄等并在城中,弗之疑也,遂令整行。整至玉门
郡,召集豪杰,说保罪逆,驰还袭之。先定晋昌,斩吕兴,进军击保。
州人素服整威名,并弃保来附。保遂奔吐谷浑。

众议推整为刺史。整曰:“本以张保肆逆,杀害无辜,合州之人,
俱陷不义。今者同心,务在除凶,若共相推荐,复恐效尤致祸。”于是
乃推波斯使主张道义行州事。具以状闻。诏以申徽为刺史。征整
赴阙,授寿昌郡守,封襄武县男。周文谓整曰:“卿早建殊勋,今官位
未足酬赏,方当与卿共平天下,同取富贵。”遂立为瓜州义首。

整以国难未宁,常愿举宗效力,遂率乡亲二千余人入朝,随军
征讨。整善于抚驭,躬同丰约,是以士众并忘羁旅,尽其力用。周文
尝从容谓整曰:“卿远祖立忠而来,可谓积善余庆,世济其美者也。”
整远祖汉建威将军迈,不为王莽屈,其子称避地河右,故周文称之
云。累迁骠骑大将军、开府仪同三司,加侍中。周文谓整曰:“卿勋
同娄、项,义等骨肉,立身敦雅,可以范人。”遂赐姓宇文氏,并赐名
整焉。宗人二百余户,并列属籍。

周孝闵帝践阼,拜司宪中大夫,处法平允,为当时所称。进爵彭
城县公。初,梁兴州刺史席固以州来附,周文以固为丰州刺史。固
莅职既久,犹习梁法,凡所施为,多亏政典。朝议密欲代之,而难其
选。令整权镇丰州,委以代固之略。整广布威恩,倾身抚接,数月之
间,化洽州府。于是除整丰州刺史,以固为湖州。丰州旧不居民中,

赋役参集，劳逸不均。整请移居武当，诏可其奏。奖励抚导，迁者如归，旬月之间，城府周备。固之迁也，其部曲多愿留为整左右，整谕以朝制，弗之许焉，莫不流涕而去。及整秩满代至，人吏恋之，老幼送整，远近毕集，数日停留，方得出界。其得人心如此。

拜御正中大夫，出为中华郡守，转同州司会，迁始州刺史。整雅识情伪，尤明政术，恭谨廉慎，常惧盈满，故历居内外，所在见称。进位大将军。晋公护之初执政也，欲委整以腹心。整辞不敢当，颇忤其意，护以此疏之。及护诛，附会者咸伏法，而整独保全。时人称其先觉。卒。赠本官，加四州诸军事、鄜州刺史，谥曰襄。子熙嗣。

熙字长熙。性严重，有雅量，虽在私室，终日俨然。不妄通宾客，凡所交结，必一时名士。博览群书，尤明《三礼》，善骑射，颇知音律。起家以通经为吏部上士，转夏官府都上士，俱有能名。以母忧去职，殆不胜丧。其父戒之曰："大孝在于安亲，义不绝嗣。吾今见存，汝又只立，何得过尔毁顿，贻吾忧也？"熙自是稍加饘粥。服阕，除少驾部。复丁父忧，非杖不起。人有闻其哭声，莫不为之下泣。

河阴之役，诏令墨衰从事，授职方下大夫，袭彭城县公。及武帝平齐，以留守功，进位仪同。历司勋、吏部二曹中大夫，甚有当时誉。隋文帝受禅之际，熙以本官行纳言事。寻除司徒长史，加上仪同，进爵河南郡公。时吐谷浑寇边，以行军长史从元帅元谐讨之，以功进上开府。

后拜沧州刺史，在职数年，风教大洽，称为良二千石。开皇四年，上幸洛阳。熙来朝，吏人恐其迁，悲泣于道。及还，百姓出境迎谒，欢叫盈路。在州获白乌、白獐、嘉麦，甘露降于庭前柳树。八年，徙为河北道行台度支尚书。吏人追思，相与立碑颂德。及行台废，累迁鸿胪卿。后以本官兼吏部尚书，往判五曹尚书事，号为明干。上甚任之。及上祠太山，还次汴州，恶其殷盛，多有奸侠，以熙为汴州刺史。下车禁游食，抑工商，人有向术开门者杜之，船客停于郭外，星居者勒为聚落，侨人遂令归本，其有滞狱，并决遣之，令行禁止。上闻而嘉之，顾侍臣曰："邺都，天下难临处，敕相州刺史豆卢通，令习熙法。”其年来朝，考绩为天下之最。赐帛三百疋，颁告天下。

以岭南夷数起乱，征拜桂州总管、十七州诸军事，许以便宜从事，刺史已下官，得承制补授，给帐内五百人。赐帛五百疋，发传送其家累，改封武康郡公。熙至部，大弘恩信。其溪洞渠帅更相谓曰：“前总管皆以兵威相胁，今者乃以手教相谕，我辈其可违乎！”于是相率归附。先是州县生梗，长吏多不得之官，寄政于总管府。熙悉遣之，为建城邑，开设学校，人夷感化焉。

时有宁猛力者，与陈后主同日生，自言貌有贵相，在陈世已据南海。平陈后，文帝因而抚之，即拜安州刺史。然骄倨恃险，未常参谒。熙手书谕之，申以交友之分。其母有疾，熙复遣以药。猛力感之，诣府请谒，不敢为非。熙以州县多有同名，于是奏改安州为钦州，黄州为峰州，利州为智州，德州为欢州，东宁州为融州。上皆从之。在职数年，上表以年老疾患，请解所任。优诏不许，赐以医药。

熙奉诏令交州渠帅李佛子入朝，佛子欲为乱，请至仲冬上道。熙意在羁縻，遂从之。有人诣阙，讼熙受佛子赂而舍之。上闻。佛子反问至，上大怒，以为信然，遣使锁熙诣阙。熙性素刚，郁郁不得志，行至永州，忧愤病卒。上怒不解，没其家财。及行军总管刘方禽佛子送京师，言熙实无赃。上悟，乃召其四子听仕。少子德棻最知名。

整弟休，幼聪敏，有文武材用。与整同起兵逐张保，授帅都督。后为中外府乐曹参军。时诸功臣多为本州刺史。晋公护谓整曰：“以公勋望，应得本州，但朝廷藉公委任，无容远出。然公一门之内，须有衣锦之荣。”乃以休为敦煌郡守。在郡十余年，甚有政绩。卒于合州刺史。

唐永，北海平寿人也。本居晋昌之愤安县，晋乱，徙于丹杨。祖揣，始还魏，官至北海太守，因家焉。父伦，青州刺史。

永身长八尺，少耿介，有将帅才，读《班超传》，慨然有万里之志。正光中，为北地太守，当郡别将。俄而贼将宿勤明达、车金雀等寇郡境，永击破之，境内稍安。永善驭下，士人竞为之用。临阵常著帛展襦，把角如意以指麾处分，辞色自若。在北地四年，与贼数十战，未常败北。时人语曰："莫陆梁，恐尔逢唐将。"永所营处，至今犹称唐公垒也。行台萧宝夤表永为南豳州刺史，夷人送故者，莫不垂泪，当路遮留，随数日，始得出境。

大统元年，拜东雍州刺史，寻加卫将军，封平寿伯。卒，赠司空公。永性清廉，家无蓄积，妻子不免饥寒，世以此称之。

子陵，少习武艺，颇闲吏职，位大都督、应州刺史、车骑大将军、仪同三司。

陵子悟，美风仪，博涉经史，文咏可观。周大象中，颇被宣帝任遇，位至内史下大夫、汉阳公。隋文帝得政，废于家而卒。陵弟瑾。

瑾字附璘。性温恭，有器量，博涉经史，雅好属文。身长八尺二寸，容貌甚伟。年十七，周文闻其名，乃贻永书曰："闻公有二子，曰陵、曰瑾，陵从横多武略，瑾雍容富文雅，可并遣入朝，孤欲委以文武之任。"因召拜尚书员外郎、相府记室参军事。军书羽檄，瑾多掌之。从破沙苑，战河桥，并有功，封姑臧县子。累迁尚书右丞、吏部郎中。于时魏室播迁，庶务草创，朝章国典，瑾并参之。迁户部尚书，进位骠骑大将军、开府仪同三司，赐姓宇文氏。

时燕公于谨，勋高望重，朝野所属。白周文，言瑾学行兼修，愿与之同姓，结为兄弟，庶子孙承其余论，有益义方。周文叹异者久之，更赐瑾姓万纽于氏。谨乃深相结纳，敦长幼之序；瑾亦廷罗子孙，行弟侄之敬。其为朝望所宗如此。进爵临淄县伯。转吏部尚书，铨综衡流，雅有人伦之鉴。其父忧去职，寻起令视事。时六尚书皆一时之秀，周文自谓得人，号为六俊，然瑾尤见器重。

于瑾南伐江陵，以瑾为元帅府长史，军中谋略，多出瑾焉。江陵既平，衣冠仕伍，并没为仆隶。瑾察其才行有片善者，辄议免之，赖瑾获济者甚众。时论多焉。及军还，诸将多因虏掠，大获财物。瑾一无所取，唯得书两车，载之以归。或白周文曰："唐瑾大有辎重，悉是梁朝珍玩。"周文初不信之，然欲明其虚实，密遣使检阅之，唯见坟籍而已。乃叹曰："孤知此人来二十许年，明其不以利干义。向若不令检视，恐常人有投杼之疑。孤所以益明之耳。凡受人委任当如此也。"论平江陵功，进爵为公。

六官建，授礼部中大夫。出为蔡州刺史，历拓州、硖州，所在皆有德化，人吏称之。转荆州总管府长史。入为吏部中大夫，历御正、纳言、内史中大夫。曾未十旬，遂迁四职，搢绅咸以为荣。久之，除司宗中大夫，兼内史。寻卒于位。赠小宗伯，谥曰方。

瑾性方重，有风格，退朝休假，恒著衣冠以对妻子，遇迅雷风烈，虽闲夜晏寝，必起，冠带端笏危坐。又好施与，家无余财，所得禄赐，常散之宗族，其尤贫乏者，又割膏腴田宅以振之。所留遗子孙者，并硗确之地。朝野以此称之。撰《新仪》十篇，所著赋、颂、碑、诔二十余万言。孙大智嗣。

瑾次子令则，性好篇章，兼解音律，文多轻艳，为时人所传。天和初，以齐驭下大夫使于陈。大象中，官至乐部下大夫。仕隋，位太子左庶子。皇太子勇废，被诛。

柳敏字白泽，河东解县人，晋太常纯之七世孙也。父懿，魏车骑大将军、仪同三司、汾州刺史。

敏九岁而孤，事母以孝闻。性好学，涉猎经史，阴阳卜筮之术，靡不习焉。年未弱冠，起家员外散骑侍郎。累迁河东郡丞。朝议以敏之本邑，故有此授。敏虽统御乡里，而处物平允，甚得时誉。及周文克复河东，见而器异之，乃谓之曰："今日不喜得河东，喜得卿也。"即拜丞相府参军事。

俄转户曹参军，兼记室。每有四方宾客，恒令接之，爰及吉凶礼仪，亦令监综。又与苏绰等修撰新制，为朝廷政典。迁礼部郎中，封武城县子，加帅都督，领本乡兵。俄进大都督。遭母忧，居丧，旬日之间，须发半白。寻起为吏部郎中，毁瘠过礼，杖而后起。周文见而叹异之，特加禀赐。及尉迟迥伐蜀，以敏为行军司马，军中筹略，并以委之。益州平，进骠骑大将军、开府仪同三司，加侍中，迁尚书，赐姓宇文氏。六官建,拜礼部中大夫。

周孝闵帝践阼,进爵为公。又除河东郡守,寻复征拜礼部。出为郢州刺史,甚得物情。及将还朝,夷夏士人,感其惠政,并赍酒肴及物产候之于路。敏乃从他道而还。复拜礼部,后改礼部为司宗,仍以敏为之。

敏操履方正,性又恭勤,每日将朝,必夙兴待旦。又久处台阁,明练故事,近仪或乖先典者,皆案据旧章,刊正取中。迁小宗伯,监修国史。转小司马,又监修律令。进位大将军,出为鄜州刺史,以疾不之部。武帝平齐,进爵武德郡公。敏自建德以后,寝疾积年,武帝及宣帝并亲幸其第问疾焉。开皇元年,进位上大将军、太子太保。其年卒。赠五州诸军事、晋州刺史。临终戒其子等,丧事所须,务从简约。其子等并涕泣奉行。少子昂。

昂字千里。幼聪颖有器识,干局过人。周武帝时,为内史中大夫、开府仪同三司,赐爵文城郡公,当途用事,百僚皆出其下。昂竭诚献替,知无不为,谦虚自处,未尝骄物,时论以此重之。武帝崩,受遗辅政,稍被宣帝疏,然不离本职。隋文帝为丞相,深自结纳。文帝以为大宗伯。拜日,遂得偏风,不能视事。文帝受禅,疾愈,加上开府,拜潞州刺史。昂见天下无事,上表请劝学行礼。上览而善之,优诏答昂,自是天下州县皆置博士习礼焉。昂在州,甚有惠政,卒官。

子调,历秘书郎、侍御史。左仆射杨素尝于朝堂见调,因独言曰:"柳条通体弱,独摇不须风。"调敛版正色曰:"调信无取,公不当以为侍御;信有可取,不应发此言。公当具瞻之地,枢机何可轻发!"素甚奇之。炀帝嗣位,累迁尚书左司郎中。时王纲不振,朝士多赃货,唯调清素守常,为时所美,然干用非其所长。

王士良字君明,其先太原晋阳人也。后因晋乱,避地凉州。魏武平沮渠氏,曾祖景仁归魏,为敦煌镇将。祖公礼,平城镇司马,因家于代。父延,兰陵郡守。

士良少修谨,不妄交游。孝庄末,尔朱仲远启为府参军事。历大行台郎中、谏议大夫,封石门县男。后与纥豆陵步藩交战,军败,为藩所禽,遂居河右。伪行台纥豆陵伊利钦其才,擢授右丞,妻以孙女。士良既为姻好,便得尽言,遂晓以祸福,伊利等即归附。朝廷嘉之。太昌初,进爵晋阳县子,寻进爵琅邪县侯,授太中大夫、右将军。出为殷州车骑府司马。

东魏徙邺之后,置京畿府,专典兵马。时齐文襄为大都督,以士良为司马,领外兵参军。寻迁长史,加安西将军,徙封符垒县侯。武定初,除行台左中兵郎中,又转大将军府属、从事中郎,仍摄外兵事。王思政镇颍川,齐文襄率众攻之,授士良大行台左丞,加镇西将军,进爵为公,令辅其弟演于并州居守。

齐文宣即位,入为给事黄门侍郎,领中书舍人,仍总知并州兵马事,加征西将军,别封新丰县子。俄除骠骑将军、尚书吏部郎中。文宣自晋阳赴邺宫,复以士良为尚书左丞,统留后事。仍迁御史中丞,转七兵尚书。未几,入为侍中,转殿中尚书。顷之,复为侍中、吏部尚书。士良少孤,事继母梁氏以孝闻。及卒,居丧合礼。文宣寻起令视事,士良屡表陈诚,再三不许,方应命。文宣见其毁瘠,乃许之。因此卧疾历年,文宣每自临视。疾愈,除沧州刺史。乾明初,征还邺,授仪同三司。孝昭即位,遣三道使搜扬人物。士良与尚书令赵郡王高睿、太常卿崔昂分行郡国,但有一介之善者,无不以闻。齐武成初,除太子少傅、少师,复除侍中,转太常卿,寻加开府仪同三司。出为豫州道行台、豫州刺史。

保定四年,晋公护东伐,权景宣以山南兵围豫州,士良举城降。授大将军、小司徒,赐爵广昌郡公。寻除荆州总管,行荆州刺史。复入为小司徒。俄除鄜州刺史,转荆州刺史。士良去乡既久,忽临本州,耆老故人,犹有存者,远近咸以为荣。加授上大将军,以老病乞骸骨,优诏许之。开皇元年卒,时年八十二。

子德衡,大象末,仪同大将军。

论曰:昔阳货外叛,庶其窃邑,而春秋讥之;韩信背项,陈平归汉,而史迁美之。合以运属既安,君道已著,则徇利忘德者罪也;时逢扰攘,臣礼未备,则转祸为福者可也。崔彦穆、杨篡、段永等昔在山东,沈沦下倍,并以羁旅之士,遄回于燕雀之伍,终佩龟组,可谓见机者乎。令孤整干用确然,雅望重于河右,处州里则勋著方隅,升朝廷则绩宣出内,而畏避权宠,克保终吉,不然何以自致显名而取高位也。熙历职流誉,风政克举,虽古之循吏,亦何以加兹,而毫厘为爽,丘山成过,唯命也夫!唐永良能之名,所在著美,清白之誉,显于累职,所谓干能之士也。瑾、敏并挺杞梓之林,蕴瑚琏之器,博观载籍,多识旧章,固乃国之名臣,时之领袖,周无君子,斯焉取斯。王士良之仕于齐,职居卿牧,而失忠与义,临难苟免,其背叛之徒欤!

北史卷六八
列传第五六

豆卢宁　杨绍　王雅　韩雄
子禽　贺若敦

豆卢宁字永安，昌黎徒何人。其先本姓慕容氏，燕北地王精之后也。高祖胜，以燕。皇始初归魏，授长乐郡守，赐姓豆卢氏。或云北人谓归义为"豆卢"，因氏焉，又云避难改焉，未详孰是。父苌，魏柔玄镇将，有威重，见称于时。武成中，以宁勋，追赠柱国大将军、少保、涪郡公。

宁少骁果，有志气，身长八尺，美姿容，善骑射。魏永安中，以别将随尔朱天光入关。以破万俟丑奴功，赐爵灵寿县男。尝与梁仚定遇于平凉川，相与肄射，乃相去百步县莎草以射之，七发五中。仚定服其能，赠遗甚厚。天光败，从侯莫陈悦。及周文讨悦，宁与李弼来归。

孝武西迁，以奉迎勋，封河阳县伯，后进爵为公。从禽窦泰，复弘农，破沙苑，除卫大将军、兼大都督。大统七年，从于谨破稽胡帅刘平伏于上郡。及梁仚定反，以宁为军司，监陇右诸军事。贼平，进位侍中、使持节、骠骑大将军、开府仪同三司。九年，从周文迎高仲密，与东魏战于芒山。迁左卫将军，进爵范阳郡公。十六年，拜大将军。羌帅傍乞铁公及郑五丑等反叛，宁讨平之。恭帝二年，改封武阳郡公，迁尚书右仆射。周孝闵践祚，授柱国大将军。武成初，出为同州刺史。迁大司寇，进封楚国公，邑万户，别食盐亭县一千户，收

其租赋。保定四年,授岐州刺史。属大兵东讨,宁舆疾从军。薨于
同州。赠太保、十州诸军事、同州刺史,谥曰昭。

初,宁未有子,养弟永恩子勋。及生子赞,亲属皆请赞为嗣。宁
曰:"兄弟之子犹子也,吾何择焉。"遂以勋嗣。时以此多之。及宁薨,
勋袭爵。

勋字定东。生时,周文亲幸宁家称庆,时遇新破齐军,周文因字
曰定东。勋聪悟,有器局。初以勋臣子封义安县侯。周闵帝受禅,
授稍伯下大夫、开府仪同三司,改封丹阳郡公。明帝时,为左武伯中
大夫。勋自以经业未通,请解职游露门学。帝嘉之,敕以本官就学。
齐王宪纳勋妹为妃,恩礼愈厚。

武帝嗣位,渭源烧当羌因饥作乱,以勋有才略,拜渭州刺史。甚
有惠政,华夷悦服,大致祥瑞。鸟鼠山俗呼为高武陇,其下渭水所
出。其山绝壁千寻,由来乏水,诸羌苦之。勋马足所践,忽飞泉涌出。
有白乌翔止听前,乳子而后去,有白狼见于襄武。人为之谣曰:"我
有丹阳,山出玉浆。济我人夷,神乌来翔。"百姓因号其泉曰玉浆泉。
后丁父艰,毁瘵过礼。袭爵楚国公。

大象二年,累迁利州总管,寻拜柱国。隋文帝为丞相,益州总管
王谦作乱,勋婴城固守。谦将达奚惎等攻之,起土山,凿城为七十余
穴,堰江以灌之。勋时战士不过二千,昼夜相拒。经四旬,梁睿军且
至,贼解去。授上柱国,赐一子中山县公。

开皇中,为夏州总管。帝以其家贵盛,勋效克彰,后为汉王谅纳
其女为妃,恩遇弥厚。七年,追守利州功,诏食始州临津县邑千户。
十年,以疾征还京师,诏诸王并至勋弟,中使顾问,道路不绝。卒,谥
曰襄。

子贤嗣。位显州刺史、大理少卿、武贲郎将。次子毓。

毓字道生,少英果,有气节。汉王谅出镇并州,毓以妃兄为王府
主簿。以征突厥功,授仪同三司。及炀帝即位,谅纳谘议王预谋作
乱。毓苦谏不从,因谓其弟懿曰:"吾匹马归朝,自得免祸。此乃身
计,非为国也。今且伪从,以思后计。"毓兄显州刺史贤言于帝曰:

“臣弟毓素怀志节,必不从乱,但逼凶威,不能克遂。臣请从军,与毓为表里,谅不足图也。”帝许之。贤密遣家人赍敕书至毓所,与之计。谅将往介州,令毓与总管属朱涛留守。毓与涛议拒之,涛拂衣不从,毓追斩之。时谅司马皇甫诞以谏被囚,毓出之,与协计,及开府、盘石侯宿勤武等闭城拒谅。部分未定,有人告谅。谅攻之,城陷,见害,时年二十八。谅平,赠大将军,封正义县公,谥曰愍。

子愿师嗣。拜仪同三司。大业初,行新令,五等并除。未几,帝复下诏改封雍丘侯,复以愿师袭。

赞以宁勋,建德初,赐爵华阴县侯。累迁开府仪同大将军,进爵武阳郡公。

永恩少有识度,与宁俱归周文。以迎孝武功,封新兴伯。屡从征讨,皆有功,进位骠骑大将军、开府仪同三司。周孝闵帝践祚,授鄯州刺史,改封沃野县公。保定元年,入为司会中大夫。宁封楚国公,请先封武阳郡三千户益沃野之封,诏许焉。卒于官。赠少保,谥曰敬。子通嗣。

通字平东,一名会,弘厚有器局。在周,以父功赐爵临贞县侯,改封沃野县公。位开府、北徐州刺史。开皇初,进爵南陈郡公,尚隋文帝妹昌乐长公主。历定相二州刺史、夏洪二州总管,并以宽惠称。卒官。谥曰安。子宽嗣。

杨绍字子安,弘农华阴人也。祖兴,魏新平郡守。父国,中散大夫。

绍少慷慨有志略,屡从征伐,力战有功。普泰初,封平乡县男。大统元年,进爵冠军县公。四年,为鄜城郡守。绍性恕直,兼有威惠,百姓安之。累迁骠骑大将军、开府仪同三司、鄜州刺史,赐姓叱吕引氏。周孝闵帝践祚,进爵傥城郡公,位大将军。卒,赠成、交等八州刺史,谥曰信。子雄嗣。

雄初名惠,美姿容,有器度,雍容闲雅,进止可观。周武帝时,为太子司旅下大夫。帝幸云阳宫,卫王直作乱,袭肃章门,雄逆拒破之。封武阳郡公，迁右卫上大夫。大象中，进爵邘国公。隋文帝为丞相，雍州牧，毕王贤构作难，雄时为别驾，知其谋，以告文帝。贤伏诛，以功授柱国、雍州牧，仍领相府虞侯。周宣帝葬，备诸王有变，令雄率六千骑送至陵所。进位上柱国。

文帝受禅，除左卫将军，兼宗正卿。迁右卫将军，参预朝政。封广平王，以邘公别封一子。雄请封弟士贵，朝廷许之。或奏高颎朋党者，帝言之于朝，雄深明其虚，帝亦以为然。雄时贵宠，冠绝一时，与高颎、虞庆则、苏威称为"四贵"。雄宽容下士，朝野顾属。帝阴忌之，不欲其典兵马，乃改授司空，外示优崇，而内实夺其权也。雄乃闭门不通宾客。寻改封清漳王。仁寿初，帝以清漳不允声望，命职方进地图，指安德郡示群臣曰："此号足为名德相称。"乃改封安德王。

大业初，授太子太傅。元德太子薨，检校郑州刺史。迁怀州刺史、京兆尹。帝亲征吐谷浑，诏雄总管浇河道诸军。及还，改封观王。辽东之役，检校左翊卫大将军，出辽东道。次泸河镇，遘疾薨。帝为之废朝，诏鸿胪监护丧事。有司请谥曰懿，帝曰："王道高雅俗，德冠生灵。"乃谥曰德。赠司徒、襄国等十郡太守。

子恭仁，位吏部侍郎。

恭仁弟綝，性和厚，颇有文学。历义州刺史，淮南郡太守。及父薨，起为司隶校尉。辽东之役，杨玄感反，其弟玄纵自帝所逃赴其兄，路逢綝，綝避人偶语久之。司隶刺史刘休文奏之。时恭仁将兵于外，帝寝其事。綝忧，发病而卒。

雄弟达，字士达，有学行，仕周，位仪同、内史下大夫，封遂宁县男。文帝受禅，拜给事黄门侍郎，进爵为子。迁兼吏部侍郎，加开府。转内史侍郎、鄀郑赵三州刺史，俱有能名。平陈后，帝差品天下牧宰，达为第一，擢拜工部尚书，加上开府。达为人弘厚，有局度，杨素每曰："有君子貌兼君子心者，唯杨达耳。"献皇后及文帝山陵制度，达并参预焉。炀帝嗣位，转纳言，领营东都副监。辽东之役，领右武卫将军，进位左光禄大夫。卒于师。赠吏部尚书、始安侯，谥曰恭。

　　王雅字度容，阐熙新囶人也。少沈毅，木讷寡言。有胆勇，善骑射。周文闻其名，召入军，以功赐爵居庸县子。从禽窦泰于潼关。

　　沙苑之战，雅谓所部曰："彼军殆有百万，今我不满万人，常理论之，实难与敌。但相公神武，以顺讨逆，岂计众寡？大丈夫不以此时破贼，何用生为！"乃擐甲出战，所向披靡，周文壮之。又从战芒山。时大军失利，诸将皆退，雅独拒之。敌人见其无继，步骑竞进。雅左右奋击，斩九级，敌人稍退，雅乃还。周文叹曰："王雅举身悉胆也！"进爵为伯。累迁骠骑大将军、开府仪同三司。

　　明帝初，除汾州刺史。励精为政，人庶悦附，自远至者七百余家。卒于夏州刺史。子世积嗣。

　　世积容貌魁岸，腰带十围，风神爽拔，有人杰之表。在周，以功拜上仪同，封长子县公。隋文帝受禅，进封宜阳郡公。高颎美其才能，甚善之。尝谓颎曰："吾辈俱周臣子，社稷沦没，若何？"颎深拒之。未几，授蕲州总管。平陈之役，以舟师自蕲水趣九江。以功进位柱国、荆州总管。后桂州人李光仕作乱，世积以行军总管讨平之，进位上柱国，甚见隆重。

　　世积见帝性忌刻，功臣多获罪，由是纵酒，不与执政言及时事。上以为有酒疾，舍之宫内，令医者疗之。世积诡称疾愈，始得就第。及征辽东，世积与汉王并为行军元帅。至柳城，遇疾而还。拜凉州总管，令骑士七百人送之官。

　　未几，其亲信安定皇甫孝谐有罪，吏捕之，亡抵世积，不纳，由是有憾。孝谐竟配防桂州，事总管令孤熙，熙又不礼焉。甚困穷，因徼幸上变，称："世积尝令道人相其贵不，道人云：'当为国主。'谓其妻曰：'夫人当为皇后。'又将之凉州，其所亲谓世积曰：'河西天下精兵处，可图大事。'世积曰：'凉州土旷人稀，非用武国。'"由是被征，案其事。有司奏："左卫大将军元旻、右卫大将军元胄、左仆射高颎，并与世积交通，受其名马之赠。"世积竟坐诛，颎、胄等免官，拜孝谐为上大将军。

　　韩雄字木兰,河南东垣人也。祖景,孝文时为赭阳郡守。

　　雄少敢勇,膂力绝人,工骑射,有将率材略。及孝武西迁,雄便慷慨有立功之志。大统初,遂与其属六十余人于洛西举兵,数日间,众至千人,与河南行台杨琚共为犄角。每抄掠东魏,所向克获。东魏洛州刺史韩贤以状闻,邺乃遣其军司慕容绍宗与贤合势讨雄。战数十合,雄众略尽,兄及妻子皆为贤所获,将以为戮。乃遣人告雄曰:"若雄至,皆免之。"雄乃诣贤军,即随贤还洛。潜引贤党,谋欲袭之。事泄,遁免。

　　谒周文于弘农,封武阳县侯,遣还乡里,更图进取。雄乃招集义众,从独孤信入洛阳。芒山之役,周文命雄邀齐神武于隘道。神武怒,命三军并力取雄,雄突围得免。除东徐州刺史。东魏雍州刺史郭叔略接境,颇为边患。雄密图之,轻将十骑,夜入其境。伏于道侧,遣都督韩仕于略城服东魏人衣服,诈若自河阳叛投关西者。略出驰之。雄自后射之,再发咸中,遂斩略首。除河南尹,进爵为公。寻进骠骑大将军、开府仪同三司、侍中、河南邑中正。周孝闵帝践祚,进爵新义郡公,赐姓宇文氏。明帝二年,除都督、中州刺史。

　　雄久在边,具知敌人虚实,每率众深入,不避艰难。前后经四十五战,虽时有胜负,而雄志气益壮,东魏深惮之。卒于镇。赠大将军、五州诸军事,谥曰威。子禽嗣。

　　禽字子通,少慷慨,以胆略称。容貌魁岸,有雄杰之表。性又好书,经史百家皆略知大旨。周文见而异之,令与诸子游集。以军功稍迁仪同三司,袭爵新义郡公。武帝伐齐,禽说下独孤永业于金墉城。及平范阳,加上仪同、永州刺史。隋文帝作相,迁和州刺史。陈将甄庆、任蛮奴、萧摩诃等共为声援,频寇江北,前后入界。禽屡挫其锋,陈人夺气。

　　开皇初,文帝潜有吞江南志,拜禽庐州总管,委以平陈之任,甚为敌人所惮。及大举伐陈,以为先锋。禽领五百人宵济,袭采石,守者皆醉,遂取之。进攻姑熟,半日而拔。次于新林。江南父老素闻其威信,来谒军门,昼夜不绝。其将樊巡、鲁世真、田瑞等相继降。晋王遣行军总管杜彦与禽合军。陈叔宝遣领军蔡征守朱雀航,闻禽将至,众惧而溃。任蛮奴为贺若弼所败,弃军降禽。禽以精骑直入朱雀门。陈人欲战,蛮奴扨之曰:"老夫尚降,诸君何事!"众皆散走。遂平金陵,执陈主权宝,时贺若弼亦有功,乃下诏晋王曰:"此二公者,朕本委之,悉如朕意。以名臣之功,成太平之业,天下盛事,何用过此!"又下优诏于禽、弼曰:"申国威于万里,宣朝化于一隅,使东南之人俱出汤火,数百年贼旬日廓清,专是公之功也。高名塞于宇宙,盛业光于天壤。遂听前古,罕闻其匹。班师凯入,诚知非远,相思之甚,寸阴若岁。"

及至京,弼与禽争功于上前,弼曰:"臣在蒋山死战,破其锐卒,禽其骁将,震扬威武,遂平陈国。禽略不交阵,岂臣之比!"禽曰:"本奉明旨,令臣与弼同取伪都。弼乃敢先期,逢贼遂战,致将士伤死甚多,臣以轻骑五百,兵不血刃,直取金陵,降任蛮奴,执陈叔宝,据其府库,倾其巢穴。弼至夕方扣北掖门,臣启关而纳之。斯乃救罪不暇,安得与臣为比!"上曰:"二将俱合上勋。"于是进位上柱国,赐物八千段。有司劾禽纵士卒淫污陈宫,坐此不得国公及真食邑。

大军之始出也,上敕有司曰:"亡国物,我一不以入府,可于苑内筑五垛,当悉赐文武百官大射以取之。"及是,上御玄堂,大陈陈之奴婢货贿,会王公文武官七品已上,武职领兵都督已上,及诸考使以射之。

先是,江东谣曰:"黄斑青骢马,发自寿阳涘,来时冬气末,去日春风始。"皆不知所谓。禽本名禽武,平陈之际,又乘青骢马,往返时节与歌相应,至是方悟。后突厥来朝,上谓曰:"汝闻江南有陈国天子乎?"对曰:"闻之。"上命左右引突厥诣禽前,曰:"此是执得陈国天子者。"禽厉然顾之。突厥惶恐不敢仰视。其威容如此。别封寿光县公,真食千户。以行军总管屯金城,御备胡寇,即拜凉州总管。

俄征还京,恩礼殊厚。无何,其邻母见禽门下仆卫甚盛,有同王者,母异而问之。其中人曰:"我来迎王。"忽不见。又有人疾笃,忽

惊走至禽家曰："我欲谒王。"左右问何王，曰："阎罗王。"禽子弟欲
挞之，禽止之曰："生为上柱国，死作阎罗王，亦足矣。"因寝疾卒。子
世谔嗣。

世谔倜傥骁捷，有父风。杨玄感乱，引为将，每战先登。玄感败，
为吏所拘。时帝在高阳，送诣行所。世谔日令守者市酒肴以酣畅，
扬言曰："吾死在朝夕，不醉何为！"渐以酒进守者，守者狎之，遂饮
令醉，因得逃奔山贼，不知所终。

禽母弟僧寿，字玄庆，亦以勇烈知名。周武帝时，为侍伯中旅下
大夫。隋文帝得政，从韦孝宽平尉迥，以功授大将军，封昌乐县公。
开皇初，拜安州刺史。时禽为庐州总管，朝廷不欲其兄弟同在淮南，
转熊、蔚二州刺史，进爵广陵郡公。寻以行军总管击破突厥于鸡头
山。后坐事免。数岁，复拜蔚州刺史。突厥甚惮之。后检校灵州总
管事。从杨素破突厥，进位上柱国，改封江都郡公。

炀帝即位，封新蔡郡公，自是不复任用。大业五年，从幸太原。
时有京兆人达奚通妾王氏，能清歌，朝臣多相命观之，僧寿亦预焉。
坐除名。寻命复位，卒于京师。子孝基。

僧寿弟洪，字叔明，少骁勇，善骑射，膂力过人。仕周，以军功拜
大都督。隋文帝为丞相，从韦孝宽破尉迟迥，加上开府，封甘棠县
侯。及帝受禅，进爵为公。开皇九年，平陈之役，授行军总管。及陈
平，晋王广大猎于蒋山，有猛兽在围中，众皆惧，洪驰马射之，应弦
而倒。陈氏诸将列观，皆叹伏焉。王大喜，赐缣百匹。寻以功加柱
国，拜蒋州刺史，转廉州。

时突厥屡为边患，朝廷以洪骁勇，令检校朔州总管事。寻拜代
州总管。仁寿元年，突厥达头可汗犯塞，洪率蔚州刺史刘隆、大将军
李药王拒之。遇虏于恒安，众寡不敌，洪四面搏战，身被重创，将士
沮气。虏悉众围之，矢下如雨。洪伪与虏和，围少懈。洪率所领溃
围而出，死者太半，杀虏亦倍。洪及药王除名，隆竟坐死。炀帝北巡，
至恒安，见白骨被野，以问侍臣，曰："往者韩洪与虏战处也。"帝悯
然伤之，收葬骸骨，命五郡沙门为设斋供，拜洪陇西太守。

未几，朱崖人王万昌作乱，诏洪平之。以功加金紫光禄大夫，领郡如故。俄而万昌弟仲通复叛，又诏洪平之。还师未几，旋遇疾卒。

贺若敦，河南洛阳人也。其先居漠北，世为部落大人。曾祖贷，魏献文时入国，为都官尚书，封安富县公。祖伏连，仕魏，位云州刺史。

父统，勇健不好文学，以祖荫为秘书郎。永安初，从太宰元天穆讨邢杲，以功封当亭子。齐神武初起，以统为颍州长史。执刺史田迅，以州降，拜兖州刺史，赐爵当亭县公。历位北雍、恒二州刺史。卒，赠司空公，谥曰哀。

敦少有气干。统之将执田迅也，虑事不果，又以累弱既多，难以自拔，沈吟者久之。敦年十七，进策赞成其谋。统流涕从之，遂定谋归西。时群盗蜂起，大龟山贼张世显潜来袭统，敦挺身赴战，手斩七八人，贼乃走。统大悦，谓左右僚属曰："我少从军旅，战阵非一，如此儿年时胆略，未见其人。非唯成我门户，亦当为国名将。"

明年，从河内公独孤信于洛阳被围，敦弯三石弓，箭不虚发。信乃言于周文，引至麾下，授都督，封安陵县伯。尝从校猎甘泉宫，时围人不齐，兽多越逸。周文大怒，从皆股战。围内唯有一鹿，俄亦突围而走。敦跃马驰之，鹿上东山。敦弃马步逐，至山半，便乃掣之而下。周文大悦，诸将因得免责。累迁太子庶子。废帝二年，拜右卫将军。俄加骠骑大将军、开府仪同三司，进爵广乡县公。

时岷蜀初开，人情尚梗。巴西人谯淹据南梁州，与梁西江州刺史王开业共为表里，扇动群蛮。周文令敦讨平之，进爵武都郡公，拜典祀中大夫。寻为金州都督。蛮帅向白彪、向五子王等聚众为寇，围逼信州。诏敦与开府田弘赴救，未至而城已陷。乃进军追讨，遂平信州。是岁，荆州蛮帅文子荣自号仁州刺史，复令敦与开府段韶讨禽子荣，并虏其众。

武成元年，入为军司马。陈将侯瑱、侯安都等围逼湘州，遏绝粮援，乃令敦度江赴救。敦连战破瑱，乘胜遂次湘州。俄而秋水汛溢，江路遂断。粮援既绝,恐瑱等知其粮少,乃于营内多为聚土,覆之以米,召侧近村人,阳有所访问,随即遣之。瑱等闻之,良以为实。敦又增修营垒,造庐舍,示以持久。湘、罗之间遂废农业。瑱等无如之何。初,土人驱乘轻船,载米粟及笼鸡鸭以饷瑱军,敦患之。乃伪为土人,装船伏甲士于中。瑱军人望见,谓饷船之至,逆来争取,敦甲士遂禽之。又敦军数有叛人乘马投瑱,瑱辄纳之。敦又别取一马,牵以趣船,令船中逆以鞭鞭之。如是者再三,马便畏船不上。后伏兵于江岸,使人乘畏船马以招瑱军,诈云投附。瑱便遣兵迎接,竞来牵马。马既畏船不上,伏兵发,尽杀之。此后实有馈饷及亡奔瑱者,犹谓敦之诈,并不敢受。相持岁余,瑱等不能制,求借船送敦渡江。敦虑其诈,或谓曰:"舍我百里,当为汝去。"瑱等遂留船,于是将兵去津路百里。敦觇之非诈,勒众而还。在军病死者十五六。晋公护以敦失地无功,除其名。

保定五年,累迁中州刺史,镇函谷。敦恃功负气,顾其流辈皆为大将军,敦独未得,兼以湘州之役,全军而反,翻被除名,每出怨言。晋公护怒,征还,逼令自杀。临刑,呼子弼谓曰:"吾必欲平江南,然心不果,汝当成吾志。吾以舌死,汝不可不思。"因引锥刺弼舌出血,诫以慎口。建德初,追赠大将军,谥曰烈。

弼字辅伯。少有大志,骁勇便弓马,解属文,博涉书记,有重名。周齐王宪闻而敬之,引为记室。封当亭县公,迁小内史。与韦孝宽伐陈,攻拔数十城,弼计居多。拜寿州刺史,改封襄邑县公。隋文帝为丞相,尉迟迥作乱,帝恐弼为变,遣长孙平驰驿代之。

及帝受禅,阴有平江南志,访可任者。高颎荐弼有文武才干,于是拜吴州总管,委以平陈事,弼忻然以为己任。与寿州总管源雄并为重镇。弼遗雄诗曰:"交河骠骑幕,合浦伏波营,勿使骐驎上,无我二人名。"献取陈十策,上称善,赐以宝刀。

开皇九年,大举伐陈,以弼为行军总管。将度江,酹酒咒曰:"弼亲承庙略,远振国威,若使福善祸淫,大军利涉;如事有乖违,得葬江鱼腹中,死且不恨。"先是,弼请缘江防人每交代际,必集历阳。于是大列旗帜,营幕被野,陈人以为大兵至,悉发国中士马。既知防人交代,其众复散。后以为常,不复设备。及此,弼以大军济江,陈人弗觉。袭陈南徐州,拔之,执其刺史黄恪。军令严肃,秋毫不犯,有军士于人间酤酒者,弼立斩之。进屯蒋山之白土冈,陈将鲁广达、周智安、任蛮奴、田瑞、孔范、萧摩诃等以劲兵拒战。田瑞先犯,击走之。鲁广达等相继递进,弼军屡却。弼揣知其骄,士卒且惰,于是督厉将士,殊死战,遂大破之。麾下士开府员明禽摩诃至,弼命左右牵斩之。摩诃颜色自若,弼释而礼之。从北掖门入。时韩禽已执陈叔宝。弼至,呼叔宝视之。叔宝惶惧流汗,股栗再拜。弼谓曰:"小国之君当大国卿,拜,礼也。入朝不失作归命侯,无劳恐惧。"

既而弼恚恨不获叔宝,于是与禽相诟,挺刃而出。令蔡征为叔宝作降笺,命乘骡车归己,事不果。上闻弼有功,大悦,下诏褒扬之。晋王以弼先期决战,违军命,于是以弼属吏。上驿召之,及见迎劳曰:"克定三吴,公之功也。"命登御坐,赐物八千段,加位上柱国,进爵宋国公,真食襄邑三千户,加宝剑、宝带、金瓮、金盘各一,并雉尾扇、曲盖,杂采二千段,女乐二部,又赐陈叔宝妹为妾。拜右领军大将军。

平陈后六年,弼撰其画策上之,谓为《御授平陈七策》。上弗省,曰:"公欲发扬我名,我不求名,公宜自载家传。"七策:"其一,请广陵顿兵一万,番代往来。陈人初见设备,后以为常,及大兵南伐,不复疑也。其二,使兵缘江时猎,人马喧噪。及兵临江,陈人以为猎也。其三,以老马多买陈船而匿之,买弊船五六十艘于渎内。陈人觇以为内国无船。其四,积苇获于扬子津,其高蔽舰。及大兵将度,乃卒通渎于江。其五,涂战船以黄,与枯获同色,故陈人不预觉之。其六,先取京口仓储,速据白土冈,置兵死地,故一战而克。其七,臣奉敕,兵以义举。及平京口,俘五千余人,便悉给粮劳遣,付其敕书,命别道宣喻。是以大兵渡江,莫不草偃,十七日之间,南至林邑,东至沧海,西至象林,皆悉平定。"

转右武候大将军。弼时贵盛,位望隆重,其兄隆为武都郡公,弟柬万荣郡公,并刺史、列将。弼家珍玩不可胜计,婢妾曳绮罗者数百,时人荣之。

弼自谓功名出朝臣之右,每以宰相自许。既而杨素为右仆射,弼仍为将军,甚不平,形于言色,由是免官,弼怨望愈甚。后数载,下弼狱,上谓曰:"我以高颎、杨素为宰相,汝每昌言此二人唯堪啖饭耳,是何意也?"弼曰:"颎,臣之故人,素,臣之舅子,臣并知其为人,诚有此语。"公卿奏弼怨望,罪当死。上曰:"臣下守法不移,公可自求活理。"弼曰:"臣恃至尊威灵,将八千兵渡江,即禽陈叔宝,窃以此望活。"上曰:"此已格外酬赏,何用追论!"弼曰:"平陈之日,诸公议不许臣行。推心为国,已蒙格外重赏,今还格外望活。"既而上低徊者数日,惜其功,特令除名。岁余,复其爵位。上亦忌之,不复任使,然每宴赐,遇之甚厚。

十九年,上幸仁寿宫,宴王公,诏弼为五言诗,词意愤怨,帝觉而容之。明年春,弼又有罪,在禁所,咏诗自若。上数之曰:"人有性善行恶者,公之为恶,乃与行俱。有三太猛:嫉妒心太猛,自是非人心太猛,无上心太猛。昔在周朝,已教他儿子反,此心终不能改邪?"他日,上谓侍臣曰:"初欲平陈时,弼谓高颎曰:'陈叔宝可平。不作高鸟尽,良弓藏邪?'颎云:'必不然。'平陈后,便索内史,又索仆射。我语颎曰:'功臣正宜授勋官,不可豫朝政。'弼后语颎:'皇太子于已,出口入耳,无所不尽。公终久何必不得弼力,何脉脉邪!'意图镇广陵,又求荆州总管,并是作乱处,意终不改也。"

后突厥入朝,上赐之射,突厥一发中的。上曰:"非弼无能当此。"乃命弼。弼再拜咒曰:"臣者若赤诚奉国,当一发破的;如不然,发不中也。"弼射一发而中。上大悦,顾谓突厥曰:"此人天赐我也!"炀帝之在东宫,尝谓曰:"杨素、韩禽、史万岁三人,俱良将也,优劣如何?"弼曰:"杨素是猛将,非谋将;韩禽是斗将,非领将;史万岁是骑将,非大将。"太子曰:"然则大将谁也?"弼拜曰:"唯殿下所择。"弼意自许为大将。及炀帝嗣位,尤被疏忌。大业三年,从驾北巡至榆林。时为大帐,下可坐数千人,召突厥启人可汗飨之。弼以为太侈,与高颎、宇文敩等私议得失,为人所告,竟坐诛,时年六十四。妻子为官奴婢,群从徙边。

子怀亮,慷慨有父风。以柱国世子,拜仪同三司。坐弼为奴,俄亦诛死。

敦弟谊。谊性刚果,有干略。周文据关中,引之左右,累迁仪同三司、略阳公府长史。周闵帝受禅,封霸城县子,加开府,历原、信二州总管。及兄敦以谗毁伏诛,坐免官。从武帝平齐,拜洛州刺史,进封建威县侯。开皇中,位左武候将军、海陵郡公。后以突厥为边患,谊素有威名,拜灵州刺史,进位柱国。谊时年老,犹能重铠上马,甚为北夷所惮。数载,上表乞骸骨,卒于家。子举袭爵。

论曰:周文帝属祸乱之辰,以征伐而定海内,大则连兵百万,系之以存亡,小则转战边亭,不阕于旬月。是以兵无少长,士无贤愚,莫不投笔要功,横戈请奋。豆卢宁、杨绍、王雅、韩雄等,或攀翼云汉,底绩屯夷,虽运移年代,而名成终始,美矣哉!豆卢勣誉宣分竹,毓节见临危,可谓载德象贤也。观德王位登台衮,庆流后嗣。保兹宠禄,实仁厚之所致乎!王世积俊才虽多,适足为害者矣。贺若敦志略慷慨,深入敌境,勠寇绝其粮道,江淮阻其归途。临危而策出无方,事迫而雄心弥厉,故能利涉死地,全师以反。而茂勋莫纪,严刑已及,天下是以知宇文护之不能终其位也。

自南北分隔,将三百年。隋文爰应千龄,将一函夏。贺若弼慷慨,申必取之长策;韩禽备发,贾余勇以争先。隋氏自此一戎,威加四海。稽诸天道,或时有废兴;考之人谋,实二臣之力。其伺儥英略,贺弼居多;武毅威雄,韩禽称重。方于晋之王、杜,勋庸绰有余地。然贺弼功成名立,矜伐不已,竟颠殒于非命,亦不密以失身。若念父临终之言,必不及于斯祸。韩禽累叶将家,威声动俗,敌国既破,名遂身全,幸也。广陵、甘棠,咸有武艺,骁雄胆略,并为当时所推,赳赳干城,维兄难弟矣。

北史卷六九
列传第五七

申徽　陆通　厍狄峙　杨荐
王庆　赵刚　赵昶　王悦
赵文表　元定　杨㩁

申徽字世仪,魏郡人也。六世祖钟,为后赵司徒。冉闵末,中原丧乱,钟子邃避地江左。曾祖爽,仕宋位雍州刺史。祖隆道,宋北兖州刺史。父明仁,郡功曹,早卒。

徽少与母居,尽力孝养。及长,好经史。性审慎,不妄交游。遭母忧,丧毕,乃归于魏。元颢入洛,以元邃为东徐州刺史,邃引徽为主簿。颢败,邃被槛车送洛阳,故吏宾客并委去,唯徽送之。及邃得逸,乃广集宾友,叹徽有古人风。寻除太尉府行参军。

孝武初,徽以洛阳兵难未已,遂间行入关见周文。周文与语,奇之,荐之于贺拔岳,岳亦雅相敬待,引为宾客。周文临夏州,以徽为记室参军兼府主簿。周文察徽沉密有度量,每事信委之,乃为大行台郎中。时军国草创,幕府务殷,四方书檄皆徽之辞也。以迎孝武功,封博平县子,本州大中正。大统初,进爵为侯。四年,拜中书舍人,修起居注。河桥之役,大军不利,近侍之官分散者众,徽独不离左右,魏帝称叹之。十年,迁给事黄门侍郎。

先是,东阳王元荣为瓜州刺史,其女婿刘彦随焉。及荣死,瓜州首望表荣子康为刺史,彦遂杀康而取其位。属四方多难,朝廷不遑问罪,因授彦刺史。频征不奉诏,又南通吐谷浑,将图叛逆。周文难于动众,欲以权略致之,乃以徽为河西大使,密令图彦。徽轻以五十骑行,既至,止于宾馆。彦见徽单使,不以为疑。徽乃遣一人微劝彦归朝,以揣其意,彦不从。徽又使赞成其住计,彦便从之,遂来至馆。徽先与瓜州豪右密谋执彦,遂叱而缚之。彦辞无罪,徽数之曰:"君无尺寸之功,滥居方岳之重,恃远背诞,不恭贡职,戮辱使人,轻忽诏命。计君之咎,实不容诛。但受诏之日,本令相送归关,所恨不得即申明罚,以谢边远耳。"于是宣诏慰劳吏人及彦所部,复云大军续至,城内无敢动者。使还,迁都官尚书。

十二年,瓜州刺史成庆为城人张保所杀,都督令狐延等起义逐保,启请刺史。以徽信洽西土,拜假节、瓜州刺史。徽在州五稔,俭约率下,边人乐而安之。十六年,征兼尚书右仆射,加侍中、骠骑大将军、开府仪同三司。废帝二年,进爵为公,正右仆射,赐姓宇文氏。

徽性勤至,凡所居官,案牍无大小皆亲自省览,以是事无稽滞,吏不得为奸。后虽历公卿,此志不懈。出为襄州刺史。时南方初附,旧俗官人皆通饷遗。徽性廉慎,乃画杨震像于寝室以自戒。及代还,人吏送者数十里不绝。徽自以无德于人,慨然怀愧,因赋诗,题于清水亭。长幼闻之,皆竞来就读,递相谓曰:"此是申使君手迹。"并写诵之。

明帝以御正任总丝纶,更崇其秩为上大夫,员四人,号大御正,又以徽为之。历小司空、少保,出为荆州刺史。入为小司徒、小宗伯。天和六年,上疏乞骸骨,诏许之。薨,赠泗州刺史,谥曰章。

子康嗣。位泸州刺史、司织下大夫、上开府。

康弟敦,汝南郡守。敦弟静,齐郡守。静弟处,上开府、同昌县侯。卒。

陆通字仲明,吴郡人也。曾祖载,从宋武帝平关中,军还,留载随其子义真镇长安,遂没赫连氏。魏太武平赫连氏,载仕魏,位中山郡守。

父政，性至孝。其母吴人，好食鱼。北土鱼少，政求之常苦难。后宅侧忽有泉出，而有鱼，遂得以供膳。时人以为孝感所致，因谓其泉为孝鱼泉。从尔朱天光讨伐。及天光败，归周文。周文为行台，以政为行台左丞、原州长史，赐爵中都县伯。大统中，卒。

通少敦敏好学，有志节。幼从政在河西，遂逢寇难，与政相失。通乃自拔东归，从尔朱荣。荣死，又从尔朱兆。及尔朱氏灭，乃入关。周文时在夏州，引为帐内督。顷之，贺拔岳为侯莫陈悦所害。时有传岳军府已亡散者，周文忧之，通以为不然。居数日，问至，果如所策。自是愈见亲礼，遂昼夜陪侍，家人罕见其面。通虽处机密，愈自恭谨，周文以此重之。后以迎孝武功，封都昌县伯。

大统元年，进爵为侯。从禽窦泰，复弘农。沙苑之役，力战有功。又从解洛阳围。军还，属赵青雀反于长安，周文将讨之，以人马疲弊，不可速行，又谓青雀等一时陆梁，不足为虑，乃云："我到长安，但轻骑临之，必当面缚。"通进曰："青雀等既以大军不利，谓朝廷倾危，同恶相求，遂成反乱。然其逆谋久定，必无迁善之心。且其诈言大军败绩，东寇将至，若以轻骑往，百姓谓为信然，更沮兆庶之望。大兵虽疲弊，精锐犹多，以明公之威，率思归之众，以顺讨逆，何虑不平？"周文深纳之，因从平青雀。录前后功，进爵为公，徐州刺史。以寇难未平，留不之部。与于谨讨刘平伏，加大都督。从周文援玉壁，进仪同三司。

九年，高仲密以地来附，通从若干惠战于芒山。众军皆退，唯惠与通率所部力战。至夜中乃阴引还，敌亦不敢逼。进授骠骑大将军、开府仪同三司、太仆卿，赐姓部六孤氏，进爵绥德郡人。周孝闵践祚，拜小司空。保定五年，累迁大司寇。

通性柔谨，虽久处列位，常清慎自守。所得禄赐，尽与亲故共之，家无余财。常曰："凡人患贫而不贵，不患贵而不贫也。"建德元年，转大司马。其年薨。通弟逞。

逞字季明，初名彦，字世雄。魏文帝常从容谓之曰："尔既温裕，何因乃字世雄？且为世之雄，非所宜也。于尔兄弟又复不类。"遂改焉。逞少谨密，早有名誉。兄通先以军功别受茅土，乃让父爵中都县伯令逞袭之。起家羽林监，周文内亲信。时辈皆以骁勇自达，唯逞独兼文雅，周文由此加礼遇焉。大统十四年，参大丞相府军事，寻兼记室。保定初，累迁吏部中大夫，历蕃部、御伯中大夫，进骠骑大将军、开府仪同三司，徙授司宗中大夫，转军司马。逞干识详明，历任三府，所在著绩。朝廷嘉之，进爵为公。

天和三年，齐遣侍中斛斯文略、中书侍郎刘逖来聘。初修邻好，盛选行人，诏逞为使主，尹公正为副以报之。逞美容止，善辞令。敏而有礼，齐人称焉。还届近畿，诏令路车仪服郊迎而入，时人荣之。四年，除京兆尹。郡界有豕生数子，经旬而死。其家又有貑，遂乳养之，诸豚赖之以活，时论以逞仁政所致。俄迁司会中大夫，出为河州刺史。晋公护雅重其才，表为中外府司马，颇委任之。寻复为司会，兼纳言，迁小司马。及护诛，坐免官。

顷之，起为纳言。又以疾不堪剧任，乃除宜州刺史。故事，刺史奉辞，例备卤簿，逞以时属农要，奏请停之。武帝深嘉焉，诏遂其所请，以彰雅操。逞在州有惠政，吏人称之。东宫初建，授太子太保。卒，赠大将军。子操嗣。

库狄峙，其先辽东人，本姓段，匹䃅之后也，因避难改焉。后徙居代，世为豪右。祖凌，武威郡守。父贞，上洛郡守。

峙少以弘厚知名，善骑射，有谋略。仕魏，位高阳郡守，政存仁恕，百姓颇悦之。孝武西迁，峙乃弃官从入关。大统元年，拜中书舍人，参掌机密，以恭谨见称。迁黄门侍郎。

时与东魏争衡，蠕蠕乘虚，屡为边患，朝议欲结和亲，乃使峙往。峙状貌魁梧，善于辞令，蠕蠕主雅信重之，自是不复为寇。周文谓峙曰："昔魏绛和戎，称见前史。以君方之，彼有愧色。"封高邑县公。累迁骠骑将军、开府仪同三司，拜侍中。蠕蠕灭后，突厥强盛，虽与周通好，而外连齐氏。周文又令峙衔命喻之。突厥感悟，即执齐使归诸京师。进爵安丰郡公，历小司空、小司寇。

明帝初，为益州刺史、都督三十一州诸军事。峙性宽和，尚清靖，为夷獠所安。后为宜州刺史。入为少师。以年老，乞骸骨，诏许之。卒，谥曰定。

子嶷嗣，少知名，位开府仪同三司、职方中大夫、蔡州刺史。卒官。

嶷弟征，从平齐，以功拜仪同大将军，赐爵乐陵县公。

征弟徽，亦以军功至仪同大将军、保城县男。

徽弟崟，性弘厚，有局度，以齐右下大夫从武帝东伐，入并州。军败，侍臣歼焉。及帝之出，唯崟侍从。以功授上仪同大将军，迁开府，历右宫伯，赐爵乐城县侯。仕隋，位至户部尚书。

杨荐字承略，秦郡宁夷人也。父宝，昌平郡守。

荐幼孤，早有名誉，性廉谨，喜怒不形于色。魏永安中，随尔朱天光入关讨群贼，封高邑县男。周文临夏州，补帐内都督。及平侯莫陈悦，使荐入洛请事，孝武授周文关西大行台，仍除荐直阁将军。时冯翊长公主釐居，孝武意欲归诸周文，乃令武卫元毗喻旨。荐归白周文，又遣荐入洛阳请之，孝武即许焉。孝武欲向关中，荐赞成其计。孝武曰：“卿归语行台迎我。”周文又遣荐与长史宇文测出关候接。孝武至长安，进爵清水县子。

大统元年，蠕蠕请和亲，周文遣荐与杨宽使，并结婚而还。进爵为侯。又使荐纳币于蠕蠕。魏文帝郁久闾后崩，周文遣仆射赵善使蠕蠕，更请婚。善至夏州，闻蠕蠕贰于东魏，欲执使者。善惧，乃还。周文乃使荐往，赐黄金十斤，杂彩三百匹。荐至蠕蠕，责其背惠食言，并论结婚之意。蠕蠕感悟，乃遣使随荐报命焉。

及侯景来附，周文令荐助镇遏。荐知景翻覆，遂求还，具陈事实，周文乃遣使密追助景之兵。寻而景叛。

十六年，大军东讨，周文恐蠕蠕乘虚寇掠，乃遣荐往，更论和好，以安慰之。进使持节、骠骑大将军、开府仪同三司，加侍中。

周孝闵帝践阼，除御伯大夫，进爵姚谷县公，仍使突厥结婚。突厥可汗弟地头可汗阿史那库头居东面,与齐通和,说其兄欲背先约。计谋已定,将以荐等送齐。荐知其意,乃正色责之,辞气慷慨,涕泗横流。可汗惨然良久曰:"幸无所疑,当共平东贼,然后发遣我女。"乃令荐先报命,仍请东讨。以奉使称旨,迁大将军。保定四年,又纳币于突厥。还,行小司马,又行大司徒。从陈公纯等逆女于突厥,进爵南安郡公。天和三年,迁总管梁州刺史。后以疾卒。

王庆字兴庆,太原祁人也。父因,魏灵州刺史、怀德县公。

庆少开悟,有才略。初从周文征伐,复弘农,破沙苑,并有战功,每获殊赏。大统十年,授殿中将军。周孝闵帝践阼,晋公护引为典签。庆枢机明辩,渐见亲待,授大都督。武成元年,以前后功,赐爵始安县男。二年,行小宾部。保定二年,使吐谷浑,与其分疆,仍论和好之事。浑主悦服,遣所亲随庆贡献。

初,突厥与周和亲,许纳女为后。而齐人知之,惧成合从之势,亦遣使求婚,财馈甚厚。突厥贪其重赂,便许之。朝议以魏昔与蠕蠕结婚,遂为齐人离贰,今者复恐改变,欲遣使结之。遂授庆左武伯,副杨荐为使。是岁,遂兴入并之役。庆乃引突厥骑,与隋公杨忠至太原而还。及齐人许送皇姑及世母,朝廷遂与通和。突厥闻之,复致疑阻,于是又遣庆往谕之。可汗感悦,结好如初。五年,复与宇文贵使突厥逆女。自此,以庆信著北蕃,频岁出使。后更至突厥,属其可汗暴殂,突厥谓庆曰:"前后使来,逢我国丧者,皆劗面表哀。况今二国和亲,岂得不行此事!"庆抗辞不从。突厥见其守正,卒不敢逼,武帝闻而嘉之。录庆前后使功,迁开府仪同三司、兵部中大夫,进爵为公。历丹、中二州刺史,为政严肃,吏不敢犯。

大象元年,授小司徒,加上大将军、总管汾石二州五镇诸军事、汾州刺史。又除延州总管,进位柱国。开皇元年,进爵平昌郡公。卒于镇,赠上柱国,谥曰庄。子淹嗣。

赵刚字僧庆,河南洛阳人也。祖宁,魏高平太守。父和,永平中,陵江将军。南讨度淮,闻父丧,辄还。所司将致之于法,和曰:"罔极之恩,终天莫报。若许安厝,礼毕而即罪戮,死且无恨。"言讫号恸,悲感傍人。主司以闻,遂宥之。丧毕,除宁远将军。大统初,追赠胶州刺史。

剛少机辩,有干能。起家奉朝请,累迁金紫光禄大夫,领司徒府从事中郎,加閤内都督。及孝武与齐神武构隙,剛密奉旨,召东荆州刺史冯景昭。未及发,而神武已逼洛阳,孝武西迁。景昭集府僚文武,议其去就,司马冯道和请据州待北方处分。剛抽刀投地曰:"公若为忠臣可斩道和。如欲贼,可见杀!"景昭感悟,遂率众赴关右。属侯景逼穰城,东荆州人杨欢等起兵应景,以其众邀景昭于路。景昭战败,剛遂没于蛮。后自赎免,乃见东魏东荆州刺史李魔怜,劝令归关西。魔怜纳之,使剛至并州,密观事势。神武引剛内宴,因令剛赍书申勅荆州。剛还报魔怜,仍说魔怜斩杨欢等,以州归西,魔怜乃使剛入朝。大统初,剛于灞上见周文,具陈关东情实。周文嘉之,封阳邑县子。论复东荆州功,进爵临汝县伯。

初,贺拔胜、独孤信以孝武西迁之后,并流寓江左。至是,剛言于魏文帝,请追而复之。乃以剛为兼给事黄门侍郎,使梁魏兴,赍移书与其梁州刺史杜怀宝等。即与剛盟歃,受移送建康,仍遣人随剛报命。是年,又诏剛使三荆,听在所便宜从事。使还,称旨,进爵武成县侯,除大丞相府帐内都督。复使魏兴,重申前命。寻而梁人礼送贺拔胜、独孤信等。

顷之,御史中尉董绍进策,请图梁汉,以绍为行台、梁州刺史。剛以为不可,而朝议已决,遂出军。绍竟无功还,免为庶人。除剛颍川郡守。高仲密以北豫州来附,兼大行台左丞,持节赴颍川节度义军。师还,剛别破侯景前驱于南陆,复获其郡守二人。时有流言,传剛东叛,神武因设反间,声遣迎接。剛乃率骑袭其丁坞,拔之。周文知剛无贰,乃加赉焉。除营州刺史,进爵为公。

渭州人人郑五丑构逆,与叛羌傍乞铁忽相应,令剛往镇之。将发,魏文帝引见内寝,举觞属剛曰:"昔侯景在东,为卿所困。黠羌小丑,岂足劳卿谋虑也?"时五丑已克定夷镇,所在立栅。刚至,并攻破之,散其党与。五丑于是西奔铁忽,刚又进破铁忽伪广宁郡。属宇文贵等西讨,诏以刚行渭州事,资给粮饩。加骠骑大将军、开府仪同三司,入为光禄卿。六官建,拜膳部中大夫。

周孝闵帝践祚,进爵浮阳郡公,出为利州总管。沙州氐恃险逆命,刚再讨复之。方州生獠,自此始从赋役。刚以信州滨江负阻,乃表请讨之。诏刚率利、沙等十四州兵往经略焉。仍加授渠州刺史。刚初至,渠帅惮其军威,相次降款。刚师出逾年,士卒疲弊,寻复亡叛,后遂以无功而还。又与所部仪同尹才失和,被征赴阙,遇疾,卒于路。赠中、淅、涿三州刺史,谥曰成。子元卿,弟仲卿。

仲卿性粗暴,有膂力。周齐王宪甚礼之。以军功位上仪同,为畿伯中大夫。后以平王谦功,进位大将军,封长垣县公。隋文帝受禅,进河北郡公,寻拜石州刺史。法令严猛,纤介之失无所宽舍,鞭笞辄至二百。吏人战栗,无敢违犯,盗贼屏息,皆称其能。迁朔州总管。时塞北盛兴屯田,仲卿总统之。微有不理者,仲卿辄召主掌挞其胸背,或解衣倒曳于荆棘中,时人谓之于菟。事多克济,由是收获岁广,边戍无馈运之忧。

会突厥启人可汗求婚,上许之。仲卿因是间其骨肉,遂相攻击。十七年,启人窘迫,与隋使长孙晟投通汉镇。仲卿率骑千余援之,达头不敢逼。潜遣人诱致启人所部,至者二万余家。其年,从高颎指白道以击达头,仲卿为前锋。至族蠡山,与虏遇,交战七日,大破之。追奔至乞伏泊,复启人。突厥悉众而至,仲卿为方阵,四面拒战,经五日。会高颎大兵至,合击之,虏乃败走。追度白道,逾秦山七百余里。时突厥降者万余家,上令仲卿处之恒安。以功进上柱国。朝廷虑达头掩袭启人,令仲卿屯兵二万以备之,代州总管韩洪、永康公李药王、蔚州刺史刘隆等将步骑一万镇恒安,达头来寇,韩洪军大败。仲卿自乐宁镇邀击,斩千余级。

明年,督役筑金河、定襄二城以居启人。时有上表言仲卿酷暴,上命御史王伟按之,并实。惜其功,不罪,因劳之曰:"知公清正,为下所恶。"赐物五百段。仲卿益恣,由是免官。

仁寿初,检校司农卿。蜀王秀之得罪,奉诏往益州按之。秀宾客经过处,仲卿必深文致法,州县长吏坐者太半。上以为能,赏奴婢五十口、黄金二百两、米粟五千石、奇宝杂物称是。炀帝嗣位,判兵部、工部二尚书事。卒官。谥曰肃。子世弘嗣。

赵昶字长舒,天水南安人也。曾祖襄,仕魏,至中山郡守,因家于代焉。

昶少聪敏,有志节。弱冠,以材力闻。魏北中郎将高千镇陕,以昶为长史、中军都督。周文平弘农,擢为相府典签。

大统九年,大军失律于芒山,清水氐酋李鼠仁自军逃还,凭险作乱。周文将讨之,先求可使者,遂令昶使焉。见鼠仁,喻以祸福。群凶或从或不,从其命者,复将加刃于昶。而昶神色自若,志气弥厉。鼠仁感悟,遂相率降。氐梁道显叛,攻南由,周文复遣昶慰喻之,道显等皆即款附。东秦州刺史魏光因徙其豪帅三十余人并部落于华州,周文即以昶为都督领之。先是,汾州胡叛,再遣昶慰劳之,皆知其虚实。及大军往讨,昶为先驱,遂破之。以功封章武县伯。

十五年,拜安夷郡守,带长蛇镇将。氐俗荒犷,昶威怀以礼,莫不悦服。期岁之后,乐从军者千余人。加授帅都督。时属军机,科发切急,氐情难之,复相率谋叛。昶又潜遣诱说,离间其情。因其携贰,遂轻往临之。群氐不知所为,咸来见昶,乃收其首逆者二十余人斩之,余众遂定。朝廷嘉之,除大都督,行南秦州事。时氐帅盖闹等反,昶复讨禽之。又与史宁破宕昌羌、獠二十余万。拜武州刺史。恭帝初,加骠骑大将军、开府仪同三司。潭水羌叛,杀武陵、潭水二郡守。昶率仪同骆天人等讨平之。

周明帝初,凤州人仇周贡、魏兴等反,自号周公,破广化郡,攻没诸县,分兵西入,围广业、修城二郡。广业郡守薛爽、修城郡守杜果等请昶为援。遣使报果,为周贡党樊伏兴等所获。兴等知昶将至,解修城围,据泥功岭,设六伏以待昶。昶至,遂遇其伏,合战破之。广业之围亦解，昶追之至泥阳川而还。兴州人段吒及氏酋羌多复反，攻没郡县，昶讨斩之。

昶自以被拔擢居将帅之任，倾心下士，虏获氏、羌，抚而使之，皆为昶尽力。周文常曰："不烦国家士马而能威服氏、羌者，赵昶有之矣。"至是，明帝录前后功，进爵长道郡公，赐姓宇文氏，赏劳甚厚。二年，征拜宾部中大夫，行吏部。寻以疾卒。

王悦字众喜，京兆蓝田人也。少有气干，为州里所称。周文初定关陇，悦率募乡里从军，屡有战功。

大统元年，除相府刑狱参军，封蓝田县伯。四年，东魏将侯景攻围洛阳，周文赴援，悦又率乡里千余人从军至洛阳。将战之夕，悦罄其行资，市牛飨战士。悦所部尽力，斩获居多。迁大行台右丞，转左丞。久居管辖，颇获时誉。

十三年，侯景据河南来附，仍请兵为援，周文先遣违法保、贺兰愿德等帅众助之。悦言于周文曰："侯景之于高欢，始则笃乡党之情，末乃定君臣之契，位居上将，职重台司，论其分义，有同鱼水。今欢始死，景便离贰，岂不知君臣之道有违，忠义之礼不足？盖其图既大，不恤小嫌。然尚能背德于高氏，岂肯尽节于朝廷！今若益之以势，援之以兵，非唯侯景不为池中之物，亦恐朝廷贻笑将来也。"周文纳之，乃遣追法保等，而景寻叛。后拜京兆郡守、散骑常侍，迁大行台尚书。

从达奚武征梁汉。军出，武令悦说其城主杨贤，悦乃贻之书，贤于是遂降。悦又白武云："白马冲要，是必争之地。今城守寡弱，易可图也。若蜀兵更至，攻之实难。"武然之，即令悦率轻骑径趣白马。悦示其祸福，梁将深悟，遂以城降。时梁武陵王萧纪果遣其将任珍奇，欲先据白马。行次关城，闻其已降，乃还。及梁州平，周文即以悦行刺史事。招携初附，人吏安之。

废帝二年，征还本任。属改行台为中外府，尚书员废，悦以仪同领兵还乡里。悦既久居显职，及此之还，私怀怏怏，犹陵驾乡里，失于宗党之情。其长子康恃悦旧望，遂自骄纵。所部军人将有婚礼，康乃非理陵辱。军人诉之，悦及康并坐除名，仍配远防。及于谨伐江陵，令悦从军展效。江陵平，因留镇之。

周孝闵帝践祚，依例复官，授郢州刺史。寻拜使持节、骠骑大将军、开府仪同三司、大都督、司水中大夫，进爵蓝田县侯。俄迁司宪中大夫，赐姓宇文氏，又进爵河北县公。性俭约，不营生业，虽出内荣显，家徒四壁而已，明帝手敕劳勉之。保定元年，卒于位。

子康嗣，官至司邑下大夫。

赵文表，其先天水西人也，后徙居南郑。累世为二千石。父珏，性方严，有度量。位御伯中大夫，封昌国县伯。赠虞、绛二州刺史，谥曰贞。

文表少而修谨，志存忠节。起家为周文亲信，累迁左金紫光禄大夫。保定五年，授畿伯下大夫，迁许国公宇文贵府长史。寻拜车骑大将军、仪同三司。仍从贵使突厥迎皇后，进止仪注，皆令文表典之。文表斟酌而行，皆合礼度。及皇后将入境，突厥托以马瘦徐行，文表虑其为变，遂说突厥使罗莫缘曰："后自发彼蕃，已淹时序，途经沙漠，人马疲劳。且东寇每伺间隙，吐谷浑亦能为变，今君以可汗爱女，结姻上国，曾无防虑，岂人臣之体乎？"莫缘然之，遂倍道兼行，数日至甘州。以迎后功，别封伯阳县伯。

天和三年，除梁州总管府长史。所管地名恒陵者，方数百里，并夷、獠所居，恃其险固，常怀不轨，文表率众讨平之。迁蓬州刺史。政尚仁恕，夷、獠怀之。加骠骑大将军、开府仪同三司。又加大将军，进爵为公。

大象中，拜吴州总管。时开府毛颢为吴州刺史。及隋文帝执政，尉迟迥等举兵，远近骚然，人怀异望。颢自以秩大，且为国家肺腑，惧文表负己，谋欲先之，乃称疾不出。文表往问之，颢遂手刃文表，因令其吏人告云："文表谋反。"仍驰启其状。帝以诸方未定，恐颢为变，遂授颢吴州总管以安之。后知文表无异志，虽不罪颢，而听其子仁海袭爵。

元定字愿安,河南洛阳人也。祖比,魏婺州刺史。父道龙,钜鹿郡守。

定惇厚少言,内沈审而外刚毅。从周文讨侯莫陈悦,以功拜步兵校尉。孝武西迁,封高邑县男。定有勇略,累从征伐,每战必陷阵,然未尝自言其功。周文深重之,诸将亦称其长者。累加骠骑大将军、开府仪同三司,进爵为公。废帝二年,以宗室进封建城郡王。三年,行《周礼》,爵随例降,改封长湖郡公。

周明帝初,拜岷州刺史。威恩兼济,甚得羌豪之情,先时生羌据险不宾者,至者,并出山谷,从征赋焉。及定代还,羌豪等咸恋慕之。保定中,授左宫伯中大夫。久之,转左武伯中大夫,进位大将军。

天和二年,陈湘州刺史华皎举州归梁,梁主欲因其隙更图攻取,乃遣使请兵,诏定从卫公直率众赴之。梁人与华皎皆为水军,定为陆军,直总督之。俱至夏口,而陈郢州坚守不下,直令定围之。陈遣其将淳于量、徐度、吴明彻等水陆来拒,皎为陈人所败,直得脱身归梁。定既孤军县隔,进退无路,陈人乘胜,水陆逼之。定乃率所部,斫竹开路,且战欲趣湘州,而湘州已陷。徐度等知定穷迫,遣使伪与定通和,重为盟誓,许放还国。定疑其诡诈,欲力战死之。而定长史长孙隆及诸将等多劝定和,定乃许之。于是与度等刑牲歃血,解仗就船。为度所执,所部众军亦被囚虏,送诣丹阳。居数月,忧愤发病卒。子乐嗣。

杨㩻字显进,正平高凉人也。祖贵、父猛,并为县令。

㩻少豪侠,有志气。魏孝昌中,尔朱荣杀害朝士,大司马、城阳王元徽逃难投㩻,㩻藏而免之。孝庄帝立,徽乃出,复为司马。由是㩻以义烈闻,擢拜伏波将军、给事中。元颢入洛,孝庄北度太行。及尔朱荣奉帝南讨,至马渚,㩻乃具船以济王师。颢平,封肥如县伯,加镇远将军、步兵校尉、行济北郡事。进都督、平东将军、太中大夫。

从孝武入关，进爵为侯，加抚军将军、银青光禄大夫。时东魏迁邺，周文欲知其所为，乃遣㧑间行诣邺以观察之。使还称旨，授通直散骑常侍、车骑将军。稽胡恃险不宾，屡行钞窃，以㧑兼黄门侍郎，往慰抚之。㧑颇有权略，能得边情，诱化酋渠，多来款附，乃有随㧑入朝者。

时弘农为东魏守，㧑从周文攻拔之。然自河以北，犹附东魏。㧑父猛先为邵郡白水令，㧑与其豪右相知，请微行诣邵郡，举兵以应朝廷。周文许之，㧑遂行。与土豪王覆怜等阴谋举事，密相应会，内外俱发，遂拔邵郡，禽郡守程保及县令四人，并斩之。众议推㧑行郡事，㧑以因覆怜成事，遂表覆怜为邵郡守。以功授大行台左丞，仍率义徒更为经略。于是遣谍人诱说东魏城堡，旬月之间，正平、河北、志汾、二绛、建州、大宁等诸城，并有请为内应者，大军因攻而拔之。以㧑行正平郡事，左丞如故。齐神武败于沙苑，其将韩轨、潘乐、可朱浑元等为殿，㧑分兵要截，杀伤甚众。东雍州刺史司马恭惧㧑威声，弃城遁走。㧑遂移据东雍州。

周文以㧑有谋略，堪委边任，乃表行建州事。时建州远在敌境，然㧑威恩夙著，所经之处多赢粮附之。比至建州，众已一万。东魏州刺史车折于洛出兵逆战，㧑击败之。破其行台斛律俱于州西，大获甲仗及军资，以给义士。由是威名大振。东魏遣太尉景攻陷正平，复遣行台薛修义与斛律俱相会，于是敌众渐盛。㧑以孤军无援，腹背受敌，谋欲拔还。复恐义徒背叛，遂伪为周文书，遣人若从外送来者，云已遣军四道赴援。因令人漏泄，使所在知之。又分土人义酋令各领所部四出钞掠，拟供军费。㧑分遣讫，遂于夜中拔还邵郡。朝廷嘉其权以全军，即授建州刺史。

时东魏以正平为东雍州，遣薛荣祖镇之。乃先遣奇兵，急攻汾桥。荣祖果尽出城中战士，于汾桥拒守。其夜，㧑从他道济，遂袭克之。进骠骑将军。邵郡人以郡东叛，郭武安脱身走免，㧑又率兵攻而复之。转正平郡守。又击破东魏南绛郡，虏其郡守屈僧珍。录前后功，封㧑阳县伯。

芒山之战，㩖攻拔柏谷坞，因即镇之。及大军不利，㩖亦拔还。而东魏将侯景率骑追㩖，㩖与仪同韦法保同心抗御，且战且前，景乃引退。周文嘉之，复授建州刺史，镇车箱。㩖久从军役，未及葬父。至是，表请迁葬。诏赠其父车骑大将军、仪同三司、晋州刺史，赠其母夏阳县君，并给仪卫，州里荣之。

及齐神武围玉壁，别令侯景趣齐子岭。㩖恐入寇邵郡，率骑御之。景远闻㩖至，斫木断路者六十余里，犹惊而不安，遂退还河阳，其见惮如此。十二年，进授大都督，加晋、建二州诸军事。又攻破蓼坞，获东魏将李显，进仪同三司。寻加开府，复镇邵郡。十六年，大军东讨，授大行台尚书，率义众先驱敌境，攻其四戍，拔之，时以齐军不出，乃追㩖还。改封华阳县侯。又于邵郡置邵州，以㩖为刺史，率所部兵镇之。

保定四年，迁少师。其年，大军围洛阳，诏㩖出轵阙。然㩖自镇东境二十余年，数与齐人战，每常克获，以此遂有轻敌之心。时洛阳未下，而㩖深入敌境，又不设备。齐人奄至，大破㩖军。㩖以众败，遂降于齐。㩖之立勋也，有慷慨壮烈之志，及军败，遂就虏以求苟免，时论以此鄙之。朝廷犹录其功，不以为罪，令其子袭爵。

论曰：申徽局量深沉，文之以经史，陆通鉴悟明敏，饰之以温恭，并夙奉龙颜，早蒙任遇，效宣提戟，功预披荆，义结周旋，恩生契阔。遂得入居端揆，出抚列藩。虽以识用成名，抑亦情兼惟旧。陆逞于戎旅之际，以文雅见知，出境播延誉之能，莅官著从政之美，历居显要，岂徒然哉！厍狄峙建和戎之功，杨荐成入关之策，赵刚之克剪凶狡，赵昶之怀服氐、羌，王悦之料侯景，文表之谲突厥，或明称先觉，或识表见机，观其立功立事，皆一时志力之士也。元定败亡，同黄权之无路；杨㩖攻胜，亦兵破而身囚。功名寥落，良可嗟矣！《易》曰：“师出以律，否臧凶。”《传》曰：“不备不虞，不可以师。”其㩖之谓也！

北史卷七〇
列传第五八

韩褒　赵肃　张轨　李彦
郭彦　梁昕　皇甫璠
辛庆之　王子直　杜杲
吕思礼　徐招　檀翥　孟信
宗懔　刘璠　柳遐

韩褒字弘业，颍川颍阳人也。祖瓛，魏平凉郡守、安定郡公。父演，恒州刺史。

褒少有志尚，好学而不守章句。其师怪问之，对曰："文字之间，常奉训诱，至于商较异同，请从所好。"师因此奇之。及长，涉猎经史，深沈有远略。属魏室丧乱，避地夏州。时周文帝为刺史，素闻其名，，待以客礼。及贺拔岳为侯莫陈悦所害，诸将遣使迎周文。周文问以去留之计，褒曰："此天授也，何可疑乎！"周文纳焉。及为丞相，引为录事参军，赐姓侯吕陵氏。大统初，迁行台左丞，赐爵三水县伯、丞相府从事中郎，出镇浙、郦。居二年，征拜丞相府司马，进爵为侯。

出为北雍州刺史。州带北山，多有盗贼。褒密访之，并豪右所为也，而阳不之知，厚加礼遇，谓曰："刺史起自书生，安知督盗？所赖卿等共分其忧耳。"乃悉召杰黠少年素为乡里患者，置为主帅，分其地界,有盗发而不获者,以故纵论。于是诸被署者莫不惶惧,皆首伏曰:"前盗发者,并某等为之。"所有徒侣,皆列其姓名,或亡命隐匿者,亦悉言其所在。褒乃取盗名簿藏之,因大榜州门曰:"自知行盗者,可急来首,即除其罪。尽今月不首者,显戮其身,籍没妻子,以赏前首者。"旬日之间,诸盗咸悉首尽。褒取名簿勘之,一无差异,并原其罪,许以自新。由是群盗屏息。入为给事黄门侍郎,迁侍中。除都督、西凉州刺史。

羌胡之俗,轻贫弱,尚豪富。豪富之家,侵渔百姓,同于仆隶。故贫者日削,豪者益富。褒乃悉募贫人,以充兵士,优复其家,蠲免徭赋。又调富人财物以振给之。每西域商货至,又先尽贫者市之。于是贫富渐均,户口殷实。废帝元年,为会州刺史。后以骠骑大将军、开府仪同三司,进爵为公。累迁汾州刺史。

先是,齐寇数入,人废耕桑,前后刺史,莫能防捍。褒至,适会寇来,乃不下属县。人既不备,以故多被抄掠。齐人喜于不觉,以为州先未集兵,今还必不能追蹑,由是益懈,不为营垒。褒已先勒精锐,伏北山中,分据险阻,邀其归路。乘其众息,纵伏击之,尽获其众。故事,获生口者,并送京师,褒因是奏曰:"所获贼众,不足为多,俘而辱之,但益其忿耳。请一切放还,以德报怨。"有诏许焉。自此抄兵颇息。迁河州总管,仍转凤州刺史。寻以年老请致事,诏许之。天和五年,拜少保。

褒历事三帝,以忠厚见知。武帝深相敬重,常以师道处之,每入朝见,必有诏令坐,然始论政事。卒,赠泾、岐、燕三州刺史,谥曰贞。

子继伯嗣。仕隋,位终卫尉少卿。

赵肃字庆雍,河南洛阳人也。世仕河西。及沮渠氏灭,曾祖武始归于魏,赐爵金城侯。祖兴,中书博士。父申侯,举秀才,为后军府主簿。

肃早有操行,知名于时。孝昌中,起家殿中侍御史,累迁左将军、太中大夫。东魏天平初,除新安郡守,秩满还洛阳。大统三年,独孤信东讨,肃率宗人为乡导。授司州别驾,监督粮储,军用不匮。周文帝闻之,谓人曰:"赵肃可谓洛阳主人也。"九年,行华山郡事。

十三年,除廷尉卿。明年元日,当行朝礼,非有封爵者不得预焉。肃时未有茅土。左仆射长孙俭启周文请之。周文乃召肃谓曰:"岁初行礼,岂得使卿不预!然何为不早言也?"于是令肃自选封名。肃曰:"河清乃太平之应,窃所愿也。"于是封清河县子。十六年,除廷尉卿,加征东将军。肃久在理官,执心平允,凡所处断,咸得其情。廉慎自居,不营产业,时人以此称之。十七年,进位车骑大将军、仪同三司、散骑常侍,赐姓乙弗氏。

先是,周文命肃撰法律,肃积思累年,遂感心疾。去职,卒于家。子轨。

轨少好学,有行检。周蔡王引为记室,以清苦闻。隋文帝受禅,为齐州别驾,有能名。其东邻有桑,葚落其家,轨遣人悉拾还其主,戒其诸子曰:"吾非以此求名,意者非机杼物,不愿侵人。汝等宜以为戒。"在州考绩连最。持节使者邰阳公梁子恭上状,文帝赐以米帛甚优,令入朝。父老将送者,各挥涕曰:"别驾在官,水火不与百姓交,是以不敢以杯酒相送。公清如水,请酌一杯水奉饯。"轨受饮之。至京,诏与牛弘撰定律令格式。

时卫王爽为原州总管,召为司马。在道夜行,其左右马逸入田中,暴人禾。轨驻马待明,访知禾主,酬直而去。原州人吏闻之,莫不改操。后检校硖州刺史,甚有恩惠。转寿州总管长史。芍陂旧有五门堰,芜秽不通。轨劝课吏人,更开三十六门,灌田五千余顷,人赖其利。秩满归,卒于家。子弘安、弘智,并知名。

张轨字元轨,济北临邑人也,父崇,高平令。轨少好学,志识开朗。初在洛阳,家贫,与乐安孙树仁为莫逆之友,每易衣而出,以此见称。轨常谓所亲曰:"秦、雍之间,必有王者。"尔朱氏败后,遂杖策入关。贺拔岳以轨为记室参军,典机密。寻转仓曹。时谷籴踊贵,或有请贷官仓者。轨曰："以私害公，非吾宿志。济人之难，讵得相违?"乃卖所服衣物，籴粟以振其乏。

及岳被害，周文帝以轨为都督，从征侯莫陈悦。悦平，使于洛阳，见领军斛斯椿。椿曰："高欢逆谋，已传行路，人情西望，以日为年，未知宇文何如贺拔也?"轨曰："宇文公文足经国，武足定乱，至于高识远度，非愚管所测。"椿曰："诚如卿言，真可恃也。"周文为行台，授轨郎中。孝武西迁，除中书舍人，封寿张县子，兼著作佐郎，修起居注。迁给事黄门侍郎，兼吏部郎中。出为河北郡守。在郡三年，声绩甚著，临人政术，有循吏之美。大统间言宰人者，多推尚之。入为丞相府从事中郎，行武功郡事。章武公导出镇秦州，以轨为长史。废帝元年，进车骑大将军、仪同三司、散骑常侍。二年，赐姓宇文氏，行南秦州事。恭帝二年，征拜度支尚书，复除陇右府长史。卒于位，谥曰质。

轨性清素，临终之日，家无余财，唯有书数百卷。

子肃，周明帝初为宣纳上士，转中外府记室参军、中山公训侍读。早有才名，性颇轻猾，时人比之魏讽。卒以罪考竟终。

李彦字彦士，梁郡下邑人也。祖光之，魏淮南郡守。父静，南青州刺史。

彦少有节操，好学慕古。孝昌中，解褐奉朝请。孝武入关，兼著作佐郎，修起居注。大统初，除通直散骑侍郎，累迁左户郎中。十二年，省三十六曹为十二部，改授户部郎中，封平阳县子。废帝初，拜尚书右丞，转左丞。

彦在尚书十有五载，属军国草创，庶务殷繁，留心省阁，未尝懈息。断决如流，略无疑滞。台阁莫不叹其公勤，服其明察。迁给事黄门侍郎，仍左丞。赐姓宇文氏。出为鄜州刺史。彦以东夏未平，固辞州任，诏许之。拜兵部尚书，加骠骑大将军、开府仪同三司，仍兼著作。六官建，改授军司马，进爵为伯。

彦性谦恭，有礼节，虽居显要，于亲党之间恂恂如也。轻财重义,好施爱士,时论以此称之。然素多疾,而勤于莅职,虽沈顿枕席,犹理务不辍,遂至于卒。谥曰敬。

彦临终遣诫其子等曰:"昔人以篆木为椟,葛虆为缄,下不乱泉,上不泄臭,实吾平生之志也。但事既矫枉,恐为世士所讥。今可敛以时服,葬于硗瘠之地,勿用明器、刍涂及仪卫等。尔其念哉。"朝廷嘉焉,不夺其志。

子升明嗣。少历显职。大象末,太府中大夫、仪同大将军。仕隋,终于齐州刺史。

子仁政,长安县长。义军至,以罪诛。

郭彦,太原阳曲人也。其先从官关右,遂居冯翊。父胤,灵武令。

彦少知名,周文帝临雍州,辟为西曹书佐。累迁虞部郎中。大统十二年,初选当州首望,统领乡兵,除帅都督。以居郎官著称,封龙门县子,进大都督。恭帝元年,除兵部尚书,仍以本兵从柱国于谨南伐江陵。进骠骑大将军、、开府仪同三司,进爵为伯。六官建,拜户部中大夫。

周孝闵帝践祚,出为沣州刺史。蛮左生梗,不营农业。彦劝以耕稼,人皆务本,亡命之徒,咸从赋役。先是,以沣州粮储乏少,每令荆州递送。自彦莅职,仓庾充实,无复转输之劳。齐南安城主冯显密遣使归降,其众未之知也。柱国宇文贵令彦率兵应接。时齐人先令显率所部送粮南下,彦惧其众不从命,乃于路邀之。显因得自拔。其众果拒战,彦纵兵奋击,并虏获之。以南安无备,即引军掩袭,遂有其城。晋公护嘉之,进爵怀德县公。入为工部中大夫。

保定四年,晋公护东讨,彦从尉迟迥攻洛阳,迥复令彦与权景宣出汝南。及军次豫州,使彦镇之。天和中,为陇右总管府长史。卒于官。赠小司空、宜、郿、丹三州刺史。

梁昕字元明,安定乌氏人也。世为关中著姓。其先因官,徙居京兆之盩厔。祖重耳,漳县令。父劝儒,中散大夫,赠泾州刺史。

昕少温恭,见称州里。从尔朱天光征讨,拜右将军、太中大夫。周文迎魏孝武,军次雍州,昕以三辅望族上谒。周文见昕容貌瑰伟,深赏异之,即授右府长流参军。累迁丞相府主簿。大统十二年,除南郡守,迁东荆州刺史。昕抚以仁惠,蛮夷悦之。封安定县子。周孝闵帝践祚,进位骠骑大将军、开府仪同三司。明帝初,进爵胡城县伯。天和初,拜工部中大夫,出为陕州总管府长史。

昕性温裕,有干能,历官内外,咸著声称。寻卒官。赠大将军,谥曰贞。

昕弟荣,位计部下大夫、开府仪同三司、朝那县伯。赠泾、宁、幽三州刺史,谥曰静。

子巘,仕隋,为给事郎。贞观中,终于郑州刺史。

皇甫璠字景瑜,安定三水人也。世为西州著姓,后徙居京兆。父和,本州中从事。大统末,追赠散骑常侍、仪同三司、泾州刺史。

璠少忠谨,有干略。永安中,辟州都督。周文帝为牧,补主簿,以勤事被知。大统四年,引为丞相府行参军。周孝闵帝践祚,为守庙下大夫、长乐县子。保定中,为鸿州刺史,入为小纳言。累迁蕃部中大夫,进骠骑大将军、开府仪同三司。

璠性平和,小心奉法,安贞守志,恒以清白自处,当时称为善人。建德三年,为随州刺史,政存简惠,百姓安之。卒官,赠交、渭二州刺史,谥曰恭。

子谅,少知名。大象中,位吏部下大夫。谅弟诞。

诞字玄虑,少刚毅,有器局。开皇中,累迁治书侍御史,朝臣无不肃惮焉。后为尚书左丞。时汉王谅为并州总管,朝廷盛选僚佐,拜诞并州总管司马,总府政事,一以谘之。谅甚敬焉。及炀帝即位,谅用谘议王颎谋,发兵作乱。诞数谏止,谅不纳。诞因流涕,以死固请。谅怒囚之。及杨素将至,谅屯清凉以拒。主簿豆卢毓出诞于狱,协谋闭城拒谅。袭击破之,并抗节遇害。帝以诞亡身殉国,嘉悼者久之。诏赠柱国,封弘义公,谥曰明。

子无逸嗣。寻为浔阳太守,甚有声称。大业初,令行,旧爵例除。以无逸诚义之后,赐爵平舆侯。入为刑部侍郎,守右武卫将军。

初,汉王谅之反,州县莫不响应。有岚州司马陶世模、繁畤令敬钊,并抗节不从。

世模,京兆人。性明敏,有器干。仁寿初,为岚州司马。谅反,刺史乔钟葵将赴之,世模以义拒之。临之以兵,辞气不挠,钟葵义而释之。军吏请斩之。于是被囚。及谅平,拜开府,授大兴令。从卫玄击杨玄感,以功进位银青光禄大夫。

钊字积善,河东蒲坂人。父元约,周布宪中大夫。钊,仁寿中为繁畤令,甚有能名。汉王谅反,师陷其城,贼帅墨弼执送伪将乔钟葵,署为代州总管司马。钊正色拒之,誓之以死。会钟葵败,钊遂免。卒于朝邑令。

辛庆之字余庆,陇西狄道人也。世为陇右著姓。父显宗,冯翊郡守,赠雍州刺史。

庆之少以文学征诣洛阳,对策第一,除秘书郎。属尔朱氏作乱,魏孝庄帝令司空杨津为北道行台,节度山东诸军以讨之。津启庆之为行台左丞,与参谋议。至邺,闻孝庄帝崩,遂出兖、冀间,谋结义徒,以赴国难。寻而节闵帝立,乃还洛阳。及贺拔岳为行台,复启庆之为行台吏部郎。大统初,从周文帝东讨,为行台左丞。六年,行河东郡事。九年,入为丞相府右长史,兼给事黄门侍郎,除度支尚书,复行河东郡事。迁南荆州刺史,加仪同三司。

庆之位遇虽隆,而率性俭素,车马衣服亦不尚华侈。志量淹和,有儒者风度,特为当时所重。又以其经明行修,令与卢诞等教授诸王。废帝二年,拜秘书监。卒官。子加陵,主寝上士。庆之族子昂。

昂字进君。数岁便有成人志行。有善相人者,谓其父仲略曰:"公家虽世载冠冕,然名德富贵,莫有及此儿者。"仲略亦重昂志气,深以为然。年十八，侯景辟为行台郎中。景后来附，昂遂入朝，除丞相府行参军。后追论归朝勋，封襄城县男。

及尉迟迥伐蜀，昂占募从军。蜀平，迥表昂为龙州长史，领龙安郡事。州带山谷，旧俗生梗。昂威惠洽著，吏人畏而爱之。成都一方之会，风俗舛杂，迥以昂达于从政，复表昂行成都令。昂到县，便与诸生祭文翁学堂，因共欢宴，谓诸生曰："子孝臣忠，师严友信，立身之要，如斯而已。若不事斯语，何以成名？各宜自勉，克成令誉。"昂言切理至，诸生等并深感悟，归而告其父老曰："辛君教诫如此，不可违之。"于是井邑肃然，咸从其化。迁梓潼郡守。六官建，入为司隶上士，袭爵繁昌县公。

保定二年，为小吏部。时益州殷阜，军国所资，经途艰险，每苦劫盗。诏昂使于益、梁，军人之务皆委决焉。昂抚导荒梗，颇得宁静。天和初，陆腾讨信州蛮，诏昂便于通、渠等州运粮馈之。时临、信、楚、合等诸州人庶多从逆，昂谕以祸福，赴者如归。乃令老弱负粮，壮夫拒战，莫有怨者。使还，属巴州万荣郡人反叛，围郡城，昂于是遂募通、开二州，得三千人，倍道兼行，出其不意。又令其众皆作中国歌，直趣贼垒。谓有大军赴救，望风瓦解。朝廷嘉其权以济事，诏梁州总管、杞国公亮即于军中赏昂奴婢二十口，缯彩四百疋。又以昂威信布于宕渠，遂表为渠州刺史。转通州。推诚布信，甚得夷獠欢心。秩满还京，首领皆随昂诣关朝觐。以昂化洽夷落，进位骠骑大将军、开府仪同三司。

时晋公护执政，昂稍被护亲待，武帝颇衔之。及诛护，加之捶楚，因此遂卒。

昂族人仲景，好学，有雅量。其高祖钦，后赵吏部尚书、雍州刺史，子孙因家焉。父欢，魏陇州刺史、朱阳公。仲景年十八，举文学，对策高第。拜司空府主簿。建德中，位内史下大夫、开府仪同三司。卒于家。子衡。

王子直字孝正，京兆杜陵人也。世为郡右族。父琳，州主簿、东雍州长史。

子直性节俭,有干能。魏正光中,州辟主簿,起家奉朝请。永安初,拜鸿胪少卿。孝武西迁,封山北县男。大统初,汉炽屠各阻兵于南山,与陇东屠各共为唇齿。周文帝令子直率泾州步骑五千讨破之。赐书劳问,除尚书左外兵郎中,兼中书舍人。从解洛阳围,经河桥战。兼尚书左丞,出为秦州总管府司马。时凉州刺史宇文仲和据州逆命,子直从陇右大都督独孤信讨平之。复入为大行台郎中,兼丞相府记室,除太子中庶子,领齐王友。寻行冯翊郡事。废帝元年,拜使持节、大都督,行瓜州事。务以德政化人,西土悦附。恭帝初,征拜黄门侍郎。卒官。

子宣礼,柱国府参军。

杜杲字子晖,京兆杜陵人也。祖建,魏辅国将军,赠蒙州刺史。父皎,仪同三司、武都郡守。

杲学涉经史,有当世干略。其族父攒,清贞有识鉴,深器重之,常曰:“吾家千里驹也。”攒时仕魏,为黄门侍郎,兼度支尚书、卫大将军、西道大行台,尚孝武妹新丰公主,因荐之朝廷。永熙三年,起家奉朝请。周明帝初,为修城郡守。属凤州人仇周贡等构乱,攻逼修城,杲信洽于人,部内遂无叛者。寻率郡兵与开府赵昶合势,并破平之。入为司会上士。

初,陈文帝弟安成王顼为质于梁,及江陵平,顼随例迁长安。陈人请之,周文帝许而未遣。至是,帝欲归之,命杲使焉。陈文帝大悦,即遣报聘,并赂黔中数州地,仍请划野分疆,永敦邻好。以杲奉使称旨,进授都督,行小御伯,更往分界。陈于是归鲁山郡。帝乃拜顼柱国大将军,诏杲送之还国。陈文帝谓杲曰:“家弟今蒙礼遣,实是周朝之惠。然不还鲁山,亦恐未能及此。”杲答曰:“安成之在关中,乃咸阳一布衣耳。然是陈之介弟,其价岂止一城?本朝亲睦九族,恕己及物,上遵太祖遗旨,下思继好之义,所以发德音者,盖为此也。若知止俊鲁山,固当不贪一镇。况鲁山梁之旧地,梁即本朝藩臣,若以始末言之。鲁山自合归国。云以寻常之土，易己骨肉之亲，使臣犹谓不可，何以闻诸朝廷！"陈文帝惭恶久之，乃曰："前言戏之耳！"自是接遇有加常礼。及还，引升殿，亲降御座，执手以别。朝廷嘉之，授大都督、小载师下大夫，行小纳言，复聘于陈。

及华皎来附，诏令卫公直、都督元定等援之。定等并没。自是连兵不息，东南搔动。武帝授杲御正中大夫，使陈，论保境息人之意。陈宣帝遣其黄门侍郎徐陵谓杲曰："两国通好，彼朝受我叛人，何也？"杲曰："陈主昔在本朝，非慕义而至，主上授以柱国，位极人臣，子女玉帛，备礼将送，今主社稷，孰谓非恩？郝烈之徒，边人狂狡，曾未报德，而先纳之。今受华氏，正是相报。过自彼始，岂在本朝！"陵曰："彼纳华皎，志图吞噬。此受郝烈，容之而已。且华皎方州列将，窃邑叛亡。郝烈一百许户，脱身逃窜。大小有异，岂得同年而语乎？"杲曰："大小虽殊，受降一也。若论先后，本朝无失。"陵曰："周朝送主上还国，既以为恩，卫公共元定度江，孰云非怨？亦足相埒。"杲曰："元定等军败身囚，其怨已灭。陈主负扆冯玉，其恩犹在。且怨由彼国，恩起本朝，以怨酬恩，未之闻也。"陵笑而不答。杲因陈和通之便，陵具以闻。陈宣许之，遂遣使来聘。

建德初，授司城中大夫，仍使于陈。宣帝谓杲曰："长湖公军人等虽筑馆处之，然恐不能无北风之恋。王褒、庾信之徒既羁旅关中，亦当有南枝之思耳。"杲揣陈宣意欲以元定军将士易王褒等，乃答之曰："长湖总戎失律，临危苟免，既不死节，安用此为！且犹牛之一毛，何能损益。本朝之议，初未及此。"陈宣帝乃止。及杲还，至石头，又遣谓之曰："若欲合从，共图齐氏，能以樊、邓见与，方可表信。"杲答曰："合从图齐，岂唯弊邑之利？必须城镇，宜待得之于齐。先索汉南，使臣不敢闻命。"还，除司仓中大夫，又使于陈。

杲有辞辨，闲于占对，前后将命，陈人不能屈，陈宣帝甚敬异之。时元定已卒，乃礼送开府贺拔华及定棺柩，杲受之以归。除河东郡守，迁温州刺史，赐爵义兴县伯。大象元年，征拜御正中大夫，复使陈。二年，除申州刺史，加开府仪同大将军，进爵为侯。除同州刺史。

隋开皇元年,以杲为同州总管,进爵为公。俄迁工部尚书。二年,除西南道行台兵部尚书。寻以疾卒。

子运,大象末,宣纳上士。

杲兄长晖,位仪同三司。

吕思礼,东平寿张人也。性温润,不杂交游。年十四,受学于徐遵明,长于论难,诸生为之语曰:“讲书论易锋难敌。”十九,举秀才,对策高第,除相州功曹参军。葛荣围邺,思礼有守御勋,赐爵平陆县伯,除栾城令。

普泰中,仆射司马子如荐为尚书二千石郎中。寻以地寒被出,兼国子博士。乃求为关西大行台郎中,与姚幼瑜、茹文就俱入关。为行台贺拔岳所重,专掌机密,甚得时誉。岳为侯莫陈悦所害,赵贵等议遣赫连达迎周文帝,思礼预其谋。及周文为关西大都督,以思礼为府长史,寻除行台右丞。以迎魏孝武功,封汶阳县子,加冠军将军,拜黄门侍郎。魏文帝即位,领著作郎,除安东将军、都官尚书,兼七兵、殿中二曹事。从禽窦泰,进爵为侯。大统四年,以谤讪朝政赐死。

思礼好学有才,虽务兼军国,而手不释卷。昼理政事,夜即读书,令苍头执烛,烛烬夜有数升。沙苑之捷,命为露布,食顷便成,周文叹其工而且速。所为碑诔表颂,并传于世。七年,追赠车骑将军、定州刺史。

子亶嗣。大象中,位至驾部下大夫。

时有博陵崔腾,早有名誉,历职清显,为丞相府长史,亦以投书谤议赐死。

徐招字思贤,高平乡人也。世为著姓。招少好法律及朝廷旧事,发言措笔,常欲辩析秋毫。初入洛阳,虽未登仕,已为时知,朝廷疑事多预议焉。延昌中,从征浮山堰有功,赐爵高广男。及广阳王深北讨鲜于修礼，启为员外散骑侍郎、深府长流参军。招陈策请离间之，葛荣竟杀修礼，自为魁帅。以功进爵为侯。永安初，射策甲科，除员外散骑常侍，领尚书仪曹郎中。招少习吏事，未能精究朝仪，常恨才达，恐名迹不立。久之，方转二千石郎中。

尔朱荣死，尔朱世隆屯兵河桥，庄帝以招为行台左丞，自武牢北渡，引马场、河内之众以抗世隆。从尔朱兆得招，锁送洛阳，仲远数招罪，将斩之。招曰：“不亏君命，得死为幸。”仲远南奔，招独还洛。

永熙末，从孝武入关中，拜给事黄门侍郎，兼尚书右丞。时朝廷播迁，典章遗阙，至于台省法式，皆招所记，论者多焉。大统三年，拜骠骑将军、侍中。时文帝舅子王起化犯罪死，有诏追赠，招执奏正之。后卒于度支尚书。子山云嗣。

檀翥字凤翔，高平金乡人也。六世祖毓，晋步兵校尉。父江，始还北，仕至太常少卿，赠兖州刺史。

翥十岁丧父，还京师宅，与营人杂居。虽幼孤寒，不与邻人来往。好读书，解属文，能鼓琴，早为琅邪王诵所知。年十九，以名家子为魏明帝挽郎。后客游三辅。时毛遐为行台，镇北维，表翥为行台郎中。庄帝既诛尔朱荣，遐使翥诣京师，因除著作佐郎，郎中如故。

后孝武帝西幸，除兼中书舍人，修国史。大统初，又兼著作佐郎。以守关迎驾勋，封高唐子。后坐谈论轻躁，为黄门侍郎徐招所纠，死于廷尉狱。

孟信字修仁，广川索卢人也。家世贫寒，颇传学业。信常曰：“穷则变，变则通。吾家世传儒学，而未有通官，当由儒非世务也。”遂感激，弃书从军。永熙末，除奉朝请。

从孝武帝入关，封东州子，赵平太守。政尚宽和，权豪无犯。山中老人曾以浊酒馈之，信和颜接引，殷勤劳问。乃自出酒，以铁铛温之，素木盘盛芜菁菹，唯此而已。又以一铛借老人，但执一杯各自斟

酌,申酬酢之意。谓老人曰:"吾至郡来,无人以一物见遗,令卿独有
此饷。且食菜已久,欲为卿受一豚髀耳。酒既自有,不能相费。"老
人大悦,再拜,擘豚进之。酒尽方别。

及去官,居贫无食。唯有一老牛,其兄子卖之,拟供薪米。券契
已讫,市法应知牛主住在所。信适从外来,见买牛人,方知其卖也。
因告之曰:"此牛先来有病,小用便发,君不须也。"杖其兄子二十。
买牛人嗟异良久,呼信曰:"孟公,但见与牛,未必须其力也。"苦请
不得,乃罢。买牛者,周文帝帐下人,周文深叹异焉。

未几,举为太子少师,后迁太子太傅,儒者荣之。特加车骑大将
军、仪同三司、散骑常侍。辞老请退,周文不夺其志,赐车马、几杖、
衣服、床帐。卒于家。赠冀州刺史,谥曰戴。子儒。

宗懔字元懔,南阳涅阳人也。八世祖承,永嘉乱,讨陈敏有功,
封柴桑县侯,除宜都郡守。卒官。子孙因居江陵。父高之,梁山阴
令。

懔少聪敏,好读书,昼夜不倦,语辄引古事,乡里呼为"小儿学
士。"梁大同六年,举秀才。以不及二宫元会,例不对策。及梁元帝
镇荆州,谓长史刘之遴曰:"贵乡多士,为举一有意少年。"之遴以懔
应命,即日引见,令兼记室。尝夕被召宿省,使制《龙川庙碑》,一夜
便就。诘朝呈上,梁元帝叹美之。后历临汝、建城、广晋三县令。遭
母忧去职,哭辄欧血,两旬之内,绝而复苏者三。每旦有群乌数千集
于庐舍,候哭而来,哭止而去,时论以为孝感所致。

梁元帝即位,擢为尚书侍郎,封信安县侯,累迁吏部尚书。懔父
高之先为南台书侍御史,犯宪。懔愿父释罪,当终身菜食。高之理
雪,故懔菜食,乡里称之。在元帝府,府中多言其矫。至是,大进鱼
肉,国子祭酒沛国刘珏让之曰:"本知卿不忠,犹谓卿孝。今日便是
忠孝并无。"懔不能对。懔博学有才藻,口未尝誉人,朋友以此少之。

初,侯景平后,梁元帝议还建邺,唯懔劝都渚宫,以乡在荆州故
也。及江陵平,与王褒等入关。周文以懔名重南土,甚礼之。周孝

闵帝践祚，拜车骑大将军、仪同三司。明帝即位，又与王褒等在麟趾
刊定群书，数蒙宴赐。保定中，卒。有集二十卷行于世。

刘璠字宝义，沛人也。六世祖敏，以永嘉乱，徙居广陵。父臧，
性方正，笃志好学，居家以孝闻。仕梁，为著作郎。

璠九岁而孤，居丧合礼。少好读书，兼善文笔。十七，为上黄侯
萧晔所器重。范阳张缵，梁之久戚，才高口辩，见推于世。以晔懿贵，
亦假借之。璠年少未仕，而负才使气，不为之屈。缵尝于新渝侯宅，
因酒后诟京兆杜杲曰：“寒士不逊。”璠厉色曰：“此坐谁非寒士？”璠
本意在缵，而晔以为属己，辞色不平。璠曰：“何王之门不可曳长裾
也！”遂拂衣而去。晔谢之，乃止。后随晔在淮南，璠母在建康遭疾，
璠弗之知。尝忽一日举身楚痛，寻而家信至，云其母病。璠即号泣
戒道，绝而又苏。当身痛之辰，即母死之日。居丧毁瘠，遂感风气，
服阕后一年，犹杖而后起。及晔终于毗陵，故吏多分散，璠独奉晔丧
还都，坟成乃退。梁简文时在东宫，遇晔素重，诸不送者多被劾责，
唯璠独被优赏。解褐王国常侍，非其好也。

璠少慷慨，好功名，志欲立事边城，不乐随牒平进。会宜丰侯萧
修出为北徐州刺史，即请为其轻车府主簿，兼记室参军。修为梁州，
又板为中记室，补华阳太守。属侯景渡江，梁室大乱，修以璠有才
略，甚亲委之。时寇难繁兴，未有所定，璠乃喟然赋诗以见志。其末
章曰：“随会平王室·夷吾匡霸功。虚薄无时用，徒然慕昔风。”修开
府，置佐史，以璠为谘议参军，仍领记室。梁元帝承制，授树功将军、
镇西府谘议参军，赐书曰：“邓禹文学，尚或执戈；葛洪书生，且云破
贼。前修无远，属望良深。”元帝寻以修绍鄱阳之封，且为雍州刺史，
复以璠为修平北府司马。

及武陵王纪称制于蜀，以璠为中书侍郎。遣召璠，使者八反，乃
至蜀。又以为黄门侍郎，令长史刘孝胜深布心腹，使工画《陈平度河
归图》以遗之。璠苦求还，中记室韦登私曰：“殿下忍而蓄憾，足下不
留，将致大祸。脱使盗遮于葭萌，则卿殆矣。孰若共构大夏，使身名

俱美哉！"璠正色曰："卿欲缓颊于我邪？我与府侯分义已定,岂以宠辱夷险易其心乎！丈夫立志,当死生以之耳。殿下方布大义于天下,终不逞志于一人。"纪知不为己用,乃厚赠而遣之。临别,纪又解其佩刀赠璠曰："想见物思人。"璠曰："敢不奉扬威灵,克剪奸宄。"纪于是遣使拜修为益州刺史,封随郡王,以璠为府长史,加蜀郡太守。

还至白马西,属达奚武军已至南郑,璠不得入城,遂降武。周文帝素闻其名,先戒武曰："勿使刘璠死。"故武先令璠赴关。周文见之如旧,谓仆射申徽："刘璠佳士,古人何以过之！"徽曰："晋人灭吴,利在二陆。明公今平梁汉,得刘璠也。"时南郑尚拒守,达奚武请屠之,周文将许焉,唯令全修一家而已。璠乃请之于朝,周文怒而不许也。璠泣而固请,移时不退。柳仲礼侍侧,曰："此烈士也。"

周文既纳萧修降,又许其反国。修至长安累月,未之遣也。璠因侍宴,周文曰："我于古谁比？"曰："常以公命世英主,汤、武莫逮。今日所见,曾是齐桓、晋文之不若。"周文曰："我不得比汤、武,望与伊、周为匹,何桓、文之不若乎？"对曰："齐桓存三亡国,晋文不失信于伐原。"语未终,周文抚掌曰："我解尔意,欲激我耳。"即命遣修。修请与璠俱还,周文不许。以璠为中外府记室,迁黄门侍郎、仪同三司。尝卧疾居家,对雪兴感,乃作《雪赋》以遂志焉。初,萧修在汉中与萧纪笺,及答西魏书、移襄阳文,皆璠辞也。

周明帝初,授内史中大夫,掌纶诰。寻封平阳县子。在职清白简亮,不合于时,左迁同和郡守。璠善于抚御,莅职未期,生羌降附者五百余家。前后郡守多经营以致赀产,唯璠秋毫无所取。妻子并随羌俗,食麦衣皮,始终不改。洮阳、洪和二郡羌常越境诣璠讼理。蔡公广时镇陇右,嘉其善政。及迁镇陕州,欲启璠自随,羌人乐从者七百人,闻者莫不叹异。陈公纯作镇陇右,引为总管府司录,甚礼敬之。卒于官。著《梁典》三十卷,有集二十卷,行于世。子祥。

祥字休征。幼聪慧,宾客见者皆号神童。事嫡母以至孝闻。其伯父黄门郎璆,有名江左,在岭南,闻而奇之,乃令名祥字休征。后以字行于世。十岁能属文，十二通五经。仕梁，为宜丰侯记室参军。江陵平，随例入关中。齐公宪召为记室，府中书记皆令掌之。封汉安县子。宪进爵为王，以休征为王友。俄除内史上士。武帝东征，休征陪侍帷幄，平齐露布即休征文也。累迁车骑大将军、仪同大将军。历长安、万年二县令，颇获时誉。卒于官。

初，璠所撰《梁典》始就，未及刊定而卒，临终谓休征曰：“能成我志，其在此乎！”休征修定缮写，勒成一家，行于世。

行本，璠兄子也。父瓒，仕梁，历职清显。行本起家梁武陵王国常侍。遇萧修以梁州北附，遂与叔父璠归周，寓居新丰。每以讽读为事，精力忘疲，虽衣食乏绝，晏如也。性刚烈，有不可夺之志。周大冢宰宇文护引为中外府记室。武帝亲总万机，转御正中士，兼领起居注。

累迁掌朝下大夫。周代故事，天子临轩，掌朝典笔砚，持至御坐，则承御大夫取进之。及行本为掌朝，将进笔于帝，承御复欲取之。行本抗声曰：“笔不可得。”帝惊视问之，行本曰：“臣闻设官分职，各有司存。臣既不得佩承御刀，承御亦焉得取臣笔。”帝曰；“然。”因令二司各行所职。

及宣帝嗣位，多失德，行本切谏忤旨，出为河内太守。及尉迟迥作乱，攻怀州，行本率吏人拒之，拜仪同，赐爵文安县子。

隋文帝践祚，拜谏议大夫，检校中书侍郎。上尝怒一郎，于殿前笞之。行本进曰：“此人素清，其过又小。”上不顾。行本正当上前曰：“陛下不以臣不肖，令臣在左右。臣言若是，陛下安得不听？臣言若非，当致之于理，安得轻臣而不顾？臣所言非私！”因置笏于地而退，上敛容谢之，遂原所笞者。

时天下大同，四夷内附，行本以党项羌密迩封域，最为后服，上表劾其使者曰：“臣闻南蛮遵校尉之统，西域仰都护之威。比见西羌，鼠窃狗盗，不父不子，无君无臣，异类殊方，于斯为下。不悟羁縻之惠，讵知含养之恩，狼戾为心，独乖正朔。使人近至，请付推科。”

上奇其志，雍州别驾元肇言于上曰：“有一州史，受人馈钱二百文，律令杖一百。然臣下车之始，与其为约。此史故违，请加徒一年。”行本驳之曰：“律令之行，盖发明诏。今肇乃敢重其教命，轻忽宪章，亏法取威，非人臣之礼。”上嘉之，赐绢百匹。

拜太子左庶子，领书侍御史如故。皇太子虚襟敬惮。时唐令则为左庶子，太子昵狎之，每令以弦歌教内人。行本责之曰：“庶子当匡太子以正道，何嬖昵房帷之间哉！”令则甚惭而不能改。时沛国刘臻、平原明克让、河南陆爽等并以文学为太子所亲。行本怒其不能调护，每谓三人曰：“卿等正解读书耳。”时左卫率长史夏侯福为太子所昵，尝于阁内与太子戏。福大笑，声闻于外。行本时在阁下闻之，待其出，数之曰：“汝何小人，敢为亵慢！”因付执法者推之。太子为请，乃释之。太子尝得良马，令福乘而观之。太子甚悦，因欲令行本复乘。行本正色曰：“至尊置臣于庶子位，欲辅导殿下以正道，非为殿下作弄臣。”太子惭而止。

复以本官领大兴令，权贵惮其方正，无敢至其门者。由是请托路绝，吏人怀之。未几，卒于官，上甚伤惜之。及太子废，上曰：“嗟乎！若使刘行本在，勇当不及此乎！”行本无子。

柳𫘝字子升，河东解人，宋太尉元景从孙也。祖叔珍，义阳内史，事见《南史》。父季远，梁宜都太守。

𫘝幼而爽迈，神彩嶷然，髫岁便有成人之量。笃好文学，动合规矩。其世父庆远特器异之，谓曰：“吾昔逮事伯父太尉公，尝谓吾云：‘我昨梦汝登一楼，甚峻丽，吾以坐席与汝。汝后名宦必达，恨吾不及见耳。’吾向聊复昼寝，又梦将昔时坐席还以赐汝，汝之官位当复及吾。特宜勉励，以应嘉祥也。”梁西昌侯藻镇雍州，𫘝时年十二，以百姓礼修谒，风仪端肃，进止详雅。藻羡之，试遣左右践𫘝衣裾，欲观其举措。𫘝徐步稍前，曾不顾盼。仕梁稍迁尚书功论郎。陈郡谢举时为仆射，引𫘝与语，甚嘉之，顾谓人曰：“江汉英灵见于此矣。”

岳阳王萧詧于襄阳承制，授𫘝吏部郎，赐爵闻喜公。寻进位持节、侍中、骠骑大将军、开府仪同三司。及督践帝位于江陵，以襄阳来归，辞督曰："陛下中兴鼎业，龙飞旧楚。臣昔因幸会，早奉名节，理当以身许国，期之始终。自晋氏南迁，臣宗族盖寡，从祖太尉、世父仪同、从父司空，并以位望隆重，遂家于金陵；唯留先臣独守坟柏，尝诚臣等，使不违此志。今襄阳既入北朝，臣若陪随銮跸，进则无益尘露，退则有亏先旨。"督重违其志，遂许之。因留乡里，以经籍自娱。

周文帝、明帝频征，固辞以疾。及督殂，遐举哀，行旧臣之服。保定中，又征之，遐始入朝，授骠骑大将军、开府仪同三司、霍州刺史。遐导人务先以德，再三不用命者，乃微加贬异，示耻而已。其下感而化之，不复为过，咸曰："我君仁惠如此，其可欺乎！"卒，赠金、安二州刺史。

遐有至行。初为州主簿，其父卒于杨州，遐自襄阳奔赴，六日而至，哀感行路，毁悴不可识。后奉丧西归，中流风起，舟中人相顾失色。遐抱棺号恸，诉天求哀，俄顷风止浪息。其母尝乳间发疽，医云："此疾无可救理，唯得人吮脓，或望微止其痛。"遐应声即吮，旬日遂瘳。咸以为孝感所致。性又温裕，略无喜愠之容。弘奖名教，未尝论人之短。尤尚施与，家无余财。临终遗诫薄葬，其子等并奉行之。有十子，靖、庄最知名。

靖字思休，少方雅，博览坟籍。仕梁，正员郎。随遐入周，授大都督，历河南、德广二郡守。所居皆有政术，吏人畏而爱之。然性爱闲素，其于名利澹如也。及秩满还乡，便有终焉之志。隋文帝践极，特诏征之，以疾固辞。优游不仕，闭门自守，所对唯琴书而已。足不历闾庭，殆将十载。子弟奉之若严君焉。其有过者，靖必下帷自责，于是长幼相率拜谢于庭，靖然后见之，勖以礼法。乡里亦慕而化之，或有不善者，皆曰："唯恐柳德广知也。"时论方之王烈。前后总管到官，皆亲至靖家问疾，遂以为故事。秦王俊临州，赍以几杖，并致衣物。靖唯受几杖，余并固辞。其为当时所重如此。开皇中，寿终。

庄字思敬，少有器量，博览坟籍，兼善辞令。济阳蔡大宝有重名于江左，时为岳阳王萧詧咨议，见庄，叹曰："襄阳水镜，复在于兹！"大宝遂以其女妻之。俄而詧辟为参军。及詧称帝，累迁鸿胪卿。

及隋文帝辅政，萧岿令庄奉书入关。时三方构难，文帝惧岿有异志，及庄还，谓曰："孤昔以开府从役江陵，深蒙梁主殊眷。今主幼时艰，猥蒙顾托。梁主弈业重光，委诚朝廷，而今已后，方见松筠之节。君还申孤此意于梁主也。"遂执庄手而别。时梁之将帅咸请与尉迟迥连衡，进可尽节于周氏，退可席卷山南，唯岿疑不可。会庄自长安，申文帝结托之意，遂言于岿曰："今尉迟迥虽曰旧将，昏耄已甚。消难、王谦常人之下者，非有匡合之才。况山东、庸蜀从化日近，周室之恩未洽于朝廷。臣料之，迥等终当覆灭，随公必移周国，未若保境息人，以观其变。"岿深以为然。未几，消难奔陈，迥及谦相次就戮。岿谓庄曰："近若从众言，社稷已不守矣。"

文帝践祚，庄又入朝，帝深慰勉之。及为晋王广纳妃于梁，庄因是往来四五反，前后赐物数千段。梁国废，授开府仪同三司，除给事黄门侍郎。

庄明习旧章，雅达政事，凡所驳正，帝莫不称善。苏威为纳言，重庄器识，常奏帝云："江南人有学业者，多不习世务；习世务者，又无学业。能兼之者，不过柳庄。"高颎亦与庄甚厚。

庄与陈茂同官，不能降意。茂见上及朝臣多属意于庄，心每不平。帝与茂有旧，潜诉颇行。尚书省尝奏犯罪人，依法合流，而上处以大辟。庄据法执之，帝不从，由是忤旨。俄属尚药进丸药不称旨，茂因奏庄不亲监，帝怒。十一年，徐璒等反于江南，诏庄以行军总管长史随军讨之。璒平，即授饶州刺史，甚有能名。卒于官。

论曰：韩褒奉事三帝，以忠厚知名。赵肃平允当官，张轨循良播美，李彦誉流省阁，郭彦信著蛮貊，历官出纳，并当时之选也。梁昕、皇甫璠、辛庆之、王子直、杜杲之徒，并关右之旧族。或纡组登朝，获当官之誉，或张膻出境，有专对之才，既茂国猷，克隆家业，美矣！魏文帝云："文人不护细行。"其吕思礼之谓乎！徐招、檀翥、孟信各以才学自业，又加之以清介，并志能之士也。宗懔才辞干局，见重梁元，逮乎播越秦中，不预政事，岂亡国俘虏不与图存者乎？梁氏据有江东五十余载，挟策纪事，合亦多人。刘璠学思通博，有著述之誉，虽传疑传信，颇有详略，而属辞比事，为一家之言。行本正色抗言，具存乎骨鲠。柳遐立身之道，进退有节，观其眷恋坟陇，其孝可移于朝廷；尽礼旧主，其忠可事于新君。夫能推此类以求贤，则知人几于易矣。庄亮直之风，不殒门表，忠而获谤，合亦自古有之。

北史卷七一
列传第五九

隋宗室诸王

蔡景王整　滕穆王瓒　道宣王嵩
卫昭王爽　河间王弘　义城公处纲
离石太守子崇　文帝四王
炀帝三子

蔡景王整，隋文帝之次弟也。文帝四弟，唯整及滕穆王瓒与帝同生，次道宣王嵩，次卫昭王爽并异母。

整，周明帝时以武元军功，赐爵陈留郡公，位开府、车骑大将军。从武帝平齐，力战而死。文帝初居武元之忧，率诸弟负土为坟，人植一柏，四根郁茂，西北一根整栽者独黄。后因大风雨，并根失之，果终不吉。文帝作相，赠柱国、大司徒、八州刺史。及受禅，追封谥焉。

子智积袭。又封其弟智明为高阳郡公，智才开封县公。寻拜智积开府仪同三司，授同州刺史，仪卫资送甚盛。

整娶同郡尉迟纲女，生智积。开皇中，有司奏智积将葬尉太妃，帝曰：“昔几杀我。我有同生二弟，并倚妇家势，常憎疾我。我向之笑云：‘尔既嗔我，不可与尔角嗔。’并云：‘阿兄止倚头额。’时有医师边隐逐势，言我后百日当病癫。二弟私喜，以告父母。父母泣谓我曰：‘尔二弟大剧，不能爱兄。’我因言：‘一日有天下，当改其姓。夫不爱其亲而爱他人者，谓之悖德，当改之为悖。’父母许我此言。父母亡后，二弟及妇又谗我，言于晋公。于时每还，欲入门，常不喜，如见狱门。托以患气，常锁阁静坐，唯食至时暂开阁。每飞言入耳，窃云：‘复未邪？’当时实不可耐，羡人无兄弟。世间贫家兄弟多相爱，由相假藉；达官兄弟多相憎，争名利故也。”

　　智积在同州，未尝嬉戏游猎，听政之暇，端坐读书，门无私谒。有侍读公孙尚义，山东儒士，府佐杨君英、萧德言，并有文学，时延于坐。所设唯饼果，酒才三酌。家有女妓，唯年节嘉庆奏于太妃前。始，文帝龙潜时，与景王不睦，太妃尉氏又与独孤皇后不相谐，以是智积常怀危惧，每自贬损。帝亦以是哀怜之。人或劝智积为产业，智积曰：“昔平原露朽财帛，苦其多也。吾幸无可露，何更营乎！”有五男，止教读《论语》、《孝经》而已，亦不令交通宾客。或问其故，智积曰：“恐儿子有才能以致祸也。”开皇二十年，征还京，无他职任，阖门自守，非朝觐不出。炀帝即位，滕王纶、卫王集并以谗构得罪，高阳公智明亦以交通夺爵，智积愈惧。大业三年，授弘农太守，委政僚佐，清静自居。

　　及杨玄感作逆，自东都引军而西，智积谓官属曰：“玄感欲西图关中，若成其计，则根本固矣。当以计縻之，使不得进。不出一旬，自可禽耳。”及玄感军至城下，智积登陴詈辱之，玄感怒甚，留攻之。城门为贼所烧，智积乃更益火，贼不得入。数日，宇文述军至，合击破之。寻拜宗正卿。

　　十二年，从驾江都，寝疾。帝时疏薄骨肉，智积每不自安，及遇患，不呼医。临终，谓所亲曰：“吾今日始知得保首领没于地矣！”时人哀之。有子道玄。

　　滕穆王瓒字恒生，一名慧。仕周，以武元军功，封竟陵郡公，尚周武帝妹顺阳公主。保定四年，累迁纳言。瓒贵公子，又尚公主，美姿容，好书爱士，甚有当时誉，时人号曰杨三郎。武帝甚亲爱之。平齐之役,诸王咸从,留瓒居守,谓曰:"六府事殷,一以相付,朕无西顾之忧矣。"宣帝即位,迁吏部中大夫,加上仪同。宣帝崩,文帝入禁中,将总朝政,令废太子勇召之。瓒素与帝不协,不从,曰:"作隋国公恐不能保,何乃更为族灭事邪!"文帝作相,拜大宗伯,典修礼律,进位上柱国、邵国公。瓒见帝执政,恐为家祸,阴有图帝计,帝每优容之。及受禅,立为滕王,拜雍州牧。帝数与同坐,呼为阿三。后坐事去牧,以王就第。

瓒妃宇文氏,素与独孤皇后不平,至是郁郁不得志,阴有咒诅。帝命瓒出之,瓒不忍离绝。固请。帝不得已,从之,宇文氏竟除属籍。由是恩礼更薄。开皇十一年,从幸栗园,坐树下,方饮酒,鼻忽流血,暴薨,时年四十四。人皆以为遇鸩。子纶嗣。

纶字斌籀,性弘厚,美姿容,颇知钟律。文帝受禅,封邵国公。明年,拜邵州刺史。晋王广纳妃于梁,诏纶致礼,甚为梁人所敬。

纶以穆王故,当文帝世,每不自安。炀帝即位,尤被猜忌。纶忧惧,呼术者王姿问之,姿答曰:"王相禄不凡。滕即腾也,此字足为善应。"有沙门惠恩、崛多等,颇解占候,纶每与交通,尝令此三人为厌胜法。有人告纶怨望咒诅,帝令黄门侍郎王弘穷验之。弘希旨奏纶厌蛊恶逆,坐当死。帝令公卿议之,司徒杨素等曰:"纶怀恶之由,积自家世。惟皇运之始,四海同心,在于孔怀,弥须协力。其先乃离阻大谋,弃同即异。父悖于前,子逆于后,为恶有将,其罪莫大。请依前科。"帝以皇族不忍,除名徙边郡。

大业七年,帝征辽东,纶欲上表,请从军自效,为郡司所遏。未几,徙珠崖。及天下大乱,为贼林仕弘逼,携妻子窜儋耳。后归国,封怀化县公。寻病卒。

纶弟坦,字文籀,初封竟陵郡公,坐纶徙长沙。

坦弟猛,字武籀,徙衡山。

猛弟温,字明籀,初徙零陵。温好学,解属文,既而作《零陵赋》以自寄,其词哀思。帝见而怒之,转徙南海。

温弟诜,字弘籀,前亦徙零陵。帝以其修谨,袭封滕王,以奉穆王嗣。大业末，于江都为宇文化及所害。

道宣王嵩，在周以武元军功，赐爵兴城公。早卒。文帝受禅，追封谥焉，以滕穆王瓒子静袭。卒，谥曰悼。无子，以蔡王智积子世澄袭。

卫昭王爽字师仁，小安明达。在周以武元军功，于襁褓中封同安郡公。六岁而武元崩，为献皇后所养，由是宠爱特异诸弟。年十七，为内史上大夫。文帝执政，授蒲州刺史、柱国。及受禅，立为卫王，所生李氏为太妃。爽位雍州牧、右领军大将军，权领并州总管，上柱国、凉州总管。爽美风仪，有器局，政甚有声。大军北伐，河间王弘、豆卢勣、窦荣定、高颎、虞庆则等分道而进，以爽为元帅，俱受爽节度。亲率李元充等四将出朔州，遇沙钵略可汗于白道，接战，大破之，沙钵略中重疮而遁。帝大悦，赐爽真食梁安县千户。六年，复为元帅，步骑十五万出合川，突厥遁逃。征为纳言。帝甚重之。

未几，爽疾，帝使薛荣宗视之，云众鬼为厉。爽令左右驱逐之。居数日，有鬼物来击荣宗，走下阶而毙。其夜爽薨，年二十五。赠太尉、冀州刺史。子集嗣。

集字文会，初封遂安王，寻袭封卫王。炀帝时，诸侯王恩礼渐薄，猜防日甚，集忧惧，乃呼术者俞普明章醮以祈福助。有人告集咒诅，宪司希旨，锻成其狱，奏集恶逆，坐当死。诏下其议，杨素等曰：“集密怀左道，厌蛊君亲，是君父之罪人，非臣子之所救，请论如律。”时滕王纶坐与相连，帝不忍加诛，除名远徙边郡。天下乱，不知所终。

河间王弘字辟恶，文帝从祖弟也。祖爱敬，早卒。父元孙，少孤，随母郭氏养于舅族。及武元帝与周文建义关中，元孙时在邺，惧为齐人所诛，因假外家姓为郭氏。元孙死，齐为周灭，弘始入关。与文帝相得，帝哀之，为买田宅。

弘性明悟,有文武干略。数从征伐,累迁开府仪同三司。文帝
为丞相,常置左右,委以心腹。帝诣周赵王宅,将及于难,弘时立于
户外,以卫文帝。寻加上开府,赐爵永康县公。及受禅,拜大将军,
进爵郡公。寻赠其父柱国、尚书令、河间郡公。其年,立弘为河间王,
拜右卫将军。寻进柱国,以行军元帅出灵州道征突厥,大破之。拜
宁州总管,进上柱国。政尚清静,甚有恩惠。迁蒲州刺史,得以便宜
从事。时河东多盗贼,弘奏为盗者百余人,投之边裔,州境恬然,号
为良吏。每晋王广入朝,弘辄领扬州总管,及王归藩,弘复还蒲州。
在州十余年,风教大洽。炀帝嗣位,拜太子太保。岁余,薨。大业六
年,追封郇王。子庆嗣。

庆倾曲善候时变。帝猜忌骨肉,滕王纶等皆被废放,唯庆获全。
累迁荥阳太守,颇有政绩。

及李密据洛口仓,荥阳诸县多应密。庆勒兵拒守。岁余,城中
粮尽,兵劳日蹙。密遗庆书曰:“王之先世,家住山东,本姓郭氏,乃
非杨族。娄敬之于汉高,殊非血胤;吕布之于董卓,良异天亲。芝焚
蕙欢,事不同此。江都荒湎,流宕忘归,骨肉崩离,人神怨愤。举烽
火于骊山,诸侯莫至;浮胶船于汉水,还日未期。王独守孤城,援绝
千里,粮糒支计,仅有月余,弊卒之多,才盈数百。有何恃赖,欲相抗
拒?求枯鱼市肆,即事非虚;因归雁以运粮,竟知何日!止恐祸生肘
首,衅发萧墙,空以七尺之躯,悬赏千金之购,可为酸鼻者也。幸能
三思,自求多福。”于时江都败问亦至,庆得书,遂降于密,改姓为郭
氏。密破,归东都,又为杨氏,越王侗不之责也。及侗称制,拜宗正
卿。

世充既僭伪号,降爵为郇国公,后为郭氏。世充以兄女妻之,署
荥州刺史。及世充将败,庆欲将妻同归长安,其妻曰:“国家以妾奉
箕帚于公者,欲以申厚意,结公心耳。今父叔穷迫,家国阽危,而不
顾婚姻,孤负付属,为全身之计,非妾所能责公也。妾若至长安,公
家一婢耳,何用妾为!愿送还东都,君之惠也。”庆不许,其妻遂沐
浴靓庄,仰药而死。庆遂归国,为宜州刺史、郇国公,复姓杨氏。其

嫡母元太妃,年老两目丧明,世充斩之。

义城公处纲,文帝族父也。生长北边,少习骑射。在周,以军功拜上仪同。文帝受禅,赠其父钟葵柱国、尚书令、义城县公,以处纲袭焉。累迁右领军将军。纲虽无才艺,而性质直,在官强济,亦为当时所称。拜蒲州刺史,吏人悦之。卒于秦州总管,谥曰恭。

弟处乐,官至洛州刺史。汉王谅反,朝廷以为二心,废锢不齿。

离石太守子崇,武元帝族弟也。父益生,赠荆州刺史。子崇少好学,涉猎书记,有风仪,爱贤好士。开皇初,拜仪同,以车骑将军恒典宿卫。后为司门侍郎。炀帝嗣位,累迁候卫将军,坐事免。未几,复检校将军事。从帝幸汾阳宫,子崇知突厥必为寇,屡请早还京师,不纳。寻有雁门之围。及贼退,帝怒之曰:“子崇怯懦,妄有陈请,惊动我众心,不可居爪牙寄。”出为离石郡太守,有能名。自是突厥屡寇边塞,胡贼刘六儿复拥众劫掠郡境,子崇表请兵镇遏。帝复大怒,令子崇行长城。子崇行百余里,四面路绝,不得进而归。

岁余,朔方梁师都、马邑刘武周等各作乱,郡中诸胡复反。子崇患之,言欲朝集,遂与心腹数百人自孟门关将还京师。遇道路隔绝,退归离石。左右闻太原兵起,不复入城各叛去。子崇悉收叛者父兄斩之。后数日,义兵至城中应之。城陷,为仇家所杀。

文帝五男,皆文献皇后所生。长曰房陵王勇,次炀帝,次秦孝王俊,次庶人秀,次庶人应谅。

房陵王勇,小名睍地伐。周世以武元军功,封博平县侯。及文帝辅政,立为世子,拜大将军、左司卫,封长宁郡公。出为洛州总管、东京少冢宰,总统旧齐之地。后征还京师,进上柱国、大司马,领内史御正,诸禁卫皆属焉。文帝受禅,立为皇太子,军国政事及尚书奏死罪已下,皆令勇参决。

帝以山东人多流冗,遣使案检,又欲徙人北实边塞。勇上书谏,以为"恋土怀旧,人之本情,波迸流离,盖不获已。有齐之末,主暗时昏,周平东夏,继以威虐,人不堪命,致有逃亡,非厌家乡,愿为羁旅。若假以数岁,沐浴皇风,逃窜之徒,自然归本。虽北夷犯边,令所在严固,何待迁配,以致劳扰"?上览而嘉之。时晋王广亦表言不可,帝遂止。是后时政不便,多所损益,帝每纳之。

帝常从容谓群臣曰:"前世皇王,溺于嬖幸,废立之所由生。朕傍无姬侍,五子同母,可谓真兄弟也。岂若前代,多诸内宠,孽子忿争,为亡国之道邪"!

勇颇好学,解属词赋,性宽仁和厚,率意任情,无矫饰之行。引明克让、姚察、陆开明等为之宾友,勇尝文饰蜀铠,帝见而不悦,恐致奢侈之渐,因诫之曰:"我历观前代帝王,未有奢华而能长久者。汝当储后,若不上称帝心,下合人意,何以承宗庙之重,居兆人之上?吾昔衣服,各留一物,时复看以自警戒。又拟分赐汝兄弟。恐汝以今日皇太子之心,忘昔时之事,故令高颎赐汝我旧所带刀子一枚,并菹酱一合,汝昔作上士时所常食如此。若存忆前事,应知我心。"

后经冬至,百官朝勇,勇张乐受贺。帝知之,问朝臣:"近闻至节,内外百官相率朝东宫,是何礼也?"太常少卿辛亶对曰:"于东宫是贺,不得言朝。"帝曰:"改节称贺,正可三数十人,逐情各去。何因有司征召,一朝普集,太子法服设乐以待之?东宫如此,殊乖礼制。"乃下诏曰:"皇太子虽居上嗣,义兼臣子,而诸方岳牧正冬朝贺,任土作贡,别上东宫。事非典则,宜悉停断。"

自此恩宠始衰,渐生疑阻。时帝令选强宗入上台宿卫,高颎奏:"若尽取强者,恐东宫宿卫太劣。"帝作色曰:"我有时行动,宿卫须得雄毅。太子毓德东宫,左右何须强武?始我商量,恒于交番之日,分向东宫上下,团伍不别,岂非好事邪?我熟见前代,公不须仍踵旧风!"盖疑颎男尚勇女,形于此言,以防之。

勇多内宠,昭训云氏嬖幸,礼匹于嫡。而妃元氏无宠,尝遇心疾,二日而薨,献皇后意有他故,甚责望勇。又自妃薨,云昭训专擅内政，后弥不平，颇求勇罪过。晋王广知之，弥自矫饰，姬妾恒备员数，唯与萧妃居处。皇后由是薄勇，愈称晋王德行。后晋王来朝，车马侍从，皆为俭素，接朝臣，礼极卑屈，声名籍甚，冠于诸王。临还扬州，入内辞皇后，因哽咽流涕，伏不能兴。皇后泫然泣下，相对歔欷。王曰："臣性识愚下，常守平生昆弟之意，不知何罪，失爱东宫，恒畜盛怒，欲加屠陷。每恐谗谮出于杼轴，鸩毒遇于杯杓。"皇后忿然曰："睍地伐渐不可耐，我为伊索得元家女，望隆基业，竟不闻作夫妻，专宠阿云，有如许豚犬。前新妇本无病痛，忽尔暴亡，遣人投药，致此夭逝。事已如此，我亦不穷。何因复于汝等兄弟向阿云儿前再拜问讯，此是几许大苦痛邪！"晋王友又拜，呜咽不能止，皇后亦悲不自胜。

此别之后，知皇后意移，始构夺宗之计。因引张衡定策，遣褒公宇文述深交杨约，令喻旨于越公素，具言皇后此语。素瞿然曰："但不知皇后如何？但如所言，吾又何为者！"后数日，素入侍宴，微称晋王孝悌恭俭有礼，用此揣皇后意。后泣曰："公言是也。我儿大孝顺，每闻至尊及我遣内使到，必迎于境首。又其新妇亦大可怜，我使婢去，常与同寝共食。岂如地伐共阿云相对而坐，终日酣宴，昵近小人，疑阻骨肉！我所以益怜阿麽者，尝恐暗地杀之。"素既知意，盛言太子不才。皇后遂遗素金，始有废立之意。

勇颇知其谋，忧惧，计无所出。闻新丰人王辅贤能占候，召而问之。辅贤曰："白虹贯东宫门，太白袭月，皇太子废退象也。"以铜铁五兵造诸厌胜。又于后园内作庶人村，屋宇卑陋，太子时于中寝息，布衣草褥，冀以当之。帝知其不安，在仁寿宫，使杨素观勇。素至东宫，偃息未入，勇束带待之，故亦不进以怒勇，勇衔之，形于言色。素还，言勇怨望，恐有他变。帝甚疑之。皇后又遣人伺觇东宫，纤介事皆闻奏，因加媒蘖，构成其罪。帝惑之，遂疏忌勇。乃于玄武门达至德门量置人候，以伺动静，皆随事奏闻。又东宫宿卫人，侍官已上，名籍悉令属诸卫府，有健儿者咸屏去之。

晋王又令段达私货东宫幸臣姬威，令取太子消息，密告杨素。

于是内外宣谤,过失日闻。段达胁姬威曰:"东宫罪过,主上皆已知之。已奉密诏,定当废立。君能告之,则大富贵。"遂许诺。

开皇二十年,车驾至自仁寿宫,御大兴殿,谓侍臣曰:"我新还京师,应开怀欢乐,不知何意,翻悒然愁苦。"吏部尚书牛弘对曰:"由臣等不称职,故至尊忧劳。"帝既数闻谗谮,疑朝臣具委,故有斯问,冀闻太子之愆。弘既此对,大乖本指。帝因作色谓东宫官属曰:"仁寿宫去此不远,令我每还京师,严备如入敌国。我为患利,不脱衣卧。夜欲得近厕,故在后房。恐有惊急,还就前殿。岂非尔辈欲坏我家国邪!"乃执唐令则等数人,付所司讯鞫。令杨素陈东宫事状,以告近臣。素显言之曰:"奉敕向京,令皇太子检校刘居士余党。太子忿然作色,肉战泪下,云:'居士党已尽,遣我何处穷讨?尔作右仆射,受委自求,何关我事!'又云:'昔大事不遂,我先被诛。今作天子,竟乃令我不如弟,一事已上,不得自由。'因长叹回视云:'我大觉身妨!'又云:'诸王皆得奴,独不与我!'乃向西北奋头,喃喃细语。"帝曰:"此儿不堪承嗣久矣。皇后恒劝我废,我以布素时生,复长子,望其渐改,隐忍至今。勇昔从南兖州来,语卫王曰:'阿娘不与我一好妇女。亦是可恨。'因指皇后侍儿曰:'皆我物。'此言几许异事!其妇初亡,即以斗帐安余老姬。新妇初亡,我深疑使马嗣明药杀。我曾责之,便怼曰:'会当杀元孝矩。'此欲害我而迁怒耳。初,长宁诞育,朕与皇后共抱养之,自怀彼此,连遣来索。且云定兴女,在外私合而生,想此由来,何必是其体胤?昔晋太子取屠家女,其儿即好屠割。今偒非类,便乱宗祏。又刘金麟,佞人也,呼定兴作家翁。定兴愚人,受其此语。我前解金麟者,为其此事。勇昔在宫,引曹妙达共定兴女同宴,妙达在外云:'我今得劝妃酒。'直以其诸子偏庶,畏人不服,故逆纵之,欲收天下望耳。我虽德惭尧舜,终不以万姓付不肖子。我恒畏其加害,如防大敌,今欲废之,以安天下。"

左卫大将军元旻谏曰:"废立大事,天子无贰言,诏旨若行,后悔无及。谗言罔极,惟陛下察之。"旻辞直争强,声色俱厉,帝不答。

时姬威又表告太子非法,帝使威尽言。威对曰:"皇太子由来共臣语，唯意在骄奢，欲得樊川以至散关，总规为苑。兼云：‘昔汉武将起上林苑，东方朔谏，赐朔黄金百斤，几许可笑！我实无金辄赐此等。若有谏者，正当斩之，不过杀百许人，自然永息。’前苏孝慈解左卫率，皇太子奋髯扬肘曰：‘大丈夫当有一日，终不忘之，决当快意。’又宫内所须，尚书多执法不与，便怒曰：‘仆射已下五人，会展三人脚，便使知慢我之祸。’又于苑内筑一小城，春夏秋冬作役不辍，营起亭殿，朝造夕改。每云：‘至尊嗔我多侧庶，高纬、陈叔宝岂是孽子乎？’尝令师姥卜吉凶，语臣曰：‘至尊忌在十八年，此期促矣。’帝泫然曰：“谁非父母生，乃至于此！我有旧使妇女，令看东宫，奏云：‘勿令广平王至皇太子处。东宫憎妇，亦广平王教之。’元赞亦知其阴恶，劝我于左藏东加置两队。初平陈后，宫人好者悉配春坊，如闻不知厌足，于外更有求访。朕近览《齐书》，见高欢纵其儿子，不胜忿愤，安可效尤！”于是勇及诸子皆被禁锢，部分收其党与。杨素舞文锻练，以成其狱。勇由是遂败。

居数日，有司承素意，奏“元旻身备宿卫，常曲事于勇，情有附托。在仁寿宫，裴弘将勇书于朝堂与旻，题封云，勿令人见。”帝曰：“朕在仁寿宫，有纤小事，东宫必知，疾于驿马，怪之甚久，岂非此徒邪？”遣武士执旻及弘付法。

先是，勇尝于仁寿宫参起居还，涂中见一枯槐树，根干蟠错，大且五六围，顾左右曰：“此堪作何器用？”或对曰：“古槐尤堪取火。”于时卫士皆佩火燧，勇因令匠者造数千枚，欲以分赐左右。至是，获于库。又药藏局贮艾数斛，亦搜得之。大将为怪，以问姬威。威曰：“太子此意别有所在。比令长宁王已下，诣仁寿宫还，每常急行，一宿便至。恒饲马千匹，云径往捉城门，自然饿死。”素以威言诘勇，勇不服曰：“窃闻公家马数万匹，勇忝位太子，有马千匹，乃是反乎？”素又发泄东宫服玩似加雕饰者，悉陈于庭，以示文帝群官，为太子罪。帝曰：“前簿王世积，得妇女领巾，状似稍幡，当时遍示百官，欲以为戒。今我儿乃自为之。领巾为稍幡，此是服袄。”使将诸物示勇以诘之。皇后又责之罪。帝使使问勇，勇不服。

太史令袁充进曰："臣观天文，皇太子当废。"上曰："玄象久见矣。"群臣无敢言者。于是使人召勇。勇见使者，惊曰："得无杀我邪？"帝戎服陈兵，御武德殿，集百官立于东面，诸亲立于西面，引勇及诸子列于殿庭。命薛道衡宣诏废勇及其男女为王、公主者并为庶人。命道衡谓勇曰："尔之罪恶，人神所弃，欲求不废，其可得邪！"勇再拜曰："臣合尸之都市，为将来鉴诫。幸蒙哀怜，得全性命。"言毕，泣下流襟，既而舞蹈而去。左右莫不悯嘿。

又下诏："左卫大将军元旻，任掌禁兵，委以心膂，乃包藏奸伏，离间君亲，崇长厉阶，最为魁首。太子左庶子唐令则，策名储贰，位长宫僚，谄曲取容，音技自进，躬执乐器，亲教内人，赞成骄侈，导引非法。太子家令邹文腾，专行左道，偏被亲昵，占问国家，希觊炎祸。左卫率司马夏侯福，内事谄谀，外作威势，陵侮上下，亵渎宫闱。典膳监元淹，谬陈爱憎，开示怨隙，进引妖巫，营事厌祷。前吏部侍郎萧子宝，往居省阁，旧非宫臣，进划奸谋，要射荣利。前主玺下士何㻋，假托玄象，妄说妖怪，志图祸乱，心在速发。兼诸奇服，皆㻋规模，增长骄奢，縻费百姓。此之七人，为害斯甚，并处斩刑，妻妾子孙皆没官。车骑将军阎毗、东郡公崔君绰、游骑尉沈福宝、瀛州人章仇太翼等四人，所为之事，并是悖逆，论其状迹，罪合极刑。但未能尽戮，并特免死，各决杖一百，身及妻子资财田宅悉没官。副将作大匠高龙叉，预追番丁，辄配东宫使役，营造亭舍，进入春坊；率更令晋文建、通直散骑侍郎判司农少卿事元衡，料度之外，私自出给，虚破丁功，擅割围地。并处自尽。"于是集群官于广阳门外，宣诏以戮之。乃移勇于内史省，给五品料食。立晋王广为皇太子，仍以勇付之，复囚于东宫。赐相素物三千段，元胄、杨约并千段，杨难敌五百段，皆鞫勇之功赏也。

时文林郎杨孝政上书谏，言："皇太子为小人所误，不宜废黜。"帝怒，挞其胸。寻而贝州长史裴肃表称"庶人罪黜已久，当克己自新，请封一小国。"帝知勇黜不允天下情，乃征肃入朝，具陈废立意。

时勇自以废非其罪，频请见上，面申冤屈。皇太子遏不得闻。勇于是升树叫，闻于帝，冀得引见。杨素因奏言："勇情志昏乱，又癫鬼所著，不可复收。"帝以为然，卒不得见。

帝遇疾于仁寿宫，皇太子入侍医，奸乱事闻于帝。帝抵床曰："枉废我儿！"遣追勇。未及发使而崩，秘不发丧。遽收柳述、元岩，系大理狱，伪敕赐庶人死。追封房陵王，不为立嗣。

勇有十男：云昭训生长宁王俨、平原王裕、安城王筠。高良娣生安平王嶷、襄城王恪。王良媛生高阳王该、建安王韶。成姬生颍川王煚。后宫生孝实、孝范。

初，俨诞，帝闻之曰："此乃皇太孙，何乃生不得地！"云定兴奏曰："天生龙种，所以因云而出。"时人以为敏对。六岁，封长宁郡王。勇败，亦坐废。上表求宿卫，辞情哀切，帝览之恻然。杨素进曰："伏愿圣心同于螫手，不宜留意。"炀帝践祚，俨常从行，遇鸩卒。诸弟分徙岭外，皆敕杀之。

秦王俊字阿祇。开皇元年，立为秦王。二年，拜上柱国、河南道行台尚书令、洛州刺史，时年十二。加右武卫大将军，领关东兵。三年，迁秦州总管，陇右诸州尽隶焉。俊仁恕慈爱，崇敬佛道，请为沙门，不许。六年，迁山南道行台尚书令。伐陈之役，为山南道行军元帅，督三十总管，水陆十余万，屯汉口，为上流节度。寻授杨州总管、四十四州诸军事，镇广陵。转并州总管、二十四州诸军事。

初，颇有令问，文帝闻而大悦。后渐奢侈，违犯制度，出钱求息。帝遣按其事，与相连坐者百余人。于是盛修宫室，穷极侈丽。俊有巧思，每亲运斤斧，工巧之器，饰以珠玉。为妃作七宝幂篱，重不可戴，以马负之而行。征役无已。置浑天仪、测景表。又为水殿，香涂粉壁，玉砌金阶，梁柱楣栋之间，周以明镜，间以宝珠，极莹饰之美。每与宾客伎女弦歌于上。

俊颇好内，妃崔氏性妒，甚不平之，遂于瓜中进毒。俊由是遇疾，征还京师。以俊奢纵，免官，以王就第。左武卫将军刘升谏曰："秦王非有他过，但费官物、营廨舍而已。臣谓可容。"帝曰："法不可违。"繁荣昌盛固谏，帝忿然作色，升乃止。杨素复进谏，以秦王过不应至此。帝曰：我是五儿之父，非兆人之父。若如公意，何不别制天子儿律！以周公为人，尚诛管、蔡。我诚不及周公远矣，安能亏法乎！"卒不许。

俊疾笃，含银，银色变，以为遇蛊。未能起，遣使奉表陈谢。帝责以失德。大都督皇甫统上表请复王官，不许。岁余，以疾笃，复拜上柱国。二十年六月，薨于秦邸。帝哭之数声而已，曰："晋王前送一鹿，我令作脯，拟赐秦王。今亡，可置灵坐之前。心已许之，不可亏信。"帝及后往视，见大蜘蛛、大蝼蛄从枕头出，求之不见。穷之，知妃所为也。俊所为侈丽物悉命焚之。敕送终之具，务从俭约，以为后世法。王府僚佐请立碑，帝曰："欲求名，一卷史书足矣，何用碑为！若子孙不能保家，徒与人作镇石耳。"

妃崔氏以毒王故，下诏废绝，赐死于其家。子浩，崔氏所生也。以其母遣死，遂不得立，于是以秦国官为丧主。俊长女永丰公主，年十三，遭父忧，哀慕尽礼，免丧，遂绝酒肉。每忌日，辄流涕不食。有开府王延者，性忠厚，领俊亲信兵十余年，俊甚礼之。及俊疾，延恒在阁下，衣不解带。俊薨，勺饮不入口者数日，羸顿骨立。帝闻悯之，赐以御药，授骠骑将军，典宿卫。俊葬日，延号恸而绝。帝嗟异之，令参通事舍人吊祭，诏葬延于俊墓侧。

炀帝即位，立浩为秦王，以奉孝王嗣。封浩弟湛济北侯。后以浩为河阳都尉。杨玄感作逆之际，左翊卫大将军宇文述勒兵讨之。至河阳，修启于浩，浩诣述营，共相往复。有司劾浩以诸侯交通内臣，竟坐废免。宇文化及弑逆，立浩为帝。化及败于黎阳，北走魏县，自僭为帝，因而害之。

湛骁果有胆烈。大业初，为荥阳太守，坐浩免，亦为化及所害。

庶人秀，开皇元年，立为越王。未几，徙封于蜀，拜柱国、益州总管、二十四州诸军事。二年，进上柱国、西南道行台尚书令，本官如故。岁余而罢。十二年，人为内史令、右领军大将军。寻出镇于蜀。

秀有胆气，容貌瑰伟，美须髯，多武艺，甚为朝臣所惮。帝每谓文献皇后曰："秀必以恶终。我在当无虑，至兄弟必反。"兵部侍郎元衡使于蜀，秀深结于衡，以左右为请。衡既还京师。请益左右，帝不许。大将军刘哙之讨西爨，帝令上开府杨武通将兵继进。秀使嬖人万知先为武通行军司马，帝以秀任非其人，谴责之。因谓群臣曰："坏我法者，必在子孙。譬如猛兽，物不能害，反为毛间虫所损食耳。"于是遂分秀所统。

秀渐奢侈，违犯制度，车马被服拟于天子。及太子勇废，秀甚不平。皇太子恐秀终为后变，阴令杨素求其罪状，而谮之。仁寿二年，征还京师，见不与语。明日，使使切让之。皇太子及诸王流涕庭谢，帝曰："顷者俊靡费财物，我以父道训之。今秀蠹害生灵，当以君道绳之。"乃下以法。开府庆整谏曰："庶人勇既废，秦王已薨，陛下儿子无多，何至如是！蜀王性甚耿介，今被责，恐不自全。"帝大怒，欲断其舌。因谓群臣曰："当斩秀于市以谢百姓。"乃令杨素、苏威、牛弘、柳述、赵绰推之。太子阴作偶人，书帝及汉王姓字，转后钉心，令人埋之华山下，令杨素发之。又作檄文曰"逆臣贼子，专弄威柄，陛下唯守虚器，一无所知，"陈甲兵之盛，云"指期问罪"，置秀集中，因以闻奏。帝曰："天下宁有是邪！"乃废为庶人，幽之内侍省，不得与妻子相见，令给獠婢二人驱使之。与连坐百余人。

秀既幽逼，愤懑不知所为，乃上表陈己愆，请与其爱子爪子相见，并请赐一穴，令骸骨有所。帝乃下诏数其罪曰："汝地居臣子，情兼家国，庸蜀险要，委以镇之。汝乃干纪乱常，怀恶乐祸，瞵睨二宫，伫望炎衅，容纳不逞，结构异端。我有不和，汝便觇候，望我不起，便有异心。皇太子，汝兄也，次当建立，汝假托妖言，乃云不终其位。妄称鬼怪，又道不得入宫，自言骨相非人臣，德业堪承重器。妄道清城出圣，欲己当之，诈称益州龙见，托言吉兆。重述木易之姓，更修成都之宫，妄说禾乃之名，以当八千之运。横生京师祆异，以证兄之炎；妄造蜀地征祥，以符己身之篆。汝岂不欲得国家恶也？天下乱也？辄造白玉之珽，又为白羽之箭，文秀服饰，岂似有君？鸠集左道，符书厌镇。汉王于汝，亲则弟也，乃画其形像，题其姓名，缚手钉心，柳锁杻械。仍云请西岳华山慈父圣母神兵九亿万骑，收杨谅魂神，

闭在华山下，勿令散荡。我之于汝，亲则父也，复云请西岳华山慈父
圣母，赐为开化杨坚夫妻，回心欢喜。又画我形象，缚手撮头，仍云
请西岳神后收杨坚魂神。如此形状，我今不知杨谅、杨坚是汝何亲
也！包藏凶慝，图谋不轨，逆臣之迹也。希父之炎，以为身幸，贼子
之心也。怀非分之望，肆毒心于兄，悖恶之行也。嫉妒于弟，无恶不
为，无孔怀之情也。违犯制度，坏乱之极也。多杀不辜，豺狼之暴也。
剥削人庶，酷虐之甚也。唯求财货，市井之业也。专事妖邪，顽嚣之
性也。弗克负荷，不材之器也。凡此十者，灭天理，逆人伦，汝皆为
之，不祥之甚也。欲免患祸，长守富贵，其可得乎！”

　　后听与其子同处。炀帝即位，禁锢如初。宇文化及之弑逆也，
欲立秀为帝，群议不许。于是害之，并其诸子。

　　庶人谅，字德章，一名杰，小字益钱。开皇元年，立为汉王。十
二年，为雍州牧，加上柱国、右卫大将军，转左卫将军。十七年，出为
并州总管，帝幸温汤而送之。自山以东，至于沧海，南拒黄河，五十
二州尽隶焉。特许以便宜，不拘律令。十八年，起辽东之役，以谅为
行军元帅。至辽水，师遇疾疫，不利而还。十九年，突厥犯塞，以谅
为行军元帅，竟不临戎。文帝甚宠爱之。

　　谅自以居天下精兵处，以太子谗废，居常怏怏，阴有异图。遂讽
帝云：“突厥方强，太原即为重镇，宜修武备。”帝从之。于是大发工
役，缮修器械，贮纳于并州。招集亡命，左右私人，殆将数万。王预
者，梁将王僧辩之子，少倜傥，有奇略，为谅谘议参军。萧摩诃者，陈
氏旧将。二人俱不得志，每郁郁思乱，并为谅亲善。

　　及蜀王以罪废，谅愈不自安。会文帝崩，使车骑屈突通征之，不
赴，遂发兵反。总管司马皇甫诞谏，谅怒，收系之。王预说谅曰：“王
所部将吏家属尽在关西，若用此等，即宜长驱深入，直据京都，所谓
疾雷不及掩耳。若但欲割据旧齐之地，宜任东人。”谅不能专之，乃
兼用二策，唱言：“杨素反，将诛之。”

　　总管府兵曹河东裴文安说谅曰：“井陉以西，是王掌握内，山东
士马，亦为我有，宜悉发。分遣羸兵，屯守要路，仍令随方略地；率

其精锐,直入蒲津。文安请为前锋,王以大军继后,风行电击,顿于霸上,咸阳以东可指麾而定。京师震扰,兵不暇集,上下相疑,群情离骇,我即陈兵号令,谁敢不从!旬日之间,事可定矣。"谅大悦。于是遣所署大将军余公理将兵出太谷,以趣河阳。大将军綦良出滏口,以趣黎阳。大将军邓建出井陉,以略燕、赵。柱国乔钟馗出雁门。署文安为柱国,纥单贵、王聃、大将军茹茹天保、侯莫陈惠直指京师。未至蒲津百余里,谅忽改图,令纥单贵断河桥,守蒲州,而召文安。文安至曰:"兵机诡速,本欲出其不意。王既不行,文安又返,使彼计成,大事去矣。"谅不对。于是从乱者十九州,乃以王聃为蒲州刺史,裴文安为晋州,薛粹为绛州,梁菩萨为潞州,韦道正为韩州,张伯英为泽州。遣伪署大将军常伦进兵绛州,遇晋州司法仲孝俊之子,谓曰:"吾晓天文遁甲,今年起兵,得晋地者王。"孝俊闻之曰:"皇太子常为晋王,故曰晋地,非谓反徙也。"时略州有官羊生羔,二首相背,以为谅之咎征。

炀帝遣杨素率骑五千,袭王崇、纥单贵于蒲州,破之,于是率步骑四万趣太原。谅使赵子开守高壁,杨素击走之。谅大惧,拒素于蒿泽。属天大雨,谅欲旋师,王聃谏曰:"杨素悬军,士马疲弊,王以锐卒亲戎击之,其势必举。今见敌而还,示人以怯,阻战士之心,益西军之气,愿必勿还。"谅不从,退守清源。素进击之,谅与官兵大战,死者万八千人。谅退保并州,杨素进击之,谅乃降。百僚奏谅罪当死,帝曰:"朕终鲜兄弟,情不忍言,欲屈法恕谅一死。"于是除名,绝其属籍,竟以幽死。

先是,并州谣言:"一张纸,两张纸,客量小儿作天子。"时伪署官告皆一纸,别授则二纸。谅闻谣喜曰:"我幼字阿客,'量'与'谅'同音,吾于皇家最小。"以为应之。

子颢,因而禁锢。宇文化及弑逆之际,遇害。

炀帝三男:萧皇后生元德太子昭、齐王暕。萧嫔生赵王杲。

元德太子昭,炀帝长子也。初,文帝以开皇三年四月庚午,梦神自天而降，云是天神将生降。寤，召纳言苏威以告之。及闻萧妃在并州有娠，迎置大兴宫之客省。明年正月戊辰而生昭，养于宫中，号大曹主。三岁时，于玄武门弄石师子，文帝与文献皇后至其所。文帝适患腰痛，举手冯后，昭因避去，如此者再。文帝叹曰："天生长者，谁复教乎！"由是大奇之。文帝尝谓曰："当为尔娶妇。"应声而泣。文帝问其故，对曰："汉王未婚时，恒在至尊所，一朝娶妇，便则出外。惧将违离，是以啼耳。"上叹其有至性，特钟爱焉。

年十二，立为河南王。仁寿初，徙为晋王。拜内史令，兼左卫大将军，转雍州牧。炀帝即位，便幸洛阳宫，昭留守京师。及大业元年，帝遣使者立为皇太子。

昭有武力，能引强，性谦冲，言色恂恂，未尝忿怒。其有深可嫌责者，但云"大不是"。所膳不许多品，帷席极于俭素。臣吏有老父母，必亲问其安否，岁时皆有惠赐。其仁爱如此。明年，朝于洛阳，后数月，将还京师，愿得留，帝不许。拜请无数，体素肥，因致劳疾。帝令巫者视之，云房陵王为崇。未几而薨，时年二十三。先是，太史奏言楚分有丧，于是改封越公杨素于楚。及昭薨日，而素亦薨，盖隋、楚同分也。诏内史侍郎虞世基为哀册文，帝深追悼之。

昭妃慈州刺史博陵崔弘升女。后秦王妃以盅毒获谴，昭奏曰："恶逆者，乃新妇之姑，请离之。"乃娶滑国公京兆韦寿女为妃。昭有子三人：韦妃生恭皇帝，大刘良娣生燕王倓，小刘良娣生越王侗。

倓字仁安，敏慧美姿容，炀帝于诸孙中特所钟爱，常置左右。性好读书，尤重儒素，造次所及，有若成人。良娣早终，每忌日未尝不流涕呜咽，帝由是益奇之。宇文化及弑逆之际，倓觉变，欲入奏，恐露其事，因与梁公萧钜、千牛宇文晶等穿芳林门侧水窦入。至率武门，诡奏曰："臣卒中恶，命悬俄顷，请入面辞，死无所恨。"冀见帝，为司宫者所遏，竟不得闻。俄而难作，遇害，时年十六。

越王侗字仁谨，美姿容，性宽厚。大业三年，立为越王。帝每巡幸，侗常留守东都。杨玄感反，与户部尚书樊子盖拒之。事平，朝于高阳，拜高阳太守。俄以本官留守东都。十三年，帝幸江都，复令侗与金紫光禄大夫段达、太府卿元文都、摄户部尚书韦津、右武卫将军皇甫无逸等总留台事。

宇文化及之弑逆，文都等议尊立侗，大赦，改元曰皇泰。谥帝曰明，庙号世祖，追尊元德太子为孝成皇帝，庙号世宗，尊其母刘良娣为皇太后。以段达为纳言、右翊卫大将军、摄礼部尚书，王世充为纳言、左翊卫大将军、摄吏部尚书，元文都为内史令、左骁卫大将军，卢楚亦内史令，皇甫无逸为兵部尚书、右武卫大将军，郭文懿为内史侍郎，赵长文为黄门侍郎，委以机务，为金书铁券，藏之宫掖。于时洛阳称段达等为"七贵"。

未几，宇文化及以秦王浩为天子，来次彭城，所经城邑，多从逆党。侗惧，遣使者盖琮、马公政招怀李密。密遂请降，侗大忻悦，礼其使甚厚。即拜密为太尉、尚书令、魏国公，令拒化及。仍下书曰：

我大隋之有天下，于兹三十八载。高祖文皇帝圣略神功，载造区夏。世祖明皇帝则天法地，混一华戎。东暨蟠木，西通细柳，前逾丹徼，后越幽都，日月之所临，风雨之所至，圆首方足，禀气食毛，莫不尽入提封，皆为臣妾。加以宝贶毕集，灵瑞咸臻，作乐制礼，移风易俗。智周寰海，万物咸受其赐，道济天下，百姓用而不知。世祖往因历试，统临南服，自居皇极，顺兹望幸。所以往岁省方，展礼肆观，停銮驻跸，按驾清道，八屯如昔，七萃不移。岂意岅起非常，逮于轩陛，灾生不意，延及冕旒。奉讳之日，五情崩殒，攀号荼毒，不能自胜。

且闻之自古。代有屯剥，贼臣逆子，何世无之。至如宇文化及，世传庸品。其父述，往属时来，早沾厚遇，赐以昏媾，置之公辅。位尊九命，禄重万钟，礼极人臣，荣冠世表，徒承海岳之恩，末有涓尘之答。化及以此下材，夙蒙顾眄，出入外内，奉望阶墀。昔陪藩国，统领卫兵，及从升皇祚，陪列九卿。但本性凶狠，恣其贪秽，或交结恶党，或侵掠商货，事重刑签，状盈狱简。在上不遗簪履，恩加草芥，应至死辜，每蒙恕免。三经除解，寻复本职；再徙边裔，仍即追还。生成之恩，昊天罔极；奖擢之义，人事罕闻。化及枭镜为心,禽兽不若,纵毒兴祸,倾覆行宫。诸王兄弟,一时残酷,痛暴行路,世不忍言。有穷之在夏时,犬戎之于周世,衅辱之极,亦未是过。朕所以刻骨崩心,饮胆尝血,瞻天视地,无处自容。

今王公卿士,庶尹百辟,咸以大宝鸿名,不可颠坠,元凶世猾,须早夷殄,翼戴朕躬,嗣守宝位。顾惟寡薄,志不逮此。今者出黈纩而仗旄钺,释衰麻而擐甲胄,衔冤誓众,忍泪临兵,指日遄征,以平大盗。且化及伪立秦王之子,幽遏比于拘囚;其身自称霸相,专擅拟于九五。履践禁御,据有宫闱,昂首扬眉,初无惭色,衣冠朝望,外惧凶威,志士诚臣,内怀愤怨。以我义师,顺彼天道,枭夷丑族,匪夕伊朝。

太尉、尚书令魏公,丹诚内发,宏略外举,率勤王之师,讨违天之逆。果毅争先,熊罴竞进,金鼓振耆,若火焚毛,锋刃从横,如汤沃雪。魏公志存匡济,投袂前驱,朕亲御六军,星言继轨。以此众战,以斯顺举,擘山可以动,射石可以入。况贼拥此人徒,皆有离德,京都侍卫,西忆乡家,江左淳人,南思邦邑。比来表书骆驿,人信相寻。若王师一临,旧章暂睹,自应解甲倒戈,冰销叶散。且闻化及自恣,天夺其心,杀戮不辜,挫辱人士,莫不道路以目,号开踽地。朕今复仇雪耻,枭辗者一人,拯溺救焚,所哀者士庶。唯望天鉴孔殷,祐我宗社,亿兆感义,俱会朕心。枭戮元凶,策勋饮至,四海交泰,称朕意焉。兵术军机,并受魏公节度。

密见使者,大悦,北面拜伏,臣礼甚恭,遂东拒化及。

七贵颇不协。未几元文都、卢楚、郭文懿、赵长文等为世充所杀,皇甫无逸遁归京师。世充诣侗所陈谢,辞情哀苦。侗以为至诚,命之上殿,被发为盟,誓无贰志。自是侗无所关预。

及世充破李密,众望益归之,遂自为郑王,总百揆,加九锡,备法物,侗不能禁。段达、云定兴等十人入见侗曰:“天命不常,郑王功德甚盛,愿陛下遵唐、虞之迹。”侗怒曰:“天下者,高祖之天下,东都者,世祖之东都。若隋德未衰,此言不可而发。必天命有改,亦何论于禅让!公等或先朝旧臣,或勤王立节,抱有斯言,朕亦何望!"神色凛然,侍卫者莫不流汗。既而退朝,对良娣而泣。世充更使谓曰:"今海内未定,须得长君,待四方义安,复子明辟。必若前盟,义不违负。"侗不得已,逊位于世充,遂被幽于含凉殿。世充僭伪号,封潞国公。

有宇文儒童、裴仁基等谋诛世充,复尊立侗。事泄,并见害。世充兄世恽因劝世充害侗,世充遣其侄行本赍鸩诣侗曰:"愿皇帝饮此酒。"侗知不免,请与母相见,不许。遂布席焚香礼佛,咒曰:"从今以去,愿不生帝王尊贵家。"及仰药,不能时绝,更以帛缢之。世充伪谥曰恭皇帝。

齐王暕字世胐,小字阿孩。美容仪,疏眉目,少为文帝所爱。开皇中,立为豫章王。及长,颇涉经史,尤工骑射。初为内史令。仁寿中,拜扬州总管、江淮以南诸军事。炀帝即位,进封齐王。大业二年,帝初入东都,盛陈卤簿,暕为军导。转豫州牧。俄而元德太子薨,朝野注望,咸以暕当嗣。帝又敕吏部尚书牛弘妙选官属,公卿由是多进子弟。明年。转雍州牧,寻徙河南尹、开府仪同三司。元德太子左右二万余人悉隶于暕,宠遇益隆。自乐平公主及诸戚属竞来致礼,百官称谒,填咽道路。

暕颇骄恣,昵近小人,所行多不法,遣乔令则、刘虔安、裴该、皇甫谌、库狄仲锜、陈智伟等采求声色狗马。令则等因此放纵,访人家有女者,辄矫暕命呼之,载入暕宅,因缘藏匿,恣行淫秽而后遣之。仲锜、智伟二人诣陇西,挝炙诸胡,责其名马,得数匹以进于暕。暕令还主,仲锜等诈言王赐,将归家,暕不之知。又乐平公主尝奏帝,云柳氏女美者,帝未有所答。久之,主复以柳氏进暕,暕纳之。后帝问柳氏女所在,主曰:"在齐王所。"帝不悦。暕于东都营第,大门无故崩,听事栿中折,识者以为不祥。

后从帝幸榆林,暕督后军,步骑五万,恒与帝相去数十里而舍。会帝于汾阳宫大猎,诏暕以千骑入围。暕大获麋鹿以献,而帝未有得也,怒从官,皆言为左右所遏,兽不得前。帝于是怒,求暕罪失。时制县令无故不得出境,有伊阙令皇甫诩幸于暕,违禁将之汾阳宫;又京兆人达奚通有妾王氏善歌,贵游宴聚,多或要致,于是展转亦入王家。御史韦德裕希旨劾暕。帝令甲士千余,大索暕第,因穷其事。

暕妃韦氏,户部尚书冲之女也,早卒。暕遂与妃姊元氏妇通,生一女。外人皆不得知,阴引乔令则于第内酗宴,令则称庆,脱暕帽以为欢。召相工遍视后庭,相工指妃姊曰:"此产子者当为皇后,贵不可言。"时国无储副,暕自谓次当得立。又以元德太子有三子,内常不安,阴挟左道,为厌胜事。至是,皆发。帝大怒,斩令则等数人,妃姊赐死,暕府僚皆斥之边远。时赵王杲犹在孩孺,帝谓侍臣曰:"朕唯有暕一子,不然者,当肆诸市朝,以明国宪也。"

暕自是恩宠日衰,虽为京尹,不复关预时政。帝恒令武贲郎将一人监其府事,暕有微失,辄奏之。帝亦虑生变,所给左右,皆经老弱备员而已。暕每怀危惧,心不自安。又帝在江都宫元会,暕具法服将朝,无故有血从裳中而下;又坐斋中,见群鼠数十,至前而死,视皆无头。暕甚恶之。俄而化及作乱,兵将犯跸,帝闻之,顾萧后曰:"得非阿孩也?"其见疏忌如此。化及复令人捕暕,时尚卧未起,贼进,暕惊曰:"是何人?"莫有报者。暕犹谓帝令捕之,曰:"诏使且缓,儿不负国家!"贼曳至街,斩之,及其二子亦遇害。暕竟不知杀者为谁。时年三十四。

有遗腹子愍,与萧后同入突厥,处罗可汗号为隋王。中国人没入北蕃者,悉配之以为部落,以定襄城处之。及突厥灭,乃获之。贞观中,位至尚衣奉御。永徽初,卒。

赵王杲小字季子。年七岁,以大业九年封赵王。寻授光禄大夫,历河南尹,行江都太守。杲聪令,美容仪,帝有所制词赋,杲多能诵之。性至孝,尝见帝风动,不进膳,杲亦终日不食。又萧后尝灸,杲先请试炷,后不许之。杲泣请曰:"后所服药,皆蒙尝之。今灸,愿听尝炷。"悲咽不已。后为停灸,由是尤钟爱。后遇化及反,杲在帝侧,号恸不已。裴虔通使斩之帝前,而血溅御服。时年十二。

论曰:周建懿亲,汉开盘石,内以敦睦九族,外以辑宁亿兆,深根固本,崇奖王室,安则有以同其乐,衰则有以恤其危,所由来久矣。自魏、晋已下,多失厥中,不遵王度,各徇所私。抑之则势齐于匹夫,抗之则权侔于万乘,矫枉过正,非一时也。得失详于前史,不复究而论焉。隋文昆弟之恩,素非笃睦,闺房之隙,又不相容。至于二世承基,兹弊愈甚。是以滕穆暴薨,人皆窃议,蔡王将没,自以为幸。唯卫王养于献后,故任遇特隆,而诸子迁流莫知死所,悲夫!其锡以茅土,称为盘石,行无甲兵之卫,居与皂隶为伍。外内无虞,颠危不暇,时逢多难将何望哉!河间属乃葭莩,地非宠逼,故高位厚秩,与时终始。杨庆二三其德,志在苟生,变本宗如反掌,弃慈母若遗迹,及身而绝,固宜然矣。

文帝五子,莫有终其天年。房陵资于骨肉之亲,笃于君臣之义,经纶缔构,契阔夷险,抚军监国,凡二十年。虽三善未称,而视膳无阙。恩宠既变,谗言间之,顾复之慈,顿隔于人理,父子之道,遂灭于天性。隋室将亡之效,众庶皆知之矣。《慎子》曰:"一兔走街,百人逐之。积兔于市,过者不顾。"岂其无欲哉?分定故也。房陵分定久矣,而帝一朝易之,开逆乱之源,长凯觎之望。又维城肇建,崇其威重,恃宠而骄,厚自封植,进之既逾制,退之不以道,俊以忧卒,实此之由。俄属天步方艰,谗人已胜,尺布斗粟,莫肯相容。秀窥岷、蜀之阻,谅起晋阳之甲,成兹乱常之衅,盖亦有以动之也。《棠棣》之诗徒赋,有鼻之封无期,或幽囚于囹圄,或颠殒于鸩毒。本根既绝,枝叶毕翦,十有余年,宗社沦陷。自古废嫡立庶,覆族倾宗者多矣,考其乱亡之祸,未若有隋之酷。《诗》云:"殷鉴不远,在夏后之世。"后之有国有家者,可不深戒哉!

元德谨重,有君人之量,降年不永,哀哉!齐王敏慧可称,志不及远,颇怀骄僭,故帝疏而忌之,内无父子之亲,貌展君臣之敬。身非积善,国有余殃,至令赵及燕、越,皆不得死,悲夫!

北史卷七二
列传第六○

高颎　牛弘　李德林

　　高颎字昭玄，一名敏，自言勃海蓚人也。其先因官北边，没于辽左。曾祖暠，以太和中自辽东归魏，官至卫尉卿。祖孝安，位兖州刺史。

　　父宾，仕东魏，位谏议大夫。大统六年，避谗弃官奔西魏，独孤信引宾僚佐，赐姓独孤氏。及信诛，妻子徙蜀。隋文献皇后以宾父之故吏，每往来其家。宾敏于从政，果敢断决。赐爵武阳县伯，历位齐公宪府长史、骠骑大将军开府仪同三司、襄州总管府司录，卒于州。及颎贵，开皇中，赠礼部尚书、武阳公，谥曰简。

　　颎少明敏，有器局，略涉文史，尤善词令。初，孩孺时，家有柳树，高百许尺，亭亭如盖。里中父老曰：“此家当出贵人。”年十七，周齐王宪引为记室。袭爵武阳县伯，再迁内史下大夫。以平齐功，拜开府。

　　隋文帝得政，素知颎强明，久习兵事，多计略，意欲引之入府。遣邗公杨惠谕意，颎承旨忻然，曰：“愿受驱驰。纵公事不成，亦不辞灭族。”于是为府司隶。时长史郑译、司马刘昉并以奢纵被疏，帝弥属意于颎，委以心膂。尉迟迥起兵也，帝令韦孝宽伐之，军至河阳，莫敢先进。帝以诸将不一，令崔仲方监之，仲方辞以父在山东。时见刘昉、郑译等并无去意，遂自请行，深合上旨。受命便发，遣人辞母云，忠孝不可两兼，歔欷就路。至军，为桥于沁水，贼于上流纵火筏，颎预为土狗以御之。既度，焚桥而战，大破之。军还，侍宴于卧内，帝撤御帷以赐之。进位柱国，改封义完县公，迁丞相府司马，任寄益隆。

及帝受禅，拜尚书左仆射、纳言，进封勃海郡公。朝臣莫与为比，帝每呼为独孤而不名也。颎伴避权势，上表逊位，让于苏威。帝欲成其美，听解仆射。数日，曰："苏威高蹈前朝，颎能举善。吾闻进贤受上赏，宁可令去官！"于是令颎复位。俄拜左卫大将军，本官如故。突厥屡为边患，诏颎镇遏缘边。及还，赐马百匹，牛马千计。领新都大监，制度多出于颎。颎每坐朝堂北槐树下以听事，其树不依行列，有司将伐之。帝特命勿去，以示后人。其见重如此。又拜左领军大将军，余官如故。母忧去职，二旬，起令视事。颎流涕辞让，不许。

开皇二年，长孙贤、元景山等伐陈，令颎节度诸军。会陈宣帝殂，颎以礼不伐丧，奏请班师。萧岩之叛，诏颎绥集江汉，甚得人和。帝尝问颎以取陈之策，颎曰："江北地寒，田收差晚，江南土熟。量彼收获之际，微征士马声言掩袭。贼必屯兵御守，足得废其农时。彼既聚兵，我更解甲，再三若此，贼以为常。后更集兵，彼心不信，犹豫之顷，我乃济师，登陆而战，兵气益倍。又江南土薄，舍多竹茅，所有储积，皆非地窖。密遣行人，因风纵火，待彼修立，更烧之。不出数年，自可财力俱尽。"帝用其策，由是陈人益弊。

九年，晋王广大举伐陈，以颎为无帅长史，三军皆取断于颎。及陈平，晋王欲纳陈主宠姬张丽华。颎曰："武王灭殷，戮妲己。今平陈国，不宜取丽华。"乃命斩之，王甚不悦。及军还，以功加上柱国，进爵齐国公，赐物九千段，定食千乘县千五百户。帝劳之曰："公伐陈后，人云公反，朕已斩之。君臣道合，非青蝇所间也。"颎又逊位，优诏不许。

是后右卫将军庞晃及将军卢贲等，前后短颎于帝，帝怒，皆被疏黜。因谓颎曰："独孤今犹镜也，每被磨莹，皎然益明。"未几，尚书都事姜晔、楚州行参军李君才并奏称水旱不调，罪由高颎，请废黜之。二人俱得罪而去，亲礼逾密。帝幸并州，留颎居守。及还，赐缣五千疋，行宫一所为庄舍。其夫人贺拔氏寝疾，中使顾问不绝。帝亲幸其第，赐钱百万，绢万疋，复赐以千里马。尝从容命颎与贺若弼言及平陈事，颎曰："贺若弼先献十策，后于蒋山苦战破贼。臣文吏耳，焉敢与猛将论功！"帝大笑，时论嘉其有让。寻以其子表仁尚太子勇女，前后赏赐，不可胜计。

时荧惑入太微，犯左执法。术者刘晖私于颎曰："天文不利宰相，可修德以禳之。"颎不自安，以晖言奏之。上厚加赏慰。突厥犯塞，以颎为元帅击破之。又出白道，进图入碛，遣使请兵，近臣言颎欲反，帝未有所答，颎亦破贼而还。

时太子勇失爱，帝潜有废立志，谓颎曰："晋王妃有神告之，言王必有天下。"颎跪曰："长幼有序，不可废。"遂止。独孤皇后知颎不可夺，阴欲去之。初，颎夫人卒，后言于帝曰："高仆射老矣，而丧夫人，陛下何以不为之娶？帝以后言告颎，颎流涕谢曰："臣今已老，退朝唯斋居读佛经而已。虽陛下垂哀之深，至于纳室，非臣所愿。"帝乃止。至是，颎爱妾产男，帝闻极欢，后甚不悦，曰："陛下当复信颎邪？始陛下欲为颎娶，颎心存爱妾，面欺陛下，今其诈已见。"帝由是疏颎。

会议伐辽东，固谏不可。帝不从，以颎为元帅长史，从汉王征辽东，遇霖潦疾疫，不利而还。后言于帝曰："颎初不欲行，陛下强之，妾固知其无功矣。"又帝以汉王年少，专委军于颎。颎以任寄隆重，每怀至公，无自疑意。谅所言多不用，因甚衔之。及还，谅泣言于后曰："免颎杀，幸矣！"帝闻，弥不平。俄而上柱国王积以罪诛，当推覈之际，乃有禁中事，去于颎处得之。帝欲成颎罪，闻此大惊。时上柱国贺若弼、吴州总管宇文㢸、刑部尚书薛胄、户部尚书斛律孝卿、兵部尚书柳述等明颎无罪，帝愈怒，皆以之属吏。自是朝臣莫敢言。颎竟坐免，以公就第。

未几，帝幸秦王俊第，召侍宴。歔欷悲不自胜，独孤皇后亦对之泣，左右皆流涕。帝谓曰："朕不负公，公自负朕也。"因谓侍臣曰：

"我于高颎胜儿子，虽或不见，常似目前。自其解落，瞑然忘之，如本无高颎。不可以身要君，自去第一也。"顷之，颎国令上颎阴事，称："其子表仁谓颎曰：'昔司马仲达初托疾不朝，遂有天下。公今遇此，安知非福？'"于是帝大怒，囚颎于内史省而鞫之。宪司复奏颎他事，云："沙门真觉尝谓曰：'明年国有大丧。'尼令晖复云：'十七、八年，皇帝有大厄。十九年不可过。'"帝闻益怒，顾谓群臣曰："帝王岂可力求。孔丘以大圣之才，作法垂于后代，宁不欲大位邪？天命不可耳。颎与子言自比晋帝，此何心乎？"有司请斩之，帝曰："去年杀虞庆则，今兹斩王积，如更诛颎，天下谓我何！"于是除颎名。

初，颎为仆射，其母诫之曰："汝富贵已极，但有斫头耳，尔其慎之！"颎由是常恐祸变。及此，颎欢然无恨色，以为得免祸。

炀帝即位，拜太常卿。时有诏收周、齐故乐人及天下散乐。颎奏："此乐久废。今若征之，恐无识之徒弃本逐末，递相教习。"帝不悦。帝时侈靡，声色滋甚，又起长城之役。颎甚病之，谓太常丞李懿曰："周天元以好乐而亡，殷监不远，安可复尔！"时帝遇启人可汗恩礼过厚，颎谓太府卿何稠曰："此虏颇知中国虚实、山川险易，恐为后患。"复谓观王雄曰："近来朝廷殊无纲纪。"有人奏之，帝以为讪谤朝政，诛之，诸子徙边。

颎有文武大略，明达政务。及蒙任寄之后，竭诚尽节，进引贞良，以天下为己任。苏威、杨素、贺若弼、韩擒等皆颎所荐，各尽其用，为一代名臣。自余立功立事者，不可胜数。当朝执政将二十年，朝野推服，物无异议，时致升平，颎之力也。论者以为真宰相。及诛，天下无不伤惜，至今称冤不已。所有奇策良谋及损益时政，颎皆削稿，代无知者。

子盛道，位莒州刺史，徙柳城卒。道弟弘德，封应国公，晋王记室；次弟表仁，勃海郡公。徙蜀郡。

牛弘字里仁，安定鹑觚人也。其先尝避难，改姓辽氏。祖炽，本郡中正。父元，魏侍中、工部尚书、临泾公，复姓牛氏。

弘在襁褓，有相者见之，谓其父曰："此儿当贵，善爱养之。"及长，须貌甚伟，性宽裕，好学博闻。仕周，历位中外府记室、内史上士、纳言上士，专掌文翰，修起居注。后袭封临泾公，转内史下大夫、仪同三司。

开皇初，授散骑常侍、秘书监。弘以典籍遗逸，上表请开献书之路，曰：

昔周德既衰，旧经率弃。孔子以大圣之才，开素王之业，宪章祖述，制《礼》刊《诗》，正五始而修《春秋》，阐十翼而弘《易》道。及秦皇驭宇，吞灭诸侯，先王坟籍，扫地皆尽。此则书之一厄也。汉兴，建灭书之策，置校书之官。至孝成之代，遣谒者陈农求遗书于天下，诏刘向父子雠校篇籍。汉之典文，于斯为盛。及王莽之末，并从焚烬。此则书之二厄也。光武嗣兴，尤重经诰，未及下车，先求文雅。至肃宗亲临讲肆，和帝数幸书林，其兰台、石室、鸿都、东观，秘牒填委，更倍于前。及孝献移都，吏人扰乱，图画缣帛，皆取为帷囊。所收而西，载七十余乘，属西京大乱，一时燔荡。此则书之三厄也。魏文代汉，更集经典，皆藏在秘书，内外三阁，遣秘书郎郑默删定旧文，论者美其朱紫有别。晋氏承之，文籍尤广。晋秘书监荀勖定魏《内经》，更著《新簿》。属刘、石冯陵，从而失坠。此则书之四厄也。永嘉之后，寇窃竞兴，其建国立家，虽传名号，宪章礼乐，寂灭无闻。刘裕平姚，收其图籍，《五经》子史，才四千卷，皆赤轴青纸，文字古拙，并归江左。宋秘书丞王俭依刘氏《七略》，撰为《七志》。梁人阮孝绪亦为《七录》。总其书数，三万余卷。及侯景度江，破灭梁室，秘省经籍，虽从兵火，其文德殿内书史，宛然犹存。萧绎据有江陵，遣将破平侯景，收文德之书及公私典籍重本七万余卷，悉送荆州。及周师入郢，绎悉焚之于外城，所收十才一二。此则书之五厄也。

后魏爰自幽方，迁宅伊洛，日不暇给，经籍阙如，周氏创基关右，戎车未息。保定之始，书止八千，后加收集，方盈万卷。高氏据有山东,初亦采访,验其本目,残阙犹多。及东夏初平,获其经史,四部重杂,三万余卷。所益旧书,五千而已。今御出单本,合一万五千余卷,部帙之间,仍有残缺。比梁之旧目,止有其半。至于阴阳《河洛》之篇,医方图谱之说,弥复为少。

臣以经书自仲尼迄今,数遭五厄,兴集之期,属膺圣代。今秘藏见书,亦足披览,但一时载籍,须令大备。不可王府所无,私家乃有。若猥发明诏,兼开购赏,则异典必致,观阁斯积。

上纳之,于是下诏,献书一卷,赍缣一疋。一二年间,篇籍稍备。进爵奇章公。

三年,拜礼部尚书,奉敕修撰《五礼》,勒成百卷,行于当代。弘请依古制,修立明堂,上议曰:

窃谓明堂者,所以通神灵,感天地,出教化,崇有德。黄帝曰合宫,尧曰五府,舜曰总章,布政兴教,由来尚矣。《周官·考工记》曰:"夏后氏代室,堂修七寻,广四修一。"郑玄注云:"修十四步,其广益以四分修之一,则广十七步半也。""殷人重屋,堂修七寻,四阿重屋。"郑云:"其修七寻,广九寻也。""周人明堂,广九尺之筵,南比七筵。五室,凡室二筵。"郑玄云:"此三者,或举宗庙,或举王寝,或举明堂,互之明其制同也。"马融、王肃、干宝所注,与郑亦异,今不具出。汉司徒马宫议云:"夏后氏代室,室显于堂,故命以屋。周人明堂,堂大于夏室,故命以堂。夏后氏益其堂之广百四十四尺,周人明堂,以为两序间大夏后氏七十二尺。"若据郑玄之说,则夏室大于周堂,如依马宫之言,则周堂大于夏室。后王转文,周大为是。但宫之所言,未详其义。此皆去圣久远,《礼》文残缺,先儒解说,家异人殊。郑注《玉藻》亦云:"宗庙路寝,与明堂同制。"王制曰:"寝不逾庙。"明大小是同。今依郑注,每室及堂,止有一丈八尺,四壁之外,四尺有余。若以宗庙论之,祫享之日,周人旅酬六尸,并后稷为七,先公昭穆二尸,先王昭穆二尸,合十一尸,三十六主,及君北面行事于二丈之堂,愚不及此。若以正寝论之。便须朝宴。据《燕礼》：“诸侯宴则宾及卿大夫脱屦并升坐。”是知天子宴，则三公九卿并升堂。《燕义》又云：“席小卿次上卿。”言皆侍席。止于二筵之间，岂得行礼？若以明堂论之，总享之时，五帝各于其室。设青帝之位，须于木室内少北西面。太昊从食，坐于其西，近南北面。祖宗配享者，又于青帝南，稍退西面。丈八之室，神位有三，加以簠簋豆笾，牛羊之俎，四海九州九美物咸设，复须席上升歌，出樽反坫，揖让升降，亦以隘矣。据兹而说，近是不然。

　　案刘向《别录》及马宫、蔡邕等所见，当时有《古文明堂礼》、《王居明堂礼》、《明堂图》、《明堂大图》、《明堂阴阳》、《太山通义》、《魏文侯孝经传》等，并说古明堂事。其书皆亡，莫得而正。今《明堂》月令者，郑玄云是吕不韦著，《春秋十二纪》之首章，礼家钞合为记。蔡邕、王肃云周公作，《周书》有《月令》第五十三，即此也。各有证明，文多不载。束皙以为夏时书。刘瓛云：“不韦鸠集儒者，寻于王圣月令之事而记之。不韦安能独为此记？”今案不得全称周书，亦不可即为秦典，其内杂有虞、夏、殷之法，皆圣王仁恕之政也。蔡邕具为章句，又论之曰：“明堂所以宗祀其祖，以配上帝也。夏后氏曰代室，殷人曰重屋，周人曰明堂。东曰青阳，南曰明堂，西曰总章，北曰玄堂，内曰太室。圣人南面而听，向明而治，人君之位莫不正焉。故虽有五名，而主以明堂也。制度之数，各有所依。方一百四十四尺，坤之策也，屋圆楣径二百一十六尺，乾之策也。太庙明堂方六丈，通天屋径九丈阴阳，九六之变，且圆盖方覆，九六之道也。八闼以象卦，九室以象州，十二宫应日辰。三十六户，七十二牖，以四户八牖乘九宫之数也。户皆外设而不闭，示天下以不藏也。通天屋高八十一尺，黄钟九九之实也。二十八柱而四方，四方七宿之象也。堂高三尺，以应三统，四向五色，各象其行。水阔二十四丈，象二十四气，于外，以象四海。王者之大礼也。”观其模范天地，则象阴阳，必据古文，义不虚出。今若直取《考工》，不参《月令》，青阳总章之号不得而称，九月享帝之礼不得而用。汉代二京所建，与此说悉同。

建安之后，海内大乱，魏氏三方未平，无闻兴造。则侍中裴颁议"直为一殿，以崇严父之祀，其余杂碎，一皆除之。"宋、齐已还，咸率兹礼，前王盛事，于是不行。后魏代都所造，出自李冲，三三相重，合为九屋。檐不覆基，房间通街，穿凿处多，迄无可取。及迁洛阳，更加营构，五九纷竞，遂至不成。宗祀之事，于焉靡托。

今皇猷遐阐，化覃海外，方建大礼，垂之无穷。弘等不以庸虚，谬当议限。今检明堂必须五室者何？《尚书·帝命验》曰："帝者承天立五府，赤曰文祖，黄曰神斗，白曰显纪，黑曰玄矩，苍曰灵府。"郑玄注曰："五府与周明堂同矣。"且古代相沿，多有损益，至于五室，霍然不变。夫室以祭天，天实有五，若立九室，四无所用。布政视朔，自依其辰。郑司农云："十二月分在青阳等左右之位"，不云居室。郑玄亦云"每月于其时之堂而听政焉。"《礼图画》个，皆在堂偏，是以须为五室。明堂必须上圆下方者何？《孝经·援神契》曰："明堂者，上圆下方，八窗四达，布政之宫。"《礼记·盛德篇》曰："明堂四户八窗，上圆下方。"是以须为圆方。明堂必须重屋者何？案《考工记》，夏言"九阶，四旁两夹窗，门堂三之二，室三之一。"殷、周不言者，明一同夏制。殷言"四阿重屋"，周承其后不言屋，制亦尽同可知也。其"殷人重屋之下，本无五室之文。"郑注云："五室者，亦据夏以知之。"明周不云重屋，因殷则有，灼然可见。《礼记·明堂位》曰："太庙，天子明堂。"言鲁为周公之故。得用天子礼乐，鲁之太庙，与周之明堂同。又曰："复庙重檐，刮楹达响，天子之庙饰。"郑注："复庙，重屋也。"据庙既重屋，明堂亦不疑矣。《春秋》文公十三年，"太室屋坏"，五行志曰："前堂曰太庙，中央曰太室，屋其上重者也。"服虔亦云："太室，太庙之上屋也。"《周书·作洛篇》曰："乃立太庙宗宫路寝明堂，咸有四阿反坫，重亢重廊。"孔晁注云："重亢,累栋;重廊,累屋也。"依《黄图》所载,汉之宗庙皆为重屋。此去古犹近,遗法尚存,是以须为重屋。明堂必须为辟雍者何?《礼记·盛德篇》云："明堂者,明诸侯尊卑也。外水曰辟雍。"《明堂·阴阳录》曰："明堂之制,周圜行水,左旋以象天,内有太室,以象紫宫。"此则明堂有水之文也。然马宫、王肃以为明堂、辟雍、太学同处,蔡邕、卢植亦以为明堂、灵台、辟雍、太学同实异名。邕云："明堂者,取其宗祀之清貌,则谓之清庙,取其正室,则曰太室,取其堂,则曰明堂,取其四门之学,则曰太学,取其周水,圜如璧,则曰辟雍。其实一也。"其言别者,《五经通义》曰："灵台以望气,明堂以布政,辟雍以养老教学。"三者不同。袁准、郑玄亦以为别。历代所疑,岂能辄定?今据《郊祀志》云："欲为明堂,未晓其制。济南人公玉带上黄帝时《明堂图》,一殿无壁,盖之以茅,水圜宫垣,天子从之。"以此而言,其来则久。汉中元二年,起明堂、辟雍、灵台于洛阳,并别处。然明堂亦有辟水,李尤《明堂铭》曰："流水洋洋"是也。以此须有辟雍。

今造明堂,须以《礼经》为本。形制依于周法,度数取于《月令》,遗阙之处,参以余书,庶使该详沿革之理。其五室九阶,上圆下方,四阿重屋,四旁两门,依《考工记》、《孝经》说。堂方一百四十四尺,屋圆楣径二百一十六尺,太室方六丈,通天屋径九丈,八闼二十八柱,堂高三尺,四向五色,依《周书·月令》论。殿垣方在内,水周如外,水内径三百步,依《太山》、《盛德记》、《观礼经》。仰观俯察,皆有则象,足以诚上帝,只以配祖宗,弘风布教,作范于后矣。

上以时事草创,未遑制作,竟寝不行。

六年,除太常卿。九年,诏定雅乐,又作乐府歌词,撰定圆丘五帝凯乐,并议乐事。弘上议云:

谨案《礼》,五声六律十二管还相为宫。《周礼》奏黄钟,歌大吕,奏太蔟,歌应钟,皆旋相为宫之义。蔡邕《明堂月令章句》曰:"孟春月则太蔟为宫,姑洗为商,蕤宾为角,南吕为徵,应钟为羽,大吕为变宫,夷则为变徵。他月放此。"故先王之作律吕也,所以辨天地四方阴阳之声。杨子云曰:"声生于律,律生于辰。"故律吕配五行,通八风,历十二辰,行十二月,循环转运,义无停止。譬如立春木王火相,立夏火王土相,季夏余分,土王金相,立秋金王水相,立冬水王木相。递相为宫者,谓当其王月,名之为宫。今若十一月不以黄钟为宫,十三月不以太蔟为宫,便是春木不王,夏土不相。岂不阴阳失度,天地不通哉?刘歆《钟律书》云:"春宫秋律,百卉必凋;秋宫春律,万物必荣;夏宫冬律,雨雹必降;冬宫夏律,雷必发声。"以斯而论,诚为不易。且律十二,今直为黄钟一均,唯用七律,以外五律竟复何施?恐失圣人制作本意。故须依《礼》作还相为宫之法。

上曰:"不须作旋相为宫,且和黄钟一均也。"弘又论六十律不可行:

谨案《续汉书·律历志》:"元帝遣韦玄成问京房于乐府。房对:'受学故小黄令焦延寿。六十律相生之法:以上生下,皆三生二;以下生上,皆三生四。阳下生阴,阴上生阳,终于中吕,十二律毕矣。中吕上生执始,执始下生去灭,上下相生,终于南事,六十律毕矣。下二律之变至于六十,犹八卦之变至于六十四也。冬至之声,以黄钟为宫,太蔟为商,姑洗为角,林钟为徵,南吕为羽,应钟为变宫,蕤宾为变徵。此声气之元,五音之正也。故各统一日。其余以次运行,宫日者各自为宫,而商徵以类从焉。'房又曰:'竹声不可以度调,故作准以定数。准之状如瑟,长一丈而三弦,隐间九尺,以应黄钟之律九寸。中央一弦,下划分十寸,以为六十律清浊之节。'执始之类,皆房自造。房云受法于焦延寿,未知延寿所承也。至元和元年,待诏候钟殷肜上言:'官无晓六十律以准调音者。故待诏严嵩,具以准法教其子宣,愿召宣补学官,主调乐器。'太史丞弘试宣十二律,其二中,其四不中,其六不知何律,宣遂罢。自此律家莫能为准施弦。熹平六年,东观召典律者太子舍人张光问准意。光等不知,归阁旧藏，乃得其器，形制如房书，犹不能定其弦缓急，故史官能辩清浊者遂绝。其可以相传者，唯大权常数及候气而已。"据此而论，房法汉世已不能行。沈约《宋志》曰："详案古典及今音家，六十律无施于乐。"《礼》云"十二管还相为宫"，不言六十。《封禅书》云："大帝使素女鼓五十弦瑟而悲，破为二十五弦。"假令六十律为乐得成，亦所不用，取大乐必易，大礼必简之意也。

又议曰：

案《周官》云："大司乐掌成均之法。"郑众注云："均，调也。乐师主调其音。"《三礼义宗》称"《周官》奏黄钟者，用黄钟为调，歌大吕者，用大吕为调。奏者谓堂下四县，歌者谓堂上所歌。但以一祭之间，皆用二调。"是知据宫称调，其义一也。明六律六吕迭相为宫，各自为调。今见行之乐，用黄钟之宫，乃以林钟为调，与古典有违。案晋内书监荀勖依典记，以五声十二律还相为宫之法，制十二笛。黄钟之笛，正声应黄钟，下徵应林钟，以姑洗为清角。大吕之笛，正声应大吕，下徵应夷则。以外诸均，例皆如是。然今所用林钟，是勖下徵之调。不取其正，先用其下，于理未通，故须改之。

上甚善其议，诏弘与姚察、许善心、何妥、虞世基等正定新乐。是后议置明堂，诏弘条上故事，议其得失。上甚敬重之。

时杨素恃才矜贵，贱侮朝臣，唯见弘未尝不改容自肃。素将击突厥，诣太常与弘言别。弘送素至中门而止，素谓曰："大将出征，故来余别，何送之近也？"弘遂揖而退。素笑曰："奇章公可谓其智可及，其愚不可及也。"亦不以屑怀。寻授大将军，拜吏部尚书。

时帝又令弘与杨素、苏威、薛道衡、许善心、虞世基、崔子发等并召诸儒，论新礼降杀轻重。弘所立议，人咸推服之。及献皇后崩，王公已下不能定其仪注。杨素谓弘曰："公旧学，时贤所仰。今日之事，决在于公。"弘了不辞让，斯须之间，仪注悉备，皆有故实。素叹曰："衣冠礼乐尽在此矣，非吾所及也！"弘以三年之丧，祥禫具有降杀，期服十一月而练者，无所象法，以闻于帝。帝下诏除期练之礼，自弘始也。

弘在吏部，先德行后文才，务在审慎。虽致缓滞，所有进用，并多称职。吏部侍郎高孝基，鉴赏机晤，清慎绝伦，然爽俊有余，迹似轻薄，时宰多以此疑之。唯弘深识其真，推心任委。隋之选举，于斯为最，时论服弘识度之远。

炀帝之在东宫，数有诗书遗弘，弘亦有答。及嗣位，尝赐弘诗曰："晋家山吏部，魏代卢尚书，莫言先哲异，奇才并佐余。学行敦时俗，道素乃冲虚，纳言云阁上，礼仪皇运初。彝伦欣有叙，垂拱事端居。"其同被赐诗者，至于文词赞扬，无如弘美。大业二年，进位上大将军。三年，改右光禄大夫。从拜恒岳，坛墠珪币牲牢，并弘所定。还下太行山，炀帝尝召弘入内帐，对皇后赐以同席饮食。其亲重如此。弘谓其子曰："吾受非常之遇，荷恩深重。汝等子孙，宜以诚敬自立，以答恩遇之隆。"六年，从幸江都，卒。帝伤惜之，赐赠甚厚。归葬安定，赠开府仪同三司、光禄大夫、文安侯，谥曰宪。

弘荣宠当世，而车服卑俭，事上尽礼，待下以仁，讷于言而敏于行。上尝令宣敕，弘至阶下，有不能言，退还拜谢，云并忘之。上曰："传语小辩，故非宰臣任也。"愈称其质直。大业之代，委遇弥隆。性宽厚，笃志于学，虽职务繁杂，书不释手。隋室旧臣，始终信任，悔吝不及，唯弘一人而已。弟弼，好酒而酗，尝醉射杀弘驾车牛。弘还宅，其妻迎谓曰："叔射杀牛。"弘闻，无所怪问，直答曰："作脯。"坐定，其妻又曰："叔忽射杀牛，大是异事。"弘曰："已知。"颜色自若，读书不辍。其宽和如此。有文集十二卷行于世。

长子方大，亦有学业，位内史舍人。

次子方裕，凶险无仁心，在江都与裴虔通等谋杀逆，事见《司马德戡传》。

李德林字公辅，博陵安平人。祖寿，魏湖州户曹从事。父敬族，历太学博士、镇远将军。魏静帝时，命当世通人正文籍，以为内校书,别在直阁省。

德林幼聪敏,年数岁,诵左思《蜀都赋》,十余日便度。高隆之见而叹异之,遍告朝士云:"若假其年,必为天下伟器。"邺京人士多就宅观之,月余车马不绝。年十五,诵《五经》及古今文集,日数千言。俄而该博坟典,阴阳纬候无不通涉。善属文,词覈而理畅。魏收尝对高隆之谓其父曰:"贤子文笔,终当继温子升。"隆之大笑曰:"魏常侍殊已嫉贤,何不近比老彭,乃远求温子!"

年十六,遭父艰,自驾灵舆,反葬故里。时严寒,单缞跣足,州里人物由是敬慕之。居贫辘轲,母氏多疾,方留心典籍,无复宦情。其后母病稍愈,逼令仕进。齐任城王湝为定州刺史,重其才,召入州馆,朝夕同游,殆均师友。

后举秀才,尚书令杨遵彦考为上第,授殿中将军。及长广王作相,引为丞相府行参军。未几,王即帝位,累迁中书舍人,加通直散骑侍郎,别典机密。寻丁母艰,以至孝闻,朝廷嘉之。裁百日,夺情起复,固辞不起。魏收与阳休之论《齐书》起元事,百司会议。收与德林致书往复,词多不载。后除中书侍郎,仍诏修国史。时齐帝留情文雅,召入文林馆,与黄门侍郎颜之推同判文林馆事。累迁仪同三司。

周武帝平齐,遣使就宅宣旨云:"平齐之利,唯在于尔,宜入相见。"仍令从驾至长安,授内史上士,诏诰格式及用山东人物,一以委之。周武谓群臣曰:"我常日唯闻李德林与齐朝作书檄,我正谓其是天上人。岂言今日得其驱使,复为我作文书,极为大异。"神武公纥豆陵毅答曰:"臣闻明主圣王,得骐麟凤皇为瑞,是圣德所感,非力能致之。瑞物虽来,不堪使用。如李德林来受驱策,亦是陛下圣德感致,有大才用,胜于骐麟凤皇远矣。"帝大笑曰:"诚如公言。"宣政末,授御正下大夫。后赐爵成安县男。

宣帝大渐,隋文帝初受顾命,令邘国公杨惠谓德林曰:"朝廷赐令总文武事,今欲与公共成,必不得辞。"德林答曰:"愿以死奉公。"隋文大悦,即召与语。刘昉、郑译初矫诏召隋文受命辅少主,总知内外兵马事。译欲授隋文冢宰,译自摄大司马,昉为小冢宰。德林私启:"宜作大丞相,假黄钺,都督内外诸军事。"遂以译为相府长史,昉为相府司马,二人由是不平。以德林为相府属,加仪同大将军。

未几而三方构乱,指授兵略,皆与之参详。军书羽檄,朝夕顿至,一日之中,动逾百数。或机速竞发,口授数人,文意百端,不加治点。郧公韦孝宽为东道元帅,师次永桥,沁水长,孝宽师未得度。长史李询密启:"诸大将受尉迟迥饷金。"隋文得启,以为忧,议欲代之。德林曰:"临敌代将,自古所难,乐毅所以辞燕,马服以之败赵也。公但以一腹心,明于智略,素为诸将所信伏者,速至军所,观其情伪。纵有异意,必不敢动。"隋文曰:"公不发此言,几败大事!"即令高颎驰驿往军所,为诸将节度,竟成大功。凡厥谋谟,皆此类也。

进授丞相府从事内郎。禅代之际,其相国总百、揆九锡殊礼诏策笺表玺书,皆德林之辞也。隋文登祚之日,授内史令。初,将受禅,虞庆则等劝隋文尽灭宇文氏,德林固争以为不可。隋文怒,由是品位不加,唯依班例,授上仪同,进爵为子。

开皇元年,敕令与太尉于翼、高颎等同修律令。讫,奏闻,别赐骏马及九环金带。五年,敕令撰录作相时文翰,勒成五卷,谓之《霸朝杂集》。隋文省读讫,明旦谓德林曰:"自古帝王之兴,必有异人辅佐。我昨读《霸朝集》,方知感应之理。昨宵恨夜长,不得早见公面。"于是追赠其父定州刺史、安平县公,谥曰孝。隋文后幸邺,德林以疾不从。敕书追之,后御笔注云:"伐陈事意,宜自随也。"时高颎入京,上语颎曰:"德林若患未堪行,宜自至宅,取其方略。"帝以之付晋王讳。

大象末,文帝以逆人王谦宅赐之,寻又改赐崔谦,帝令德林自选一好宅并庄店作替。德林乃奏取逆人高阿那肱卫国县市店八十区为替。九年,车驾幸晋阳,店人表诉,称地是平人物,高氏强夺,于内造舍。上责德林。德林请勘逆人文簿及本换宅之意,上不听,悉追店给所在者。由是嫌之。初,德林称其父为太尉谘议,以取赠官,李元操等阴奏之曰:"德林父终于校书,妄称谘议。"上甚衔之。至是,复庭议忤意,因数之曰:"公为内史,典朕机密,比不预计议者,以公不弘耳。朕方以孝理天下,故立五教以弘之。公言孝由天性,何须设教。然则孔子不当说《孝经》也?又闵冒取店,妄加父官,朕实忿之而未能发。今当以一州相遣耳。"因出为湖州刺史。在州逢旱,课人掘井溉田,为考司所贬。岁余,卒官,时年六十一。赠大将军、廉州刺史,谥曰文。将葬,敕令羽林百人,并鼓吹一部,以给丧事,祭以太牢。

德林美容仪,善谈吐,器量沈深,时人未能测。齐任城王湝、赵彦深、魏收、陆卬大相钦重。德林少孤,未有字,魏收谓之曰:"识度天才,必至公辅,吾辄以此字卿。"从宦后,即典机密,性慎密,尝言古人不言温树,何足称也。少以才学见知,及位望稍高,颇伤自任,争竞之徒,更相潜毁。所以运属兴王,功参佐命,十余年间竟不徙级。所撰文集,勒成八十卷,遭乱亡失,见五十卷行于代。

子伯药,博涉多才,词藻清赡。大业末,位建安郡丞。

北史卷七三
列传第六一

梁士彦　元谐　虞庆则
元胄　达奚长儒　贺娄子干
史万岁　刘方　杜彦　周摇
独孤楷　乞伏慧　张威
和洪　阴寿　杨义臣

　　梁士彦字相如，安定乌氏人也。少任侠，好读兵书，颇涉经史。周武帝将平东夏，闻其勇决，自扶风郡守除为九曲镇将，进位上开府，封建威县公，齐人甚惮之。

　　后以熊州刺史从武帝拔晋州，进位大将军，除州刺史。及帝还后，齐后主亲攻围之，楼堞皆尽，短兵相接。士彦慷慨自若，谓将士曰：“死在今日，吾为尔先！”于是勇烈齐奋，呼声动地，无不一当百。齐师少却，乃令妻妾及军人子女，昼夜修城，三日而就。武帝六军亦至，齐师围解。士彦见帝，持帝须泣，帝亦为之流涕。时帝欲班师，士彦叩马谏。帝从之，执其手曰：“朕有晋州，为平齐之基，宜善守之。”及齐平，封郕国公，位上柱国、雍州主簿。宣帝即位，除徐州总管。与乌丸轨禽陈将吴明彻、裴忌于吕梁，略定淮南地。

　　隋文帝作相，转亳州总管。尉迟迥反，为行军总管，及韦孝宽击之，令家僮梁默等为前锋，士彦继之，所当皆破。及迥平，除相州刺史。深见忌，征还京师。闲居无事，恃功怀怨，与宇文忻、刘昉等谋反。将率僮仆候上享庙之际以发机。复欲于蒲州起事，略取河北，捉黎阳关，塞河阳路，劫调布为牟甲，募盗贼为战士。其甥裴通知而奏之。帝未发其事，授晋州刺史，欲观其志。士彦欣然谓昉等曰："天也！"又请仪同薛摩儿为长史，帝从之。后与公卿朝谒，帝令执士彦、忻、昉等于行间，诘之状，犹不伏，捕薛摩儿至对之。摩儿具论始未云："第二子刚垂泣苦谏，第三子叔谐曰：'作猛兽须成斑。'"士彦失色，顾曰："汝杀我！"于是伏诛，时年七十二。有子五人。

操字孟德，位上开府、义乡县公，早卒。

刚字永固，位大将军、通政县公、泾州刺史。以谏父获免，徙瓜州。叔谐坐士彦诛。

梁默者，士彦之苍头也，骁武绝人。士彦每从征伐，常与默陷阵。仕周，位开府。开皇末，以行军总管从杨素征突厥，进位大将军。又从平杨谅，授柱国。大业五年，从炀帝征吐谷浑，力战死之。赠光禄大夫。

元谐，河南洛阳人也。家世贵盛。谐性豪侠，有气调。少与隋文帝同受业于国子，甚相友爱。后以军功，累迁大将军。及帝为相，引致左右。谐谓帝曰："公无党，譬如水间一堵墙，大危矣。公其勉之！"及帝受禅，顾谐笑曰："水间墙竟何如也？"进位上大将军，封乐安郡公。奉诏参修律令。

时吐谷浑将定城王钟利旁率骑度河，连结党项。谐率兵出鄯州，趣青海，邀其归路。相遇于丰利山，谐击走之，又破其太子可博汗。其名王十七人、公侯十三人，各率其所部来降。诏授上柱国，别封一子县公。谐拜宁州刺史，颇有威惠。然性刚愎，好排诋，不能取媚于左右。尝言于上曰："臣一心事主，不曲取人意。"上曰："宜终此言。"后以公事免。

时上柱国王谊有功于国，与谐俱无位任，每相往来。胡僧告谐、谊谋反，帝按其事，无状，慰谕释之。未几，谊诛，谐渐被疏忌。然以龙潜之旧，每预朝表，恩礼无亏。及平陈，百僚大宴，谐进曰："陛下威德远被，臣前请突厥可汗为候正，陈叔宝为令史，今可用臣言。"帝曰："朕平陈国，本以除逆，非欲夸诞。公之所奏，殊非朕心。突厥不知山川，何能警候？叔宝昏醉，宁堪驱使？"谐嘿然而退。

后数岁，有人告谐与从父弟上开府滂、临泽侯田鸾、上仪同祁绪等谋反。帝令按其事。有司奏："谐谋令祁绪勒党项兵，即断巴蜀。时广平王雄、左仆射高颎二人用事，谐欲潜去之，云：'左执法星动已四年矣，状一奏，高颎必死。'又言：'太白犯月，光芒相照，主杀大臣，雄必当之。'谐与滂尝同谒帝，私谓滂曰：'我是主人，殿上者贼也。'因令滂望气，滂曰：'彼云似蹲狗走鹿，不如我辈有福德云。'"帝大怒，谐、滂、鸾、绪并伏诛，籍没其家。

虞庆则，京兆栎阳人也，本姓鱼。其先仕赫连氏，遂家灵武，世为北边豪杰。父祥，周灵武太守。

庆则幼雄毅，性倜傥，身长八尺，有胆智，善鲜卑语，身被重铠，带两鞬，左右驰射，本州豪侠皆敬惮之。初以射猎为事，中更折节读书，常慕傅介子、班仲升之为人。仕周，为中外府外兵参军事，袭爵沁源县公。越王盛讨平稽胡，将班师，内史下大夫高颎与盛谋，须文武干略者镇遏之，表请庆则，于是拜石州总管。甚有威惠，稽胡慕义归者八千余户。

开皇元年，历位内史监、吏部尚书、京兆尹，封彭城郡公，营新都总监。二年，突厥入寇，庆则为元帅讨之。部分失所，士卒多寒冻，堕指者千余人。偏将达奚长儒率骑兵二千人别道邀贼，为虏所围，庆则按营不救。由是长儒孤军独战，死者十八九。上弗之责也。寻迁尚书右仆射。

后突厥主摄图将内附，请一重臣充使，诏庆则往。摄图恃强，庆则责以往事，摄图不服。其介长孙晟又说谕之，摄图及弟叶护皆拜受诏，因称臣朝贡，请永为藩附。初，庆则出使，帝敕曰："我欲存立突厥，彼送公马，但取五三疋。"摄图见庆则，赠马千疋，又以女妻之。帝以庆则功高,皆无所问。授上柱国,封鲁国公,食任城县千户,以彭城公回授第二子义。

平陈后,帝幸晋王第,置酒会群臣。高颎等奉觞上寿。帝曰:"高颎平江南,虞庆则平突厥,可谓茂功矣。"杨素曰:"皆由至尊威德所被。"庆则曰:"杨素前出兵武牢、硖石,若非至尊威德,亦无克理。"遂互相长短。御史欲弹之,帝曰:"今日计功为乐,并不须劾。"帝观群臣宴射,庆则进曰:"臣蒙赉酒,令尽乐,御史在侧,恐醉被弹。"帝赐御史酒,遣之出。庆则奉觞上寿,极欢。帝谓诸公曰:"饮此酒,愿我与公等子孙常如今日,世守富贵。"九年,转为右卫大将军,寻改为右武侯大将军。

十七年,岭南人李世贤据州反,议欲讨之。诸将二三请行,皆不许。帝顾谓庆则曰:"位居宰相,爵为上公,国家有贼,遂无行意,何也?"庆则拜谢恐惧,帝乃遣焉。为桂州道行军总管,以妇弟赵什柱为随府长史。什柱与庆则爱妾通,恐事彰,乃宣言:"庆则不欲此行。"帝闻之。先是,朝臣出征,帝皆宴别,礼赐遣之。庆则南讨辞帝,帝色不悦,庆则由是怏怏不得志。暨平世贤还,归桂镇,观眺山川形势,曰:"此诚险固,加以足粮。若守得其人,攻不可拔。"遂使什柱驰诣京奏事,观帝颜色。什柱至京,因告庆则谋反。帝按验之,于是伏诛。拜什柱为大将军。

庆则子孝仁,幼豪侠任气,拜仪同,领晋王亲信。坐父事除名。炀帝嗣位,以藩邸之旧,授候卫长史,兼领金谷监,监禁苑。有巧思,颇称旨。大业九年,伐辽,迁都水丞,充使监运,颇有功。然性奢华,以骆驼负函盛水养鱼而自给。后或告其为不轨,遂见诛。

元胄,河南洛阳人,魏昭成帝之六代孙也。祖顺,魏濮阳王。父雄,武陵王。

胄少英果,多武艺,美须眉,有不可犯之色。周齐王宪见而壮之,引致左右,数从征伐。官至大将军。隋文帝初被召入,将受顾托,先呼胄,次命陶澄,并委以腹心,恒宿卧内。及为丞相,每典军在禁中，又引弟威俱入侍卫。

周赵王招谋害帝，帝不之知，乃将酒肴诣其宅。赵王引帝入寝室，左右不得从，唯杨弘与胄兄弟坐于户侧。赵王令其二子进瓜，因将刺帝。及酒酣，赵王欲生变，以佩刀子刺瓜，连啖帝，将为不利。胄进曰："相府有事，不可久留。"赵王呵之曰："我与丞相言，汝何为者！"叱之使却。胄瞋目愤气，扣刀入卫。赵王问其姓名，胄以实对。赵王曰："汝非昔事齐王者乎？诚壮士也！"因赐之酒，曰："吾岂有不善之意邪？卿何猜警如是！"赵王伪吐，将入后阁，胄恐其为变，扶令上座，如此者再三。赵王称喉干，命胄就厨取饮，胄不动。会滕王迨后至，帝降阶迎之，胄耳语劝帝速去。帝犹不悟，曰："彼无兵马，复何能为？"胄曰："兵马悉他家物，一先下手，大事便去。胄不辞死，死何益邪？"复入坐。胄闻室后有被甲声，遽请曰："相府事殷，公何得如此？"因扶帝下床，趣而去。赵王将追帝，胄以身庇户，王不得出。帝及门，胄自后而至。赵王恨不时发，弹指出血。及诛赵王，赏赐不可胜计。

帝受禅，封武陵郡公，拜左卫将军。寻迁右卫大将军。帝从容曰："保护朕躬，成此基业，元胄功也。"历豫、亳、淅三州刺史。时突厥屡为边患，朝廷以胄素有威名，拜灵州总管，北夷甚惮焉。征为右卫大将军，亲顾益隆。尝正月十五日，帝与近臣登高，时胄下直，驰诏召之。及见，谓曰："公与外人登高，未若就朕也。"赐宴极欢。晋王广每致礼焉。房陵王之废也，胄预其谋。帝正穷东宫事，左卫大将军元旻苦谏，杨素乃谮之。帝大怒，执旻于仗。胄时当下直，不去，因奏曰："臣向不下直者，为防元旻耳。"复以此言激怒帝，帝遂诛旻。

蜀王秀之得罪，胄坐与交通，除名。炀帝即位，不得调。时慈州刺史上官政坐事徙岭南，将军丘和亦以罪废。胄与和有旧，因数从之游，酒酣，谓和曰："上官政诚壮士也，今徙岭表，得无大事乎？"因自拊腹曰："若是公者，不徒然矣！"和明日奏之，胄竟坐死。于是征政为骁骑将军，拜和代州刺史。

达奚长儒字富仁,代人也。祖俟,魏定州刺史。父庆,骠骑大将军、仪同三司。

长儒少怀节操,胆烈过人。十五,袭爵乐安公。为周文帝引为亲信,以质直恭朴,授子都督。数有战功。天和中,除渭南郡守,位骠骑大将军、开府仪同三司。从武帝平齐,迁上开府,进爵成安郡公,别封一子县公。宣政元年,除左将军勇猛中大夫。

后与乌丸轨围陈将吴明彻于吕梁,陈援军至,轨令长儒拒之。长儒取车轮数百,系以大石沈之清水,连毂相次以待之。船舰碍轮不得进长,儒纵奇兵大破之。获吴明彻,以功进位大将军。寻授行军总管,北巡沙塞,卒与虏遇,大破之。

文帝作相,王谦举兵于蜀,沙氏杨永安扇动利、兴、武、文、沙、龙等六州以应谦,诏长儒击破之。谦二子自京师逃归其父,长儒并捕斩之。文帝受禅,进位上大将军,封蘄郡公。

开皇二年,突厥沙钵略可汗并弟叶护及藩那可汗寇掠而南,诏以长儒为行军总管击之。遇于周槃,众寡不敌,军中大惧,长儒慷慨,神色愈烈。为虏所冲突,散而复聚,且战且行,转斗三日,五兵咸尽,士卒以拳殴之,手皆骨见,杀伤万计,虏气稍夺,于是解去。长儒身被五疮,通中者二,其战士死者十八九。突厥本欲大掠秦、陇,既逢长儒,兵皆力战,虏意大沮,明日,于战处焚尸恸哭而去。文帝下诏褒美,授上柱国,余勋回授一子。其战亡将士,皆赠官三转,子孙袭之。

历宁、鄜二州刺史,母忧去职。长儒性至孝,水浆不入口五日,毁悴过礼,殆将灭性,天子嘉叹。起为夏州总管,匈奴惮之,不敢窥塞。公病免。又除襄州总管,转兰州。文帝遣凉州总管独孤罗、原州总管元褒、灵州总管贺若谊等发卒备胡,皆受长儒节度。长儒率众出祁连山北,西至蒲类海,无虏而还。转荆州总管,帝谓曰:"江陵国之南门,今以委卿,朕无虑也。"卒官。谥曰威。

子暠,大业中,位太仆少卿。

　　贺娄子干字万寿，本代人也。随魏氏南迁，世居关右。祖道成，魏侍中、太子太傅。父景贤，右卫大将军。

　　子干少以骁武知名。仕周，累迁少司水，以勤劳封思安县子。大象中，除秦州刺史，进爵为伯。及尉迟迥为乱，子干从韦孝宽讨之。遇贼围怀州，子干与宇文述等击破之。文帝大悦，手书慰勉。其后每战先登。及破邺城，与崔弘度逐迥至楼上。进位上开府，封武川县公，以思安县伯别封子皎。

　　开皇元年，进爵钜鹿郡公。其年，吐谷浑寇凉州，子干以行军总管从上柱国元谐击之，功最，优诏褒美，即令子干镇凉州。其年，突厥寇兰州，子干拒之，至可洛峐山，与贼相遇。贼众甚盛，子干阻川为营，贼军不得水数日，人马甚弊，纵击，大破之。于是册授上大将军，征授营新都副监，寻拜工部尚书。其年，突厥复犯塞，以行军总管从窦荣定击之。子干别路破贼，文帝嘉之，遣优诏劳勉之。子干请入朝，诏令驰驿奉见。吐谷浑复寇边，命子干讨之。入掠其国，二旬而还。

　　文帝以陇西频被寇掠，甚患之。又彼俗不设村坞，敕子干勒人为堡，营田积谷，以备不虞。子干上书曰：“比见屯田之所，获少费多。但陇右之人，以畜牧为事，若更屯聚，弥不获安。但使镇戍连接，烽候相望，人虽散居，必无所虑。”帝从之。

　　帝以子干习边事，授榆关总管，迁云州刺史，甚为虏所惮。后数年，突厥雍虞闾遣使请降，并献羊马。诏以子干为行军总管，出西北道应接之。还，拜云州总管，以突厥所献马百疋、羊千口以赐之，乃下书曰：“自公守北门，风尘不警。突厥所献，还以赐公。”母忧去职。朝廷以榆关重镇，寻起视事。卒官。文帝伤惜久之。赠怀、魏等四州刺史，谥曰怀。子善柱嗣。

　　子干兄诠，亦有才器。位银青光禄大夫、郑纯深等三州刺史、北地太守、东郡公。

史万岁，京兆杜陵人也。父静，周沧州刺史。

万岁少英武，善骑射，骁健若飞。好读兵书，兼精占候。年十五，逢周、齐战于芒山，万岁从父在军，旗鼓正相望，万岁令左右趣装急去。俄而周兵大败，其父由是奇之。及平齐之役，其父战没，万岁以忠臣子，拜开府仪同三司，袭爵太平县公。

尉迟迥之乱，万岁从梁士彦击之。军次冯翊，见群雁飞来，万岁谓士彦请射行中第三者。射之，应弦而落，三军莫不悦服。及与迥军遇，每战先登。邺城之阵，官军稍却，万岁乃驰马奋击，杀数十人，众亦齐力，官军复振。迥平，以功拜上大将军。

开皇初，大将军尔朱勋以谋反伏诛，万岁颇关涉，坐除名，配敦煌为戍卒。其戍主甚骁五，每单骑深入突厥中，辄大克获，突厥莫敢当。其人深自矜负，数骂辱万岁。万岁患之，自言亦有武用。戍主试令骑射，笑曰："小人定可。"万岁因请弓马，复掠突厥中，大得六畜而归。戍主始善之，每与同行，辄入突厥数百里，名詟北夷。窦荣定之击突厥，万岁诣辕门请自效。荣定素闻其名，见而大悦。因遣人谓突厥，当各遣一壮士决胜负。突厥许诺，因遣一骑挑战。荣定遣万岁出应之，万岁驰斩其首而还。突厥大惊，遂引军去。由是拜上仪同，领车骑将军。平陈之役，以功加上开府。

及高智慧等作乱江南，以行军总管从杨素击之。万岁自东阳别道而进，逾岭越海，攻陷溪洞不可胜数。前后七百余战，转斗千里，寂无声问者十旬，远近皆以万岁为没。万岁乃置书竹筒中，浮之水。汲者得之，以言于素。大悦，上其事。文帝叹嗟。还，拜左军将军。

先是，南宁夷爨玩降，拜昆州刺史，既而复叛。遂以万岁为行军总管击之。入晴蛉川，经弄栋，次小勃弄、大勃弄，至于南中。贼前后屯据要害，万岁皆击破之。行数百里，见诸葛亮纪功碑，铭其背曰："万岁后，胜我者过此。"万岁令左右倒其碑而进。度西二河，入渠滥川，行千余里，破其三十余部。诸夷大惧，遣使请降，献明珠径寸。于是勒石颂美隋德。万岁请将爨玩入朝，诏许之。爨玩阴有二心，不欲诣阙，因赂万岁金宝，万岁乃舍玩而还。蜀王在益州，知其受赂,遣使将索之。万岁闻而悉以所得金宝沈之于江,索无所获。以功进柱国。晋王广甚钦敬之,待以交友之礼。上知为晋王所善,令万岁督晋王府军事。

明年,爨玩复反。蜀王秀奏万岁受赂纵贼,致生边患。上令穷之,事皆验,罪当死。上数之,万岁曰:"臣留玩者,恐其州有变,留镇抚。臣还至沪水,诏书方到,由是不将入朝,实不受赂。"上以万岁心有欺隐,大怒,顾有司曰:"将斩之。"万岁惧而服罪,顿首请命。左仆射高颎、左卫大将军元旻等进曰:"史万岁雄略过人,每行兵用师之处,未尝不身先士卒,虽古名将未能过也。"上意稍解,于是除名。岁余,复官爵。寻拜河州刺史,复领行军总管以备胡。

开皇末,突厥达头可汗犯塞,上令晋王及杨素出武道,汉王谅与万岁出马邑道。万岁率柱国张定和、大将军李药王、杨义臣等出塞,至大斤山,遇虏。达头遣使问曰:"隋将为谁?"侯骑曰:"史万岁也。"突厥复曰:"得非敦煌戍卒乎?"候骑曰:"是也。"达头闻而引去。万岁驰追百余里乃及,击大破之。逐北入碛百里,虏遁逃而还。杨素害其功,谮万岁云:"突厥本降,初不为寇。"遂寝其功。万岁数抗表陈状,上未之悟。会上从仁寿宫初还京师,废皇太子,穷东宫党与。上问万岁所在,万岁实在朝堂,杨素见上方怒,因曰:"万岁谒东宫矣。"以激怒上。上谓信然,令召万岁。时所将士卒在朝堂称冤者数百人,万岁谓曰:"吾今日为汝极言于上。"及见上,言将士有功,为朝廷所抑,词气愤厉,忤上。上大怒,命左右搒杀之。既而追悔不及,因下诏罪状之。万岁死之日,天下士庶闻者,识与不识,无不冤惜。

万岁为将,不修营伍,令士卒各随所安,无警夜之备,虏亦不敢犯。临阵对敌,应变无方,号为良将。子怀义嗣。

刘方,京兆长安人也。性刚决,有胆气。仕周,承御上士,以战功拜上仪同。隋文帝为丞相,方从韦孝宽破尉迟迥于相州,以功加开府,赐爵河阴县侯。文帝受禅,进爵为公。开皇三年,从卫王爽破突厥于白道，进位大将军。后历甘、瓜二州刺史。

仁寿中，交州俚人李佛子作乱，据越王故城。左仆射杨素言方有将帅略，于是诏方为交州道行军总管，统二十七营而进。法令严肃，然仁而爱士。长史、度支侍郎敬德亮从军至尹州，疾甚，不能进，留之州馆。分别之际，方哀其危笃，流涕呜咽，感动行路。论者多之，称为良将。至都隆岭，遇贼，方遣营主宋纂、何贵、严愿等破之。进兵临佛子，先令人谕以祸福，佛子乃降，送于京师。其有桀黠恐为乱者，皆斩之。

寻授骧州道行军总管，以尚书右丞李纲为司马，经略林邑。方遣钦州刺史宁长真、骧州刺史李晕、上开府秦雄以步骑出越常，方亲率大将军张愻、司马李纲舟师趣北境。大业元年正月，军至海口。林邑王梵志遣兵守险，方击走之。师次阇梨江，贼据南岸立栅，方盛陈旗帜，击金鼓，贼惧而溃。既度江，行三十里，贼乘巨象，四面而至。方以弩射象，象中疮，却蹂其阵。贼奔栅，因攻破之。于是济区栗，进至大缘江，所击皆破。经马援桐柱，南行八日，至其国都。林邑王梵志弃城奔海，获其庙主金人，污其宫室，刻石纪功而还。士卒脚肿死者十四五。方在道遇患卒，帝甚伤惜之，下诏褒美，赠上柱国、卢国公。子通仁嗣。

开皇中，有冯昱、王檦、杨武通、陈永贵、房兆，俱为边将，名显当时。

昱、檦并不知何许人。昱多权略，有武艺。文帝初为丞相，以行军总管与王谊、李威等讨平叛蛮，拜柱国。开皇初，又以行军总管屯乙弗泊备胡，每战常大克捷。檦骁勇善射，每以行军总管屯兵江北以御陈，为陈人所惮。伐陈之役，及高智慧反，攻讨皆有殊绩。位柱国、白水郡公。

武通，弘农华阴人，性果烈，善驰射。数以行军总管讨西南夷，以功封白水郡公，拜左武卫将军。时党项羌屡为边患，朝廷以其有威名，使镇边，历岷、兰二州总管。复与周法尚讨嘉叛獠，法尚军初不利，武通为贼断归路。于是束马悬车，出贼不意，频战破之。贼知其孤军无援，倾部落而至。武通转斗数百里，为贼所拒，四面路绝。武通轻骑挑战，坠马，为贼所执，杀而啖之。

永贵，陇右胡人，本性白，以勇烈，为文帝所亲爱。数以行军总管领边，每战必单骑陷阵。位柱国、兰利二州总管，封北陈郡公。

兆，代人，本姓屋引氏，刚毅有武略。频为行军总管攻胡，以功位至柱国、徐州总管。并史失其事。

杜彦，云中人也。父迁，葛荣之乱，徙家于幽。

彦性勇决，善骑射。仕周，以军功累迁陇州刺史，赐爵永安县伯。隋文帝为丞相，从韦孝宽击尉迟迥，以功进位上开府，改封襄武县侯，拜魏郡太守。开皇初，授丹州刺史，进爵为公。征为左武卫将军。平陈之役，以行军总管与韩擒相继而进。及陈平，赐物五千段，粟六千石，进位柱国，赐子宝安爵昌阳县公。高智慧等之作乱，复以行军总管从杨素讨平之，斩其渠帅。贼李陀拥众据彭山，彦袭击破之，斩陀，传其首。又击徐州、宜封二洞，悉平。赐奴婢百余口。拜洪州总管，有能名。

及云州总管贺娄子干卒，上悼者久之，因谓侍臣曰："榆林国之重镇，安得子干之辈乎？"后数日，上曰："莫过杜彦。"于是征拜云州总管。北夷畏惮，胡马不敢至塞。后朝廷追录前功，赐子宝虔爵承县公。十八年，辽东之役，以行军总管从汉王至营州。上以彦晓习军旅，令总统五十营事。及还，拜朔州总管。突厥寇云州，上令杨素击走之，犹恐为边患，复拜彦云州总管。以疾征还，卒。

子宝虔，大业末，至文城郡丞。

周摇字世安，河南洛阳人也。其先与魏同源，初姓普乃，及居洛阳，改为周氏。曾祖拔拔，祖右六肱，俱为北平王。父恕延，历行台仆射、南荆州总管。

摇少刚毅，有武艺，性谨厚，动遵法度。仕魏，位开府仪同三司。周闵帝受禅，赐姓车非氏，封金水郡公。历凤、楚二州刺史，吏人安之。从平齐，以战功超授柱国，进封蘷国公。未几，拜晋州总管。时隋文帝为定州总管，文献皇后自京师赴州，路经摇所，主礼甚薄。既而白后曰："公廨甚富于财，限法不敢辄费。又王臣无得效私。"其质直如此。帝以其奉法，每嘉之。及为丞相，徙封济北郡公，拜豫州总管。帝受禅，复姓周氏。

开皇初，突厥寇边，燕、蓟多被其患，前总管李崇为虏所杀，上思所以镇之，曰："无以加周摇。"拜为幽州总管、六州五十镇诸军事。摇修障塞，谨斥候，边人安之。徙寿、襄二州总管，俱有能名，进上柱国。以老乞骸骨，上劳之曰："公历仕三代，保兹遐寿，良足善也。"赐坐褥。归第，终于家，谥曰恭。

独孤楷字修则，不知何许人也，本姓李氏。父屯，从齐神武帝与周师战于沙苑，齐师败绩，因为柱国独孤信禽，配为士伍，给使信家，渐得亲近，因赐姓独孤氏。

楷少谨厚，便弄马槊，为宇文护执刀。数从征伐，赐爵广阿县公，拜右侍下大夫。从韦孝宽平淮南，以功赐子景云爵西河县公。隋文帝为丞相，进开府，领亲信兵。及受禅，拜右监门将军，进封汝阳郡公。

仁寿初，出为原州总管。时蜀王秀镇益州，上征之，犹豫未发。朝廷恐秀生变，拜楷益州总管，驰传代之。秀果有异志，楷讽谕久之，乃就路。楷察秀有悔色，因勒兵为备。秀至兴乐，去益州四十余里，将反袭楷，密使觇之，知不可犯而止。楷在益州，甚有惠政，蜀中父老于今称之。

炀帝即位，转并州总管。遇疾丧明，上表乞骸骨。帝曰："公先朝旧臣，卧以镇之，无劳躬亲簿领也。"以其长子凌云监省郡事。其见重如此。转长平太守。卒，谥曰恭。子凌云、平云、彦云，皆知名。

楷弟盛，性刚烈，有胆略。以藩邸之旧，累迁右屯卫将军。宇文化及之乱，裴虔通引兵至成象殿，宿卫者皆释仗走。盛谓虔通曰："何物兵？形势太异！"虔通曰："事已然，不预将军事。"盛骂曰："老贼,何物语！"不及被甲,与左右十余人逆拒之,为乱兵所杀。越王侗称制,赠光禄大夫、杨国公,谥曰武节。

乞伏慧字令和,马邑鲜卑人也。祖周,魏银青光禄大夫;父纂,金紫光禄大夫。并为第一领人酋长。

慧少慷慨,有大节,便弓马,好鹰犬。齐文襄时,为行台左丞,累迁太仆卿,自永宁县公封宜人郡王。其兄贵和,又以军功为王。一门二王,称为贵显。周武平齐,授使持节、开府仪同大将军,拜伙飞右旅下大夫,转熊渠中大夫。从韦孝宽击尉迟惇于武陟,以功授大将军。及破尉迟迥,进位柱国,赐爵西河郡公。请以官爵让兄,朝廷不许,论者义之。

隋文帝受禅,拜曹州刺史。曹土旧俗,人多奸隐,户口簿帐,恒不以实。慧下车按察,得户数万。迁凉州总管。先是,突厥屡为寇抄,慧严警烽,远为斥候,虏竟不入境。后为荆州总管,又领潭桂二州总管、三十一州诸军事。其俗轻剽,慧躬行朴素以矫之,风化大洽。曾见人以篾捕鱼者,出绢买而放之,其仁心如此。百姓美之,号其处曰西河公篾。

炀帝即位,为天水太守。大业五年,征吐谷浑,郡滨西境,人苦劳役,又遇帝西巡,坐御道不整,献食疏薄,帝大怒,命左右斩之。见其无发,乃释之。除名,卒于家。

张威,不知何许人也。父琛,魏弘农太守。

威少倜傥,有大志,善骑射,膂力过人。仕周,以军功位柱国、京兆尹,封长寿县公。王谦作乱,隋文帝以威为行军总管,从梁睿击之。军次通谷,谦守将李三王拒守。睿以威为先锋。三王闭垒不战,威令人激怒之,三王果出阵。威令壮士奋击,三王军溃。大兵继进至开远,谦将赵俨众十万,连营三十里。威凿山通道,攻其背,俨败走,追至成都。及谦平,进位上柱国、泸州总管。

隋文帝受禅,拜幽、洛二州总管,改封晋熙郡公。寻拜河北道行台仆射,后督晋王军府事。迁青州总管。在青州颇事产业,遣家奴于人间鬻芦菔根,其奴缘此侵扰百姓。上深加谴责,坐废于家。后从上祠太山,至洛阳,上责让之,因问威所执笏安在。威顿首曰:“臣负罪,无颜复执,谨藏于家。”上曰:“可持来。”威明日奉笏以见,上曰:“公虽不遵法度,功效实多,今还公笏。”于是复拜洛州刺史。后改封皖城郡公,转相州刺史。卒。

和洪,汝南人也。勇烈过人。仕周,以军功位车骑大将军、仪同三司。时龙州蛮任公忻、李国立等聚众为乱,刺史独孤善不能御。朝议以洪有武略,代善为刺史。月余,斩公忻、国立等,皆平之。后从武帝平齐,位上仪同,赐爵北平侯,拜左勋曹下大夫。柱国王轨之禽吴明彻也,洪有功焉,加位开府,迁折冲中大夫。

尉迟迥作乱,洪以行军总管从韦孝宽击之,以功封广武郡公。时东夏初平,物情尚梗,隋文帝以洪有威名,令领冀州事,甚得人和。后拜泗州刺史。属突厥寇边,诏洪为北道行军总管,击走之,追虏至碛而还。后迁徐州总管。卒。

阴寿字罗云,武威人也。父嵩,周夏州刺史。

寿少果烈,有武干,性谨厚。从周武帝平齐,位开府。隋文帝为丞相,引为掾。尉迟迥乱,文帝以韦孝宽为元帅击之,命寿监军。时孝宽有疾,不能亲总戎事,每卧帐中,遣妇人传教命,三军纲纪,皆取决于寿。以功进位上柱国。寻拜幽州总管,封赵郡公。

先是,齐之疏属高宝宁,周武帝拜为营州刺史,性桀黠,得华夷心。及文帝为丞相,遂连契丹、靺鞨举兵反。帝以中原多故,未遑进讨,谕之不下。开皇初,又引突厥攻围北平。至是,令寿讨之。宝宁弃城奔于碛北,黄龙诸县悉平。寿班师,留开府成道昂镇之。寿患宝宁攻道昂,乃重购获之,北边遂安。卒官,赠司空。

子世师,少有节慨,性忠厚,多武艺。以功臣子拜仪同。炀帝嗣位,拜张掖太守,深为戎狄所惮。后拜楼烦太守,迁左翊卫将军,与代王留守京师。及义军至，世师自以世荷隋恩，遂拒守不下。及城平，与京兆郡丞骨仪等见诛。

骨仪，天竺胡人。性刚鲠，有不可夺之志。开皇初，为御史，处法平当，不为势利所回。炀帝嗣位，迁尚书左司郎。于时朝政渐乱，货贿公行，凡当枢要之职，无问贵贱，并家累金宝。天下士大夫莫不变节，而仪励志守常，介然独立。帝嘉其清苦，拜京兆郡丞，公方弥著。时刑部尚书卫玄兼领京兆内史，颇行诡道，辄为仪所执正。玄虽不便之，不能伤。及义兵至，玄恐祸及，辞老病。仪与世师同心协契，父子并诛，其后绝。世师有子弘智等，各以年幼获全。

杨义臣，代人也，本姓尉迟氏。父崇，仕周，为仪同大将军，以兵镇恒山。时隋文帝为定州总管，崇知帝相貌非常，每自结纳，帝甚亲待之。及为丞相，尉迟迥乱，崇以宗族故，自囚，遣使请罪。帝下书慰谕之，即令驰驿入朝，恒置左右。开皇初，封秦兴公。岁余，从行军总管达奚长儒击突厥于周槃，力战而死。赠大将军、豫州刺史，以义臣袭崇官爵。

时义臣尚幼，养于宫中，未弱冠，奉诏宿卫如千牛者数年，赏赐甚厚。上尝言及恩旧，顾义臣嗟叹久之，因下诏赐义臣姓杨氏，编之属籍，为皇从孙。未几，拜陕州刺史。义臣性谨厚，能骑射，有将领才。后突厥达头可汗犯塞，以行军总管出白道，大破之。明年，突厥又寇边，义臣击之，追至大斤山，与虏遇。时太平公史万岁亦至，与义臣合击大破之。万岁为杨素所陷，义臣功竟不录。

炀帝嗣位，汉王谅反。时代州总管李景被谅将乔钟葵所围，义臣时为朔州总管，奉诏救之。钟葵见义臣兵少，悉众拒之。时钟葵亚将王拔骁勇，善用矛，射者不能中，每以数骑陷阵。义臣患之，募能当拔者。有车骑将军杨思恩请当之。义臣见思恩气貌雄勇，顾之曰："壮士也！"赐以卮酒。思恩望见拔立于阵后，投觯于地，策马赴之。再往不克，所从骑士退，思恩为拔所杀。拔遂乘之，义臣军北者十余里。于是购得思恩尸，义臣哭之甚恸，三军莫不下泣，所从骑士皆腰斩。义臣自以兵少,悉取军中牛驴,得数千头,复令数百人,人持一鼓,潜驱之硐欲间,出其不意。义臣晡后复与钟葵战,兵初合,命驱牛驴者疾进。一时鸣鼓,尘埃张天,钟葵军不知所以,以为伏兵发,因大溃,纵击破之。以功进位上大将军。累迁太仆卿。

从征吐谷浑,令义臣屯琵琶峡,连营八十里,南接元寿,北连段文振,合围吐谷浑主于覆袁川。复从征辽东,以军将指肃慎道。至鸭绿水,与乙支文德战,每为先锋,一日七捷。后与诸军俱败,竟坐免。俄而复位。明年,以为军副,与大将军宇文述趣平壤。至鸭绿水,会杨玄感作乱班师,检校赵郡太守。袄贼向海公作乱,寇扶风、安定间,义臣奉诏击平之。寻从帝复征辽东,进位左光禄大夫。

时勃海高士达、清河张金称并相聚为盗,攻陷郡县。帝遣将军段达讨之,不能克,诏义臣率辽东还兵击,大破士达,斩金称。又收降贼,入豆子䀋,讨贼格谦禽之,以状闻奏。帝恶其威名,遽追入朝,贼由是复盛。义臣以功进位光禄大夫,寻拜礼部尚书。卒于官。

论曰:昔韩信愆垓下之期,则项王不灭;英布无淮南之举,则汉道未隆。以二子之勋庸,咸愤怨而菹戮,况乃无古人之殊绩,而怀悖逆之心者乎!梁士彦遭云雷之会,以勇略成名,遂贪天之功以为己力。报者倦矣,施者未厌,将生厉阶,求逞其欲。及兹颠坠,自取之也。元谐、虞庆则、元胄,或契阔艰危,或绸缪恩旧,将安将乐,渐见遗忘,内怀怏怏,矜伐不已。虽时主之刻薄,亦言语以速祸乎!然隋文佐命元功,鲜有终其天命,配享清庙,寂尔无闻。斯盖草创帝图,事出权道,本异同心,故久而愈薄。其牵牛蹊田,虽则有罪,夺之非道,能无怨乎!皆深文巧诋,致之刑辟,帝沈猜之心,固已甚矣。求其余庆,不亦难哉!

长儒以步卒二千,抗十万之众,师歼矢尽,勇气弥厉,壮矣哉!子干西涉青海,北临玄塞,胡夷慑惮,亦有可称。万岁实怀智勇,善抚士卒,人皆乐死,师不疲劳。北却匈奴,南平夷獠,兵锋所指,威警绝域。论功仗气,犯忤贵臣,偏听生奸,死非其罪,人皆痛惜,有李广之风焉。刘方号令无私，临军严肃，克翦林邑，遂清南海，徼外百蛮，无思不服。杜彦东夏南服，屡有战功，作镇朔垂，胡尘不起。周摇以质直见知。独孤楷以恤人流誉。盛蹈履之地，可以追踪古人。乞伏慧能以国让，亦云美矣。而慧以供帐不厚，至于放黜，君方逞欲，罚亦深哉！阴寿遭天所废，舍命无改，虽异先觉，颇同后凋。义臣时属扰攘，功成三捷，而以功见忌，得没亦幸也。

北史卷七四
列传第六二

刘昉　柳裘　皇甫绩　郭衍
张衡　杨汪　裴蕴　袁充
李雄

刘昉，博陵望都人也。父孟良，仕魏，位大司农卿。从武帝入关，为梁州刺史。

昉轻狡，有奸数。周武帝时，以功臣子入侍皇太子。及宣帝嗣位，以技佞见狎，出入宫掖，宠冠一进。位小御正，与御正中大夫彦之仪并见亲信。及帝不愈，召昉及之仪俱入卧内，属以后事。帝失音不复能言。昉见静帝幼冲，又素奇隋文帝。时文帝以后父故，有重名于天下，昉遂与郑译谋，引帝辅政。帝固让，不敢当。昉曰："公若为，当速为之。如不为，昉自为也。"乃从之。及帝为丞相，以昉为司马。时宣帝弟汉王赞居禁中，每与帝同帐而坐。昉饰美妓进赞，赞甚悦之。昉因说赞曰："大王，先帝之弟，时望所归。孺子幼冲，岂堪大事！今先帝初崩，群情尚扰，王且归第。待事宁后，入为天子，此万全计也。"赞时年未弱冠，性识庸下，以为信然，遂从之。文帝以昉有定策功，拜上大将军，封黄国公，与沛国公郑译皆为心膂。前后赏赐钜万，出入以甲士自卫，朝野倾瞩，称为黄、沛。时人语曰："刘昉牵前，郑译推后。"

昉自恃功，有骄色。然性粗疏，溺于财利，富商大贾朝夕盈门。

于时尉迟迥起兵,帝令韦孝宽讨之。至武陟,诸将不一。帝欲遣昉、译一人往监军,因谓之曰:"须得心膂以统大军,公两人谁行?"昉辞未尝为将,译以母老为请,帝不怿。而高颎请行,遂遣之。由是恩礼渐薄。又王谦、司马消难相继反,文帝忧之,忘寝与食。昉逸纵酒,不以职司为意,相府事多所遗落。帝深衔之,以高颎代为司马。是后益见疏忌。及受禅,进柱国,改封舒国公,闲居无事,不复任使。昉自以佐命元功,中被疏远,甚不自安。后遇京师饥,上命禁酒。昉使妾赁屋,当垆酤酒。治书侍御史梁毗劾奏之,有诏不问。昉郁郁不得志。

时上柱国梁士彦、宇文忻俱失职怨望,时昉并与之交,数相往来。士彦妻有美色,昉与私通,士彦不之知也,情好弥协,遂相与谋反,许推士彦为帝。后事泄,帝穷问之。昉自知不免,默无所对。诏诛之曰:

上柱国郕国公梁士彦、杞国公宇文忻、柱国舒国公刘昉等,朕受命之初,并展勤力,酬勋报效,荣高禄重。朝夕宴言,备知朕意。但心如溪壑,志等豺狼,不荷朝恩,忽谋逆乱。

士彦称有相者,云其应箓,年过六十,必据九五。初平尉迟迥,暂临相州,已有反心彰于道路。朕即遣人代之,不声其罪。入京之后,逆意转深。忻、昉之徒,言相扶助。士彦许率僮仆,克期不远,欲于蒲州起事。即断河桥,捉黎阳之关,塞河阳之路。自谓一朝奋发,无人当者。其第二子刚,每常苦谏,第三子叔谐,固深劝奖。朕既闻知,犹恐枉滥,及授晋部之任,欲验蒲州之情。士彦得以欣然,云是天赞。

忻往定邺城,自矜不已,位极人臣,犹恨赏薄。朕深念其功,不计无礼,任以武候,授以领军,寄之爪牙,委之心腹。忻密为异计,树党宫闱,多奏交友,入参宿卫。朕推心待物,言必依许。为而弗止,心迹渐彰,仍解禁兵,令其改悔。而志规不逭,愈结于怀,乃与士彦情意偏厚,俱营贼逆,逢则交谋。委士彦河东,自许关右,蒲津事建,即望从征讨,两军结东西之旅,一举合横之势,然后北破晋阳,还图宗社。

昉入佐相府,便为非法,三度事发,二度其妇自论。常云姓是"卯金刀",名是"一万日",刘氏应王,万日天子。朕训之导之,望其修改。口请自新,志存如旧,亦与士彦情好深重,逆节奸心,尽探肝膈。尝共士彦论太白所犯,问东井之间,思秦地之乱,访轩辕之里,愿宫掖之灾。唯待蒲坂事兴,欲在关内应接。残贼之策,千端万绪。

惟忻及昉,名位并高,宁肯北面曲躬,臣于士彦?乃是各怀不逊,图成乱阶,一得扰攘之基,方逞吞并之事。士彦、忻、昉身为谋首,叔谐赞成父意,议实难容,并已处尽。士彦、忻、昉兄弟叔侄,特恕其命。"

临刑,至朝堂,宇文忻见高颎,向之叩头求哀。颎勃然谓忻曰:"事形如此,何叩头之有!"于是伏诛,籍没其家。后数日,帝素服临射殿,尽取三家资物置于前,命百僚射取之,以为鉴戒云。

柳裘字茂和,河东解人,南齐司空世隆之曾孙也。祖惔,梁尚书左仆射。父明,太子舍人、义兴太守。

裘少聪慧,弱冠有令名。在梁,历位尚书郎、驸马都尉。梁元帝为魏军所逼,遣裘请和于魏。俄而江陵平,遂入关中。周明、武间,自麟趾学士累迁太子侍读,封昌乐县侯。宣帝即位,进爵为公,转御饰大夫。及帝不念,留侍禁中,与刘昉、韦谟、皇甫绩同谋引隋文帝,曰:"时不可失,今事已然,宜早定大计。天与不取,反受其殃。"帝从之。进上开府、内史大夫,委以机密。

及尉迟迥作乱,天下骚动,并州总管李穆颇怀犹豫,帝令裘往喻之。裘见穆盛陈利害,穆遂归心。以奉使功,赐彩三百匹,金九环带一腰。时司马消难奔陈,帝即令裘随便安集淮南,赐马及杂物。开皇元年,进位大将军,拜许州刺史。在官清简,人怀之。转曹州刺史。后帝思裘定策功,欲加荣秩,将征之,顾朝臣曰:"曹州刺史何当入朝?"或曰:"即今冬也。"乃止。裘寻卒,帝伤惜者久之,谥曰安。子惠童嗣。

皇甫绩字功明，安定朝那人也。祖穆，魏陇东太守。父道，周湖州刺史、雍州都督。

绩三岁而孤，为外祖韦孝宽所鞠养。孝宽以诸子堕业，督以严训，愍绩孤幼，特舍之。绩叹曰："我无庭训，养于外氏，不能克躬励己，何以成立！"深自感激，命左右自杖三十。孝宽闻而对之流涕。于是专精好学，略涉经史。周武帝为鲁公时，引为侍读。

建德初，转宫尹中士。武帝尝避暑云阳宫，时宣帝为太子监国。卫刺王作乱，城门已闭，百僚多有遁者。绩闻难赴之，于玄武门遇皇太子，下楼执绩手，悲喜交集。帝闻而善之，迁小宫尹。宣政初，录前后功，封义阳县男，累转御正下士。宣帝崩，隋文帝总己，绩有力焉。加上开府，转内史中大夫，进封郡公。拜大将军。

开皇元年，出为豫州刺史。寻拜都官尚书。转晋州刺史。将之官，稽首言陈有三可灭。帝问其状，绩曰："大吞小，一也。以有道伐无道，二也。纳叛臣萧岩，于我有词，三也。陛下若命鹰扬之将，臣请预戎行。"上嘉劳而遣之。陈平，拜苏州刺史。

高智慧作乱江南，州人顾子元等发兵应之，因以攻绩，相持八旬。子元素感绩恩，于冬至日遣使奉牛酒。绩遗之书。子元得书，于城下顿首陈谢。杨素援兵至，合击破之。拜信州总管。俄以病乞骸骨，诏征还京师，赐以御药，中使相望，顾问不绝。卒于家，谥曰安。

子偲嗣。大业中，位尚书主爵郎。

郭衍字彦文，自云太原介休人也。父崇，以舍人从魏孝武帝入关，位侍中。

衍少骁武，善骑射。建德中，以军功累迁仪同大将军。又从周武帝平并州，以功加开府，封武强县公，赐姓叱罗氏。宣政元年，为右中军熊渠中大夫。尉迟迥之乱，从韦孝宽讨之，以功授上柱国，封武山郡公。密劝隋文帝杀周室诸王，早行禅代，由是大被亲昵。

开皇元年，衍复旧姓为郭氏。突厥犯塞，以衍为行军总管，领兵屯平凉。数岁，虏不入境。征为开漕渠大监。部率水工，凿渠引渭水，经大兴城北，东至潼关，漕运四百余里，关中赖之，名曰富人渠。五年，授瀛州刺史，遇秋霖大水，其属县多致漂没，人皆上高树，依大冢。衍亲备船筏，并赍粮拯救之，民多获济。衍先开仓赈恤，后始闻奏。上大善之，迁授朔州总管。所部有恒安镇，北接藩境，常劳转运。衍乃选沃饶地，置屯田，岁赢粟万余石，人免转输之劳。又筑桑乾镇，皆称旨。十年，从晋王广出镇扬州。遇江表构逆，命衍为总管，先屯京口。于贵洲南与贼战，败之。仍讨东阳、永嘉、宣城、黝、歙诸洞，尽平之。授蒋州刺史。

衍临下甚倨，事上甚卑。晋王爱昵之，宴赐隆厚。迁洪州总管。王有夺宗之谋，托衍心腹，遣宇文述以情告之。衍大喜曰："若所谋事果，自可为皇太子。如其不谐，亦须据淮海，复梁、陈之旧。副君酒客，其如我何！"王因召衍，阴共计议。又恐人疑无故来往，托以妻患瘿，王妃萧氏有术能疗之。以状奏帝，听共妻向江都，往来无度。衍又诈称广州俚反，王乃奏衍行兵讨之。由是大修甲仗，阴养士卒。及王入为太子，征授左监门率，转左宗卫率。文帝于仁寿宫将大渐，太子与杨素矫诏令衍、宇文述领东宫兵，帖上台宿卫，门禁并由之。及上崩，汉王起逆，而京师空虚，使衍驰还，总兵居守。

大业元年，拜左武卫大将军。帝幸江都，令统左军，改授光禄大夫。又从征吐谷浑，出金山道，纳降二万余户。衍能揣上意，阿谀顺旨，帝每谓人曰："唯郭衍心与朕同。"又尝劝帝取乐，五日一视事，无得效高祖空自勤劳。帝从之，益称其孝顺。初，新令行，衍封爵从例除。六年，以恩旧封真定侯。从往江都，卒。赠左卫大将军，谥曰襄。

长子臻，武牙郎将。次子嗣本，孝昌令。

张衡字建平，河内人也。祖嶷，魏河阳守。父允，周万州刺史。

衡幼怀志尚,有骨梗风。十五,诣太学受业,研精覃思,为同辈所推。周武帝居太后忧,与左右出猎,衡露髻舆榇,扣马切谏。帝嘉焉,赐衣一袭,马一匹,擢拜汉王侍读。衡又就沈重受《三礼》,略究大旨。累迁掌朝大夫。

隋文帝受禅,拜司门侍郎。及晋王广为河北行台,衡历刑部、度支二曹郎。行台废,拜并州总管掾。王转牧扬州,衡复为掾。王甚亲任之,衡亦竭虑尽诚。夺宗之计,多衡所建。迁扬州总管司马。熙州李英林反,署置百官,以衡为军总管讨平之,拜开府。及王为皇太子,拜衡右庶子。

炀帝嗣位,除给事黄门侍郎、银青光禄大夫。迁御史大夫,甚见亲重。大业三年,帝幸榆林郡,还至太原,谓衡曰:"朕欲过公宅,可为朕作主人也。"衡驰至河内,与宗族具牛酒。帝上太行,开直道九十里,以抵其宅。帝悦其山泉,留宴三日,因谓衡曰:"往从先皇拜太山之始,途经洛阳,瞻望于此,深恨不得相过,不谓今日得谐宿愿。"衡俯伏辞谢,奉觞上寿。帝益欢,赐其宅傍田三十顷、良马一匹、金带、缣彩六百段、衣一袭、御食器一具。衡固让,帝曰:"天子所至称幸者,盖为此也,不足为辞。"衡复献食于帝,帝令颁赐公卿,下至卫士,无不沾给。

衡以藩邸之旧,恩宠莫与为比,颇自骄贵。明年,帝幸汾阳宫。时帝欲大汾阳宫,令衡与纪弘整具图奏之。衡承间进谏,以比年劳役,百姓疲敝为请。帝意甚不平。后尝目衡谓侍臣曰:"张衡自谓由其计划,令我有天下。"时齐王暕失爱于上,帝密令人求其罪。有人谮暕违制,将伊□令皇甫诩从之汾阳宫。又录前幸涿郡及祠恒岳时,父老谒见者,衣冠不整。帝遣衡以宪司皆不能举正,出为榆林太守。

明年,帝复幸汾阳宫,衡督役筑楼烦城,因而谒帝。帝恶衡不损瘦,以为不念咎,因谓曰:"公甚肥泽,宜且还郡。"衡复之榆林。俄而敕衡督役江都宫。有人诣衡讼宫监者,衡不为理,还以讼书付监,其人大为监所困。礼部尚书杨玄感使至江都,其人诣玄感称冤。玄感固以衡为不可。及与相见，未有所言，又先谓玄感曰："薛道衡真为枉死。"玄感具上其事。江都郡丞王世充又奏衡频减顿具。帝怒，锁衡诣江都市，将斩之。既而除名，放还田里。帝每令亲人觇衡所为。

八年，帝自辽东还都，妄言衡怨望，谤讪朝政，帝赐死于家。临死，大言曰："我为人作何物事，而望久活！"监刑者塞耳，促令杀之。武德初，以为死非其罪，赠大将军、南阳郡公，谥曰忠。子希玄。

杨汪字元度，本弘农华阴人也。曾祖顺，居河东。父琛，仪同三司。及汪贵，追赠平乡县公。

汪少凶疏，与人斗，拳所殴击，无不颠踣。长更折节勤学，专精《左氏传》，通《三礼》。解褐周冀王侍读，王甚重之，每曰："杨侍读德业优深，孤之穆生也。"后问《礼》于沈重，受汉书于刘臻，二人曰："吾弗如也。"由是知名。累迁夏官府都上士。

隋文帝居相，引知兵事，迁掌朝下大夫。及受禅，赐爵平乡县伯，历秦州总管府长史。每听政暇，必延生徒讲授，时人称之。入为尚书兵部侍郎。数年，帝谓谏议大夫王达曰："卿为我觅一好左丞。"达遂私于汪曰："我当荐君为左丞，若事果，当以良田相报也。"汪以达言奏之，达竟获罪，卒拜汪尚书左丞。汪明习法令，果于剖断，当时号为称职。未几，坐事免。后拜洛州长史，转荆州长史。

炀帝即位，追为尚书左丞，寻守大理卿。视事二日，帝将亲省囚徒。时系囚二百余人，汪通宵究审，诘朝而奏，曲尽事情，一无遗误，帝甚嘉之。岁余，拜国子祭酒。帝令百僚就学，与汪讲论。天下通儒硕学多萃焉，论难锋起，皆不能屈。帝令御史书其问答奏之，省而大悦，赐良马一匹。后加银青光禄大夫。

及杨玄感反，河南赞务裴弘策出师御之，战不利，奔还，遇汪而屏人交语。既而留守樊子盖斩弘策，以状奏汪，帝疑之，出为梁郡通守。后炀帝崩，王世充推越王侗为主，征拜吏部尚书，颇见亲委。及世充僭号，汪复用事。世充平，遂以凶党伏诛。

裴蕴，河东闻喜人也。祖之平，父忌，并《南史》有传。忌在陈，与吴明彻同见俘于周，周赐爵江夏公，在隋十余年而卒。

蕴明辩有吏干，仕陈，历直阁将军、兴宁令。以父在北，阴奉表于隋文帝，请为内应。及陈平，上悉阅江南衣冠之士，次至蕴，以夙有向化心，超授仪同。仆射高颎不悟上旨，谏曰"蕴无功于国，宠逾伦辈，臣未见其可。"又加上仪同，颎复谏。上曰："可加开府。"颎乃不敢复言。即日拜开府仪同三司，礼赐优洽。历洋、直、棣三州刺史，俱有能名。

大业初，考绩连最。炀闻其善政，征为太常少卿。初，文帝不好声伎，遣牛弘定乐，非正声清商及九部四僣之色，皆罢遣从百姓。至是，蕴揣知帝意，奏括天下周、齐、梁、陈乐家子弟，皆为乐户。其六品已下，至于凡庶，有善音乐及倡优百戏者，皆直太常。是后异伎淫声咸萃乐府，皆置博士，递相教传，增益乐人至三万余。帝大悦，迁户部侍郎。

时犹承文帝和平后，禁网疏阔，户口多漏。或年及成丁，犹诈为小，未至于老，已免租赋。蕴历为刺史，素知其情，因是条奏，皆令貌阅。若一人不实，则官司解职，乡正、里长皆远流配。又许民相告，若纠得一丁者，令被纠之家代输赋役。是岁大业五年也。诸郡计帐，进上丁二十四万三千，新附口六十四万一千五百。帝临朝览状，谓百官曰："前代无好人，致此罔冒。今进民口皆从实者，全由裴蕴一人用心。古语云，得贤而理，验之信矣。"由是渐见亲委，拜京兆赞务，发擿纤毫，吏民慑悼。

未几，擢授御史大夫，与裴矩、虞世基参掌机密。蕴善候伺人主微意，若欲罪者，则曲法顺情，锻成其罪；所欲宥者，则附从轻典，因而释之。是后大小之狱皆以付蕴，宪部、大理莫敢与夺，必禀承进止，然后决断。蕴亦机辩，所论法理，言若悬河，或重或轻，皆由其口，剖析明敏，时人不能致诘。

杨玄感之反也，帝遣蕴推其党与，谓蕴曰："玄感一呼，从者十万。益知天下人不欲多，多即相聚为盗耳。不尽加诛，则后无以劝。"

蕴由是乃峻法理之,所戮者数万人,皆籍没其家。帝大称善,赐奴婢十五口。

司隶大夫薛道衡以忤意获谴,蕴知帝恶之,乃奏曰:"道衡负才恃旧,有无君之心。见诏书每下,便腹非私议,推恶于国,妄造祸端。论其罪名,似如隐昧,源其情意,深为悖逆。"帝曰:"然。我少时与此人相随行役,轻我童稚,共高颎、贺若弼等外擅威权。自知罪当诛罔,及我即位,怀不自安,赖天下无事,未得反耳。公论其逆,妙体本心。"于是诛道衡。

又帝问苏威以讨辽之策,威不愿帝复行,且欲令帝知天下多贼,乃诡答:"今者之役,不愿发兵,便诏赦群盗,自可得数十万。遣关内奴贼及山东历山飞、张金称等头别为一军,出辽西道。诸河南贼王薄、孟让等十余头,并给舟楫,浮沧海道。必喜于免罪,竞务立功,一岁之间,可灭高丽矣。"帝不怿曰:"我去尚犹未克,鼠窃安能济乎!"威出后,蕴奏曰:"此大不逊,天下何处有许多贼?"帝悟曰:"老革多奸,将贼胁我。欲搭其口,但隐忍之,诚极难耐。"蕴知上意,遣张行本奏威罪恶,帝付蕴推鞫之,乃处其死。帝曰:"未忍便杀。"遂父子及孙三世并除名。

蕴又欲重己权势,令虞世基奏罢司隶刺史以下官属,增置御史百余人。于是引致奸黠,共为朋党,郡县有不附者,阴中之。于时军国多务,凡是兴师动众,京都留守,及与诸蕃互市,皆讼御史临之。宾客附隶,遍于郡国,侵扰百姓,帝弗之知也。以度辽之役,进位银青光禄大夫。

及司马德戡将为乱也,江阳长张惠绍夜驰告之。蕴共惠绍谋,欲矫诏发郭下兵民,尽取荣公护儿节度,收在外逆党宇文化及等,仍发羽林殿脚,遣范富娄等入自西苑,取梁公萧钜及燕王处分,扣门援帝。谋议已定,遣报虞世基。世基疑反者不实,抑其计。须臾,难作。蕴叹曰:"谋及播郎,竟误人事!"遂见害。子恺,为尚辇直长,亦同日死。

之应也。依勘《城录》，河南、洛阳并当甲子，与乾元初九爻及上元甲子符合。此是福地，永无所虑。旋观往政，侧闻前古，彼则异时间出，今则一朝总萃。岂非天赞有道，助殄凶孽？方清九夷于东穄，沈五狄于北溟，告成岱岳，无为汾水。

书奏，帝大悦，超拜秘书令。亲待逾昵，每欲征讨，充皆预知之，仍假托星象，奖成帝意，在位者皆切患之。宇文化及弑逆之际，并诛充。

李雄，勃海蓨人也。父棠，名列《诚义传》。

雄少慷慨，有壮志。弱冠，从周武帝平齐，以功授帅都督。隋文帝作相，从韦孝宽破尉迟迥，拜上开府，赐爵建昌县公。伐陈之役，以功进位大将军，历柳江二州刺史，并有能名。后坐事免。

汉王谅之反，炀帝将发幽州兵讨之。时窦抗为幽州总管，帝恐其贰，问可任者于杨素。素遂进雄，授上大将军，拜廉州刺史。驰至幽州，止传舍，召募得千余人。抗恃素贵，不时相见。雄遣人谕之，后二日，抗从铁骑二千来诣雄所。雄伏甲禽抗，悉发幽州兵步骑三万，自井陉讨谅。迁幽州总管。寻征拜户部尚书。

雄明辩有器干，帝甚任之。新罗尝遣使朝贡，雄至朝堂与语，因问其冠制所由。其使者曰："古弁遗象，安有大国君子不识？"雄因曰："中国无礼，求诸四夷。"使者曰："自至已来，此言外未见无礼。"宪司以雄失辞，奏劾其事，竟坐免。俄而复职。从幸江都，帝以仗卫不整，顾雄部伍之。雄立指麾，六军肃然。帝大悦曰："公真武侯才也。"寻转右候卫大将军。复坐事除名。

辽东之役，帝令从军自效，因从来护儿自东莱将指沧海。会杨玄感反于黎阳，帝疑之，诏锁雄送行在所。雄杀使亡归玄感，玄感每与计焉。及玄感败，伏诛，籍没其家。

论曰：隋文肇基王业，刘昉实启其谋，于时当轴执钧，物无异论。不能忘身急病，以义断恩，方乃虑难求全，偷安怀禄。其在周也，靡忠贞之节；其奉隋也，愧竭命之诚，非义掩其前功，蓄怨兴其后崞,而望不陷刑辟,保贵全生,难矣。柳裘、皇甫绩,因人成事,好乱乐祸,大运光启,并参枢要。斯固在人欲其悦己,在我欲其骂人,理自然也。晏婴有言曰:"一心可以事百君,百心不可以事一君。"于昉等见之矣。

郭衍,文皇缔构之始,当爪牙之寄;炀帝经纶之际,参心膂之谋。而如脂如韦,以水济水,君所谓可,亦曰可焉,君所谓不,亦曰不焉,功虽居多,名不见重。然则立身行道,可不慎欤!语曰:"无为权首,将受其咎。"又曰:"无始祸,无兆乱。"夫忠为令德,施非其人尚或不可,况托足邪径,又不得其人者欤!张衡夺宗之计,实兆其谋,夫动不以顺,能无及于此也?杨汪以学业自许,其终不令,惜乎!裴蕴素怀奸险,巧于附会,作威作福,唯利是视,灭亡之祸,其可免乎!袁充少在江东,初以警悟见许,委质隋氏,更以玄象自矜,要求时幸,干进附入,变动星占,谬增晷景,厚诬天道,乱常侮众。刑兹勿舍,其在斯乎!李雄斯言为玷,取讥夷翟,以乱从乱,何救诛夷。

北史卷七五
列传第六三

赵煚　赵芬　王韶　元岩
宇文弼　伊娄谦　李圆通
郭荣　庞晃　李安　杨尚希
张煚　苏孝慈　元寿

赵煚字通贤,天水西人也。祖超宗,魏河东太守。父仲懿,尚书左丞。

煚少孤,养母至孝。年十四,有人盗伐其父墓中树者,煚对之号恸,因执送官。见魏右仆射周惠达,长揖不拜,自述孤苦,涕泪交集,惠达为之陨涕叹息者久之。及长,沈深有器局,略涉书记。周文帝引为相府参军事。从破洛阳。及班师,煚请留抚纳亡叛,从之。煚于是帅所领与齐前后五战,斩获甚众,以功封平定县男。因转中书侍郎。

周闵帝受禅,迁陕州刺史。蛮酋向天王以兵攻信陵、秭归,煚袭击破之,二郡获全。时周人于江南岸置安蜀城以御陈,属霖雨数旬,城颓者百余步。蛮酋郑南乡叛,引陈将吴明彻欲掩安蜀。议者皆劝煚益修守御,煚不从,乃遣使说诱江外生蛮向武阳,令乘虚掩袭南乡所居,获其父母妻子。南乡闻之,其党各散,陈兵亦遁。明年,吴明彻屡为寇患,煚与前后十六战,每挫其锋。以功授开府仪同三司,再迁户部中大夫。

周武帝欲收齐河南地，聚谏曰："河南洛阳，四面受敌，纵得不可以守。请从河北直指太原，倾其巢穴，可一举以定。"帝不纳，师竟无功。寻从上柱国丁翼自三鸦道伐陈，克十九城而还。以谗毁，功不见录。累迁御正上大夫。

聚与宗伯斛斯征素不协，征后出为齐州刺史，坐事下狱，自知罪重，遂逾狱走。帝大怒，购之甚急。聚密奏曰："征自以罪重，惧死遁逃，若不北走匈奴，则南奔吴越。征虽愚陋，久历清显，奔彼敌国，无益圣朝。今炎旱为灾，可因兹大赦。"帝从之。征赖而免，聚卒不言。

隋文帝为丞相，加上开府，再迁大宗伯。及践阼，聚授玺绂。进位大将军，赐爵金城郡公，拜相州刺史。朝廷以聚习故事，征拜尚书右仆射。

未几，以忤旨出为陕州刺史，转冀州刺史，甚有威惠。聚尝有疾，百姓奔驰，争为祈祷，其得人情如此。冀州市多奸诈，聚为铜斗铁尺，置于肆，百姓便之。帝闻而嘉焉，颁之天下，以为常法。尝有人盗聚田中蒿，为吏所执。聚曰："此乃刺史不能宣风化，彼何罪也？"慰谕遣之，令人载蒿一车赐盗者，盗愧过于重刑。帝幸洛阳，聚来朝，帝劳之。卒于官。

子义臣嗣，位至太子洗马。后同杨谅反。

赵芬字士茂，天水西人也。父谅，周秦州刺史。

芬少有辩智，颇涉经史。周文引为相府铠曹参军，历记室，累迁开府仪同三司。性强济，所居之职，皆有声绩。周武帝亲总万机，拜内史下大夫，转小御正。明习故事，每朝廷有所疑议，众不能决者，芬辄为评断，莫不称善。后为司会。及申国公李穆讨齐，引为行军长史，封淮安县男。再迁东京小宗伯，镇洛阳。

隋文帝为丞相，尉迟迥与司马消难阴谋往来，芬察知之，密白帝。由是深见亲委，迁东京左仆射，进爵郡公。开皇初，罢东京官，拜尚书右仆射,与郢公王谊修律令。俄兼内史令,甚见信任。未几,以老病出为蒲州刺史,加金紫光禄大夫,仍领关东运漕,赐钱百万、粟五千石而遣之。后数年,上表乞骸骨,征还京师。赐以三骥辂车,几杖被褥,归于家。皇太子又致巾帔。后数年,卒,帝遣使致祭,鸿胪监护丧事。

子元恪嗣,位扬州总管司马,左迁候卫长史。

少子元楷,与元恪皆明干世事。元楷,大业中为历阳郡丞,与庐江郡丞徐仲宗俱竭百姓之产,以贡于帝。仲宗迁南郡丞;元楷超拜江都丞,兼领江都宫监。

王韶字子相,自云太原晋阳人,世居京兆。祖谐,原州刺史。父谅,早卒。

韶幼而方雅,颇好奇节,有识者异之。在周,累以军功,官至车骑大将军、仪同三司。复转军正。周武帝既拔晋州,意欲旋师,韶谏曰:"取乱侮亡,正在今日。方欲释之而去,臣愚深所未解。"帝大悦。及齐平,进位开府,封晋阳县公,赐口马杂畜万计。迁内史中大夫。宣帝即位,拜丰州刺史,改封昌乐县公。

隋文帝受禅,进爵项成郡公,转灵州刺史,加位大将军。晋王广之镇并州,除行台右仆射,赐彩五百匹。韶性刚直,王甚惮之,每事谘询,不敢违法度。韶尝奉使检行长城,后王穿池,起三山,韶既还,自锁而谏,王谢而罢之。帝闻而嘉叹,赐金百两,并后宫四人。平陈之役,以本官为元帅府司马。及克金陵,韶即镇焉。晋王广班师,留韶于石头防遏,委以后事。岁余,征还。帝谓公卿曰:"晋王以幼出藩,遂能克平吴、越,王子相之力也。"于是进位柱国,赐奴婢三百口,锦绢五千段。及上幸并州,以其称职,特加劳勉。后上谓曰:"自朕至此,公须鬓渐白,无乃忧劳所致? 柱石之望,唯在于公,努力勉之!"韶辞谢,上劳而遣之。

秦王俊为并州总管,仍为长史。岁余,驰驿入京,劳弊而卒。帝甚伤惜之,谓秦王使者曰:"语尔王,我前令子相缓来,如何乃遣驰驿?杀我子相,岂不由汝!"言甚凄怆。使有司为立宅,曰:"往者何用宅为?但以表我深心耳!"又曰:"子相受我委寄,十有余年,终始不易。宠章未极,舍我而死乎!"发言流涕。因命取子相封事数十纸,传示群臣曰:"其直言匡正,裨益甚多,吾每披寻,未尝释手。"炀帝即位,追赠司徒、尚书令、灵幽等十州刺史、魏公。子士隆嗣。

士隆略知书计,尤便弓马,慷慨有父风。大业世,颇见亲重,位备身将军,改封耿国公。越王侗称帝,士隆率数千兵自江淮而至。会王世充僭号,甚礼重之,署尚书右仆射。忧愤,疽发背卒。

元岩字君山,河南洛阳人也。父祯,魏敷州刺史。

岩好读书,不守章句,刚鲠有器局,以名节自许,少与勃海高颎、太原王韶同志友善。仕周,为武贲给事。大冢宰宇文护见而器之,以为中外记室。累迁内史中大夫,封昌国县伯。

周宣帝嗣位,为政昏暴,京兆郡丞乐运舆榇诣朝堂,陈帝八失,言甚切至。帝大怒,将戮之,朝臣莫有救者。岩谓人曰:"臧洪同日,尚可俱死,其况比干乎?若乐运不免。吾将与之俱毙。"诣阁请见,言于帝曰:"乐运知书奏必死,所以不顾身命者,欲取后世名。陛下若杀之,乃成其名,落其术内。不如劳而遣之,以广圣度。"运因获免。后帝将诛乌丸轨,岩不肯署诏。御正彦之仪切谏不入,岩进继之,脱巾顿颡,三拜三进。帝曰:"汝欲党乌丸轨耶?"岩曰:"臣非党轨,正恐滥诛,失天下望。"帝怒,使阉竖搏其面,遂废于家。

隋文帝为丞相,加开府、户部中大夫。及受禅,拜兵部尚书,进爵平昌郡公。岩性严重,明达世务,每有奏议,侃然正色,廷争面折,无所回避,上及公卿皆敬惮之。

时帝惩周代诸侯微弱,以致灭亡,由是分王诸子,权侔王室,以为盘石之固。遣晋王广镇并州,蜀王秀镇益州。二王年并幼,选贞良有重望者为之僚佐。时岩与王韶为河北道行台仆射,帝谓曰:"公宰相大器,今屈辅我儿,亦如曹参相齐之意。"及岩到官,法令明肃,吏人称焉。蜀王好奢,尝欲取獠口为阉人,又欲生剖死囚,取胆为药。岩皆不奉教，排阁切谏，王辄谢而止。㤤岩为人，每循法度。蜀中狱讼，莫不悦服。有得罪者，谓曰："平昌公与罪。吾何怨焉。"上甚嘉之，赏赐优洽。卒于官，上悼惜久之。益州父老莫不陨涕，于今思之。

岩卒后，蜀王为非法，造浑天仪，又共妃出猎，以弹弹人，多捕山獠充宦者，僚佐无能谏止。及秀得罪，上曰："元岩若在，吾儿岂有是乎！"

子弘嗣。历给事郎、司朝谒者、北平通守。

宇文㤤字公辅，河南洛阳人也，其先与周同出。祖直力勤，魏钜鹿太守。父珍，周宕州刺史。

㤤慷慨有大节，博学多通。仕周，尝奉使邓至国及黑水、龙涸诸羌，前后降附三十余部。及还，奉诏修定五礼，书成奏之，赐田二顷、粟百石。累迁小吏部，擢八人为县令，皆有异绩，世以为知人。转内史都上士。

武帝将谋出兵河阳以伐齐，㤤进策曰："齐氏建国，于今累世，虽曰无道，尚有其人。今若用兵，须择其地。河阳要冲，精兵所聚，尽力攻围，恐难得志。彼汾之曲，戍小山平，攻之易拔，用武之地也。"帝不纳，师竟无功。建德五年，大举伐齐，卒用㤤策。于是募三辅豪侠少年数百人为别队，从帝攻拔晋州，身被三疮，苦战不息，帝奇而壮之。因从平齐，以功拜上仪同，封武威县公。

宣帝嗣位，为守庙大夫。时突厥寇甘州，帝令侯莫陈昶击之。㤤为监军，谓昶曰："宜选精骑，直趋祁连之西。贼若收军，必自蓦泉之北，此地险隘，兼下湿，度其人马，三日方度。彼劳我逸，破之必矣。若邀此路，真上策也。"昶不能用，西取合黎，大军行迟，虏已出塞。

其年，㤤又从梁士彦攻拔寿阳，攻封安乐县公，除沧州刺史，转南司州刺史。司马消难之奔陈，㤤追之不及。遇陈将樊毅，战于漳口，自旦及午，三战三捷。除黄州刺史，转南定州刺史。

开皇初，以前功封平昌县公，入为尚书右丞。时西羌内附，诏㤤持节安集，置盐泽、蒲昌二郡而还。迁左丞，当官正色，为百僚所惮。三年，突厥寇甘州，以行军司马从元帅窦荣定击破之。还除太仆少卿，转吏部侍郎。平陈之役，杨素出信州道，令敬持节为诸军节度，仍领行军总管。刘仁恩之破陈将吕仲肃也，敬有谋焉。加开府，擢拜刑部尚书，领太子虞候率。上尝亲临释奠，敬与博士论议，词致清远。上大悦，谓群臣曰："朕今睹周公之制礼，见宣尼之论孝，实慰朕心。"

时朝廷以晋阳为重镇，并州总管必属亲王，其长史、司马亦一时高选。前长史王韶卒，以敬有文武干用，出为并州长史。十八年，辽东之役，授元帅汉王府司马，仍领行军总管。军还，历朔、代、吴三州总管，皆有能名。

炀帝即位，拜刑部尚书，仍持节巡省河北。还除泉州刺史。复征拜刑部尚书，转礼部尚书。

敬既以才能著称，历职显要，声望甚重，物议多见推许。帝颇忌之。时帝渐好声色，尤勤远略，敬谓高颎曰："昔周天元好声色亡国，以今方之，不亦甚乎！"又言："长城之役，幸非急务。"有人奏之，坐诛，天下冤之。所著辞赋二十余万言，为《尚书》、《孝经注》行于世。有子俭瑗。

伊娄谦字彦恭，本鲜卑人也。其先世为酋长，随魏南迁。祖信，中部太守。父灵，相、隆二州刺史。

谦性忠直，善辞令。仕周，累迁宣纳上士、使持节、骠骑大将军。武帝将伐齐，召入内殿，问以兵事。对曰："伪齐僭擅，跋扈不恭，沈溺倡优，耽昏麴糵。其折冲之将斛律明月已毙谗人之口，上下离心。若命六师齐进，臣之愿也。"帝大笑，因使谦与小司寇拓跋伟聘齐观衅。帝寻发兵。齐主知之，令其仆射阳休之责谦曰："贵朝盛夏征兵，马首何向？"符曰："仆拭玉之始，未闻兴师。设复西增白帝之城，东益巴丘之戍，岂足怪哉！"谦参军高遵以情输齐，遂留谦不遣。帝既克并州，召谦劳之。乃执遵付谦，任令报复。谦顿首请赦之。帝曰：

"卿可聚众唾面，令知愧也。"谦跪曰："遵罪又非唾面之责。"帝善其言而止。谦竟待遵如初。

寻赐爵济阳县伯，累迁前驱中大夫。象中，进爵为侯，位开府。隋文帝作相，授亳州总管，俄征还京。耻与逆人王谦同名，因尔称字。文帝受禅，以彦恭为左武候将军，俄拜大将军，进爵为公。后出为泽州刺史，清约自处，甚得人和。以疾去职，吏人攀恋，行数百里不绝。卒于家。子杰嗣。

李圆通，京兆泾阳人也。少孤贱，给使隋文帝家。及帝为隋公，擢授参军事。初，帝少时，每宴客，恒令圆通监厨。圆通性严整，左右婢仆，咸所敬惮。唯世子乳母恃宠轻之，宾客未供，每有干请。圆通不许，或辄持去。圆通大怒，叱厨人挝之数十，叫声彻于阁内，僚吏左右，代其失色。宾去后，帝知之，召圆通命坐赐食，从此独善之，以为堪当大任。

帝作相，赐爵怀昌男。授帅都督，进爵新安子，委以心膂。圆通多力劲捷，长于武用。周氏诸王素惮帝，伺便图为不利，赖圆通保护，获免者数矣。帝深感之，由是参预政事，授相国外兵曹，仍领左亲信。寻授上仪同。帝受禅，拜内史侍郎，领左卫长史，进爵为伯。历左右庶子、给事黄门侍郎、尚书左丞，摄刑部尚书，深被任信。伐陈之役，以行军总管从杨素出信州道，以功进位大将军，改封万安县公，扬州总管长史。秦孝王仁柔自喜，少断决，府中事多决于圆通。入为司农卿，迁刑部尚书，后复为并州长史。孝王以奢得罪，圆通亦坐免。寻检校刑部尚书事。仁寿中，以勋旧进爵郡公。

炀帝嗣位，拜兵部尚书。帝幸扬州，以圆通留守京师。判宇文述田还百姓，述诉其受赂。帝怒，坐是免官。圆通忧惧发病，卒。赠柱国，封爵悉如故。

子孝常，大业末，为华阴令。武德初，以应义旗功，封义安王。

又有陈茂者，河东猗氏人。家世寒微，质直恭谨，为州里所称。文帝为隋国公，引为僚佐，待遇与圆通等。每令典家事，常称旨。后从帝与齐师战于晋州,贼甚盛,帝将挑战,茂固止不得,因捉马鞚。帝怒,拔刀斫其额,流血被面,词气不挠。帝感而谢之,厚加礼敬。帝为丞相,委以心膂。及受禅,拜给事黄门侍郎,封魏城县男,每典机密。转益州总管司马,迁太府卿,进爵为伯。卒官。子政嗣。

政字弘道,倜傥有文武大略,善钟律,便弓马。少养宫中,年十七,为太子千牛备身。京都大侠刘居士重政才气,数从之游。圆通子孝常与政相善,并与居士交结。及居士伏诛,政及孝常从坐,上以功臣子,挞之二百而赦之。由是不得调。炀帝时,历位协律郎、通事谒者、兵曹承务郎。帝以其才,甚重之。宇文化及之乱,以为太常卿。后归大唐,为梁州总管,遇贼见杀。

郭荣字长荣,自云太原人也。父徽,仕魏,为同州司马。时武元皇帝为刺史,由是与隋文帝有旧。徽后位洵州刺史、安城县公。及帝受禅,拜太仆卿,卒官。

荣容貌魁岸,外疏内密,与交者多爱之。周大冢宰宇文护引为亲信。护察荣谨愿,擢为中外府水曹参军。齐寇屡侵,护令荣于汾州观城势。时汾州与姚襄镇相去悬远,荣以二城孤迥,势不相救,请于州镇间更筑城以相控摄,护从之。俄而齐将段孝先攻陷姚襄、汾州二城,唯荣所立者独能自守。护作浮桥出兵,孝先于上流纵大筏击浮桥,护令荣督便水者引取其筏。以功授大都督。护又以稽胡数为寇乱,使绥集之。荣于上郡、延安筑周昌、弘信、广安、招远、咸宁等城以遏其要路,稽胡由是不能为寇。周武亲总万机,拜宣纳中士。后从平齐,以功封平阳县男,迁司水大夫。

荣少与隋文帝亲狎,帝尝与夜坐月下,谓荣曰:"吾仰观玄象,俯察人事,周历已尽,我其代之。"荣深自结纳。未几,周宣崩,文帝总百揆,召荣,抚其背笑曰:"吾言验未?"即拜相府乐曹参军。俄以本官复领藩部大夫。文帝受禅,引为内史舍人,以龙潜之旧,进爵蒲城郡公,位上仪同。累迁通州刺史。仁寿初,西南夷獠多叛,诏荣领八州诸军事、行军总管讨平之。

炀帝即位,入为武候骠骑大将军,以严正闻。后黔安首领田罗驹阻清江作乱,夷陵诸郡人夷多应者,诏荣平之。迁左候卫将军。从帝西征吐谷浑,拜银青光禄大夫。辽东之役,以功进左光禄大夫。明年,帝复事辽东,荣以为中国疲弊,万乘不宜屡动,乃言于帝,请止行。帝不纳。复从军攻辽东城,荣亲蒙矢石,昼夜不释甲胄。帝知之大悦,每劳勉之。帝后以荣年老,欲出为郡。荣陈请不愿。哀之,拜右候卫大将军。后数日,帝谓百僚曰:"诚心纯至如郭荣者,固无比矣。"杨玄感之乱,帝令驰守太原。明年,从帝至柳城,卒于怀远镇。帝为废朝,赠兵部尚书,谥曰恭。子福善。

庞晃字元显,榆林人也。父虬,周骠骑大将军。

晃少以良家子召补州都督。周文帝署大都督,领亲信兵,常置左右。晃因徙居关中。后迁骠骑将军,袭爵比阳侯。卫王直出领襄州,晃以本官从。寻与长湖公元定击江南,孤军深入,没于陈。数年,卫王直遣晃弟车骑将军元俊赍绢八百匹赎焉,乃得归。拜上仪同,复事卫王。

时隋文帝出为随州刺史,路经襄阳,卫王令晃诣文帝。晃知帝非常人,深自结纳。及帝去官归京师,晃迎见于襄邑。帝甚欢,与晃同饭,晃因曰:"公相貌非常,名在图箓,九五之日,幸愿不忘。"帝笑曰:"何妄言也!"顷之,有一雄雉鸣于庭,帝令晃射之,曰:"中则有赏。然富贵之日,持以为验。"文帝受禅,与晃言及之,晃再拜曰:"陛下君临宇内,犹忆曩时之言。"上笑曰:"公此言何得忘也!"寻加上开府,拜右卫将军,进爵为公。河间王弘之击突厥。

晃性刚悍。时广平王雄当途用事,势倾朝廷,晃每陵侮之。尝于军中卧,见雄不起,雄甚衔之。复与高颎有隙。二人屡谮晃,由是宿卫十余年,官不得进。出为怀州刺史,迁原州总管。卒于官。帝为废朝,谥曰敬。

子长寿,颇知名,位骠骑将军。

李安字玄德，陇西狄道人也。父蔚，仕周，为相燕恒三州刺史、襄武县公。

安美姿容，善骑射。天和中，袭爵襄武公，授仪同、小司右上士。隋文帝作相，引之左右，迁职方中大夫。复拜安弟哲为仪同。安叔父梁州刺史璋时在京师，与周赵王谋害帝，诱哲为内应。哲谓安曰："寝之则不忠，言之则不义，失忠与义，何以立身？"安曰："丞相，父也，其可背乎？"遂阴白之。及赵王等伏诛，将加官赏，安顿首曰："岂可将叔父之命以求官赏？"于是俯伏流涕，悲不自胜。帝为之改容曰："我为汝特存璋子。"乃有司罪止璋身，帝亦为安隐其事而不言。寻授安开府，进封赵郡公，哲上仪同、黄台县男。

文帝即位，历内史侍郎、尚书左丞、黄门侍郎。平陈之役，为杨素司马，仍领行军总管，率兵顺流东下。时陈人屯白沙。安谓诸将曰："水战非北人所长。今陈人依险泊船，必轻我无备。夜袭之，贼可破也。"安率众先锋，大破陈师。诏书劳勉，进位上大将军、郢州刺史。转邓州刺史。求为内职，帝重违其意，除领左右将军。迁右领军大将军。拜哲开府仪同三司、备身将军。兄弟俱典禁卫，恩信甚重。十八年，突厥犯塞，以安为行军总管，从杨素击之。安别出长川，会虏渡河，与战破之。仁寿元年，出安为宁州刺史，哲为卫州刺史。安子琼，哲子玮，始自襁褓，乳养宫中，至是年八九岁，始命归家。其亲顾如是。

帝尝言及作相时事，因愍安兄弟灭亲奉国，乃下诏曰："先王立教，以义断恩割亲爱之情，尽事君之道，用能弘奖大节，体此至公。往者朕登庸惟始，王业初基，宁州刺史赵郡公李安，其叔璋潜结藩枝，包藏不逞。安与弟哲深知逆顺，披露丹心，凶谋既彰，罪人斯得。朕每念节，嘉之无已。但以事涉其亲，犹有疑惑，欲使安等名教之方，自处有地。朕常为思审，遂致淹年。今更详案圣典，求诸往事，父子天性，忠孝犹不并立，况复叔侄恩轻，情礼本有差降。忘私奉国，深得正理。宜录旧勋，重弘赏命。"于是拜安、哲俱为柱国，赐缣各五十疋、马百匹、羊千口。以哲为备身将军，进封顺阳郡公。安谓亲族曰:"虽家获全,而叔父遭祸,今奉此诏,悲愧交怀。"因歔欷悲感,不能自胜。先患水病,于是疾甚而卒。谥曰怀。子琼嗣。少子孝恭,最知名。

哲,炀帝时工部尚书,后坐事除名,配防岭南,道卒。

杨尚希,弘农人也。祖真,魏天水太守。父承宝,商直浙三州刺史。

尚希龆龀而孤,年十一,辞母请受业长安。范阳卢辩见而异之,令入太学,专精不倦,同辈皆共推服。周文帝尝亲临释奠,尚希时年十八,令讲《孝经》,词旨可观。文帝奇之,赐姓普六茹氏。擢为国子博士,累转舍人上士。明、武世,历太学博士、太子宫尹、计部中大夫。赐爵高都侯,东京司宪中大夫。抚慰山东、河北,至相州而宣帝崩,与相州总管尉迟迥发丧于馆。尚希出谓左右曰:"蜀公哭不哀而视不安,将有他计。吾不去,将及于难。"遂夜遁。及明,迥方觉,令数十骑追不及,遂归京师。隋文帝以尚希宗室之望,又背迥而至,待之甚厚。及迥屯兵武陟,遣尚希领宗室兵三千人镇潼关。寻授司会中大夫。

文帝受禅,进爵为公。岁余,出为河南道行台兵部尚书,加银青光禄大夫。尚希时见天下州郡过多,上表以为"今郡县倍多于古,或地无百里,数县并置,或户不满千,二郡分领。具僚以众,资费日多,吏卒又倍,租调岁减。清干良材,百分无一,动须数万,如何可充!所谓人少官多,十羊九牧。今存要去闲,并小为大,国家则不亏粟帛,选用则易得贤才。"帝览而嘉之,遂罢天下诸郡。后历位瀛州刺史、兵部礼部二尚书,授上仪同。

尚希性惇厚,兼以学业自通,甚有雅望,为朝廷所重。上时每旦临朝,日侧不倦,尚希谏以为"陛下宜举大纲,责成宰辅,繁碎之务,非人主所宜亲。"上欢然曰:"公爱我者。"尚希有足疾,谓曰:"蒲州出美酒,足堪养病,屈公卧临之。"于是拜蒲州刺史,仍领本州宗团骠骑。尚希在州,甚有惠政,复引瀵水立堤防,开稻田数千顷,人赖其利。卒官。谥曰平。

子旻嗣，后封丹水县公，位安定郡丞。

张羡字士鸿，河间鄚人也。父羡，少好学，多所通涉，仕魏，为荡
难将军。从武帝入关，累迁银青光禄大夫。周文引为从事中郎，赐
姓叱罗氏。历司织大夫、雍州中从事、应州刺史、仪同三司，赐爵虞
乡县公。复入为司成中大夫，典国史。周代公卿，类多武将，唯羡以
素业自通，甚为当时所重。后以年老致仕。隋文帝受禅，钦其德望，
以书征之。及谒见，敕令勿拜，扶杖升殿，上降榻执手，与之同坐，宴
语久之，赐以几杖。会迁都龙首，羡上表劝以俭约，上优诏答之。卒，
赠沧州刺史，谥曰定。所撰《老子》、《庄子》义，名《道言》，五十二篇。

羡好学，有父风。仕魏，位员外侍郎。周文引为外兵曹。明、武
世，位冢宰司录，赐爵北平县子。宣帝时，加仪同，进爵为伯。隋文
帝为丞相，羡深自推结。帝以其有干用，甚亲遇之。及受禅，拜为尚
书右丞，进爵为侯。迁太府少卿，领营新都监丞。丁父忧去职，柴毁
骨立。未期，授仪同三司，袭爵虞乡县公。历太府卿、户部尚书。晋
王广为扬州总管，授羡司马，加银青光禄大夫。

羡性和厚，有识度，甚有当时誉。后拜冀州刺史，晋王广频表请
之，复为晋王长史，检校蒋州事。及晋王为皇太子，复为冀州刺史，
位上开府，吏人悦服，称为良二千石。卒官。子慧宝，官至绛郡丞。

开皇中，有刘仁恩者，政绩为天下第一，擢拜刑部尚书。以行军
总管从杨素伐陈，与素破陈将吕仲肃于荆门，仁恩计功居多，授上
大将军，甚有当时誉。冯翊郭均、上党冯世期并明悟有干略，相继为
兵部尚书。此三人俱显名于世，然事行阙落，史莫能知。

苏孝慈，扶风人也。父武，周兖州刺史。

孝慈少沉谨，有器干，美容仪。仕周，位至工部中大夫，封临水
县公。隋文帝受禅，进爵安平郡公，拜太府卿。于时王业初基，征天
下匠，纤微之巧，无不毕集。孝慈总其事，世以为能。历位兵部尚书，

待遇愈密。时皇太子勇颇知时政,上欲重宫官之望,多令大臣领其职,拜孝慈太子右卫率,尚书如故。及于陕州置常平仓,转输京下,以渭水多沙,乍深乍浅,乃决渭水为渠以属河,令孝慈督其役。渠成,上善之,又领太子左卫率,仍判工部、户部二尚书,称为干理。进位大将军,转工部尚书,率如故。

先是,以百僚供费不足,台省府寺咸置廨钱,收息取给。孝慈以为官与百姓争利,非兴化之道,表请公卿已下给职田各有差,上并纳焉。及将废太子,惮其在东宫,出为浙州刺史。太子以孝慈去,形于言色。迁洪州总管,俱有惠政。后桂林山越相聚为乱,诏孝慈为行军总管,击平之。卒官。子会昌。

孝慈兄顺,周眉州刺史。

子沙罗,字子粹。仕周,以破尉迟迥功,授开府仪同三司,封通泰县公。开皇中,历位资、邛二州刺史,检校利州总管。从史万岁击西爨,进位大将军。寻检校益州总管长史。及蜀王秀废,沙罗坐除名。卒于家。子康嗣。

元寿字长寿,河南洛阳人也。祖敦,魏侍中、邵陵王。父宝,周凉州刺史。

寿少孤,性仁孝,九岁丧父,哀毁骨立,宗族乡党咸异之。事母以孝闻。及长,方直,颇涉文史。周武成初,封隆城县侯。保定四年,封仪陇县侯,授仪同三司。隋开皇初,议伐陈,以寿有思理,使于淮浦监修船舰,以强济见称。累迁尚书左丞。

文帝尝出苑观射,文武并从。开府萧摩诃妻患且死,奏请遣子向江南收其家产,御史见而不言。寿奏劾之曰:"御史之官,义存纠察,直绳莫举,宪典谁寄?今月五日,銮舆徙跸,亲临射苑,开府仪同三司萧摩诃幸厕朝行,预观盛礼,奏称请遣子世略暂往江南重收家产。妻安遇患,弥留有日,安若长逝,世略不合此行。窃以人伦之义,伉俪为重,资爱之道,乌鸟弗亏。摩诃远念资财,近忘匹好,一言才发,名教顿尽。而兼殿内侍御史臣韩征之等亲所闻见,竟不弹纠。若知非不举,情涉阿纵;如不以为非,岂关理识?仪同三司、太子左庶子、检校书侍御史臣刘行本亏失宪体,何所逃愆?臣谬膺朝寄,恭居左辖,无容寝嘿,谨以状闻。"上嘉纳之。

后授太常少卿,出为基州刺史,有公廉称。入为太少卿,进位开府。炀帝嗣位,汉王谅反,左仆射杨素为行军元帅,寿为长史。事平,以功授大将军,迁太府卿。大业四年,拜内史令,从帝西讨吐谷浑,寿率众屯金山,东西连营三百余里以围浑主。还拜右光禄大夫。七年,兼左翊卫将军。从征辽东,在道卒。帝哭之甚恸,赠尚书右仆射、光禄大夫,谥曰景。

子敏,颇有才辩,而轻险多诈。寿卒,帝追思之,擢敏守内史舍人。交通博徒,数泄省中语。化及之反,敏创其谋,伪授内史侍郎,为沈光所杀。

论曰:二赵明习故事,当世咸推,及居端右,无闻殊绩。故知人之分器,各有量限,大小云异,不可相逾。晋、蜀二王,帝之爱子,擅以权宠,莫拘宪法。王韶、元岩任当彼相,并见严惮,莫敢为非,謇谔之风,有足称矣。宇文弼宇量宏远,声望攸归,斯言不密,以致倾殒,惜矣!伊娄谦志识弘深,不念旧恶,请赦高遵之罪,有君子风焉。李圆通、郭荣、庞晃等或陈力经纶之际,或自结龙潜之始,其所以高位厚秩,隆恩殊宠,岂徒然哉!李安虽则灭亲,而于义亦已疏矣。杨尚希誉望隆重,张煚、苏孝慈咸称贞干,并擢自开皇之初,盖当时之选也。元寿之弹行本,有意存夫名教。然其计功称伐,盖不足云,端揆之赠,则为优矣。

北史卷七六
列传第六四

段文振　来护儿　樊子盖
周罗睺　周法尚　卫玄
刘权　李景　薛世雄

段文振，北海期原人也。祖寿，魏沧州刺史。父威，周洮、河、甘、渭四州刺史。

文振少有膂力，胆智过人，明达世务。初为周冢宰宇文护亲信，护知其有器局干用，擢授中外府兵曹。后从周武帝攻齐海昌王尉相贵于晋州，其亚将侯子钦、崔景嵩为内应，文振杖槊与崔仲方等数十人先登城。文振随景嵩至相贵所，拔佩刀劫之，相贵不敢动，城遂下。及攻并州，陷东门而入，齐安德王延宗惧而出降。录前后勋，将拜柱国，以谗毁获谴，因授上仪同，赐爵襄国县公。进平邺都，又赐绮罗二千段。后从滕王逌击稽胡，破之。又以天官都上士从韦孝宽经略淮南。

俄而尉迟迥作乱，时文振老母妻子俱在邺城，迥遣人诱之，文振不顾。隋文帝引为丞相掾。司马消难之奔陈，文帝令文振安集淮南，还除卫尉少卿，兼内史侍郎。寻以行军长史从达奚震讨平叛蛮，加上开府，迁鸿胪卿。卫王爽北征突厥，以文振为长史，坐勋簿不实免官。后为石、河二州刺史，甚有威惠。迁兰州总管，改封龙岗县公。突厥犯塞，以行军总管击破之，遂北至居延塞。

开皇九年，大举伐陈，为元帅秦王司马，别领行军总管。及平江南，授扬州总管司马，转并州总管司马。以母忧去职。后拜云州总管，迁太仆卿。十九年，突厥犯塞，以行军总管破达头可汗于沃野。文振先与王世积有旧。初，文振北征，世积遗以驼马。比还，世积以罪诛，文振坐与交关，功遂不录。后平越巂叛蛮，赐奴婢二百口。仁寿初，嘉州獠反，文振以行军总管讨之。引军山谷间，为贼所袭，遂大败。文振复收散兵，竟破之。文振性素刚，仆射苏威与文振有隙，因谮之，坐是除名。及秀废黜，文振上表自申，帝慰谕之，授大将军，拜灵州总管。

炀帝即位，征为兵部尚书，待遇甚重。从征吐谷浑，文振督兵屯雪山，连营三百余里，东接杨义臣，西连张寿，合围浑主于覆袁川。以功进位右光禄大夫。帝幸江都，以文振行江都郡事。

文振见文帝时容纳突厥启人，居于塞内，妻以公主，赏赐重叠，及大业初，恩泽弥厚，恐为国患。乃上表请以时喻遣，令出塞外，然后明设烽候，缘边镇防，务令严重，此乃万世之长策。时兵部侍郎斛斯政专掌兵事，文振知政险薄，不可委以机要，屡言于帝。帝并弗纳。

及辽东之役，授左候卫大将军，出南苏道。在军疾笃，上表以为"辽东小丑，未服严刑。但夷狄多诈，深须防拟，口陈降款，心怀背叛，诡伏多端，勿得便受。水潦方降，不可淹迟，唯愿严勒诸军，星驰速发，则平壤孤城，势可拔也。若倾其本要，余城自克。如不时定，脱遇秋霖，深为艰弊，兵粮又竭，强敌在前，靺鞨出后，迟疑不决，非上策也。"卒于师。帝省表，悲叹久之，赠光禄大夫、尚书右仆射、北平公，谥曰襄。

长子诠，位武牙郎将。次子纶，少以侠气闻。

文振弟文操，大业中，为武贲郎将，性甚刚严。帝令督秘书省学士。时学士颇存儒雅，文操辄鞭挞之，前后或至千数，时议者鄙之。

来护儿字崇善，本南阳新野人，汉中郎将歙十八世孙也。曾祖成，魏新野县侯，后归梁，徙居广陵，因家焉。位终六合令。祖巙，步兵校尉、秦郡太守、长宁县侯。父法敏，仕陈，终于海陵令。

护儿未识而孤，养于世母吴氏。吴氏提携鞠养，甚有慈训。幼而卓荦，初读《诗》，至"击鼓其镗，踊跃用兵"，"羔裘豹饰，孔武有力"，因舍书叹曰："大丈夫在世当如是，会为国灭贼以取功名，安能区区专事笔砚也！"群辈惊其言而壮其志。及长，雄略秀出，志气英远，涉猎书史，不为章句学。

始侯景之乱，护儿世父为乡人陶武子所害，吴氏每流涕为护儿言之。武子宗族数百家，厚自封植。护儿每思复怨，因其有婚礼，乃结客数人，直入其家，引武子斩之，宾客皆慑不敢动。乃以其头祭伯父墓，因潜伏岁余。会周师定淮南，乃归乡里。所住白土村，地居疆场，数见军旅，护儿常慨然有立功名之志。及开皇初，宇文忻、贺若弼等镇广陵，并深相礼重。除大都督，领本乡兵。破陈将曾永，以功授仪同三司。平陈之役，护儿有功焉，进位上开府，赏物一千段。

十一年，高智慧据江南反，以子总管统兵随杨素讨之。贼据浙江岸为营，周亘百余里，船舰被江，鼓噪而进。护儿言于素曰："吴人轻锐，利在舟楫。必死之贼，难与争锋。公且严阵以待之，勿与接刃，请假奇兵数千，潜度江，掩破其壁，使退无所归，进不得战，此韩信破赵之策也。"素以为然。护儿乃以轻舸数百，直登江岸，袭破其营，因纵火，烟焰张天。贼顾火而惧，素因是动，一鼓破之。智慧将逃于海，护儿追至闽中，余党皆平。进位大将军，除泉州刺史，封襄阳县公，食邑一千户，赐物二千段、奴婢百人。护儿招怀初附，威惠兼奉。玺书劳问，前后相属。时智慧余党盛道延阻兵为乱，护儿又讨之。迁建州总管。又与蒲山公李宽讨平黟、歙逆党汪文进，进位柱国，封永宁郡公。文帝嘉其功，使画工图其像以进。十八年，诏追入朝，赐以宫女、宝刀、骏马、锦彩等物，仍留长子楷为千牛备身，使护儿还职。

仁寿初，迁瀛州刺史，以善政闻，频见劳勉。炀帝嗣位，被追入朝，百姓攀恋，累日不能出境，诣阙上书致请者，前后数百人。帝谓曰："昔国步未康，卿为名将，今天下无事，又为良二千石，可谓兼美矣。"仍除右骁卫大将军,寻迁左。又改上柱国为光禄大夫,徙右翊卫大将军,进封荣国公,恩礼隆密,朝臣无比。大业六年,车驾幸江都,谓护儿曰:"衣锦昼游,古人所重,卿今是也。"乃赐物二千段,并牛酒,令谒先人墓,宴乡里父老。仍令三品已上并集其宅,酣饮尽日,朝野荣之。

辽东之役,以护儿为平壤道行军总管,兼检校东莱郡太守,率楼船指沧海。入自浿水,去平壤六十里。高丽主高元扫境内兵以拒之,列阵数十里。诸将咸惧,护儿笑谓副将周法尚及军吏曰:"吾本谓其坚城清野以待王师,今来送死,当珍之而朝食。"高元弟建骁勇绝伦,率敢死数百人来致师。护儿命武贲郎将费青奴及第六子左千牛整驰斩其首,乃纵兵追奔,直至城下,俘斩不可胜计,因破其郭,营于城外,以待诸军。高丽昼闭城门,不敢出。会宇文述等众军皆败,乃旋军。以功赐物五千段,以第五子弘为杜城府鹰扬郎将,以先封襄阳公赐其子整。

明年,又出沧海道,师次东莱,会杨玄感反,进攻洛阳,护儿闻之,召裨将周法尚等议旋军讨逆。法尚等咸以无敕,不宜擅还,再三固执不从。护儿厉声曰:"洛阳被围,心腹之疾。高丽逆命,犹疥癣耳。公家之事,知无不为,专擅在吾,当不关诸人也。有沮议者,军法从事。"即日回军,令子弘及整驰驿奏闻。帝见弘等甚悦,曰:"汝父擅赴国难,乃诚臣也。"授弘通议大夫,整公路府鹰扬郎将,乃降玺书于护儿曰:"公旋师之时,是朕救公之日,君臣意合,远同符契。枭此元恶,期在不遥,勒名太常,非公而谁也!"于是护儿与宇文述破玄感于阌乡,斩平之。还,加开府仪同三司,赐物五千段、黄金千两、奴婢百人,赠父法敏东阳郡太守、永宁县公。

十一年,又率师渡海,破高丽奢卑等二城。高丽举国来战,护儿大破之。将趣平壤,高元震惧,使执叛臣斛斯政诣辽东城下请降。帝许之,诏护儿旋军。护儿集众军谓曰:"三度出兵,未能平贼。此还也,不可重来。今高丽困弊,野无青草,以我众战,不日克之。吾欲进兵,径围平壤,取其伪主,献捷而归也。"于是拜表请行,不肯奉诏。长史崔君肃固争之，以为不可。护儿曰："贼势破矣。吾在阃外，事合专决，宁征得高元，还而获谴，舍此成功，所不能矣。"君肃告众曰："若从元帅，违拒诏书，必当奏闻。"诸将惧，乃同劝还师，方始奉诏。及帝于雁门为突厥所围，将选精骑溃围而出，护儿及樊子盖并固谏，乃止。

十二年，驾幸江都，护儿谏曰："自皇家受命，将四十年，薄赋轻徭，户口滋殖。陛下以高丽逆命，稍兴军旅，百姓无知，易为咨怨，在外群丑，往往聚结，车驾游幸，深恐非宜。伏愿驻驾洛阳，与时休息，出师命将，扫清群丑，上禀圣算，指日克除。陛下今幸江都，是臣衣锦之地，臣荷恩深重，不敢专为身谋。"帝闻之，厉色而起，数日不得见。后怒解，方被引入，谓："公意乃尔，朕复何望！"护儿因不敢言。寻代宇文述为左翊大将军。

及宇文化及构逆，深忌之。是日旦将朝，见执。护儿曰："陛下今何在？"左右曰："今被执矣。"护儿叹曰："吾备位大臣，荷国重任，不能肃清凶逆，遂令王室至此，抱恨泉壤，知复何言！"乃遇害。

护儿重然诺，敦交契，廉于财利，不事产业。至于行军用兵，特多谋算，每览兵法，曰："此亦岂异人意也！"善抚士卒，部分严明，故咸得其死力。

子十二人，楷通议大夫，弘金紫光禄大夫，整左光禄大夫。整尤骁勇，善抚御，讨击群盗，所向皆捷。诸贼歌曰："长白山头百战场，十十五五把长枪。不畏官军千万众，只怕荣公第六郎。"至是，并遇祸，子侄死者十人，唯少子恒、济二人免。

樊子盖字华宗，庐江人也。祖道则，梁越州刺史。父儒，侯景之乱奔齐，位仁州刺史。

子盖仕齐，位东海北陈二郡太守、员外散骑常侍，封当阳侯。周武帝平齐，授仪同三司、郿州刺史。隋文帝受禅，以仪同领乡兵，后除枞阳太守。平陈之役，以功加上开府，改封上蔡县伯，辰、嵩、齐三州刺史，转循州总管，许以便宜从事。十八年，入朝，奏岭南地图，赐以良马杂物,加统四州,令还任所,遣光禄少卿柳謇之饯于灞上。

炀帝即位,转凉州刺史,改授银青光禄大夫、武威太守,以善政闻。大业三年,入朝,加金紫光禄大夫。五年,车驾西巡,将入吐谷浑。子盖以彼多瘴气,献青木香,以御雾露。及帝还,谓曰:"人道公清,定如此不?"子盖谢曰:"臣安敢清,止是小心不敢纳贿耳。"于是赐之口味百余斛,加右光禄大夫。子盖曰:"愿奉丹陛。"帝曰:"公侍朕则一人而已,委以西方,则万人之敌,宜识此心。"六年,帝避暑陇川宫,又云欲幸河西。子盖倾望銮舆,愿巡郡境。帝知之,下诏慰勉之。是岁,朝于江都宫,帝谓曰:"富贵不还故乡,真衣绣夜行耳。"因敕庐江郡设三千人会,赐米麦六千石,使谒坟墓,宴故老,当时荣之。还除户部尚书。时处罗可汗及高昌王款塞,复以子盖检校武威太守,应接二蕃。辽东之役,摄左武卫将军,出长岑道。后以宿卫不行。加左光禄大夫。其年,帝还东都,使子盖涿郡留守。九年,驾复幸辽东,命子盖东都留守。属杨玄感作逆,逼城,子盖遣河南赞务裴弘策逆击之,反为所败,遂斩弘策以徇。国子祭酒杨汪小不恭,子盖又将斩之。汪拜谢,顿首流血,久乃释免。于是三军莫不战栗,将吏无敢仰视。玄感每尽锐攻城,子盖徐设备御,至辄摧破。会来护等救至,玄感乃解去。子盖凡所诛杀万人。又检校河南内史。车驾至高阳,追诣行在所,帝劳之,以比萧何、寇恂,加光禄大夫,封建安侯,赐女乐五十人。谓曰:"朕遣越王留守东都,示以皇枝盘石,社稷大事,终以委公。特宜持重,戈甲五百人而后出,此勇夫重闭之义。无赖不轨者,便诛锄之,凡可施行,无劳形迹。今为公别造玉麟符,以代铜兽。"又指越、代二王曰:"今以二孙委公与卫文升耳。宜选贞良宿德有方幅者教习之。"于是赐以良田、甲第。

十年,驾还东都,帝谓子盖曰:"玄感之反,神明故以彰公赤心耳。析珪进爵,宜有令谟。"是日,进爵为济公,言其功济天下,特为立名,无此郡国也。后与苏威、宇文述陪宴积翠池,帝亲以金杯属子盖酒,曰:"良算嘉谋,俟公后动,即以此杯赐公,用为永年之瑞。"

十一年,从驾至雁门,为突厥所围。帝欲选精骑溃围出,子盖及来护谏，因垂泣："愿暂停辽东之役，以慰众望。圣躬亲出慰抚，厚为勋格，人心自奋，不足为忧。"帝从之。后援兵至，虏乃去。纳言苏威追论勋格太重，宜在斟酌子盖执奏不宜失信。帝曰："公欲收物情邪？"子盖默然不敢对。

从驾还东都。时绛郡贼敬槃陀、柴保昌等阻兵数万，汾、晋苦之，诏子盖进讨。时人物殷阜，子盖善恶无所分别，汾水北村坞尽焚之。百姓大骇，相率为盗。其归首者，无少长悉坑之。拥数万众，经年不能破贼，诏征还。又将兵击宜阳贼，以疾停，卒于东京。上悲伤者久之，顾黄门侍郎裴矩曰："子盖临终何语？"矩曰："子盖病笃，深恨雁门之耻。"帝闻之叹息，令百官就吊，赠开府仪同三司，谥曰景。会葬万余人。武威人吏闻其死，莫不嗟痛，立碑颂德。

子盖无他权略，在军持重，未尝负败，莅官明察，下莫敢欺。严酷少恩，果于杀戮，临终之日，见断头鬼前后重沓，为之厉云。

周罗睺字公布，九江寻阳人也。父法暠，仕梁，至南康内史、临蒸县侯。

罗睺年十五，善骑射，好鹰狗、任侠放荡，收聚亡命，阴习兵书。从祖景彦诫之曰："吾世恭谨，汝独放纵，若不丧身，必将灭吾族。"罗睺终不改。仕陈，为句容令。后从大都督吴明彻与齐师战于江阳，为流矢中左目。齐师之围明彻于宿预也，诸军相顾，莫有斗心。罗睺跃马突进，莫不披靡。太仆卿萧摩诃副之，斩首不可胜计。进师徐州，与周将梁士彦战于彭城，摩诃临阵堕马，罗睺进救之于重围之内，勇冠三军。明彻之败，罗睺全众而归。后以军功除右军将军，封始安县伯，总检校扬州中外诸军事。赐金银三千两，尽散之将士，分赏骁雄。陈宣帝深叹美之。出为晋陵太守，进爵为侯。后除使持节、都督豫章十郡诸军事、豫章内史。狱讼庭决，不关吏手，人怀其惠，立碑颂德。

至德中，除持节、都督南川诸军事。江州司马吴世兴密奏罗睺甚得人心，拥众岭表，意在难测。陈主惑焉。萧摩诃、鲁广达等保明之。外有知者，或劝其反，罗睺拒绝之。还除太子左卫率，信任愈重，时参宴席。陈主曰："周左率武将，诗每前成，文士何为后也？"都官尚书孔范曰："周罗睺执笔制诗，还如上马入阵，不在人后。"自是益见亲礼。

　　及隋伐陈，罗睺都督巴峡缘江诸军事以拒秦王俊。及陈主被禽，上江犹不下，晋王广遣陈主手书命之。罗睺与诸将大临三日，放兵士散，然后乃降。文帝慰喻之，许以富贵。罗睺垂泣对曰："本朝沦亡，臣无节可纪。陛下所赐，获全为幸，富贵荣禄，非臣所望。"帝甚器之。贺若弼谓曰："闻公郢、汉捉兵，即知杨州可得。王师利涉，果如所量。"罗睺答曰："若得与公周旋，胜负未可知也。"其年秋，拜上仪同三司，鼓吹送之丁宅。先是，陈裨将羊翔归降，使为乡导，位至开府，班在罗睺上。韩禽于朝堂戏之曰："不知机变，位在羊翔下。"罗睺答曰："昔在江南，久承令问，谓公天下节士。今日所言，殊匪人臣之论。"禽有愧色。历幽、泾二州刺史，并有能名。

　　开皇十八年，征辽东，征为水军总管。自东莱泛海趣平壤城，遭风，船多漂没，无功而旋。十九年，突厥达头可汗犯塞，从杨素致讨，罗睺先登，大破之。进大将军。仁寿元年，入为东宫右虞候率，赐爵义宁郡公。转右卫率。

　　炀帝即位，授右武候大将军，副杨素讨平汉王谅，进授上大将军。及陈主卒，罗睺请一临哭，帝许之。衰经送至墓，葬还，释服而后入朝。帝甚嘉尚之，世论称其有礼。时谅余党据绛、晋等三州未下，诏罗睺行晋、绛、吕三州诸军事，进兵围之。中流矢，卒。送枢还京，行数里，无故舆马自止，策之不动，有飘风旋绕焉。绛州长史郭雅稽首咒曰："公恨小寇未平邪？寻即除殄，无为恋恨。"是时风静马行，见者莫不悲叹。其年七月，子仲隐梦罗睺曰："我明日当战。"其灵坐所有弓箭刀剑无故自动，若人带持之状。绛州城陷，是其日也。赠柱国、右翊卫大将军，谥曰壮。子仲安，位上开府。

　　周法尚字德迈，汝南安成人也。祖灵起，梁庐、桂二州刺史。父昃,定州刺史、平北将军。

　　法尚少果劲,有风概,好读兵书。其父卒后,监定州事,督父本兵。数有战功,为散骑常侍,领齐昌郡事,封山阴县侯。既而其兄武昌县公法僧代为定州刺史。法尚与长沙王叔坚不相能,叔坚言其将反。陈宣帝执禁法僧,发兵欲取法尚。其下将吏皆劝之归北,法尚未决。长史殷文则曰:“乐毅所以辞燕,良不获已也。”法尚遂归周,拜开府、顺州刺史,封归义县公,赐良马五匹、女妓六人、彩物五百段,加以金带。陈将樊猛济江讨之,法尚遣部曲督韩朗诈为背己奔陈,伪告猛曰:“法尚部兵不愿降北,若得军来,必无斗者。”猛引师急进。法尚设奇兵,大败之,猛仅以身免。

　　隋文帝为丞相,司马消难作乱,阴遣上开府段珣攻围之。外无救援,法尚弃城走。消难虏其母弟及家累三百人归陈。及文帝受禅,拜巴州刺史,破三鸦叛蛮,复从柱国王谊击走陈寇。迁衡州总管,改封谯郡公。后上幸洛阳,召之,赐金钿酒钟一双、彩五百段,良马十五匹、奴婢三百口,给鼓吹一部。法尚固辞,上曰:“公有大功于国,特给鼓吹者,欲公卿知朕之宠公也。”转黄州总管,使经略江南。及伐陈之役,以行军总管隶秦孝王。转鄂州刺史,迁永州总管,安集岭南,仍给黄州兵三千五百人为帐内。前后赏赐甚厚。转桂州总管,仍岭南道安抚大使。后数年入朝,以本官宿卫。未几,桂州人李光仕反,令法尚与上柱国王世积讨之。法尚发岭南兵,世积征岭北军,俱会尹州。世积所部多遇瘴,不能进,顿于衡州。法尚独讨之,捕得其弟光略、光度,追斩光仕,平之。仁寿中,遂州獠叛,复以行军总管讨平之。巂州乌蛮反,诏法尚便道讨击破之。军还,检校潞州事。

　　炀帝嗣位,转云州刺史,迁定襄太守,进金紫光禄大夫。时帝幸榆林,法尚朝于行宫。内史令元寿言于帝曰:“汉武出塞,旌旗千里。今御营外,请分为二十四军,日别遣一军发,相去三十里,旗帜相望,钲鼓相闻,首尾连注,千里不绝。”法尚曰:“兵亘千里,动间山谷,卒有不虞,四分五裂,腹心有事,首尾未知。虽有故事,此取败道也。”帝不怿曰:“卿以为如何?”法尚曰:“请为方陈,四面外拒,六宫及百官家口并住其间。若有变，当头分抗，车为壁垒，重设钩陈，此与据城何异？臣谓牢固万全策也。”帝曰：“善。”因拜左武卫将军。

明年，黔安夷尚思多反，杀将军鹿愿，围太守萧造。法尚与将军李景分路讨之，法尚破思多于清江。及还，从讨吐谷浑，别出松州道，逐捕亡散，至于表海。出为敦煌太守，迁会宁太守。

辽东之役，以舟师指朝鲜道。会杨玄感反，与宇文述、来护等破之。以功进授左光禄大夫。时齐郡人王薄、孟让等为盗，保长白山，法尚频击破之。明年，复临沧海，在军遇疾卒。赠武卫大将军，谥曰僖。有子六人，绍范最知名。

卫玄字文升，河南洛阳人也。祖悦，魏司农卿。父𪩘，侍中、左武卫大将军。

玄少有器识，周武帝在藩，引为记室。迁给事上士，袭爵兴势公。武帝亲总万机，拜益州总管长史，赐以万钉宝带。稍迁开府仪同三司、太府中大夫，摄内史事，仍领京兆尹，称为强济。

隋文帝作相，检校熊州事。及受禅，迁淮州总管，进封同轨郡公。坐事免。未几，拜岚州刺史。会起长城之役，诏玄监督之。后为卫尉少卿。仁寿初，山獠作逆，以玄为资州刺史以镇抚之。玄既到官，时獠攻围太牢镇，玄单骑造其营，谓群獠曰：“我是刺史，衔天子诏安养汝等，汝等勿惊。”诸贼莫敢动。于是说以利害，渠帅感悦，解兵归附者十余万口。文帝大悦，赐缣二千匹，除遂州总管，仍令剑南安抚。

炀帝即位，复征为卫尉卿。夷獠攀恋，数百里不绝。及与之决，并挥涕而去。迁工部尚书。后拜魏郡太守，尚书如故。未几，拜右候卫大将军，检校左候卫事。转刑部尚书。辽东之役，检校右御卫大将军，帅师出增地道。时诸军多不利，玄独全众而还。拜金紫光禄大夫。

九年，驾幸辽东，使玄与代王侑留守京师，拜为京兆内史，尚书如故，许以便宜从事，敕代王待以师傅礼。会杨玄感围东都，玄率步骑七万援之。至华阴,掘杨素冢,焚其骸骨,夷甚茔域,示士卒以必死。既出潼关,议者恐崤函有伏兵,请于陕县沿流东下,直趋河阳,以攻其背。玄曰:"此计非竖子所及也。"乃鼓行而进。既度函谷,卒如所量。乃遣武贲郎将张峻为疑军于南道,玄以大兵直趋城北。玄感逆拒之,且战且行,屯军金谷。于军中扫地而祭文帝曰:"若社稷灵长,宜令丑徒冰碎;如或大运去矣,幸使老臣先死。"词气激扬,三军莫不涕咽。时众寡不敌,与贼频战不利,死伤太半。玄苦战,贼稍却,进屯北芒。会宇文述、来护等援兵至,玄感西遁。玄遣通议大夫斛斯万善、监门直阁庞玉前锋追之,及于阌乡,与宇文述等合击破之。车驾至高阳,征诣行在所。帝劳之曰:"社稷臣也。使朕得无西顾之忧。"进右光禄大夫,赐以良田、甲第,资物钜万。还镇京师,帝谓曰:"关右之任,一委于公。公安,社稷乃安;公危,社稷亦危。出入须有兵卫,坐卧恒宜自牢也。今特给千兵,以充侍从。"与樊子盖俱赐以玉麟符,以代铜兽。

十一年,诏玄抚关中。时盗贼蜂起,百姓饥馑,玄竟不能救恤,而官方坏乱,货贿公行。自以年老,上表乞骸骨,帝遣内史舍人封德彝驰喻之曰:"京师国本,宗庙园陵所在,藉公卧以镇之。"玄乃止。义师入关,自知不能守,忧惧称疾,不知政事。城陷,归于家。义宁中,卒。

子孝则,位通事舍人、兵部承务郎。卒。

刘权字世略,彭城丰人也。祖轨,齐罗州刺史。

权少有侠气,重然诺,藏亡匿死,吏不敢过门。后更折节好学,动循法度。仕齐,位行台郎中。齐亡,周武帝以为假淮州刺史。开皇中,以车骑将军领乡典。后从晋王广平陈,进授开府仪同三司。宋国公贺若弼甚礼之。十二年,拜苏州刺史。赐爵宋城县公。时江南初平,权抚以恩信,甚得人和。炀帝嗣位,拜卫尉卿,进位银青光禄大夫。

大业五年,从征吐谷浑,权出伊吾道,遂贼至青海,乘胜至伏俟城。帝复令权过曼头、赤水,置河源郡、积石镇,大开屯田,留镇西境。在边五年,诸羌怀附,贡赋岁入,吐谷浑余烬还遁,道路无壅。征拜司农卿,加金紫光禄大夫。

寻为南海太守。行至鄱阳,会群盗起,不得进,诏权召募讨之。权率兵遇贼,不战,先乘单舸诣贼营,说以利害。群贼感悦,一时降附。帝闻而嘉之。及至南海,甚有异政。数岁,遇盗贼群起,群豪多愿推权为首,权竟固守以拒之。子世彻又密遣人赍书诣权,称四方扰乱,讽令举兵。权召集佐寮,对斩其使,竟无异图,守之以死。卒官。

世彻倜傥不羁,颇为时人所许。大业末,群雄并起,世彻所至处辄见忌,多拘禁之。后竟为兖州贼帅徐圆朗所杀。权从叔烈,字子将,美容仪,有器局,位鹰扬郎将。有子德威,知名于世。

李景字道兴,天水休官人也。父超,周应、戎二州刺史。

景容貌奇伟,膂力过人,美髯须,骁勇善射。平齐之役,颇有功,授仪同三司。后以平尉迟迥,进位开府,赐爵平寇县公。隋开皇九年,以行军总管从王世积伐陈,以功进上开府。及高智慧等反,复以行军总管从杨素击之,还授鄜州刺史。十七年,辽东之役,为马军总管。及还,配事汉王。文帝奇其壮武,使袒而观之,曰:“卿相表当位极人臣。”寻从史万岁击突厥于太斤山,别路邀贼,大破之。后与上明公杨纪送义城公主于突厥,至恒安,遇突厥来寇。时代州总管韩洪为虏所败,景率所领数百人力战三日,杀虏甚众。改授韩州刺史,以事王故,不之官。

仁寿中,检校代州总管。汉王谅作乱,景发兵拒之。谅频遣刘嵩、乔钟葵等攻之,景率士卒殊死战,屡挫贼锋。司马冯孝慈、司法参军吕玉并骁勇善战,仪同三司侯莫陈乂多谋画,工拒守之术。景推诚此三人,无所关预,唯在阁持重,时出抚循而已。及朔州总管杨义臣援兵至,合击大破之。先是,府内井中甃上生花如莲,并有龙见,时变为铁马甲士。又有神人长数丈见城下,迹长四尺五寸。景问巫者,巫者曰:"此不祥之物,来食血耳。"景大怒推出之。旬日而兵至,死者数万。景寻被征,进柱国,拜右武卫大将军,赐女乐一部,加以珍物。

景智略非所长,而忠直为时所许,帝甚信之。又击破叛蛮向思多。明年,击吐谷浑于青海,破之,进位光禄大夫。五年,车驾西巡,至天水,景献食于帝。帝曰:"公主人也。"赐坐齐王暕上。至陇川宫,帝将大猎,景与左武卫大将军郭衍俱有难色,为人奏,帝大怒,令操之,竟以坐免。岁余,复位,与宇文述等参掌选举。明年,攻高丽武列城,破之,赐爵苑丘侯。八年,出浑弥道。九年,复出辽东。及旋,使景殿,高丽追兵大至,景击走之。进爵滑国公。杨玄感之反,朝臣子弟多预焉,景独无关涉。帝曰:"公诚直天然,我梁栋也。"赐以美女。帝每呼李大将军而不名,见重如此。

十二年,帝令景营辽东战具于北平,赐御马一匹,名师子骢。于时盗贼蜂起,景遂召募,以备不虞。武贲郎将罗艺与景有隙,诬景将反。帝遣其子慰谕曰:"纵人言公窥天阙,据京都,吾无疑也。"后为高开道所围,独守孤城,士卒患脚肿死者十六七,景抚循之,一无离叛。辽东军资多在其所,粟帛山积,景无所私焉。及帝崩于江都,辽西太守邓暠救之,遂归柳城。将还幽州,遇贼见害。契丹、靺鞨素感其恩,闻之莫不流涕,幽、燕人士,于今伤惜之。子世谟。

薛世雄字世英,本河东汾阴人也。其先寓居敦煌。父回,字道弘,仕周,位泾州刺史。开皇初,封舞阴郡公,领漕渠监。

世雄儿童时与群辈戏,辄书地为城郭,令诸儿为攻守势,不从令者辄挞之,诸儿畏惮,莫不齐整。其父见而奇之,谓人曰:"此儿当兴吾家。"年十七,从周武帝平齐,以功拜帅都督。隋开皇中,累迁右亲卫车骑将军。

炀帝嗣位,为右监门郎将。从征吐谷浑,进位通议大夫。世雄性廉慎,行军破敌之处,秋毫无犯,帝由是嘉之。帝尝谓群臣曰:"欲举好人,诸君识否?"咸曰:"不测圣心。"帝曰:"我欲举薛世雄。"群臣皆称善。于是超拜右翊卫将军。岁余,为玉门道行军大将军,与突厥启人可汗连兵击伊吾。师次玉门,启人背约,兵不至。世雄孤军度碛。伊吾惧,请降。世雄遂于汉旧伊吾城东筑城,号新伊吾,留银青光禄大夫王威镇之而还。进位正议大夫。

辽东之役,为沃沮道军将,与宇文述同败绩于平壤。还次白石山,为贼所围百余重,四面矢下如雨。世雄以羸师为方阵,选劲骑二百纵击,破之而还。所亡失多,竟坐免。明年,帝复征辽东,拜右候卫将军,兵指蹋顿道。军至乌骨城,会杨玄感反,班师。帝至柳城,以世雄为东北道大使,行燕郡太守,镇怀远。

十年,复从帝至辽东,迁左御卫大将军,仍领涿郡留守。未几,李密逼东都,诏世雄率幽、蓟精兵将击之。次河间,营于城南,窦建德率精锐数百,夜来袭之。大败。世雄与左右数十骑遁入河间城,惭恚发病,归涿郡,卒。

子万述、万淑、万钧、万彻、万备,并以骁武知名。

论曰:段文振有周之日,早以武毅见知,隋氏之初,又以干力受委,任兼文武,称为谅直。其高位厚秩,非虚致也。来护幼怀倜傥,猛概抑扬,晚致勤王,驱驰毕力。楼船制胜,扫勍敌如拾遗;阌乡讨乱,剪凶魁如摧朽。位班上将,显居大国,道消进难,忠至不渝,惜矣!子盖雅有干局,质性方严,见义而勇,临机能断,保全邦邑,勤亦懋哉!罗睺忠亮之性,所在称重,送往之节,义感人臣,死而有知,乃结草之义。法尚征伐四夷,亦足嘉焉。文升东都解围,颇亦宣力,西京居守,政以贿成,鄙哉,鄙哉,夫何足数!刘权淮楚旧族,雄名早著,时逢扰攘,任等尉佗,遂能拒子邪言,足验诚臣之节。李、薛并以骁武之用,当于有事之秋,致兹富贵,可谓自取。时迍遭颠,良有命乎!

北史卷七七
列传第六五

裴政　李谔　鲍宏　高构
荣毗　陆知命　梁毗　柳彧
赵绰　杜整

裴政字德表，河东闻喜人也。祖邃，父之礼，并《南史》有传。

政幼聪明，博闻强记，达于从政，为当世所称。仕梁，以军功封为夷陵侯，给事黄门侍郎。及魏国围荆州，政在外见获，萧詧谓政曰：“我，武皇帝之孙，不可为尔君乎？尔何烦殉身于七父。若从我计，则贵及子孙，不然，分腰领矣。”锁之，送至城下，使谓元帝曰：“王僧辩闻台城破，已自为帝。王琳孤弱，不能复来。”政许之。既而告城中曰：“援兵大至，吾以间使被禽，当以碎身报国。”监者击其口，终不易辞。詧怒，命趣行戮。蔡大业谏曰：“此人之望也，杀之，则荆州不可下。”因得释。会江陵平，与城中朝士俱送京师。

周文闻其忠，授员外散骑侍郎，引入相府。命与卢辩依《周礼》建六官，并撰次朝仪，车服器用，多遵古礼，革汉、魏之法，事并施行。寻授刑部下大夫，转少司宪。政明习故事，又参定周律。能饮酒，至数斗不乱。簿案盈几，剖决如流，用法宽平，无有冤滥。囚徒犯极刑者，乃许其妻子入狱就之，至冬，将行决，皆曰：“裴大夫致我于死，死无所恨。”又善钟律，尝与长孙绍远论乐，事在《绍远传》。

隋开皇元年，为率更令，加上仪同三司。诏与苏威等修定律令。

采魏、晋刑典，下至齐、梁，沿革轻重，取其折衷。同撰著者十余人，凡疑滞不通，皆取决于政。进位散骑常侍，转左庶子。多所匡正，见称纯悫，东宫凡有大事，皆以委之。右庶子刘荣，性甚专固。时武职交番，通事舍人赵元恺作辞见帐，未及成。太子再二催促，荣令元恺口奏，不须造帐。及奏，太子问：“名帐安在？”元恺云：“禀承刘荣，不听造帐”。太子即以诘荣，荣便拒讳，太子付政推问。未及奏状，阿附荣者先言于太子曰：“政欲陷荣，推事不实。”太子召责之，政曰：“凡推事有两，一察情，一据证，审其曲直，以定是非。臣察荣位高任重，纵实语元恺，盖是纤介之愆，计不须讳。又察元恺，受制于荣，岂敢以无端之言妄相黜累。二人之情，理正相似。元恺引左卫率崔蒨等证，蒨款状悉与元恺符同。察情既敌，须以证定。臣谓荣语元恺非虚。”太子亦不罪荣，而称政平直。

政好面折人短，而退无后言。时云定兴数入侍太子，为奇服异器，进奉后宫，又缘女宠，来往无节。政数切谏，太子不纳。政谓定兴曰：“公所为不合礼度。又元妃暴薨，道路籍籍，此于太子非令名也。愿公自引退，不然将及祸。”定兴怒，以告太子，太子益疏政。

由是出为襄州总管，妻子不之官，所受秩奉，散给僚吏。人犯罪者，阴悉知之，或竟岁不发，至再三犯，乃因都会于众中召出，亲案其罪，五人处死，流、徙者甚众。合境惶慑，令行禁止，称为神明。尔后不修图圉，殆无诤讼。卒于官。著《承圣实录》十卷。及太子废，文帝追忆之曰：“向遣裴政、刘行本在，共匡弼之，犹应不令至此。”

子南金，位膳部郎，学涉有文藻，以轻财贵义称。

李谔字士恢，赵郡人也。博学解属文。仕齐，为中书舍人，有口辩，每接对陈使。周平齐，拜天官都上士。谔见隋文帝有帝王志操，深自结纳。及帝为丞相，甚见亲待，访以得失。时兵革屡动，国用虚耗，谔上《重谷论》以讽焉。帝纳之。及受禅，历比部、考功二曹侍郎，赐爵南和伯。谔性公方，明时务。迁书侍御史。上谓群臣曰：“朕昔为大司马，每求外职，李谔陈十二策，苦劝不许，朕遂决意在内。今此事业，谔之力也。"赐物二千段。

谔见礼教雕弊，公卿薨亡，其爱妾侍婢，子孙辄嫁卖之，遂成风俗。乃上书曰："臣闻追远慎终，人德归厚，三年无改，方称为孝。如闻大臣之内，有父祖亡没，日月未久，子孙无赖，引其妓妾，嫁卖取财。有一于此，实损风化。妾虽微贱，亲承衣履，服斩三年，古今通式。岂容遽褫衰绖，强傅铅华，泣辞灵几之前，送付他人之室？凡在见者，犹致伤心，况乎人子，能堪斯忍！复有朝廷重臣，位望通贵，平生交旧，情若弟兄。及其亡没，杳同行路，朝闻其死，夕规其妾，方便求娉，以得为限。无廉耻之心，弃友朋之义。且居家理务，可移于官，既不正私，何能赞务？"上览而嘉之。五品已上妻妾不得改醮，始于此也。

谔又以时文体尚轻薄，流宕忘反，上书曰：

臣闻古先哲王之化人也，必变其视听，防其嗜欲，塞其邪放之心，示以淳和之路。五教六行，为训人之本，《诗》、《书》、《礼》、《易》，为道义之门。故能家复孝慈，人知礼让，正俗调风，莫大于此。其有上书献赋，制诔镌铭，皆以褒德序贤，明勋证理。苟非惩劝，义不徒然。

降及后代，风教渐落。魏之三祖，更尚文词，忽君人之大道，好雕虫之小艺。下之从上，有同影响，竞骋文华，遂成风俗。江左齐、梁，其弊弥甚，贵贱贤愚，唯务吟咏。遂复遗理存异，寻虚逐微，竞一韵之奇，争一字之巧。连篇累牍，不出月露之形，积案盈箱，唯是风云之状。世俗以此相高，朝廷据兹擢士。禄利之路既开，爱尚之情愈笃。于是闾里童昏，贵游总丱，未窥六甲，先制五言。至如羲皇、舜、禹之典，伊、傅、周、孔之说，不复关心，何尝入耳。以傲诞为清虚，以缘情为勋绩，指儒素为古拙，用词赋为君子。故文笔日繁，其政日乱，良由弃大圣之轨模，构无用以为用也。捐本逐末，流遍华壤，递相师祖，久而愈扇。

及大隋受命，圣道聿兴，屏黜浮词，遏止华伪。自非怀经抱质,志道依仁,不得引预搢绅,参厕缨冕。开皇四年,普诏天下,公私文翰,并宜实录。其年九月,泗州刺史司马幼之文表华艳,付所司推罪。自是公卿大臣咸知正道,莫不钻仰坟素,弃绝华绮,择先王之令典,行大道于兹世。

如闻外州远县,仍踵弊风,选吏举人,未遵典则。宗党称孝,乡曲归仁,学必典谟,交不苟合,则摈落私门,不加收齿;其学不稽古,逐俗随时,作轻薄之篇章,结朋党而求誉,则选充吏职,举送天朝。盖由县令、刺史,未行风教,犹挟私情,不存公道。臣既忝宪司,职当纠察。若闻风即劾,恐挂网者多,请勒有司,普加搜访,有如此者,具状送台。

谞又以当官者好自矜伐,复上奏具陈其弊,请加罪黜,以惩风轨。上以谞前后所奏颁示天下,四海靡然向风,深革其弊。谞在职数年,务存大体,不尚严猛,由是无刚謇之誉,而潜有匡正之志。

邳公苏威以临道店舍,乃求利之徒,事业污杂,非敦本之义。遂奏约遣归农。有愿依旧者,在所州县,录附市籍,仍撤毁旧店,并令远道,限以时日。时逢冬寒,莫敢陈诉。谞因别使,见其如此,以农工有业,各附所安,逆旅之与旗亭,自古非同一概,即附市籍,于理不可。且行旅之所依托,岂容一朝而废?徒为劳扰,于事非宜。遂专决之,并令依旧。使还诣阙,然后奏闻。文帝善之曰:"体国之臣,当如此矣。"

以年老,出拜通州刺史,甚有惠政,人夷悦服。卒官。

四子。世子大方袭爵,最有才器。大业初,判内史舍人。次大体、大钧,并位尚书郎。

鲍宏字润身,东海郯人也。父机,以才学知名。仕梁,位书侍御史。

宏七岁而孤,为兄泉之所爱育。年十二,能属文,尝和湘东王绎诗,绎嗟赏不已,引为中记室。累迁通直散骑侍郎。江陵平,归于周,明帝甚礼之,引为麟趾殿学士。累迁遂伯下大夫。与杜子晖聘陈,谋伐齐，遂出兵度江以侵齐。帝尝问宏取齐策，宏以为"先皇往日，出师洛阳，彼有其备，每不克捷。如臣计者，进兵汾、潞，直掩晋阳，出其不虞，以为上策。"帝从之。及定山东，除小御正，赐爵平遥县伯，加仪同。

隋文帝作相，奉使山南。会王谦举兵于蜀，路次潼州，为谦将达奚惎所执，逼送成都，竟不屈节。谦败，驰传入京，文帝嘉之，赐以金带。及受禅，加开府，进爵为公。历利、邛二州刺史，秩满还京。时有尉义臣者，其父崇不从尉迟迥，后复与突厥战死。上嘉之，将赐姓金氏，访及群下。宏曰："昔项伯不同项羽，汉高赐其姓刘氏，秦真父能死难，魏武赐姓曹氏。请赐以皇族。"帝曰："善。"因赐义臣姓杨。

后授均州刺史，以目疾免，卒于家。

初，周武帝敕宏修《皇室谱》一部，分为《帝绪》、《疏属》、《赐姓》三篇。有集十卷，行于世。

高构字孝基，北海人也。性滑稽多智，辩给过人，好读书，工吏事。仕齐，历兰陵、平原二郡太守。齐灭，周武帝以为许州司马。

隋文帝受禅，累迁户部侍郎。时内史侍郎晋平东与兄子长茂争嫡。尚书省不能断，朝臣三议不决。构断而合理，上以为能，召入内殿，劳之曰："我闻尚书郎上应列宿，观卿才识，方知古人之言信矣。嫡庶者，礼教之所重，我读卿判数遍，词理惬当，意所不能及也。"赐米百石。由是知名。

冯翊武乡女子焦氏既哑又聋，嫁之不售。尝樵菜于野，为人所犯而有孕，遂生一男。年六岁，莫知其姓，于是申省。构判曰："母不能言，穷究理绝。案《风俗通》，姓有九种，或氏于爵，或氏所居。此儿生在武乡，可以武为姓。"寻迁雍州司马，以明断见称。岁余，转吏部侍郎，号为称职。复徙雍州司马，坐事左转盩厔令，甚有能名。上善之，复拜雍州司马。仁寿初，又为吏部侍郎，以公事免。

炀帝立，召令复位。时为吏部者多以不称去职，唯构最有能名，前后典选之官，皆出其下。时人以构好剧谈，颇谓轻薄，然其内怀方雅，特为吏部尚书牛弘所重。后以老病解职，弘时典选，凡将有所擢用，辄遣人就第问其可不。河东薛道衡才高当世，每称构有清鉴，所为文笔，必先以草呈构而后出之。构有所诋诃，道衡未尝不嗟伏。大业七年，终于家。所举荐杜如晦、房玄龄等，后皆自致公辅，论者称构有知人之鉴。

开皇中，昌黎豆卢实为黄门侍郎，称为慎密。河东裴术为右丞，多所纠正。河内士燮、平原东方举、安定皇甫聿道，俱为刑部，并执法平允。京兆韦焜为户部郎，屡进谠言。南阳韩则为延州，甚有惠政。此等事行遗阙，皆有吏干，为当时所称。

荣毗字子谌，北平无终人也。父权，魏兵部尚书。

毗少刚鲠，有局量，涉猎群言。仕周，位内史下士。隋开皇中，累迁殿内局监。时以华阴多盗贼，妙选长史，杨素荐毗为华州长史，世号为能。素之田宅，多在华阴，左右放纵，毗以法绳之，无所宽贷。毗因朝集，素谓之曰："素之举卿，适以自罚也？"毗答曰："奉法一心者，但恐累公所举。"素笑曰："前言戏耳。卿之奉法，素之望也。"时晋王在扬州，每令人密觇京师消息，遣张衡于路次往往置马坊，以畜牧为辞，实给私人也。州县莫敢违，毗独遏绝其事。上闻而嘉之，赍绢百匹，转蒲州司马。

汉王谅之反也，河东豪杰以城应谅。刺史丘和觉变，遁归关中。长史渤海高义明谓毗曰："河东国之东门，若失之，则为难不细。城中虽复匈匈，非悉反也。但收桀黠者十余人斩之，自当立定耳。"毗然之。义明驰马追和，将与协计。至城西门，为渤海所杀，毗亦被执。及谅平，拜书侍御史，帝谓曰："今日之举，马坊之事也。无改汝心。"帝亦敬之。毗在朝侃然正色，为百僚所惮。后以母忧去职。岁余，起令视事。寻卒官。赠鸿胪少卿。

毗兄建绪，性甚亮直，兼有学业。仕周，为载师下大夫、仪同三司。及平齐之始，留镇邺城，因著《齐纪》三十卷。建绪与文帝有旧，及为丞相，加位开府，拜息州刺史。将之官，时帝阴有禅代之计，因谓建绪曰:"且踌躇,当共取富贵耳。"建绪自以周之大夫,因义形于色曰:"明公此旨,非仆所闻。"帝不悦。建绪遂行。开皇初来朝,上谓之曰:"卿亦悔不?"建绪稽首曰:"臣位非徐广,情类杨彪。"上笑曰:"朕虽不解书语,亦知卿此言不逊也。"兼始、洪二州刺史,俱有能名。

陆知命字仲通,吴郡富春人也。父敳,陈散骑常侍。

知命性好学,通识大体,以贞介自持。仕陈,为太学博士、南狱正。及陈灭,归于家。会高智慧等作乱于江左,晋王广镇江都,以其三吴之望,召令讽谕反者。以功拜仪同三司,赐以田宅,复用其弟恪为沔阳令。知命以恪非百里才,上表陈让,朝廷许之。时见天下一统,知命诣朝堂上表,请使高丽以宣示皇风,使彼君臣面缚阙下。书奏,天子异之。岁余,授普宁镇将。人或言其正直者,由是待诏于御史台。

炀帝嗣位,拜书侍御史,侃然正色,为百僚所惮。帝甚敬之。后坐事免。岁余,复职。时齐王暕颇骄纵,昵近小人,知命奏劾之,暕竟得罪,百僚震栗。辽东之役,为东暆道受降使者,卒于师。赠御大夫。

梁毗字景和,安定乌氏人也。祖越,魏泾、豫、洛三州刺史,邰阳县公。父茂,周沧、兖二州刺史。

毗性刚謇,颇有学涉。仕周,累迁布宪下大夫。宣政中,封易阳县子,迁武藏大夫。隋文帝受禅,进爵为侯。开皇初,以鲠正,拜书侍御史,名为称职。转大兴令,迁雍州赞务。

毗既出宪司,复典京邑,直道而行,无所回避,颇失权贵心,由是出为西宪州刺史,改封邯郸县侯。在州十一年。

先是,蛮夷酋长皆服金冠,以金多者为豪俊,由是递相陵辱,每寻干戈,边境略无宁岁。毗患之,后因诸酋长相率以金遗之,于是置金座侧,对之恸哭,谓曰:"此饥不可食,寒不可衣,汝等以此相灭。

今将此来，欲杀我邪！”一无所纳，悉以还之。于是蛮夷感悟，遂不相攻。文帝闻而善之，征为散骑常侍、大理卿。处法平允，时人称之。岁余，进位上开府。

毗见左仆射杨素贵重擅权，百僚震慑，恐为国患，因上封事曰："窃见左仆射越国公素，幸遇愈重，权势日隆，所私皆非忠谠，所进咸是亲戚，子弟布列，兼州连县。天下无事，容息奸图，四海稍虞，必为祸始。夫奸臣擅命，有渐而来。王莽资之于积年，桓玄基之于易世，而卒殄汉祀，终倾晋祚。陛下若以素为阿衡，臣恐其心未必伊尹也。"帝大怒，命有司禁止，亲自诘之。毗极言曰："素既擅权宠，作威作福，将领之处，杀戮无道。又太子、蜀王罪废之日，百僚无不震悚，唯素扬眉奋肘，喜见容色，利国家有事以为身幸。"毗发言謇謇，有诚亮之节，帝无以屈也，乃释之。素自此恩宠渐衰。但素任寄隆重，多所折挫，当时朝士无不慑伏；有敢与相是非，辞气不挠者，蜀毗与柳彧及尚书左丞李纲而已。后上不复专委于素，盖由察毗之言。

炀帝即位，迁刑部尚书，并摄御史大夫事。奏劾宇文述私役部兵，帝议免述罪，毗固争，因忤旨，遂令张衡代为大夫。毗忧愤卒。帝令吏部尚书牛弘吊之。

子敬真，位大理司直。时炀帝欲成光禄大夫鱼俱罗罪，令敬真案其狱，遂希旨陷之极刑。未几，敬真有疾，见俱罗为祟而死。

柳彧字幼文，河东解人也。世居襄阳。父仲礼，《南史》有传。仲礼，梁败见囚于周，复家河东。

彧少好学，颇涉经史。周大冢宰宇文护引为中外府记室，久而出为宁州总管掾。武帝亲总万机，彧诣阙求试。帝异之，以为司武中士。转郑令。平齐之后，帝赏从官，留京者不预。彧上表曰："今太平告始，信赏宜明，酬勋报劳，务先有本。屠城破邑，出自圣规，斩将搴旗，必由神略。若负戈擐甲，征捍勋劳。至于镇抚国家，宿卫为重。俱禀成算，非专己能，留从事同，功劳须等。"于是留守并加品级。

隋文帝受禅，历尚书虞部、屯田二侍郎。时制三品已上，门皆列戟。左仆射高颎子弘德封应国公，申牒请戟。彧判曰："仆射之子更不异居，父之戟槊已列门外，尊有厌卑之义，子有避父之礼，岂容外门既设，内阁又施？"事竟不行。颎闻而叹伏。后迁书侍御史，当朝正色，甚为百僚敬惮。上嘉其婞直，谓曰："大丈夫当立名于世，无容容而已。"赐钱十万、米百石。

时刺史多任武将，类不称职，彧上表曰："伏见诏书以上柱国和干子为杞州刺史，其人年垂八十，钟鸣漏尽。前在赵州，暗于职务，政由群小，贿赂公行。百姓吁嗟，歌谣满道，乃云'老禾不早杀，余种秽良田。'古人云：'耕当问奴，织当问婢。'此言各有所能也。干子弓马武用，是其所长；临人莅职，非其所解。如谓优老尚年，自可厚赐金帛，若令刺举，所损殊大。臣死而后已，敢不竭诚。"上善之，干子竟免。

有应州刺史唐君明，居母丧，娶雍州长史库狄士文之从父妹。彧劾之曰："君明忽劬劳之痛，惑燕尔之亲，冒此苴衰，命彼褕翟。不义不昵，《春秋》载其将亡；无礼无仪，诗人欲其遄死。士文赞务神州，名位通显，弃二姓之重匹，违六礼之轨仪。请禁锢终身，以惩风俗。"二家竟坐得罪。隋承丧乱之后，风俗颓坏，彧多所矫正，上甚嘉之。

又见上勤于听受，百僚奏请多有烦碎，因上疏谏曰："人君出令，诚在烦数。是以舜任五臣，咨四岳，设官分职，各有司存，垂拱无为，天下以义。所谓劳于求贤，逸于任使。比见事无大小，咸关圣听。陛下留心政道，无惮疲劳，至乃营造细小之事，出给轻微之物，一日之内，酬答百司，至乃日昃忘食，分夜未寝，动以文簿，忧劳圣躬。伏愿思臣至言，少减烦务。"上览而嘉之。以其家贫，敕有司与之筑宅，因曰："柳彧正直之士，国之龟宝也。"其见重如此。

右仆射杨素当涂显贵，百僚慑惮，无敢忤者。尝以少谴，敕送南台。素恃贵，坐彧床。彧从外来，见素如此，于阶下端笏整容曰："奉敕推公罪。"素遽下。彧据案坐，立素于庭前，辩诘事状。素由是衔之。或时方为上所信任,故素未有以中之。

或见近代以来,都邑百姓每至正月十五日,作角抵戏,递相夸竞,至于糜费财力,上奏请禁绝之曰:"窃见京邑,爰及外州,每以正月望夜,充街塞陌,鸣鼓聒天,燎炬照地,人戴兽面,男为女服,倡优杂伎,诡状异形。外内共观,曾不相避。竭赀破产,竞此一时。尽室并孥,无问贵贱,男女混杂,缁素不分。秽行因此而生,盗贼由斯而起。非益于化,实损于人。请颁天下,并即禁断。"诏可其奏。

是岁,持节巡河北五十二州,奏免长吏赃污不称职者二百余人,州县肃然,莫不震惧。上嘉之,赐绢布二百疋,毡三十领,拜仪同三司。岁余,加员外散骑常侍。仁寿初,持节巡省太原道十九州。及还,赐绢百五十疋。

或尝得博陵李文博所撰《政道集》十卷。蜀王秀遣人求之。或送之于秀,秀复赐或奴婢十口。及秀得罪,杨素奏或以内臣交通诸侯,除名,配戍怀远镇。行达高阳,有诏征还。至晋阳,遇汉王谅作乱,遣使驰召或入城。而谅反形已露,或入城,度不得免,遂诈中恶不食,自称危笃。谅怒囚之。及谅败,杨素奏或心怀两端,以候事变,迹虽不反,心实同逆。坐徙敦煌。素卒,乃自申理,有诏征还。卒于道。

有子绍,为介休令。

赵绰字士倬,河东人也。性质直刚毅。周初为天官府史,以恭谨恪勤,擢授夏官府下士。稍以明干见知,为内史中士。父艰去职,哀毁骨立,世称其孝。隋文为丞相,知其清正,引为录事参军。迁掌朝大夫,从行军总管是云晖击叛蛮,以功拜仪同。

文帝受禅,授大理丞。处法平允,考绩连最。历大理正、尚书都官侍郎,每有奏谳,正色侃然,渐见礼重。上以盗贼不禁,将重其法,绰进谏曰:"律者天下之大信,其可失乎!"上忻然纳之,因谓曰:"若更有闻见,宜数言之。"迁大理少卿。

故陈将萧摩诃,其子世略在江南作乱,摩诃当从坐。上曰:"世略年未二十,亦何能为！以其名将之子,为人逼耳。"因赦摩诃。绰固谏不可,上不能夺,欲待绰去而赦之,因命绰退食。绰曰:"臣奏狱未决,不敢退朝。"上曰:"大理其为朕特放摩诃也。"因命左右释之。

刑部侍郎辛亶尝衣绯裈,俗云利官,上以为厌蛊,将斩之。绰曰:"据法不当死,臣不敢奉诏。"上怒甚,谓曰:"卿惜辛亶而不自惜也?"命左仆射高颎将绰斩之。绰曰:"陛下宁可杀臣,不可杀辛亶。"至朝堂,解衣当斩,上使人谓绰曰:"竟如何?"对曰:"执法一心,不敢惜死。"上拂衣入,良久乃释之。明日,谢绰,劳勉之,赐物三百段。

时上禁行恶钱,有二人在市以恶钱易好者,武候执以闻,上悉令斩之。绰谏曰:"此人坐当杖,杀之非法。"上曰:"不关卿事。"绰曰:"陛下不以臣愚暗,置在法司,欲妄杀人,岂得不关臣事?"上曰:"撼大木不动者,当退。"对曰:"臣望感天心,何论动木！"上复曰:"啜羹者,其则置之。天子之威,欲相挫邪?"绰拜而益前,诃之不肯退。上遂入。书侍御史柳或复上奏切谏,上乃止。上以绰有诚直之心,每引入阁中,或遇上与皇后同榻,即呼绰坐,评论得失。前后赏赐以万计。后进开府,赠其父为蔡州刺史。

时河东薛胄为大理卿,俱名平恕。然胄断狱以情,而绰守法,俱为称职。上每谓绰曰:"朕于卿无所爱惜,但卿骨相不当贵耳。"仁寿中,卒官,上为之流涕,中使吊祭,鸿胪监护丧事。二子元方、元袭。

杜整字皇育,京兆杜陵人也。祖盛,魏颍川太守。父辟,渭州刺史。

整少有风概,九岁丁父忧,哀毁骨立,事母以孝闻。及长,骁勇有膂力,好读《孙吴兵法》。魏大统末,袭爵武乡侯。周文引为亲信。累迁仪同三司、武州刺史。从武帝平齐,加上仪同,进爵平原县公,入为勋曹中大夫。

隋文帝为丞相,进位开府。及帝受禅,加上开府,进封长广郡公,拜左武卫将军。开皇六年,突厥犯塞,诏卫王爽北伐,以整为行军总管,兼元帅长史。至合川,无虏而还。密进取陈策,上善之,以为行军总管,镇襄阳。卒,上伤之,谥曰襄。

子楷嗣,位开府。

整弟肃,亦有志行,位北地太守。

论曰:大厦之构,非一木之枝,帝王之功,非一士之略。长短殊用,大小异宜,榕栀栋梁,莫可弃也。裴政、李谔、鲍宏、高构、荣毗、陆知命等,或文能道义,或才足干时,识用显于当年,故事留于台阁。参之有隋多士,取其开物成务,皆廊庙之榱桷,亦北辰之众星也。赵绰居大理,囹圄无冤。柳彧之处宪台,奸邪自肃。然不畏强御,梁毗得之矣。邦之司直,柳彧近之矣。杜整以声绩著美,其有以取之乎!

北史卷七八
列传第六六

张定和　张奫　麦铁杖
权武　王仁恭　吐万绪
董纯　鱼俱罗　王辩　陈稜
赵才

张定和字处谧，京兆万年人也。家少贫贱，有志节。初为侍官，隋开皇九后平陈，定和当从征，无以自给。其妻有嫁时衣服，定和求鬻之，妻不与，定和遂行。以功拜仪同，赐帛千匹，遂弃其妻。后数以军功，加上开府、骠骑将军。从上柱国李充征突厥，先登陷阵，虏刺之中颈，定和以草塞创而战，神气自若，虏遂败走。上闻而壮之，遣使赍药，驰诣定和所劳问之。进位柱国，封武安县侯，赏物二千段，良马二匹，金百两。

炀帝嗣位，历宜州刺史、河内太守，颇有惠政。迁左屯卫大将军。从帝征吐谷浑，至覆袁川。时吐谷浑主与数骑遁，其名王诈为浑主，保车我真山，帝命定和击之。既与贼遇，轻其众少，呼之令降，贼不肯下。定和不被甲，挺身登山，中流矢而毙。其亚将柳武建击贼，悉斩之。帝为之流涕，赠光禄大夫。时旧爵例除，于是复封武安侯，谥曰壮武。子世立嗣，寻拜光禄大夫。

　　张奫字文懿,清河东武城人也。本名犯庙讳。七代祖沈,石季龙末,自广陵六合度江家焉。仕至桂阳太守。孙肔,晋佐著作郎。坐外祖杨佺期除名,徙于南谯,因寓居之。

　　奫好读兵书,长于骑射,尤便刀盾。父双,自清河太守免,归周。时乡人郭子冀密引陈寇,双欲率子弟击之,犹豫未决。奫赞成其谋,竟破贼,由是以勇决知名。起家州主簿。

　　及隋文帝作相,授丞相府大都督,领乡兵。贺若弼之镇江都也,特敕奫从,因为间谍。平陈之役,颇有力焉。进位开府仪同三司,封文安县子。岁余,奫率水军破逆贼笮子游于京口、薛子建于和州。征入,拜大将军。文帝升御坐宴之,谓曰:“卿可为朕儿,朕为卿父。今日聚集,示无外也。”后赐绿沈甲、兽文具装,绮罗千匹。寻从杨素征江表,别破高智慧于会稽,吴世华于临海。进位上大将军。历抚、济二州刺史,俱有能名。

　　开皇十八年,为行军总管,从汉王谅征辽东。谅军多物故,奫众独全,帝善之。仁寿中,卒于潭州总管,谥曰庄。子孝廉。

　　麦铁杖,始兴人也。贫贱,少骁勇,有膂力,日行五百里,走及奔马。性疏诞使酒,好交游,重信义,每以渔猎为事,不修生业。陈大建中,结聚为群盗,广州刺史欧阳颁俘之以献,没为官户,配执御伞。每罢朝后,行百余里,夜至南徐州,逾城而入,行光火劫盗。旦还,及牙时,仍又执伞。如此者十余度,物主识之,州以状奏。朝士见铁杖每旦恒在,弗之信。后南徐州数告变,尚书蔡征曰:“此可验矣。”于仗下时,购以百金,求人送诏书与南徐州刺史。铁杖出应募,赍敕而往,明旦反奏事。帝曰:“信然,为盗明矣。”惜其勇捷,诚而释之。

　　陈亡后,徙居清流县。遇江东反,杨素遣铁杖头戴草束,夜浮度江,觇贼中消息,具知还报。后复更往,为贼所禽,逆帅李棱缚送高智慧。行至庆廆亭,卫者憩食,哀其馁,解手以给其餐。铁杖取贼刀乱斩卫者,杀之皆尽,悉割其鼻,怀之以归。素大奇之。后叙战勋,不及铁杖,遇素驰驿归于京师,铁杖步追之,每夜则同宿。素见而悟,特奏授信同三司。以不识书,放还乡里。成阳公李彻称其骁武,开皇十六年,征至京帅,除车骑将军。仍从杨素北征突厥,加上开府。

炀帝即位,汉王谅反,从杨素击之,每战先登。进位柱国。除莱州刺史,无莅政名。转汝南太守,稍习法令,群盗屏迹。后因朝集,考功郎窦威嘲之曰:"麦是何姓?"铁杖应声曰:"麦豆不殊,何忽相怪?"威赧然无以应,时人以为敏捷。寻除右屯卫大将军,帝待之愈密。

铁杖自以荷恩深重,每怀竭命之志。及辽东之役,请为前锋,顾谓医者吴景贤曰:"大丈夫性命自有所在,岂能艾炷灸,瓜蒂喷鼻,疗黄不差,而卧死儿女手中乎!"将度辽,呼其三子曰:"阿奴!当备浅色黄衫。吾荷国恩,今是死日。我得被杀,尔当富贵。唯诚与孝,尔其勉之。"及济,桥未成,去东岸尚数丈,贼大至。铁杖跳上岸,与贼战,死。武贲郎将钱士雄、孟金叉亦死之,左右更无及者。帝为之流涕,购得其尸,赠光禄大夫、宿国公,谥曰武烈。

子孟才嗣,授光禄大夫。孟才二弟仲才、季才,俱拜正议大夫。赗赠钜万,赐辒辌车,给前后部羽葆鼓吹。命平壤道败将宇文述等百余人皆为执绋,王公以下送至郊外。士雄赠左光禄大夫、右屯卫将军、武强侯,谥曰刚。子杰嗣。金叉赠右光禄大夫,子善谊袭官。

孟才字智稜,果烈有父风。帝以其死节将子,恩锡殊厚,拜武贲郎将。及江都之难,慨然有复仇志。与武牙郎将钱杰素交友,二人相谓曰:"吾等世荷国恩,门著诚节。今贼臣弑逆,社稷沦亡,无节可纪,何面目视息世间哉!"乃流涕扼腕,相与谋于显福宫邀击宇文化及。事临发,陈藩之子谦知而告之,与其党沈光俱为化及所害,忠义之士哀焉。

光字总持,吴兴人也。父居道,仕陈,为吏部侍郎。陈灭,徙家长安。皇太子勇引署学士。后为汉王谅府掾,谅败,除名。

光少骁捷,善戏马,为天下之最。略综书记,微有词藻,常慕立功名,不拘小节。家贫,父兄并以佣书为事,光独跅弛,交通轻侠,为京师恶少年所附。人多赡遗,得以养亲,每致甘食美服,未尝困匮。初建禅定寺,其中幡竿高十余丈,适值绳绝,非人力所及。光谓僧曰:“当相为上绳。”诸僧惊喜。光因取索口衔,拍竿而上,直至龙头,击绳毕,手足皆放,透空而下,以掌拓地,倒行十余步。观者骇悦,莫不嗟异,时人号为“肉飞仙”。

大业中,炀帝征天下骁果之士伐辽东,光预焉。同类数万人,皆出其下。光将诣行在所,宾客送至灞上百余骑。光酹酒誓曰:“是行若不建功立名,当死于高丽,不复与诸君相见。”及从帝攻辽东,以冲梯击城,竿长十五丈,光升其端,临城与贼战,短兵接敌,杀伤十数人。贼竞击而坠,未及地,适遇竿有垂绠,光接而复上。帝望见,壮而异之,驰召与语,大悦,即日拜朝散大夫,赐宝刀良马。恒置左右,亲顾渐密。未几,以为折冲郎将,赏遇优重。帝每推食解衣赐之,同辈莫比。

光自以荷恩深重,思怀竭节。及江都之难,潜构义勇,将为帝复仇。先是,帝宠昵官奴,名为给使,宇文化及以光骁勇,方任之,使总统,营于禁内。时麦孟才、钱杰等阴图化及,因谓光曰:“我等荷国厚恩,不能死难,又俯首事仇,受其驱率,何用生焉!吾必欲杀之,死无所恨。公义士也,肯从我乎?”光泣下沾衿曰:“是所望于将军也。仆领给使数百人,并荷先帝恩,今在化及内营。以此复仇,如鹰鹯之逐鸟雀。”孟才为将军,领江淮众数千人,期以营将发时,晨起袭化及。光语泄,陈谦告其事。化及大惧曰:“此麦铁杖子也,及沈光者,并勇决不可当,须避其锋。”是夜即与腹心走出营外,留人告司马德戡等,遣领兵马,逮捕孟才。光闻营内喧声,知事发,不及被甲,即袭化及营,空无所获。逢舍人元敏,数而斩之。德戡兵至,四面围合。光大呼溃围,给使齐奋,斩首数十级,贼皆披靡。德戡辄复遣骑,翼而射之。光身无介胄,遇害,时年二十八。麾下百人皆斗死,一无降者。壮士闻之,莫不为之陨涕。

权武字武弄，天水人也。祖超，魏秦州刺史。父袭庆，仕周，为开府。时武元皇帝之为周将也，与齐师战于并州。袭庆时后，被围百余重，力战矢尽，短兵接战，杀伤甚众，刀稍皆折，脱胄掷地，向贼大骂曰："何不来斫头！"贼遂杀之。

武以忠臣子，起家拜开府，袭齐郡公。武少果劲，勇力绝人，能重甲上马。尝倒投于井，未及泉，复跃而出，其拳捷如此。频以军功增邑。周宣帝时，拜劲捷左旅上大夫，进位上开府。

隋文帝为丞相，引置左右。平陈之役，以行军总管从晋王出六合，还拜豫州刺史。以创业之旧，进位大将军，检校潭州总管。其年，桂州人李世贤作乱，武以行军总管与武候大将军虞庆则击平之。庆则以罪诛，功竟不录，复还于州。多造金带，遗岭南酋领，其人复答以宝物，武皆纳之，由是致富。后武晚生一子，与亲客宴集，酒酣，遂擅赦所部狱囚。武常以南越边远，政从其俗，务适便宜，不依律令，而每言当今法急，官不可为。上令有司案之。皆验，令斩之。武于狱中上书，言父为武元皇帝战死于马前，以求哀，由是除名。

仁寿中，复拜大将军，封邑如旧。未几，授太子右卫率。炀帝即位，拜右武卫将军，坐事免。后为右屯卫大将军，坐事除名。卒于家。子弘。

王仁恭字元实，天水上邽人也。祖建，周凤州刺史。父猛，邺州刺史。

仁恭少刚毅修谨，工骑射。秦孝王引为记室。后为车骑将军，从杨素击突厥于灵武，以功拜上开府。以骠骑将军典蜀王军事。蜀王以罪废，官属多罹其患。上以仁恭素质直，置而不问。后从杨素讨平汉王谅，以功进位大将军，历吕、卫二州刺史。寻改为汲郡太守，有能名。上征入朝，慰勉之，褒赐甚厚。迁信都太守。汲郡吏民扣马号哭于道，数日不得出境。

辽东之役，以仁恭为军将。及班师，仁恭为殿，遇贼，败之。进左光禄大夫。明年，复以军将指扶余道，帝谓曰："往者诸军多不利，公独以一军破贼。古人云，败军之将不可以言勇，诸将其可任乎？今委公为前军。"前后赏赉甚重。仁恭遂进军，至新城，破其军，因围之。帝闻之大悦，遣赐以珍物，进光禄大夫。会杨玄感反，其兄子武贲郎将仲伯预焉，由是坐免。

寻而突厥为寇，诏仁恭以本官领马邑太守。其年，始毕可汗来寇马邑，复令二将勒兵南过。时郡兵不满三千，仁恭简精锐逆击，破之，并斩二将。后突厥复入定襄，仁恭复大破之。

时天下大乱，道路隔绝，仁恭颇改旧节，受纳货贿，又不敢辄开仓赈恤百姓。其麾下校尉刘武周与仁恭侍婢奸通，恐其事泄，遂害之。武周于是开仓赈给，郡内皆从之，自称天子，置百官，转攻傍郡。

吐万绪字长绪，代郡鲜卑人也。父通，周郢州刺史。

绪少有武略，在周，袭爵元寿县公，累迁大将军、小司武。隋文帝受禅，拜襄州总管，封谷城郡公。转青州总管，颇有政名。徙朔州总管，甚为北狄所惮。后帝有吞陈志，转为徐州总管，令修战具。及大举济江，绪以行军总管与西河纥豆陵洪景屯兵江北。及陈平，拜夏州总管。

晋王广为太子，引为右虞侯率。及帝即位，恐汉王谅为变，拜绪晋、绛二州刺史。未出关，谅已举兵，诏绪从杨素击破之，拜左武候将军。大业初，转光禄卿。贺若弼遇逸，引绪为证，绪明其无罪，由是免官。后守东平太守。帝幸江都，路经其境，迎谒道傍。帝命升龙舟，绪因顿首谢往事。帝大悦，拜金紫光禄大夫，太守如故。及辽东之役，请为先锋，拜左屯卫大将军，指盖马道。及还，留镇怀远，进位左光禄大夫。

时刘元进作乱，攻润州，帝征绪讨之。绪破元进，解润州围。贼穷蹙请降，元进及其伪仆射朱燮仅以身免，于阵斩其伪仆射管崇及其将军陆顗等五千余人。进解会稽围。元进复据建安，帝令进讨之。绪以士卒疲弊，请息甲待来春。帝不悦，密求绪罪，有司奏绪怯懦违诏,除名配防建安。寻征诣行在所,绪郁郁不得志,还至永嘉,发疾而卒。

董纯字行厚,陇西成纪人。祖和,魏太子左卫率。父升,周柱国。

纯少有膂力,便弓马。仕周,位司御上士、典驭下大夫。从武帝平齐,拜仪同,进爵大兴县侯。隋文帝受禅,进爵汉曲县公。后以军功,进位上开府。开皇末,以劳旧拜左卫将军,改封顺政县公。后从杨素平汉王谅,以功拜柱国,进爵郡公,再迁左骁卫将军。

齐王暕之得罪,纯坐与交通,帝谴之。纯曰:"比数诣齐王者,以先帝、先后往在仁寿宫,置元德太子及齐王于膝上,谓臣曰:'汝好看此二儿,勿忘吾言。'臣诚不敢忘先帝言。时陛下亦侍先帝侧。"帝改容曰:"诚有斯旨。"于是舍之。数日,出为汶山太守。

岁余,突厥寇边,转榆林太守。会彭城贼帅张大彪、宗世模等保悬薄山,帝令纯讨破之,斩万余级,筑为京观。又破贼魏麒麟于单父。及帝重征辽东,复以纯为彭城留守。东海贼彭孝才转入沂水,保伍不及山,纯击之,禽孝才于阵,车裂之。

时盗贼日益,纯虽克捷,而所在蜂起。有谮纯怯懦不能平贼,帝遣锁诣东都。有司见帝怒甚,希旨致纯死罪,竟诛。

鱼俱罗,冯翊下邽人。身长八尺,膂力绝人,声气雄壮,言闻数百步。为大都督,从晋王广平陈,以功拜开府。及沈玄侩、高智慧等作乱江南,杨素以俱罗壮勇,请与同行。有功,加上开府,封高唐县公,拜叠州总管。以母忧去职。还至扶风,会杨素将出灵州道击突厥,逢之,遂与俱行。及遇贼,俱罗与骑奔击,瞋目大呼,所当皆披靡。以功进位柱国,拜丰州总管。突厥入境,辄禽斩之,自是屏迹,不敢畜牧于塞下。

初,炀帝在藩,俱罗弟赞以左右从,累迁大都督。及帝嗣位,拜车骑将军。赞凶暴,令左右炙肉,遇不中意,以签刺瞎其眼,温酒不适口者,立断其舌。帝以藩邸之旧,不忍加诛,谓近臣曰:"弟既如

此,兄亦可知。"因召俱罗责之,出赞于狱,令自为计。赞至家,饮药
而死。帝恐俱罗不安,虑生边患,转安州刺史,行赵郡太守。后因朝
集至东都,与将军梁伯隐有旧,数相往来。又从郡多将杂物以贡献,
帝不受,因遗权贵。御史劾俱罗以郡将交通内臣,帝大怒,与伯隐俱
坐除名。

未几,越巂飞山蛮反,诏俱罗白衣领将,并率蜀郡都尉段钟葵
讨平之。大业九年,重征高丽,以俱罗为碣石道军将。及还,江南刘
元进作乱,诏俱罗将兵向会稽诸郡逐捕之。时百姓思乱,从盗如市,
俱罗击贼帅朱燮、管崇等,战无不捷。然贼势浸盛,败而复聚。俱罗
度贼非岁月可平,诸子并在京、洛,又见天下渐乱,终恐道路隔绝。
于时东都饥馑,谷食踊贵,俱罗遣家僮将船米至东都粜之,益市财
货,潜迎诸子。朝廷微知之,恐有异志,案验不得其罪。帝复令大理
司直梁敬真就锁将诣东都。俱罗相表异人,目有重瞳,阴为帝之所
忌。敬真希旨,奏俱罗师徒败衄,斩东都市,家口籍没。

王辩字警略,冯翊蒲城人也。祖训,以行商致富。魏世,出粟助
给军粮,为假清河太守。

辩少习兵书,尤善骑射,慷慨有大志。在周,以军功授帅都督。
仁寿中,累迁车骑将军。后从杨素讨平汉王谅,赐爵武宁县男。累
以军功,加至通议大夫,寻迁武贲郎将。

及山东盗贼起,帝引辩升御榻,问以方略。辩论取贼势,帝称善
曰:"诚如此,贼不足忧。"于是发从行步骑三千,击败之,赐黄金二
百两。勃海贼帅高士远自号东海公,众以万数。令辩击之,屡挫其
锐。帝在江都宫,闻而召之,及见,礼赐甚厚,复令往信都经略士达,
复战破之,优诏褒显。时贼帅郝孝德、孙宣雅、时季康、窦建德、魏刀
儿等往往屯聚,大者十数万,小者数千,寇掠河北。辩击之,所向皆
捷。及翟让寇徐、豫,辩频击走之。让寻与李密屯据洛口仓,辩与王
世充讨密,阻洛水相持经年。辩攻败密,乘胜将入城,世充不知,恐
将士劳倦,鸣角收兵,翻为密徒所乘,官军大溃,不可救止。辩至洛

水,桥已坏,遂涉水,至中流,为溺人所引坠马,竟溺死。三军莫不痛惜之。

时有河南斛斯万善,骁勇果毅,与辩齐名。从卫玄讨杨玄感,万善与数骑追及之,玄感窘追自杀。由是知名,拜武贲郎将。突厥始毕之围雁门,万善奋击之,所向皆破。由是突厥莫敢逼城,十许日竟退,万善力也。后频讨群盗,累功至将军。

又有将军鹿愿、范贵、冯孝慈,俱为将帅,数从征伐,并有名于世。事皆亡失,故史官阙云。

陈稜字长威,庐江襄安人也。祖硕,以渔钓自给。父岘,少骁勇,事章大宝为帐内部曲。告大宝反,授谯州刺史。陈灭,废于家。高智慧、汪文进反,庐江豪杰亦举兵相应。以岘旧将,共推为主。岘欲拒之,稜谓岘曰:"众乱既作,拒之祸且及己,不如伪从,别为后计。"岘然之。后潜使稜至柱国李彻所,请为内应。彻上其事,拜上大将军、宣州刺史,封谯郡公,诏彻应接之。彻军未至,谋泄,为其党所杀,稜仅以获免。上以其父之故,拜开府,寻领乡兵。

大业三年,拜武贲郎将。后与朝请大夫张镇周自义安泛海击流求国,月余而至。流求人初见船舰,以为商旅,往往诣军贸易。稜率众登岸,遣镇周为先锋。其主欢斯渴刺兜遣兵拒战,镇周频破之。稜进至低没檀洞,其小王欢斯老模拒战,稜败之,斩老模。其日雾雨晦冥,将士皆惧,稜刑白马以祭海神,既而开霁。分为五军,趣其都邑,乘胜逐北,至其栅,破之,斩渴刺兜,获其子岛槌,虏男女数千而归。帝大悦,加稜右光禄大夫,镇周金紫光禄大夫。

辽东之役,以宿卫迁左光禄大夫。明年,帝复征辽东,稜为东莱留守。杨玄感反,稜击平黎阳,斩玄感所署刺史元务本。寻奉诏于江南营战舰。至彭城,贼帅孟让据都梁宫,阻淮为固。稜潜于下流而济,至江都袭破让。以功进位光禄大夫,赐爵信安侯。

后帝幸江都宫,俄而李子通据海陵,左才相掠淮北,杜伏威屯六合,帝遣稜击之,往见克捷,超拜右御卫将军。复度清江,击宣城贼。俄而帝以弑崩，宇文化及引军北上，召稜守江都。稜集众缟素，为炀帝发丧，备仪卫，改葬于吴公台下，衰杖送丧，恸感行路，论者深义之。稜后为李子通所陷，奔杜伏威，伏威忌而害之。

赵才字孝才，张掖酒泉人也。祖隗，魏银青光禄大夫、乐浪太守。父寿，周顺政太守。

才少骁武，便弓马，性粗悍，无威仪。仕周，为舆正上士。隋文帝受禅，以军功至上仪同。后配事晋王，为右虞候率。炀即位，转左备身骠骑、右骁卫将军。帝以才藩邸旧臣，渐见亲等。才亦恪勤匪懈，所在有声。转右候卫将军。从征吐谷浑，以为行军总管，率卫尉卿刘权、兵部侍郎明雅等出合河道，破贼，以功进金紫光禄大夫。及辽东之役，再出碣石道。再迁右候卫大将军。时帝每事巡幸，才恒为斥候，肃遏奸非，无所回避。在途遇公卿妻子有违禁者，才辄丑言大骂，多所援及。时人虽患其不逊，然才守正，无如之何。

十二年，帝将幸江都，才见四海土崩，谏请还京师，安兆庶。帝大怒，以才属吏，旬日乃出之。遂幸江都，待遇逾昵。时江都粮尽，内史侍郎虞世基、秘书监袁充等劝帝幸丹阳。才极陈入京策，世基极言度江便。帝无言，才与世基相忿而出。

宇文化及杀逆之际，才时在苑北，化及遣骁果席德方执之，谓曰：“今日之事，只得如此。”才默然不对。化及忿才无言，将杀之，三日乃释，以本官从事，郁郁不得志。才尝对化及宴，请劝其同谋逆者十八人杨士览等酒，化及许之。才执杯曰：“十八人止可一度作，勿复余处更为。”诸人默然不对。行止聊城，遇疾。俄而化及为窦建德所破，才复见虏。心弥不平，数日而卒。

仁寿、大业间有兰兴洛、贺兰蕃，俱为武候将军，刚严正直，不避强御，咸以称职知名。

论曰：虎啸风生，龙腾云起，英贤奋发，亦各因时。张定和、张童、麦铁杖皆一时壮士，而困于贫贱。当其郁抑未遇，亦安知有鸿鹄志哉！终能振拔污泥，申其力用，符马革之愿，快生平之心，得丈夫之节矣。孟才、钱杰、沈光等感怀恩旧，临难亡身，虽功无所成，其志有可称矣。权武素无行检，不拘刑宪，终取黜辱，不亦宜哉！仁恭武毅见知，文以取达，初在汲郡，清能可纪，后居马邑，贪吝而亡。鲜克有终，斯言乃验。吐万绪、董纯以萑蒲不翦，遽婴罪戮。大业之季，盗可尽乎？俱罗欲加之罪，非其咎衅。王辩殒身勍敌，志在勤王。陈稜缟素发丧，哀感行路，义之所动，固已深乎！赵才虽人而无仪，志在强直，拒世基之谄，可谓不苟同矣。

北史卷七九
列传第六七

宇文述　王世充　段达

宇文述字伯通，代郡武川人也。高祖俉与敦、曾祖长寿、祖孤，仕魏，并为沃野镇军主。父盛，仕周，位上柱国、大宗伯。

述少骁锐，便弓马。年十一时，有相者谓曰：“公子善自爱，后当位极人臣。”周武帝时，以父军功，起家拜开府。述性谨密，周大冢宰宇文护甚爱之，以本官领护亲信。及武帝亲总万机，召为左官伯，累迁英果中大夫，赐爵博陵郡公，改封濮阳郡公。尉迟迥作乱，述以行军总管从韦孝宽击之，破迥将李隽军于怀州，又与诸将破尉惇于永平桥。以功超拜上柱国，进爵褒国公。

开皇初，拜右卫大将军。平陈之役，以行军总管自六合而济。时韩擒、贺若弼两军趣丹阳，据石头以为声援。陈主既禽，而萧瓛、萧岩据东吴地。述领行军总管元契、张默言等讨之，落丛公燕荣以舟师自东海至，亦受述节度，于是吴会悉平。以功授子化及为开府，徙拜定州总管。

时晋王广镇扬州，甚善于述，奏为寿州总管。王时阴有夺宗之志，请计于述。述曰：“皇太子失爱已久。大王才能盖世，数经将领，主上之与内宫，咸所钟爱，四海之望，实归大王。然废立国家大事，能移主上者，唯杨素耳。移素谋者，唯其弟约。述雅知约，请朝京师，与约共图废立。”晋王大悦，多赍金宝，资述入关。述数请约，盛陈器玩，与之酣畅，因共博戏，每阳不胜，输所将金宝。约所得既多，稍以谢述。述因曰："此晋王赐述，令与公为欢。"约大惊曰："何为者？"述因为王申意。约然其说，退言于素，亦从之。于是晋王与述情好益密，命述子士及尚南阳公主，前后赏赐不可胜计。及晋王为皇太子，以述为左卫率。旧令，率官第四品，以述素贵，遂进率品第三，其见重如此。

炀帝嗣位，拜左卫大将军，参掌武官选事。后改封许国公，寻加开府仪同三司，每冬正朝会，辄给鼓吹一部。从幸榆林。时铁勒契弊歌稜攻败吐谷浑，其部携散，遂遣使请降，求救。帝令述以兵抚纳降附。吐谷浑见述拥强兵，惧不敢降，遂西遁。述追至曼头城，攻拔之。乘胜至赤水城，复拔之。其余党走屯丘尼川，进击，大破之，获其王公、尚书、将军二百人。浑主南走雪山，其故地皆空。帝大悦。明年，从帝西巡至金山，登燕支，述每为斥候。时浑贼复寇张掖，述进击走之。

还至江都宫，敕述与苏威常典选举，参预朝政。述时贵重，委任与威等，其亲爱则过之。帝所得远方贡献及四时口味，辄见班赐，中使相望于道。述善于供奉，俯仰折旋，容止便辟，宿卫咸取则焉。又有巧思，凡所装饰，皆出人意表。数以奇服异物进宫掖，由是帝弥悦焉。言无不从，势倾朝廷。左卫将军张瑾与述连宫，尝有评议，偶不中意，述张目瞋之，瑾惶惧而走。文武百僚莫敢违忤。性贪鄙，知人有珍异物，必求取，富商大贾及陇右诸胡子弟，皆接以恩意，呼之为儿。由是竞加馈遗，金宝累积。后庭曳罗绮者甚众，家僮千余人，皆控良马，被服金玉。

及征高丽，述为扶余道军将，临发，帝谓曰："礼，七十者行役以妇人从，公宜以家累自随。古称妇人不入军，谓临战时耳。至军垒间，无所伤也。项籍虞兮，即其故事。"述与九军至鸭绿水，粮尽，议欲班师。诸将多异同，述又不测帝意。会乙支文德来诣其营，述先与于仲文俱奉密旨，令诱执文德。既而缓纵，文德逃归，述内不自安，遂与诸将度水追之。时文德见述军中多饥色，欲疲述众，每斗便北。述一日中七战皆捷，既恃骤胜，又内逼群议，遂进，东济萨水，去平壤城三十里,因山为营。文德复遣使伪降,请述曰:"若旋师者,当奉高元朝行在所。"述见士卒疲弊,不可复战,又平壤险固,卒难致力,遂因其诈而止。众半济,贼击后军,于是大溃不可止,九军败绩,一日一夜,还至鸭绿水,行四百五十里。初度辽,九军三十万五千人,及还至辽东城,唯二千七百人。帝怒,除其名。

明年,帝又事辽东,复述官爵,待之如初。从至辽东,与将军杨义臣率兵复临鸭绿水。会杨玄感作乱,帝召述驰驿讨玄感。时玄感逼东都,闻述军至,西遁,将图关中。述与刑部尚书卫玄、右骁卫大将军来护儿、武卫将军屈突通等蹑之。至阌乡皇天原,与玄感相及,斩其首,传行在所。复从东征,至怀远而还。

突厥之围雁门也,帝大惧,述请溃围而出。来护儿及樊子盖并固谏,帝乃止。及围解,次太原,议者多劝帝还京师,帝有难色。述奏曰:"从官妻子多在东都,请便道向洛阳,自潼关入。"帝从之。寻至东都,又观望帝意,劝幸江都宫。

述于江都遇疾,及疾笃,帝令中使相望于第,谓述有何言。述曰:"愿陛下一能降临。"帝遣司宫魏氏谓曰:"公危笃,朕惮相烦动。必有言,可陈也。"述流涕曰:"臣子化及,早预藩邸,愿陛下哀怜之。士及凤蒙天恩,亦堪驱策。臣死后,智及不可久留,愿早除之,望不破户门。"魏氏返命,隐其言,因诡对曰:"述唯忆陛下耳。"帝泫然曰:"述忆我耶?"将亲临之,宫人百僚谏乃止。及薨,帝为废朝,赠司徒、尚书令、十郡太守,班剑四十人,辒辌车,前后部鼓吹,谥曰恭。诏黄门侍郎裴矩祭以太牢,鸿胪监护丧事。

云定兴者,附会于述。初,定兴女为皇太子勇昭训,及勇废,除名配少府。定兴先得昭训明珠络帷,私略于述,自是数共交游。定兴每时节必有赂遗,并以音乐干述。述素好著奇服,炫耀时人。定兴为制马鞯,于后角上缺方三寸,以露白色,世轻薄者率仿学之,谓为许公缺势。又遇天寒,定兴曰:"入内宿卫,必当耳冷。"述曰:"然。"乃制夹头巾,令深袙耳,人又学之,名为许公袙势。述大悦曰:"云兄所作,必能变俗。我闻作事可法,故不虚也。"后帝将事四夷,大造兵器，述荐之，因敕少府工匠并取其节度。述欲为之求官，谓之曰："兄所制器仗，并合上心，而不得官者，为长宁兄弟犹未死耳。"定兴曰："此无用物，何不劝上杀之？"述因奏曰："房陵诸子，年并成立，今欲动兵征讨，若将从驾，则守掌为难；若留一处，又恐不可。进退无用，请早处分。"因鸩杀长宁，又遣以下七弟分配岭表，于路尽杀之。其年大阅，帝称甲仗为佳，述奏并云定兴之功也。擢授少府丞。十一年，累迁屯卫大将军。

又有赵行枢者，本太常乐户，家财亿计。述谓为儿，受其赂遗，称为骁勇，起家为折冲郎将。

化及，述长子也。性凶险，不循法度，好乘肥挟弹，驰骛道中，由是长安谓之轻薄公子。炀帝为太子时，常领千牛出入卧内。累迁至太子仆，以受纳货贿，再三免官。太子嬖昵之，俄而复职，又以其弟士及尚南阳公主。由此益骄，处公卿间，言辞不逊，多所凌轹。见人子女狗马珍玩，必请托求之。常与屠贩者游，以规其利。炀帝即位，拜太仆少卿，益恃旧恩，贪冒尤甚。炀帝幸榆林，化及与弟智及违禁与突厥交市。帝大怒，囚之数月。还京师，欲斩之而后入城，解衣辫发讫，以主救之，乃释，并智及并赐述为奴。述薨后，炀帝追忆之，起化及为右屯卫将军，智及为将作少监。

时李密据洛口，炀帝惧，留淮左，不敢还都。从驾骁果多关中人，久客羁旅，见帝无西还意，谋欲叛归。时武贲郎将司马德戡总领骁果，屯于东城，风闻兵士欲叛，未审，遣校尉元武达阴问知情，因谋构逆。共所善武贲郎将元礼、直阁裴虔通互相扇惑曰："闻陛下欲筑宫丹阳，人从并谋逃去。我欲言之，恐先事见诛。今知而不言，后事发当族，将如之何？"虔通曰："主上实尔。"德戡又谓两人曰："我闻关中陷没，李孝常以华阴叛，陛下囚其二弟，将尽杀之。吾辈家属在西安，得无此虑？"虔通等曰："正恐旦暮及诛，计无所出。"德戡曰："骁果若走，可与俱去。"虔通等曰："诚如公言。"因递相招诱。又转告内史舍人元敏、鹰扬郎将孟景、符玺郎牛方裕、直长许弘仁、薛世良、城门郎唐奉义、医正张恺等，日夜聚博，约为刎颈交，言无回避，于坐中辄论叛计，并相然许。时李质在禁，令骁果守之，中外交通，所谋益急。又赵行枢先交智及，勋侍杨士览者，宇文氏之甥，二人同以告智及。智及素狂勃，闻之喜，即共见德戡，期以三月十五日举兵同叛，劫十二卫武马，虏掠居人财物西归。智及曰："不然。今天实丧隋，英雄并起，因行大事，此帝王业也。"德戡然之。行枢、世良请以化及为主，约定，方告化及。化及性弩怯，初闻之，大惧，色动流汗，久之乃定。

义宁二年三月一日，德戡欲告众人，恐心未一，更谲诈以胁骁果，谓许弘仁、张恺曰："君是良医，国家所使，出言惑众，众必信。君可入备知府，遍告所识者，言陛下闻骁果欲叛，多酝毒酒，因享会，尽鸩杀之，独与南人留此。群情必骇，因而举事，无不谐矣。"其月五日，弘仁等宣布此言，骁果递相告，谋反逾急。德戡等知计行，遂以十日总召故人，谕以所为。众皆伏曰："唯将军命！"其夜，奉义主闭城门，门皆不下钥。至夜三更，德戡于东城内集兵，得数万人，举火与城外相应。帝闻有声，问是何事。虞通伪曰："草坊被烧，外人救火，故喧嚣耳。"中外隔绝，帝以为然。孟景、智及于城外得千余人，劫候卫武贲冯普乐，共布兵捉郭下街巷。至五更，德戡授虞通兵，以换诸门卫士。虞通因自开门，领数百骑，至成象殿，杀将军独孤盛。武贲郎将元礼遂引兵进，宿卫者皆走。虞通进兵排左阁，驰入永巷，问："陛下安在？"有美人出房，指云："在西阁。"从往执帝。帝谓虞通曰："卿非我故人乎！何恨而反？"虞通曰："臣不敢反，但将士思归，奉陛下还京师耳。"帝曰："即为汝归。"虞通自勒兵守之。

至旦，孟景以甲骑迎化及。化及未知事果，战栗不能言，人有谒之，但低头据案，答曰："罪过"。时士及在公主第，弗之知也。智及遣家僮庄桃树就第杀之，桃树不忍，执诣智及，久之乃见释。化及至城门，德戡迎谒，引入朝堂，号为丞相。令将帝出江都门以示群贼，因复将入。遣令狐行达弑帝于宫中。又执朝臣不同己者数十人，及诸王外戚，无少长皆害之。唯留秦孝王子浩，立以为帝。

十余日，夺江都人舟楫，从水路西归。至显福宫，宿公麦孟才、折冲郎将沈光等谋击化及，反为所害。化及于是入据六宫，其自奉一如炀帝故事。每帐中南面端坐，人有白事者，默然不对。下牙时，方收取启状，共奉义、方裕、世良、恺等参决之。行至徐州，水路不通，复夺人车牛，得二千两，并载宫人珍宝。其戈甲戎器，悉令军士负之。道远疲极，三军始怨。

　　德戡失望，窃谓行枢曰："君大误我。当今拔乱，必藉英贤，化及庸暗，事将必败，若何？"行枢曰："废之何难！"因共李孝本、宇文导师、尹正卿等谋，以后军万余兵袭杀化及，立德戡为主。弘仁知之，密告化及，尽收德戡及支党杀之。引兵向东郡，通守王轨以城降之。

　　元文都推越侗为主，拜李密为太尉，令击化及。密壁清淇，与徐世勣烽火相应。化及数战不利，其将军于弘达为密所禽，送于侗所，镬烹之。化及粮尽，度水济渠，与密决战于童山。遂入汲郡求军粮，又遣使拷掠东郡人吏，责米粟。王轨怨之，以城归李密。化及大惧，自汲郡将图以北诸州。其将陈智略率岭南骁果万余人，张童儿率江东骁果万余人，张童儿率江东骁果数千人，皆叛归李密。化及尚有众二万，北走魏县。张恺与其将陈伯谋去之，事觉，为化及所杀。腹心稍尽，兵势日蹙，兄弟更无他计，但相聚酣宴，奏女乐。醉后，尤智及曰："我初不知，由汝为计，强来立我。今所向无成，负弑主之名，天下所不纳。灭族岂非由汝乎？"抱其两子而泣。智及怒曰："事捷之日，都不赐尤；及其将败，乃欲归罪。何不杀我以降建德！"兄弟数相斗阋，言无长幼，醒而复饮，以此为恒。

　　自知必败，乃叹曰："人生故当死，岂不一日为帝乎！"于是鸩杀浩，僭皇帝位于魏县，国号许，建元为天寿，置百官。攻元宝藏于魏州，反为所败，乃东北趣聊城，将招携海内诸贼。遣士及徇济北，征求饷馈。大唐遣淮安王神通安抚山东，神通围之十余日，不克而退。窦建德悉众攻之。先是，齐州贼帅王薄闻其多宝物，诈来投附。化及信之，与共居守。至是，薄引建德入城，禽化及，悉虏其众。先执智及、元武达、孟景、杨士览、许弘仁等，皆斩之。乃以槛车载化及至大陆县城下，数其弑逆，并二子承基、承趾皆斩之，传首于突厥义城公主,枭之虏庭。士及自济北西归长安。

　　智及幼顽凶,好与人群聚斗鸡,习放鹰狗。初以父功,赐爵濮阳郡公。蒸淫丑秽,无所不为。其妻长孙氏,妒而告述。述虽为隐,而大忿之,纤芥之怨,必加鞭箠。弟士及,恃尚主,又轻忽之。唯化及事事营护,父再三欲杀,辄救免之,由是颇相亲昵。遂劝化及遣人入蕃,私为交易。事发,当诛,述独证智及罪恶,而为化及请命,帝因两释之。述将死,抗表言其凶勃,必且破家。帝后思述,拜智及将作少监。其江都弑逆事,皆智及之谋也。化及为丞相,以为右仆射,领十二卫大将军。及僭号,封齐王。窦建德获而斩之,并其党十余人,皆暴尸枭首。

　　司马德戡,扶风雍人。父元谦,仕周为都督。德戡幼孤,以屠豕自给。有桑门释粲,通德戡母娥氏,遂抚教之,因解书计。开皇中,为侍官,渐迁至大都督。从杨素出讨汉王谅,充内营左右,进止便僻,俊辩多奸计,素大善之。以勋授仪同三司。大业三年,为鹰扬郎将。从讨辽左,进位正议大夫,迁武贲郎将。炀帝甚昵之。从至江都,领左右备身骁果万人,营于城内。因隋未大乱,乃就骁果反,语在化及事中。

　　既获炀帝,与党孟景等推化及为丞相。化及首封德戡为温国公,加光禄大夫,统本兵。化及意甚忌之。后数日,化及署诸将,分配士卒,乃以德戡为礼部尚书,外示美迁,实夺其兵也。由是怀怨,所获赏物皆赂于智及,智及为之言。行至徐州,舍舟登陆,令德戡将后军。乃与赵行枢、李孝本、尹正卿、宇文导师等谋袭化及,遣人使于孟海公,结为外助。迁延未发,以待使报。许弘仁、张恺知之,以告化及。因遣其弟士及阳为游猎,至于后军,德戡不知事露,出营参谒,因命执之,并其党与。化及责之曰:"与公戮力共定海内,出于万死。今始事成,愿得同守富贵,公又何为反也?"德戡曰:"本杀昏主,苦其毒害。立足下而又甚之,逼于物情,不获已也。"化及不对,命送至幕下,缢而杀之。

　　裴虔通,河东人。初炀帝为晋王,以亲信从,稍迁至监门校尉。

帝即位,擢旧左右,授宣惠尉。累从征役,至通议大夫。与司马德戡同谋作乱,先开宫门,骑至成象殿,杀将军独孤盛,执帝于西阁。化及以虔通为光禄大夫、莒国公。化及引兵之北也,令镇徐州。化及败后,归于大唐,即授徐州总管,转辰州刺史,封长蛇男。寻以隋朝弑逆之罪,除名,徙于岭表而死。

王世充字行满,本西域胡人也。祖支颓褥,徙居新丰。颓褥死,其妻少寡,与仪同王粲野合,生子曰琼,粲遂纳之以为小妻。其父收幼孤,随母嫁粲,粲爱而养焉,因姓王氏。官至怀、汴二州长史。

世充卷发豺声,沈猜多诡诈,颇窥书传,尤好兵法,晓龟策推步盈虚,然未尝为人言也。开皇中,为左翊卫,后以军功拜仪同,授兵部员外郎。善敷奏,明习法律,而舞弄文墨,高下在心。或有驳难之者,世充利口饰非,辞义锋起,众虽知其否而莫能屈,称为明辩。

炀帝世,累迁至江都郡丞。时帝数幸东都,世充善候人主颜色,阿谀顺旨,每入言事,帝善之。又以郡领江都宫监,乃雕饰池台,阴奏远方珍物,以媚于帝,由是益昵之。大业八年,隋始乱,世充内怀徼幸,卑身礼士,阴结豪俊,多收众心。江淮间人素轻薄,又属贼盗群起,人多犯法,有系狱抵罪者,世充枉法出之,以树私恩。

及杨玄感反,吴人朱燮、晋陵人管崇起兵江南以应之,自称将军,拥众十余万。帝遣将军吐万绪、全俱罗讨之,不能克。世充募江都万余人,击频破之。每有克捷,必归功于下,所获军实,皆推与士卒,身无所取。由此人争为用,功最居多。

十年,齐郡贼帅孟让自长白山寇掠诸郡,至盱眙,有众十余万。世充以兵拒之,而嬴师示弱,保都梁山为五栅,相持不战。后因其懈弛,出兵奋击,大破之,乘胜尽灭诸贼,让以数十骑遁去,斩首万人,六畜军资,莫不尽获。帝以世充有将帅才略,始遣领兵,讨诸小盗,所向破之。然性多矫伪,诈为善,能自勤苦,以求声誉。十一年,突厥围帝于雁门,世充尽发江都人往赴难。在军中,垢面悲泣,晓夜不解甲,藉草而坐。帝闻之,以为爱己,益信任之。

十二年，迁为江都通守。时厌次人格谦为盗数年，兵十余万，在豆子航中。世充破斩之，威振群贼。又击卢明月，破之于南阳。后还江都，帝大悦，自执杯酒以赐之。时世充又知帝好内，乃言江淮良家多有美女，愿备后庭，无由自进。帝愈喜，因密令世充阅观诸女，资质端丽合法相者，取正库及应入京物以聘纳之。所用不可胜计，帐上所司云敕别用，不显其实。有合意者，则厚赏世充，或不中者，又以责之。后令以船送东京，而道路贼起，使者苦役，于淮泗中沈船溺杀之者，前后十数。或有发露，世充为秘之，又遽简阅以供进。是后益见亲昵。

遇李密攻陷兴洛仓，进逼东都，官军数败，光禄大夫裴仁基以武牢降于密。帝恶之，大发兵，将讨焉。特发中诏遣世充为将，军于洛口以拒密。前后百余战，互有胜负。世充乃引军度洛水，逼仓城。李密与战，世充败绩，赴水溺死者万余人。时天寒，大雨雪，兵既度水，衣皆沾湿，在道冻死者又数万人，比至河阳，才以千数。世充自系狱请罪，越王侗遣使赦之，召令还都。收合亡散，屯于含嘉城中，不敢复出。

宇文化及杀帝于江都，世充与太府卿元文都、将军皇甫无逸、右司郎卢楚奉侗为主。侗以世充为吏部尚书，封郑国公。及侗用元文都、卢楚之谋，拜李密为太尉、尚书令，密遂称臣，复以兵拒化及于黎阳，遣使献捷。众皆悦，世充独谓其麾下诸将曰：“文都之辈，刀笔吏耳。吾观其势，必为李密所禽。且吾军人马每与密战，杀其父兄子弟，前后已多，一旦为之下，吾属无类矣。”出此言以激其众。文都知而大惧，与楚等谋，将因世充入内，伏甲而杀之。期有日矣，将军段达遣女婿张志以楚等谋告之。世充夜勒兵围宫城，将军费曜、田世阇等与战于东太阳门外。曜军败，世充遂攻门而入。无逸以单骑遁走。获楚，杀之。时宫门尚闭，世充遣人扣门言于侗曰：“元文都等欲执皇帝降于李密，段达知而以告臣。臣非敢反，诛反者耳。”文都闻变，入奉侗于乾阳殿，陈兵卫之。令将帅乘城以拒难，兵败，侗命开门以纳世充。世充悉遣人代宿卫者，明日入谒，顿首流涕而言曰："文都等无状,谋相屠害,事急为此,不敢背国。"伺与之盟。世充寻遣韦节等讽伺,命拜为尚书左仆射、总督内外诸军。又授其兄恽为内史令,入居禁中。

　　未几,李密破化及还,其劲兵良马从战死,士卒皆倦,世充欲乘其弊而击之,恐人心不一,乃假托鬼神,言梦见周公,乃立祠于洛水之上,遣巫宣言周公欲令仆射急讨李密,当有大功,不则兵皆疫死。世充兵多楚人,俗信妖妄,故出此言以惑之。众皆请战,世充简练精勇得二万余人,马千余匹,营洛水南,密军偃师北山上。时密新得志于化及,有轻世充之心,不设壁垒。世充遣二百余骑,潜入北山。伏溪谷中,令军秣马蓐食。既而宵济,人马奔驰,比明而薄密。密出兵应之,阵未成列而两军合战,其伏兵蔽山而上,潜登北原,乘高地而下,驰压密营。营中乱,无能拒者,即入纵火。密军大惊而溃,降其将张童儿、陈智略。进下偃师。初,世充兄伟及子玄庆随化及至东郡,密得而囚之。于城中。至是,尽获之。又执密长史景元真妻子、司马郑虔象之母及诸将子弟,皆抚慰之,各令潜呼其父兄。兵次洛口,元真、郑虔象等举仓城以应之。密以数十骑遁逸,世充收其众而还。东尽于海。南至于江,悉来归附。

　　世充又令韦节讽伺,拜己为太尉,置署官官属,以尚书省为其府。寻自称郑王,遣其将高略帅师攻寿安,不利而旋。又帅师攻围谷州,三日而退。明年,自称相国,受九锡,备法物,是后不朝伺矣。有道士桓法嗣者,自言解图谶,世充昵之。法嗣乃上《孔子闭房记》,画作大夫持一干以驱羊。法嗣云:"杨,隋姓也。干一者,王字也。王居杨后,明相国代隋为帝也。"又取《庄子·人间世》、《德充符》二篇上之,法嗣释曰:"上篇言世,下篇言充,此则相国名矣。当德被人间,而应符命为天子也。"世充大悦曰:"此天命也。"再拜受之。即以法嗣为谏议大夫。世充又罗取杂鸟,书帛系其颈,自言符命而散之于空。或有弹射得鸟而来献者,亦拜官爵。既而废伺,阴杀之,僭即皇帝位,建元曰开明,国号郑。

　　大唐太宗帅师围之,世充频出兵,战辄不利,诸城相继降款。世充窘迫，遣使请救于窦建德，建德率兵援之。至武牢，太宗破之，禽建德以诣城下。世充将溃围而出，诸将莫有应之者，于是出降。至长安，为仇家所杀。

段达，武威姑臧人。父严，周朔州刺史。

达在周，年始三岁，袭爵襄垣县公。及长，身长八尺，美须髯，便弓马。隋文为丞相，以为大都督，领亲信兵，常置左右。及践祚，为左直斋，迁车骑将军，督晋王府军事。以击高智慧功，授上仪同。又破汪文进等，加开府。仁寿初，为太子左卫副率。大业初，以藩邸之旧，拜左翊卫将军。从征吐谷浑，进位金紫光禄大夫。帝征辽东，平原郝孝德、清河张金称等并起为盗，帝令达击之，数为金称等所挫，诸贼轻之，号为段姥。后用郎令杨善会谋，更与贼战，方致克捷。还京师，以公事坐免。明年，帝征辽东，使达留守涿郡。俄复拜左翊卫将军。高阳魏刀儿聚众，自号历山飞，寇掠燕、赵。达率涿郡通守郭绚击败之。时盗贼既多，达不能因机决胜，唯持重自守，时人皆谓之为怯懦。

十二年，帝幸江都宫，诏达与太府卿元文都等留守东都。李密纵兵侵掠城下，达与监门郎将庞玉、武牙郎将霍世举御之，以功迁左骁卫大将军。王世充之败也，密进据北芒，来薄上春门，达与判户部尚书韦津拒之。达见贼，不阵而走，军大溃，津没于密。

及帝崩于江都，达与文都等推越王侗为主，署开府仪同三司，兼纳言，陈国公。元文都等之谋诛王世充，达预焉。既而阴告世充，达为之内应。及事发，迫越王送文都于世充，世充甚德于达。既破李密，讽越王禅让。世充僭号，以达为司徒。及东都平，坐斩，妻子籍没。

论曰：宇文述便辟足恭，柔颜取悦。君所谓可，亦曰可焉。君所谓不，亦曰不焉。无所是非，不能轻重，默默苟容，偷安高位，甘素餐之责，受彼己之讥。此固君子所不为。亦丘明之深耻。化及以此下才,负恩累叶。时逢崩拆,不能竭命,乃因利乘便,先图干纪,率群不逞,职为乱阶,拔本塞源,裂冠毁冕。岈深指鹿,事切食踔,天地所不容,人神所同愤矣。世充斗筲小器,遭逢时幸,与蒙奖擢,礼越旧臣。而躬为戎首,亲行鸩毒。竟而蛇豕丑类,继踵诛夷,枭镜凶魁,相寻菹戮。垂炯戒于来叶,快忠义于当年,为人臣者,可无殷鉴哉!

北史卷八〇
列传第六八

外　戚

贺讷　姚黄眉　杜超　贺迷　闾毗
冯熙　李惠　高肇　胡国珍　杨腾
乙弗绘　赵猛　胡长仁
随文帝外家吕氏

　　夫左贤右戚，尚德尊功，有国者所以御天下也。殷肇王基，不藉莘氏为佑；周成王业，未闻姒姓为辅。然历观累代外戚之家，乘母后之权以取高位厚秩者多矣，而鲜能有克终之美，心罹颠覆之患。何哉？皆由乎居上不以至公任物，在下徒用私宠要荣，茧犊引大车，升质任厚栋，无德而尊，不知纪极，忽于满盈之戒，罔念高危之咎，故鬼瞰其室，忧必及之，所以杀身倾族相继于西京也。夫诚著艰难，功宣社稷，不以谦冲自牧，未免颠蹶之祸；而况道不足以济时，仁不足以利物，自矜于己，以富贵骄人者乎！

　　魏道武初，贺讷有部众之业，翼成皇祚，其余或以劳勤，或缘恩泽。齐氏后妃之族，多自保全。胡长仁以谮诉贻祸，斛律光以地势被戮，俱非女谒盛衰之所致也。娄昭自以佐命之功，崇其名器，且霸业权舆，时方同德。陵暴之衅，因兹而起。其靖德、昭训二门，并良家遗孽，守死无暇，固不足涉言。又子非继世，权难妄假。昭信非惟素门履道，讫构废辱，威望之地，自致无由。有周御历，后门初无与政。既而末迹窃权，竟移鼎玺，斯乃西汉覆车之辙，魏文所以深诚。隋文潜跃之初，献后便相推毂；炀帝大横方兆，萧妃密勿经纶。是以恩礼绸缪，始终不易。然外内亲戚，莫预朝权，昆弟在位，亦无殊宠。至于居擅玉堂，家称金穴，晖光戚里，熏灼四方，将三司以比仪，命五侯而同拜者，终始一代，寂无闻焉。考之前王，可谓矫其弊矣。故虽时经扰攘，无有陷于不义，市朝迁贸，而皆得以保全。比夫凭藉宠私，阶缘恩泽，乘其非据，旋就颠陨者，岂可同日而言哉！此所谓爱之以礼者也。

案外戚，《魏书》有贺讷、刘罗辰、姚黄眉、杜超、贺迷、闾毗、冯熙、李峻、李惠、高肇、于劲、胡国珍、李延实，《齐书》有赵猛、娄睿、尔朱文畅、郑仲礼、李祖升、元蛮、胡长仁，《周书》不立此篇，《隋书》有独孤罗、萧岿。今以刘罗辰、李峻、于劲、李延实、娄睿、尔朱文畅、郑仲礼、李祖升、元蛮、独孤罗、萧岿命附其家传，其余并入此篇。又检杨腾、乙弗绘附之魏末，以备《外戚传》云。

贺讷，代人，魏道武皇帝之舅，献明后之兄也。其先世为君长。祖纥，尚平文女。父野干，尚昭成女辽西公主。昭成崩，诸部乖乱，献明后与道武及卫、秦二王依讷。会符坚使刘库仁分摄国事，道武还居独孤。讷总摄东部为大人，迁居大宁，行其恩信，众多归之，倅于库仁。符坚假讷鹰扬将军。

后刘显谋逆，道武轻骑归讷，讷惊拜曰：“官家复国，当念老臣。”帝笑答曰：“诚如舅言，要不忘也。”讷中弟染干粗暴，忌帝，常图为逆。每为皇姑辽西公主拥护，故染干不得肆其祸心。诸部大人请讷兄弟，求举道武为主，染干不从。遂与诸大人劝进，道武登代王位于牛川。

及帝讨吐突邻部，讷兄弟遂怀异图，率诸部救之。帝击之，大溃，讷西遁。卫辰遣子直力鞮征讷，告急请降。道武简精骑二十万救之，遂徙讷部落及诸弟，处之东界。讷又通于慕容垂，垂以讷为归善王。染干谋杀讷而代立,讷遂与染干相攻。垂遣子麟讨之,败染干于牛都,破讷于赤城。道武遣师救讷,麟乃引退。讷从道武平中原,拜安远将军。

其后离散诸部,分土定居,不听迁徙,其君长大人,皆同编户。讷以元舅,甚见尊重,然无统领。以寿终于家。

讷弟卢,亦从平中原,以功赐爵辽西公。帝遣卢会卫王仪伐邺,而卢自以帝之季舅,不肯受仪节度。帝遣使切责之,卢遂忿恨,与仪司马丁建构成其嫌,弥加猜忌。会道武敕仪去邺,卢亦引归。道武以卢为广川太守,卢性雄豪,耻居冀州刺史王辅下,袭杀辅,奔慕容德。德以为并州刺史、广宁王。广固败,卢亦没。

讷从父兄悦。初,道武居贺兰部下,人情未甚附,唯悦举部随从。又密为帝祈祷天神,请成大业,出于诚至。帝嘉之,甚见宠待。后平中原,以功赐爵钜鹿侯,进爵北新,卒。

子泥袭爵。后降为肥如侯。道武崩,京师草草,泥出举烽于安阳城北,贺兰部人皆往赴之。明元即位,乃罢。诏泥与元浑等八人拾遗左右。与北新侯安同持节行并、定二州,劾奏并州刺史元六头等,皆伏罪,州郡肃然。后从太武征赫连昌,以功进爵为琅邪公,军国大议,每参豫焉。又征蠕蠕,为别道将,坐逐贼不进,诈增虏,当斩,赎为庶人。久之,拜光禄勋,为外都大官,复本爵。卒官,子丑建袭。

姚黄眉,姚兴之子,明元昭哀皇后之弟也。姚泓灭,黄眉间来归魏。明元厚礼待之,赐爵陇西公,尚阳翟公主,拜驸马都尉,隶户二百。太武即位,迁内都大官,后拜太常卿,卒。赠雍州刺史、陇西王,谥曰献,陪葬金陵。黄眉宽和温厚,希言得失,太武悼惜之,故赠礼有加。

杜超字祖仁,魏郡邺人,密皇后之兄也。少有节操。泰常中,为相州别驾。始光中,太武思念舅氏,以超为阳平公,尚南安长公主,拜驸马都尉,位大鸿胪卿。车驾幸其第,赏赐巨万。神䴥三年,以超行征南大将军、太宰,进爵为王,镇邺。追加超父豹镇东大将军、阳平景王,母曰钜鹿惠君。真君五年,超为帐下所害,太武临其丧,哀恸者久之。谥曰威王。

长子道生赐爵城阳侯,后为秦州刺史,进爵河东公。道生弟凤凰袭超爵,加侍中、特进。太武追思超不已,欲以凤凰为定州刺史。凤凰不愿违离阙庭,乃止。凤凰弟道俊赐爵发于侯,镇枋头,除兖州刺史。

超既薨,复授超从弟遗侍中、安南将军、开府、相州刺史,入为内都大官,进爵广平王。遗性忠厚,频历州郡,所在著称。薨,赠太傅,谥曰宣王。

长子元宝,位司空。元宝弟胤宝,司隶校尉。元宝又进爵京兆王。及归而父遗丧,明当入谢,元宝欲以表闻,文成未知遗薨,怪其迟,召之。元宝将入,时人止之曰:“宜以家忧自辞。”元宝欲见其宠,不从,遂冒哀而入。未几,以谋反伏诛,亲从皆斩,唯元宝子世冲逃免。时朝议欲追削超爵位,中书令高允上表理之。后兖州故吏汲宗等,以道俊贵惠在人,前从坐爵受诛,委骸土壤,求得收葬。书奏,诏义而听之。赠散骑常侍、安南将军、南康公,谥曰昭。世冲袭遗公爵。

贺迷,代人,太武敬哀皇后之从父也。皇后生景穆。初,后少孤,父兄近亲唯迷,故蒙赐长乡子。卒,赠光禄大夫、五原公。

闾毗,代人,蠕蠕主大檀之亲属,太武时自其国来降。毗即恭皇后之兄也。后生文成。文成大安二年,以毗为平北将军,赐爵河东公;弟纥为宁北将军,赐爵零陵公。其年,并加侍中,进爵为王。毗,征东将军,评尚书事;纥,征西将军、中都大官。自余子弟赐爵为王者二人,公五人,侯六人,子三人,同时受拜,所以隆崇舅氏。和平二年,追谥后祖父延襄康公,辰定襄懿王。毗薨,赠太尉,追赠毗妻河东王妃。子惠袭。

纥薨，赠司空。子豆，后赐名庄。太和中，初立三长，以庄为定户籍大使，甚有时誉。十六年，例降爵。后为七兵尚书，卒。

纥弟染，位外都大官、冀州刺史、江夏公，卒。

先是，文成以乳母常氏有保护功，既即位，尊为保太后，后尊为皇太后。兴安二年，太后前兄英字世华，自肥如令超为散骑常侍、镇军大将军，赐爵辽西公；弟喜，镇军大将、祠曹尚书、带方公；三妹皆封县君；妹夫王睹为平州刺史，辽东公。追赠英祖父符坚扶风太守亥为镇西将军、辽西兰公；父勃海太守澄为侍中、征东大将军、太宰、辽西献王；英母许氏博陵郡君。遣兼太常卢度世持节改葬献王于辽西，树碑立庙，置守冢百家。太安初，英为侍中、征东大将军、太宰，进爵为王；喜左光禄大夫，改封燕郡；从兄泰为安东将军、朝鲜侯；欣子伯夫，散骑常侍、选部尚书；次子员，金部尚书；喜子振，太子庶子。三年，英领太师，评尚书事，内都大官、伏宝泰等州刺史。五年，诏以太后母宋氏为辽西王太妃。和平元年，喜为洛州刺史。

初，英事宋不能谨，而睹奉宋甚至，就食于和龙，无车牛，宋疲不进，睹负宋于笈。至是，宋于英等薄，不如睹之笃。谓太后曰：“何不王睹而黜英？”太后曰：“英为长兄，门户主也，家内小小不顺，何足追计。睹虽尽力，故是他姓，奈何在英上。本州郡公，亦足报耳。”

天安中，英为平州刺史，欣为幽州刺史，伯夫进爵范阳公。英浊货，徙敦煌。诸常自兴公及至是，皆以亲疏受爵赐田宅，时为隆盛。后伯夫为洛州刺史，以赃污欺妄，征斩于京师。承明元年，征英复官。薨，谥辽西平王。始英之征也，梦日坠其所居黄山下水中，村人以车牛挽致不能出，英独抱载而归。闻者异之。

后员与伯夫子禽可共为飞书，诬谤朝政。事发，有司执宪，刑及五族。孝文以明太后故，罪止一门。欣年老，赦免归家，恕其孙一人扶养之，给奴婢田宅。其家僮入者百人，金锦布帛数万计，赐尚书已下宿卫已上。其女婿及亲从在朝，皆免官归本乡。十一年，孝文、文明太后以文昭太后故，悉出其家前后没入妇女，以喜子振试守正平郡，卒。

冯熙字晋国，长乐信都人，文明太后之兄也。祖弘，北燕王。太武平辽海，熙父朗内徒，官至秦雍二州刺史、辽西郡公，坐事诛。文明太后临朝，追赠假黄钺、太宰、燕宣王，立庙长安。

熙生于长安，为姚氏魏母所养。以叔父乐陵公邈因战入蠕蠕，魏母携熙逃避至氐羌中抚育。年十二，好弓马，有勇干，氐羌皆归附之。魏母恶其如此，将还长安，始就博士学问。从师受《孝经》、《论语》，好阴阳兵法事。及长，游华阴、河东二郡间。性泛爱，不拘小节，人无士庶，来则纳之。

熙姑先入掖庭，为太武左昭仪。妹为文成帝后，即文明太后也。使人外访，知熙所在，征赴京师，拜冠军将军，赐爵肥如侯，尚景穆女博陵长公主，拜驸马都尉。出为定州刺史，进爵昌黎王。献文即位，为太傅，累拜内都大官。孝文即位，文明太后临朝，帝乃承旨以熙为侍中、太师、中书监，领秘书事。熙以频履师傅，又中宫之宠，为群情所骇，心不自安，乞转外任。文明太后亦以为然，除都督、洛州刺史，侍中、太师如故。

洛阳虽经破乱，而旧《三字石经》宛然犹在，至熙与常伯夫相继为州，废毁分用，大至颓落。熙为政不能仁厚，而信佛法。自出家财在诸州镇建佛图精舍，合七十二处。写十六部一切经，延致名德沙门，日与讲论，精勤不倦，所费亦不赀。而营塔寺多在高山秀阜，伤杀人牛。有沙门劝止之，熙曰："成就后，人唯见佛图，焉知杀牛也。"其北芒寺碑文，中书侍郎贾元寿词，孝文频登北芒寺，亲读碑文，称为佳作。熙为州，因取人子女为奴婢，有容色者幸之为妾，有子女数十人，号为贪纵。

后授内都大官，太师如故。熙事魏母孝谨，如事所生。魏母卒，乃散发徒跣，水浆不入口三日。诏不听服，熙表求依赵氏之孤，帝以熙情难夺，听服齐衰，期。后以例降，改封京兆郡公。

帝纳其女为后，曰："《白武通》云：王所不臣，数有三焉。妻之父母，抑言其一。此所谓供承宗庙，不欲夺私心。然吾季著于《春秋》，无臣证于往牒，既许通体之一，用开至尊之敬。比长秋配极，阴政既敷，未闻有司，陈奏斯式。可诏太师，辍臣从礼。"又勒集书造仪付外。孝文前后纳熙三女，二为后，一为左昭仪。由是冯氏宠贵益隆，赏赐累巨万。帝每诏熙上书不臣，入朝不拜，熙上书如旧。

熙于后遇疾，绵寝四载，诏贵监问，道路相望，车驾亦数幸焉。将迁洛，帝亲与熙别，见其困笃，歔欷流涕。密敕宕昌公遇曰："太师万一，即可监护丧事。"十九年，薨于代。车驾在淮南，留台表闻，还至徐州，乃举哀，为制缌服。诏有司预辨凶仪，并开魏京之墓，令公主之枢，俱向伊洛。凡所营送，皆公家为备。又敕代给彩帛，前后六千匹，以供凶用。皇后诣代都赴哭，太子恂亦赴代哭吊。将葬，赠假黄钺、侍中、都督十州诸军事、大司马、太尉、冀州刺史，加黄屋、左纛，备九锡、前后部羽葆鼓吹，皆依晋太宰、安平献王故事。有司奏谥，诏曰："可以威强恢远曰武，奉谥于公。"枢至七里涧，帝服缞绖往迎，叩灵悲恸而拜焉。葬日，送临墓所，亲作志铭。

主生二子，诞、修。

诞字思正，修字宝业，皆姿质妍丽。年才十余，文明太后俱引入禁中，申以教诫。然不能习读经史，兄弟并无学术，徒整饰容仪，宽雅恭谨而已。诞与孝文同岁，幼侍书学，仍蒙亲待，尚帝妹乐安长公主，拜驸马都尉、侍中、征西大将军、南平王。修侍中、镇北大将军、尚书、东平公。又除诞仪曹尚书，知殿中事。及罢庶姓王，诞为侍中、都督中外诸军事、中军将军、特进，改封长乐郡公。诞拜官，孝文立于庭，遥受其拜，既讫还室。修降为侯。

诞、修虽并长宫禁，而性趣乖别。诞性淳笃，修乃浮竞。诞亦未能诲督其过，然时言于太后。孝文严责之，至于楚捶。由是阴怀毒恨，遂结左右有憾于诞者，求药，欲因食害诞。事觉，帝自诘之，具得情状。诞引过谢，乞全修命。帝以诞父老，又重其意，不致于法，挞之百余，黜为平城百姓。修妻，司空穆亮女也，求离婚，请免官。帝引管、蔡事，皆不许。

帝宠诞，仍作同舆而载，同案而食，同席坐卧。彭城王勰、北海王详虽直禁中,然亲近不及。十六年,以诞为司徒。帝既爱诞,除官日,亲为制三让表,并启。将拜,又为其章谢。寻加车骑大将军、太子太师。十八年,帝谓其无师傅奖导风,诞深自诲责。

从驾南伐,十九年,至钟离。诞遇疾,不能侍从,帝日省问,医药备加。帝锐意临江,乃命六军发钟离南辕,与诞泣诀,左右皆入,无不掩涕。时诞已惽然。强坐视帝,悲而泪不能下,言"梦太后来呼臣。"帝呜咽,执手而出,遂行。是日,去钟离五十里许,昏时,告诞薨问,帝哀不自胜。时崔慧景、裴叔业军在中淮,去所次不过百里,帝乃轻驾西还,从者数千人,夜至诞薨所,拊尸恸恸,若丧至戚,达旦声泪不绝。从者亦迭举音。帝以所服衣帻充襚,亲自临视,彻乐去膳,宣敕六军,止临江之驾。帝亲北度,恸哭极哀。丧至洛阳,车驾犹在钟离。诏留守赐赗物布帛五千匹、谷五千斛,以供葬事。赠假黄钺、使持节、大司马,领司徒、侍中、都督,太师、驸马、公如故。加殊礼,备锡九命,依晋大司马、齐王攸故事。有司奏谥,诏曰:"案谥法,主善行德曰元,柔克有光曰懿。昔贞惠兼美,受三谥之荣;忠武双徽,锡两号之茂。式准前训,宜契具瞻。既自少绸缪,知之惟朕,案行定名,谥曰元懿。"帝又亲为作碑文及挽歌词,皆穷美尽哀,事过其厚。车驾还京,遂亲至诞墓,停车而哭。使彭城王勰诏群官脱朱衣,服单衣介帻而哭司徒,贵者示以朋友,微者示如僚佐。公主贞厚有礼度,产二男。

长子穆,字孝和,袭熙爵,避皇子愉封,改封扶风郡公。尚孝文女顺阳长公主,拜驸马都尉。历员外通直散骑常侍。穆与叔辅兴不和。辅兴亡,赠相州刺史,祖载在庭,而穆方高车良马,恭受职命,言宴满堂,忻笑自若,为御史中尉、东平王匡所劾。后位金紫光禄大夫,遇害河阴,赠司空、雍州刺史。子冏,字景昭,袭爵昌黎王。寻以庶姓罢王,仍袭扶风郡公。子峭,字子汉,齐受禅,例降。

穆弟颢,袭父诞长乐郡公。

修弟聿,字宝兴,废后同产兄也。位黄门郎、信都伯。后坐妹废,免为长乐百姓。宣武时,卒于河南尹。

聿同产弟风，幼养于宫，文明太后特加爱念。数岁赐爵至北平王，拜太子中庶子，出入禁闼，宠侔二兄。孝文亲政后，恩宠稍衰，降爵为侯。幽后立，乃复叙用。后死，亦冗散。卒，赠青州刺史。

崔光之兼黄门也，与聿俱直。光每谓之曰：“君家富贵大盛，终必衰败。”聿云：“我家何负四海，乃咒我也！”光云：“以古推之，不可不慎。”时熙为太保，诞司徒、太子太傅，修侍中、尚书，聿黄门，废后在位，礼爱未弛。是后岁余，修以罪弃，熙、诞丧亡，后废，聿退。时人以为盛必衰也。

李惠，中山人，思皇后之父也。父盖，少知名，历位殿中都官二尚书、左将军、南郡公。初，太武妹武威长公主，故凉王沮渠牧犍之妻，太武平凉州，颇以公主通密计之助，故宠遇差隆，诏盖尚焉。盖妻与氏以是出。后盖加侍中、驸马都尉、殿中都官尚书、右仆射。卒官，赠征南大将军、定州刺史、中山王，谥曰庄。

惠弱冠袭父爵，妻襄城王韩颓女，生二女，长即后也。惠历位散骑常侍、侍中、征西大将军、秦益二州刺史，进爵为王。转雍州刺史、征南大将军，加长安镇大将。

惠长于思察。雍州厅事，有燕争巢，斗已累日，惠令人掩获，试命纲纪断之，并辞。惠乃使卒以弱竹弹两燕，既而一去一留，惠笑谓吏属曰：“此留者自计为巢功重，彼去者既经楚痛，理无固心。”群下伏其深察。人有负盐负薪者，同释重檐息树阴，二人将行，争一羊皮，各言藉背之物。惠遣争者出，顾州纲纪曰：“此羊皮可栲知主乎？”群下咸无答者。惠令人置羊皮席上，以杖击之，见少盐屑，曰：“得其实矣。”使争者视之，负薪者乃伏而就罪。凡所察究，多如此类，由是吏人莫敢欺犯。后为开府仪同三司、青州刺史，王如故。历政有美绩。

惠素为文明太后所忌，诬惠将南叛，诛之。惠二弟初、乐与惠诸子同戮。后妻梁氏亦死青州，尽没其家财。惠本无衅故，天下冤惜焉。

惠从弟凤为定州刺史安县王长乐主簿。后长乐以罪赐死,时卜筮者河间邢瓒辞引凤,云长乐不轨,凤为谋主,伏诛。唯凤弟道念与凤子及兄弟之子皆逃免,后遇赦乃出。太和十二年,孝文将爵舅氏,诏访存者。而惠诸从以再离孥戮,难于应命。唯道念敢先诣阙,乃申后妹及凤兄弟子女之存者。于是赐凤子屯爵柏人侯,安祖浮阳侯,兴祖安喜侯,道念真定侯,从弟寄生高邑子,皆加将军。十五年,安祖昆弟四人,以外戚蒙见。诏谓曰:“卿之先世,内外有犯,得罪于时。然官必用才,以亲非兴邦之选。外氏之宠,超于末叶。从今已后,自非奇才,不得复外戚谬班抽举。既无殊能,今且可还。”后例降爵,安祖等改侯为伯,并去军号。

帝奉冯氏过厚,于李氏过薄,舅家了无叙用,朝野人士,所以窃议,太常高闾,显言于禁中。及宣武宠隆外家,并居显位。乃惟孝文舅氏,存已不沾恩泽。景明末,特诏兴祖为中山太守。正始初,诏追崇惠为使持节、骠骑将军、开府仪同三司、定州刺史、中山公。太常考行,上言:案谥法,武而不遂曰壮,谥曰壮公。

兴祖自中山迁燕州刺史,卒。以兄安祖子侃晞为后,袭先封南郡主。后以庶姓罢王,改为博陵郡公。侃晞为庄帝所亲幸,拜散骑常侍、尝食典御,帝之图尔朱荣,侃晞与鲁安等持刃于禁内杀荣,及庄帝蒙尘,侃晞奔梁。

高肇字首文,文昭皇太后之兄也。自云本勃海蓨人。五世祖顾,晋永嘉中,避乱入高丽。父飏,字法修。孝文初,与弟乘信及其乡人韩内、冀富等入魏,拜厉威将军、河间子;乘信明威将军。俱待以客礼。遂纳飏女,是为文昭皇后,生宣武。飏卒。景明初,宣武追思舅氏,征肇兄弟等。录尚书事、北海王详等奏,飏宜赠左光禄大夫,赐爵勃海公,谥曰敬。其妻盖氏,宜追封清河郡君。诏可。又诏飏嫡孙猛袭勃海公爵,封肇平原郡公,肇弟显澄城郡公,三人同日受封。始宣武未与舅氏相接,将拜爵,乃赐衣帻,引见肇、显于华林都亭。皆甚惶惧,举动失仪。数日之间,富贵赫奕。是年,咸阳王禧诛,财物珍宝、奴婢、田宅多入高氏。未几，肇为尚书右仆射、冀州大中正，尚宣武姑高平公主，迁尚书令。

肇出自夷土，时望轻之，及在位居要，留心百揆，孜孜无倦，世咸谓之为能。宣武初，六辅专政，后以咸阳王禧无事构逆，由是委肇。肇既无亲族，颇结朋党，附之者旬月超升，背之者陷以大罪。以北海王详位居其上，构杀之。又说宣武防卫诸王，殆同囚禁。时顺皇后暴崩，世议言肇为之。皇子昌薨，佥谓王显失于医疗，承肇意旨。及京兆王愉出为冀州刺史，畏肇恣擅，遂至不轨。肇又谮杀彭城王勰。由是朝野侧目，咸畏恶之。因此专权，与夺任己。又尝与清河王怿于云门外庑下，忽忿诤，大至纷纭。太尉、高阳王雍和止之。高后既立，逾见宠信。肇既当衡轴，每事任己，本无学识，动违礼度。好改先朝旧制，灭削封秩，抑黜勋人，由是怨声盈路矣。

延昌初，迁司徒。虽贵登台鼎，犹以去要怏怏，众咸嗤笑之。父兄封赠虽久，竟不改瘗。三年，乃诏令还葬，肇不自临赴，唯遣其兄子猛改服诣代，迁葬于乡。时人以肇无识，哂而不责也。及大举征蜀，以肇为大将军、都督诸军，为之节度。与都督甄琛等二十余人，俱面辞宣武于东堂，亲奉规略。是日，肇所乘骏马，停于神兽门外，无故惊倒，转卧渠中，鞍具瓦解，众咸怪异，肇出，恶焉。

四年，宣武崩，赦，罢征军。明帝与肇及征南将军元遥等书，称讳言以告凶问。肇承变，非唯仰慕，亦忧身祸，朝夕悲泣，至于羸悴。将至，宿瀍涧驿亭，家人夜迎省之，皆不相视，直至阙下，缞服号哭，升太极殿，尽哀。太尉高阳王先居西柏堂，专决庶事，与领军于忠，密欲除之。潜备壮士直寝邢豹、伊瓮生等十余人于舍人省下，肇哭梓宫讫，于百官前引入西廊，清河王怿、任城王澄及诸王等皆窃言目之。肇入省，壮士搤而拉杀之，下诏暴其罪恶，称为自尽。自余亲党，悉无追问，削除职爵，葬以士礼。逮昏，乃于厕门出其尸归家。初肇西征，行至函谷，车轴中折，从者皆以为不获吉还也。灵太后临朝，令特赠营州刺史。永熙二年，孝武帝赠使持节、侍中、中外诸军事、太师、大丞相、太尉公、隶尚书事、冀州刺史。

　　肇子植，自中书侍郎为济州刺史，率州军讨破元愉别将。有功，当蒙封赏，不受，云："家荷重恩，为国致效，是其常节，何足以膺进陟之报？"恳恻发于至诚。历青、相、朔、恒四州刺史，卒。植频莅五州，皆清能著称，当时号为良刺史。赠安北将军、冀州刺史。

　　肇长兄琨，早卒。袭飏封勃海郡公，赠都督五州诸军事、镇东大将军、冀州刺史。诏其子猛嗣。

　　猛字豹儿，尚长乐公主，即宣武同母妹也。拜驸马都尉，历位中书令，出为雍州刺史，有能名。入为殿中尚书，卒。赠司空、冀州刺史。孝武帝时，复赠太师、大丞相、录尚书事。公主无子，猛先在外有男，不敢令主知，临终方言之，年几三十矣。乃召为丧主。寻卒，无后。

　　琨弟偃，字仲游。太和十年，卒。正始中，赠安东将军、都督、青州刺史，谥曰庄侯。景明四年，宣武纳其女为贵嫔，及于顺皇后崩，永平元年，立为皇后。二年，八坐奏封后母王氏为武邑郡君。

　　偃弟寿，早卒。寿弟即肇也。肇弟显，侍中、高丽国大中正，早卒。

　　胡国珍字世玉，安定临泾人也。祖略，姚兴勃海公姚逵平北府谘议参军。父深，赫连屈丐给事黄门侍郎。太武克统万，深以降款之功，赐爵武始侯。后拜河州刺史。

　　国珍少好学，雅尚清俭。太和十五年袭爵，例降为伯。女以选入掖庭，生明帝，即灵太后也。孝明帝践祚，以国珍为光禄大夫。灵太后临朝，加侍中，封安定郡公。追崇国珍妻皇甫氏为京兆郡君，置守冢十户。尚书令、任城王澄奏，安定公宜出入禁中，参谘大务。诏屈公入决万机。寻进位中书监、仪同三司，侍中如故。赐绢，岁八百疋，妻梁四百匹，男女姊妹各有差。国珍与太师高阳王雍、太傅清河王怿、太保广平王怀入居门下，同厘庶政。诏依汉车千秋、晋安平王故事，给步挽一乘，自掖门至于宣光殿，得以出入，并备几杖。后与侍中崔光，俱授帝经，侍直禁中。国珍上表陈刑政之宜，诏皆施行。

　　延和初,加国珍使持节、都督、雍州刺史,骠骑大将军开府。灵太后以国珍年老,不欲令其在外,且欲示以方面之荣,竟不行。迁司徒公,侍中如故。就宅拜之,灵太后、明帝率百僚幸其第,宴会极欢。又追京兆郡君为秦太上君。太上君景明三年薨于洛阳,于此十六年矣。太后以太上君坟瘗卑局,更增广,为起茔域门阙碑表。侍中崔光等奏:"按汉高祖母始谥曰灵夫人,后为昭灵后,薄太后母曰灵文夫人。皆置园邑三百家,长丞奉守。今秦太上君未有尊谥,陵寝孤立,即秦君名,宜上终称,兼设扫卫,以慰情典。请上尊谥曰孝穆,权置园邑三十户,立长丞奉守。"太后从之。封国珍继室梁氏为赵平郡君。元叉妻拜为女侍中,封新平郡君,又徒封冯翊君。国珍子祥妻长安县公主,即清河王怿女也。

　　国珍年虽笃老,而雅敬佛法,时事洁斋,自礼拜。至于出入侍从,犹能跨马据鞍。神龟元年四月七日,步从所建佛像,发第至阊阖门四五里。八日,又立观像,晚乃肯坐。劳热增甚,因遂寝疾。灵太后亲侍药膳,十二日薨,年八十。给东园温明秘器,五时朝服各一具,衣一袭,赠布五千匹,钱一百万,蜡千斤。大鸿胪持节监护丧事。太后还宫,成服于九龙殿,遂居九龙寝室。明帝服小功服,举哀于太极东堂。又诏自始薨至七七,皆为设千僧斋,斋令七人出家;百日设万人斋,二七人出家。先是巫觋言将有凶,劝令为厌胜法,国珍拒而不从,云吉凶有定分,唯修德以禳之。临死,与太后诀,云"母子善临天下",殷勤至于再三。又及其子祥云,"我唯有一子,死后勿如比来威抑之"。灵太后以其好戏,时加威训,国珍故以为言。

　　始国珍欲就祖、父,西葬旧乡;后缘前世诸胡多在洛葬,有终洛之心。崔光尝对太后前问国珍:"国公万年后,为在此安厝?为归长安?"国珍言:"当陪葬天子山陵。"及病危,太后请以后事,竟言还安定。语遂惛忽。太后问清河王怿与崔光等,议去留。怿等皆以病乱,请从先言。太后犹记崔光昔与国珍言,遂营墓于洛阳。太后虽外从众议,而深追临终之语,云:"我公之远慕二亲,亦吾之思父母也。"追崇假黄钺、使持节、侍中、相国、都督中外诸军事、太师,领太尉公、司州牧,号太上秦公。加九锡,葬以殊礼,给九旒銮辂,武贲班剑百人,前后部心葆鼓吹,辒辌车。谥曰文宣公。赐物三千段,粟一千五百石。又诏赠国珍祖父、父、兄下逮从子,皆有封职。持节就安定监护丧事。灵太后迎太上君神枢还第,与国珍俱葬,赠禭一与国珍同。及国珍神主入庙,诏太常权给以轩县之乐,六佾之舞。

初,国珍无男,养兄真子僧洗为后。后纳赵平君,生子祥,字元吉,袭封。故事,世袭例皆减邑,唯祥独得全封。赵平君薨,给东园秘器,明帝服小功服,举哀于东堂,灵太后服齐衰,期。葬于太上君墓左,不得祔合。祥历位殿中尚书、中书监、侍中,改封平凉郡公。薨,赠开府仪同三司、雍州刺史,谥曰孝景。

僧洗字湛辉,封爰德县公,位中书监、侍中,改封濮阳郡公。僧洗自永安后废弃,不预朝政。天平四年,薨。诏给东园秘器,赠太师、太尉公、录尚书事、雍州刺史,谥曰孝。

真长子宁,字惠归,袭国珍先爵,改为临泾伯,后进为公。历岐泾二州刺史,卒,谥曰孝穆。女为清河王亶妃,生孝静皇帝。武定初,赠太师、太尉公、录尚书事,谥曰孝昭。

子虔,字僧敬。元叉之废灵太后,虔时为千牛备身,与备身张车渠等谋叉。事发,叉杀车渠等,虔坐远徙。灵太后反政,征为吏部郎中。太后好以家人礼与亲族宴戏,虔常致谏,由是,后宴谑多不预焉。出为泾州刺史,封安阳县侯。兴和三年,以帝元舅,超迁司空公。薨,赠太傅、太尉公、尚书仆射、徐州刺史,谥曰宣。葬日,百官会葬,乘舆送于郭外。子长粲。

长粲仕齐,累迁章武太守,为政清静,颇得人和。除兼并省尚书左丞,当官正色,无所回避。尚书左仆射赵彦深密勿枢要,中书舍人裴泽便蕃左右,以殿门受拜,皆弹纠之。彦深等颇有恨言,长粲不以介意。后主践祚,长粲被敕,与黄门冯子琮出入禁中,专典敷奏。武成还邺,后主在晋阳,长粲仍受委留后。后主从武成还邺,仍敕在京省判度支尚书,监议五礼。武成崩,与领军娄定远、录尚书赵彦深、左仆射和士开、高文遥、领军綦连猛、高阿那肱、右仆射唐邕,同知朝政，时人号为八贵。于后定远、文遥并出，唐邕专典外兵，綦连猛、高阿那肱别总武任，长粲常在左右，兼宣诏令。从幸晋阳。后主既富于春秋，庶事皆相归委。长粲尽心毗奉，甚得名誉。又正为侍中。丁母忧，给假驰驿奔丧。寻有诏，起复前任。陇东王长仁心欲入处机要之地，为执政不许。长仁疑长粲通谋，大以为恨，言于太后，发其阴私，请出为州。太后为言于后主，不获已，从焉。除赵州刺史。及辞，眷恋流涕，后主亦悯然慰勉之。至州，存心政事，为人吏所怀。因沐发，手不得举，失暗，卒于州。后主闻而伤悼，在朝文武嗟叹，咸惜之。赠司空公、尚书左仆射、瀛州刺史，谥文贞公。

长粲性温雅，在官清洁。但始居要密，便为子叔泉取清河王崔德俭女为妻。在晋阳处分，用妻弟王逖与德俭对为司徒主簿，时论以此讥之。又性好内，有一侍婢，其妻王骄妒，手刺杀之，为此忿恨，数年不相见。亲表为之语曰："自我不见，于今三年。"后纳妾李氏，仍与王氏别宅，亦无朝拜之礼。嫠妇公孙氏也，已杀三夫，长粲不信，强取之，令与李氏同住，未期而亡。子仲操，位陈留太守。次叔泉，通直散骑侍郎。

先是，望气者上言，太白食昴，法当大赦。和士开奏闻，诏降罪人以应之。尚书左仆射徐之才谙练往事，语士开曰："天垂象，见吉凶，有成灾者，有不成灾者。案昴，赵分，或云赵地有灾。古者，王侯各在封邑，故分野有灾，当其君长。今吾等虚名，竟不之国。刺史专令一境，善恶所归，比来多以刺史为验。"未几而长粲死焉。

宁弟盛，字归兴，位左卫将军，赐爵江阳男。历幽、瀛二州刺史，为政清静，人吏爱之。转冀州刺史，卒。赠司徒公、录尚书事、定州刺史，追封阳平郡公，谥曰懿穆。明帝后纳其女为皇太后。

舅皇甫集，妻字元会，一字文都，安定朝那人。封泾阳县公，位仪同三司、雍州刺史、右卫大将军，赠侍中、司空公，谥曰静。

集弟度，字文亮，封安县公，累迁尚书左仆射，领左卫将军。度顽蔽，每与人言，自称仆射，时人方之毛嘉。正光初，元叉出之为都督、瀛州刺史。度不愿出，频表固辞，乃除右光禄大夫。孝昌元年，为司空、领军将军，加侍中。元叉之见出也，恐朝夕诛灭，度与妻陈氏，多纳其货，为之左右。度无子，养兄集子子熙为子。子熙嫂赵郡太守裴他女。他还京师，度问他外何消息，他曰："行路所闻，唯道明公多取元叉金帛，远近无不慨叹。公宜戮此罪人，以谢天下。"陈氏闻而恶之。又摄吏部事，迁司徒，兼尚书令，不拜。寻转太尉，孜孜营利，老而弥甚。迁授之际，皆自请乞。灵太后知其无用，以舅氏难违之。然所历官，最为贪盘。尔朱荣入洛，西奔兄子华州刺史邕，寻与邕为人所杀。

杨腾，弘农人，文帝之舅也。父贵，琅邪郡守，封华阴男。腾妹为京兆王愉妃，故腾得处贵游。景明初，袭爵。后为襄城太守，甚有声称。文帝即位，位开府仪同三司，出镇河东。薨，赠司空、雍州刺史，谥曰贞襄。子盛。

乙弗绘，河南洛阳人，文帝皇后之兄也。文帝即位，位开府仪同三司、侍中、中书监、魏昌县公，又为吏部尚书。

赵猛，太安狄那人也。姊为齐文穆皇后继室，生赵郡公琛。猛性方直，颇有器干。齐神武举义，以预义勋，封信都县伯。累迁南营州刺史。卒，赠司空公。

胡长仁字孝隆，安定临泾人，齐武成皇后长兄也。父延之，魏中书令、兖州刺史。大宁中，赠司空公。

长仁以内戚，历位尚书左仆射、尚书令。及武成崩，预参朝政，封陇东郡王。左丞郦孝裕、郎中陆仁惠、卢元亮厚相结托。长仁每上省，孝裕必方驾而来。省务既繁，簿案堆积，令史欲谘都坐者，日有百数。孝裕屏人私话，朝退亦相随，仁惠、元亮又伺闲而往，停断公事，人号为三佞。长仁私游仄密，处处追寻。孝裕劝其求进，和士开深疾之，于是奏除孝裕为章武郡守，元亮为淮南郡守，仁惠为幽州长史。孝裕又说长仁曰："王阳卧疾,和士开必来,因而杀之。入见太后,不过百日失官,便代其处。"士开知其谋,更徙孝裕为北营州建德郡守。长仁每干执事,求为领军。将相文武以主上富于春秋,母后家不可专政,故抑而不许。以本官摄选。长仁性好威福,意犹未尽。先是尚书胡长粲奏事内省,长仁疑粲间己,苦请太后出之。

天统五年,从驾自并还邺,夜发滏口,帝以夜漏尚早,停于路傍。长仁后来,谓是从行诸贵,遂遣门客程牙驰骑呼问。帝遣中尚食陈德信问是何人,牙不答而走。帝命左右追射之,既而捉获,因令壮士扑之,决马鞭二百,牙一宿便死。士开因此,遂令德信列长仁倚亲骄豪无畏惮。由是,除齐州刺史。及辞于昭阳,列仗引见,长仁不敢发语,唯泣涕横流。到任,启求暂归,所司不为奏。怨愤,谋令冀州人李揩墙刺和士开,其弟长咸告之。士开密与祖孝徵议之,孝徵引汉文帝杀薄昭为故事,于是敕贵张固、刘桃枝驰驿诣齐州,责长仁谋害宰辅,遂赐死。

先是,太白食昴,占者曰:"昴为赵分,不利胡王。"长仁未几死。长仁性好歌舞,饮酒至数斗不乱。自至齐州,每进酒后,必长叹欷歔,流涕不自胜,左右莫不怪之。

寻而后主纳长仁女为后,重加赠。长仁子君璧,袭爵陇东王。君璧弟君璋,及长仁弟长雍等,前后七人并赐爵,合门贵盛。后废后,稍稍黜退焉。

隋文帝外家吕氏,其族盖微。平齐后求访,不知所在。开皇初,济南郡上言,有男子吕永吉,自称有姑字苦桃,嫁为杨祎妻。勘验,知是舅子。始追赠外祖双周为上柱国、太尉、八州诸军事、青州刺史,封齐郡公,谥曰敬。外祖母姚氏为齐敬公夫人。诏并改葬,于齐州立庙,置守冢十家,以永吉袭爵,留在京师。及大业中,授上党郡太守,性识庸劣,职务不理。后去官,不知所终。

从父道贵,性尤顽骏,言词鄙陋。初自乡里征入长安,上见之悲泣,道贵略无戚容,但连呼帝名云:"种末定不可偷,大似苦桃姊。"

后数犯忌讳,动致违忤。上甚耻之,乃命高颎厚加供给,不许接对朝士。拜上仪同三司,出为济南太守,令即之任,断其入朝。道贵还至本郡,高自崇重,每与人言,自称皇舅。数将仪卫,出入闾里,从故人游宴,庶僚咸苦之。后郡废,终于家,子孙无闻焉。

论曰:三五哲王,防深虑远,舅甥之国,罕执钧衡,母后之家,无闻倾败。爰及汉晋,颠覆继轨,皆由乎进不以礼,故其毙亦速。自魏至隋,时移四代,得失之迹,斯文可睹。苟不倾宗,终致亡国,周隋之际,可为鉴焉。若使开皇创业,不取惩于已往,独孤权侔吕、霍,必败于仁寿之前;萧氏势均梁、窦,岂全于大业之后。今或不陨旧基,或更隆先构,岂非处之以道,远权之所致乎!

北史卷八一
列传第六九

儒林上

梁越　　卢丑　　张伟　　梁祚　　平恒
陈奇　　刘献之　　张吾贵　　刘兰
孙惠蔚　　徐遵明　　董徵　　李业兴
李铉　　冯伟　　张买奴　　刘轨思
鲍季详　　邢峙　　刘昼　　马敬德
张景仁　　权会　　张思伯　　张雕武

儒者,其为教也大矣,其利物也博矣,以笃父子,以正君臣,开政化之本原,鉴生灵之耳目,百王损益,一以贯之。虽世或污隆,而斯文不坠。自永嘉之后,宇内分崩,礼乐文章,扫地将尽。

魏道武初定中原,虽日不暇给,始建都邑,便以经术为先。立太学,置《五经》博士生员千有余人。天兴二年春,增国子太学生员至三千人。岂不以天下可马上取之,不可以马上临之?圣达经猷,盖为远矣。四年春,命乐师入学习舞,释菜于先师。明元时,改国子为中书学,立教授博士。太武始光三年春,起太学于城东。后征卢玄、高允等,而令州郡各举才学。于是人多砥尚,儒术转兴。献文天安初,诏立乡学,郡置博士二人,助教二人,学生六十人。后诏大郡立博士二人,助教四人,学生一百人;次郡立博士二人,助教二人,学生八十人;中郡立博士一人,助教二人,学生六十人;下郡立博士一人,助教一人,学生四十人。太和中,改中书学为国子学,建明堂、辟雍,尊三老五更,又开皇子之学。及迁都洛邑,诏立国子、太学、四门小学,孝文钦明稽古,笃好坟籍,坐舆据鞍,不忘讲道。刘芳、李彪诸人以经书进,崔光、邢峦之徒以文史达。其余涉猎典章,闲集词翰,莫不縻以好爵,动贻尝眷。于是斯文郁然,比隆周、汉。宣武时,复诏营国学,树小学于四门,大选儒生以为小学博士,员四十人。虽黉宇未立,而经术弥显。时天下承平,学业大盛,故燕、齐、赵、魏之间,横经著录,不可胜数。大者千余人,小者犹数百。州举茂异,郡贡孝廉,对扬王庭,每年逾众。神龟中,将立国学,诏以三品以上,及五品清官之子以充生选。未及简置,仍复停寝。正光三年,乃释奠于国学,命祭酒崔光讲《孝经》,始置国子生三十六人。暨孝昌之后,海内淆乱,四方校学,所在无几。

　　齐神武生于边朔,长于戎马,杖义建旗,扫清区县。因魏氏丧乱,属尔朱残酷,文章咸荡,礼乐同奔,弦歌之音且绝,俎豆之容将尽。永熙中,孝武复释奠于国学,又于显阳殿诏祭酒刘廞讲《孝经》,黄门李郁说《礼记》,中书舍人卢景宣讲《大戴礼夏小正》篇,复置生七十二人。及永熙西迁,天平北徙,虽庠序之制,有所未遑,而儒雅之道,遽形心虑。时初迁都于邺,国子置生三十六人。至兴和、武定之间,儒业复盛矣。始天平中,范阳卢景裕同从兄仲礼于本郡起逆,齐神武免其罪,置之宾馆,以经教授太原公以下。及景裕卒,又以赵郡李同轨继之。二贤并大蒙恩遇,待以殊礼。同轨云亡,复征中山张雕武、勃海李铉、刁柔、中山石曜等遽为诸子师友。及天保、大宁、武平之朝,亦引进名儒,授皇太子、诸王经术。然爱自始基,暨于季世,唯济南之在储宫,性识聪敏,颇自砥砺,以成其美。自余多骄恣傲狠,动违礼度,日就月将,无闻焉尔,镂冰雕朽,迄用无成。盖有由焉。夫帝王子孙,习性骄逸,况义方之情不笃,邪僻之路竞开,自非得自生知,体包上智,而内纵声色之娱,外多犬马之好,安能入则笃

行,出则友贤者也?徒有师傅之资,终无琢磨之实。贵游之辈,饰以
明经,可谓稽山竹箭,加之括羽,俯拾青紫,断可知焉。而齐氏司存,
或失其守,师保疑丞,皆赏勋旧,国学博士,徒有虚名。唯国子一学,
生徒数十人耳。胄子以通经进仕者,唯博陵崔子发、广平宋游卿而
已。自外莫见其人。幸朝章宽简,政纲疏阔,游手浮惰,十室而九。
故横经受业之侣,遍于乡邑;负笈从宦之徒,不远千里。入闾里之
内,乞食为资,憩桑梓之阴,动逾十数。燕、赵之俗,此众尤甚焉。齐
制,诸郡并立学,置博士、助教授经。学生俱差逼充员,士流及豪富
之家,皆不从调。备员既非所好,坟籍固不关怀。又多被州郡官人
驱使,纵有游惰,亦不检察。皆由上非所好之所致也。诸郡俱得察
孝廉,其博士、助教及游学之徒通经者,推择充举。射策十条,通八
以上,听九品出身;其尤异者,亦蒙抽擢。

　　周文受命,雅重经典。于时西都板荡,戎马生郊,先王之旧章,
往圣之遗训,扫地尽矣。于是求阙文于三古,得至理于千载,黜魏、
晋之制度,复姬旦之茂典。卢景宣学通群艺,修五礼之缺;长孙绍远
才称洽闻,正六乐之壤。由是朝章渐备,学者向风。明帝纂历,敦尚
学艺,内有崇文之观,外重成均之职。握素怀铅,重席解颐之士,间
出于朝廷;员冠方领,执经负笈之生,著录于京邑。济济焉,足以逾
于向时矣。洎保定三年,帝乃下诏尊太保燕公为三老。帝于是服衮
冕,乘碧辂,陈文物,备礼容,清跸而临太学,袒割以食之,奉觞以酳
之,斯固一世之盛事也。其后命轺轩而致玉帛,征沈重于南荆。及
定山东,降至尊而劳万乘,待熊安生以殊礼。是以天下慕向,文教远
覃。衣儒者之服,挟先王之道,开黉舍,延学徒者比肩;励从师之志,
守专门之业,辞亲戚,甘勤苦者成市。虽通儒盛业,不逮魏、晋之臣,
而风移俗变,抑亦近代之美也。

　　自正朔不一,将三百年,师训纷纶,无所取正。隋文膺期纂历,
平一寰宇,顿天网以掩之,贲旌帛以礼之,设好爵以縻之,于是四海
九州,强学待问之士,靡不毕集焉。天子乃整万乘,率百僚,遵问道
之仪,观释奠之礼。博士罄县河之辩,侍中竭重席之奥,考正亡逸,

研核异同，积滞群疑，涣然冰释。于是超擢奇俊，厚赏诸儒，京邑达乎四方，皆启黉校。齐鲁赵魏，学者尤多，负笈追师，不远千里，讲诵之声，道路不绝。中州之盛，自汉魏以来，一时而已。及帝暮年，精华稍竭，不悦儒术，专尚刑名。执政之徒，咸非笃好。暨仁寿间，遂废天下之学。唯存国子一所，弟子七十二人。炀帝即位，复开庠序，国子、郡县之学，盛于开皇之初。征辟儒生，远近毕至，使相与讲论得失于东都之下，纳言定其差次，一以闻奏焉。于时旧儒多已凋亡，惟信都刘士元、河间刘光伯拔萃出类，学通南北，博极今古，后生钻仰，所制诸经义疏，搢绅咸师宗之。既而外事四夷，戎马不息，师徒怠散，盗贼群起。礼义不足以防君子，刑罚不足以威小人，空有建学之名，而无弘道之实。其风渐坠，以至灭亡。方领矩步之徒，亦转死沟壑，凡有经籍，因此湮没于煨烬矣。遂使后进之士，不复闻《诗书》之言，皆怀攘窃之心，相与陷于不义。《传》曰：“学者将殖，不学者将落。”然则盛衰是系，兴亡攸在，有国有家者，可不慎欤！

汉世，郑玄并为众经注解，服虔、何休，各有所说。玄《易》、《诗》、《书》、《礼》、《论语》、《孝经》，虔《左氏春秋》，休《公羊传》，大行于河北。王肃《易》，亦间行焉。晋世，杜预注《左氏》。预玄孙坦，坦弟骥，于宋朝并为青州刺史，传其家业，故齐地多习之。

自魏末，大儒徐遵明门下，讲郑玄所注《周易》。遵明以传卢景裕及清河崔瑾。景裕传权会、郭茂。权会早入邺都，郭茂恒在门下教授，其后能言《易》者，多出郭茂之门。河南及青齐之间，儒生多讲王辅嗣所注，师训盖寡。

齐时，儒士罕传《尚书》之业，徐遵明兼通之。遵明受业于屯留王聪，传授浮阳李周仁及勃海张文敬、李铉、河间权会，立郑康成所注，非古文也。下里诸生，略不见孔氏注解。武平末，刘光伯、刘士元始得费甝《义疏》，乃留意焉。

其《诗》、《礼》、《春秋》，尤为当时所尚，诸生多兼通之。

《三礼》并出遵明之门。徐传业于李铉、祖俊、田元凤、冯伟、纪显敬、吕黄龙、夏怀敬。李铉又传授刁柔、张买奴、鲍季详、邢峙、刘书、熊安生。安生又传孙灵晖、郭仲坚、丁恃德。其后生能通《礼经》者，多是安生门人。诸生尽通《小戴礼》。于《周仪礼》兼通者，十二三焉。

通《毛诗》者，多出于魏朝刘献之。献之传李周仁。周仁传董令度、程归则。归则传刘敬和、张思伯、刘轨思。其后能言《诗》者，多出二刘之门。

河北诸儒能通《春秋》者，并服子慎所注，亦出徐生之门。张买奴、马敬德、邢峙、张思伯、张奉礼、张雕、刘昼、鲍长宣、王元则并得服氏之精微。又有卫觊、陈达、潘叔虔，虽不传徐氏之门，亦为通解。又有姚文安、秦道静，初亦学服氏，后兼更讲杜元凯所注。其河外儒生，俱伏膺杜氏。其《公羊》、《谷梁》二传，儒者多不厝怀。

《论语》、《孝经》，诸学徒莫不通讲。诸儒如权会、李钦、刁柔、熊安生、刘轨思、马敬德之徒，多自出义疏。虽曰专门，亦皆相祖习也。

大抵南北所为章句，好尚互有不同。江左，《周易》则王辅嗣，《尚书》则孔安国，《左传》则杜元凯。河洛，《左传》则服子慎，《尚书》、《周易》则郑康成。《诗》则并主于毛公，《礼》则同遵于郑氏。南人约简，得其英华；北学深芜，穷其枝叶。考其终始，要其会归，其立身成名，殊方同致矣。

自魏梁越已下，传授讲议者甚众，今各依时代而次，以备《儒林》云尔。

梁越字玄览，新兴人也。博通经传，性纯和。魏初，为《礼经》博士。道武以其谨厚，迁上大夫，令授诸皇子经书。明元初，以师傅恩，赐爵祝阿侯，出为雁门太守，获白雀以献，拜光禄大夫，卒。

卢丑，昌黎徒何人也。襄城王鲁元之族也。太武监国，丑以博学入授经。后以师傅旧恩，赐爵济阴公。位尚书，加散骑常侍，卒于河内太守。

　　张伟字仲业,太原中都人也。学通诸经,乡里受业者,常数百人。儒谨泛纳,虽有顽固,问至数十,伟告喻殷勤,曾无愠色。常依附经典,教以孝悌,门人感其仁化,事之如父。性清雅,非法不言。太武时,与高允等俱被辞命,授中书博士,累迁为中书侍郎,本国大中正。使酒泉慰劳沮渠无讳,又使宋,赐爵成皋子。出为营州刺史,进爵建安公。卒,赠并州刺史,谥曰康。

　　梁祚,北地泥阳人也。父邵,皇始二年归魏,位济阳太守。至祚,居赵郡。祚笃志好学,历习经典,尤善《公羊春秋》、郑氏《易》,常以教授。有儒者风,而无当世之才。与幽州别驾平恒有旧,恒时请与论经史。辟秘书中散,稍迁秘书令,为李欣所排摈,退为中书博士。后出为统万镇司马,征为散令。撰并陈寿《三国志》,名曰《国统》,又作《代都赋》,颇行于世。清贫守素,不交势贵,卒。子元吉,有父风。

　　平恒字继叔,燕郡蓟人也。祖视、父儒,并仕慕容为通宦。恒耽勤读诵,多通博闻。自周以降,暨于魏世,帝王传代之由,贵臣升降之绪,皆撰品第,商略是非,号曰《略注》,合百余篇。安贫乐道,不以屡空改操。征为中书博士。久之,出为幽州别驾。廉贞寡欲,不营资产,衣食至常不足,妻子不免饥寒。后迁秘书丞,时高允为监,河间邢祐、北平阳尼、河东裴宗、广平程骏、金城赵元顺等为著作郎。允每称博通经籍,无过恒也。

　　恒三子,并不率父业,好酒自弃。恒常忿其世衰,植杖巡舍侧岗而哭,不为营事婚宦,任意官娉,曰:“此辈会是衰顿,何烦劳我!”故仕娉浊碎,不得及其门流。别构精庐,并置经籍于中,一奴自给,妻子莫得而往,酒食亦不与同。时有珍美,呼时老东安公刁雍等共饮啖之,家人无得尝焉。太和十年,以恒为秘书令,而固请为郡,未受而卒。赠幽州刺史、都昌侯,谥曰康。

　　陈奇字修奇,河北人也。少孤贫,而奉母至孝,龆龀聪识,有夙成之美。爱玩经典，常非马融、郑玄解经失旨。志在著述《五经》，始注《孝经》、《论语》，颇传于世，为搢绅所称。与河间邢祐同召赴京。

时秘书省游雅素闻其名，始颇好之，引入秘省，欲授以史职。后与奇论典诰，至《易讼卦》"天与水违行。"雅曰："自葱岭以西，水皆西流，推此而言，自葱岭西，岂东向望天哉？"雅性护短，因以为嫌。尝众辱奇，或尔汝之，或指为小人。奇曰："公身为君子，奇身且小人。"雅曰："君言身且小人，君祖父是何人也"？奇曰："祖，燕东部侯厘。"雅质奇曰："侯厘何官也？"奇曰："昔有云师、火正、鸟师之名，以斯而言，世革则官异，时易则礼变。公为皇魏东宫内侍长，竟何职也？"先是，敕以奇付雅，令铨补秘书。雅既恶之，遂不复叙用焉。

奇冗散数年，高允每嘉其远致，称奇通识，非凡学所及。允微劝雅曰："君朝望具瞻，何为与野儒辩简牍章句！"雅谓允有私于奇，曰："君宁党小人也？"乃取奇注《论语》、《孝经》，烧于庭内。奇曰："公贵人，不乏樵薪，何乃燃奇《论语》！"雅愈怒，因告京师后生，不听传授。而奇无降志，亦评雅之失。雅制昭皇太后碑文，论后名字之美，比喻前魏之甄后。奇刺发其非，遂闻于上。诏下司徒检对，雅有屈焉。

有人为谤书，多怨时之言，颇称奇不得志。雅乃讽在事云，此书言奇不遂，当是奇假人为之。如依律文，造谤书者，皆及孥戮。遂抵奇罪。时司徒、平原王陆丽知奇见枉，惜其者学，故得迁延经年，冀得宽宥。狱成，竟致大戮，遂及其家。奇于《易》尤长，在狱尝自筮，卦未及成，乃揽破而叹曰："吾不度来年冬季。"及奇受害，如其所占。奇初被召，夜梦星坠压脚。明而告人曰："星则好风，星则好雨，梦星压脚，必无善征。但时命峻切，不敢不赴耳。"

奇外生常矫之，仕历郡守。奇所注《论语》，矫之传掌，未能行于世。其义多异郑玄，往往与司徒崔浩同。

刘献之，博陵饶阳人也。少而孤贫，雅好《诗传》。曾受业于勃海程玄，后遂博观众籍。见名法之言，掩卷而笑曰："若使杨、墨之流,不为此书,千载谁知其小也?"曾谓其所亲曰:"观屈原《离骚》之作,自是狂人,死其宜矣。孔子曰'无可无不可',实获我心。"时人有从献之学者,献之辄谓之曰:"人之立身,虽百行殊途,准之四科,要以德行为首。子若能入孝出悌,忠信仁让不待出户,天下自知。傥不能然,虽复下帷针股,蹑屦从师,正可博闻多识,不过为土龙乞雨,眩惑将来。其于立身之道,有何益乎?孔门之徒,初亦未悟,见旱鱼之叹,方乃归而养亲。嗟乎!先达何自觉之晚也?"由是四方学者,莫不高其行义,希造其门。

献之善《春秋》、《毛诗》,每讲《左氏》,尽隐公八年便止,云:"义例已了,不复须解。"由是弟子不能究竟其说。后本郡逼举孝廉,至京称病而还。孝文幸中山,诏征典内校书。献之喟然叹曰:"吾不如庄周散木远矣,一之谓甚,其可再乎!"固以疾辞。时中山张吾贵与献之齐名,四海皆称儒宗。吾贵每一讲唱,门徒千数,其可。再乎!"固以疾辞。时中山张吾贵与献之齐名,四海皆称儒宗。吾贵每一讲唱,门徒千数,其行业可称者寡。献之著录,数百而已,皆通经之士。于是有识者辩其优劣。

魏承丧乱之后,《五经》大义,虽有师说,而海内诸生,多有疑滞,咸决于献之。六艺之文,虽不悉注,所标宗旨,颇异旧义。撰《三礼大义》四卷,《三传略例》三卷,注《毛诗序义》一卷,行于世。并立《章句疏》二卷。注《涅槃经》,未就而卒。四子,放古、爱古、参古、修古。

张吾贵字吴子,中山人也。少聪慧口辩,身长八尺,容貌奇伟。年十八,本郡举为太学博士。吾贵先未多学,乃从郦诠受《礼》,牛天祐受《易》。诠、祐粗为开发而已,吾贵览读一遍,便即别构户牖,世人竞归之。

曾在夏学,聚徒千数,而不讲《传》。生徒窃云:"张生之于《左氏》,似不能说。"吾贵闻之,谓曰:"我今夏讲暂罢,后当说《传》,君等来日,皆当持本。"生徒怪之而已。吾贵诣刘兰,兰遂为讲《传》。三旬之中，吾贵兼读杜、服，隐括两家，异同悉举。诸生后集，便为讲之，义例无穷，皆多新异，兰仍伏听。学者以此益奇之。而辩能饰非，好为诡说，由是业不久传。而气陵牧守，不屈王侯，竟不仕而终。

刘兰，武邑人也。年三十余，始入小学书《急就篇》。家人觉其聪敏，遂令从师。受《春秋》、《诗》、《礼》于中山王保安。家贫，无以自资，且耕且学。三年之后，便白其兄，求讲说。其兄笑而听之，为立黉舍，聚徒二百。兰读《左氏》，五日一遍，兼通《五经》。先是，张吾贵以聪辩过人，其所解说，不本先儒之旨。唯兰推《经》、《传》之由，本注者之意，参以纬候及先儒旧事，甚为精悉。自后《经》义审博，皆由于兰。兰又明阴阳，博物多识，故为儒者所宗。

瀛州刺史裴植，征兰讲书于州南馆，植为学主，故生徒甚盛，海内称焉。又特为中山王英所重。英引在馆，令授其子熙、诱、略等。

兰学徒前后数千，成业者众。而排毁《公羊》，又非董仲舒，由是见讥于世。为国子助教，静坐读书，有人叩门，兰命引入。葛巾单衣，入与兰坐，谓曰："君自是学士，何为每见毁辱？理义长短，竟在谁？而过无礼见陵也！今欲相召，当与君正之。"言终而出，兰少时患死。

孙惠蔚，武邑武遂人也。年十五，粗通《诗》、《书》及《孝经》、《论语》。十八，师董道季讲《易》。十九，师程玄读《礼经》及《春秋三传》。周流儒肆，有名于冀方。

太和初，郡举孝廉，对策于书省。时中书监高闾因相谈荐，俄为中书博士，转皇宗博士。闾被敕理定雅乐，惠蔚参其事。及乐成，闾上疏请集朝士于太乐，共研是非。秘书令李彪，自以才辩，立难于其前。闾命惠蔚与彪抗论，彪不能屈。黄门侍郎张彝，常与游处，每表疏论事，多参访焉。十七年，孝文南征，上议告类之礼。及太师冯熙薨，惠蔚监其丧礼上书，令熙未冠之子，皆服成人服。惠蔚与李彪以儒学相知，及彪位至尚书，惠蔚仍太庙令。孝文曾从容言曰："道固既登龙门,而孙蔚犹沈涓浍,朕常以为负矣。"虽久滞小官,深体通塞,无孜孜之望,儒者以是尚焉。二十二年,侍读东宫。

先是,七庙以平文为太祖。孝文议定祖宗,以道武为太祖。祖宗虽定,然昭穆未改。及孝文崩,将祔神主于庙,侍中崔光兼太常卿,以太祖既改,昭穆以次而易。兼御史中尉、黄门侍郎邢峦,以为太祖虽改,昭穆仍不应易,乃立弹草,欲按奏光。光谓惠蔚曰:"此乃礼也,而执法欲见弹劾,思获助于硕学。"惠蔚曰:"此深得礼变。"寻为书以与光,赞明其事。光以惠蔚书呈宰辅,乃召惠蔚与峦庭议得失。尚书令王肃又助峦,而峦理终屈,弹事遂寝。

宣武即位之后,仍在左右,敷训经典。自冗从仆射迁秘书丞、武邑郡中正。惠蔚既入东观,见典籍未周,及阅旧典,先无定目,新故杂糅,首尾不全,有者累帙数十,无者旷年不写。或篇第褫落,始末沦残,或文壤字误,谬烂相属。卷目虽多,全定者少。请依前丞卢昶所撰甲乙新录,欲裨残补阙,损并有无,校练句读,以为定本,次第均写,永为常式。其省先无本者,广加推寻,搜求令足。然经记浩博,诸子纷纶,部帙既多,章第纰缪,当非一二校书,岁月可了。求令四门博士及在京儒生四十人,在秘书省专精校考,参定字义。诏许之。

后为黄门侍郎,代崔光为著作郎。才非文史,无所撰著。迁国子祭酒、秘书监,仍知史事。延昌三年,追尝讲定之劳,封枣强县男。明帝初,出为济州刺史。还京,除光禄大夫。

魏初已来,儒生寒宦,惠蔚最为显达。先单名蔚,正始中,侍讲禁内,夜论佛经,有惬帝旨,诏使加"惠"号惠蔚法师焉。卒于官,赠瀛州刺史,谥曰戴。子伯礼袭封。

伯礼善隶书,位国子博士。惠蔚族曾孙灵晖。

灵晖少明敏,有器度。得惠蔚手录章疏,研精寻问,更求师友,《三礼》、《三传》,皆通宗旨。然始就鲍季详、熊安生质问疑滞,其所发明,熊、鲍无以异也。举冀州秀才,射策高第。仕齐,累至国子博士,授南阳王绰府谘议参军。绰除定州刺史,仍随绰之镇。所为猖厥,灵晖唯默默忧悴,不能谏止。绰表请灵晖为王师,以管记马子结为谘议。朝廷以王师三品，奏启不合。后主于启下手诏云："但用之。"儒者甚以为荣。绰除大将军，灵晖以王师领大将军司马。绰诛，停废。从绰死后，每至七日至百日，灵晖恒为绰请僧设斋行道。齐亡，卒。

马子结者，其先扶风人，世仕凉土，魏太和中入洛。父祖俱清官。子结及兄子廉、子尚三人皆涉文学。阳休之牧西兖，子廉、子尚、子结与诸朝士各有赠诗。阳总为一篇酬答。诗云"三马皆白眉"者也。子结为南阳王绰管记，随绰定州。绰每出游猎，必令子结走马从禽。子结既儒缓，衣垂帽落，或叫或啼，令骑驱之，非坠马不止。绰以为笑。由是渐见亲狎，启为谘议焉。

石曜字白曜，中山安善人。亦以儒学进，居官清俭。武平中，为黎阳郡守。时丞相咸阳王世子斛律武都出为兖州刺史，性贪暴。先过卫县，令丞以下，敛绢数千疋遗之。至黎阳，令左右讽动曜及县官。曜手持一绢谓武都曰："此是老石机杼，聊以奉赠。自此以外，并须出于吏人。吏人之物，一毫不敢辄犯。"武都亦知曜清素纯儒，笑而不责。曜著《石子》十卷，言甚浅俗。位终谯州刺史。

灵晖子万寿，字仙期，一字迟年。聪识机警，博涉经史，善属文，美谭笑。在齐，仕为阳休之开府行参军。及隋文帝受禅，滕穆王引为文学。坐衣冠不弊，配防江南。行军总管宇文述，召典军书。万寿本自书生，从容文雅，一旦从军，郁郁不得志。为五言诗赠京邑友，诗至京，盛为当时吟诵，天下好事者，多书壁上而玩之。后归乡里，十余年不得调。仁寿初，拜豫章王长史，非其好也。王转封于齐，即为齐王文学。当时，诸王官属，多被夷灭，由是弥不自安，因谢病免。久之，授大理司直，卒于官。有集十卷，行于世。

徐遵明字子判，华阴人也。幼孤，好学，年十七，随乡人毛灵和等诣山东求学。至上党，乃师屯留王聪，受《毛诗》、《尚书》、《礼记》。一年，便辞聪游燕、赵，师事张吾贵。吾贵门徒甚盛。遵明伏膺数月，乃私谓友人曰："张生名高而义无检格，凡所讲说，不惬吾心。请更从师。"遂与平原田猛略就范阳孙买德。受业一年,复欲去之。猛略谓遵明曰:"君年少从师,每不终业,如此用意,终恐无成。"遵明乃指其心曰:"吾今知真师所在矣,正在于此。"乃诣平原唐迁,居于蚕舍,读《孝经》、《论语》、《毛诗》、《尚书》、《三礼》。不出门院,凡经六年,时弹筝吹笛,以自娱慰。又知阳平馆陶赵世业家有《服氏春秋》,是晋世永嘉旧写。遵明乃住读之,复经数载。因手撰《春秋义章》是为三十卷。

是后教授门徒,每临讲坐,先持经执疏,然后敷讲。学徒至今,浸以成俗。遵明讲学于外,二十余年,海内莫不宗仰。颇好聚敛,与刘献之、张吾贵皆河北聚徒教授,悬纳丝粟,留衣物以待之,名曰影质,有损儒者之风。遵明见郑玄《论语序》云"书以八寸策",误作'八十宗',因曲为之说。其僻也皆如此。献之、吾贵又甚焉。

遵明不好京辇,以兖州有旧,因从属焉。元颢入洛,任城太守李湛将举义兵,遵明同其事。夜至人间,为乱兵所害。永熙二年,遵明弟子通直散骑侍郎李业兴表求加策命,卒无赠谥。

董徵字文发,顿丘卫国人也。身长七尺二寸,好古学,尚雅素。年十七,师清河监伯阳受《论语》、《毛诗》、《春秋》、《周易》,河内高望崇受《周官》,后于博陵刘献之遍受诸经。数年之中,大义精练,讲授生徒。太和末,为四门小学博士。后宣武诏征入璇华宫,令孙惠蔚问以《六经》。仍诏征教授京兆、清河、广平、汝南四王。

后累迁安州刺史。徵因述职,路次过家,置酒高会,大享邑老。乃言曰:"腰龟返国,昔人称荣,仗节还家,云胡不乐。"因诫二三子弟曰:"此之富贵,匪自天降,乃勤学所致耳。"时人荣之。入为司农少卿、光禄大夫,后以老解职。永熙二年,卒。孝武帝以徵昔授学业,故优赠仪同三司、尚书左仆射、相州刺史,谥曰文烈。子仲曜。

李业兴,上党长子人也。祖虬、父玄纪,并以儒学举孝廉。玄纪卒于金乡令。

业兴少耿介志学，晚乃师事徐遵明于赵、魏之间。时有渔阳鲜于灵馥亦聚徒教授，而遵明声誉未高，著录尚寡。业兴乃诣灵馥黉舍，类受业者。灵馥乃谓曰："李生久逐羌博士，何所得也？"业兴默尔不言。及灵馥说《左传》，业兴问其大义数条，灵馥不能对。于是振衣而起曰："羌弟子正如此耳！"遂便径还。自此，灵馥生徒倾学而就遵明。学徒大盛，业兴之为也。

后乃博涉百家，图纬、风角、天文、占候，无不讨练，尤长算历。虽在贫贱，常自矜负，若礼待不足，纵于权贵，不为之屈。后为王遵业门客。举孝廉，为校书郎。以世行赵匪历，节气后辰下算。延昌中，业兴乃为《戊子元历》上之。于时屯骑校尉张洪、荡寇将军张龙详等九家，各献新历。宣武诏令共为一历。洪等后遂共推业兴为主，成《戊子历》。正光三年，奏行之。业兴以殷历甲寅，黄帝辛卯，徒有积元，术数亡缺，又修之，各为一卷，传于世。

建义初，敕典仪注。未几，除著作郎。永安三年，以前造历之勋，赐爵长子伯。后以孝武帝登极之初，豫行礼事，封屯留县子，除通直散骑常侍。永熙三年二月，孝武帝释奠，业兴与魏季景、温子升、窦瑗为摘句。后入为侍读。

迁邺之始，起部郎中辛术奏："今皇居徙御，百度创始，营构一兴，必宜中制。李业兴硕学通儒，博闻多识，万门千户，所宜询访。今求就之披图案记，考定是非，参古杂今，折中为制。"诏从之。于时尚书右仆射、营构大匠高隆之被诏缮修三署乐器、衣服及百戏之属，乃奏请业兴共事。

天平四年，与兼散骑常侍李谐、兼吏部郎卢元明使梁。梁散骑常侍朱异问业兴曰："魏洛中委粟山是南郊邪？圆丘邪？"业兴曰："委粟是圆丘，非南郊。"异曰："比闻郊、丘异所，是用郑义。我此中用王义。"业兴曰："然。洛京郊丘之处，用郑解。"异曰："若然，女子逆降傍亲，亦从郑以不？"业兴曰："此之一事，亦不专从。若卿此间用王义，除禫应用二十五月，何以王俭《丧礼》，禫用二十七月也？"异遂不答。业兴曰："我昨见明堂，四柱方屋，都无五九之室，当是裴颍所制。明堂上圆下方,裴唯除室耳,今此上不圆何也?"异曰:"圆方俗说,经典无文,何怪于方。"业兴曰:"圆方之言,出处甚明,卿自不见。见卿录梁主《孝经义》亦云'上圆下方',卿言岂非自相矛盾?"异曰:"若然,圆方竟出何经?"业兴曰:"出《孝经援神契》。"异曰:"纬候之书,何可信也!"业兴曰:"卿若不信,《灵威仰》、《叶光纪》之类,经典亦无出者,卿复信不?"异不答。

梁武问业兴:"《诗·周南》,王者之风,系之周公;《邵南》,仁贤之风,系之邵公。何名为系?"业兴对曰:"郑注《仪礼》云:昔太王、王季居于岐阳,躬行《邵南》之教以兴王业。及文王行今《周南》之教以受命,作邑于酆。文王为诸侯之地所化之国,今既登九五之尊,不可复守诸侯之地,故分封二公,名为系。"梁武又问:"《尚书》'正月上日,受终文祖',此时何正?"业兴对曰"此夏正月。"梁武言:"何以得知?"业兴曰:"案《尚书中候运衡篇》云'日月营始',故知夏正。"又问:"尧时以前,何月为正?"业兴对曰:"自尧以上,书典不载,实所不知。"梁武又云:"'寅宾出日'是正月,'日中星鸟,以殷仲春',即是二月。此出《尧典》,何得云尧时不知用何正?"业兴对曰:"虽三正不同,言时节者,皆据夏时正月。《周礼》:'仲春二月,会男女之无夫家者。'虽自周书,月亦夏时。尧之日月,亦当如此。但所见不深,无以辩析明问。"梁武又曰:"《礼》:原壤母死,叩木而歌。孔子圣人,而与壤为友?"业兴对曰:"孔即自解,言亲者不失其亲,故者不失其故。"又问:"壤何处人?"对曰:"注云:原壤,孔子幼之旧故。是鲁人。"又问:"原壤不孝,有逆人伦,何以存故旧之小节,废不孝之大罪?"对曰:"原壤所行事,自彰著,幼少之交,非是今始,既无大故,何容弃之?"又问:"孔子圣人,何以书原壤之事,垂法万代?"业兴对曰:"此是后人所录,非孔子自制,犹合葬于防。如此之比,《礼记》之中,动有百数。"又问:"《易》有太极,极是有无?"显兴对曰:"所传太极是有。"还,兼散骑常侍,加中军大将军。

业兴家世农夫,虽学殖,而旧音不改。梁武问其宗门多少,答曰:"萨四十家。"使还,孙腾谓曰:"何意为吴儿所笑!"对曰:"业兴犹被笑,试遣公去,当着被骂。"邢子才云:"尔归疾颓,或问实耶?"业兴曰:"尔大痴!但道此,人疑者半,信者半,谁检看?"

武定元年,除国子祭酒,仍侍读。神武以业兴明术数,军行常问焉。业兴曰某日某处胜。谓所亲曰:"彼若告胜,自然赏吾;彼若凶败,安能罪吾?"芒山之役,有风从西来入营。业兴曰:"小人风来,当大胜。"神武曰:"若胜,以尔为本州刺史。"既而以为太原太守。五年,齐文襄引为中外府谘议参军。

后坐事禁止,业兴乃造《九宫行棋历》,以五百为章,四千四十为蔀,九百八十七为升分,还以己未为元,始终相维,不复移转,与今历法术不同。至于气序交分,景度盈缩,不异也。文襄之征颍川,业兴曰:"往必克,克后凶。"文襄既克,欲以业兴当凶而杀之。

业兴爱好坟籍,鸠集不已,手自补修,躬加题帖,其家所有,垂将万卷。览读不息,多有异闻,诸儒服其深博。性豪侠,重意气,人有急难,委命归之,便能容匿。与其好合,倾身无吝;有乖忤,便即疵毁,乃至声色,加以谤骂。性又躁隘,至于论难之际,无儒者之风。每语人云:"但道我好,虽知妄言,故胜道恶。"务进忌前,不顾后患,时人以此恶之。至于学术精微,当时莫及。业兴二子,崇祖传父业。

崇祖字子述。文襄集朝士,命卢景裕讲《易》,崇祖时年十一,论难往复,景裕惮之。业兴助成其子,至于忿阋。文襄色甚不平。姚文安难服虔《左传解》七十七条,名曰《驳妄》。崇祖申明服氏,名曰《释谬》。齐文宣营构三台,材瓦工程,皆崇祖所算也。封屯留县侯。遵祖,齐天保初难宗景历甚精。崇祖为元子武卜葬地,醉而告之曰:"改葬后,当不异孝文。"武成。或告之,兄弟伏法。

李铉字宝鼎,勃海南皮人也。九岁入学,书《急就篇》,月余便通。家素贫,常春夏务农,冬乃入学。年十六,从浮阳李周仁受《毛诗》、《尚书》,章武刘子猛受《礼记》,常山房虬受《周官》、《仪礼》,渔阳鲜于灵馥受《左氏春秋》。铉以乡里无可师者,遂与州里杨元懿、河间宗惠振等结友,诣大儒徐遵明受业。居徐门下五年,常称高第。

年二十三,便自潜居讨论是非。撰定《孝经》、《论语》、《毛诗》、《三礼义疏》及《三传异同》、《周易义例》合三十余卷。用心精苦,曾三秋冬不畜枕,每睡,假寐而已。年二十七,归养二亲,因教授乡里。生徒恒数百人,燕赵间能言经者,多出其门。

以乡里寡文籍,来游京师,读所未见书。举秀才,除太学博士。及李同轨卒,齐神武令文襄在京妙简硕学,以教诸子。文襄以铉应旨,征诣晋阳。时中山石曜、北平阳绚、北海王晞、清河崔瞻、广平宋钦道及工书人韩毅同在东馆,师友诸王。铉以去圣久远,文字多有乖谬,于讲授之暇,遂览《说文》、《仓》、《雅》,删正六艺经注中谬字,名曰《字辩》。

天保初,诏铉与殿中尚书邢邵,中书令魏收等参议礼律,仍兼国子博士。时诏北平太守宋景业、西河太守綦母怀文等草定新历,录尚书、平原王高隆之令铉与通直常侍房延祐、国子博士刁柔参考得失。寻正国子博士。废帝之在东宫,文宣诏铉以经入授,甚见优礼。卒,特赠廷尉少卿。及还葬,王人将送,儒者荣之。

杨元懿、宗惠振官俱至国子博士。

冯伟字伟节,中山安喜人也。身长八尺,衣冠甚伟,见者肃然。少从李宝鼎学,李重其聪敏,恒别意试问之。多所通解,尤明《礼》、《传》。后还乡里,闭门不出,将三十年,不问生产,不交宾客,专精覃思,无所不通。

齐赵郡王出镇定州,以礼迎接,命书三至,县令亲至其门,犹辞疾不起。王将命驾致请,佐吏前后星驰报之,县令又自为其整冠履,不得已而出。王下厅事迎之,止其拜伏,分阶而上,留之宾馆,甚见礼重。王将举充秀才,固辞不就。岁余请还,王知其不愿拘束,以礼发遣,赠遗甚厚。一无所纳,唯受时服而已。

及还,不交人事,郡守县令,每亲至。岁时或置羊酒,亦辞不纳。门徒束修,一毫不受。蚕而衣,耕而饭,箪食瓢饮,不改其乐。以寿终。

张买奴,平原人也。经义该博,门徒千余人,诸儒咸推齐之。仕齐,历太学博士、国子助教,卒。

刘轨思,勃海人也。说《诗》甚精。少事同郡刘敬和,敬和事同郡程师则,故其乡曲多为《诗》者。轨思仕齐,位国子博士。

鲍季详,勃海人也。甚明《礼》,兼通《左氏春秋》。少时,恒为李宝鼎都讲。后亦自有徒众,诸儒称之。仕齐,卒于太学博士。

从弟长暄,兼通《礼》、《传》。为任城王湝丞相掾。恒在都教授贵游子弟。齐亡,卒于家。

邢峙字士峻,河间鄚人也。少学通《三礼》、《左氏春秋》。仕齐,初为四门博士,迁国子助教,以经入授皇太子。峙方正纯厚,有儒者风。厨宰进太子食,菜有邪蒿,峙令去之,曰:"此菜有不正之名,非殿下宜食。"文宣闻而嘉之,赐以被褥缣纩,拜国子博士。皇建初,除清河太守,有惠政。年老归,卒于家。

刘昼字孔昭,勃海阜城人也。少孤贫,爱学,伏膺无倦。常闭户读书,暑月唯着犊鼻裈。与儒者李宝鼎同乡,甚相亲爱。宝鼎授其《三礼》,又就马敬德习《服氏春秋》,俱通大义。恨下里少坟籍,便杖策入都。知邺令宋世良家有书五千卷,乃求为其子博士,恣意披览,昼夜不息。

还,举秀才,策不第,乃恨不学属文,方复缉缀辞藻。言甚古拙,制一首赋,以六合为名,自谓绝伦,乃叹儒者劳而寡功。曾以赋呈魏收而不拜。收忿之,谓曰:"赋名六合,已是太愚,文又愚于六合。君四体又甘于文。"昼不忿,又以示邢子才。子才曰:"君此赋,正似疥骆驼,伏而无妩媚。"昼求秀才,十年不得,发愤撰《高才不遇传》。冀州刺史郦伯伟见之,始举昼,时年四十八。

刺史陇西李玙，亦尝以昼应诏。先告之，昼曰："公自为国举才，何劳语昼！"齐河南王孝瑜闻昼名，每召见，辄与促席对饮。后遇有密亲，使昼在斋侍，昼须臾径去，追谢要之，终不复屈。孝昭即位，好受直言。昼闻之，喜曰："董仲舒、公孙弘可以出矣。"乃步诣晋阳上书，言亦切直，而多非世要，终不见收采。编录所上之书，为《帝道》。河清中，又著《金箱璧言》，盖以指机政之不良。

昼夜尝梦贵人若吏部尚书者补交州兴俊令，寤而密书记之。卒后旬余，其家幼女鬼语声似昼，云"我被用为兴俊县令，得假暂来辞别"云。

昼常自谓博物奇才，言好矜大。每言："使我数十卷书行于后世，不易齐景之千驷也。"容止舒缓，举动不伦，由是竟无仕，卒于家。

马敬德，河间人也。少好儒术，负笈随徐遵明学《诗》、《礼》，略通大义，而不能精。遂留意于《春秋左氏》，沈思研求，昼夜不倦。教授于燕、赵间，生徒随之者甚众。乃诣州将，求举秀才，将以其纯儒，无意推荐。敬德请试方略，五条皆有文理，乃欣然举送。至都，唯得中第。请试经业，问十条，并通，擢授国子助教。再迁国子博士。

齐武成为后主择师傅，赵彦深进之，入为侍讲。其妻夜梦猛兽将来向之，敬德走超蒙棘，妻伏地不敢动。敬德占曰："吾当为大官，超棘，过九卿也；尔伏地，夫人也。"后主既不好学，敬德侍讲甚疏，时时以《春秋》入授。犹以师傅恩，拜国子祭酒、仪同三司、金紫光禄大夫、瀛州大中正。卒，其徒曰："马生胜孔子，孔子不得仪同。"寻赠开府、瀛州刺史。

其后，侍书张景仁封王，赵彦深云："何容侍书封王，侍讲翻无封爵？"亦追封敬德广汉郡王，令子元熙袭。

元熙字长明，少传父业，兼长文藻。以通直郎待诏文林馆。武平中，皇太子将讲《孝经》，有司请择师。帝曰："马元熙，朕师之子，文学不恶。"于是以《孝经》入授皇太子。儒者荣其世载。性和厚，在内甚得名誉。隋开皇中，卒于秦王文学。

张景仁，济北人。幼孤，家贫，以学书为业，遂工草隶。选补内书生，与魏郡姚元标、颍川韩毅、同郡袁买奴、荥阳李超等齐名，文襄并引为宾客。天保八年，敕教太原王绍德书。后主在东宫，武成令侍书，遂被引擢。小心恭谨，后主爱之，呼为博士。登祚，累迁通直散骑常侍，在左右。与语，犹称博士。胡人何洪珍有宠于后主，欲得通婚朝士，以景仁在内，官位稍高，遂为其兄子取景仁第二息瑜之女。因以表里相援，恩遇日隆。景仁多疾，帝遣徐之范等疗之，给药物珍羞，中使问疾，相望于道。是后，敕有司恒就宅送御食。车驾或有行幸，在道宿处，每送步障，为遮风寒。进位仪同三司，加开府，侍书如故。每旦须参，即在东宫停止。及立文林馆，中人邓长颙希旨，奏令总判馆事。除侍中，封建安王。洪珍死后，长颙犹存旧款，更相弥缝，得无坠退。遂除中书监，卒。赠侍中、五州刺史、司空公。

景仁为儿童时，在洛京，曾诣国学摹《石经》。许子华遇之学中，执景仁手曰："张郎风骨，必当通贵，非但官爵迁达，乃与天子同笔砚，传衣履。"子华卒二十余年，景仁位开府，数赐衣冠、笔砚，如子华所言。出自寒微，本无识见，一旦开府、侍中、封王。其妇姓奇，莫知氏族所出，容制音辞，事事庸俚。既除王妃，与诸公主、郡君，同在朝谒之列，见者为其惭悚。

景仁性本卑谦，及用胡人、巷伯之势，坐致通显，志操颇改，渐成骄傲。良马轻裘，徒从拥冗，高门广宇，当衢向术。诸子不思其本，自许贵游。自仓颉以来，八体取进，一人而已。

权会字正理，河间郑人也。志尚沈雅，动遵礼则。少受郑《易》，妙尽幽微；《诗》、《书》、《二礼》，文义该洽；兼明风角，妙识玄象。仕齐，初四门博士。仆射崔暹引为馆客，甚敬重焉，命世子达挐尽师傅之礼。暹欲荐会与马敬德等为诸王师。会性恬静，不慕荣势，耻于左宦，固辞。暹识其意，遂罢荐举。寻追修国史，监知太史局事。后迁国子博士。会参掌虽繁，教授不阙。性甚儒懦，似不能言，及临机答难，酬报如响，由是为诸儒所推。而贵游子弟慕其德义者，或就其宅，或寄宿邻家，昼夜承间，受其学业。会欣然演说，未尝懈息。

虽明风角玄象，至于私室，都不及言。学徒有请问者，终无所说。每云："此学可知不可言，诸君并贵游子弟，不由此进，何烦问也。"唯有一子，亦不授此术。会曾遣家人远行，久而不反。其行还将至，乃逢寒雪，寄息他舍。会方处学堂讲说，忽有旋风吹雪入户，会笑曰："行人至，何意中停！"遂使追寻，果如其语。会每占筮，大小必中，但用爻辞象象，以辨吉凶，《易》占之属，都不经口。

会本贫生，无僮仆，初任助教日，恒乘驴。其职事处多，非晚不归。曾夜出城东门，会独乘一驴，忽有二人，一人牵头，一人随后，有似相助。其回动轻漂，有异生人，渐失路，不由本道。心甚怪之，遂诵《易经》上篇第一卷，不尽，前后二人，忽然离散。会亦不觉堕驴，迷闷，至明始觉。方知堕处乃是郭外，才去家数里。有一子，字子袭，聪敏精勤，幼有成人之量。先亡，临送者为其伤恸，会唯一哭而罢，时人尚其达命。

武平末，自府还第，在路无故马倒，遂不得语，因暴亡。注《易》一部，行于世。会生平畏马，位望既至，不得不乘，果以此终。

张思伯，河间乐城人也。善说《左氏传》，为马敬德之次。撰《刊例》十卷，行于时。亦为《毛诗》章句，以二经教授齐安王廓。位国子博士。

又有长乐张举礼，善《三传》，与思伯齐名。位国子助教。

张雕武，中山北平人也。家世寒微，其兄兰武，仕尚书令史，微有资产。故护军长史王元则时为书生，停其宅。雕武少美貌，为元则所爱悦，故偏被教。因好学，精力绝人，负卷从师，不远千里。遍通《五经》，尤明《三传》。弟子远方就业者，以百数，诸儒服其强辩。齐神武召入霸府，令与诸子讲说。乾明初，累迁平原太守，坐赃贿失官。武成即位，以旧恩，除通直散骑常侍。琅邪王俨求博士，有司以雕武应选，时号得人。历泾州刺史、散骑常侍。

及帝侍讲马敬德卒，乃入授经书。帝甚重之，以为侍讲，与侍书张景仁并被尊礼，同入华元殿，共读《春秋》。加国子祭酒、假仪同三司，待诏文林馆。以景仁宗室，自托于其亲何洪珍，公私之事，雕武常为其指南。与张景仕号二张博士。时穆提婆、韩长鸾与洪珍同侍帷幄，知雕武为洪珍谋主，忌恶之。洪珍又奏雕武监国史，寻除侍中，加开府，奏度支事。大被委任，言多见从，特敕奏事不趋，呼为博士。

雕武自以出于微贱，致位大臣，励精在公，有匪躬之节。讥论无所回避，左右纵恣之徒，必加禁约。数讥切宠要，献替帷扆。帝亦深倚仗之，方委以朝政。雕武便以澄清为己任，意气甚高。尝在朝堂谓郑子信曰：“向入省中，见贤家唐令处分，极无所以。若作数行兵帐，雕武不如邕；若致主尧、舜，身居稷、契，则邕不如我。”长鸾等阴图之。及与侍中崔季舒、黄门侍郎郭遵谏幸晋阳，为长鸾所谮，诛。临刑，帝使段孝言诘之。雕武曰：“臣起自诸生，光宠隆洽。今者之谏，臣实首谋，意善功恶，无所逃死。愿陛下珍爱金玉，开发神明，数引贾谊之伦，语其政道，令听览之间，无所拥蔽，则臣虽死，犹生之年。”因歔欷流涕，俯而就戮。左右莫不怜而壮之。

子德冲等徙北边。南安王思好之反，德冲及弟德揭俱免。德冲聪敏好学，以帝师之子，早见旌擢，位中书舍人。其父之戮，德冲并在殿廷就执，目见冤酷，号哭，殒绝于地，久之乃苏。

郭遵者，钜鹿人也。齐文宣为太原公时，为国常侍。帝家人有盖丰洛者，典知家务，号曰盖将。遵因其处分，曾抗拒，为高德正所责。齐受禅，由是擢为主书，专令访察。中书舍人朱谓为钜鹿太守，遵为弟子求官，谓启文宣，鞭之二百，付京畿。久之，除并省尚书都令史、建州别驾。会韩长鸾父永兴为刺史，因此遂相参附。后擢为黄门侍郎，被诛。

遵出自贱微，易为盈满。宫门逢诸贵，辄呼姓字，语言布置，极为轻率。尝于宫门牵韩长鸾，辞曰："王在得言，主上纵放如此，曾不规谏，何名大臣？"长鸾嫌其率尔，便掣手而去，由是不加援，故及于祸。

北史卷八二
列传第七○

儒林下

沈重　樊深　熊安生　乐逊
辛彦之　何妥　房晖远　马光
刘焯　刘炫

　　沈重字子厚，吴兴武康人也。性聪悟，弱岁而孤，居丧合礼。及长，专心儒学，从师不远千里。遂博览群书，尤明诗及《左氏春秋》。梁武帝欲高置学官，以崇儒教，中大通四年，乃革选，以重补国子助教。后除《五经》博士。梁元帝之在藩也，甚叹异之。及即位，乃遣主书何武迎重西上。

　　魏平江陵，重乃留事梁主萧督，累迁都官尚书，领羽林监。督又令重于合欢殿讲《周礼》。武帝以重经明行修，乃遣宣纳上士柳裘致书礼聘，又敕襄州总管卫公直敦喻遣之。在途供给，务从优厚。保定末，至于京师，诏令讨论《五经》，并校定鍾律。天和中，复于紫极殿讲三教义，朝士、儒生、乘门、道士至者二千余人。重辞义优洽，枢机明辩，凡所解释，咸为诸儒所推。六年，授骠骑大将军、开府仪同三司、露门博士，仍于露门馆为皇太子讲《论语》。建德末，表请还梁，武帝优诏不许。重固请，乃许，为遣小司门上士杨汪送之。梁主萧岿拜重散骑常侍、太常卿。大象二年，来朝京师。开皇三年卒，年八十四。隋文帝遣舍人萧子宝祭以少牢，赠使持节、上开府仪同三司、许州刺史。

重学业该博，为当世儒宗。至于阴阳图纬、道经、释典，无不通涉。著《周礼义》三十一卷、《仪礼义》三十五卷、《礼记义》三十卷、《毛诗义》二十八卷、《丧服经义》五卷、《周礼音》一卷、《仪礼音》一卷、《礼记音》二卷、《毛诗音》二卷。

樊深字文深，河东猗氏人也。事继母甚谨，弱冠好学，负书从师于河西，讲习《五经》，昼夜不倦。魏永安中，随军征讨，以功累迁中散大夫。尝读书，见吾丘子，遂归侍养。

孝武西迁，樊王二姓举义，为东魏所诛。深父保周、叔父欢周并被害。深因避难，坠崖伤足，绝食再宿。于后遇得一箪饼，欲食之，然念继母老癖，或免虏掠，乃弗食。夜中匍匐寻觅，母得见，因以馈母。还复遁去，改易姓名，游学于汾晋间。习天文及算历之术。后为人所告，囚送河东。属东魏将韩轨长史张曜重其儒学，延深至家，因是便得逃隐。周文平河东，赠保周南郢州刺史，欢周仪同三司。深归葬其父，负土成坟。

寻而于谨引为府参军事，令在馆授教子孙。周文置学东馆，教诸将子弟，以深为博士。深经学通赡，每解书，多引汉魏以来诸家义而说之。故后生听其言者，不能晓悟，背而讥之曰："樊生讲书，多门户，不可解。"然儒者推其博物。性好学，老而学息。朝暮还往，常据鞍读书，至马惊堕地，损折支体，终亦不改。后除国子博士，赐姓万纽于氏。天平二年，迁县伯中大夫，加开府仪同三司。建德元年，表乞骸骨，诏许之。朝廷有疑议，常召问焉。后以疾卒。

深既专经，又读诸史及《仓》、《雅》、篆、籀、阴阳、卜筮之书。学虽博赡，讷于辞辩，故不为当时所称。撰《孝经》、《丧服问疑》各一卷。又撰《七经异同》三卷。子义纲。

熊安生字植之，长乐阜城人也。少好学，励精不倦。从陈达受

《三传》,从房虬受《周礼》,事徐遵明,服膺历年,后受《礼》于李宝鼎,遂博通《五经》。然专以《三礼》教授,弟子自远方至者千余人。乃讨论图纬,捃摭异闻,先儒所未悟者,皆发明之。齐河清中,阳休之特奏为国子博士。

时西朝既行《周礼》,公卿以下,多习其业,有宿疑硕滞者数十条,皆莫能详辨。天和三年,周齐通好,兵部尹公正使焉。与齐人语及《周礼》,齐人不能对,乃令安生至宾馆,与公正言。公正有口辩,安生语所未至者,便撮机要而骤问之。安生曰:“《礼》义弘深,自有条贯,必欲升堂睹奥,宁可汩其先后?但能留意,当为次第陈之。”公正于是问所疑,安生皆为一一演说,咸究其根本。公正嗟服,还,具言之于武帝,帝大钦重之。

及入邺,安生遽令扫门。家人怪而问之,安生曰:“周帝重道尊儒,必将见我矣。”俄而帝幸其第,诏不听拜,亲执其手,引与同坐。谓曰:“朕未能去兵,以此为愧。”安生曰:“黄帝尚有阪泉之战,况陛下龚行天罚乎!”帝又曰:“齐氏赋役繁兴,竭人财力,朕救焚拯溺,思革其弊,欲以府库及三台杂物散之百姓,公以为何如?”安生曰:“昔武王克商,散鹿台之财,发巨桥之粟,陛下此诏,异代同美。”帝又曰:“朕何如武王?”安生曰:“武王伐纣,悬首白旗,陛下平齐,兵不血刃,愚谓圣略为优。”帝大悦,赐帛三百匹、米三百石、宅一区,并赐象笏及九环金带,自余什物称是。又诏所司给安车驷马,令随驾入朝,并敕所在供给。至京,敕令于大乘佛寺,参议五礼。宣政元年,拜露门博士、下大夫,时年八十余。寻致仕,卒于家。

安生既学为儒宗,常受其业,擅名于后者,有马荣伯、张黑奴、窦士荣、孔笼、刘焯、刘炫等皆其门人焉。所撰《周礼义疏》二十卷,《礼记义疏》三十卷,《孝经义》一卷,并行于世。

安生与同郡宗道晖、张晖、纪显敬、徐遵明等为祖师。道晖好着高翅帽、大屐,州将初临,辄服以谒见,仰头举肘,拜于屐上,自言学士比三公。后齐任城王湝鞭之,道晖徐呼安伟,安伟出,谓人曰:“我受鞭,不汉体。”复蹑屐而去。冀州人为之语曰:“显公钟,宋公鼓,宗道晖屐,李洛姬肚",谓之四大。显公,沙门也;宋公,安德太守也;洛姬,妇人也。

安生在山东时,岁岁游讲,从之者倾郡县。或诳之曰:"某村古塚,是晋河南将军熊光,去七十二世。旧有碑,为村人埋匿。"安生掘地求之,不得,连年讼焉。冀州长史郑大谨判之曰:"七十二世,乃是羲皇上人;河南将军,晋无此号。诉非理记。"安生率其族向塚而号。将通名,见徐之才、和士开二人相对,以徐之才讳"雄",和士开讳"安",乃称"触触生",群公哂之。

乐逊字遵贤,河东猗氏人也。幼有成人之操,从徐遵明于赵、魏间,受《孝经》、《丧服》、《论语》、《诗》、《书》、《易》、《左氏春秋》大义。寻而山东冠乱,学者散逸,逊于扰扰之中,犹志道不倦。大统七年,除子都督。九年,太尉李弼请逊教授诸子。既而周文盛选贤良,授以守令。相府户曹柳敏、行台郎中卢光、河东郡丞辛粲相继举逊,称有牧人之才。弼请留不遣。

魏废帝二年,周文召逊教授诸子。在馆六年,与诸儒分授经业,讲《孝经》、《论语》、《毛诗》及服虔所注《春秋左氏传》。周闵帝践阼,以逊有理务材,除秋官府上士,转小师氏下大夫。自谯王俭以下,并束修行弟子之礼。逊以经术教授,甚有训导之方。及卫公直镇蒲州,逊为直主簿。

武成元年六月,以霖雨经时,诏百官上封事。逊陈时宜十四条,其五条切于政要。其一,崇教方;其二,省造作;其三,明选举;其四,重战伐;其五,禁奢侈。保定二年,以训导有方,频加赏赐,迁遂伯中大夫。五年,诏鲁公斌、毕公贤等,俱以束修之礼,同受业焉。

天和元年,岐州刺史陈公纯举逊以贤良。五年,逊以年在悬车,上表致仕,优诏不许。于是赐以粟帛及钱等,授湖州刺史,封安邑县子。人多蛮左,未习儒风。逊劝励生徒,加以课试,数年之间,化洽州境。蛮俗生子,长大多与父母异居,逊每加劝导,多革前弊。在任数载,频被褒锡。秩满还朝,拜皇太子谏议,复在露门教授皇子。大象初,进爵崇业郡公,又为露门博士。二年,进位开府仪同大将军,出为汾阴郡守。逊以老病固辞,诏许之,乃改授东扬州刺史。仍赐安车、衣服及奴婢等,又于本郡赐田十顷,儒者以为荣。隋开皇元年,卒于家,年八十二。赠本官,加蒲、陕二州刺史。

逊性柔谨,寡交游,立身以忠信为本。不自矜尚,每在众言论,未尝为人之先,学者以此称之。所著《孝经》、《论语》、《毛诗》、《左氏春秋序论》十余篇。又著《春秋序义》,通贾、服说,发杜氏违,辞理并可观。

初,周又有黎景熙,以古学显。

黎景熙字季明,河间郑人,少以孝行闻于世。曾祖嶷,魏太武时,以军功赐爵容城县男,后为燕郡守。祖镇、父琼,并袭爵。

季明少好读书,性强记默识,而无应对之能。其从祖广,太武时尚书郎,善古学。常从吏部尚书清河崔宏受字义,又从司徒崔浩学楷篆,自是家传其法。季明亦传习之,颇与许氏有异。又好玄象,颇知术数,而落魄不事生业。有书千余卷。虽穷居独处,不以饥寒易操。与范阳卢道源为莫逆交。永安中,道源劝令入仕,始为威烈将军。

孝武西迁,季明乃寓居伊洛。侯景徇地河外,召季明从军,稍迁黎阳郡守。季明从至悬瓠,察景终不足恃,遂去之。客于颍川。时王思政镇颍川,累使召季明,留于内馆。月余,周文又征之,遂入关。乃令季明正定古今文字于东阁。大统末,拜著作佐郎。于时伦辈,皆位兼常伯,车服华盛,唯季明独以贫素居之,而无愧色。又勤于所职,著述不息。然性尤专固,不合于进,是以一为史官,遂十年不调。武成末,迁外史下大夫。

保定三年,盛营宫室,春夏大旱,诏公卿百僚,极言得失。季明上封事曰:

　　臣闻成汤遭旱,以六事自陈。宣王太甚,而珪璧斯竭。岂非远虑元元,俯哀黎庶。今农要之月,时雨犹愆,率土之心,有怀渴仰。陛下垂情万类,子爱群生,觐礼百神,犹未丰洽。岂或作事不节,有违时令,举措失中,当邀斯旱。

《春秋》,君举必书,动为典礼。水旱阴阳,莫不应行而至。孔子曰:"言行,君子之所以动天地,可不慎乎!"《春秋》庄公三十一年冬,不雨。《五行传》以为是岁一年而三筑台,奢侈不恤人也。僖公二十一年夏,大旱。《五行传》以为时作南门,劳人兴役。汉惠帝二年夏,大旱;五年夏,大旱,江河水少,溪涧水绝。《五行传》以为先是发十四万六千人城长安。汉武帝元狩三年夏,大旱。《五行传》以为是岁发天下故吏,穿昆明池。然则土木之功,动人兴役,天辄应之以异。典籍作诚,傥或可思,上天谴告,改之则善。今若息人省役,以答天谴,庶灵泽时降,嘉谷有时,则年登可觊,子来非晚。《诗》云:"人亦劳止,迄可小康,惠此中国,以绥四方。"或恐极阳生阴,秋多雨水,年复不登,人将无觊。如又荐饥,为虑更甚。

时豪富之家,竞为奢丽。季明又上书曰:

臣闻宽大所以兼覆,慈爱所以怀众。故天地称其高厚者,万物得其容养焉;四时奢其寒暑者,庶类资其忠信焉。是以帝王者,宽大象天地,忠信则四时。招摇东指,天下识其春;人君布德,率土怀其惠。伏惟陛下,资乾御宇,品物咸亨,时乘六龙,自强不息,好问受规,天下幸甚。

自古至道之君,亦皆广延博访,询采菹荛,置鼓树木,以求其过。顷者亢旱逾时,人怀望岁,陛下爰发明诏,广求六瘼,同禹、汤之罪己,高宋景之守正,澍雨应时,年谷斯稔。克己节用,慕质去华,此则尚矣。然而朱紫仍耀于衢路,绮縠犹侈于豪富,短褐未充于细人,糟糠未厌于编户。此则劝导之理,有所未周故也。今虽导之以礼,齐之以刑,风俗固难以一矣。昔汉文帝集上书之囊,以作帷帐;惜十家之产,不造露台;后宫所幸,衣不曳地,方之今日富室之饰,尝不如婢隶之服。然而以身率下,国富刑清,庙称太宗,良有以也。臣闻圣人久于其道而天下化成。今承魏氏衰乱之后,贞信未兴。宜先尊五美,屏四恶,革浮华之俗，抑流竞之风，察鸿都之小艺，焚雉头之异服，无益之货勿重于时，亏德之器勿陈于侧，则人知德矣。

臣又闻之，为政之要，在于选举。若差之毫厘，则有千里之失，后来居上，则致积薪之讥。是以古之善为政者，贯鱼以次，任必以能。爵人于朝，不以私爱。简才以授其官，量能以任其用。官得其才，任当其用，六辔既调，坐致千里。虞舜选众，不仁者远，则庶事康哉，人知其化矣。

帝览而嘉之。

时外史廨宇屡移，未有定所。季明又上言曰："外史之职，汉之东观，帝王所宝，此焉攸在。自魏及周，公馆不立，臣虽愚瞀，犹知其非。是以去年十一月中，敢冒奏陈，特降中旨，即遣修营。荏苒一周，未知功力。臣职思其忧，敢不重请。"帝纳焉，于是廨宇方立。天和二年，进车骑大将军、仪同三司。后以疾卒。

又周文初，属天下分崩，时学术之士盖寡，故曲学末伎，咸见引纳。至若冀俊、赵文深之徒，虽才愧昔人，而名著于世，并见收用。

冀俊字僧俊，太原阳邑人也。性沈谨，善隶书，特工模写。初为贺拔岳墨曹参军。岳被害，周文引为记室。时周文志平侯莫陈悦，乃令俊伪为魏帝敕书与费也头，令将兵助周文讨悦。俊寻旧敕模写，及代舍人、主书等署，与真无异。周文大悦。费也头见敕，不以为疑，遂遣兵受周文节度。

大统初，封长安县男，从征弘农，战于沙苑，进爵为子。累迁襄乐郡守。寻征还，教明帝及宋献公等隶书。时俗入书学者亦行束修之礼，谓之谢章。俊以书字所兴，起自苍颉，若同常俗，未为合礼。遂启周文，释奠苍颉及先圣、先师。除黄门侍郎、本州大中正。累迁湖州刺史。静退，每以清约自处。前后所历，颇有声称。寻加骠骑大将军、开府仪同三司。后进爵为昌乐侯，卒。

赵文深字德本，南阳宛人也。父遐，以医术仕魏，为尚药典御。文深少学楷隶，年十一，献书于魏帝。后立义归朝，除大丞相府法曹参军。雅有钟、王之则，笔势可观。当时碑榜，唯文深、冀俊而已。大统十二年，追论立义功，封白石县男。文帝以隶书纰缪，命文深与黎季明、沈遐等依《说文》及《字林》，刊定六体，成一万余言，行于世。

及平江陵之后，王褒入关，贵游等翕然并学褒书，文深之书，遂被遐弃。文深惭恨，形于言色。后知好尚难及，亦改习褒书。然竟无所成，转被讥议，谓之学步邯郸焉。至于碑榜，余人犹莫之逮。王褒亦每推先之。宫殿楼阁，皆其迹也。迁县伯下大夫。明帝令至江陵书影覆寺碑，汉南人士亦以为工。梁王萧詧观而美之，赏遗甚厚。天和元年，露寝等初成，文深以题榜之功，除赵兴郡守。文深虽居外任，每须题榜，辄复追之。后以疾卒。

辛彦之，陇西狄道人也。祖世叙，魏凉州刺史。父灵补，周渭州刺史。

彦之九岁而孤，不交非类。博涉经史，与天水牛弘同志好学。后入关，遂家京兆。周文见而器之，引为中外府礼曹，赐以衣马珠玉。时国家草创，朝贵多出武人，修定仪注，唯彦之而已。寻拜中书侍郎。及周闵帝受禅，彦之与小宗伯卢辩，专掌仪制。历典祀、太祝、乐部、御正四曹大夫，开府仪同三司，封五原郡公。宣帝即位，拜小宗伯。时帝立五皇后，彦之切谏，由是忤旨，免官。

牛弘撰新礼。帝尝令彦之与沈重论议，重不能抗，避席而谢曰："辛君所谓金城汤池，无可攻之势。"帝大悦。后除随州刺史。时州牧多贡珍玩，惟彦之所贡，并供祭之类。上谓朝臣曰："人安得无学！彦之所贡，稽古之力也。"迁潞州刺史，前后俱有惠政。彦之又崇信佛道，于城内立浮图二所。并十五层。开皇十一年，州人张元暴死，数日乃苏。云游天上，见新构一堂，制极崇丽。元问其故，云潞州刺史辛彦之有功德，造此堂以待之。彦之闻而不悦。其年卒，谥曰宣。

彦之撰《坟典》一部、《六官》一部、《祝文》一部、《礼要》一部、《新礼》一部、《五经异义》一部，并行于世。子孝舒、仲龛，并早有令誉。

何妥字栖凤,西城人也。父细脚胡,通商入蜀,遂家郫县。事梁武陵王纪,主知金帛,因致巨富,号为西州大贾。

妥少机警,八岁游国子学,助教顾良戏之曰:"汝姓何,是荷叶之荷?为河水之河?"妥应声答曰:"先生姓顾,是眷顾之顾?为新故之故?"众咸异之。十七,以伎巧事湘东王。后知其聪明,召为诵书左右。时兰陵萧眘,亦有俊才,住青杨巷,妥住白杨头。时人为之语曰:"世有两俊,白杨何妥,青杨萧眘。"其见美如此。

江陵平,入周,仕为太学博士。宣帝初立五后,问儒者辛彦之,对曰:"后与天子匹体齐尊,不宜有五。"妥驳曰:"帝喾四妃,舜又二妃,亦何常数?"由是封襄城县男。文帝受禅,除国子博士,加通直散骑常侍,进爵为公。

妥性劲急,有口才,好是非人物。纳言苏威尝言于上曰:"臣先人每诫臣云:唯读《孝经》一卷,足可立身经国,何用多为。"上亦然之。妥进曰:"苏威所学,非止《孝经》。厥父若信有此言,威不从训,是其不孝;若无此言,面欺陛下,是其不诚。不诚不孝何以事君?且夫子又云:'不读《诗》无以言,不读《礼》无以立。'岂容苏绰教子,独反圣人之训乎?"威时兼领五职,上甚亲重之。妥因奏威不可信任。又以掌天文律度,皆不称职,妥上八事以谏。

其一事曰:臣闻知人则哲,惟帝难之。孔子曰:举直错枉则人服,举枉错直则人不服。由此言之,政之安危,必慎所举。故进贤受上赏,蔽贤蒙显戮。察今之举人,良异于此。无论诌直,莫择贤愚。心欲崇高,则起家喉舌之任;意须抑屈,必白首郎署之官。人不之服,实由于此。臣闻爵人于朝,与士共之;刑人于市,与众弃之。伏见留心狱讼,爱人如子,每应决狱,无不询访群公,刑之不滥,君之明也。刑既如此,爵亦宜然。若有懋功,简在帝心者,便可擢用。自斯以降,若选重官,必参以众议,勿信一人之举,则上不偏私,下无怨望。

其二事曰:孔子云:"是察阿党,则罪无掩蔽。"又曰:"君子周而不比,小人比而不周。"所谓比者,即阿党也。谓心之所爱,既已光华荣显,犹加提契;心之所恶,既已沈滞屈辱,薄言必怒。提契既成,必相掩蔽,则欺上之心生矣。屈辱既加,则有怨恨,谤讟之言出矣。伏愿广加访察,勿使朋党路开,威恩自任。有国之患,莫大于此。

其三事曰:臣闻舜举十六族,所谓八元八凯也。计其贤明,理优今日。犹复择才授任,不相侵滥。故得四门雍穆,庶绩咸熙。今官员极多,用人甚少,一人身上,乃兼数职。为是国无人也?为是人不善也?今万乘大国,髦彦不少,纵有明哲,无由自达。东方朔言曰:"尊之则为将,卑之则为虏。"斯言信矣。今当官之人,不度德量力,既无吕望、傅说之能,自负傅岩、渭水之气。不虑忧深责重,唯畏总领不多。安斯宠任,轻彼权轴。颠沛致蹶,实此之由。《易》曰:"鼎折足,覆公餗,其形渥,凶。"言不胜其任也。臣闻穷力举重,不能为用。伏愿更任贤良,分才参掌,使各行其力,则庶事康哉。

其四事曰:臣闻《礼》云:析言破律,乱名改作,执左道以乱政者杀。孔子曰:仍旧贯,何必改作。伏见比年以来,改作者多矣。如范威刻漏,十载不成;赵翊尺秤,七年方决;公孙济迂诞,医方费逾巨万。徐道庆回互子午,糜耗饮食;常明破律,多历岁时;王渥乱名,曾无纪极;张山居未知星位,前已蹂藉太常;曹魏祖不识北辰,今复,辘轳太史。莫不用其短见,便自夸毗,邀射名誉,厚相诬罔。请今日已后,有如此者,若其言不验,必加重罚,庶今有所思忌,不敢轻奏狂简。

其余文多不载。时苏威权兼数职,先尝隐武功,故妥言"自负傅岩、渭水之气",以此激上。书奏,威大衔之。二年,威定考文学,妥更相诃诋。威勃然曰:"无何妥,不虑无博士,!"妥应声曰:"无苏威,亦何忧无执事!"于是与威有隙。

其后,上令妥考定钟律。妥又上表曰:

臣闻明则有礼乐,幽则有鬼神。然则动天地,感鬼神,莫近于礼乐。又云：乐至则无怨，礼至则不争。揖让而临天下者，礼乐之谓也。臣闻乐有二：一曰奸声，二曰正声。夫奸声感人而逆气应之，正声感人而顺气应之。顺气成象，故乐行而伦清，耳目聪明，血气和平，移风易俗，天下皆宁。孔子曰："放郑声，远佞人。"故郑、卫、宋、赵之声出，内则发疾，外则伤人。是以宫乱则荒，其君骄；商乱则破，其官坏；角乱则忧，其人怨；徵乱则哀，其事勤；羽乱则危，其财匮。五者皆乱，则国亡无日矣。

魏文侯问子夏曰："吾端冕而听古乐，则欲寐；听郑卫之音而不倦，何也？"子夏对曰："夫古乐者，始奏以文，复乱以武。修身及家，平均天下。郑卫之音者，奸声以乱，溺而不止，犹杂子女，不知父子。今君所问者乐也，所爱者音也。夫乐之与音，相近而不同。为人君者，谨审其好恶。"案圣人之作乐也，非止苟悦耳目而已矣。欲使在宗庙之内，君臣同听之则莫不和敬；在乡里之内，长幼同听之则莫不和顺；在闺门之内，父子同听之则莫不和亲。此先王立乐之方也。故知声而不知音者，禽兽是也；知音而不知乐者，众庶是也。故黄钟、大吕，弦歌干戚，童子皆能舞之，能知乐者，其惟君子。不知声者不可与言音，不知音者不可与言乐，知乐则几于道矣。纣为无道，太师抱乐器以奔周。晋君德薄，师旷固惜清徵。

上古之时，未有音乐，鼓腹击壤，乐在其间。《易》曰："先王作乐崇德，殷荐之上帝，以配祖考。"至于黄帝作《咸池》，颛顼作《六茎》，帝喾作《五英》，尧作《大章》，舜作《大韶》，禹作《大夏》，汤作《大护》，武王作《大武》。从夏以来，年代久远，唯有名字，其声不可得闻。自殷至周，备于《诗》、《颂》。故自圣贤己下，多习乐者，至如伏羲减瑟，文王足琴，仲尼击磬，子路鼓瑟，汉高击筑，元帝吹箫。

汉祖之初，叔孙通因秦乐人，制宗庙之乐。迎神于庙门，奏《嘉至之乐》，犹古降神之乐也；皇帝入庙门，奏《永至之乐》，以为行步之节，犹古《采荠肆夏》也。乾豆上荐，奏《登歌之乐》，犹古清庙之歌也。登歌再终，奏《休成之乐》，美神飨也。皇帝就东厢坐定，奏《永安之乐》，美礼成也。其《休成》、《永至》二曲，叔孙通所制也。汉高祖庙，奏《武德》、《文始》、《五行之舞》。当春秋时，陈公子完奔齐，陈是舜后，故齐有《韶》乐。孔子在齐闻韶，三月不知肉味是也。秦始皇灭齐，韶乐传于秦。汉高祖灭秦，《韶》乐传于汉。汉高祖改名《文始》，以示不相袭也。《五行舞》者，本周《大武》乐也，始皇改曰《五行》。及于孝文，复作《四时之舞》，以示天下安和，四时顺也。孝景采《武德舞》以为《昭德》。孝宣又采《昭德》以为《盛德》。虽变其名，大抵皆因秦旧事。至于晋、魏，皆用古乐。魏之三祖，并制乐辞。自永嘉播越，五都倾荡，乐声南度，以是大备江东。宋、齐已来，至于梁代，所行乐事，犹皆传古。三雍四始，实称大盛。及侯景篡逆，乐师分散，其四舞三调，悉度伪齐。齐氏虽知传受，得曲而不用之于宗庙朝廷也。

　　臣少好音律，留意管弦，年虽耆老，颇皆记忆。及东土克定，乐人悉反，问其逗留，果云是梁人所教。今三调四舞，并皆有手，虽不能精熟，亦颇具雅声。若令教习传授，庶得流传古乐。然后取其会归，撮其指要，因循损益，更制嘉名，歌盛德于当今，传雅正于来叶，岂不美欤。谨具录三调四舞曲名，双制歌辞如别。其有声曲流宕，不可以陈于殿庭者，亦悉附之于后。书奏，别敕太常，取妥节度，于是作清、平、瑟三调声，又作八佾《鞞》、《铎》、《巾》、《拂》四舞。先是太常所传宗庙雅乐，历数十年，唯作大吕，废黄钟。妥又以深乖古意，乃奏请用黄钟。诏下公卿议，从之。

　　俄而子蔚为秘书郎，有罪当刑，上哀之，减死论。是后恩礼渐薄。六年，出为龙州刺史。时有负笈游学者，妥皆为讲说教授之。又为《刺史箴》，勒于州门外。在职三年，以疾请还，诏许之。复知学事。

　　时上方使苏夔在太常参议钟律，夔有所建议，朝士多从之。妥独不同，每言夔之短。帝下其议，群臣多排妥。妥复上封事，指陈得

失,大抵论时政损益,并指斥当世朋党。于是苏威及吏部尚书卢恺、
侍郎薛道衡等皆坐得罪。除伊州刺史,不行。寻为国子祭酒,卒官。
谥曰肃。

撰《周易讲疏》三卷、《孝经义疏》二卷、《庄子义疏》四卷。与沈
重等撰《三十六科鬼神感应等大义》九卷、《封禅书》一卷、《乐要》一
卷、文集十卷,并行于世。

于时学士之自江南来者,萧该、包恺并知名。

萧该,兰陵人。梁鄱阳王恢之孙,少封攸侯。荆州平,与何妥同
至长安。性笃学,《诗》、《书》、《春秋》、《礼记》并通大义,尤精《汉
书》,甚为贵游所礼。开皇初,赐爵山阴县公,拜国子博士。奉诏与
妥正定经史。然各执所见,递相是非,久而不能就。上遣而罢之。该
后撰《汉书》及《文选音义》,咸为当时所贵。

包恺字和乐,东海人。其兄愉,明《五经》,恺悉传其业。及从王
仲通受《史记》、《汉书》,尤称精究。大业中,为国子助教。于时《汉
书》学者以萧、包二人为宗远近,聚徒教授者数千人。卒,门人起坟
立碣焉。

房晖远字崇儒,恒山真定人也。世传儒学。晖远幼有志行,明
《三礼》、《春秋三传》、《诗》、《书》、《周易》,兼善图纬。恒以教授为
务,远方负笈而从者,动以千计。齐南阳王绰为定州刺史,闻其名,
召为博士。周武帝平齐,搜访儒俊,晖远首应辟命,授小学下士。隋
文帝受禅,迁太常博士。太常卿牛弘每称为《五经》库。吏部尚书韦
世康荐之,迁太学博士。寻与沛公郑译修正乐章,后复为太常博士,
未几擢为国子博士。

会上令国子生通一经者,并悉荐举,将擢用之。既策问讫,博士
不能时定臧否。祭酒元善怪问之,晖远曰:“江南、河北,义例不同,
博士不能遍涉。学生皆持其所短,称己所长,博士各各自疑,所以久
而不决也。”祭酒因令晖远考定之,晖远揽笔便下,初无疑滞。或有
不服者,晖远问其所传义疏,辄为始末诵之,然后出其所短,自是无

敢饰非者。所试四五百人，数日便决。诸儒莫不推其通博，皆自以为不能测也。寻奉诏预修令式。

文帝尝谓群臣曰："自古天子有女乐乎？"杨素以下，莫知所出，遂言无女乐。晖远曰："臣闻'窈窕淑女，钟鼓乐之'，此即王者房中之乐，著于《雅》、《颂》，不得言无。"帝大悦。仁寿中，卒官，朝廷嗟惜焉，赙赗甚厚，赠员外散骑常侍。

马光字荣伯，武安人也。少好学，从师数十年，昼夜不息，图书谶纬，莫不毕览。尤明《三礼》，为儒者所宗。

隋开皇初，征山东义学之士，光与张仲让、孔笼、窦仕荣、张买奴、刘祖仁等俱至，并授太学博士，时人号为六儒。然皆鄙野无仪范，朝廷不之贵也。仕荣寻病死。仲让未几告归乡里，著书十卷，自云："此书若奏，必为宰相。"又数言玄象事，州县列上，竟坐诛。孔笼、张买奴、刘祖仁未几亦被谴亡。唯光独存。

尝因释奠，帝亲幸国子学，王公已下毕集，光升坐讲《礼》，启发章门。已而诸儒生以次论难者十余，皆当时硕学。光剖析疑滞，虽辞非俊辩，而礼义弘赡。论者莫测其浅深，咸共推服。上嘉而劳焉。山东《三礼》学者，自熊安生后，唯宗光一人。初教授瀛、博间，门徒千数，至是多负笈从入长安。后数年，丁母忧归乡里，以疾卒于家。

刘焯字士元，信都昌亭人也。犀额龟背，望高视远，聪敏沉深，弱不好弄。少与河间刘炫结盟为友，同受《诗》于同郡刘轨思，受《左传》于广平郭懋，尝问《礼》于阜城熊安生，皆不卒业而去。武强交津桥刘智海家，素多坟籍，焯就之读书，向经十载，虽衣食不继，宴如也。遂以儒学知名，为州博士。

隋开皇中，刺史赵煚引为从事。举秀才，射策甲科。与著作郎王劭同修国史，兼参议律历。仍直门下省，以待顾问。俄除员外将军。后与诸儒于秘书省考定群言。因假还乡里，县令韦之业引为功曹。寻复入京，与左仆射杨素、吏部尚书牛弘、国子祭酒苏威、元善、博士萧该、何妥、太学博士房晖远、崔崇德、晋王文学崔赜等,于国子共论古今滞义,前贤所不通者。每升坐,论难锋起,皆不能屈。杨素等莫不服其精博。六年,运洛阳《石经》至京师,文字磨灭,莫能知者,奉敕与刘炫二人论义,深挫诸儒,咸怀妒恨,遂为飞章所谤,除名。

于是优游乡里,专以教授著述为务,孜孜不倦。贾、马、王、郑所传章句,多所是非。《九章算术》、《周髀》、《七曜历书》十余部,推步日月之经,量度山海之术,莫不核其根本,穷其秘奥。著《稽极》十卷,《五经述议》,并行于世。刘炫聪明博学,名亚于焯,故时人称二刘焉。天下名儒后进,质疑受业,不远千里而至者,不可胜数。论者以为数百年已来,博学通儒无能出其右者。然怀抱不旷,又啬于财,不行束修者,未尝有所教诲,时人以此少之。

废太子勇闻而召之,未及进谒,诏令事蜀王。非其好也,久之不至。王闻而大怒,遣人枷送于蜀,配之军防。其后典校书籍。王以罪废,焯又与诸儒修定礼、律,除云骑尉。炀帝即位,迁太学博士,俄以品卑去职。数年,复被征以待顾问。因上所著《历书》,与太史令张胄玄多不同,被驳不用。卒,刘炫为之请谥,朝廷不许。

刘炫字光伯,河间景城人也。少以聪敏见称。与信都刘焯闭户读书,十年不出。炫眸子精明,视日不眩,强记默识,莫与为俦。左画圆,右画方,口诵,目数,耳听,五事同举,无所遗失。周武帝平齐,瀛州刺史宇文亢召为户曹从事。后刺史李绘署礼曹从事,以吏干知名。

隋开皇中,奉敕与著作郎王劭同修国史,俄直门下省,以待顾问。又诏诸术者修天文律历,兼于内史省考定群言。内史令博陵李德林甚礼之。炫虽遍直三省,竟不得官,为县司责其赋役。炫自陈于内史,内史送诣吏部。尚书韦世康问其所能,炫自为状曰:"《周礼》、《礼记》、《毛诗》、《尚书》、《公羊》、《左传》、《孝经》、《论语》、孔、郑、王、何、服、杜等注,凡十三家,虽义有精粗,并堪讲授。《周易》、

《仪礼》、《谷梁》用功差少；史子文集，嘉言故事，咸诵于心；天文、律历，穷核微妙。至于公私文翰，未尝假手。"吏部竟不详试。然在朝知名之士十余人，保明炫所陈不谬，于是除殿内将军。

时牛弘奏购求天下遗逸之书，炫遂伪造书百余卷，题为《连山易》、《鲁中记》等，录上送官，取赏而去。后有人讼之，经赦免死，坐除名。归于家，以教授为务。废太子勇闻而召之，既至京师，敕令事蜀王秀，迁延不往。秀大怒，枷送益州。既而配为帐内，每使执仗为门卫。俄而释之，典校书史。炫因拟屈原《卜居》为《筮途》以自寄。及秀废，与诸儒修定五礼，授旅骑尉。

吏部尚书牛弘建议，以为《礼》：诸侯绝傍期，大夫降五等。今之上柱国虽不同古诸侯，比大夫可也，官在第二品，宜降傍亲一等。议者多以为然。炫驳之曰："古之仕者，宗一人而已，庶子不得进，由是先王重嫡。其宗子有分禄之义，族人与宗子虽疏远，犹服衰三月，良由受其恩也。今之仕者，位以才升，不限嫡庶，与古既异，何降之有。今之贵者，多忽近亲，若或降之，人道之疏，自此始矣。"遂寝其事。

开皇二十年，废国子、四门及州县学，唯置太学博士二人，学生七十二人。炫上表言学校不宜废，情理甚切，帝不纳。时国家殷盛，皆以辽东为意，炫以为辽东不可伐，作《抚夷论》，以讽焉。当时莫有悟者。及大业之季，三征不克，炫言方验。

炀帝即位，牛弘引炫修律令。始文帝时，以刀笔吏类多小人，年久长奸，势使然也。又以风俗陵迟，妇人无节。于是立格，州县佐吏，三年而代之。九品妻，无得再醮。炫著论以为不可，弘竟从之。诸郡置学官及流外给禀，皆发于炫。

弘尝问炫："案《周礼》，士多而府史少。今令史百倍于前，判官减则不济。其故何也？"炫曰："古人委任责成，岁终考其殿最，案不重校，文不繁悉，府史之任，掌要目而已。今之文簿，恒虑勘覆锻练，若其不密，万里追证百年旧案。故谚云：'老吏抱案死。'今古不同，若此之相悬也。事烦政弊，职此之由。"弘又问："魏、齐之时，令史从容而已。今则不遑宁舍。其事何由？"炫曰："齐氏立州，不过数十，三府行台，递相统领，文书行下，不过十条。今州三百。其繁一也。往者，州唯置纲纪，郡置守、丞，县唯令而已。其所具僚，则长官自辟，受诏赴任，每州不过数十。今则不然，大小之官，悉由吏部，纤介之迹，皆属考功。其繁二也。省官不如省事，省事不如清心，官事不省而望从容，其可得乎！”弘甚善其言而不能用。

纳言杨达举炫博学有文章，射策高第，除太学博士。岁余，以品卑去任。还至长平，奉敕追诣行在所。或言其无行，帝遂罢之。归于河间。时盗贼蜂起，谷食踊贵，经籍道息，教授不行。炫与妻子，相去百里，声闻断绝。郁郁不得志，乃自为赞曰：

通人司马相如、扬子云、马季长、郑康成等皆自叙徽美，传芳来叶。余岂敢仰均先进，贻笑后昆？徒以日迫桑榆，大命将近，故友飘零，门徒雨散，溘死朝露，魂埋朔野，亲故莫照其心，后人不见其迹。殆及余喘，薄言胸臆，贻及行迈，传之州里，使夫将来俊哲，知余鄙志耳。

余从绺发以来，迄于白首，婴孩为慈亲所恕，捶挞未尝加；从学为明师所矜，榎楚弗之及。暨乎敦叙邦族，交结等夷，重物轻身，先人后己。昔在幼弱，乐参长者。爰及耆艾，数接后生。学则服而不厌，诲则劳而不倦。幽情寡适，心事多违。内省生平，顾循终始，其大幸有四，深恨有一。

性本愚蔽，家业贫窭，为父兄所饶，而缙绅之末，遂得博览典诰，窥涉今古，小善著于丘园，虚名闻于邦国。其幸一也。

隐显人间，沈浮世俗，数忝徒劳之职，久执城旦之书，名不挂于白简，事不染于丹笔。立身立行，惭恶实多，启手启足，庶几可免。其幸二也。

以此庸虚，屡动宸眷。以此卑贱，每升天府。齐镳骥骝，比翼鹓鸿，整绅素于凤池，记言动于麟阁。参谒宰辅，造请群公，厚礼殊恩，增荣改价。其幸三也。

昼漏方尽，大耋已嗟，退反初服，归骸故里。玩文史以怡神，阅鱼鸟以散虑，观省野物，登临园沼，缓步代车，无事为贵。

其幸四也。

　仰休明之盛世,慨道教之陵迟,蹈先儒之逸轨,伤群言之芜秽,驰骋坟典,厘改僻谬,修撰始毕,事业适成,天违人愿,途不我与,世路未夷,学校尽废,道不备于当时,业不传于身后。衔恨泉壤,实在兹乎!其深恨一也。

时在郡城,粮饷断绝。其门人多随贼盗,哀炫穷乏,诣城下索炫,郡官乃出炫与之。炫为贼所将,过五城堡。未几,贼为官军所破,炫饥饿无所依,复投县官。县官意炫与贼相知,恐为后变,遂闭门不纳。时夜冰寒,因此冻馁而死。其后门人谥曰宣德先生。

炫性躁竞,颇好俳谐,多自矜伐,好轻侮当世,为执政所丑,由是宦途不遂。著《论语述议》十卷、《春秋攻昧》十卷、《五经正名》十二卷、《孝经述议》五卷、《春秋述议》四十卷、《尚书述议》二十卷、《毛诗述议》四十卷,注《诗序》一卷、《算术》一卷,并所著文集,并行于世。

时儒学之士,又有褚晖、顾彪、鲁世达、张冲、王孝籍并知名。

褚晖字高明,吴郡人。以《三礼》学称于江南。炀帝时,征天下儒术之士,悉集内史省,相次讲论。晖辩博,无能屈者,由是擢为太学博士。撰《疏》一百卷。

顾彪字仲文,余杭人。明《尚书》、《春秋》。炀帝时,为秘书学士。撰《古文尚书义疏》二十卷,行于世。

鲁世达,余杭人。炀帝时,为国子助教。撰《毛诗章句义疏》四十二卷,行于世。

张冲字叔玄,吴郡人。仕陈,为左中郎将,非其好也。乃覃思经典,撰《春秋义略》,异于杜氏七十余事,《丧服义》三卷、《孝经义》三卷、《论语义》十卷、《前汉音义》十二卷。官至汉王侍读。

王孝籍,平原人。少好学,博览群言,遍习《五经》,颇有文翰。与河间刘炫,同志友善。开皇中,召入秘书,助王劭修国史。劭不之礼。在省多年,不免输税。郁郁不得志,奏记于吏部尚书牛弘曰:"窃以毒螫瘤,则申旦不寐;饥寒切体,亦卒岁无聊。何则?痛苦难以安,贫穷易为戚。况怀抱之内，冰火铄脂膏；腠理之间，风霜侵骨髓。安可齰舌缄唇，吞声饮气，恶呻吟之响，忍酸辛之酷哉！伏惟明尚书公，动哀矜之色，开宽裕之怀，咳唾足以活涸鳞，吹嘘可用飞穷羽，芬椒兰之气，暖布帛之词，许小人之请，闻大君之听。虽复山川绵远，鬼神在兹，信而有徵，言无不履。犹恐拯溺迟于援手，救跌缓于扶足，待越人之舟楫，求鲁匠之云梯，则必悬于乔树之枝，没于深泉之底。

夫以一介贫人，七年直省，课役不免，庆赏不沾。卖贡禹之田，供释之之费，有弱子之累，乏强兄之产。加以慈母在堂，光阴迟暮，寒暑违阙，关山超远。啮臂为期，前途逾邈。倚闾之望，朝夕倾对。谢相如之病，无官可以免。发梅福之狂，非仙所能避。愁疾甚乎厉鬼，人生异夫金石。营魂且散，恐筮予无徵。赍恨入冥，则虚缘恩顾。此乃王稽所以致言，应侯为之不乐也。潜鬓发之内，居眉睫之间，子野未曾闻，离朱所未见。久沦东观，留滞南史，终无荐引，永同埋瘞。三世不移，虽由寂寞；十年不调，实乏知己。

夫不世出者，圣明之君也。不万一者，诚贤之臣也。以夫不世出而逢不万一，小人所以为明尚书幸也。坐人物之源，运铨衡之柄，反被狐白，不好缊衣，此小人为明尚书不取也。昔荆玉未剖，刖卞和之足；百里未用，碎禽息之首。居得言之地，有能用之资，憎耳目之明，无首足之戚，惮而不为，孰知其解！夫官或不称其能，士或未申其屈，一夫窃议，语流天下，劳不见图，安能无望！傫病未及死，狂还克念，汗穷愁之简，属离忧之词，托志于前修，通心于来哲，使千载之下，哀其不遇，追咎执事，有玷清尘，则不肖之躯，死生为累，小人之罪，方且未刑。愿少加怜愍，留心无忽。”

弘亦知其学业，而竟不得调。

后归乡里，以教授为业，终于家。注《尚书》及《诗》，遭乱零落。

论曰：古语云：“容体不足观，勇力不足恃，族姓不足道，先祖不足称，然而显闻四方，流声后胤者，其惟学乎？”信哉斯言也。梁越之徒,笃志不倦,自求诸己,遂能闻道下风,称珍席上,或聚徒千百,或服冕乘轩,咸稽古之力也。

然远惟汉、魏,硕学多清通;逮乎近古,巨儒多鄙俗。文武不坠,弘之在人,岂独愚蔽于当今,而皆明哲于往昔?在乎用与不用,知与不知耳。然曩之弼谐庶绩,必举德于鸿儒。近代左右邦家,咸取士于刀笔。纵有学优入室,勤逾刺股,名高海内,擢第甲科,若命偶时来,未有望于青紫,或数将运舛,必见弃于草泽。然则古之学者,禄在其中;今之学者,困于贫贱。明达之人,志识之士,安肯滞于所习,以求贫贱者哉!此所以儒罕通人,学多鄙俗者也。

至若刘焯,德冠搢绅,数穷天象,既精且博,洞究幽微,钩深致远,源流不测。数百年来,斯一人而已。刘炫学实通儒,才堪成务,九流七略,无不该览。虽探赜索隐,不逮于焯;裁成义说,文雅过之。并时不我与,馁弃沟壑。斯乃子夏所谓"死生有命,富贵在天"。天之所与者聪明,所不与者贵仕,上圣且犹不免,焯、炫其如命何!孝籍徒离骚其文,尚何救也!

北史卷八三
列传第七一

文苑序　文苑

温子升　荀济　祖鸿勋　李广
樊逊　荀士逊　王褒　庾信
颜之推　虞世基　柳䛒　许善心
李文博　明克让　刘臻　诸葛颍
王贞　虞绰　王胄　庾自直　潘徽

《易》曰："观乎天文，以察时变；观乎人文，以化成天下。"然则文之为用其大矣哉。逖听三古，弥纶百代，若乃《坟》、《素》所纪，靡得而云；《典》、《谟》已降，遗风可述。至于制礼作乐，腾实飞声，善乎，言之不文，行之岂能远也。是以曲阜之多才多艺，监二代以正其源；阙里之性与天道，修《六经》以维其末。用能穷神知化，称首于千古；经邦纬俗，藏用于百代。至哉，斯固圣人之述作也。逮乎两周道丧，七十义乖。淹中、稷下，八儒、三墨之异，漆园、黍谷，名、法、兵、农之别，虽雅诰奥义，或未尽善，考其遗迹，亦贤达之流乎。其离谗放逐之臣，途穷后门之士，道辙轲而未遇，志郁抑而不申，愤激委约之中，飞文魏阙之下，奋迅泥滓，自致青云，振沈溺于一朝，流风声于千载者往往而有矣。

汉自孝武之后，雅尚斯文，扬葩振藻者如林，而二马、王、杨为之杰。东京之朝，兹道逾扇，咀徵含商者成市，而班、傅、张、蔡为之雄。当途受命，尤好虫篆。金行勃兴，无替前烈。曹、王、陈、阮负宏衍之思，挺栋干于邓林；潘、陆、张、左擅侈丽之才，饰羽仪于凤穴。斯并高视当世，连衡孔门。虽时运推移，质文屡变，譬犹六代并奏，易俗之用无爽；九源竞逐，一致之理同归。历远前英，于斯为盛。

既而中州板荡，戎狄交侵，僭伪相属，生灵涂炭，故文章黜焉。其能潜思于干争之间，挥翰于锋镝之下，亦有时而间出矣。若乃鲁徽、杜广、徐光、尹弼之俦，知名于二赵；宋该、封弈、朱彤、梁谠之属，见重于燕、秦。然皆迫于仓卒，牵于战阵，章奏符檄，则粲然可观；体物缘情，则寂寥于世。非其才有优劣，时运然也。至于朔方之地，蕞尔夷俗，胡义周之颂国都，足称宏丽。区区河右，而学者拂于中原，刘延明之铭酒泉，可谓清典。子曰："十室之邑，必有忠信。"岂徒言哉。

洎乎有魏，定鼎沙朔。南包河、淮，西吞关、陇。当时之士，有许谦、崔宏、宏子浩、高允、高闾、游雅等，先后之间，声实俱茂，词义典正，有永嘉之遗烈焉。及太和在运，锐情文学，固以颉颃汉彻，跨蹑曹丕，气韵高远，艳藻独构。衣冠仰止，咸慕新风，律调颇殊，曲度遂改。辞罕泉源，言多胸臆，润古雕今，有所未遇。是故雅言丽则之奇，绮合绣联之美，眇历岁年，未闻独得。既而陈郡袁翻、河内常景，晚拔畴类，稍革其风。及明皇御历，文雅大盛，学者如牛毛，成者如麟角。孔子曰："才难。"不其然也？于时陈郡袁翻、翻弟跃、河东裴敬宪、弟庄伯、庄伯族弟伯茂、范阳卢观、弟仲宣、顿丘李谐、勃海高肃、河间邢臧、赵国李骞、雕琢琼瑶，刻削杞梓，并为龙光，俱称鸿翼。乐安孙彦举、济阴温子升，并自孤寒，郁然特起。咸能综采繁缛，兴属清华。比于建安之徐、陈、应、刘，元元之潘、张、左、束，各一时也。

有齐自霸业云启，广延髦俊，开四门以宾之，顿八纮以掩之，邺都之下，烟霏雾集。河间邢子才、钜鹿魏伯起、范阳卢元明、钜鹿魏季景、清河崔长儒、河间邢子明、范阳祖孝徵、中山杜辅玄、北平阳子烈并其流也。复有范阳祖鸿勋,亦参文士之列。及天保中,李愔、陆卬、崔瞻、陆元规并在中书,参掌纶诰。其李广、樊逊、李德林、卢询祖、卢思道始以文章著名。皇建之朝,常侍王晞独擅其美。河清、天统之辰,杜台卿、刘逖、魏骞亦参诏敕。自李愔已下,在省唯撰述除官诏旨,其关涉军国文翰,多是魏收作之。及在武平,李若、荀士逊、李德林、薛道衡并为中书侍郎,典司纶绋。

　　后主虽溺于群小,然颇好咏诗,幼时尝读诗赋,语人云:"终有解作此理不?"初因画屏风,敕通直郎萧放及晋陵王孝式录古贤烈士及近代轻艳诸诗以充图画,帝弥重之。后复追齐州录事参军萧懿、赵州功曹参军颜之推同入撰录,犹依霸朝,谓之馆客。放及之推意欲更广其事,又因祖珽辅政,爱重之推,又托邓长颙渐说后主,属意斯文。三年,祖珽奏立文林馆,于是更召引文学士,谓之待诏文林馆焉。珽又奏撰《御览》,诏珽及特进魏收、太子太师徐之才、中书令崔劼、散骑常侍张雕、中书监阳休之监撰。珽等奏追通直散骑侍郎韦道逊、陆乂、太子舍人王劭、卫尉丞李孝基、殿中侍御史魏澹、中散大夫刘仲威、袁奭、国子博士朱才、奉车都尉眭道闲、考功郎中崔子枢、左外兵郎薛道衡、并省主客郎中卢思道、司空东阁祭酒崔德立、太傅行参军崔儦、太学博士诸葛汉、奉朝请郑公超、殿中侍御史郑子信等入馆撰书,并敕放、悫、之推等同入撰例。复命散骑常侍封孝琰、前乐陵太守郑元礼、卫尉少卿杜台卿、通直散骑常侍杨训、前南兖州长史羊萧、通直散骑侍郎马元熙、并省三公郎中刘珉、开府行参军李师上、温君悠入馆,亦令撰书。后复命特进崔季舒、前仁州刺史刘逖、散骑常侍李孝贞、中书侍郎李德林续入待诏。寻又诏诸人各举所知,又有前济州长史李翥、前广武太守魏骞、前西兖州司马萧溉、前幽州长史陆仁惠、郑州司马江旰、前通直散骑侍郎辛德源、陆开明、通直郎封孝謇、太尉掾张德冲、并省右户郎元行恭、司徒户曹参军古道子、前司空功曹参军刘颙、获嘉令崔德儒、给事中李元楷、晋州中从事阳师孝、太尉中兵参军刘儒行、司空祭酒阳辟强、司空士曹参军卢公顺、司空中兵参军周子深、开府行参军王友伯、崔君洽、魏师謇并入馆待诏。又敕仆射段孝言亦入焉。《御览》成后，所撰录人亦有不得待诏，付所司处分者。凡此诸人，亦有文学肤浅，附会亲识，妄相推荐者十三四焉。虽然，当时操笔之徒，搜求略尽。其外如广平宋孝王、信都刘善经辈三数人，论其才性，入馆诸贤亦十三四不逮之。

周氏创业，运属陵夷，纂遗文于既丧，聘奇士如弗及。是以苏亮、苏绰、卢柔、唐瑾、元伟、李昶之徒，咸奋鳞翼，自致青紫。然绰之建言，务存质朴，遂糠秕魏、晋，宪章虞、夏，虽属辞有师古之美，矫枉非适时之用，故莫能常行焉。既而革车电迈，诸宫云撤，梁、荆之风，扇于关右，狂简之徒，斐然成俗，流宕忘反，无所取裁。

夫人有六情，禀五常之秀；情感六气，顺四时之序。盖文之所起，情发于中。而自汉、魏以来，迄乎晋、宋，其体屡变，前哲论之详矣。暨永明、天监之际，太和、天保之间，洛阳、江左，文雅尤盛，彼此好尚，互有异同。江左宫商发越，贵于清绮；河朔词义贞刚，重乎气质。气质则理胜其词，清绮则文过其意。理深者便于时用，文华者宜于咏歌。此其南北词人得失之大较也。若能掇彼清音，简兹累句，各去所短，合其两长，则文质彬彬，尽美善矣。

梁自大同之后，雅道沦缺，渐乖典则，争驰新巧。简文、湘东启其淫放，徐陵、庾信分路扬镳。其意浅而繁，其文匿而彩，词尚轻险，情多哀思，格以延陵之听，盖亦亡国之音也。

隋文初统万机，每念骓雕为朴，发号施令，咸去浮华。然时俗词藻，犹多淫丽；故宪台执法，屡飞霜简。炀帝初习艺文，有非轻侧，暨乎即位，一变其体。《与越公书》、《建东都诏》、《冬至受朝诗》及《拟饮马长城窟》，并存雅体，归于典制，虽意在骄淫，而词无浮荡。故当时缀文之士，遂得依而取正焉。所谓能言者未必能行，盖亦君子不以人废言也。

爰自东帝归秦，逮乎青盖入洛，四奥咸暨，九州攸同，江、汉英灵、燕、赵奇俊，并该天网之中，俱为大国之宝。言刈其楚，片善无遗，润水圆流，不能十数，才之难也，不其然乎。时之文人，见称当世者，则齐人范阳卢思道、安平李德林、河东薛道衡、赵郡李元操、钜鹿魏澹，陈人会稽虞世基、河东柳䛒、高阳许善心等。或鹰扬河朔，或独步汉南，俱骋龙光，并驱云路矣。

《魏书》序袁跃、裴敬宪、卢观、封肃、邢臧、裴伯茂、邢昕、温子升为文苑传，今唯取子升，其余并各附其家传。《齐书》叙祖鸿勋、李广、樊逊、刘逖、荀士逊、颜之推为《文苑传》，今唯取祖、李、樊、荀，其余亦各附其家传。《周书》不立此传，今取王褒、庾信列于此篇。颜之推竟从齐入周，故列在王、庾之下。颜之仪既之推之弟，故列在之推之末。《隋书》序刘臻、崔儦、王頍、诸葛颖、王贞、孙万寿、虞绰、王胄、庾自直、潘徽为《文学传》，今检崔儦、王頍、孙万寿各从其家传，其余编之此篇，并取虞世基、许善心、柳䛒、明克让冠之于此，以备《文苑传》云。

　　温子升字鹏举，自云太原人，晋大将军峤之后也。世居江左。祖恭之，宋彭城王义康户曹，避难归魏，家于济阴冤句，因为其郡县人焉。父晖，兖州左将军长史，行济阴郡事。

　　子升初受学于崔灵恩、刘兰，精勤，以夜继昼，昼夜不倦。长乃博览百家，文章清婉。为广阳王深贱客，在马坊教诸奴子书。作《侯山祠堂碑文》，常景见而善之，故诣深谢之。景曰："顷见温生。"深怪问之。景曰："温生是大才士。"深由是稍知之。

　　熙平初，中尉、东平王匡博召辞人以充御史。同时射策者八百余人，子升与卢仲宣、孙搴等二十四人为高第。于是预选者争相引决，匡使子升当之，皆受屈而去。搴谓人曰："朝来靡旗乱辙者，皆子升逐北。"遂补御史，时年二十二。台中弹文皆委焉。以忧去任。服阕，还为朝请。后李神俊行荆州事，引兼录事参军。被征赴省，神俊表留不遣。吏部郎中李奖退表不许，曰："昔伯瑜之不应留，王郎所以发叹。宜速遣赴，无蹈彦云前失。"于是还员。

　　及广阳王深为东北道行台，召为郎中。黄门郎徐纥受四方表启，答之敏速，于深独沈思，曰："彼有温郎中，才藻可畏。"高车破走,珍宝盈满,子升取绢四十疋。深军败,子升为葛荣所得。荣下都督和洛兴与子升旧识,以数十骑潜送子升,得达冀州。还京,李楷执其手曰:"卿今得免,足使夷甫惭德。"自是无复宦情,闭门读书,厉精不已。

及孝庄即位,以子升为南主客郎中,修起居注。曾一日不直,上党王天穆时录尚书事,将加捶挞,子升遂逃遁。天穆甚怒,奏人代之。庄帝曰:"当世才子不过数人,岂容为此便相放黜?"乃寝其奏。及天穆将讨邢杲,召子升同行,子升未敢应。天穆谓人曰:"吾欲收其才用,岂怀前忿也?今复不来,便须南走越,北走胡耳!"子升不得已而见之。加伏波将军,为行台郎中。天穆深知赏之。元颢入洛,天穆召子升问曰:"即欲向京师?为随我北度?"对曰:"主上以武牢失守,致此狼狈。元颢新入,人情未安,今往讨之,必有征无战。王若克复京师,奉迎大驾,桓、文之举也。舍此北度,窃为大王惜之。"天穆善之而不能用,遣子升还洛,颢以为中书舍人。庄帝还宫,为颢任使者多被废黜,而子升复为舍人。天穆每谓子升曰:"恨不用卿前计。"除正员郎,仍舍人。

及帝杀尔朱荣也,子升预谋,当时赦诏,子升词也。荣入内,遇子升把诏书,问:"是何文字?"子升颜色不变曰:"敕。"荣不视之。尔朱兆入洛,子升惧祸逃匿。

永熙中为侍读,兼舍人,镇南将军、金紫光禄大夫。迁散骑常侍、中军大将军,后领本州大中正。梁使张皋写子升文笔传于江外,梁武称之曰:"曹植、陆机复生于北土,恨我辞人,数穷百六。"阳夏守傅标使吐谷浑,见其国主床头有书数卷,乃是子升文也。济阴王晖业尝云:"江左文人,宋有颜延之、谢灵运,梁有沈约、任昉,我子升足以陵颜轹谢,含任吐沈。"杨遵彦作《文德论》以为古今辞人皆负才遗行,浇薄险忌,唯邢子才、王元景、温子升彬彬有德素。

齐文襄引子升为大将军谘议。子升前为中书郎,尝诣梁客馆受国书,自以不修容止,谓人曰:"诗章易作,逋峭难为。"文襄馆客元仅曰:"诸人当贺,推子升合陈辞。"子升久忸怩,乃推陆操焉。及元

仅、刘思逸、荀济等作乱,文襄疑子升知其谋。方使之作《神武碑》,
文既成,乃饿诸晋阳狱,食弊襦而死。弃尸路隅,没其家口。太尉长
史宋游道收葬之,又为集其文笔为三十五卷。

子升外恬静,与物无竞,言有准的,不妄毁誉;而内深险,事故
之际,好豫其间,所以终致祸败。又撰《永安记》三卷。无子。

弟子盛,州主簿,有文才,年二十余卒。

荀济字子通。其先颍川人,世居江左。济初与梁武帝布衣交,
知梁武当王,然负气不服,谓人曰:"会盾上摩墨作檄文。"或称其才
于梁武,梁武曰:"此人好乱者也。"济又上书讥佛法,言营费太甚。
梁武将诛之,遂奔魏,馆于崔㥄家。

及是见执。杨愔谓曰:"迟暮何为然?"济曰:"叱叱,气耳,何关
迟暮!"乃下辩曰:"自伤年几摧颓,恐功名不立,舍儿女之情,起风
云之事,故挟天子,诛权臣。"齐文襄惜其才,将不杀,亲谓曰:"荀公
何意反?"济曰:"奉诏诛将军高澄,何为反!"于是燔杀之。邺下士
大夫多传济音韵。

祖鸿勋,涿郡范阳人也。父慎,仕魏,历雁门、咸阳二郡太守,政
有能名。卒于金紫光禄大夫、赠中书监、幽州刺史,谥惠侯。

鸿勋弱冠,与同郡卢文符并为州主簿。仆射、临淮王彧表荐其
文学,除奉朝请。人曰:"临淮举卿,竟不相谢,恐非其宜。"鸿勋曰:
"为国举才,临淮之务,祖鸿勋何事从而识之。"或闻而喜曰:"吾得
其人矣。"后城阳王徽奏鸿勋为司徒法曹参军事。及赴洛,徽谓曰:
"临淮相举,竟不到门,今来何也?"鸿勋曰:"今来赴职,非为谢恩。"
转廷尉正,去官归乡里。

齐神武尝征至并州,作《晋祠记》,好事者玩其文。位至高阳太
守,在官清素,妻子不免寒馁。时议高之。齐天保初,卒官。

李广字弘基,范阳人也。其先自辽东徙焉。广博涉群书,有才

思。少与赵郡李謇齐名,为邢、魏之亚,而讷于言,敏于行。中尉崔暹,精选御史,皆是世胄,广独以才学兼侍御史,修国史。南台文奏,多其辞也。

齐文宣初嗣霸业,命掌书记。天保初,欲以为中书郎,遇其病笃而止。广尝欲早朝,假寐,忽惊觉,谓其妻曰:"吾向似睡非睡,忽见一人出吾身中,语云:'君用心过苦。非精神所堪,今辞君去。'"因而恍忽不乐,数日便遇疾,积年不起。

广雅有鉴识,度量弘远,坦率无私,为士流所爱,时共赡遗之,赖以自给。竟以疾终。尝荐毕义云于崔暹,广卒后,义云集其文笔七卷,托魏收为之序。

樊逊字孝谦,河东北猗氏人也。祖琰、父衡,并无官宦,而衡性至孝,丧父,负土成坟,植柏方数十亩,朝夕号慕。

逊少好学。其兄仲以造毯为业,亦常优饶之。逊自责曰:"为人弟,独爱安逸,可不愧于心乎!"欲同勤事业。母冯氏谓曰:"汝欲谨小行邪?"逊感母言,遂专心典籍,恒书壁作"见贤思齐"四字以自劝。

逊貌丑陋,有才气。属本州沦陷,寓居邺中,为临漳小吏。县令裴鉴莅官清苦,致白雀等瑞。逊上《清德颂》十首,鉴大加赏重,擢为主簿。仍荐之于右仆射崔暹,与辽东李广、勃海封孝琰等为暹宾客。人有讥其静默不能趋时者。逊常服东方朔之言"陆沈世俗,避世金马",遂借陆沈公子为主人,拟《客难》制《客诲》以自广。后崔暹大会客,大司马、襄城王旭时亦在坐,欲命府僚。暹指逊曰:"此人学富才高,兼之佳行,可为王参军也。"旭目之曰:"岂能就耶?"逊曰:"家无荫第,不敢当此。"

武定七年,齐文襄崩,暹为文宣徙于边,宾客咸散,逊遂徙居陈留。梁州刺史刘杀鬼以逊兼录事参军事。逊仍举秀才,尚书案旧令,下州三载一举秀才,为三年已贡开封人郑祖猷,计至此年未合。兼别驾王聪抗辞争议,右丞阳裴不能却。尚书令高隆之曰:"虽逊才学优异,待明年非远。"逊竟还本州。天保元年,本州复召举秀才。三年春,会朝堂对策。策罢,中书郎张子融奏入。至四年五月,逊与定州秀才李子宣等以对策三年不调,被付外。上书请从罢,诏不报。梁州重举逊为秀才。五年正月,制诏问焉。尚书擢第,以逊为当时第一。

十二月,清河王岳为大行台,率众南讨,以逊从军。明年,文宣纳梁贞阳侯萧明为梁主,岳假逊大行台郎中,使于江南,与萧修、侯瑱和解。逊往还五日,得修等报书,岳因与修盟于江上。大军还邺,逊仍被都官尚书崔昂举荐。诏付尚书,考为清平勤干,送吏部。

七年,诏令校定群书,供皇太子。逊与冀州秀才高乾和,瀛州秀才马敬德、许散愁、韩同宝,洛州秀才傅怀德,怀州秀才古道子,广平郡孝廉李汉子,勃海郡孝廉鲍长暄,阳平郡孝廉景孙,前梁州府主簿王九元、前开府水曹参军周子深等十一人同被尚书召共刊定。时秘府书籍纰缪者多,逊乃议曰:"案汉中垒校尉刘向受诏校书,每一书竟,表上,辄言臣向书、长水校尉臣参书、太常博士书、中外书合若干本,以相比校,然后杀青。今所雠校,供拟极重,出自兰台,御诸甲馆。向之故事,见存府阁。即欲刊定,必藉众本。太常卿邢子才、太子少傅魏收、吏部尚书辛术、司农少卿穆子容、前黄门郎司马子瑞、故国子祭酒李业兴并是多书之家,请牒借本参校。"秘书监尉瑾移尚书都坐,凡所得别本三千余卷,《五经》诸史殆无遗阙。

于时魏收作《库狄干碑序》,令孝谦为之铭,陆卬不知,以为收合作也。陆操、伏浑卒,杨愔使孝谦代己作书以告晋阳朝士,令魏润色之,收不能改一字。八年,减东西二省官,更定选,员不过三百,参者二三千人。杨愔言于众曰:"后生清俊,莫过卢思道;文章成就,莫过樊孝谦;几案断割,莫过崔成之。"遂以思道长兼员外郎,三人并员外将军。孝谦辞曰:"门族寒陋,访第必不成,乞补员外司马督。"愔曰:"才高不依常例。"特奏用之。

清河初,为主书,参典诏策。天统元年,加员外郎。居七八日,行遇辒车,蹙眉下泪,指方相曰:"何日更相烦君一到?"数日而卒,雇方相送葬,仍前所逢者。

孝谦死后,定州秀才荀士逊继为主书,才名相亚。

茹瞻字孝博,东安人。南州举秀才。清朗刚直。杨愔将用之,曰:"今日之选,不可无茹生。"卒于侍御史。

荀士逊,广平人也。好学,有思理,为文清典,见赏知音。武定末,举司州秀才,迄齐天保,十年不调。皇建中,马敬德荐为主书,转中书舍人。状貌甚丑,以文辞见重。尝有事须奏,遇武成在后庭,因左右传通。传通者不得士逊姓名,乃云"丑舍人"。帝曰:"必士逊也。"看封题果是,内人莫不欢笑。累迁中书侍郎,号为称职。与李若等撰《典言》,行于世。齐亡年卒。

王褒字子深,琅邪临沂人也。曾祖俭、祖骞、父规,并《南史》有传。

褒识量淹通,志怀沈静,美威仪,善谈笑,博览史传,七岁能属文。外祖梁司空袁昂爱之,谓宾客曰:"此儿当成吾宅相。"弱冠举秀才,除秘书郎、太子舍人。梁国子祭酒萧子云,褒之姑夫也,特善草隶。褒少以姻戚,去来其家,遂相模范,而名亚子云,并见重于时。武帝嘉其才艺,遂以弟鄱阳王恢女妻之。袭爵南昌县侯,历位秘书丞、宣城王文学、安城内史。及侯景陷建邺,褒辑宁所部,见称于时。转南平内史。

梁元帝嗣位,褒有旧,召拜吏部尚书、右仆射,仍迁左丞,兼参掌。褒既名家,文学优赡,当时咸共推抟,故位望隆重,宠遇日甚,而愈自谦损,不以位地矜物,时论称之。

初,元帝平侯景及禽武陵王纪后,以建邺凋残,时江陵殷盛,便欲安之。又其政府臣僚皆楚人也,并愿即都鄢郢。尝召群臣议之。镇军将军胡僧祐、吏部尚书宗懔、太府卿黄罗汉、御史中丞刘谷等曰:"建邺王气已尽,又荆南地又有天子气,迁徙非宜。"元帝深以为然。褒性谨慎,知元帝多猜忌,弗敢公言其非。后因清闲,密谏,言辞甚切。元帝意好荆楚,已从僧祐等策,竟不用。

及魏征江陵,元帝授褒都督城西诸军事。栅破,从元帝入金城。俄而元帝出降,褒遂与众俱出,见柱国于谨,甚礼之。褒曾作《燕歌》,妙尽塞北寒苦之言,元帝及诸文士并和之,而竟为凄切之辞,至此方验焉。褒与王克、刘珏、宗懔、殷不害等数十人俱至长安,周文喜曰:“昔平吴之利,二陆而已,今定楚之功,群贤毕至,可谓过之矣。”又谓褒及王克曰:“吾即王氏甥也,卿等并吾之舅氏,当以亲戚为情,勿以去乡介意。”于是授褒及殷不害等车骑大将军、仪同三司。常从容上席,资饩甚厚。褒等亦并荷恩眄,忘羁旅焉。

周孝闵帝践阼,封石泉县子。明帝即位,笃好文学,时褒与庾信才名最高,特加亲待。帝每游宴,命褒赋诗谈论,恒在左右。寻加开府仪同三司。保定中,除内史中大夫。武帝作《象经》,令褒注之,引据该洽,甚见称赏。褒有器局,雅识政体,既累世在江东为宰辅,帝亦以此重之。建德以后,颇参朝议,凡大诏册,皆令褒具草。东宫既建,授太子少保,迁少司空,仍掌纶诰。乘舆行幸,褒常侍从。

初褒与梁处士汝南周弘让相善,及让兄弘正自陈来聘,帝许褒等通亲知音问,褒赠弘让诗并书焉。寻出为宜州刺史,卒于位。子萧。

庾信字子山,南阳新野人。祖易、父肩吾,并《南史》有传。

信幼而俊迈,聪敏绝伦,博览群书,尤善《春秋左氏传》。身长八尺,腰带十围,容止颓然,有过人者。父肩吾,为梁太子中庶子,掌管记。东海徐摛为右卫率。摛子陵及信并为抄撰学士。父子东宫,出入禁闼,恩礼莫与比隆。既文并绮艳,故世号为徐、庾体焉。当时后进,竞相模范,每有一文,都下莫不传诵。累迁通直散骑常侍,聘于东魏,文章辞令,盛为邺下所称。还为东宫学士,领建康令。

侯景作乱,梁简文帝命信率宫中文武千余人营于朱雀航。及景至,信以众先退。台城陷后,信奔于江陵。梁元帝承制,除御史中丞。及即位,转右卫将军,封武康县侯,加散骑侍郎,聘于西魏。属大军南讨，遂留长安。江陵平，累迁仪同三司。

周孝闵帝践阼，封临清县子，除司水下大夫。出为弘农郡守。迁骠骑大将军、开府仪同三司、司宪中大夫，进爵义城县侯。俄拜洛州刺史。信为政简静，吏人安之。时陈氏与周通好，南北流寓之士，各许还其旧国。陈氏乃请王褒及信等十数人。武帝唯放王克、殷不害等，信及褒并惜而不遣。寻征为司宗中大夫。明帝、武帝并雅好文学，信特蒙恩礼。至于赵、滕诸王，周旋款至，有若布衣之交。群公碑志多相托焉。唯王褒颇与信埒，自余文人，莫有逮者。

信虽位望通显，常作乡关之思，乃作《哀江南赋》以致其意。大象初，以疾去职。隋开皇元年，卒。有文集二十卷。文帝悼之，赠本官，加荆、雍二州刺史。子立嗣。

颜之推字介，琅邪临沂人也。祖见远、父协，并以义烈称。世善《周官》、《左氏》学，俱《南史》有传。

之推年十二，遇梁湘东王自讲《庄》、《老》，之推便预门徒。虚谈非其所好，还习《礼》、《传》。博览书史，无不该洽，辞情典丽，甚为西府所称。湘东王以为其国右常侍，加镇西墨曹参军。好饮酒，多任纵，不修边幅，时论以此少之。湘东遣世子方诸镇郢州，以之推为中抚军府外兵参军，掌管记。遇侯景陷郢州，频欲杀之，赖其行台郎中王则以免。景平，还江陵。时湘东即位，以之推为散骑侍郎，奏舍人事。

后为周军所破，大将军李穆重之，送往弘农，令掌其兄阳平公远书翰。遇河水暴长，具船将妻子奔齐，经砥柱之险，时人称其勇决。文宣见，悦之，即除奉朝请，引于内馆中，侍从左右，颇被顾眄。后从至天泉池，以为中书舍人，令中书郎段孝信将敕示之推。之推营外饮酒，孝信还以状言，文宣乃曰："且停。"由是遂寝。

后待诏文林馆，除司徒录事参军。之推聪颖机悟，博识有才辩，工尺牍，应对闲明，大为祖珽所重，令掌知馆事，判署文书。迁通直散骑常侍，俄领中书舍人。帝时有取索，恒令中使传旨，之推禀承宣告,馆中皆受进旨。所进文书,皆是其封署,于进贤门奏之,待报方出。兼善于文字,监校缮写,处事勤敏,号为称职。帝甚加恩接。为勋要者所嫉,常欲害之。崔季舒等将谏也,之推取急还宅,故不连署。及召集谏人,之推亦被唤入,勘无名,得免。寻除黄门侍郎。

及周兵陷晋阳,帝轻骑还邺,窘急,计无所从。之推因宦者侍中邓长颙进奔陈策,仍劝募吴士千余人以为左右,取青、徐路共投陈国。帝纳之,以告丞相高阿那肱等。阿那肱不愿入陈,乃云吴士难信,劝帝送珍宝累重向青州,且守三齐地,若不可保,徐浮海南度。虽不从之推策,然犹以为平原太守,令守河津。

齐亡入周。大象末,为御史上士。隋开皇中,太子召为文学,深见礼重。寻以疾终。有文集三十卷,撰《家训》二十篇,并行于世。

之推在齐有二子,长曰思鲁,次曰敏楚,盖不忘本也。《之推集》,思鲁自为序。

弟之仪,字升。幼颖悟,三岁能读《孝经》。及长,博涉群书,好为词赋。尝献梁元帝《荆州颂》,辞致雅瞻。帝手敕曰:"枚乘二叶,俱得游梁;应贞两世,并称文学。我求才子,鲠慰良深。"

江陵平,之仪随例迁长安,周明帝以为麟趾学士。稍迁司书上士。武帝初建东宫,盛选师傅,以之仪为侍读。太子后征吐谷浑,在军有过行,郑译等并以不能匡弼坐谴,唯之仪以累谏获赏。即拜小宫尹,封平阳县男。宣帝即位,迁上仪同大将军、御正中大夫,进爵为公。帝后刑政乖僻,昏纵日甚。之仪犯颜骤谏,虽不见纳,终亦不止,深为帝所忌。然以恩旧,每优容之。及帝杀王轨,之仪固谏。帝怒,欲并致之于法。后以其谅直无私,乃舍之。

宣帝崩,刘昉、郑译等矫遗诏,以隋文帝为丞相辅少主。之仪知非帝旨,拒而弗从。昉等草诏,署讫,逼之仪署。之仪厉声谓昉等曰:"主上升遐,嗣子幼冲,阿衡之任,宜在宗英。方今贤戚之内,赵王最长,以亲以德,合膺重寄。公等备受朝恩,当尽忠报国,奈何一旦欲以神器假人!之仪有死而已,不能诬罔先帝。"于是昉等知不可屈,乃代之仪署而行之。隋文帝后索符玺,之仪又正色曰:"此天子之物,自有主者,宰相何故索之?"于是文帝大怒,命引出,将戮之。然以其人望,乃止。出为西疆郡守。

及践极,诏征还京师,进爵新野郡公。开皇五年,拜集州刺史。在州清静,夷夏悦之。明年代还,遂优游不仕。十年正月,之仪例入朝。文帝望而识之,命引至御坐,谓之曰:"见危授命,临大节而不可夺,古人所难,何以加卿。"乃赐钱十万、米一百石。十一年卒。有《文集》十卷,行于世。

虞世基字懋世,会稽余姚人也。父荔,《南史》有传。

世基幼恬静,喜愠不形于色,博学有高才,兼善草隶。陈中书令孔奂见而叹曰:"南金之贵,属在斯人。"少博徐陵闻其名,召之,世基不往。后因公会,陵一见而奇之,顾朝士曰:"当今潘、陆也。"因以弟女妻焉。仕陈,累迁尚书左丞。陈主尝于莫府山校猎,令世基为《讲武赋》,于坐奏之。陈主嘉之,赐马一匹。

及陈灭,入隋为通直郎,直内史省。贫无产业,每佣书养亲,快快不平,尝为五言诗以见情,文理凄切,世以为工,作者无不吟咏。未几拜内史舍人。

炀帝即位,顾遇弥隆。秘书监河东柳顾言,博学有才,罕所推谢,至是与世基相见,叹曰:"海内当共推此一人,非吾侪所及也。"俄迁内史侍郎。以母忧去职,哀毁骨立。有诏起令视事,拜见之日,殆不能起,令左右扶之,哀其羸瘠,诏令进肉,世基食,辄悲哽不能下箸。帝使谓曰:"方相委任,宜为国惜身。"前后敦劝者数矣。帝重其才,亲礼逾厚,专典机密,与纳言苏威、左翊卫大将军宇文述、黄门侍郎裴矩、御史大夫裴蕴等参掌朝政。

时天下多事,四方表奏,日有百数。帝方凝重,事不廷决,入阁之后,始召世基口授节度。世基至省,方为敕书,日旦百纸,无所遗缪。辽东之役,进位金紫光禄大夫。后从幸雁门,为突厥所围,战士多败。世基劝帝赏格,亲自抚循,乃下诏停辽东事。帝从之,师乃复振。及围解,勋格不行,又下伐辽之诏,由是言其诈众,朝野离心。帝幸江都，次巩县，世基以盗贼日盛，请发兵屯洛口仓，以备不虞。帝不从，但答云：“卿是书生，定犹悻怯。”

于时天下大乱，世基知帝不可谏正，又以高颎、张衡等相继诛戮，惧祸及己，虽居近侍，唯诣取容，不敢忤意。盗贼日甚，郡县多没，世基知帝恶数闻之，后有告败者，乃抑损表状，不以实闻。是后外间有变，帝弗之知也。尝遣太仆卿杨义臣捕盗河北，降贼数十万，列状上闻。帝叹曰：“我初不闻贼顿如此，义臣列降贼何多也？”世基曰：“鼠窃虽多，未足为虑。义臣克之，拥兵不少，久在阃外，此最非宜。”帝曰：“卿言是也。”遽追义臣，放其兵散。又越王侗遣太常丞元善达间行贼中，诣江都奏事，称：“李密有众数万，围逼京都。贼据洛口仓，城内无食。若陛下速还，乌合必散。不然者，东都决没。”因歔欷鸣咽，帝为改容。世基见帝色忧，进曰：“越王年小，此辈诳之。若如所言，善达何缘得至？”帝勃然怒曰：“善达小人，敢廷辱我！”因使经贼中，向东阳催运。善达遂为群盗所杀。此后外人杜口，莫敢以贼闻奏。

世基气貌沈审，言多合意，是以特见亲爱，朝臣无与为比。其继室孙氏，性骄淫，世基惑之，恣意奢靡，雕饰器服，无复素士之风。孙复携前夫子夏侯俨入世基舍，而顽鄙无赖，为其聚敛，鬻官卖狱，贿赂公行，其门如市，金宝盈积。其弟世南素国士，而清贫不立，未曾有所赠。由是为论者所讥。朝野咸共疾怨。宇文化及之弑逆也，世基乃见害。

长子肃，好学才艺，时人称有家风。弱冠早没。

肃弟熙，大业末为符玺郎。次子柔、晦，并宣义郎。化及将乱之夕，宗人虞伋知而告熙曰：“事势已然，吾将济卿南度，且得免祸，同死何益。”熙曰：“弃父背君，求生何地，感尊之怀，自此诀矣。”及难作，兄弟竞请先死，行刑人先世基杀之。

柳誓字顾言，河东人也。世仕江南，居襄阳。祖悦，《南史》有传。誓少聪敏，解属文，好读书，所览将万卷。仕梁，为著作佐郎。后萧察据荆州,以为侍中,领国子祭酒、吏部尚书。及梁国废,拜开府,为内史侍郎。以无吏干,转晋王谘议参军。王好文雅,招引才学之士诸葛颖、虞世南、王胄、朱瑒等百余人充学士,而誓为之冠。王以师友处之,每有文什,必令其润色,然后示人。尝朝京还,作《归藩赋》,命誓为序,词甚典丽。初王属文,学庾信体,及见誓后,文体遂变。

仁寿初,引为东宫学士,加通直散骑常侍,检校洗马,甚见亲重,每召入卧内,与之宴谑。誓尤俊辩,多在侍从,有所顾问,应答如响。性嗜酒,言杂诽谐。由是弥为太子所亲狎。以其好内典,令撰《法华玄宗》,为二十卷上之,太子大悦,赏赐优洽,侪辈莫比。

炀帝嗣位,拜秘书监,封汉南县公。帝退朝后,便命入问,言宴讽读,终日而罢。帝每与嫔后对酒,时逢兴会,辄遣命之至,与同榻共席,恩比友朋。帝犹恨不能夜召,乃命匠刻木为偶人,施机关,能坐起拜伏,以像誓。帝每月下对饮酒,辄令宫人置于座,与相酬酢,而为欢笑。从幸扬州,卒,帝伤惜者久之。赠大将军,谥曰康。

誓撰《晋王北伐记》十五卷,有集十卷行于世。

许善心字务本,高阳北新城人也。祖茂、父亨,并《南史》有传。

善心九岁而孤,为母范氏所鞠养。幼聪明,有思理,所闻辄能记,多闻默识,为当世所称。家有旧书万余卷,皆遍通涉。十五解属文,为笺上父友徐陵,陵大奇之,谓人曰:"此神童也。"太子詹事江总举秀才,对策高第,授度支郎中,补撰史学士。

祯明二年,加通直散骑常侍聘隋。遇文帝伐陈,礼成而不获反命。累表请辞,上不许,留执宾馆。及陈亡,上遣使告之。善心素服号哭于西阶下,藉草东向,经三日,敕书喭焉。明日,有诏就馆拜通直散骑常侍,赐衣一袭。善心哭尽哀,入房改服,复出北面立,垂涕再拜受诏。明日,乃朝服泣于殿下,悲不能兴。上顾左右曰:"我平陈国,唯获此人。既能怀其旧君,即我诚臣也。"敕以本官直门下省,赐物千段、草马二十匹。从幸太山,还,授虞部侍郎。

　　十六年，有神雀降于含章阗，上召百官赐宴，告以此瑞。善心于坐请纸笔，制《神雀颂》奏之。上甚悦曰："我见神雀，共皇后观之。今旦召公等入，适述此事。善心于坐始知，即能成颂。文不加点，笔不停毫，常闻此言，今见其事。"因赐物二百段。十七年，除秘书丞。时秘藏图籍，尚多淆乱。善心效阮孝绪《七录》，更制《七林》，各为总叙，冠于篇首，又于部录之下明作者之意，区分类例焉。又奏追李文博、陆从典等学者十许人，正定经史错谬。仁寿元年，摄黄门侍郎。二年，加摄太常少卿，与牛弘等议定礼乐，秘书丞、黄门并如故。四年，留守京师。帝崩于仁寿宫，炀帝秘不发丧，先易留宫人，出除岩州刺史。逢汉王谅反，不之任。

　　大业元年，转礼部侍郎，奏荐儒者徐文远为国子博士，包恺、陆德明、褚徽、鲁世达之辈，并加品秩，授为学官。其年，副纳言杨达为冀州道大使，以称旨，赐物五百段。

　　左卫大将军宇文述每日借本部兵数十人以供私役，常半日而罢。御史大夫梁毗奏劾之。上方以腹心委述，初付法官推，千余人皆称被役。经二十余日，法官候伺上旨，乃言役不满日，其数虽多，不合通计，纵令有实，亦无罪。诸兵士闻之，更云初不被役。上欲释之，付议虚实，百僚咸议为虚。善心以为述于仗卫之所，抽兵私役，虽不满日，阙于宿卫，与常役所部，情状乃殊。又兵多下番，散还本府，分道追至，不谋同辞。今殆一月，方始翻覆，奸状分明，此何可舍？苏威、杨汪等二十余人同善心议，其余皆议免罪。炀帝可免者之奏。后数月，述谮善心曰："陈叔宝卒，善心共周罗睺、虞世基、袁充、蔡徵等同往送葬。善心为祭文，谓为'陛下'。敢于今日加叔宝尊号。"召问有实，自援古例，事得释，而甚恶之。又太史奏帝即位年与尧时符合，善心议以国哀甫尔，不宜称贺。述讽御史劾之，左迁给事郎，降品二等。

　　四年，撰《方物志》，奏之。七年，从至涿郡。帝方自御戎以东讨，善心上封事，忤旨免官。其年复征守给事郎。帝尝言及文帝受命之符，因问鬼神之事，敕善心与崔祖浚撰《灵异记》十卷。

初,善心父撰著《梁史》,未就而殁,善心述成父志,修续家书。其《序传》末述制作之意,曰:

> 谨按太素将萌,洪荒初判;乾仪资始,辰象所以正时;刊载厚生,品物于焉播气。参三才而育德,肖二统而降灵。有黎人焉,为之君长;有贵贱矣,为其宗极。保上天之眷命,膺下土之乐推,莫不执大方,振长策,感召风云,驱驰英俊。干戈揖让,取之也殊功;鼎玉龟符,成之也一致。革命创制,竹素之道稍彰;纪事记言,笔墨之官渐著。炎、农以往,存其名而漏其迹;黄、轩以来,晦其文而显其质。登丘纳麓,具训诰及典谟;贯昴入房,传夏正与殷祀。洎辨方正位,论时计功,南北左右,兼四名之别;《梼杌》、《乘》车,擅一家之称。国恶虽讳,君举必书。故贼子乱臣,天下大惧,元龟明镜,昭然可察。及三郊递袭,五胜相沿,俱称百谷之王,并以四海自任。重光累德,何世无哉。

> 逮有梁之兴,君临天下,江左建国,莫斯为盛。受命在于一君,继统传乎四主。克昌四十八载,余祚五十六年。武皇帝出自诸生,爰升宝历。拯百王之弊,救万姓之危,反浇季之末流,登上皇之独道。朝多君子,野无遗贤,礼乐必备,宪章咸举,弘深慈于不杀,济大忍于无刑。荡荡巍巍,可为称首。属阴戎入颍,羯胡侵洛;沸腾堔黶,三季之所不闻;扫地滔天,一元之所巨厄。廊庙有序,翦成狐兔之场;珪帛有仪,碎夫犬羊之手。福善积而身祸,仁义存而国亡,岂天道欤?岂人事欤?尝别论之,在于《序论》之卷。

> 先君昔在前代,早怀述作,凡撰《齐书》为五十卷;《梁书》纪传,随事勒成及阙而未就者,目录注为一百八卷。梁室交丧,坟籍销尽。冢壁皆残,不准无所盗;帷襄同毁,陈农何以求!秦儒既坑,先王之道将坠;汉臣徒请,口授之文亦绝。所撰之书,一时亡散。有陈初建,诏为史官,补阙拾遗,心识口诵,依旧目录,更加修撰,且成百卷,已有六帙五十八卷上秘阁讫。

> 善心早婴荼蓼,弗克荷薪,太建之末,频抗表闻,至德之

初，蒙授史任。方愿缃素采访，门庭记录，俯励弱才，仰成先志。而单宗少强近，虚室类原、颜，退屏无所交游，栖迟不求进益。假班嗣之书，徒闻其语；给王隐之笔，未见其人。加以庸琐凉能，孤陋末学，参职郎署，兼撰《陈史》，致此书延时，未即成绩。祯明二年，以台郎入聘，属本邑沦覆，他乡播迁，行人失时，将命不复。望都亭而长恸，迁别馆而悬壶。家史旧书，在后荡尽。今止有六卷获存，又并缺落失次。自入京邑以来，随见补葺，略成七十卷：四《帝纪》八卷，《后妃》一卷，三《太子录》一卷，为一帙十卷；《宗室王侯列传》一帙十卷；《具臣列传》二帙二十卷；《外戚传》一卷，《孝德传》一卷，《诚臣传》一卷，《文苑传》二卷，《儒林传》二卷，《逸人传》一卷，《数术传》一卷，《藩臣传》一卷，合一帙十卷。《止足传》一卷，《列女传》一卷，《权幸传》一卷，《羯贼传》一卷，《逆臣传》二卷，《叛臣传》二卷，《叙传论述》一卷，合一帙十卷。凡称史臣者皆先君所言，下称名案者皆善心补阙。别为《叙论》一篇，托于《叙传》之末。

十年，又从至怀远镇，加授朝散大夫。突厥围雁门，摄左亲侍武贲郎将，领江南兵宿卫殿省。驾幸江都，追叙前勋，授通议大夫，诏还本品，行给事郎。

十四年，化及弑逆之日，隋官尽诣朝堂谒贺，善心独不至。许弘仁驰告曰："天子已崩，宇文将军摄政，合朝文武，莫不咸集。天道人事，自有代终，何预叔而低徊若此？"善心怒之，不肯随去。弘仁返走上马，泣而言曰："将军于叔全无恶意，忽自求死，岂不痛哉！"还告唐奉议，以状白化及，遣人就宅执至朝堂。化及令释之，善心不舞蹈而出。化及目送之，曰："此大负气。"命捉来，骂云："我好欲放你，敢如此不逊！"其党辄牵曳，遂害之。及越王称制，赠左光禄大夫，封高阳县公，谥曰文节。

善心母范氏，梁太子中舍人孝才之女也。少寡，养孤，博学有高节。隋文帝知之，敕尚食每献时新，常遣分赐。尝诏范入内，侍皇后讲读。封永乐郡君。及善心遇祸，范氏九十有二，临丧不哭，抚柩曰：

"能死国难，我有儿矣。"因卧不食，后十余日亦终。

　　李文博，博陵人。性贞介鲠直，好学不倦，至于教义名理，特所留心。每读书至安危得失，忠臣烈士，未尝不反覆吟玩。开皇中，为羽骑尉。特为吏部侍郎薛道衡所知，恒令在厅事帷中，披检书史，并察己行事，若遇政教善事，即抄撰记录，如选用疏谬，即委之臧不。道衡每得其语，莫不忻然从之。

　　后直秘书内省，典校群籍。守道居贫，晏如也。虽衣食乏绝，而清操愈厉，不妄通宾客，恒以礼法自处，侪辈莫不敬焉。道衡知其贫，每延于家，给以资费。文博商略古今政教得失，如指诸掌。然无吏干，稍迁校书郎，出为县丞，遂得下考，数岁不调。道衡为司隶大夫，遇之东都尚书省，甚嗟愍之，奏为从事。因谓齐王司马李纲曰："今日遂遇文博，得奏用之。"以为欢笑。其见赏知音如此。

　　在洛下，曾诣房玄龄，相送出衢路。玄龄谓曰："公生平志尚，唯在正直，今既得为从事，故应有会素心。比来激浊扬清，所为多少？"文博遂奋臂厉声曰："夫清其流者必洁其源，正其末者须端其本。今政源混乱。虽日免十贪郡守，亦何所益！"其率疾恶，不知忌讳，皆如此类。时朝政浸坏，人多赃贿，唯文博不改其操。论者以此贵之。遭乱播迁，不知所终。

　　初，文博在内省校书，虞世基子亦在其内，盛饰容服而未有所知。文博因从容问之年纪，答云十八。文博乃谓曰："昔贾谊当此之年，议论何事？君今徒事仪容，欲何为者？"又秦孝王妃生男，文帝大嘉，颁赐群官各有差。文博家道屡空，人谓其悦赏，乃云："赏罚之设，功过所归，今王妃生男，于群官何事，乃妄受赏也！"其循名责实，录过计功，必使赏罚不滥，功过无隐皆尔。

　　文博本为经学，后读史书，于诸子及论，尤所该洽，性长议论，亦善属文。著《政道集》十卷，大行于世。

　　开皇中，又有魏郡侯白，字君素，好学有捷才，性滑稽，尤辩俊。举秀才，为儒林郎。通侻不持威仪，好为俳谐杂说。人多爱狎之，所在处，观者如市。杨素甚狎之。素尝与牛弘退朝，白谓素曰："日之夕矣。"素大笑曰："以我为'牛羊下来'邪！"文帝闻其名，召与语，悦之，令于秘书修国史。每将擢用，辄曰"白不胜官"而止。后给五品食，月余而死。时人伤其薄命。著《旌异记》十五卷，行于世。

明克让字弘道，平原鬲人也。世仕江左。祖僧绍、父山宾，并《南史》有传。

克让少儒雅，善谈论，博涉书史，所览将万卷，《三礼》、《论语》，尤所研精，龟策历象，咸得其要。年十四，释褐湘东王法曹参军。时舍人朱异在仪贤堂讲《老子》，克让预焉。堂边有修竹，异令克让咏之。克让揽笔辄成，卒章曰："非君多爱赏，谁贵此贞心？"异甚奇之。仕梁，位中书侍郎。

梁灭，归长安，引为麟趾殿学士。周武帝即位，为露门学士，令与太史官属正定新历。累迁司调大夫，赐爵历城县伯。隋文帝受禅，位率更令，进爵为侯。太子以师道处之，恩礼甚厚，每有四方珍味，辄以赐之。时东宫盛征天下才学士，至于博物洽闻，皆出其下。诏与太常牛弘等修礼议乐。当朝典故，多所裁正。以疾去官，加通直散骑常侍，卒。上甚惜之，二宫赠赙甚厚。

所著《孝经义疏》一部，《古今帝代记》一卷，《文类》四卷，《续名僧记》一卷，集二十卷。

子余庆，位司门郎。越王侗称制，为国子祭酒。

克让叔少遐，博涉群书，有词藻。仕梁，位都官尚书。入齐，甚为名流王元景、阳休之等所礼。皇建中，拜中庶子。卒，赠中书令、扬州司马。

刘臻字宣挚，沛国相人也。父显，《南史》有传。

臻年十八，举秀才，为邵陵王东阁祭酒。元帝时，迁中书舍人。江陵平，归魏为中书侍郎。周冢宰宇文护辟为中外府记室，军书羽檄，多成其手。后为露门学士，授大都督，封饶阳县子。历蓝田令、畿伯下大夫。隋文帝受禅,进位仪同三司。左仆射高颎之伐陈也,以臻随军主文翰,进爵为伯。皇太子勇引为学士,甚亲狎之。

臻无吏干,又性惚悦,耽经覃思,至于世事,多所遗忘。有刘讷者,亦任仪同,俱为太子学士,情好甚密。臻住城南,讷住城东。臻尝欲寻讷,谓从者曰:“汝知刘仪同家乎?”从者不知寻讷,谓臻还家,因答曰:“知。”于是引之而去。既扣门,臻尚未悟,谓至讷家,乃据鞍大呼曰:“刘仪同可出矣。”其子迎门,臻惊曰:“汝亦来邪?”其子答曰:“此是大人家。”于是顾眄久之,乃悟,叱从者:“汝大无意,吾欲造刘讷耳!”性好啖蚬,以音同父讳,呼为扁螺,其疏放多此类也。

精于两《汉书》,时人称为《汉》圣。开皇十八年,卒。有集十卷,行于世。

诸葛颖字汉,丹杨建康人也。祖铨,梁零陵太守。父规,义阳太守。

颖年十八能属文,起家邵陵王参军事,转记室。侯景之乱,奔齐,历学士、太子舍人。周氏平齐,不得调,杜门不出者十余年。习《易》、《图纬》、《苍雅》、《庄老》颇得其要,清辩有俊才。晋王广素闻其名,引为参军事,转记室。及王为太子,除药藏郎。

炀帝即位,迁著作郎,甚见亲幸,出入卧内。帝每赐之曲宴,辄与皇后嫔御连席共榻。颖因间隙,多所潜毁,是以时人谓之“冶葛。”后隶恩旧,授朝散大夫。帝尝赐颖诗,其卒章曰:“参翰长洲苑,侍讲肃成门,名理穷研核,英华恣讨论。实录资平允,传芳导后昆。”其待遇如此。从征吐谷浑,加正议大夫。从驾北巡,卒于道。

颖性褊急,与柳誓每相忿阋,帝屡责怒之,而犹不止。于后帝亦薄之。有集二十卷,撰《銮驾北巡记》三卷,《幸江都道里记》一卷,《洛阳古今记》一卷,《马名录》二卷,并行于世。有子嘉会。

王贞字孝逸,梁郡陈留人也。少聪敏,七岁好学,善《毛诗》、《礼记》、《左氏传》、《周易》，诸史百家无不毕览。善属文，不事产业，每以讽读为娱。开皇初，汴州刺史樊叔略引为主簿。后举秀才，授县尉，非其好也，谢病于家。

炀帝即位，齐王暕镇江都，闻其名，以书召之。及至，以客礼待之，索其文集。贞上三十三卷，为启陈谢。齐王览集，甚善之，赐良马四匹。贞复上《江都赋》，王赐钱十万贯、良马二匹。未几，以疾甚还乡，终于家。

虞绰字士裕，会稽余姚人也。父孝曾，陈始兴王谘议。

绰身长八尺，姿仪甚伟，博学有俊才，尤工草隶。陈左卫将军傅綎，有盛名于世，见绰词赋，叹美之。仕陈，为太学博士，迁永阳王记室。

及陈亡，晋王广引为学士。大业初，转为秘书学士，奉诏与秘书郎虞世南、著作佐郎庾自直等撰《长洲玉镜》等书十余部。绰所笔削，帝未尝不称善，而官竟不迁。初为校书郎，以藩邸左右，授宣惠尉，迁著作佐郎。与虞世南、庾自直、蔡允恭等四人常直禁中，以文翰待诏，恩眄隆洽。从征辽东，帝舍临海顿，见大鸟，异之，诏绰为铭。帝览而善之，命有司勒于海上。以度辽功，授建节尉。

绰恃才任气，无所降下。著作郎诸葛颍以学业幸于帝，绰每轻侮之，由是有隙。帝尝问绰于颍，颍曰："虞绰粗疏人也。"帝颔之。时礼部尚书杨玄感称其贵属，虚己礼之，与结布衣之友。绰数从之游。其族人虞世南诫之曰："上性猜忌，而君过厚玄感。若与绝交者，帝知君改悔，可以无咎。不然终当见祸。"绰不从。寻有告绰以禁内兵书借玄感，帝甚衔之。及玄感败，其妓妾并入宫，帝因问之曰："玄感平常时与何人交往？"其妾以虞绰对。帝令大理卿郑善果穷理其事。绰曰："羁旅薄游，与玄感文酒谈款，实无他谋。"帝怒不解，徙绰于边。绰至长安而亡。吏逮之急，于是潜度江，变姓名，自称吴卓。游东阳，抵信安令天水辛大德舍。岁余，绰与人争田相讼，因有识绰者而告之，竟为吏所执，坐斩江都。所有词赋，并行于世。

大德为令，诛翦群盗，甚得人和。与绰俱为使者所执，其妻泣曰："每谏君无匿学士，今日之事，岂不哀哉！"大德笑曰："我本图脱长者，乃为人告之，吾罪也，当死以谢绰。"会有诏，死罪得以击贼自效。信安吏人诣使者叩头曰："辛君人命所悬，不然亦无信安矣。"使者留之以讨贼。帝怒，斩使者。大德获全。

王胄字承基，琅邪临沂人也。祖筠、父祥，并《南史》有传。

胄少有逸才，仕陈，历太子舍人、东阳王文学。及陈灭，晋王广引为博士。仁寿末，从刘方击林邑，以功授帅都督。

大业初，为著作佐郎，以文词为炀帝所重。帝尝自东都还京师，赐天下大酺四日。为五言诗，诏群官诗成者奏之。帝览胄诗而善之，因谓侍臣曰："气高臻远，归之于胄；词清体润，其在世基；意密理新，惟庾自直。过此者未可以言诗也。"帝所有篇什，多令继和。与虞绰齐名，同志友善，于时后进之士，咸以二人为准的。从征辽东，进授朝散大夫。

胄性疏率不伦，自恃才伐，郁郁于官，每负气陵傲，忽略时人。为诸葛颖所嫉，屡谮之于帝，帝爱其才而不罪。礼部尚书杨玄感虚襟与交，数游其第。及玄感败，与虞绰徙边。胄遂亡匿，潜还江左。为吏所捕，坐诛。所著词赋，多行于世。

兄𦕈，字元恭，博学多通，少有盛名于江左。仕陈，历太子洗马、中舍人。陈亡，与胄俱为学士。炀帝即位，授秘书郎，卒于官。

庾自直，颍川人。父持，《南史》有传。

少好学，沈静寡欲。仕陈，历豫章王府外兵参军、记室。陈亡入关，不得调。晋王广闻之，引为学士。大业初，授著作佐郎。自直解属文，于五言诗尤善。性恭慎，不妄交游。特为帝所爱，有篇章必先示自直，令其诋诃。自直所难，帝辄改之，或至于再三，俟其称善，然后方出。其见亲礼如此。

后以本官知起居舍人事。化及作逆，与之北上，自载露车中，感激发病卒。有文集十卷,行于世。

潘徽字伯彦,吴郡人也。性聪敏,少受《礼》于郑灼,受《毛诗》于施公,受《书》于张冲,讲《庄》、《老》于张讥,并通大义;尤精《三史》;善属文,能持论。中书令江总引致文儒之士,徽一诣总,甚敬之。释褐新蔡王国侍郎,选为客馆令。

隋遣魏澹聘于陈,陈人使徽接对之。澹将反命,为启于陈主曰:"敬奉弘慈,曲垂饯送。"徽以饯送为重,敬奉为轻,却其启而不奏。澹曰:"《曲礼》云:主敬客。诗曰:'维桑与梓,必恭敬止。'《孝经》:'宗庙致敬。'又云:'不敬其亲,谓之悖礼。'孔子敬天之怒,成汤圣敬日跻。宗庙极重,上天极高,父极尊,君极贵,四者咸同一敬,《五经》未有异文。不知以敬为轻,竟何所据?"徽难之曰:"向所论敬字,本不全以为轻,但施用处殊,义成通别。礼主于敬,此是通言。犹如男子冠而字之,注云:'成人,敬其名也。'《春秋》有冀缺,夫妻亦云相敬。于子则有敬名之义,在夫亦有敬妻之说,此可复并谓极高极尊乎?至若敬谢诸公,固非尊地;公子敬爱,止施宾友;敬问敬报,弥见雷同。敬听敬酬,何关贵隔。当知敬之为义,虽是不轻,但敬之于语,则有时混漫。今云敬奉,所以成疑。聊举一隅,未为深据。"澹不能对,遂从而改焉。

及陈灭,为州博士。秦王俊闻其名,召为学士。尝从俊朝京师,在途,令徽于马上为赋,行一驿而成,其名曰《述恩赋》。俊览而善之。复令为《万字文》,又遣撰集字书,名为《韵纂》,徽为之序。俊薨,晋王广复引为扬州博士,令与诸儒撰《江都集礼》一部,复令徽为序。炀帝嗣位,徽与著作郎陆从典、太常博士褚亮、欧阳询等助越公杨素撰《魏书》,会素薨而止。授京兆郡博士。

杨玄感兄重之,数相往来。及玄感败,凡所交关,多罹其患。徽以玄感故人,为帝所不悦,有司希旨,出徽为西海郡威定县主簿。意甚不平,行至陇头,发病而卒。

隋时有常得志、尹式、刘善经、祖君彦、孔德绍、刘斌,并有才名,事多遗逸。

常得志,京兆人。隋秦王记室。及王薨,过故第,为五言诗,辞理悲壮,甚为时人所重。复为《兄弟论》,义理可称。

尹式,河间人。仁寿中,官至汉王记室。汉王阻兵,式自杀。其族人正卿、彦卿亦俱有隽才,名显于世。

刘善经,河间人。历著作佐郎、太子舍人。著《酬德传》三十卷,《诸刘谱》三十卷,《四声指归》一卷,行于世。

祖君彦,见其父珽传。

孔德绍,会稽人。有清才,官至京城县丞。窦建德署为中书令,专典书檄。及建德败,伏诛。

刘斌,南阳人。祖之遴,《南史》有传。斌颇有词藻,官至信都司功书佐。窦建德署为中书舍人。建德败,复为刘黑闼中书侍郎。与黑闼亡归突厥,不知所终。

论曰:古人之所贵名不朽者,盖重言之尚存。王褒、庾信、颜之推、虞世基、柳䛒、许善心、明克让、刘臻、王贞、虞绰、王胄等,并极南士誉望,又加之以才名,其为贵显,固其宜也。自余或位下人微,居常亦何能自达。及其灵蛇可握,天网俱顿,并编缃素,咸贯辞林。虽其位可下,其身可杀,千载之外,贵贱一焉。非此道也,孰云能致?凡百士子,可不务乎!

北史卷八四
列传第七二

孝　行

长孙虑　乞伏保　孙益德　董洛生
杨引　阎元明　吴悉达　王续生
李显达　仓跋　张昇　王崇
郭文恭　荆可　秦族　皇甫遐
张元　王颁　杨庆　田翼　纽因
刘仕俊　翟普林　华秋　徐孝肃

《孝经》云:"夫孝,天之经也,地之义也,人之行也。"《论语》云:
"君子务本,本立而道生,孝悌也者,其为仁之本欤!"《吕览》云:
"夫孝,三皇五帝之本务,万事之纲纪也。执一术而百善至,百邪去,
天下顺者,其唯孝乎!"然则孝之为德至矣,其为道远矣,其化人深
矣。故圣帝明王行之于四海,则与天地合其德,与日月齐其明,诸侯
卿大夫行之于国家,则永保其宗社,长守其禄位;匹夫匹妇行之于
闾阎,则播徽烈于当年,扬休名于千载。是以尧、舜、汤、武居帝王之
位,垂至德以敦其风;孔、墨、荀、孟禀圣贤之资,弘正道以励其俗。
观其所由,在此而已矣。

然而淳源既往,浇风愈扇,礼义不树,廉让莫修。若乃绾银黄,

列钟鼎，立于朝廷之间，非一族也；积龟贝，实仓廪，居于闾巷之内，非一家也。其于爱敬之道，则有未能备焉；哀思之节，罕有得其中焉。斯乃诗人所以思素冠，孔门有以责衣锦也。

且生尽色养之方，终极哀思之地，厥迹多绪，其心一焉。若乃诚达泉鱼，感通鸟兽，事匪常伦，斯盖希矣。至如温床、扇席、灌树、负土，苟或加入，咸为疾俗。斯固仁人君子所以兴叹，哲后贤宰所宜属心。如令明教化以救其弊，优爵赏以劝其心，存恳诚以诱其进，积岁月以求其终，则今之所谓少者，可以为多矣，古之所谓难者，可以为易矣。

长孙虑等阙稽古之学，无俊伟之才。或任其自然，情无矫饰；或笃于天性，劝其四体。并竭股肱之力，咸尽爱敬之心，自足膝下之欢，忘怀轩冕之贵。不言而化，人神通感。虽或位登台辅，爵列王侯，禄积万钟，马迹千驷，死之日曾不得与斯人之徒隶齿。孝之大也，不其然乎。

案《魏书》列赵琰、长孙虑、乞伏保、孙益德、董洛生、杨引、阎元明、吴悉达、王续生、李显达、仓跋、张升、王崇、郭文恭为《孝感传》，《周书》列李棠、柳桧、杜叔毗、荆可、秦族、皇甫遐、张元为《孝义传》，《隋书》列陆彦师、田德懋、薛浚、王颁、田翼、杨庆、郭世俊、刘仕俊、郎方贵、翟普林、李德饶、华秋、徐孝肃为《孝义传》。今赵琰、李棠、柳桧、杜叔毗、陆彦师、李德饶入别传及其家传，其余并从此编缉，以备《孝行传》云。

长孙虑，代人也。母因饮酒，其父真呵叱之，误以杖击，便即致死。真为县囚执，处以重坐。虑列辞尚书云："父母忿争，本无余恶，直以谬误，一朝横祸。今母丧未殡，父命旦夕，虑兄弟五人并冲幼。虑身居长，今年十五，有一女弟，向始四岁。更相鞠养，不能保全，父若就刑，交坠沟壑。乞以身代老父命，使婴弱众孤，得蒙存立。"尚书奏云："虑于父为孝子，于弟为仁兄，寻情究状，特可矜感。"孝文帝诏特恕其父死罪，以从远流。

　　乞伏保，高车部人也。父居，献文时为散骑常侍，领牧曹尚书，赐爵宁国侯。以忠谨慎密，常在左右，出内诏命。赐宫入河南宗氏，亡后，赐以宫人申氏，宋太子左率申坦兄女也。岁余，居卒。申抚养伏保，性严肃，捶骂切至，而伏保奉事孝谨，初无恨色。袭父侯爵，例降为伯。稍迁左中郎将。每请禄赐，在外公私尺丈所用，无不白知。出为无善镇将。申年逾八十，伏保手制马舆，亲自扶接，申欣然随之。申亡，伏保解官，奉丧还洛。复为长兼南中郎将，卒。

　　孙益德，乐安人也。其母为人所害，益德童幼，为母复仇，还家哭于殡，以待县官。孝文、文明太后以其幼而孝决，又不逃罪，特免之。

　　董洛生，代人也。居父丧过礼，诏遣秘书中散温绍伯奉玺书慰之，令自抑割，以全孝道。又诏其宗亲，使相喻奖，勿令有灭性之讥。

　　杨引，乡郡襄垣人也。三岁丧父，为叔所养。母年九十二终，引年七十五，哀毁过礼。三年服毕，恨不识父，追服斩衰，食粥粗服，誓终身命。经十三年，哀慕不改，为郡县乡闾三百余人上状称美。有司奏宜旌赏，复其一门，树其纯孝。诏别敕集书标扬引至行，又可假以散员之名。

　　阎元明，河东安邑人也。少而至孝，行著乡闾。太和五年，除北随郡太守，元明以违离亲养，兴言悲慕。母亦慈念，泣泪丧明。悲号上诉，许归奉养。一见其母，母目便开。刺史吕寿恩列状上闻，诏下州郡，表为孝门，复其租调兵役，令终母年。母亡服终，心丧积载，每忌日，悲动傍邻。昆弟雍和，尊卑谐穆，安贫乐道，白首同归。
　　又猗氏县人令狐仕，兄弟四人，早丧父，泣慕十载，奉养其母，孝著乡邑。而力田积粟，博施不已。

又河东郡人杨风等七百五十人,列称乐户皇甫奴兄弟,虽沉屈兵伍,而操尚弥高,奉养继亲,甚著恭孝之称。

又东郡小黄县人董吐浑、兄养,事亲至孝,三世同居,闺门有礼。景明初,畿内大使王凝奏请标异,诏从之。

吴悉达,河东闻喜人也。兄弟三人,年并幼小,父母为人所杀。四时号慕,悲感乡邻。及长报仇,避地永安。昆弟同居四十余载,闺门和睦,让逸竞劳。虽于俭年,糊饘不继,宾客经过,必倾所有。每守宰殡丧,私辨车牛,送终葬所。邻人孤贫窘困者,莫不解衣辍粮,以相赈恤。乡闾五百余人诣州称颂焉。刺史以悉达兄弟行著乡里,板赠悉达父勃海太守。悉达后欲改葬,亡失坟墓,推寻弗获。号哭之声,昼夜不止,叫诉神祇。忽于悉达足下地陷,得父铭记,因迁葬曾祖已下三世九丧。倾尽资业,不假于人,哀感毁悴,有过初丧。有司奏闻,标闾复役,以彰孝义。

时有齐州人崔承宗,其父于宋世仕汉中,母丧因殡彼。后青、徐归魏,遂为隔绝。承宗性至孝,万里投险,偷路负丧还京师。黄门侍郎孙惠蔚闻之,曰:"吾于斯人,见廉范之情矣。"于是吊赠尽礼,如旧相识。

王续生,荥阳京县人也。遭继母忧,居丧,杖而后起。及终礼制,鬓发尽落。有司奏闻,宣武诏标旌门闾,甄其徭役。

李显达,颍川阳翟人也。父丧,水浆不入口七日,鬓发堕落,形体枯悴。六年庐于墓侧,哭不绝声,殆于灭性。州牧高阳王雍状奏,灵太后诏表其门闾。

仓跋,荥阳京县人也。丧母,水浆不入口五日,吐血数升,居忧毁瘠,见称州里。有司奏闻,孝武帝诏标门闾。

　　张昇，荥阳京县人也。丧父，饮水绝盐，哀毁过度，形骸枯悴，骨立而已，发落殆尽。声闻乡里，盗贼不侵其闾。州表以闻，标其门闾。

　　王崇字乾邕，阳夏雍丘人也。兄弟并以孝称，身勤稼穑，以养二亲。仕梁州镇南府主簿。母亡，杖而后起，鬓发堕落。未及葬，权殡宅西。崇庐于殡所，昼夜哭泣，鸠鸽群至。有一小鸟，素质黑眸，形大于雀，栖于崇庐，朝夕不去。母丧阕，复丁父忧，哀毁过礼。是年夏，风雹，所经处，禽兽暴死，草木摧折。至崇田畔，风雹便止，禾麦十顷，竟无损落。及过崇地，风雹如初。咸称至行所感。崇虽除服，仍居墓侧。于其室前，生草一根，茎叶甚茂，人莫能识。至冬中，复有鸟巢崇屋，乳养三子，毛羽成长，驯而不惊。守令闻之，亲自临视。州以闻奏，标其门闾。

　　郭文恭，太原平遥人也。仕为太平县令。年逾七十，父母丧亡。文恭孝慕罔极，乃居祖父墓次，晨夕拜跪。跣足负土，培祖父二墓，寒暑竭力，积年不已。见者莫不哀叹。尚书闻奏，标其门闾。

　　荆可，河东猗氏人也。性质朴，容止有异于人。能苦身勤力，供养其母，随时甘旨，终无匮乏。母丧，水浆不入口三日，悲号擗踊，绝而后苏者数四。葬母之后，遂庐于墓侧，昼夜悲哭，负土成坟，蓬发不栉，菜食饮水而已。然可家旧墓，茔域极大，榛芜至深，去家十余里。而可独宿其中，与禽兽杂处，哀感远近，邑里称之。大统中，可乡人以可孝行足以劝励风俗，乃上言焉。周文令州县表异之。及服终之后，犹若居丧。

　　大冢宰、晋公护闻可孝行，特引见焉。与可言论，时有会于护意。而护亦至孝，其母阎氏，没于敌境，不测存亡。每见可，自伤久乖膝下，而重可至性。可卒后，护犹思其纯孝，收可妻子于京城，恒给其衣食。

秦族,上郡洛川人也。祖白、父董,并有至性,闻于闾里。魏太和中,板白颍州刺史。大统中,板董郿城郡守。

族性至孝,事亲竭力。及父丧,哀毁过礼,每一恸哭,酸感行路。既以母在,恒抑割哀情,以慰其母意。四时珍羞,未尝匮乏。与弟荣先,复相友爱,闺门之中,怡怡如也。寻而其母又没,哭泣无时,唯饮水食菜而已。终丧之后,犹蔬食,不入房室二十许年。乡里咸叹异之。其邑人王元达等七十余人上其状,有诏表其门闾。

荣先亦至孝,遭父丧,哀慕不已,遂以毁卒。邑里化其孝行。周文嘉之,乃下诏褒美其行,赠沧州刺史,以旌厥异。

皇甫遐字永贤,河东汾阴人也。累世寒微,而乡里称其和睦。遐性纯至,少丧父,事母以孝闻。后遭母丧,乃庐于墓侧,负土为坟。复于墓南作一禅窟,阴雨则穿窟,晴霁则营墓。晓夕勤力,未尝暂停。积以岁年,坟高数丈,周回五十余步,禅窟重台两匝,总成十有二室,中间行道,可容百人。遐食粥枕块,栉风沐雨,形容枯悴,家人不识。当其营墓之初,乃有鸱乌各一,徘徊悲鸣,不离墓侧,若助遐者,经月余日乃去。远近闻其至孝,竞以米面遗之,遐皆受而不食,悉以营佛斋焉。郡县表上其状,有诏旌异之。

张元字孝始,河北芮城人也。祖成,假平阳郡守。父延俊,仕州郡,累为功曹主簿。并以纯至为乡里所推。

元性谦谨,有孝行,微涉经史,然精释典。年六岁,其祖以其夏中热,欲将元就井浴。元固不肯从。谓其贪戏,乃以杖击其头曰:“汝何为不肯浴.?”元对曰:“衣以盖形,为覆其亵。元不能亵露其体于白日之下。”祖异而舍之。

南邻有二杏树,杏熟多落元园中。诸小儿竞取而食之。元所得者,送还其主。村陌有狗子为人所弃者,元即收而养之。其叔父怒曰:“何用此为!”将欲更弃之。元对曰:“有生之类,莫不重其性命。若天生天杀,自然之理。今为人所弃而死,非其道也。若见而不收养,无仁心也。是以收而养之。"叔父感其言,遂许焉。未几,乃有狗母衔一死兔置元前而去。

及元年十六,其祖丧明三年。元恒忧泣,昼夜读佛经,礼拜以祈福祐。后读《药师经》,见"盲者得视"之言。遂请七僧,然七灯,七日七夜转《经师经》行道。每言:"天人师乎!元为孙不孝,使祖丧明。今以灯光普施法界,愿祖目见明,元求代暗。"如此经七日,其夜梦见一老翁,以金锴疗其祖目,于梦中喜跃,遂即惊觉。乃遍告家人。三日,祖目果明。

其后,祖卧疾再周,元恒随祖所食多少,衣冠不解,旦夕扶侍。及祖没,号踊绝而后苏。随其父,水浆不入口三日。乡里咸叹异之。县博士杨轨等二百余人上其状,有诏表其门闾。

王颂字景彦,太原祁人也。父僧辩,《南史》有传。

颂少倜傥,有文武干局。僧辩平侯景,留颂荆州。遇梁元帝为周师所陷,颂因入关。闻其父为陈武帝所杀,号恸而绝,食顷乃苏,哭不绝声,毁瘠骨立。至服阕,常布衣蔬食,藉藁而卧。周明帝嘉之,召授左侍上士。累迁汉中太守,寻拜仪同三司。

隋开皇初,以平蛮功,加开府,封蛇丘县公。献取陈之策,上览而异之,召见,言毕歔欷,上为之改容。及大举伐陈,颂自请行。率兵数百人,从韩擒虎先锋夜济,力战被伤。恐不堪复斗,悲感呜咽。夜中睡,梦有人授药,比寤而疮不痛。时人以为孝感。

及陈灭,颂密召父在时士卒,得千余人,对之涕泣。其间壮士或问曰:"郎君雠耻已雪,而悲哀不止者,将不为霸先早死,不得手刃之邪?请发其丘陇,断榇焚骨,亦可申孝心矣。"颂顿颡陈谢,额尽流血,答曰:"其为坟茔甚大,恐一宵发掘,不及其尸,更至明朝,事乃彰露。"诸人请具锹锸。于是夜发其陵,剖棺,见陈武帝鬓皆不落,其本皆出自骨中。颂遂焚骨取灰,投水饮之。既而自缚归罪。晋王表其状。文帝曰:"朕以义平陈。王颂所为,亦孝义之道,何忍罪之?"舍而不问。有司录其战功,将加柱国,赐物五千段。颂固辞曰:"臣缘国威灵,得雪怨耻,本心徇私,非是为国。所加官赏,终不敢当。"帝从之。

拜代州刺史,甚有惠政。卒于齐州刺史。

弟颍,字景文。年数岁而江陵亡,同诸兄入关。少好游侠,年二十,尚不知书,为其兄颙所责怒。于是感激,始读《孝经》、《论语》,昼夜不倦,遂读《左传》、《礼》、《易》、《诗》、《书》,乃叹曰:"书无不可读者。"勤学累载,遂遍通《五经》,究其旨趣,大为儒者所称。解缀文,善谈话。年三十,周武帝引为露门学士,每有议决,多颍所为。性识甄明,精力不倦,好读诸子,遍记异书,以博物称。又晓兵法,益有从横之志,每叹不逢时,常以将相自许。

开皇五年,授著作佐郎,寻令于国子讲授。会帝亲临释奠。国子祭酒元善讲《孝经》,颍与相论难,词义锋起,善往往见屈。帝大奇之,超授国子博士。后坐事解职,配防岭南。

数载,授汉王谅府谘议参军,王甚礼之。时谅见房陵及秦、蜀二王相次废黜,潜有异志。颍阴劝谅缮甲兵。及文帝崩,谅遂举兵反,多颍之计也。颍后数进奇策,谅不能用。杨素至蒿泽,将战。颍谓其子曰:"气候殊不佳,兵必败。汝可随从我。"既而兵败,颍将归突厥。至山中,径路断绝,知必不免。谓其子曰:"吾之计谋,不减杨素,但为言不见从,遂至此。不能坐受禽执,以成竖子之名也。吾死后,汝慎勿过亲故!"于是自杀,瘗之石窟中。其子数日不得食,遂过其故人,竟为所禽。杨素求颍尸得之,斩首,枭于太原。

所撰《五经大义》三十卷,有集二十卷,并因兵乱,无复存焉。

杨庆字伯悦,河间人也。祖玄、父刚,并以至孝知名。

庆美容止,性辩慧。年十六,齐国子博士徐遵明见而异之。及长,颇涉书记。年二十五,郡察孝廉,以侍养不赴。母有疾,不解襟带者七旬。及居母忧,哀毁骨立,负土成坟。齐文宣表其门闾,赐帛及绵粟各有差。隋文帝受禅,屡加褒赏,擢授仪同三司,板平阳太守。卒于家。

田翼，不知何许人也。养母以孝闻。其后母卧疾岁余，翼亲易燥湿，母食则食，母不食则不食。隋开皇中，母患暴痢。翼谓中毒药，遂亲尝秽恶。母终，翼一恸而绝。妻亦不胜哀而死。乡人厚共葬之。

纽因字孝政，河东安邑人也。性至孝。周武成中，父母丧，庐于墓侧，负土成坟。庐前生麻一株，高丈许，围之合拱，枝叶郁茂，冬夏恒青。有鸟栖上，因举声哭，鸟即悲鸣。时人异之。周武帝表其闾，擢授甘棠令。隋开皇初卒。

子士雄，少质直孝友。丧父，复庐于墓侧，负土成坟。其庭前有一槐树，先甚郁茂，及士雄居丧，树遂枯死。服阕还宅，死槐复荣。隋文帝闻之，叹其父子至孝，下诏褒扬，号其居为累德里。

刘仕俊，彭城人也。性至孝。丁母丧，绝而复苏者数矣，勺饮不入口者七日。庐于墓侧，负土成坟，列植松柏，虎狼驯扰，为之取食。隋文帝受禅，表其门闾。

翟普林，楚丘人也。事亲以孝闻。州郡辟皆不就，躬耕色养。乡闾谓为楚丘先生。后父母疾，亲易燥湿，不解衣者七旬。大业初，父母俱终，哀毁殆将灭性。庐于墓侧，负土成坟。盛冬不衣缯絮，唯著单缞而已。家有乌犬，随其在墓，若普林哀临，犬亦悲号，见者嗟异。有二鹊巢其庐前柏树，入庐驯狎，无所惊惧。司隶巡察，奏其孝感，擢授孝阳令。

华秋，汲郡临河人也。幼丧父，事母以孝闻。家贫，佣赁为养。其母患，秋容貌毁悴，鬓须尽改。母终，遂绝栉沐，发尽秃落。庐于墓侧，负土成坟。有人欲助之者，秋辄拜而止之。隋大业初，调狐皮，郡县大猎。有一兔，逐之，奔入秋庐中，匿秋膝下。猎人至庐所，异而免之。自尔，此兔常宿庐中，驯其左右。郡县嘉其孝感，具以状闻。

降使劳问,而表其门闾。后群盗起,常往来庐之左右,咸相诫曰:"勿犯孝子乡。"赖秋全者甚众。

徐孝肃,汲郡人也。宗族数十家,多以豪侈相尚,唯孝肃俭约。事亲以孝闻。虽在幼小,宗党间每有争讼,皆至孝肃所平论,短者无不引咎而退。孝肃早孤,不识父。及长,问其母父状,因画工图其形,构庙置之而定省焉,朔望享祭。养母至孝,数十年家人未见其忿恚色。母老疾,孝肃亲易燥湿,忧悴数年,见者莫不悲悼。母终,孝肃茹蔬饮水,盛冬单缞,毁瘠骨立。祖父母、父母墓,皆负土成坟。庐于墓所四十余载,被发徒跣,遂以终身。

其弟德备终,子处默,又庐于墓侧。弈世称孝焉。

论曰:塞天地而横四海者,唯孝而已矣。然则孝始爱敬之方,终极哀思之道,厥亦多绪,其心一焉。若上智禀自然之质,中庸有企及之义,及其成名,其美一也。长孙虑等或出公卿之绪,藉礼教之资;或出茆檐之下,非奖劝所得。并因心乘理,不逾礼教,感通所致,贯之神明。乃有负土成坟,致毁灭性,虽乖先王之典制,亦观过而知仁矣。

北史卷八五
列传第七三

节　义

于什门	段进	石文德	汲固
王玄威	娄提	刘渴侯	朱长生
马八龙	文门爱	晁清	刘侯仁
石祖兴	邵洪哲	王荣世	胡小彪
孙道登	李几	张安祖	王闾
郭琰	沓龙超	乙速孤佛保	李棠
杜叔毗	刘弘	游元	张须陀
杨善会	卢楚	刘子翊	尧君素
陈孝意	张季珣	杜松赟	郭世隽
郎方贵			

《易》称："立人之道，曰仁与义。"盖士之成名，在斯二者。故古人以天下为大，方身则轻；生为重矣，比义则轻。然则死有重于太山，贵其理全也；生有轻于鸿毛，重其义全也。故生无再得，死不可追，而仁道不远，则杀身以徇；义重于生，则捐躯而践。龙逢殒命于夏癸，比干竭节于商辛，申蒯断臂于齐庄，弘演纳肝于卫懿，汉之纪

信、栾布,晋之向雄、嵇绍,并不惮于危亡,以蹈忠贞之节。虽功未存于社稷,力无救于颠坠,然视彼苟免之徒,贯三光而洞九泉矣。凡在立名之士,莫不庶几焉。然至临难忘身,见危授命,虽斯文不坠,而行之盖寡。固知士之所重,信在兹乎。非夫内怀铁石之心,外负陵霜之节,孰能行之若命,赴蹈如归者乎!自魏讫隋,年余二百,若乃岁寒见松柏,疾风知劲草,千载之后,懔懔犹性。岂独闻彼伯夷,懦夫立志,亦冀将来君子,有所庶几。

《魏书》序于什门、段进、石文德、汲固、王玄威、娄提、刘渴侯、朱长生、马八龙、文门爱、晁清、刘侯仁、石祖兴、邵洪哲、王荣世、胡小彪、孙道登、李几、张安祖、王闾以为《节义传》,今又检得郭琰、沓龙超、乙速孤佛保,及《周书·孝节传》李棠、杜叔毗附之。又案《齐书》不立此篇,而隋书序刘弘、皇诞、游元、冯慈明、张须陀、杨善会、独孤盛、元文都、卢楚、刘子翊、尧君素为《诚节传》。今冯慈明、独孤盛、元文都各附其家传,其余并附此篇,又检取《隋书·孝义传》郎方贵、郭世俊亦附之,以备《节义传》云。

于什门,代人也。魏明元时为谒者,使喻冯跋。及至和龙,住外不入,使谓跋曰:"大魏皇帝有诏,须冯主出受,然后敢入。"跋使人牵逼令入。见跋不拜,跋令人案其项。什门曰:"冯主拜受诏,吾自以宾主致敬,何须苦见逼也?"与跋往复,声气厉然,初不挠屈。既而跋止什门。什门于群众中回身背跋,披绔后裆以辱之。既而拘留,随身衣裳,败坏略尽,虮虱被体。跋遣以衣服,拒而不受。历二十四年。

后冯弘上表称臣,乃送什门归。拜书侍御史。太武下诏褒美,比之苏武,赐羊千口、帛千匹,进为上大夫,策告宗庙,班示天下。

段进,不知何许人也。太武初,为白道守将。蠕蠕大檀入塞,围之,力屈被执。进抗声大骂,遂为贼杀。帝愍之。追赠安北将军,赐爵显美侯,谥曰庄。

　　石文德，中山蒲阴人也。有行义。真君初，县令黄宣在任丧亡。宣单贫，无期亲。文德祖父苗以家财殡葬，持服三年。奉养宣妻二十余载，及亡，又缞绖敛附，率礼无阙。自苗逮文德，刺史守令卒官者，制服送之。五世同居，闺门雍睦。

　　又梁州上言，天水白石县人赵令安、孟兰强等四世同居，行著州里。诏并标榜门闾。

　　汲固，东郡梁城人也。为兖州从事。刺史李式坐事被收，吏人皆送至河上。时式子宪生始满月。式大言于众曰："程婴、杵臼何如人也？"固曰："今古岂殊！"遂便潜还不顾，径来入城，于式妇闺抱宪归藏。及捕者收宪，属有一婢产男，母以婢儿授之。事寻泄，固乃携宪逃遁，遇赦始归。宪即为固长育，至十余岁，恒呼固夫妇为郎婆。后高祐为兖州刺史，嘉固节义，以为主簿。

　　王玄威，恒农北陕人也。献文崩，玄威立草庐于州城门外，衰裳蔬粥，哭踊无时。刺史苟颓以事表闻。诏令问状，云："先帝泽被苍生，玄威不胜悲慕，恋心如此，不知礼式。"诏问玄威，欲有所诉，听为表列。玄威云："闻讳悲号，窃谓臣子同例，无所求谒。"及至百日，乃自竭家财，设四百人斋会。忌日，又设百僧供。至大除日，诏送白紬裤褶一具与玄威释服，下州令表异焉。

　　娄提，代人也。献文时，为内三郎。献文暴崩，提谓人曰："圣主升遐，安用活为！"遂引佩刀自刺，几死。文明太后诏赐帛二百匹。

　　时有敕勒部人蛭拔寅，兄地于坐盗食官马，依制命死。拔寅自诬已杀，兄又云实非弟杀。兄弟争死，辞不能定。孝文诏原之。

　　刘渴侯，不知何许人也。禀性刚烈。太和中，为徐州后军，以力死战，众寡不敌，遂禽。瞋目大骂，终不降屈，为贼所杀。孝文赠立忠将军、平州刺史、上庸侯,赐绢千匹、谷千斛。

有严季者亦为军校尉,与渴侯同殿,势穷被执,终不降屈。后得逃还,除立节将军,赐爵五等男。

朱长生、于提者,并代人也。孝文时,长生为员外散骑常侍,与提俱使高车。既至,高车王阿伏至罗责长生等拜,长生拒之。阿伏至罗乃不以礼待。长生以金银宝器奉之,至罗既受献,长生曰:"为臣内附,宜尽臣礼,何得口云再拜,而实不拜。"呼出帐,命众中拜。阿伏至罗惭其臣下,大怒曰:"帐中何不教我拜,而辱我于大众?"夺长生等献物,内之丛石,兵胁之曰:"为我臣则活,不降则杀汝!"长生与于提瞋目厉声责是之曰:"我为鬼,不为汝臣!"阿伏至罗大怒,绝其饮食。从者三十人皆求阿伏至罗,乃给以肉酪。长生与提又不从,乃各分徙之。三岁乃放还。孝文以长生等守节,远同苏武,拜长生河内太守,提陇西太守,并赐爵五等男,从者皆为令长。

马八龙,武邑武强人也。轻财重义。友人武遂县尹灵哲在军丧亡,八龙闻即奔赴,负尸而归,以家财殡葬,为制缌麻,抚其孤遗,恩如所生。州郡表列,诏表门闾。

文门爱,汲郡山阳人也。早孤,供养伯父母以孝谨闻。伯父亡,服未终,伯母又亡。文爱居丧持服六年,哀毁骨立。乡人魏仲贤等相与标其孝义。

晁清,辽东人也。祖晖,济州刺史、颍川公。清袭祖爵,例降为伯。为梁城戍将,梁师攻围,粮尽城陷。清抗节不屈,为贼所杀。宣武褒美,赠乐陵太守,谥曰忠。子荣宾袭。

刘侯仁,豫州人也。城人白早生杀刺史司马悦,据城南叛。悦息朏,走投侯仁。贼虽重加购募,又严其捶挞,侯仁终无漏泄。朏遂免祸。事宁，有司奏其操行，请免府籍，叙一小县。诏可。

石祖兴，常山九门人也。太守田文彪、县令和真等丧亡，祖兴自出家绢二百余匹，营护丧事。州郡表列。孝文嘉之，赐爵二级为上造。后拜宁陵令，卒。吏部尚书李韶奏其节义，请加赠谥，以奖来者。灵太后令如所奏。有司谥曰恭。

邵洪哲，上谷沮阳人也。县令范道荣先自朐城归款，以除县令。道荣乡人徐孔明妄经公府，讼道荣非勋，道荣坐除名。羁旅孤贫，不能自理。洪哲不胜义愤，遂代道荣诣京师，明申曲直，经历寒暑，不惮劬劳。道荣卒得复雪。

又北镇反乱，道荣孤单，无所归附。洪哲兄伯川复率乡人来相迎接，送达幽州。道荣感其诚节，诉省申闻。诏下州郡，标其里闾。

王荣世，阳平馆陶人也。为三城戍主、方城县子。梁师攻围，力穷，知不可全，乃先焚府库，后杀妻妾。及贼陷城，与戍副邓元兴等俱以不屈被害。明帝下诏，褒美忠节，进荣世爵为伯，赠齐州刺史；元兴开国子，赠洛州刺史。

胡小彪，河南河阴人也。少有武气。正光末，为统军于晋寿。孝昌中，梁将樊文炽等寇边。益州刺史邴虬遣长史和安固守小剑，文炽围之。虬命小彪与统军崔珍宝同往防拒。文炽掩袭小彪、珍宝并禽之。文炽攻小剑未陷，乃将珍宝至城下，使谓和安曰："南军强盛，北救不来，岂若归款，取其富贵？"和安命射之，乃退。复逼小彪与和安交言。小彪乃慷慨谓安曰："我栅不防，为贼所虏。观其兵士，势不足言，努力坚守，魏行台、傅梁州遣将已至。"贼以刀殴击，言不得终，遂害之。三军无不叹其壮节，哀其死亡。贼寻奔败，禽其次将萧世澄、陈文绪等一十一人。行台魏子建壮其气概，启以世澄购其尸柩，乃获骸骨归葬之。

孙道登，彭城吕县人也。永安初，为梁将韦休等所虏。面缚临刃，巡远村坞，令其招降乡曲。道登厉声唱呼：“但当努力，贼无所能！”贼遂屠戮之。

又荆州被围，行台宗灵恩遣使宗女等四人入城晓喻，为贼将所获。执女等巡城，令其改辞。女等大言：“天军垂至，坚守莫降。”贼忿，各刳其腹，然后斩首。二州表其节义。道登等并赐五品郡、五等子爵，听子弟承袭，遣使诣所在吊祭。

李几，博陵安平人也。七世共居同财。家有二十二房，一百九十八口，长幼济济，风礼著闻。至于作役，卑幼竞集。乡里嗟美，标其门闾。

张安祖，河阳人也。袭世爵山北侯。时有元承贵，曾为河阳令，家贫，且赴尚书求选，逢天寒甚，遂冻死路侧。一子年幼，停尸门巷，棺殓无托。安祖悲哭尽礼，买木为棺，手自营作，殓殡周给。朝野嘉叹。尚书闻奏，标其门闾。

王闻，北海密人也。数世同居，有百口。又太山刘业兴，四世同居，鲁郡盖俊，六世同居，并共财产，家门雍睦。乡里敬异。有司申奏，皆标门闾。

郭琰字神宝，京兆人也。少丧父，事母以孝闻。孝武帝之居藩邸，琰以通侠被知。及即位，封新丰县公，除洛州刺史。孝武西入，改封冯翊郡公，授行台尚书、潼关大都督。大统中，齐神武遣大都督窦泰袭恒农。时琰为行台，众少战败，乃奔洛州。至刺史泉企城守力穷，城将陷，乃仰天哭曰：“天乎！天乎！何由纵此长蛇，而不助顺也？”言发涕流，不能自止。兵士见之，咸自厉愤。竟为东魏将高敖曹所禽。复谓敖曹曰：“天子之臣，乃为贼所执。”敖曹素闻其名，义不杀之,送于并州。见齐神武,言色不屈,见害。

沓龙超,晋寿人也。性尚义侠,少为乡里所重。永熙中,梁将樊文炽来寇益州,刺史傅和孤城固守。龙超每出战,辄破之。时攻围既久,粮矢方尽,刺史遣龙超夜出,请援于汉中,遂为文炽所得。许以封爵,使告城中曰:“外无援军,宜早降。”乃置龙超于攻楼上。龙超乃告刺史曰:“援军数万,近在大寒。”文炽大怒,火炙杀之,至死,辞气不挠。大统二年,诏赠龙骧将军、巴州刺史。

乙速孤佛保,北秀容胡酋也。少骁武,善射。孝武帝时,为直阁将军。从入关,封蒲子县公,并赐弓矢。大统初,梁将兰钦来寇,遂陷汉中。佛保时为都督,统兵力战。知将败,乃先城未陷,仰天大哭曰:“此马吾常所乘,此弓矢天恩赐我,岂可令贼得吾弓马乎!”遂斩马及弓,自刎而死。三军莫不壮之。黄门郎赵僧庆时使汉中,闻,乃收运其尸致长安。天子叹感,诏著作录之。

李棠字长卿,勃海蓨人也。祖伯贵,魏宣武时,官至鲁郡守。有孝行,居父丧,哀戚过礼,遂以毁卒。宣武嘉之,赠勃海相。父元胄,员外散骑侍郎。

棠幼孤,好学,有志操。高仲密为北豫州刺史,请棠为掾。仲密将图西附。时东魏又遣镇城奚寿兴典兵事。仲密遂与棠谋杀寿兴,率其众据城,遣棠诣关中归款。周文嘉之,封广宗县公,位给事黄门侍郎,加车骑大将军、仪同三司、散骑常侍。

从魏安公尉迟迥伐蜀,棠乃应募喻之。既入成都,萧㧑问迥军中委曲,棠不对。㧑乃苦辱之。棠曰:“我王者忠臣,有死而已,义不为尔移志也。”遂害之。子敞嗣。

杜叔毗字子弼,其先京兆杜陵人也,徙居襄阳。父渐,梁边城太守。

叔毗早岁而孤,事母以孝闻。仕梁,为宜丰侯萧修府中直兵参军。周文令大将军达奚武围修于南郑,修令叔毗诣阙请和。周文见而礼之。使未及还,而修中直兵曹策、参军刘晓谋以城降武。时叔毗兄君锡为修中记室参军,从子映录事参军,映弟晰中直兵参军,各领部曲。策等忌之,惧不同己,遂诬以谋叛,擅加害焉。寻讨策等禽之。城降。策至长安,叔毗朝夕号泣,具申冤状。朝议以事在归附之前,不可追罪。叔毗志在复雠,然恐坐及其母。母曰:"汝兄横罹祸酷,痛切骨髓。若曹策朝死,吾以夕殁,亦所甘心。汝何疑焉?"叔毗拜受母言,后遂白日手刃策于京城,断首刳腹,解其支体,然后面缚请就戮焉。周文嘉其志气,特命舍之。遭母忧,哀毁骨立,殆不胜丧。服阕,晋公护辟为中外府乐曹参军。累迁陕州刺史。

后从卫国公直南讨,军败,为陈人所禽。陈人将降之,叔毗辞色不挠,遂被害。子廉卿。

刘弘字仲远,彭城丛亭里人也。少好学,有羁检,重节概,仕齐,位西楚州刺史。齐亡,周武帝以为本郡太守。及隋文帝平陈,以行军长史从总管吐万绪度江,加上仪同,封澧泽县公,拜泉州刺史。会高智慧乱,以兵攻州。弘城守,粮尽,煮犀甲腰带及剥树皮食之,一无离叛。贼欲降之,弘抗节弥厉。城陷,为贼所害。文帝闻而嘉叹者久之,赐物二千段。子长信,袭其官爵。

游元字楚客,广平任城人也。父宝藏,位至郡守。

元少聪敏。仕周,历寿春令、谯州司马,俱有能名。开皇中,为殿内侍御史。炀帝嗣位,迁度支郎。辽东之役,领左骁卫长史,为盖牟道监军,拜朝请大夫,兼书侍御史。宇文述等九军败绩,帝令元主其狱。述时贵幸,势倾朝廷,遣家僮造元,有所请属,元不之见。他日,案述逾急,仍以属请状劾之。帝嘉其公正,赐朝服一袭。

后奉使黎阳督运。杨玄感作逆,告以情。元引正义责之,遂见困,竟不屈节,见害。帝甚嘉之,赠银青光禄大夫,拜其子仁宗为正议大夫、弋阳郡通守。

张须陀，弘农阌乡人也。性刚烈，有勇略。弱冠从史万岁讨西爨，以功授仪同。后从杨素击平汉王谅，加开府。大业中，为齐郡赞务。会兴辽东之役，岁饥，须陀将开仓赈给。官属咸曰："须待诏敕。"须陀曰："如待报至，当委沟壑。吾若以此获罪，死无所恨。"先开仓而后状。帝嘉而不责。

天下既承平日久，多不习兵。须陀独勇决善战，又长抚驭，得士卒心，号为名将。时贼帅王薄北连豆子䴚贼孙宣雅、石祇阇、郝孝德等，众十余万攻章丘。须陀大破之，露布以闻。帝大悦，优诏褒扬，令使者图画其形容奏之。其年，贼裴长才、石子河等奄至城下，须陀与战，长才败走。后数旬，贼帅秦君弘、郭方预等围北海，须陀倍道而进，大败之。司隶刺史裴操之上状，帝遣使劳问之。

十年，贼左孝友屯蹲狗山，须陀列八营以逼之。孝友窘迫，面缚来降。其党解象、王良、郑大彪、李腕等众各万计，须陀悉平之，威振东夏。以功迁齐郡通守，领河南道十二郡黜陟讨捕大使。俄而贼卢明月众十余万将寇河北，次祝阿。须陀邀击，杀数千人。贼吕明星、师仁泰、霍小汉等众各万余，扰济北，须陀击走之。寻将兵拒东郡贼翟让，前后三十余战，每破走之。转荥阳通守。

时李密说让取洛口仓，遂逼荥阳。须陀拒之，让惧而退，须陀乘之。密先伏数千人邀击之，须陀败，被围，溃围辄出，左右不能尽出，复入救之，往来数四，众皆败。乃仰天曰："兵败如此，何面见天子乎！"乃下马战死。其所部兵昼夜号哭，数日不止。帝令其子元备总父兵。元备时在齐郡，遇贼，竟不果行。

杨善会字敬仁，弘农华阴人也。父初，位毗陵太守。

善会大业中为鄃令，以清正闻。俄而百姓聚起为盗，善会讨之，往皆克捷。后贼帅张金称屯于县界，善会每挫其锋。炀帝遣将军段达讨金称，善会进计达，达不能用，军竟败。后进止一以谋之，乃大克。金称复引勃海贼孙宣雅、高士雅等破黎阳而还,善会邀破之。擢拜朝请大夫,清河郡丞。

于时山东郡县,陷没相继,能抗贼者,唯善会而已。前后七百余阵,未尝负败。会太仆杨义臣讨金称见败,取善会定策,与金称战,贼乃退走。善会捕斩之,传首行在所。帝赐以尚方甲稍弓剑,进拜清河通守。复从杨义臣斩漳南贼帅高士达,传首江都宫。帝下诏褒扬之。

后为窦建德所陷。建德释而礼之,用为贝州刺史。善会肆骂,临之以兵,辞气不挠,乃害之。清河士庶,莫不伤痛。

卢楚,涿郡范阳人也。祖景祚,魏司空掾。

楚少有才学,性鲠急,口吃,言语涩难。大业中,为尚书左司郎。当朝正色,甚为公卿所惮。及帝幸江都,东都官僚多不奉法。楚每存纠举,无所回避。越王侗称尊号,以楚为内史令、左备身将军、尚书左丞、右光禄大夫,封涿郡公,与元文都等同心戮力以辅侗。

及王世充作乱,兵犯太阳门。武卫将军皇甫无逸斩关逃难,呼楚同去。楚曰:“仆与元公有约,若社稷有难,誓以俱死。今舍去不义。”及世充入,楚匿太官署,执之。世充奋袂令斩,于是锋刃交下,支体糜碎。

刘子翊,彭城丛亭里人也。父遍,齐徐州司马。子翊少好学,颇解属文。性刚謇,有吏干。开皇中,为秦州司法参军。因入考,杨素奏为侍御史。

时永宁县令李公孝,四岁丧母,九岁外继。其后,父更别娶后妻,至是而亡。河间刘炫以为无抚育之恩,议不解任。子翊驳之曰:

《传》云:“继母同母也。”当以配父之尊,居母之位,齐杖之制,皆如亲母。又“为人后者为其父母期,”服者,自以本生,非殊亲之与继也。父虽自处傍尊之地,于子之情,犹须隆其本重。是以令云:“为人后者,其父母,并解官申其心丧。父卒母嫁,为父后者虽不服,亦申心丧;其继母嫁,不解官。"此专据嫁者生文耳。将知继母在父之室,则制同亲母。若谓非有抚育之恩,同之行路,何服之有乎?服既有之,心丧焉可独异?三省令旨,其义甚明。今言令许不解,何其甚谬?且后人者为其父母期未有变隔以亲继,亲既等,故心丧不得有殊。《服问》云:"母出,则为继母之党服"。岂不以出母族绝,推而远之;继母配父,引而亲之乎?子思曰:"为伋也妻,是为白也母。不为伋也妻,是不为白也母。"定知服以名重,情以父亲。所以圣人敦之以孝慈,弘之以名义。是使子以名服,同之亲母;继母以义报,等之己生。

如谓继母之来,在子出之后,制有浅深者。考之经传,未见其文。譬出后之人,所后者初亡,后之者至,此后可以无抚育之恩而不服重乎?昔长沙人王毖,汉末为上计诣京师。既而吴、魏隔绝,毖在内国,更娶,生子昌。毖死后,为东平相,始知吴之母亡。便情系居重,不摄职事。于时议者,不以为非。然则继之与前,于情无别。若要以抚育始生服制,王昌复何足云乎?又晋镇南将军羊祜无子,取弟子伊为子。祜薨,伊不服重。祜妻表闻,伊辞曰:"伯生存养己,伊不敢违。然无父命,故还本生。"尚书彭权议:"子之出养,必由父命,无命而出,是为叛子。"于是下诏从之。然则心服之制,不得缘恩而生也。

论云:"礼者称情而立文,杖义而设教。"还以此义,谕彼之情。称情者如母之情,杖义者为子之义,分定然后能尊父顺名,崇礼笃敬。苟以姆养之恩,始成母子。则恩由彼至,服自己来,则慈母如母,何待父令?又云:"继母、慈母,本实路人,临己养己,同之骨血。"若如斯言,子不由父,纵有恩育,得如母乎?其慈继虽在三年之下,而居齐期之上。礼有伦例,服以称情。继母本以名服,岂藉恩之厚薄也。至于兄弟之子犹子也,私昵之心实殊,礼服之制无二。彼言"以"轻"如"重,因以不同。此谓如重之辞,即同重法。若使轻重不等,何得为"如"?律云:"准枉法"者,但准其罪,"以枉法论"者,即同真法。律以弊刑,礼以设教。"准"者准拟之名,"以"者即真之称。"如""以"二字,义用不殊,礼,律两文,所防是一。将此明彼,足见其义。取譬伐柯,何远之有。

论云:"取子为后者,将以供承祧庙,奉养己身。不得使宗子归其故宅,以子道事本父之后妻也。"然本父后妻,因父而得母称。若如来旨,本父亦可无心丧乎?何直父之后妻也。

论又云:"《礼》言旧君,其尊岂后君乎?已去其位,非复纯臣,须言旧以殊之。别有所重,非复纯孝,故言其已见之,目以其父之文,是名异也。"此又非通论。何以言之?"其""旧"训殊,所用亦别。"旧"者易新之称,"其"者因彼之辞,安得以相类哉?至如《礼》云:"其父析薪,其子不克负荷。"传云:"卫虽小,其君在焉。"若其父而有异,其君复有异乎?斯不然矣。

今炫敢违礼乖令,侮圣干法,使出后之子,无情于本生,名义之分,有亏于风俗,徇饰非于明世,强媒蘖于《礼经》,虽欲扬己露才,不觉言之伤理。

事奏,竟从子翊之议。

历新丰令、大理正,并有能名。擢授书侍御史。每朝廷疑议,子翊为之辩析,多出众人意表。从幸江东。属天下大乱,帝犹不悟。子翊因侍切谏,由是忤旨,令子翊为丹阳留守。

寻遣于上江督运,为贼吴棋子所虏。子翊说之,因以众降。复遣首领贼渡江,遇炀帝被杀,知而告之。子翊弗信,斩所言者。贼又请以为主,不从。因执至临川城下,使告城中云'帝崩。'子翊乃易其言,于是见害。

尧君素,魏郡汤阴人也。炀帝为晋王时,君素为左右。帝嗣位,累迁鹰扬郎将。大业末,从骁卫大将军屈突通拒义师于河东。俄而通引兵南逼,署君素领河东通守。义师遣将吕绍宗、韦义节等攻之不克。及通军败,至城下呼之。君素见通,歔欷流涕,悲不自胜,左右皆哽咽。通亦泣下沾襟，因说君素早降以取富贵。君素以名义责之曰："公纵不能远惭主上，公所乘马，即代王所赐也，公何面目乘之哉！"通曰："吁！君素！我力屈而来。"君素曰："方今力犹未屈，何用多言！"通惭而退。

时围甚急，行李断绝。君素乃为木鹅，置表于颈，具论事势，浮之黄河，沿流而下。河阳守者得之，达于东都。越王侗见而叹息，乃承制拜君素为金紫光禄大夫，密遣行人劳之。监门直阁庞玉、武卫将军皇甫无逸前后自东都归义，俱造城下，为陈利害。朝廷又赐金券，待以不死。君素卒无降心。其妻又至城下，谓曰："隋室已亡，何苦取祸？"君素曰："天下事非妇人所知。"引弓射之，应弦而倒。

君素亦知事必不济，每言及隋国，未尝不歔欷。常谓将士曰："吾是藩邸旧臣，至于大义，不得不死。今谷支数年，食尽，足知天下之事。必隋室倾败，天命有归，吾当断头以付诸君。"后颇得江都倾覆消息，又粮尽，男女相食，众心离骇。白虹降于府门，兵器之端，夜皆光见。月余，君素为左右所害。

陈孝意、张季珣、杜松赟，并以诚节显。

孝意，河东人。大业初，为鲁郡司法书佐，郡内号为廉平。太守苏威尝欲杀一囚，孝意固谏，不许。孝意解衣请先受死，良久，威意乃解，谢而遣之。渐加礼敬。及威为纳言，奏孝意为侍御史。后以父忧去职，居丧过礼，有白鹿驯扰其庐，时人以为孝感。寻起授雁门郡丞。在郡菜食斋居，朝夕哀临，每一发声，未尝不绝倒。柴毁骨立，见者哀之。时长吏多赃污，孝意清节弥厉。发奸摘伏，动若有神，吏人称之。

炀帝幸江都，马邑刘武周杀太守王仁恭作乱，前郡丞杨长仁、雁门令王礭等谋应贼。孝意知之，族灭其家，郡中战栗。俄而武周来攻，孝意拒之，每致克捷。但孤城无援，而孝意誓以必死。亦知帝必不反，每旦夕向诏敕库俯伏涕流，悲动左右。粮尽，为校尉张世伦所杀，以城归武周。

　　张季珣，京兆人。父祥，少为隋文帝所知，引为丞相参军，累迁并州司马。及汉王谅反，遣其将刘建攻之，纵火烧其郭下。祥见百姓惊骇，其城西有王母庙，登城望之，再拜号泣曰："百姓何罪，致此焚烧？神其有灵，可降雨相救。"言讫，庙上云起，雨降而火遂灭。士卒感其至诚，莫不用命。援军至，贼退。以功授开府。后卒于都水监。

　　季珣少慷慨，有志节。大业末，为鹰扬郎将。所居据箕山为固，与洛口接。及李密陷仓城，遣兵呼之。季珣大骂。密怒，攻之，连年不能克。经三年，资用尽，无薪，彻屋而爨，人皆穴处。季珣抚之，一无离叛。后士卒饥羸，为密所陷。季珣坐听事，颜色自若，密遣兵禽送之。群贼曳令拜密。季珣曰："吾虽败军将，犹是天子爪牙臣，何容拜贼！"密壮而释之。翟让从求金不得，杀之。

　　其弟仲琰，为上洛令，及义兵起，城守，部下杀之以归义。

　　仲琰弟琮，为千牛左右。宇文化及乱，遇害。季珣世忠烈，兄弟俱死国难，论者贤之。

　　杜松赟，北海人也。性刚烈，重名义。为石门府队正。大业末，杨厚来攻北海县，松赟觇贼被执。使谓城中，云"郡兵已破，宜早归降"，松赟伪许之。既至城下，大呼曰："我邂逅被执，非力屈也。官军大来，贼旦暮禽翦。"贼以刀筑其口，引之去。松赟骂厚曰："老贼何敢辱贤良！"言未卒，贼断其腰。城中望之，莫不流涕扼腕，锐气益倍，北海卒完。优赠朝请大夫、本郡通守。

　　郭世隽字弘义，太原文水人也。家门雍睦，七世同居，犬豕同乳，乌鹊同巢，时人以为义感之应。州县上其事，隋文帝遣平昌公宇文敳诣其家劳问。尚书侍御史柳彧巡省河北，表其门闾。汉王谅为并州总管，闻而嘉叹，赐其兄弟二十余人衣各一袭。

郎方贵，淮南人也。少有志尚，与从父弟双贵同居。隋开皇中，方贵常于淮水津所寄渡，舟人怒之，挝方贵臂折。至家，双贵问知之，恚恨，遂向津，殴杀船人。津者执送之。县以方贵为首，当死，双贵从坐，当流。兄弟争为首坐，县司不能断，送诣州。兄弟各引死，州不能定。二人争欲赴水死。州以状闻。上闻，异之，特原其罪，表其门闾，赐物百段。后为州主簿。

论曰：于什门等或临危不挠，视死如归；或赴险如夷，唯义所在。其大则光国隆家，其小则损己利物。故其盛烈所著，与河海而争流；峻节所标，共竹柏而俱茂。并蹈履之所致，身没名立，岂徒然也！

北史卷八六
列传第七四

循　吏

张膺　路邕　阎庆胤　明亮　杜纂
窦瑗　苏淑　张华原　孟业　苏琼
路去病　梁彦光　樊叔略
公孙景茂　辛公义　柳俭　刘旷
王伽　魏德深

先王疆理天下，司牧黎元，刑法以禁其奸，礼教以防其欲，虽为政以德，理实殊途，百虑一致，在斯而已。书云"知人则哲，"又云"无旷庶官"，言非其人为空官也。睿哲之后，必致清明之臣；昏乱之朝，多有贪残之吏。嗜欲所召，影响从之。故五帝三王，不易人而化，皆在所由化之而已。盖有无能之吏，无不可御之人焉。自罢侯置守，历年永久，统以方牧，仍世相循，所以宽猛为用，庶人调俗。但廉平常迹，声有难高；适时应务，招响必速。是故搏击为侯，起不旋踵，懦弱贻咎，录用无时。此则已然于前世矣。后之为吏，与世沈浮，叔季浇漓，奸巧多绪，居官苟职，道各不同，故往籍述其贤能，以彰惩劝之道。

案魏立《良吏传》，有张恂、鹿生、张膺、宋世景、路邕、阎庆胤、明亮、杜纂、裴他、窦瑗、羊敦、苏淑。齐立《循吏传》，有张华原、宋世良、郎基、孟业、崔伯谦、苏琼、房豹、路去病。《周书》不立此篇。隋《循吏传》有梁彦光、樊叔略、赵轨、房恭懿、公孙景茂、辛公义、柳俭、刘旷、王伽、魏德深。其张恂、鹿生、宋世景、裴他、羊敦、宋世良、郎基、崔伯谦、房豹、赵轨、房恭懿，各附其家传，其余皆依时代编缉，以备《循吏篇》云。

张膺，不知何许人也。延兴中，为鲁郡太守，履行贞素，妻女樵采以自供。孝文深嘉之。迁京兆太守，清白著称，得吏人之忻心焉。

路邕，阳平人也。宣武时，除东魏郡太守，莅政清勤。经年俭，日出家粟，赈赐贫窭。灵太后下诏褒美，赐龙厩马一匹、衣一袭、被褥一具。稍迁南青州刺史，卒。

阎庆胤，不知何许人也。为东秦州敷城太守，频年饥俭，庆胤岁常以家粟千石，赈恤贫穷，人赖以济。部人阳宝龙一千余人申颂美政，有司以闻，灵太后卒无褒赏。

明亮字文德，平原高昌人也。有识干，历员外常侍。延昌中，宣武临朝堂，亲自黜陟，授亮勇武将军。亮进曰：“臣本官常侍，是第三清；今授臣勇武，其号至浊。且文武又殊，请更改授。”帝曰：“九流之内，人咸君子，卿独欲乖众，妄相清浊，所请未可。”亮曰：“今江左未宾，书轨宜一，方为陛下投命前驱，拓定吴会。官爵，陛下之所轻；贱命，微臣之所重。陛下方收所重，何惜所轻？”因请改授平远将军。帝曰：“运筹用武，然后远人始平。卿但用武平之，何患不得平远乎？”亮乃陈谢而退。除阳平太守，清白爱人，甚有惠政。转汲郡太守，为政如前，举宣远近。卒，二郡人吏迄今追思之。

杜纂字荣孙，常山九门人也。少以清苦自立。时县令齐罗丧亡，无亲属收殓，纂以私财殡葬，由是郡县标其门闾。后居父丧尽礼。郡举孝廉，稍除积弩将军，从征新野。及南阳平，以功赐爵井陉男。赏帛五百匹，数日之中，散之知友，时人称之。历武都、汉阳二郡太守，并以清白为名。明帝初，拜清河内史。性俭约，尤爱贫老，问人疾苦，至有对之泣涕。劝督农桑，亲自检视，勤者赏以物帛，惰者加以罪遣，吊死问生，甚有恩纪。除东益州刺史，无御边威略，群氐反叛，以失人和征还。迁太中大夫。正光末，清河人房通等三百人颂纂德政，乞重临郡，诏许之。孝昌中，为葛荣围逼，以郡降，荣以为常山太守。荣灭，卒于家。

纂所历任，好行小惠，蔬食弊衣，多涉诬矫。而轻财洁己，终无受纳，为百姓所思，号为良守。天平中，赠定州刺史。

窦瑷字世珍，辽西阳洛人也。自言本出扶风平陵，汉大将军武曾孙崇为辽西太守，遂家焉。曾祖堪，慕容氏渔阳太守。祖表，冯弘城周太守，入魏。父冏，举秀才，早卒。普泰初，瑷启以身阶级为父请赠，诏赠平州刺史。

瑷年十七，便荷帙从师，游学十载，始为御史。后兼太常博士，拜太原王尔朱荣官，荣留为北道大行台左丞。以拜荣官，赏新昌男。从荣东平葛荣，封容城县伯。瑷乞以城伯让兄叔珍，诏听以新昌男转授之。叔珍由是位至太山太守。尔朱世隆等立长广王晔为主，南赴洛阳。至东郭外，世隆等遣瑷奏废之，瑷执鞭独入禁内，奏愿行尧、舜事，晔遂禅广陵。由是除给事黄门侍郎。

孝武帝时，为廷尉卿。及释奠开讲，瑷与温子升、魏季景、李业兴并为擿句。天平中，除广宗太守，政有清白之称。广宗人情凶戾，累政咸见告讼，唯瑷一人，终始全洁。转中山太守，声誉甚美，为吏人所怀。及齐神武班书州郡，称瑷政绩，以为劝励。后授平州刺史，在州政如临郡。又为神武丞相府右长史。瑷无军府断割才，不甚称职。又行晋州事。

及还邺，上表曰："臣伏读《麟趾新制》至三公曹第六十六条：'母杀其父，子不得告，告者死。'三返覆之，未得其门。何者？案律：

'子孙告父母、祖父母者，死。'又汉宣云：'子匿大父母，皆勿论。'盖谓父母、祖父母小者攘羊，甚者杀害之类，恩须相隐，律抑不言，法理如是，足见其直。未必指母杀父，止子不言也。今母杀父而子不告，便是知母而不知父，识比野人，义近禽兽。且母之于父，作合移天，既杀己之天，复杀子之天，二天顿毁，岂容顿默？此母之罪，义在不赦，下手之日，母恩即离，仍以母道不告，鄙臣所以致惑。如或有之，可临时议罪，何用豫制斯条，用为训诫？恐千载之下，谈者喧哗，以明明大朝，有尊母卑父之论。以臣管见，实所不取。"诏付尚书。三公郎封君义立判云："母杀其父，子复告母，母由告死，便是子杀。天下未有无母之国，不知此子，将欲何之？既于法无违，于事非害，宣布有司，谓不宜改。"瑗复难云："局判云：'母由告死，便是子杀。天下未有无母之国，不知此子，将欲何之。'瑗案典律，未闻母杀其父而子有隐母之义。既不告母，便是与杀父同。天下可有无父之国，此子独得有所之乎？"事虽停寝。

除大宗正卿，宗室以其寒士，相与轻之，瑗案法推正，甚见雠疾。官虽通显，贫窭如初，清尚之操，为时所重。领本州大中正，兼廷尉卿，卒官。赠太仆卿、济州刺史，谥曰明。

苏淑字仲和，武邑人也。兄寿兴，坐事为阉官，后拜河间太守，赐爵晋阳男。及寿兴将卒，遂冒养淑为子。淑熙平中袭其爵。后除乐陵内史，在郡绥抚，甚有人誉。后谢病乞解，有诏听之，人吏老幼诉乞淑者甚众。后历荥阳、中山二郡太守，卒。

淑清心爱下，所历三郡，皆为吏人所思，当时称为良二千石。武定初，赠卫大将军、都官尚书、瀛州刺史，谥曰懿。齐神武追美清操，与羊敦同见优赏。

张华原字国满，代郡人也。少明敏，有器度。初为齐神武骠骑府法曹参军，赐爵新城伯，累迁大丞相府属。深被亲待，每号令三军，恒令宣谕意旨。寻除散骑常侍。

　　周文始据雍州，神武使华原入关说焉。周文谓曰："若能屈骥足于此，当共享富贵；不尔，命悬今日。"华原曰："殒首而已，不敢闻命。"周文嘉其亮正，乃使东还，寻悔，遣追不及。神武以华原久而不返，每叹惜之；及闻其来，喜见于色。后除相府右长史，迁骠骑大将军、特进，进爵为公，仍徙封新安。

　　后为兖州刺史。华原有干略，达政体。至州，乃广布耳目，以威禁，境内大贼及邻州亡命三百余人，皆诣华原归款。咸抚以恩信，放归田里，于是人怀感附，寇盗寝息。州狱先有系囚千余人，华原科简轻重，随事决遣，至年暮，唯有重罪者数十人。华原各给假五日，曰："期尽速还也。"囚等曰："有君如是，何忍背之！"依期毕至。先是，州境数有猛兽为暴，自华原临政，州东北七十里甑山中，忽有六驳食猛兽，咸以为化感所致。卒官，州人大小莫不号慕，为树碑立祠，四时祭焉。赠司空公、尚书左仆射。子宰均嗣。

　　孟业字敬业，钜鹿安国人也。家本寒微，少为州吏，性廉谨，同僚诸人，侵盗官绢，分三十匹与业，拒而不受。行台郎中郭秀相礼接，方欲荐之，会秀卒。

　　魏彭城王韶，齐神武之婿也，拜定州刺史，除业为典签。长史刘仁之谓业曰："我处其外，君居其内，同心戮力，庶有济乎？"未几，仁之入为中书令，临路启韶云："殿下左右可信任者，唯有孟业，愿专任之，余人不可信也。"又与业别，执手曰："今我出都，君便失援，恐君在后，不自保全，唯正与直，愿君自勉。"业唯有一马，瘦死，韶以业贫，令州府官人，同食马肉，欲令厚相酬赏。业固辞不敢。韶乃戏业曰："卿邀名人也。"对曰："业为典签，州中要职，诸人欲相贿赠，止患无方便耳。今唤食肉，恐致聚敛，有损声名，所以仰违明教。"后未旬日，韶左右王四德、董惟金并以马死托肉，为长史裴英密启，神武有书与韶，大致诮让。业寻被谮，出外行县事。后神武书责韶云："典签姓孟者，极能用心，何乃令出外也！"及韶代下，业亦随还，赠送一无所受。仁之后为西兖州，临别谓吏部郎中崔暹曰："贵州人士,唯有孟业,铨举之次,不可忘也。"遄问业曰:"君往在定州,有何政,使刘西兖如此钦叹?"业答曰:"唯知自修也。"诏为并州刺史,业复为典签,仍兼长史。

齐天保初,清河王岳拜司州牧,召为法曹。业形貌短小,及谒见,岳心鄙其眇小,笑而不言。后寻业断决处,谓曰:"卿断决之明,可谓有过躯貌之用。"补河间王国郎中令,清贫自守,未曾有失。文宣谓侍中裴英起曰:"卿识河间王郎中孟业不?一昨见其国司文案,似是好人。"对曰:"昔与臣同事魏彭城王元韶,其人清忠正直,世所希有。"帝曰:"如公言者,比来便是大屈。"除中书舍人。文宣初唯得姓名,及因奏事,见其羸老,又质性敦朴,无升降之容,加之平缓,寡于方便。有一道士由吾道荣以术艺被迎,将入内,业为通名,忽于众中抗声奏云:"由吾道士不食五谷。"帝命推而下之。又令检点百官,敷奏失所,帝遣人以马鞭击业头,至于流血。然亦体其衰老,非力所堪。

皇建二年,累迁东郡太守,以宽惠著名。其年夏,五官张凝因出使,得麦一茎五穗,其余或三穗四穗共一茎者,合郡咸以政化所感,因即申上。至秋,复有东燕县人班映祖,送嘉禾一茎九穗。河清三年,敕人间养驴,催买甚切。业曰:"吾既为人父母,岂可坐看此急。令宜权出库钱,贷人取办,后日有罪,吾自当之。"后为宪司所劾。被摄之日,郡人皆泣而随之,迭相吊慰。送业度关者,有数百人,至黎阳郡西,方得辞决,攀援号哭,悲动行路。诣关诉冤者非一人,敕乃放还。郡中父老,扣河迎接。

武成亲戎,自洛还邺,道由东郡。业具牛酒,率人吏拜谒路旁,自称:"粪土臣孟业,伏惟圣驾亲行,有征无战,谨上微礼。"便与人吏俱唱万岁,导引前入,帝大嘉之。后除广平太守,年既老,理政不如在东郡时。武平九年,为太中大夫,加卫将军,寻卒。

业志守质素,不尚浮华。为子结婚,为朝肺腑叱罗氏。其子以荫得为平原王段孝先相府行参军,乃令作今世服饰绮襦纨绔。叱罗家又恃姻娅,炫曜矜夸。业知而不禁,素望颇贬。

苏琼字珍之，长乐武强人也。父备，仕魏，至卫尉少卿。

琼幼时随父在边，尝谒东荆州刺史曹芝，芝戏问曰："卿欲官不！"对曰："设官求人，非人求官。"芝异其对，署为府长流参军。齐文襄以仪同开府。引为刑狱参军，每加勉劳。并州尝有强盗，长流参军张龙推其事，所疑贼徒，并已拷伏，失物家并识认，唯不获盗赃。文襄付琼，更令穷审，乃别推得元景融等十余人，并获赃验。文襄大笑，语前妄引贼者曰："尔辈若不遇我好参军，几致枉死。"

除南清河太守，郡多盗贼，及琼至，奸盗止息。或外境奸非，辄从界中行过者，无不捉送。零陵县人魏双成，住处与畿内武城交错，失牛，疑其村人魏子宾，列送至郡。一经穷问，知宾非盗，而便放之。双成云："府君放贼去，百姓牛何处可得，？"琼不理其语，密遣访获盗者。从此畜牧不收，云："但存府君。"其邻郡富家，将财物寄置界内以避盗。冀州绛幕县人成氏大富，为贼攻急，告曰："我物已寄苏公矣，"贼遂去。平原郡有祅贼刘黑苟，构结徒侣，通于沧海。琼所部人，连接村居，无相染累。邻邑于此伏其德绩。郡中旧贼一百余人，悉充左右，人间善恶及长吏饮人一杯酒，无不即知。

琼性清慎，不发私书。道人道研为济州沙门统，资产巨富，在郡多出息，常得郡县为征。及欲求谒，度知其意，每见则谈问玄理。研虽为债数来，无由启口。其弟子问其故，研曰："每见府君，径将我入青云间，何由得论地上事。"师徒还归，遂焚责券。郡人赵颖，官至乐陵太守，年余八十，致事归。五月中，得新瓜一双，自来奉。颖恃年老，苦请，遂便为留。乃致于听事梁上，竟不割。人闻受赵颖饷瓜，欲贡新果，至门，问知颖瓜犹在，相顾而去。有百姓乙普明，兄弟争田，积年不断，各相援据，乃至百人。琼召普明兄弟，对众人论之曰："天下难得者兄弟，易求者田地。假令得地失兄弟心，如何？"因而下泪，诸证人莫不洒泣。普明兄弟叩头，乞外更思，分异十年，遂还同住。

每年春，总集大儒卫觊隆、田元凤等讲于郡学，朝吏文案之暇，

悉令受书。时人指吏曹为学生屋。禁断淫祠,婚姻丧葬,皆教令俭
而衷礼。又蚕月预下绵绢度样于部内,其兵赋次第,并立明式。至
于调役,事必先办,郡县吏长,恒无十杖稽失。当时州郡,无不遣人
至境,访其政术。

天保中,郡界大水,人灾,绝食者千余家。琼普集郡中有粟家,
自从贷粟,悉以给付饥者。州计户征租,复欲推其贷粟,纲纪谓琼
曰:"虽矜饥馁,恐罪累府君。"琼曰:"一身获罪,且活千室,何所怨
乎?"遂上表陈状,使检皆免,人户保安。此等相抚儿子,咸言"府君
生汝"。在郡六年,人庶怀之,遂无一人经州。前后四表,列为尤最。
遭忧解职,故人赠遗,一无所受。

寻起为司直、廷尉正,朝士嗟其屈,尚书辛术曰:"既直且正,名
以定体,不虑不申"。初,琼任清河太守,裴献伯为济州刺史,献伯酷
于用法,琼恩于养人。房延祐为乐陵郡,过济州。裴问其外声,延祐
云:"唯闻太守善,刺史恶。"裴云:"得人誉者非至公。"答云:"若尔,
黄霸、龚遂,君之罪人也。"后有敕,州各举清能。裴以前言,恐为琼
陷,琼申其枉滞,议者尚其公平。毕义云为御史中丞。以猛暴任职,
理官忌惮,莫敢有违。琼推察务在得情,雪者甚众。寺署台案,始自
于琼。迁三公郎中。赵州及清河、南中有人频告谋反,前后皆付琼
推检,事多申雪。尚书崔昂谓琼曰:"若欲立功名,当更思余理。仍
数雪反逆,身命何轻?"琼正色曰:"所雪者冤枉,不放反逆。"昂大
惭。京师为之语曰:"断决无疑苏珍之。"

皇建中,赐爵安定县男、徐州行台左丞,行徐州事。徐州城中五
级寺忽被盗铜像一百躯,有司微检,四邻防宿及踪迹所疑,逮系数
十人。琼一时放遣,寺僧怨诉不为推贼。琼遣僧,谢曰:"但且还寺,
得像自送。"尔后十日,抄贼姓名及赃处所,径收掩,悉获实验。贼徒
款引,道俗叹伏。旧制,以淮禁不听商贩辄度。淮南岁俭,启听淮北
取籴。后淮北人饥,复请通籴淮南,遂得商估往还,彼此兼济,水陆
之利,通于河北。

后为大理卿而齐亡,仕周,为博陵太守。隋开皇初,卒。

　　路去病，阳平人也。风神疏朗，仪表瑰异。齐河清初，为殿中侍御史，弹劾不避贵戚，以正直知名。敕用士人为县宰，以去病为定州饶阳县令。去病明闲时务，性颇严毅，人不敢欺，然至廉平，为吏人叹伏。

　　武平四年，为成安县令。都下有邺、临漳、成安三县，辇毂之下，旧号难为，重以政乱时艰，纲纪不立，近臣内戚，请属百端。去病消息事宜，以理抗答，势要之徒，虽厮养小人，莫不惮其风格，亦不至嫌恨。自迁邺以还，三县令政术，去病独为称首。周武平齐，重其能官，与济阴郡守公孙景茂二人不被替代，发诏褒扬。

　　去病后以尉迟迥事。隋大业初，卒于冀氏县令。

　　梁彦光字修芝，安定乌氏人也。祖茂，魏秦、华二州刺史。父显，周荆州刺史。

　　彦光少岐嶷，有至性，其父每谓所亲曰："此儿有风骨，当兴吾宗。"七岁时，父遇笃疾，医云："饵五石可愈"，时求紫石英不得，彦光忧瘁，不知所为。忽于园中见一物，彦光所不识，怪而持归，即紫石英也。亲属咸异之，以为至孝所感。魏大统末，入学，略涉经史，有规检，造次必以礼。解褐秘书郎。周受禅，迁舍人上士。武帝时，累迁小驭下大夫。母忧去职，毁瘠过礼。未几，起令视事，帝见其毁甚，嗟叹久之。后为御正下大夫，从帝平齐，以功授开府、阳城县公。宣帝即位，拜华州刺史，进封华阳郡公，以阳城公转封一子。后拜柱国、青州刺史。属帝崩，不之官。

　　隋文帝受禅，以为岐州刺史，兼领宫监，甚有惠政，嘉禾连理，出于州境。上嘉其能，下诏褒美，赐粟五百斛、物三百段、御伞一枚，以厉清正。后转相州刺史。彦光前在岐州，其俗颇质，以静镇之，合境大安，奏课连最，为天下第一。及居相部，如岐州法，邺都杂俗，人多变诈，为之作歌，称其不能理政。上闻而谴之，竟坐免。岁余，拜赵州刺史。彦光曰："臣前待罪相州，百姓呼为戴帽饧。臣自分废黜，无复衣冠之望,不谓天恩复垂收采。请复为相州,改弦易调,庶有以变其风俗。"上从之,复为相州刺史。豪猾者闻彦光自请来,莫不嗤笑。彦光下车,发摘奸隐,有若神明,狡猾莫不潜窜,合境大骇。初,齐亡后,衣冠士人,多迁关内,唯技巧商贩及乐户之家,移实州郭。由是人情险诐,妄起风谣,诉讼官人,万端千变。彦光欲革其弊,乃用秩俸之物,招致山东大儒,每乡立学,非圣哲之书不得教授。常以季月召集之,亲临策试。有勤学异等,聪令有闻者,升堂设馔;其余并坐廊下,有好诤讼惰业无成者,坐之庭中,设以草具。及大成当举,行宾贡之礼,又于郊外祖道,并以财物资之。于是人皆克励,风欲大改。

有滏阳人焦通,性酗酒,事亲礼阙,为从弟所讼。彦光弗之罪,将至州学,令观孔子庙中韩伯瑜母杖不痛,哀母力衰,对母悲泣之像。通遂感悟,悲愧若无容者。彦光训喻而遣之,后改过励行,卒为善士。吏人感悦,略无诤讼。卒官,赠冀定瀛青四州刺史,谥曰襄。

子文廉嗣,弘雅有父风。以上柱国世子,例授仪同。历上、饶二州刺史,迁鄱阳太守,称为天下之最。征拜户部侍郎。辽东之役,领武贲郎将,为卢龙道军副。会杨玄感作乱,其弟武贲郎将玄纵先隶文谦,玄感反问未至而玄纵逃走,文谦不之觉。坐是,配防桂林而卒。

少子文让,初封阳城县公,后为鹰扬郎将。从卫玄击杨玄感于东都,力战而死,赠通议大夫。

樊叔略,陈留人也。父观,仕魏,为南兖州刺史、河阳侯,为高氏所诛。叔略被腐刑,给使殿省。身长九尺,有志气。颇见忌,内不自安,遂奔关西。周文器之,引置左右,授都督,袭爵为侯。大冢宰宇文护执政,引为中尉。渐被委信,兼督内外,位开府仪同三司。护诛,齐王宪引为园苑监。数进兵谋,宪甚奇之。从武帝平齐,以功加上开府,封清乡县公,拜汴州刺史,号为明决。宣帝营建东都,以叔略有巧思,拜营构监。宫室制度,皆叔略所定。

尉迟迥之乱，镇大梁，以军功拜大将军，复为汴州刺史。隋文帝受禅，加位上大将军，进爵安定郡公。在州数年，甚有声称。迁相州刺史，政为当时第一。上降玺书褒美之，赐以粟帛，班示天下。百姓为之语曰："智无穷，清乡公；上下正，樊安定。"征拜司农卿，吏人莫不流涕，相与立碑颂德。

自为司农，凡所种植，叔略别有条制，皆出人意表。朝廷有疑滞，公卿所未能决，叔略辄为评理。虽无学术，有所依据，然师心独见，暗与理合。甚为上所亲委，高颎、杨素礼遇之。叔略虽为司农，往往参督九卿事。性颇豪侈，每食方丈，备水陆。十四年，从祠太山，至洛阳，上令隶囚徒。将奏，晨至狱门，于马上暴卒，上嗟悼久之。赠亳州刺史，谥曰襄。

公孙景茂字元蔚，河间阜城人也。容貌魁梧，少好学，博涉经史。在魏，察孝廉，射策甲科。稍迁太常博士，多所损益，时人称为书库。历高唐令、大理正，俱有能名。齐灭，周武帝闻而召见，与语器之，授济北太守。以母忧去职。

开皇初，召拜汝南太守。郡废，为曹州司马，迁息州刺史。法令清静，德化大行。属平陈之役，征人在路病者，景茂减俸禄为馓粥汤药，多方振济之，赖全活者千数。上闻嘉之，诏宣示天下。十五年，上幸洛阳，景茂谒见。时七十七，上命升殿坐，问其年，哀其老，嗟叹久之。景茂再拜曰："吕望八十而遇文王，臣逾七十而逢陛下。"上甚悦，下诏褒美之，加上仪同三司，伊州刺史。明年，以疾征，吏人号泣于道。及疾愈，复乞骸骨，又不许。

转道州刺史，悉以秩俸买牛犊鸡猪，散惠孤弱不自存者。好单骑巡人，家至户入，阅视百姓产业。有修理者，于都会时，乃褒扬称述；如有过恶，随即训导，而不彰也。由是人行义让，有无均通，男子相助耕耘，妇女相从纺绩，大村或数百户，皆如一家之务。其后请致仕，上优诏听之。仁寿中，上明公杨纪出使河北，见景茂神力不衰，还以状奏。于是就拜淄州刺史，赐以马舆，便道之官。前后历职，皆有德政，论者称为良牧。

大业初，卒官。年八十七，谥曰康。身死之日，诸州人吏赴丧者数千人。或不及葬，皆望坟恸哭，野祭而去。

辛公义，陇西狄道人也。祖徽，魏徐州刺史。父季庆，青州刺史。

公义早孤，为母氏所养，亲授《书》、《传》。周天和中，选良家子任太学生。武帝时，召入露门学，令受道义，每月集御前，令与大儒讲论。上数嗟异，时辈慕之。建德初，授宣纳中士。从平齐，累迁掌治上士、扫寇将军。隋文帝作相，授内史上士，参掌机要。开皇元年，除主客侍郎，摄内史舍人，赐爵安阳县男。转驾部侍郎，使勾检诸马牧，所获十余万匹。上喜曰："唯我公义，奉国馨心。"

从军平陈，以功除岷州刺史。土俗畏病，若一人有疾，即合家避之，父子夫妻，不相看养，孝义道绝。由是病者多死。公义患之，欲变其俗。因分遣官人，巡检部内，凡有疾病，皆床舆来，安置听事。暑月疫时，病人或至数百，听廊悉满。公义亲设一榻，独坐其间，终日连夕，对之理事。所得秩俸，尽用市药，迎医疗之，躬劝其饮食，于是悉差。方召其亲戚而喻之曰："死生由命，不关相著，前汝弃之，所以死耳。今我聚病者，坐卧其间，若言相染，那得不死？病儿复差，汝等勿复信之。"诸病家子孙，惭谢而去。后人有过疾者，争就使君，其家亲属，固留养之。始相慈爱，此风遂革，合境之内，呼为慈母。

后迁并州刺史，下车，先至狱中，因露坐牢侧，亲自验问，十余日间，决断咸尽。方还大听，受领新讼。皆不立文案，遣当直佐寮一人，侧坐讯问。事若不尽，应须禁者，公义即宿听事，终不还阁。人或谏之曰："此事有程，使君何自苦也？"答曰："刺史无德可以导人，尚令百姓系于囹圄，岂有禁人在狱，而心自安乎！"罪人闻之，咸自款服。后有欲诤讼者，乡闾父老遽相晓曰："此盖小事，何忍勤劳使君！"讼者多两让而止。时山东霖雨，自陈汝至于沧海，皆苦水灾。境内犬牙，独无所损。山出黄银，获之以献，诏水部郎娄崱就公义祷焉，乃闻空中有金石丝竹之响。

　　仁寿元年,追充扬州道黜陟大使。豫章王暕恐其部内官寮犯法,未入州境,豫令使属之。公义曰:"不敢有私。"及至扬州。皆无所纵舍,暕衔之。及炀帝即位,扬州长史王弘入为黄门郎,因言公义之短,竟去官。吏人守阙诉冤,相继不绝。后数岁,帝悟,除内史侍郎。丁母忧,未几起为司隶大夫,检校右御卫武贲郎将。从征至柳城郡卒。子融。

　　柳俭字道约,河东解人也。祖元璋,魏司州大中正、相华二州刺史。父裕,周闻喜令。

　　俭有局量,立行清苦,为州里所敬,虽至亲昵,无敢狎侮。仕周,历宣纳上士、畿伯大夫。及隋文帝受禅,擢拜水部侍郎,封率道县伯。未几,出为广汉太守,甚有能名。俄而郡废。时帝励精思政,妙简良能,出为牧宰,俭以仁明著称,擢拜蓬州刺史。狱讼者庭决遣之,佐吏从容而已,狱无系囚。蜀王秀时镇益州,列上其事。迁邛州刺史。在职十余年,人夷悦服。蜀王秀之得罪也,俭坐与交通,免职。及还乡,妻子衣食不赡,见者咸叹伏焉。

　　炀帝嗣位,征之。于时,多以功臣任职,牧州领郡者,并带戎资,唯俭起自良吏。帝嘉其绩,特授朝散大夫,拜弘化太守,俭清节愈励。大业五年,入朝,郡国毕集。帝谓纳言苏威、吏部尚书牛弘曰:"其中清名天下第一者,为谁?"威等以俭对。帝又问其次,威以涿郡赞务郭绚,颍川赞务敬肃等二人对。帝赐俭帛二百匹,绚、肃各一百匹,令天下朝集使送至郡邸,以旌异焉,论者美之。

　　及大业末,盗贼蜂起,数被攻逼。俭抚结人夷,卒无离叛,竟以保全。及义兵至长安,尊立恭帝,俭与留守李粲缟素,于州南向恸哭。既而归京师,相国赐俭物三百段,就拜上大将军。岁余,卒于家,时年八十九。

　　郭绚,河东安邑人,家世寒微。初为尚书令史,后以军功拜仪同,历数司马、长史,皆有能名。大业初,刑部尚书宇文弼巡省河北,引绚为副。炀帝将有事辽东,以涿郡为冲要,访可任者。闻绚有干局,拜涿郡赞务,吏人悦服。数载,迁为通守,兼领留守。及山东盗起,绚逐捕之,多所克获。时诸郡无复完者,唯涿独全。后将兵击窦建德于河间,战死,人吏哭之,数月不息。

敬肃字弘俭,河东蒲坂人。少以贞介知名,释褐州主簿。开皇初,为安陵令,有能名。擢拜秦州司马,转幽州长史。仁寿中,为卫州司马,俱有异绩。炀帝嗣位,迁颍川郡赞务。大业五年,朝东都,帝令司隶大夫薛道衡为天下郡官之状,称肃曰:“心如铁石,老而弥笃。”时左翊卫大将军宇文述当途用事,其邑在颍川,每有书属肃,肃未尝开封,辄令使者持去。述宾客有放纵者,以法绳之,无所宽贷,由是述衔之。八年,朝于涿郡。帝以其年老,有能名,将擢为太守者数矣,辄为述所毁,不行。大业末,乞骸骨,优诏许之。去官之日,家无余财。岁余,终于家。

刘旷,不知何许人也,性谨厚,每以诚恕应物。开皇初,为平乡令,单骑之官。人有诤讼者,辄丁宁晓以义理,不加绳劾,各自引咎而去。所得俸禄,赈施穷乏。百姓感其德化,更相笃励曰:“有君如此,何得为非?”在职七年,风教大洽。狱中无系囚,诤讼绝息,囹圄皆生草,庭可张罗。及去官,吏人无少长号泣,沿路将送,数百里不绝。

迁为临颍令,清名善政为天下第一。尚书左仆射高颎言状,上召之。及引见,劳之曰:“天下县令固多矣,卿能独异于众,良足美也。”顾谓侍臣曰:“若不殊奖,何以劝人?”于是下优诏,擢拜莒州刺史。

王伽,河间章武人也。开皇末,为齐州参军。初无足称。后被州使送流囚李参等七十余人诣京师。时制,流人并枷锁传送,次荥阳,悯其辛苦,悉呼而谓之曰:“卿辈既犯国刑,亏损名教,身婴缧绁,此其职也。今复重劳援卒,岂独不愧于心哉!”参等辞谢。伽曰:“汝等虽犯宪法,枷锁亦大苦辛,吾欲与汝等脱去,行至京师总集,能不违期不?"皆拜谢曰:"必不敢违。"伽于是悉脱枷,停援卒,与期曰:"某日当至京师,如致前却,吾当为汝受死。"舍之而去。流人感悦,依期而至,一无离叛。上闻而惊异,召见与语,称善久之。于是悉召流人,并令携负妻子俱入,赐宴于殿庭而赦之。

乃下诏曰:"凡在有生,含灵禀性,咸知好恶,并识是非。若临以至诚,明加劝导,则俗必从化,人皆迁善。往以海内乱离,德教废绝,官人无慈爱之心,兆庶怀奸诈之意,所以狱讼不息,浇薄难理。朕受命上天,安养万姓,思导圣法,以德化人,朝夕孜孜,意本如此。而伽深识朕意,诚心宣导;参等感悟,自赴宪司。明率土之人,非为难教,良是官人不加示晓,致令陷罪,无由自新。若使官尽王伽之俦,人皆李参之辈,刑措不用,其何远哉!"于是擢伽为雍令,政有能名。

魏德深,本钜鹿人也。祖冲,仕周,为刑部大夫、建州刺史,因家弘农。父毗,郁林令。

德深初为隋文帝挽郎,后历冯翊郡书佐,武阳郡司户、书佐,以能迁贵乡长。为政清静,不严而肃。会兴辽东之役,征税百端,使人往来,责成郡县。于时王纲弛紊,吏多赃贿,所在征敛,人不堪命。唯德深一县,有无相通,不竭其力,所求皆给,而百姓不扰。于时盗贼群起,武阳诸城,多被沦陷,唯贵乡独全。郡丞元宝藏受诏逐捕盗贼,每战不利,则器械必尽,辄征发于人,动以军法从事,如此者数矣。其邻城营造,皆聚于听事,吏人递相督责,昼夜喧嚣,犹不能济。德深各问其所欲,任随便修营,官府寂然,恒若无事。唯约束长吏,所修不须过胜余县,使百姓劳苦。然在下各自竭心,常为诸县之最。寻转馆陶长,贵乡吏人闻之,相与言及其事,皆歔欷流涕,语不成声。及将赴任,倾城送之,号泣之声,道路不绝。

既至馆陶,阖境老幼,毕如见其父母。有猎人员外郎赵君实,与郡丞元宝藏深相交结,前后令长,未有不受其指麾者。自德深至县,君实屏处于室,未尝辄敢出门。逃窜之徒,归来如市。贵乡父老,冒涉艰险,诣阙请留德深,有诏许之。馆陶父老,复诣郡相讼,以贵乡文书为诈。郡不能决。会持节使者韦霁、杜整等至,两县诣使讼之,乃断从贵乡。贵乡吏人,歌呼满道,互相称庆;馆陶众庶,合境悲泣,因从而居住者数百家。

宝藏深害其能。会越王侗征兵于郡,宝藏遂令德深率兵千人赴东都。俄而宝藏以武阳归李密,德深所领皆武阳人也,以本土从贼,念其亲戚,辄出都门,东向恸哭而反。人或谓之曰:"李密兵马,近在金墉,去此二十余里,汝必欲归,谁能相禁?何为自苦如此!"其人皆垂泣曰:"我与魏明府同来,不忍弃去,岂以道路艰难乎!"其得人心如此。后与贼战,没于阵。贵乡、馆陶人庶,至今怀之。

论曰:为政之道,宽猛相济,犹寒暑迭代,俱成岁功者也。然存夫简久,必藉宽平,大则致鼓腹之欢,小则有息肩之惠。故《诗》曰:"虽无德与汝,式歌且舞。"张膺等皆有宽仁之心,至诚待物,化行所属,爱结人心,故得所去见思,所居而化。《诗》所谓"恺悌君子,人之父母",岂徒然哉!

北史卷八七
列传第七五

酷　吏

于洛侯　胡泥　李洪之　张赦提
崔暹　邸珍　田式　燕荣　元弘嗣
王文同

　　夫为国之体有四焉：一曰仁义，二曰礼制，三曰法令，四曰刑罚。仁义、礼制，教之本也；法令、刑罚，教之末也。无本不立，无末不成。然教化远而刑罚近，可以助化而不可以专行，可以立威而不可以繁用。老子曰：“其政察察，其人缺缺。”又曰：“法令滋章，盗贼多有。”然则，令之烦苛，吏之严酷，不可致化，百世可知。考览前载，有时而用之矣。

　　昔秦任狱吏，赭衣满道。汉革其风，矫枉过正，禁网疏阔，遂漏吞舟，故大奸巨猾，犯义悖礼。郅都、宁成之伦，猛气奋发，摧拉凶邪，一切以救时弊，虽乖教义，或有所取焉。于洛侯之徒，前书编之《酷吏》。或因余绪，或以微功，遭遇时来，忝窃高位。肆其褊性，多行无礼，君子小人，咸罹其毒。凡所莅职，莫不懔然。居其下者，视之如蛇虺；过其境者，逃之如寇雠。与人之恩，心非好善；加人之罪，事非疾恶。其所答辱，多在无辜。察其所为，豺狼之不若也。其禁奸除猾，殆与郅、宁之伦异乎？君子贱之，故编于《酷吏》。

　　魏有于洛侯、胡泥、李洪之、高遵、张赦提、羊祉、崔暹、郦道元、谷楷。齐有邸珍、宋游道、卢斐、毕义云。《周书》不立此篇。《隋书》有库狄士文、田式、燕荣、赵仲卿、崔弘度、元弘嗣、王文同。今检高遵、羊祉、郦道元、谷楷、宋游道、卢斐、毕义云、库狄士文、赵仲卿、崔弘度各从其家传，其余并列于此云。

　　于洛侯，代人也。为秦州刺史，贪酷安忍。部人富炽夺人吕胜胫缠一具，洛侯辄鞭富炽一百，截其右腕。百姓王陇客刺杀人王羌奴、王愈二人，依律罪死。而洛侯生拔陇客舌，刺其本，并刺胸腹二十余疮，陇客不堪苦痛，随刀战动。乃立四柱，磔其手足，命将绝，始斩其首，支解四体，分悬道路。见者无不伤楚叹愕。百姓王元寿等一时反叛。有司纠劾，孝文诏使者于州常刑人处，宣告兵人，然后斩洛侯以谢百姓。

　　胡泥，代人也。历官至司卫监，赐爵永成侯。泥率勒禁中，不惮豪贵。殿中尚书叔孙侯头应内直而阙于一时，泥以法绳之。侯头恃宠，遂与口诤。孝文闻而嘉焉，赐泥衣服一袭。出为幽州刺史，假范阳。以北平阳尼硕学，遂表荐之。转为定州刺史，以暴虐，刑罚酷滥，受纳贷贿，征还戮之。将就法，孝文临太华殿引见，遣侍臣宣诏责之，遂就家赐尽。

　　李洪之本名文通，恒农人也。少为沙门，晚乃还俗。真君中，为狄道护军，赐爵安阳男。会永昌王仁随太武南征，得元后姊妹二人，洪之潜相饷遗，结为兄弟，遂便如亲。颇得元后在南兄弟名字，乃改名洪之。及仁坐事诛，元后入宫，得幸于文成，生献文。元后临崩，太后问其亲，因言洪之为兄，与相诀经日。具条列南方诸兄珍之等，手以付洪之。遂号为献文亲舅。太安中，珍之等兄弟至都与洪之相见，叙元后平生故事，计长幼为昆季。

　　以外戚为河内太守，进爵任城侯，威仪一同刺史。河内北连上党,南接武牢,地险人悍,数为劫害,长吏不能禁。洪之至郡,严设科防,募斩贼者,便加重赏,勤劝务本,盗贼止息。诛锄奸党,过为酷虐。后为怀州刺史,封汲郡公,征拜内都大官。河西羌胡领部落反叛,献文亲征,命洪之与侍中、东郡王陆定总统诸军。舆驾至并州,诏洪之为河西都将,讨山胡。皆保险距战,洪之筑垒于石楼南白鸡原以对之。时诸将悉欲进攻,洪之乃开以大信,听其复业,胡人遂降。献文嘉之,迁拜尚书、外都大官。

后为使持节、安南将军、秦益二州刺史。至任,设禁奸之制,有带刃行者,罪与劫同,轻重品格,各有条章。于是大飨州中豪杰长老,示之法制。乃夜密遣骑分部覆诸要路,有犯禁者,辄捉送州,宣告斩决。其中枉见杀害者,至有百数。赤葩渴郎羌深居山谷,虽相羁縻,王人罕到,洪之芟山为道,广十余步,示以军行之势。乃兴军临其境,山人惊骇。洪之将数十骑至其里闾,抚其妻子,问所疾苦,因资遗之。众羌喜悦,求编课调,所入十倍于常。洪之善御戎夷,颇有威惠,而刻害之声,闻于朝野。

初,洪之微时妻张氏,亦聪强妇人,自贫贱至富贵,多所补益,有男女几十人。洪之后得刘芳从姊,重之,疏张氏。亦多所生育。为两宅别居,偏厚刘室。由是二妻妒竞,两宅母子,往来如雠。及莅西州,以刘自随。

洪之素非廉清,每有受纳。时孝文始建禄制,法禁严峻,遂锁洪之赴京,亲临太华,庭集群臣数之。以其大臣,听在家自裁。洪之志性慷慨,多所堪忍。疹病炙疗,艾炷围将二寸,首足十余处,一时俱下,言笑自若,接宾不辍。及临尽,沐浴衣帻,防卒扶持,出入遍巡家庭,如是再三,泣叹良久,乃卧而引药。

始洪之托为元后兄,公私自同外戚。至此罪后,孝文乃稍对百官辩其诬假。而诸李犹善相视,恩纪如亲。洪之始见元后,计年为兄。及珍之等至,洪之以元后集定长幼,其呼拜坐,皆如家人。暮年,数延携之宴饮,醉酣之后,时或言及本末,洪之则起而加敬,笑语自若。富贵赫奕,舅戚之家。遂弃宗,专附珍之等。后颇存振本属,而犹不显然。

刘氏四子。

长子神，少有胆略，以气尚为名。以军功封长乐县男，累迁平东将军、太中大夫。孝昌中，行相州事，寻正加抚军。葛荣尽锐攻之，久不能克。会葛荣见禽，以功进爵为公。元颢入洛，庄帝北巡，以神为侍中。又除殿中尚书，仍行相州事。车驾还宫，改封安康郡公。普泰元年，进骠骑大将军、仪同三司、相州大中正。薨，赠司徒公，冀州刺史。子士约。齐受禅，例降。

张赦提，中山安喜人也。性雄武，有规画。初为武贲中郎，时京畿盗魁，首称豹子、彪子，并善弓马，于灵丘、应门间聚为劫害，至乃斩人首，射其口，刺人脐，引肠绕树而共射之，以为戏笑。其暴酷如此。军骑掩捕，久弗能获，行者患焉。赦提为逐贼军将，未几而获彪子、豹子及其党与，尽送京师，斩于阙下，自是清静。其灵丘罗思祖，宗门豪溢，家处隘险，多止亡命，与之为劫。献文怒之，孥戮其家。而思祖家党，相率寇盗。赦提募求捕逐，以赦提为游徼军将，前后擒获，杀之略尽。因此，滥有屠害，尤为忍酷。既资前称，又藉此功，除幽州刺史，假安喜侯。

赦提克己厉约，遂有清称。后颇纵妻段氏，多有受纳，命僧尼因事通请，贪虐流闻。中散李真香出使幽州，采访牧守政绩，真香验案其罪，赦提惧死欲逃。其妻姑为太尉、东阳王丕妻，恃丕亲贵，自许诣丕申诉求助，谓赦提曰：“当为诉理，幸得申雪，愿宽忧，不为异计。”赦提以此，差自解慰。段乃陈列，真香昔当因假而过幽州，知赦提有好牛，从索不果。今台使止挟前事，故威逼部下，榜楚过极，横以无辜，证成诬罪。执事恐有不尽，使驾部令赵秦州重往究讯，事状如前，处赦提大辟。孝文诏赐死于第。将就尽，命妻而责之曰：“贪浊秽吾者卿也，又安吾而不得免祸，九泉之下，当为仇雠矣。”

又有华山太守赵霸，酷暴非理。大使崔光奏霸云：“不遵宪度，威虐任情，至乃手击吏人，寮属奔走。不可以君人字下，纳之轨物。

辄禁止在州。"诏免所居官。

崔暹字元钦，本云清河东武城人也，世家于荥阳、颍川之间。性猛酷，少仁恕，奸猾好利，能事势家。初以秀才累迁南兖州刺史，盗用官瓦，赃污狼籍，为御史中尉李平所纠，免官。后行豫州事，寻即真。遣子析户，分隶三县，广占田宅，藏匿官奴，障吝陂苇，侵盗公私，为御史中尉王显所弹，免官。后累迁瀛州刺史，贪暴安忍，人庶患之。尝出猎州北，单骑至人村，有汲水妇人，暹令饮马，因问曰："崔瀛州何如？"妇人不知是暹，答曰："百姓何罪！得如此癫儿刺史。"暹默然而去。以不称职，被解还京。

武川镇反，诏暹为都督，李崇讨之。违崇节度，为贼所败，单骑潜还。禁于廷尉，以女妓园田货元叉获免。建义初，遇害于河阴。赠司徒公、冀州刺史，追封武律县公。

子瓒，字结珍，位兼尚书左丞，卒。瓒妻，庄帝姊也，后封襄城长公主，故特赠瓒冀州刺史。子茂，字祖昂，袭祖爵。

邸珍字安宝，本中山上曲阳人也，魏太和中，徙居武川镇。孝昌中，六镇兵起，珍遂从杜洛周贼。洛周为葛荣所吞，珍入荣军。荣为尔朱荣所破，珍与其余党，俱徙并州。从齐神武出山东。神武起义信都，拜珍长史，封上曲阳县侯，除殷州刺史。珍求取无厌，大为州人所疾苦。后兼尚书右仆射、大行台，节度诸军事，击梁州将成景携等，解东围围，回军彭城。珍御下残酷，士众离心，至于士人豪族，遇之无礼，遂为州人所害。后赠定州刺史、司空公。

田式字显标，冯翊下邽人也，祖安兴、父长乐，仕魏，俱为本郡太守。

式性刚果，多武艺，拳勇绝人。仕周，位渭南太守，政尚严猛，吏人重足而立，无敢违法。迁本郡太守，亲故屏迹，请托不行。周武帝闻而善之，进位仪同三司，赐爵信都县公，擢拜延州刺史。从平齐，以功授上开府,徙为建州刺史,改封梁泉县公。后从韦孝宽讨尉迟迥,以功拜大将军,进爵武山郡公。

及隋文帝受禅,拜襄州总管。专以立威为务,每视事于外,必盛气以待之。其下官属,股栗无敢仰视。有犯禁者,虽至亲昵无所容贷。其女婿京兆杜宁自长安省之,式诫宁无出外。宁久之不得还,窃上北楼,以畅羁思。式知之,杖宁五十。其所爱奴,尝诣式白事,有虫上其衣衿,挥袖拂去之,式以为慢己,立棒杀之。或寮吏奸赃,部内劫盗者,无问轻重,悉禁地阱中,寝处粪秽,令受苦毒,自非身死,终不得出。每赦书到州,式未暇省读,先召狱卒杀重囚,然后宣示百姓,其刻暴如此。

由是为上所谴,除名。式惭恚不食,妻子至其所辄怒,唯侍僮二人,给使左右。从家中索椒,欲自杀,家人不与。阴遣侍僮诣市买毒药,妻子又夺弃之。式恚卧,其子信时为仪同,至式前流涕曰:“大人既是朝廷重臣,又无大过,比见公卿放辱者多矣,旋复外用,大人何能久乎?乃至于此!”式欻起抽刀斫信,信避之,刃中于门。上知之,以式为罪己之深,复其官爵,寻拜广州总管,卒官。

燕荣字贵公,华阴弘农人也。父偘,周大将军。

荣性刚严,有武艺。仕周,为内侍上士。从武帝伐齐,以功授开府仪同三司,封高邑县公。隋文帝受禅,进位大将军,进封落丛郡公,拜晋州刺史。寻从河间王弘击突厥,以功拜上柱国,迁青州总管。在州,选绝有力者为伍伯,吏人过之者,必加诘问,辄楚挞之,创多见骨。奸盗屏迹,境内肃然。他州县人经其界者,畏若寇雠,不敢休息。后因入朝觐,特加恩遇。荣以母老,请每岁入朝,上许之。

伐陈之役,以为行军总管,率水军自东莱傍海入太湖,取吴郡。既破丹阳,吴人共立萧瓛,为宇文述所败,退保包山。荣率精甲蹑之,瓛败走,为荣所执。事平,检校扬州总管。寻征为武候将军,后除幽州总管。

荣性严酷,有威容,长吏见者,莫不惶惧自失。范阳卢氏,世为著姓，荣皆署为吏卒，以屈辱之。鞭笞左右，动至千数，流血盈前，饮啖自若。尝按部，道次见丛荆，堪为笞箠，命取之，辄以试人。人或自陈无咎，荣曰："后有罪，当免。"及后犯细过，将挝之，人曰："前日被杖，许有罪宥之。"荣曰："无过尚尔，况有过邪！"榜捶如旧。荣每巡省管内，闻人吏妻有美色，辄舍其室而淫之，贪暴放纵日甚。

时元弘嗣除幽州长史，惧辱，固辞。上知之，敕荣曰："弘嗣杖十已上罪，皆奏闻。"荣忿曰："竖子何敢弄我！"乃遣弘嗣监纳仓粟，飏得一糠一粃，罚之，每笞不满十，然一日中或至三数。如是历年，怨隙日构。荣遂收付狱，禁绝其粮。弘嗣饥，抽衣絮杂水咽之。其妻诣阙称冤，上遣考功侍郎刘士龙驰驿鞫问，奏荣毒虐，又赃秽狼籍，遂征还京，赐死。先是荣家寝室无故有蛆数斛从地坟出。未几，荣死于蛆出之处。有子询。

元弘嗣，河南洛阳人也。祖刚，魏渔阳王。父经，周渔阳郡公。弘嗣少袭爵，十八为左亲卫。开皇九年，从晋王平陈，以功授上仪同。后除观州长史，以严峻任事，州人多怨之。转幽州。时总管燕荣肆虐于弘嗣，每笞辱。弘嗣心不伏，遂被禁。及荣诛，弘嗣为政，酷又甚之。每鞫囚，多以酢灌鼻，或椓弋其下窍，无敢隐情，奸伪屏自。仁寿末，授木工监，修营东都。

大业初，炀帝潜有辽东意，遣弘嗣于东莱海口监造船。诸州役丁苦其捶楚，官人当作，昼夜立水中，略不敢息，自腰已下无不蛆生，死者十三四。寻迁黄门侍郎，转殿中少监。辽东之役，进位金紫光禄大夫。后奴贼寇陇西，诏弘嗣击之。

及玄感反，弘嗣屯兵安定。或告之谋应玄感，代王侑遣执送行在所。以无反释，帝疑之，除名徙日南，道死。

有子仁观。

王文同，京兆频阳人也。性明辩，有干用。开皇中，以军功拜仪同，授桂州司马。炀帝嗣位，为光禄少卿。以忤旨，出为恒山郡赞务。

有一人豪猾，每持长吏长短，前后守令咸惮之。文同下车，闻其名，而数之。因令刿木为大橛，埋之于庭，出尺余，四面各埋小橛，令其人踣心于木橛上，缚四支于小橛，以棒打其背，应时溃烂。郡中大骇，吏人慑气。

及帝征辽东，令文同巡察河北诸郡，文同见沙门斋戒菜食者，以为袄妄，皆收系之。北至河间，召诸郡官人，小有迟违者，辄覆面于地而捶杀之。求沙门相聚讲论及长老共为佛会者数百人，文同以为聚结惑众，尽斩之。又悉裸僧尼，验有淫状非童男女者数千人，复将杀之。郡中士女，号哭于路，诸郡惊骇，各奏其事。帝闻大怒，遣使者达奚善意驰锁之，斩于河间，以谢百姓。雠人剖其棺，脔其肉啖之，斯须咸尽。

论曰：士之立名，其途不一，或以循良进，或以严酷显。故宽猛相资，德刑互设。然不严而化，君子所先。于洛侯等为恶不同，同归于酷，肆其毒螫，多行残忍。贱人肌肤，同诸木石，轻人性命，甚于刍狗。长恶不悛，鲜有不及。故或身婴罪戮，或忧患俱殒，异术皆毙，各其宜焉。凡百君子，以为有天道矣。

北史卷八八
列传第七六

隐　逸

眭夸　冯亮　郑俦　崔廓　徐则
张文诩

　　盖兼济独善,显晦之殊,其事不同,由来久矣。昔夷、齐获全于周武,华裔不容于太公。何哉?求其心者,许以激贪之用;督其迹者,矫以教义之风。而肥遁不归,代有其人矣。故《易》称"遁世无闷","不事王侯"。《诗》云"皎皎白驹,在彼空谷。"《礼》云"儒有上不臣天子,下不事诸侯"。《语》曰:"举逸民,天下之人归心焉"。虽出处殊途,语默异用,各言其志,皆君子之道也。

　　洪崖兆其始,箕山扇其风,七人作乎周年,四皓光乎汉日。魏、晋以降,其流逾广。其大者则轻天下,细万物;其小者则安苦节,甘贱贫。或与世同尘,随波澜以俱逝;或违时矫俗,望江湖而独往。狎玩鱼鸟,左右琴书,拾遗粒而织落毛,饮石泉而庇松柏。放情宇宙之外,自足怀抱之中。然皆欣欣于独善,鲜汲汲于兼济。夷情得丧,忘怀累有。比夫迈德弘道,匡俗庇人,可得而小,不可得而忽也。而受命哲王,守文令主,莫不束帛交驰,蒲轮结辙,奔走岩谷,唯恐不逮者,何哉?以其道虽未弘,志不可夺,纵无舟楫之功,终有坚贞之操,足以立懦夫之志,息贪竞之风。与苟得之徒,不可同年共日,所谓无用以为用,无为而无不为也。

自叔世浇浮，淳风殆尽，锥刀之末，竞入成群。而能冥心物表，介然离俗，望古独适，求友千龄，亦异人矣。何必御霞乘云而追日月，穷极天地，始为超远哉。

案《魏书》列眭夸、冯亮、李谧、郑修为《逸士传》。《隋书》列李士谦、崔廓、廓子赜、徐则、张文诩为《隐逸传》。今以李谧、士谦附其家传，其余并编附篇，以备《逸传》云。

眭夸一名旭，赵郡高邑人也。祖迈，晋东海王越军谋掾，后没石勒，为徐州刺史。父邃，字怀道，慕容宝中书令。

夸少有大度，不拘小节，耽好书传，未曾以世务经心。好饮酒，浩然物表。年三十，遭父丧，须鬓致白，每一悲哭，闻者为之流涕。高尚不仕，寄情丘壑。同郡李顺愿与之交，夸拒而不许。邦国少长莫不惮之。

少与崔浩为莫逆之交。浩为司徒，奏征为中郎，辞疾不赴。州郡逼遣，不得已，入京都，与浩相见。经留数日，唯饮酒谈叙平生，不及世利。浩每欲论屈之，竟不能发言，其见敬惮如此。浩后遂投诏书于夸怀，亦不开口。夸曰："桃简，卿已为司徒，何足以此劳国士也？吾便将别。"桃简，浩小名。浩虑夸即还，时乘一骡，更无兼骑，乃以夸骡内之厩中，冀相维絷。夸遂托乡人输租者，谬为御车，乃得出关。浩知而叹曰："眭夸独行士，本不应以小职辱之，又使其人杖策复路，吾当何辞以谢也！"时朝法甚峻，夸既私还，将有私归之咎。浩仍相左右，始得无坐。经年，送夸本骡，兼遗以所乘马，为书谢之。夸更不受其骡马，亦不复书。及浩没，为之素服，受乡人吊唁，经一时乃止。叹曰："崔公既死，谁能更容眭夸！"

妇父钜鹿魏攀，当时名达之士，未尝备婿之礼，情同朋好。或人谓夸曰："吾闻有大才者必居贵仕，子何独在桑榆乎？"遂著《知命论》以释之。及卒，葬日赴会者如市。无子。

冯亮字灵通，南阳人，梁平北将军蔡道恭之甥也。少博览诸书，又笃好佛理。随道恭至义阳,会中山王英平义阳,获焉。英素闻其名,以礼待接。亮性清静,后隐居嵩山,感英之德,以时展觐。英亡,亮奔赴,尽其哀恸。宣武尝召以为羽林监,领中书舍人,将令侍讲《十地》诸经,固辞不许。又欲使衣帻入见,苦求以幅巾就朝,遂不强逼。还山数年,与僧礼诵为业,蔬食饮水,有终焉之志。会逆人王敞事发,连山中沙门法。而亮被执赴尚书省,十余日,诏特免雪。亮不敢还山,遂寓居景明寺,敕给衣食及其从者数人。后思其旧居,复还山室。

亮既雅爱山水,又兼工思,结架岩林,甚得栖游之适。颇以此闻,宣武给其工力,令与沙门统僧暹、河南尹甄深等同视嵩山形胜之处,遂造闲居佛寺,林泉既奇,营制又美,曲尽山居之妙。亮时出京师,延昌二年冬,因遇笃疾,宣武敕以马舆送令还山,居嵩高道场寺,数日卒。诏赠帛二百匹,以供凶事。

遗诫兄子综,殓以衣帽,左手持板,右手执《孝经》一卷,置尸盘石上,去人数里外,积十余日,乃焚于山,灰烬处,起佛塔经藏。初、亮以盛冬丧,连日骤雪,穷山荒涧,鸟兽饥窘,僵尸山野,无所防护。时有寿春道人惠需,每旦往看其尸,拂去尘霭,禽虫之迹,交横左右,而初无侵毁。衣服如本,唯风帽巾。又以亮识旧南方法师信大栗十枚,言期之将来十地果报,开亮手,以置把中。经宿,乃为虫鸟盗食,皮壳在地,而亦不伤肌体。焚燎之日,有素雾蓊郁,回绕其傍,自地属天,弥朝不绝。山中道俗营助者百余人,莫不异焉。

郑脩,北海人也。少隐于岐南凡谷中,依岩结宇,不交世俗,雅好经史,专意玄门。前后州将,每征不至。岐州刺史魏兰根频遣致命,脩不得已,暂出见兰根,寻还山舍。兰根申表荐脩,明帝诏付雍州刺史萧宝寅访实以闻。会宝寅作逆,事不行。

崔廓字士玄,博陵安平人也。父子元,齐燕州司马。廓少孤贫,母贱,由是不为邦族所齿。初为里佐,屡逢屈辱,于是感激,逃入山中。遂博览书籍，多所通涉，山东学者皆宗之。既还乡，不应辟命。与赵郡李士谦为忘言友，时称崔、李。士谦死，廓哭之恸，为之作传，输之秘府。士谦妻卢氏寡居，每家事，辄令人谘廓取定。廓尝著论言刑名之理，其义甚精，文多不载。隋大业中，终于家。

子赜，字祖浚，七岁能属文。容貌短小，有口辩。开皇初，秦孝王荐之，射策高第。诏与诸儒定乐，授校书郎，转协律郎。太常卿苏威雅重之。母忧去职，性至孝，水浆不入口者五日。

后征为河南、豫章二王侍读，每更日来往二王之第。及河南为晋王，转记室参军，自此去豫章。王重之不已，遗赜书曰：

昔汉氏西京，梁王建国，平台东苑，慕义如林。马卿辞武骑之官，枚乘罢弘农之守。每览史传，尝窃怪之，何乃脱略官荣，栖迟藩邸？以今望古，方知雅志。彼二子者，岂徒然哉！

足下博闻强记，钩深致远，视汉臣之三箧，似陟蒙山；对梁相之五车，若吞云梦。吾兄钦贤重士，敬爱忘疲，先筑郭隗之宫，常置穆生之醴。今者重开土宇，更誓山河，地方七百，牢笼曲阜；城兼七十，包举临淄。大启南阳，方开东阁。想得奉飞盖，曳长裾，藉玳筵，蹑珠履，歌山桂之偃蹇，赋池竹之檀栾，其崇贵也如彼，其风流也如此，幸甚幸甚，何乐如之！

高视上京，有怀德祖；才谢天人，多惭子建。书不尽意，宁俟繁辞。

赜答曰：

一昨伏奉教书，荣贶非恒，心灵自失。若乃理高《象系》，管辂思而不解；事富《山海》，郭璞注而未详。至于五色相宣，八音繁会，凤鸣不足喻，龙章莫之比。吴札之论《周颂》，讵尽揄扬；郢客之奏《阳春》，谁能赴节？伏惟令王殿下，禀润天潢，承辉日观，雅道迈于东平，文艺高于北海。汉则马迁、萧望，晋则裴楷、张华。鸡树腾声，鹓池播美，望我清尘，悠然路绝。

祖浚燕南赘客，河朔惰游，本无意于希颜，岂有心于慕蔺。未尝聚萤映雪，悬头刺股，读论唯取一篇，披庄不过盈尺。况复桑榆渐暮，藜藿屡空，举烛无成，穿杨尽弃。但以燕求马首，薛养鸡鸣，谬齿鸿仪，虚班骥皂。挟太山而超海，比报德而非难；堙昆仑以为池，匹酬恩而反易。

忽属周桐锡瑞，唐水承家，门有将相，树宜桃李。真龙将下，谁好有名；滥吹先逃，何须别听。但慈旨抑扬，损上益下，江海所以称王，丘陵为之不逮。曹植傥豫闻高论，则不殒令名；杨修若窃在下风，亦诳亏淳德。无任荷戴之至，谨奉启以闻。

豫章得书，赉米五十石，并衣服、钱帛。时晋邸文翰，多成其手。王入东宫，除太子斋帅，俄兼舍人。及元德太子薨，以疾归于家。后征起居舍人。

大业四年，从驾汾阳宫，次河阳镇。蓝田令王昙于蓝田山得一玉人，长三四寸，著大领衣，冠帻，奏之。诏问群臣，莫有识者。颎答曰："谨案：汉文帝已前，未有冠帻，即是文帝以来所制也。臣见魏大司农卢元明撰《嵩高山庙记》云：'有神人，以玉为形，像长数寸，或出或隐，出则令世延长。'伏惟陛下，应天顺人，定鼎嵩、雒，岳神自见，臣敢称庆。"因再拜，百官毕贺。天子大悦，赐缣二百匹。从驾往太行山，诏问颎曰："何处有羊肠坂？"颎答曰："臣案《汉书地理志》，上党壶关县有羊肠坂。"帝曰："不是。"又答曰："臣案皇甫士安撰《地书》。云太原北九十里，有羊肠坂。"帝曰："是也。"因谓牛弘曰："崔祖浚所谓问一知二。"

五年，受诏与诸儒撰《区宇图志》二百五十卷，奏之。帝不善之，更令虞世基、许善心演为六百卷。以父忧去职，寻起令视事。辽东之役，授鹰扬长史，置辽东郡县名，皆颎之议也。奉诏作《东征记》。九年，除越王长史。于时山东盗贼蜂起，帝令抚慰高阳、襄国，归首者八百余人。十二年，从驾江都。宇文化及之弑帝也。引为著作郎，称疾不起。在路发疾，卒于彭城，年六十九。

颎与河南元善、河东柳訔、太原王邵、吴兴姚察、琅邪诸葛颖、信都刘焯、河间刘炫相善，每因休假，清谈竟日。所著词、赋、碑、志十余万言，撰《治闻志》》七卷，《八代四科志》三十卷。未及施行，江都倾覆，咸为煨烬。

徐则，东海郯人也。幼沈静，寡嗜欲，受业于周弘正，善三玄，精于论议，声擅都邑。则叹曰：“名者实之宾，吾其为宾乎！”遂怀栖隐之操，杖策入缙云山。后学者数百人苦请教授，则谢而遣之。不娶妻，常服巾褐。陈太建中，应召来憩于至真观，期月，又辞入天台山。因绝粒养性，所资唯松水而已，虽隆冬冱寒，不服绵絮。太傅徐陵为之刊山立颂。

初在缙云山，太极真人徐君降之曰：“汝年出八十，当为王者师，然后得道也。”晋王广镇扬州，闻其名，手书召之曰：“夫道得众妙，法体自然，包涵二仪，混成万物，人能弘道，道不虚行。先生履德养空，宗玄齐物，深晓义理，颇味法门。悦性冲玄，恬神虚白，餐松饵术，栖息烟霞。望赤城而侍风云，游玉堂而驾龙凤。虽复藏名台岳，犹且腾实江、淮。藉甚嘉猷，有劳窃寐。钦承素道，久积虚襟，侧席幽人，梦想岩穴。霜风已冷，海气将寒，偃息茂林，道体休念。昔商山四皓，轻举汉庭，淮南八公，来仪蕃邸。古今虽异，山谷不殊。市朝之隐，前贤已说。导凡述圣，非先生而谁？故遣使人，往彼延请，想无劳束帛，贲然来思，不待蒲轮，去彼空谷。希能屈己，伫望披云。”则谓门人曰：“吾今年八十一，王来召我，徐君之旨，信而有徵。”于是遂诣扬州。

晋王将请受道法，则辞以时日不便。其后夕中，命侍者取香火，如平常朝礼之仪，至于五更而死。支体柔弱如生，停留数旬，颜色不变。晋王下书曰：“天台真隐东海徐先生，虚确居宗，冲玄成德，齐物处外，检行安身。草褐蒲衣，餐松饵术，栖隐灵岳，五十余年。卓矣仙才，飘然腾气，千寻万顷，莫测其涯。寡人钦承道风，久餐德素，频遣使乎，远此延屈，冀得虔受上法，式建良缘。至止甫尔，未淹旬日，厌尘羽化，反真灵府。身体柔软，颜色不变，经方所谓尸解地仙者哉。诚复师礼未申，而心许有在，虽忘怛化，犹怆于怀。丧事所资，随须供给。霓裳羽盖，既且腾云；空椁余衣，讵藉坟垄？但杖舄在尔，可同俗法。宜遣使人，送还天台定葬。”

是时，自江都至天台，在道多见则徒步，云得放还。至其旧居，取经书道法，分遣弟子，仍令净扫一房，曰：“若有客至，宜延之于此。”然后跨石梁而去，不知所之。须臾尸枢至，知其灵化，时年八十二。晋王闻而益异之，赠物千段，遣画工图其状，令柳䛒为之赞。

时有建安宋玉泉、会稽孔道茂、丹阳王远知等，亦行辟谷道，以松水自给，皆为炀帝所重。

张文诩，河东人也。父琚，开皇中，为洹水令，以清正闻。

文诩博览群书，特精《三礼》。隋文帝方引天下名儒硕学之士，文诩时游太学，博士房晖远等莫不推伏之。书侍御史皇甫诞，一时朝彦，恒执弟子之礼，以所乘马就学邀屈。文诩遂每牵马步进，意在不因人自致也。右仆射苏威闻而召之，与语大悦，劝令从官，文诩固辞。

仁寿末，学废，文诩策杖而归，灌园为业。州郡频举，皆不应命。事母以孝闻。每以德化人，乡党颇移风俗。尝有人夜中窃刈其麦者，见而避之。盗因感悟，弃麦而谢。文诩慰谕之，自誓不言，固令持去。经数年，盗者向乡人说之，始为远近所悉。邻家筑墙，心有不直，文诩因毁旧堵以应之。文诩常有腰疾，会医者自言善禁，文诩令禁之，遂为刀所伤，至于顿伏床枕。医者叩头请罪。文诩遽遣之，因为隐，谓妻子曰：“吾昨风眩，落坑所致。”其掩人短，皆此类也。州县以其贫素，将加赈恤，辄辞不受。尝闲居无事，从容叹曰：“老冉冉而将至，恐修名之不立！”以如意击几自乐，皆有处所，时人方之闵子骞、原宪焉。终于家，乡人为立碑颂，号曰张先生。

论曰：古之所谓隐逸者，非伏其身而不见也，非闭其言而不出也，非藏其智而不发也，盖以恬淡为心，不矫不昧，安时处顺，与物无私者也。眭夸忘怀缨冕，毕志丘园，或隐不违亲，贞不绝俗；或不教而劝，虚往实归，非有自然纯德，其孰能至此？然文诩见伤无愠，徐则志在沈冥，不可亲疏，莫能贵贱，皆可谓抱朴之士矣。崔廓感于屈辱，遂以肥遁见称；祖浚文籍之美，足以克隆堂构。父子虽动静殊方，其于成名一也，美哉！

北史卷八九
列传第七七

艺术上

晁崇　张深　殷绍　王早　耿玄
刘灵助　李顺兴　檀特师
由吾道荣　颜恶头　王春　信都芳
宋景业　许遵　吴遵世　赵辅和
皇甫玉　解法选　魏宁　綦母怀文
张子信　陆法和　蒋昇　强练
庾季才　卢太翼　耿询　来和
萧吉　杨伯丑　临孝恭　刘祐
张胄玄

　　夫阴阳所以正时日,顺气序者也;卜筮所以决嫌疑,定犹豫者
也;医巫所以御祅邪,养性命者也;音律所以和人神,节哀乐者也;
相术所以辨贵贱,明分理者也;技巧所以利器用,济艰难者也。此皆
圣人无心,因人设教,救恤灾患,禁止淫邪,自三五哲王,其所由来
久矣。昔之言阴阳者,则有箕子、神灶、梓慎、子韦;晓音律者,则师
旷、师挚、伯牙、杜夔;叙卜筮,则史扁、史苏、严君平、司马季主;论

相术，则内史叔服、姑布子卿、唐举、许负；语医巫则文挚、扁鹊、季咸、华他；其巧思，则奚仲、墨翟、张平子、马德衡。凡此诸君，莫不探灵入妙，理洞精微。或弘道以济时，或隐身以利物，深不可测，固无得而称矣。近古涉乎斯术者，鲜有存夫贞一，多肆其淫僻，厚诬天道。或变乱阴阳，曲成君欲；或假托神怪，荧惑人心。遂令时俗袄讹，不获返其真性，身罹灾毒，莫得寿终而死。艺成而下，意在兹乎！

历观经史百家之言，无不存夫艺术，或叙其玄妙，或记其迂诞，非徒用广异闻，将以明乎劝戒。是以后来作者，咸相祖述。

自魏至隋，年移四代，至于游心艺术，亦为多矣。在魏，则叙晁崇、张深、殷绍、王早、耿玄、刘灵助、江式、周澹、李修、徐謇、王显、崔彧、蒋少游，以为《术艺传》。在齐，则有由吾道荣、王春、信都芳、宋景业、许遵、吴遵世、赵辅和、皇甫玉、解法选、魏宁、綦母怀文、张子信、马嗣明为《方伎传》。在周，则有冀俊、蒋昇、姚僧垣、黎景熙、赵文深、褚该、强练、以为《艺术传》。在隋，则有庾季才、卢太翼、耿询、韦鼎、来和、萧吉、张胄玄、许智藏、万宝常为《艺术传》。今检江式，崔彧、冀俊、黎景熙、赵文深各编别传。又检得沙门灵远、李顺兴、檀特师、颜恶头，并以陆法和、徐之才、何稠附此篇，以备《术艺传》。前代著述，皆混而书之。但道苟不同，则其流异，今各因其事，以类区分。先载天文数术，次载医方伎巧云。

晁崇字子业，辽东襄平人也。善天文术数，为慕容垂太史郎。从慕容宝败于参合，为道武所获。从平中原，拜太史令。诏崇造浑仪，选中书侍郎，令如故。天兴五年，月晕左角，崇奏，占为角虫将死。帝既克姚平于柴壁，以崇言之徵，遂命诸军焚车而反。牛果大疫，舆驾所乘巨犗数百头，亦同日毙于路侧，自余首尾相继。是岁天下牛死者十七八，麋鹿亦多死。

崇弟懿，明辩而才不及崇。以善比人语，为黄门侍郎。懿好矜容仪，被服僭度，言音类帝，左右每闻其声，莫不惊悚。帝知而恶之。后其家奴告崇、懿叛，招引姚兴。及兴寇平阳，帝以奴言为实，执崇兄弟，并赐死。

张深，不知何许人也。明占候，自云，尝事符坚，坚欲征晋，深劝不行，坚不从，果败。又仕姚兴为灵台令，姚泓灭，入赫连昌。昌复以深及徐辩对为太史令。统万平，深、辩俱见获，以深为太史令。神麚二年，将讨蠕蠕，深、辩皆谓不宜行，与崔浩争于太武前。深专守常占，而不能钩深赜远，故不及浩。后为骠骑军谋祭酒，著《观象赋》，其言星文甚备，文多不载。

又明元时，有容城令徐路，善占候，坐系冀州狱。别驾崔隆宗就禁慰问之，路曰："昨夜驿马星流，计赦须臾应至。"隆宗先信之，遂遣人出城候焉，俄而赦至。

又道武、明元时，太史令王亮、苏垣，太武时，破和龙得冯弘太史令闵盛，孝文时，太史赵樊生，并知天文。后太史令赵胜、赵翼、赵洪庆、胡世荣、胡法通等二族，世业天文。又永安中，诏以恒州人高崇祖善天文，每占吉凶有验，特除中散大夫。

永熙中，诏通直散骑常侍孙僧化与太史胡世荣、太史令张宠、赵洪庆及中书舍人孙子良等在门下外省，校比天文书，集甘、石二家星经，及汉、魏以来二十三家经占，集五十五卷。后集诸家撮要，前后所上杂占，以类相从，日月、五星、二十八宿、中外官及图，合为七十五卷。

僧化，东莞人也。识星分，案文占以言灾异，时有所中。普泰中，尔朱兆恶其多言，遂系于廷尉，免官。永熙中，孝武帝召僧化与中散大夫孙安都共撰兵法，未就而帝入关，遂罢。元象中，死于晋阳。

殷绍，长乐人也。达《九章》、《七曜》。太武时，为算生博士，给事东宫西曹。太安四年，上《四序堪舆》，表言："以姚氏之时，行学伊川，遇游遁大儒成公兴，从求《九章》要术。兴字广明，自云胶东人也，山居隐迹，希在人间。兴将臣到阳翟九崖岩沙门释昙影间，兴即北还。臣独留住，依止影所，求请《九章》。影复将臣向长广东山，就道人法穆。法穆时共影为臣开述《九章》数家杂要。复以先师和公所注黄帝四序经文三十六卷,合有三百二十四章,专说天地阴阳之本。其第一,孟序,九卷八十一章,说阴阳配合之原;第二,仲序,九卷八十一章,解四时气王,休杀吉凶;第三,叔序,九卷八十一章,明日月辰宿,交会相生为表里;第四,季序,九卷八十一章,具释六甲,刑祸福德。以此经文,传授于臣。山神禁严,不得赍出。寻究经年,粗举纲要。山居险难,无以自供,不堪窘迫,心生懈怠。以甲寅之年,日维鹑火,感物怀归。自尔至今,二十五载。臣前在东宫,以状奏闻,奉被景穆皇帝圣诏,敕臣撰录,集其要最。仰奉明旨,谨审先所见《四序经》文,抄撮要略,当世所须吉凶举动,集成一卷。上至天子,下及庶人,贵贱等级,尊卑差别,吉凶所用,罔不毕备。未及内呈,先帝晏驾。依先撰录,谨以上闻。"其《四序堪舆》遂大行于世。

其从子玖,亦以学术著名。

王早,勃海南皮人也。明阴阳、九宫及兵法,善风角。明元时,丧乱之后,有人诣早,求问胜术,早为设法,令各无咎,由是州里称之。时有东莞郑氏,执得雠人赵氏,克明晨会宗族,当就墓所刑之。赵氏求救于早,早为占候,并授以一符曰:"君今且还,选取七人,令一人为行主者佩此符,于难鸣时,伏在仇家宅东南二里。平旦,当有十人相随向西北,行中有二人乘黑牛,一黑牛最在前,一黑牛应第七。但捉取第七者将还,事必无他。"赵氏从之,果如其言。乃是郑氏男五父也,诸子并为其族所宗敬,故和解二家,赵氏竟免。

后早与客清晨立于门内,遇有卒风振树,早语客曰:"依法当有千里外急使。日中时,有两匹马,一白一赤,从西南来,至即取我,逼我不听与妻子别。"语讫便入,召家人邻里辞别,仍沐浴带书囊,日中出门候使。如期,果有马一白一赤,从州而至,即促早上马,遂诣行宫。时太武围凉州未拔,故许彦荐之。早,彦师也。及至,诏问何时当克此城。早对曰:"陛下但移据西北角,三日内必克。"帝从之,如期而克。舆驾还都,久不雨,帝问早。早曰:"今日申时必大雨。"

比至未，犹无片云，帝召早诘之。早曰："愿更少时。"至申时，云四合，遂大雨滂沱。

早苦以疾辞，乞归乡里，诏许之，遂终于家。或言许彦以其术胜，恐终妨己，谲令归之耳。

耿玄，钜鹿宋子人也。善卜占，有客叩门，玄在室已知其姓字，并所赍持及来问之意。其所卜筮，十中八九。别有《林占》，时或传之。而性不和俗，时有王公欲求其筮者，玄则拒而不许。每云："今既贵矣，何所求而复卜也？欲望意外乎？"代京法禁严切，王公闻之，莫不惊悚而退。故玄多见憎忿，不为贵胜所亲。官止钜鹿太守。

刘灵助，燕郡人也。师事范阳刘弁，而粗疏无赖，或时负贩，或复劫盗，卖术于市。后事尔朱荣，荣信卜筮，灵助所占屡中，遂被亲待，为荣府功曹参军。建义初，荣于河阴害王公卿士，时奉车都尉卢道虔兄弟，亦相率朝行宫，灵助以其州里，卫护之。由是朝士与诸卢相随免害者数十人。荣入京师，超拜光禄大夫，封长子县公。从上党王元天穆讨邢杲。

元颢入洛，天穆度河，会尔朱荣于太行。及将攻河内，令灵助筮之。灵助曰："未时必克。"时已向中，士众疲怠，灵助曰："时将至矣！"荣鼓之，即便克陷。及至北中，荣攻城不获，以时盛暑，议欲且还，以待秋凉。庄帝诏灵助筮之。灵助曰："必破，十八九间。"果如言。车驾还宫，进爵燕郡公，赠其父僧安为幽州刺史。寻兼尚书左仆射，慰劳幽州流人。北还，与都督侯深等讨葛荣余党韩娄，灭之于蓟。仍厘州务，又为幽、并、营、安四州行台。

及尔朱荣死，庄帝幽崩，灵助本寒微，一朝至此，自谓方术堪能动众，又以尔朱有诛灭之兆，遂自号燕王、大行台，为庄帝举义兵。驯养大鸟，称为己瑞，妄说图谶，言刘氏当王。又云："欲知避世入鸟村。"遂刻毡为人象，书桃木为符书，作诡道厌祝法，人多信之。时河西人纥豆陵步藩举兵逼晋阳，尔朱兆频战不利。故灵助唱言："尔朱自然当灭,不须我兵。"由是幽、瀛、沧、冀人悉从之。从之者,夜举火为号,不举火者,诸村共屠之。普泰元年,率众至博陵之安国城,与叱列延庆、侯深、尔朱羽生等战,战败被禽,斩于定州,传首洛阳,支分其体。

初,灵助每云:"三月末,我必入定州,尔朱亦必灭。"及将战,灵助自筮,卦不吉,以手折蓍弃之地,云:"此何知!"寻见禽。果以三月入定州。而齐神武以明年闰三月,灭兆等于韩陵山。永熙二年,赠尚书左仆射、开府仪同三司、幽州刺史,谥曰恭。

时又有沙门灵远者,不知何许人,有道术。尝言尔朱荣成败,预知其时。又言代魏者齐,葛荣闻之,故自号齐。及齐神武至信都,灵远与勃海李嵩来谒。神武待灵远以殊礼,问其天文人事。对曰:"齐当兴,东海出天子。今王据勃海,是齐地。又太白与月并,宜速用兵,迟则不吉。"灵远后罢道,姓荆字次德。求之,不知所在。

李顺兴,京兆杜陵人也。年十余,乍愚乍智,时莫识之。其言未来事,时有中者。盛冬单布衣,跣行冰上及入洗浴,略不患寒。家尝为斋,方食,器用不周。顺兴言:"昆明池中有大荷叶,可取盛饼食。"其所居去池十数里,日不移影,顺兴负荷叶而归,脚犹泥,举坐惊异。后稍出城市,常冠道士冠,人有忆者,不过数日,辄至其家。号为李练。好饮酒,但不至醉。贵贱并敬之。得人所施,辄散乞贫人。

萧宝夤反,召顺兴问曰:"朕王可几年?"对曰:"为天子自有百年者,十年者,一年者,百日者,事由可知。"及宝夤败,裁百日也。有侯终德者,宝夤之党,宝夤败后,收集反者。顺兴称其败,德乃棒杀顺兴,置城隍中,顷之,起活如初。后贺拔岳北征,顺兴与魏收书,上为毛鸿宾等九人姓名者悉放贵还。顺兴从后提一河东酒缸,以绳系之,于城巷牵行,俄而蒲坂降。又无何,至太傅梁览家庭中卧,以布衫到覆身上。后览于赵崔反,通使东魏,事泄被诛,览以衣到覆,果如顺兴之形。周文尝至温泉,顺兴求乞温泉东间骊山下二亩地,周文曰:"李练用此何为?"对曰:"有用。"未几,至温汤遇患,卒于其地。

　　初,大统十三年,顺兴谓周文曰:"可于沙苑北作一老君象,面向北,作笑状。"周文曰:"何为?"答曰:"今笑破蠕蠕。"时甚惑,未解其意。及蠕蠕国灭,周文忆语,遂作顺兴象于老君侧。

　　檀特师者,名惠丰,身为比丘,不知何处人。饮酒啖肉,语嘿无常,逆论来事,后皆如言。居于凉州,宇文仲和为刺史,请之至州内,历观厩库。乃云:"何意畜他官马官物!"仲和怒,不听住凉州。未几,仲和拒不受代,朝廷令独孤信禽之,仲和身死,资财没官。周文遣书召之,檀特发至岐州,会齐神武来寇玉壁,檀特曰:"狗岂能至龙门也?"神武果不至龙门而还。侯景未叛东魏之前,忽捉一杖,杖头刻为猕猴,令其面常向西,日夜弄之。又索一角弓,牵挽之。俄而景启降,寻复背叛,人皆以为验。

　　至大统十七年春初,忽著一布帽,周文左右惊问之。檀特曰:"汝亦著,王亦著也。"至三月而魏文帝崩。复取一白绢帽著之,左右复问之。檀特云:"汝亦著,王亦著也。"未几,丞相夫人薨。后又著白绢帽,左右复问之。云:"汝不著,王亦著也。"寻而丞相第二儿武邑公薨。其事验多如此也。俄而疾死。

　　由吾道荣,琅邪沭阳人也。少为道士,入长白山、太山,又游燕、赵间。闻晋阳有人,大明法术,乃寻之。是人为人家佣力,无名者,久求访始得。其人道家,符水禁咒、阴阳历数、天文药性,无不通解。以道荣好尚,乃悉授之。岁余,是人谓荣云:"我本恒岳仙人,有少罪过,为天官所谪。今限满将归,卿宜送吾至汾水。"及至汾河,遇水暴长,桥坏,船渡艰难。是人乃临水禹步,以一符投水中,流便绝。俄顷,水积将至天。是人徐自沙石上渡。唯道荣见其如是,傍人咸云:"水如此长,此人遂能浮过。"共惊异之。如此法,道荣所不得也。

　　道荣仍归本郡,隐于琅邪山中,辟谷饵松术茯苓,求长生之秘。又善洞视,萧轨等之败于江南,其日,道荣言之如目见。其后乡人从役得归者,勘问败时形势,与道荣所说符同。寻为文宣追往晋阳,道荣恒野宿,不入逆旅。至辽阳山中,夜初马惊,有猛兽去马止十余步,所追人及防援者,并惊怖将走。道荣徐以杖画地成火坑,猛兽遽走。道荣至晋阳,文宣见之甚悦。后归乡里。隋开皇初,备礼征辟,授上仪同三司、谏议大夫、沭阳县公。从晋王平陈还,苦辞归。至乡卒,年八十五。

又有张远游者,文宣时,令与诸术士合九转金丹。及成,帝置之玉匣云:"我贪人间作乐,不能飞上天,待临死时取服。"

颜恶头,章武郡人也。妙于《易》筮。游州市观卜,有妇人负囊粟来卜,历七人,皆不中而强索其粟,恶头尤之。卜者曰:"君若能中,何不为卜?"恶头因筮之,曰:"登高临下水洞洞,唯闻人声不见形。妇人曰:"妊身已七月矣,向井上汲水,忽闻胎声,故卜。"恶头曰:"吉,十月三十日有一男子。"诣卜者乃惊服曰:"是颜生邪!"相与具羊酒谢焉。有人以三月十三日诣恶头求卜,遇《兑》之《履》。恶头占曰:"君卜父,父已亡,当上天,闻哭声,忽复苏,而有言。"其人曰:"父卧疾三年矣,昨日鸡鸣时气尽,举家大哭。忽惊寤云:'我死,有三天人来迎,欲升天,闻哭声,遂坠地。'恶头曰:"更三日,当永去。"果如言。人问其故,恶头曰:"《兑》上天下土,是今日庚辛本宫火,故知卜父。今三月,土入墓,又见宗庙爻发,故知死。变见生气,故知苏。《兑》为口,主音声,故知哭。《兑》变为《乾》,《乾》天也,故升天。《兑》为言,故父言。故知有言。未化入戌为土,三月土墓,戌又是本宫鬼墓,未后三日至戌,故知三日复死。"恶头又语人曰:"长乐王某年某月某日当为天子。"有人姓张,闻其言,数以宝物献之,豫乞东益州刺史。及期,果为天子,擢张用之。

恶头自言厄在彭城。后游东郡,逢彭城王尔朱仲远将伐齐神武于邺,召恶头令筮。恶头野生,不知避忌,高声言:"大恶。"仲远怒其沮众,斩之。

　　王春,河东安邑人也。少精《易》占,明阴阳风角,齐神武引为馆客。韩陵之战,四面受敌,从寅至午,三合三离,将士皆惧。神武将退军,春叩马谏曰:"比至未时,必当大捷。"遽缚其子诣军门为质,若不胜,请斩之。贼果大败。后从征讨,恒令占卜,其言多中。位东徐州刺史,赐爵安夷县公。卒,赠秦州刺史。

　　信都芳字玉琳,河间人也。少明算术,兼有巧思,每精心研究,或坠坑坎。常语人云:"算历玄妙,机巧精微,我每一沈思,不闻雷霆之声也。"其用心如此。后为安丰王延明召入宾馆。有江南人祖暅者,先于边境被获,在延明家,旧明算历,而不为王所待。芳谏王礼遇之。暅后还,留诸法授芳,由是弥复精密。延明家有群书,欲抄集《五经》算事为《五经宗》,及古今乐事为《乐书》,又聚浑天、欹器、地动、铜乌、漏刻、候风诸巧事,并图画为《器准》,并令芳算之。会延明南奔,芳乃自撰注。

　　后隐于并州乐平之东山,太守慕容保乐闻而召之,芳不得已而见焉。于是保乐弟绍宗荐之于齐神武,为馆客,授中外府田曹参军。芳性清俭质朴,不与物和。绍宗给其羸马,不肯乘骑;夜遣婢侍以试之,芳忿呼殴击,不听近己。狷介自守,无求于物。后亦注重差、勾股,复撰《史宗》。

　　芳精专不已,又多所窥涉。丞相仓曹祖珽谓芳曰:"律管吹灰,术甚微妙,绝来既久,吾思所不至,卿试思之。"芳留意数十数日,便报珽云:"吾得之矣,然终须河内葭莩灰。"祖对试之,无验。后得河内灰,用术,应节便飞,余灰即不动也。不为时所重,竟不行用,故此法遂绝。

　　又著《乐书》、《遁甲经》、《四术周髀宗》。其序曰:"汉成帝时,学者问盖天,杨雄曰:'盖哉,未几也。'问浑天,曰:'落下闳为之,鲜于妄人度之,耿中丞象之,必乎,莫之息矣。'此言盖差而浑密也。盖器测影而造,用之日久,不同于祖,故云'未几也'。浑器量天而作,乾坤大象,隐见难变,故云'几乎'。是时,太史令尹咸穷研晷盖,易古周法，雄乃见之，以为难也。自昔周公定影王城，至汉朝，盖器一改焉。浑天覆观，以《灵宪》为文；盖天仰观，以《周髀》为法。覆仰虽殊，大归是一。古之人制者，所表天效玄象。芳以浑算精微，术机万首，故约本为之省要，凡述二篇，合六法，名《四术周髀宗》。

又上党李业兴撰新历，自以为长于赵歐、何承天、祖冲之三家，芳难业兴五□。又私撰历书，名曰《灵宪历》，算月频大频小，食必以朔，证据甚甄明。每云："何承天亦为此法，而不能精。《灵宪》若成，必当百代无异议者。"书未成而卒。

宋景业，广宗人也。明《周易》，为阴阳纬候之学，兼明历数。魏武定初，任北平太守。齐文宣作相，在晋阳。景业因高德政上言："《易稽览图》曰：'《鼎》，五月，圣人君，天与延年齿，东北水中，庶人王，高得之。'谨案：东北水，谓勃海也。高得之，明高氏得天下也。"时魏武定八年三月也。高德政、徐之才并劝文宣应天受禅，乃之邺。至平城都，诸大臣沮计，将还。贺拔仁等又云："宋景业误王，宜斩之以谢天下。"帝曰："宋景业当为帝王师，何可杀也？"还至并州，文宣令景业筮，遇《乾》之《鼎》。景业曰："乾，君也，天也。《易》曰：'时乘六龙，以御天。'《鼎》，五月卦也，宜以仲夏吉辰，顺天受禅。"或曰："阴阳书，五月不可入官。犯之，卒于其位。"景业曰："此乃大吉，王为天子，无复下期，岂得不终于其位？"帝大悦。

天保初，封长城县子，受诏撰《天保历》，李广为之序。

许遵，高阳新城人也。明易善筮，兼晓天文、风角、占相、逆刺，其验若神。齐神武引为馆客。自言禄命不富贵，不横死，是以任性疏诞，多所犯忤，神武常容借之。芒阴之役，遵谓李业兴曰："贼为水陈，我为火陈，水胜火，我必败。"果如其言。清河王岳以遵为开府记室。岳后将救江陵，遵曰："此行必致后凶，宜辞疾勿去。"岳曰："势不免去，正当与君同行。"遵曰："遵好与生人相随，不欲与死人同路。"岳强给其马以行。至都，寻丧。三台初成，文宣宴会尚书以上，三日不出。许遵妻季氏忧之，以问遵。遵曰："明日当得三百匹绢。"季氏曰："若然，当奉三束。"遵曰："不满十匹。"既而皆如言。文宣无道日甚，遵语人曰："多折算来，吾筮此狂夫何时得死。"于是布算满床，大言曰："不出冬初，我乃不见。"文宣以十月崩，遵果以九月死。

子晖，亦学术数。遵谓曰："汝聪明不及我，不劳多学。"唯授以妇人产法，豫言男女及产日，无不中。武成时，以此数获赏焉。

又有荥阳魏绍者，亦善占。侯景欲试之，使与郭生俱卜二伏牛何者先起。卜得火兆，郭生曰："赤牛先起。"绍曰："青牛先起。"景问其故，郭生曰："火色赤，故知赤牛先起。"绍曰："火将然，烟先起，烟上色青，故知青牛起。"既而如绍言。

吴遵世字季绪，勃海人也。少学《易》，入恒山，忽见一老翁，授之开心符，遵世跪，水吞之，遂明占卜。后出游京洛，以卜筮知名。魏孝武帝之将即位，使之筮，遇《否》之《萃》，曰："先否后喜。"帝曰："喜在何时。"遵世曰："刚决柔，则春末夏初也。"又筮，遇《明夷》之《贲》，曰："初登于天，后入于地。若能敬始慎终，不失法度，无忧入地矣。"终如其言。

后齐文襄引为大将军府墨曹参军。从游东山，有云起，恐雨废射，戏使筮。遇《剥》，李业兴云："坤上艮下，《剥》。艮为山，山出云，故知有雨。"遵世云："坤为地，土制水，故知无雨。"文襄使崔暹书之云："遵世若著，赏绢十匹；不著，罚杖十。业兴若著，无赏；不著，罚杖十。"业兴曰："同是著，何独无赏？"文襄曰："遵世著，会我意，故赏也。"须臾云散，二人各受赏罚。

皇建中，武成以丞相在邺下居守，自致猜疑，甚怀忧惧，谋起兵，每宿辄令遵世筮。遵世云："自有大庆。"由是不决。俄而赵郡王等奉太后令，以遗诏追武成。更令筮之。遵世云："比已作十余卦，其占自然有天下之征。"及即位，除中书舍人，固辞老疾，授中散大夫。和士开封王，妻元氏无子，以侧室长孙为妃，令遵世筮。遵世云："此卦偶与占同。"乃出其占书云："元氏无子，长孙为妃。"士开喜于妙中,于是起叫而舞。

遵世著《易林杂占》百余卷。后预尉迟迥乱,死焉。

赵辅和,清都临漳人也。少以明易善筮为齐神武馆客。神武崩于晋阳,葬有日矣,文襄令文宣与吴遵世等择地,频卜不吉。又至一所,筮遇《革》,咸云凶。辅和少年,最在众人后,进云:“《革卦》于天下人皆凶,唯王家用之大吉。《革彖辞》云:‘汤武革命,应天顺人。’”文宣遽登车,顾云:“以此地为定。”即义平陵也。有人父为刺史,得书云疾。是人诣馆,别托相知者筮。遇《泰》,筮者云:“此卦甚吉。”是人出后,辅和谓筮者云:“《泰》,乾下坤上,则父入土矣,岂得言吉。”果凶问至。有人父疾,托辅和筮,遇《乾》之《晋》,慰谕令去。后告人云:“《乾》之游魂,乾为天,为父,父变为魂,而升于天,能无死乎?”亦如其言。

大宁、武平中,筮后宫诞男女及时日,遂至通直常侍。入周,亦为仪同。隋开皇中,卒。

皇甫玉,不知何许人也,善相人。齐文襄之自颖川归,文宣从后,玉于傍纵观,谓人曰:“大将军不作物。”指文宣曰:“会道北垂鼻涕者。”及文宣即位,试玉相术,故以帛巾袜其眼,使历摸诸人。至文宣曰:“此最大达官。”于任城王曰:“当至丞相。”于常山、长广二王,并曰:“亦贵。”至石动桶曰:“此弄痴人。”至二供膳曰:“正得好饮食而已。”玉尝为高归彦相曰:“位极人臣,但莫反。”归彦曰:“我何为反?”玉曰:“公有反骨。”孝昭赐赵郡王十死不问,王喜曰:“皇甫玉相臣,云当恶死,今复何虑?”帝以玉辄为诸王相,心不平之。玉谓其妻曰:“殿上者不过二年。”妻以告舍人斛斯洪庆妻,洪庆以启帝。曰:“向妇女小儿评论万乘主!”敕召玉。玉每照镜,自言兵死,及被召,谓妻曰:“我今去,不回,若过日午时,当得活。”既至正中,遂斩之。

文襄时,有吴士双盲,妙于声。文襄历试之,闻刘桃枝声曰:“有所系属,然当大富贵。王侯将相,多死其手。譬如鹰犬,为人所使。"闻赵道德声曰:"亦系属人,富贵翕赫,不及前人。"闻侯吕芬声,与道德相似。闻太原公声曰:"当为人主。"闻文襄声,不动。崔逷私掐之,乃谬言:"亦国主也。"文襄以为我家群奴犹极贵,况吾身也。

又时有御史贾子儒,亦能相人。崔逷尝将子儒私视文襄,子儒曰:"人有七尺之形,不如一尺之面;一尺之面,不如一寸之眼。大将军脸薄眄速,非帝王相也。"竟如言。

齐代善相者,有馆客赵琼。其妇叔寄弓,弓已转在人处,尽知之。时人疑其别有假托,不然,则姑布子卿不如也。

初,魏正始前,有沙门学相,游怀朔,举目见人,皆有富贵之表。以为必无此理,燔其书。而后皆如言,乃知相法不虚也。

解法选,河内人也。少明相术,又受《易》于权会,筮亦颇工。陈郡袁叔德以太子□行博陵太守,不愿之宫,以亲老言于执政杨愔。愔语云:"既非正除,寻当遣代。"叔德意欲留尊累在京,令法选占。云:"不逾三年,得代,终不还也。"劝其尽家而行。又为叔德相云:"公邑邑,终为吏部尚书,鉴照人物。"后皆如言。又频为和士开相中,士开牒为开府行参军。

魏宁,钜鹿人也。以善推禄命,征为馆客。武成以己生年月,托为异人,问之。宁曰:"极富贵,今年入墓。"武成惊曰:"是我!"宁变辞曰:"若帝王,自有法。"

又有阳子术语人曰:"谣言:卢十六,雄十四,犍子拍头三十二。且四八天之大数,太上之祚,恐不过此。"既而武成崩,年三十二。

綦母怀文,不知何许人也,以道术事齐神武。武定初,齐军战芒山,时齐军旗帜尽赤,西军尽黑,怀文曰:"赤,火色;黑,水色。水能灭火,不宜以赤对黑。土胜水,宜改为黄。"神武遂改为赭黄,所谓河阳幡者也。

　　怀文造宿铁刀,其法,烧生铁精以重柔铤,数宿则成刚。以柔铁为刀脊,浴以五牲之溺,淬以五牲之脂,斩甲过三十札。今襄国冶家所铸宿柔铤,是其遗法,作刀犹甚快利,但不能顿截三十札也。怀文又云:"广平郡南干子城,是干将铸剑处,其土可莹刀。"

　　每云:"昔在晋阳为监馆,馆中有一蠕蠕客,同馆胡沙门指语怀文云:'此人别有异算术。'仍指庭中一枣树云:'令其布算子,即知其实数。'乃试之,并辨若干纯赤,若干赤白相半。于是剥数之,唯少一子。算者曰:'必不少,但更撼之。'果落一实。"怀文位信州刺史。又有孙正言谓人曰:"我昔闻曹普演有言:'高王诸儿,阿保当为天子,至高德之承之,当灭。'阿保,谓天保也;德之,谓德昌也;灭年号承光,即承之矣。

　　张子信,河内人也。颇涉文学,少以医术知名。恒隐白鹿山,时出游京色,甚为魏收、崔季舒所重。大宁中,征为尚药典御。武平初,又以太中大夫征之,听其所志,还山。又善《易》筮及风角之术。武卫奚永洛与子信对坐,有鹊鸣庭树,斗而堕焉。子信曰:"不善,向夕,当有风从西南来,历此树,拂堂角,则有口舌事。今夜有人唤,必不可往,虽敕亦以病辞。"子信去后,果有风如其言。是夜,琅邪王五使切召永洛,且云:"敕唤。"永洛欲起,其妻苦留之,称坠马腰折,不堪动。诘朝而难作。子信,齐亡卒。

　　陆法和,不知何许人也。隐于江陵百里洲,衣食居处,一与戒行沙门同。耆老自幼见之,容色常定,人莫能测也。或谓出自嵩高,遍游遐迩。既入荆州汶阳郡高要县之紫石山,无故舍所居山,俄有蛮贼文道期之乱,时人以为预见萌兆。

　　及侯景始告降于梁,法和谓南郡朱元英曰:"贫道共檀越击侯景去。"元英曰:"侯景为国立效,师云击之何也?"法和曰:"正自如此。"及景度江,法和时在青溪山,元英往问曰:"景今围城,其事云何?"法和曰:"凡人取果,宜待熟时。"固问之,曰:"亦克,亦不克。"

　　景遣将任约击梁湘东王于江陵，法和乃诣湘东乞征约，召诸蛮弟子八百人在江津，二日便发。湘东遣胡僧祐领千余人与同行。法和登舰，大笑曰："无量兵马。"江陵多神祠，人俗恒所祈祷，自法和军出，无复一验，人以为神皆从行故也。至赤沙湖，与约相对，法和乘轻船，不介胄，沿流而下，去约军一里乃还。谓将士曰："聊观彼龙睡不动，吾军之龙，甚自踊跃，即攻之。若得待明日，当不损客主一人而破贼，然有恶处。"遂纵火船，而逆风不便，法和执白羽扇麾风，风即返。约众皆见梁兵步于水上，于是大溃，皆投水。约逃窜不知所之，法和曰："明日午时当得。"及期而未得，人问之，法和曰："吾前于此洲水干时建一刹，语檀越等：此虽为刹，实是贼标。今何不向标下求贼也？"如其言，果于水中见约抱刹，仰头裁出鼻，遂禽之。约言："求就师目前死。"法和曰："檀越有相，必不兵死。且于王有缘，决无他虑。王于后当得檀越力耳。"湘东果释用为郡守。及魏围江陵，约以兵赴救，力战焉。

　　法和既平约，往进见王僧辩于巴陵，谓曰："贫道已却侯景一臂，其更何能为？檀越宜即逐取。"乃请还。湘东王曰："侯景自然平矣，无足虑。蜀贼将至，法和请守巫峡待之。"乃总诸军而往，亲运石以填江，三日，水遂不流，横之以铁锁。武陵王纪果遣蜀兵来度，峡口势蹙，进退不可，王琳与法和经略，一战而殄之。

　　军次白帝，谓人曰："诸葛孔明可谓为名将，吾自见之。此城旁有其埋弩箭镞一斛许。"因插表令掘之，如其言。又尝至襄阳城北大树下，画地方二尺，令弟子掘之。得一龟，长尺半，以杖叩之曰："汝欲出，不能得，已数百岁，不逢我者，岂见天日乎？"为授《三归》，龟乃入草。初，八叠山多恶疾人，法和为采药疗之，不过三服，皆差，即求为弟子。山中多毒虫猛兽，法和授其禁戒，不复噬螫。所泊江湖，必于峰侧结表，云此处放生，渔者皆无所得。才或少获，辄有大风雷，船人惧而放之，风雨乃定。晚虽将兵，犹禁诸军渔捕，有窃违者，中夜猛兽必来欲噬之，或亡其船缆。有小弟子戏截蛇头，来诣法和。法和曰："汝何意杀！"因指以示之，弟子乃见蛇头醋绺挡而不落。

法和使忏悔,为蛇作功德。又有人以牛试刀,一下而头断,来诣法和。法和曰:"有一断头牛,就卿征命殊急,若不为作功德。一月内报至。"其人弗信,少日果死。法和又为人置宅图墓以避祸求福。尝谓人曰:"勿系马于碓。"其人行过乡曲,门侧有碓,因系马于其柱。入门中,忆法和戒,走出将解之,马已毙矣。

梁元帝以法和为都督、郢州刺史,封江乘县公。法和不称臣,其启文朱印名上,自称居士,后称司徒。梁元帝谓其仆射王褒曰:"我未尝有意用陆为三公,而自称,何也?"褒曰:"彼既以道术自命,容是先知。"梁元帝以法和功业稍重,遂就加司徒,都督、刺史如故。部曲数千人,通呼为弟子。唯以道术为化,不以法狱加人。又列肆之所,不立市丞,牧佐之法,无人领受。但以空槛龠在道间,上开一孔以受钱,贾客店人,随货多少,计其估限,自委槛中。所掌之司,夕方开取,条其孔目,输之于库。又法和平常言若不出口,时有所论,则雄辩无敌,然犹带蛮音。善为攻战具。

在江夏,大聚兵舰,欲袭襄阳而入武关,梁元帝使止之。法和曰:"法和是求佛之人,尚不希释梵天王坐处,岂规王位?但于空王佛所与主上有香火因缘,见主上应有报至,故救援耳。今既被疑,是业定不可改也。于是设供食,具大馂薄饼。及魏举兵,法和自郢入汉口,将赴江陵,梁元帝使人逆之曰:"此自能破贼,师但镇郢州,不须动也。"法和乃还州,垩其城门,著粗白布衫,绔布邪巾,大绳束腰,坐苇席,终日乃脱之。及闻梁元败灭,复取前凶服著之,哭泣受吊。梁人入魏,果见馂饼焉。法和始于百里洲造寿王寺,既架佛殿,更截梁柱,曰:"后四十许年,佛法当遭雷电,此寺幽僻,可以免难。"及魏平荆州,宫室焚烬,总管欲发取寿王佛殿,嫌其材短,乃停。后周氏灭佛法,此寺隔在陈境,故不及难。

天保六年春,清河王岳进军临江,法和举州入齐。文宣以法和为大都督、十州诸军事、太尉公、西南大都督,五州诸军事、荆州刺史、安湘郡公宋苃为郢州刺史,官爵如故。苃弟簜为散骑常侍、仪同三司、湘州刺史、义兴县公。梁将侯瑱来逼江夏,齐军弃城而退,法和与宋荝兄弟入朝。文宣闻其有奇术,虚心想见之,备三公卤簿,于城南十二里供帐以待之。法和遥见邺城,下马禹步。辛术谓曰:"公既万里归诚,主上虚心相待,何作此术?"法和手持香炉,步从路车至于馆。明日引见,给通幰油络网车,仗身百人。诣关通名,不称官爵,不称臣,但云荆山居士。文宣宴法和及其徒属于昭阳殿,赐法和钱百万、物万段、甲第一区、田一百顷、奴婢二百人,生资什物称是;宋荝千段;其余仪同、刺史以下各有差。法和所得奴婢,尽免之,曰:"各随缘去。"钱帛散施,一日便尽。以官所赐宅营佛寺,自居一房,与凡人无异。三年间再为太尉,世犹谓之居士。无疾而告弟子死期,至时,烧香礼佛,坐绳床而终。浴讫将殓,尸小缩止三尺许。文宣令开棺而视之,空棺而已。

法和书其所居屋壁而涂之,及剥落,有文曰:"十年天子为尚可,百日天子急如火,周年天子递代坐。"又曰:"一母生三天,两天共五年。"说者以为娄太后生三天子,自孝昭即位至武成传位后主,共五年焉。

法和在荆郢,有少姬,年可二十余,自称越姥,身披法服,不肯嫁娶,恒随法和东西,或与其私通,十有余年。今者赐弃,别更他淫。有司考验,并实。越姥因尔改适,生子数人。

蒋昇字凤起,楚国平河人也。少好天文玄象之学,周文雅信待之。大统三年,东魏窦泰顿军潼关,周文出师马牧泽。时西南有黄紫气抱日,从未至西。周文谓昇曰:"此何祥也?"昇曰:"西南未地,主土,土王四季,秦分。今大军既出,喜气下临,必有大庆。"于是与泰战,禽之。自后遂降河东,克弘农,破沙苑,由此愈被亲礼。

九年,高仲密以北豫州来附,周文欲遣兵援之,昇曰:"春王在东,荧惑又在井鬼分,行军非便。"周文不从,军至芒山。不利而还。太师贺拔胜怒曰:"蒋昇罪合万死!"周文曰:"蒋昇固谏曰:'师出不利。'此败也,孤自取之。"恭帝元年,以前后功,授车骑大将军、仪同三司,封高城县子。后除太中大夫,以年老请致事,诏许之,加定州刺史,卒于家。

强练,不知何许人也,亦不知其名字。先是李顺兴语默不恒,好言未然之事,当时号为李练,世人以强类之,故亦呼为练焉。容貌长壮,有异于人,神情敝怳,莫之能测。意欲有所说,逢人辄言;若值其不欲言,纵苦加祈请,不相酬答。初闻其言,略不可解,事过后,往往有验。恒寄住诸佛寺,好行人家,兼历造王公邸第。所至,人皆敬信之。

晋公护未诛前,练曾手持一瓠,到护第门外抵破曰:“瓠破子苦。”时柱国、平高公侯伏龙恩深被任委,强练至龙恩宅,呼其妻元氏及其妾媵并婢仆等,并令连席而坐。诸人以逼夫人,苦辞不肯。强练曰:“汝等一例人耳,何有贵贱。”遂逼就坐。未几而护诛,诸子并死,龙恩亦伏法,仍籍没其家。

建德中,每夜上街衢边树,大哭释迦牟尼佛,或至申旦。如此者累月,声甚哀苦。俄而废佛、道二教。大象末,又以一无底囊,历长安市肆告乞,市人争以米麦遗之。强练张囊受之,随即漏之于地。人或问之,强练曰:“但欲使诸人见盛空耳。”至隋皇初,果移都于龙首山,城前空废。后莫知其所终。

又有蜀郡卫元嵩者,亦好言将来事,盖江左宝志之流。天和中,遂著诗,预论周隋废兴及皇家受命,并有征验。尤不信释教,尝上疏极论之。

庾季才字叔奕,新野人也。八世祖滔,随晋元帝过江,官至散骑常侍,封遂昌侯,因家于南郡江陵县。祖诜,《南史》有传。父曼倩,光禄卿。

季才幼颖悟,八岁诵《尚书》,十二通《易》,好占玄象,居丧以孝闻。梁湘东王绎引授外兵参军。西台建,累迁中书郎,领太史,封宜昌县伯。季才固辞太史,梁元帝曰:“汉司马迁历世居掌,魏高堂隆犹领此职,卿何惮焉!”帝亦颇明星历,谓曰:“朕犹虑祸起萧墙。”

季才曰："秦将入郢，陛下宜留重臣，作镇荆陕，还都以避其患。"帝初然之，后与吏部尚书宗懔等议，乃止。

俄而江陵覆灭。周文帝一见，深加优礼，令参掌太史，曰："卿宜尽诚事孤，当以富贵相答。"初，荆覆亡，衣冠士人，多没为贱。季才散所赐物，购求亲故。周文问："何能若此？"季才曰："郢都覆败，君信有罪，搢绅何咎，皆为贱隶？诚窃哀之，故赎购耳。"周文乃悟曰："微君，遂失天下之望。"因出令，免梁俘为奴婢者数千口。武成二年，与王褒、庾信同补麟趾学士，累迁稍伯大夫。

后宇文护执政，问以天道征祥，对曰："顷上台有变，不利宰辅，公宜归政天子，请老私门。"护沈吟久之，曰："吾本意如此，但辞未获免。"自是渐疏。及护夷灭，阅其书记，有假托符命，妄造异端者皆诛。唯得季才两纸，盛言纬侯，宜免政归权。帝谓少宗伯斛斯徵曰："季才甚得人臣之礼。"因赐粟帛，迁太史中大夫。诏撰《灵台秘苑》，封临颍县伯。宣帝嗣位，加骠骑大将军、开府仪同三司。

及隋文帝为丞相，尝夜召问天时人事，季才曰："天道精微，难可悉察。窃以人事卜之，符兆已定，季才纵言不可，公得为箕、颍事乎？"帝默然久之曰："吾今譬骑武，诚不得下矣。"因赐彩帛曰："愧公此意。"大定元年正月，季才上言："今月戊戌平旦，青气如楼阙，见国城上。俄而变紫，逆风西行。《气经》云：'天不能无云而雨，皇王不能无气而立。'今王气已见，须即应之。二月，日出卯入酉，居天之正位，谓之二八之门。日者人君之象，人君正位，宜用二月。其月十三日甲子，甲为六甲之始，子为十二辰之初。甲数九，子数又九，九为天数。其日即是惊蛰，阳气壮发之时。昔周武王以二月甲子定天下，享年八百；汉高帝以二月甲午即帝位，享年四百。故知甲子、甲午为得天数。今月甲子，宜应天受命。"上从之。

开皇元年，授通直散骑常侍。帝将迁都，夜与高颎、苏威二人定议。季才旦奏："臣仰观玄象，俯察图记，龟兆允袭，必有迁都。且汉营此城，经今将八百岁，水皆咸卤，不甚宜人，愿为迁徙计。"帝愕然，谓颎等曰："是何神也！"遂发诏施行。赐季才绢布及进爵为公。

谓曰："朕自今已后，信有天道"。于是令季才与其子质撰《垂象》、《地形》等志。谓曰："天道秘奥，推测多途，执见不同，不欲令外人干预此事，故令公父子共为之。"及书成奏之，赐米帛甚优。九年，出为均州刺史。时议以季才术艺精通，有诏还委旧任。以年老，频求去职，优旨每不许。会张胄玄历行，及袁充言日景长，上以问季才，因言充谬。上大怒，由是免职，给半禄归第。所有祥异，常令人就家访焉。仁寿三年，卒。

季才局量宽弘，术业优博，笃于信义，志好宾游。常吉日良辰，与琅邪王褒、彭城刘珏、河东裴政及宗人信等为文酒之会。次有刘臻、明克让、柳䛒之徒，虽后进，亦申游款。撰《灵台秘苑》一百二十卷，《垂象志》一百四十二卷，《地形志》八十七卷，并行于世。

子质，字行修。早有志尚，八岁诵梁元帝《玄览》、《言志》等十赋，拜童子郎。仕隋，累迁陇州司马。大业初，授太史令。操履贞懿，立言忠鲠，每有灾异，必指事面陈。炀帝多忌刻，齐王暕亦被猜嫌。质子俭时为齐王属，帝谓质曰："汝不能一心事我，乃使儿事齐王。"由是出为合水令。

八年，帝亲伐辽东，征至临渝，问东伐克不。对曰："伐之可克，不愿陛下亲行。"帝作色曰："朕今总兵至此，岂可未见贼而自退！"质曰："愿安驾住此，命将授规，事宜在速，缓必无功。"帝不悦曰："汝既难行，可住此也。"及师还，授太史令。九年，复征高丽，又问："今段何如？"对犹执前见。帝怒曰："我自行尚不能克，遣人岂有成功？"帝遂行。既而杨玄感反，斛斯政奔高丽，帝大惧，遽归。谓质曰："卿前不许我行，当为此耳。今玄感成乎？"质曰："今天下一家，未易可动。"帝曰："荧惑入斗，如何？"对曰："斗，楚分，玄感之封。今火色衰谢，终必无成。"

十年，帝自西京将往东都。质谏宜镇抚关内，使百姓归农，三五年，令四海少丰，然后巡省。帝不悦。质辞疾不从，帝闻之怒，遣驰传锁质诣行所。至东都下狱，竟死狱中。

子俭。亦传父业，兼有学识。仕历襄武令、元德太子学士、齐王属。义宁初,为太史令。

卢太翼字协昭,河间人也。本姓章仇氏。七岁诣学,日诵数千言,州里号曰神童。及长,博综群书,尤善占候、算历之术。隐于白鹿山,徙居林虑山茱萸涧。受业者自远而至,初无所拒,后惮其烦,逃于五台山。地多药物,与弟子数人,庐于岩下,以为神仙可致。隋太子勇闻而召之。太翼知太子必不为嗣,谓所亲曰:"吾拘逼而来,不知所税驾也。"及太子废,坐法当死,文帝惜其才,配为官奴,久乃释。其后目盲,以手摸书而知其字。仁寿末,帝将避暑仁寿宫,太翼固谏曰:"恐是行銮舆不反。"帝大怒,系之长安狱,期还斩之。帝至宫寝疾,临崩,命皇太子释之。

及炀帝即位,汉王谅反,帝问之。答曰:"何所能为!"未几,谅果败。帝从容言天下氏族,谓太翼曰:"卿姓章仇,四岳之胄,与卢同源。"于是赐姓卢氏。大业九年,从驾至辽东。太翼言黎阳有兵气,后数日而杨玄感反书闻。帝甚异之,数加赏赐。太翼所言天文之事,不可称数,关诸秘密,时莫能闻。后数岁,卒于雒阳。

耿询字敦信,丹杨人也。滑稽辩给,伎巧绝人。陈后主时,以客从东衡州刺史王勇于岭南。勇卒,询不归。会群俚反叛,推询为主,柱国王世积讨禽之。罪当诛,自言有巧思,世积释之,以为家奴。久之,见其故人高智宝以玄象直太史,询从之受天文算术。询创意造浑天仪,不假人力,以水转之,施于暗室中,使智宝外候天时,动合符契。世积知而奏之,文帝配询为官奴,给太史局。后赐蜀王秀,从往益州,秀甚信之。及秀废,复当诛。何稠言耿询之巧,思若有神,上于是特原其罪。询作马上刻漏,世称其妙。

炀帝即位,进欹器,帝善之,免其奴。岁余,授右尚方署监事。七年,车驾东征,询上言曰:"辽东不可讨,师必无功。帝大怒,命左右斩之。何稠苦谏得免。及平壤之败,帝以询言为中,以询守太史丞。宇文化及弑逆之后,从至黎阳,谓其妻曰:"近观人事,远察天文,宇文必败，李氏当王，吾知所归矣。"谋欲去之，为化及所杀。著《鸟情占》一卷，行于世。

来和字弘顺，京兆长安人也。少好相术，所言多验。周大冢宰宇文护引之左右，累迁畿伯下大夫，封洹水县男。隋文帝微时，诣和。曰："公当王有四海。"及为丞相，拜仪同。既受禅，进爵为子。开皇末，和上表自陈龙潜所言曰："昔陛下在周，与永富公窦荣定语，臣曰：'我闻有行声，即识其人。'臣当时即言：'公眼如曙星，无所不照，当王有天下，愿忍诛杀。'建德四年五月，周武帝在云阳宫谓臣曰：'诸公皆汝所识，隋公相禄何如？'臣报武帝曰：'隋公止是守节人，可镇一方，若为将领，阵无不破。'臣即于宫东南奏闻，陛下谓臣：'此语不忘。'明年，乌丸轨言于武帝曰：'隋公非人臣。'帝寻以问臣，臣知帝有疑，臣诡报曰：'是节臣，更无异相。'于时王谊、梁彦光等知臣此语。大象二年五月，至尊从永巷东门入，臣在永巷门东，北面立，陛下问臣曰：'我得无灾谴不？'臣奏陛下曰：'公骨法气色相应，天命已有付属。'未几，遂总百揆。"上览之大悦，进位开府。

和同郡韩则尝诣和相，和谓之："后四五当得大官。"人初不知所谓。则至开皇十五年五月终，人问其故，和曰："十五年为三五，加以五月为四五。大官，椁也。"和言多此类。著《相经》三十卷。

道士张宾、焦子顺、雁门人董子华等，此三人当文帝龙潜时，并私谓帝曰："公当为天子，善自爱。"及践位，以宾为华州刺史，子顺为开府，子华为上仪同。

萧吉字文休，梁武帝兄长沙宣武王懿之孙也。博学多通，尤精阴阳、算术。江陵覆亡，归于魏，为仪同。周宣帝时，吉以朝政日乱，上书切谏，帝不纳。及隋受禅，进上仪同，以本官太常，考定古今阴阳书。

吉性孤峭，不与公卿相浮沈，又与杨素不协，由是摈落，郁郁不得志。见上好征祥之说，欲乾没自进，遂矫其迹为悦媚焉。开皇十四年，上书曰："今年岁在甲寅，十一月朔旦，以辛酉为冬至。来年乙卯，正月朔旦，以庚申为元日。冬至之日，即在朔旦。《乐汁图征》云：'天元十一月朔旦冬至，圣王受享祚。'今圣主在位，居天元之首，而朔旦冬至，此庆一也。辛酉之日，即至尊本命。辛德在丙，此十一月建丙子，酉德在寅，正月建寅，为本命与月合德，而居元朔之首，此庆二也。庚申之日，即是行年。乙德在庚，卯德在申，来年乙卯，是行年与岁合德，而在元旦之朝，此庆三也。《阴阳书》云：'年命与岁月合德者，必有福庆。'《洪范传》云：'岁之朝，月之朝，日之朝，主王者。'经书并谓三长，应之者，延年福吉。况乃甲寅，蔀首；十一月，阳之始；朔旦冬至，是圣王上元。正月，是正阳之月，岁之首，月之先；朔旦是岁之元，月之朝，日之先，嘉辰之会。而本命为九元之先，行年为三长之首，并与岁月合德。所以《灵宝经》云：'角音龙精，其祚曰强。'来岁年命，纳音俱角，历之与经，如合符契。又甲寅、乙卯，天地合也。甲寅之年，以辛酉冬至；来年乙卯，以甲子夏至。冬至阳始，郊天之日，即是至尊本命，此庆四也。夏至阴始，祀地之辰，即是皇后本命，此庆五也。至尊德并乾之覆育，皇后仁同地之载养，所以二仪元气，并会本辰。"上览之悦，赐物五百段。

　　房陵王时为太子，言东宫多鬼魅，鼠妖数见。上令吉诣东宫禳邪气。于宣慈殿设神坐，有回风从艮地鬼门来，扫太子坐。吉以桃汤苇火驱逐之，风出宫门而止。谢土于未地，设坛为四门，置五帝侍。于时寒，有蛤蟆从西南来，入人门，升赤帝坐，还从人门而出，行数步，忽然不见。上大异之，赏赐优洽。又上言：太子当不安位。时上阴欲废立，得其言，是之。由此，每被顾问。

　　及献皇后崩。上令吉卜择葬所。吉历筮山原，至一处，云："卜年二千，卜世二百。"具图而奏之。上曰："吉凶由人，不在于地。高纬父葬，岂不卜乎？国寻灭亡。正如我家墓田，若云不吉，朕不当为天子；若云不凶，我弟不当战没。"然竟从吉言。表曰："去月十六日，皇后山陵西北，鸡未鸣前，有黑云方圆五六百步，从地属天；东南又有旌旗、车马、帐幕，布满七八里，并有人往来检校，部伍甚整。日出乃灭。同见者十余人。谨案《葬书》云'气王与姓相生,大吉'。今黑气当冬王,与姓相生,是大吉利,子孙无疆之候也。"上大悦。其后上将亲临发殡,吉复奏曰:"至尊本命辛酉,今岁斗魁及天冈临卯酉,谨案《阴阳书》,不得临丧。"上不纳。退而告族人萧平仲曰:"皇太子遣宇文左率深谢余云:'公前称我当为太子,竟有验,终不忘也。今卜山陵,务令我早立。我立之后,当以富贵相报。'吾记之曰:'后四载,太子御天下。'今山陵气应,上又临丧,兆益见矣。且太子得政,隋其亡乎!当有真人出矣。吾前给云'卜年二千'者,是三十字也;'卜世二百'者,取世二运也。吾言信矣,汝其志之。"

及炀帝嗣位,拜太府少卿,加位开府。尝行经华阴,见杨素冢上有白气属天,密言于帝。帝问其故,吉曰:"其侯,素家当有兵祸,灭门之象。改葬者,庶可免乎!"帝后从容谓杨玄感曰:"公宜早改葬。"玄感亦微知其故,以为吉祥,托以辽东未灭,不遑私门之事。未几而玄感以反族灭,帝弥信之。

后岁余卒官。著《金海》三十卷,《相经要录》一卷,《宅经》八卷,《葬经》六卷,《乐谱》二十卷,及《帝王养生方》二卷,《相手版要决》一卷,《太一立成》一卷,并行于时。

杨伯丑,冯翊武乡人也。好读《易》,隐于华山。隋开皇初,征入朝,见公卿不为礼,无贵贱皆汝之,人不能测也。文帝召与语,竟无所答。赐衣服,至朝堂舍之而去。于是被发阳狂,游行市里,形体垢秽,未尝栉沐。时有张永乐者,卖卜京师,伯丑每从之游。永乐为卦有不能决者,伯丑辄为分析爻象,寻幽入微,永乐嗟服,自以为非所及也。

伯丑亦开肆卖卜。有人尝失子就伯丑筮者,卦成,伯丑曰:"汝子在怀远坊南门东,道北壁上有青裙女子抱之,可往取也。"如言,果得。或有金数两,夫妻共藏之,于后失金,其夫意妻有异志,将逐之。其妻称冤,以诣伯丑。伯丑为之筮曰:"金在矣。"悉呼其家人,指一人曰:"可就取。"果得之。又将军许知常问吉凶,伯丑曰:"汝勿东北行，必不得已，当速还。不然者，杨素斩汝头。"未几，上令知常事汉王谅。俄而上崩，谅举兵反，知常逃归京师。知常先与杨素有隙，及素平并州，先访知常，将斩之，赖此获免。又有人失马来诣伯丑卜者，时伯丑为皇太子所召，在途遇之，立为作卦。卦成，曰："我不遑为卿说，且向西市东壁门南第三店，为我买鱼作鲙，当得马矣。"其人如教，须臾，有一人牵所失马而至，遂禽之。崖州尝献径寸珠，其使者阴易之，上心疑焉，召伯丑令筮。伯丑曰："有物出自水中，质圆而色光，是大珠也。今为人所隐。"具言隐者姓名、容状。上如言簿责之，果得本珠。上奇之，赐帛二十匹。

国子祭酒何妥尝诣之论《易》，闻妥之言，悠尔而笑曰："何用郑玄、王弼之言乎?"久之，微有辩答，所说辞义，皆异先儒之旨，而思理玄妙。故论者以为天然独得，非常人所及也。竟以寿终。

临孝恭，京兆人也。明天文、算术，隋文帝甚亲遇之。每言灾祥之事，未尝不中。上因令考定阴阳书，官至上仪同。著《欹器图》三卷，《地动铜仪经》一卷，《九宫五墓》一卷，《遁甲录》十卷，《元辰经》十卷，《元辰厄》百九卷，《百怪书》十八卷，《禄命书》二十卷，《九宫龟经》一百一十卷，《太一式经》三十卷，《孔子马头易卜书》一卷，并行于世。

刘祐，荥阳人也。隋开皇初，为大都督，封索卢县公。其所占候，合如符契，文帝甚亲之。初与张宾、刘晖、马显定历。后奉诏撰兵书十卷，名曰《金韬》，上善之。复著《阴策》二十卷，《观台飞候》六卷，《玄象要记》五卷，《律历术文》一卷，《婚姻志》三卷，《产乳志》二卷，《式经》四卷，《四时立成法》一卷，《安历志》十二卷，《归正易》十卷，并行于世。

张胄玄，勃海蓨人也。博学多通，尤精术数。冀州刺史赵煚荐之，隋文帝征授云骑尉，直太史，参议律历事。时辈多出其下，由是太史令刘晖等甚忌之。然晖言多不中,胄玄所推步甚精密。上异之,令杨素与术士数人,立议六十一事,皆旧法久难通者,令晖与胄玄等辩析之。晖杜口一无所答,胄玄通者五十四焉。由是擢拜员外散骑侍郎,兼太史令,赐物千段。晖及党与八人,皆斥逐之。改定新历,言前历差一日。内史通事颜愍楚上言曰:"汉时落下闳改《颛顼历》,作《太初历》,云:'后当差一日,八百年当有圣者定之计。'今相去七百一十年,术者举其成数,圣者之谓,其在今乎。"上大悦,渐见亲用。

胄玄所为历法,与古不同者三事:其一,宋祖冲之于岁同之末,创设差分,冬至渐移,不循旧轨,每四十六年,却差一度。至梁虞𠠿历法,嫌冲之所差太多,因以一百八十六年,冬至移一度。胄玄以此二术,年限县隔,追检古注,所失极多。遂折中两家,以为度法,冬至所宿,岁别渐移,八十三年,却行一度。则上合尧时,日永星火;次符汉历,宿起牛初。明其前后,并皆密当。其二,周马显造《丙寅元历》,有阴阳转法,加减章分,进退蚀余,乃推定日,创开此数。当时术者,多不能晓。张宾因而用之,莫能考正。胄玄以为加时先后,逐气参差,就月为断,于理未可。乃因二十四气,列其盈缩所出。实由日行迟,则月逐日易及,令合朔加时早;日行速,则月逐日少迟,令合朔加时晚。检前代加时早晚,以为损益之率。日行,自秋分已后至春分,其势速,计一百八十二日而一百八十度;自春分已后至秋分,日行迟,计二百八十二日而行一百七十六度。每气之下,即其率也。其三,自古诸历,朔望逢交,不问内外,入限便蚀。张宾立法,创有外限,应蚀不蚀,犹未能明。胄玄以日行黄道,岁一周天;月行月道,二十七日有余一周天。月道交络黄道,每行黄道内十三日有奇而出,又行道外十三日有奇而入,终而复始。月经黄道,谓之交。朔望去交前后各五度以下,即为当蚀。若月行内道,则在黄道之北,蚀多有验;月行外道,在黄道之南也,虽遇正人,无由掩映,蚀多不验。遂因前法,别立定限,随交远近,逐气求差,损益蚀分,事皆明著。

其超古独异者有七事:其一,古历五星行度,皆守恒率,见伏盈缩，悉无格准；胄玄候之，各得真率，合见之数，与古不同。其差多者，至加减三十许日。即如荧惑，平见在雨水气，即均加二十九日；见在小雪气，则均减二十五日。加减平见，以为定见。诸星各有盈缩之数，皆如此例，但差数不同。特其积候所知，时人不能原其旨。其二，辰星旧率，一终再见，凡诸古历，皆以为然。应见不见，人未能测。胄玄积候，知辰星一终之中，有时一见。及同类感召，相随而出。即如辰星，平晨见在雨水者，应见即不见；若平晨见在启蛰者，去日十八度外，三十六度内。晨有木火土金一星者，亦相随见。其三，古历步术，行有定限，自见已后，依率而推，进退之期，莫知多少。胄玄积候，知五星迟速留退真数，皆与古法不同。多者差八十余日，留回所在，亦差八十余度。即如荧惑，前疾初见在立冬初，则二百五十日行一百七十七度；定见在夏至初，则一百七十日行九十二度。追步天验，今古皆密。其四，古历食分，依平即用，推验多少，实数罕符。胄玄积候，知月从木火土金四星行，有向背。月向四星，即速；背之，则迟。皆十五度外乃循本率。遂于交分，限其多少。其五，古历加时，朔望同术。胄玄积候，知日蚀所在，随方改变，傍正高下，每处不同。交有浅深，迟速亦异，约时立差，皆会天象。其六，古历交分即为蚀数，去交十四度者，食一分；去交十三度，食二分；去交十度，食三分；每近一度，食益一分；当交即蚀既。其应多少，自古诸历，未悉其原。胄玄积候，知当交之中，月掩日不能毕尽，故其蚀反少，去交五六时，月在日内，掩日便尽，故其蚀乃既。自此以后，更远者，其蚀又少。交之前后，在冬至，皆尔；若近夏至，其率又差。胄率所立蚀分，最为详密。其七，古历二分，昼夜皆等。胄玄积候，知其有差。春、秋二分，昼多夜漏半刻。皆由日行迟疾盈缩使其然也。

　　凡此，胄玄独得于心，论者服其精密。大业中，卒于官。

北史卷九〇
列传第七八

艺术下

周澹　李脩　徐謇　王显　马嗣明
姚僧垣　褚该　许智藏　万宝常
蒋少游　何稠

　　周澹,京兆鄠人也。多方术,尤善医药,遂为太医令。明元尝苦风头眩,澹疗得愈,由此位特进,赐爵成德侯。神瑞二年,京师饥,朝议迁都于邺,澹与博士祭酒崔浩进计,言不可。明元曰:“唯此二人,与朕意同。”诏赐澹、浩妾各一人。卒,谥曰恭。

　　李脩字思祖,本阳平馆陶人也。父亮,少学医术,未能精究。太武时奔宋,又就沙门僧坦,略尽其术。针灸授药,罔不有效。徐、兖间,多所救恤。亮大为厅事,以舍病人,死者则就而棺殡,亲往吊视,其仁厚若此。累迁府参军督护。本郡士门、宿官,咸相交昵,车马金帛,酬赉无赀。

　　脩兄元孙随毕众敬赴平阳,亦遵父业而不及,以功拜奉朝请。

　　脩略与兄同,晚入代京,历位中散令,以功赐爵下蔡子,迁给事中。太和中,常在禁内,文明太后时有不豫,脩侍针药多效,赏赐累加,车服第宅,号为鲜丽。集诸学士及工书者百余人,在东宫撰诸药方百卷,皆行于世。先是咸阳公高允虽年且百岁,而气力尚康,孝文、文明太后时令修诊视之。一旦,奏言允脉竭气微,大命无逮,未几果亡。后卒于太医令,赠青州刺史。

徐謇字成伯,丹阳人也,家本东莞。与兄文伯等皆善医药。謇因至青州,慕容白曜平东阳,获之,送京师。献文欲验其能,置病人于幕中,使謇隔而脉之,深得病形,兼知色候,遂被宠遇。为中散,稍迁内行长。文明太后时问经方,而不及李修之见任用。謇合和药剂攻疗之验,精妙于修。而性秘忌,承奉不得其意,虽贵为王公,不为措疗也。

孝文迁洛,稍加眷待,体小不平,及所宠冯昭仪有病,皆令处疗。又除中散大夫,转侍御师。謇欲为孝文合金丹,致延年法,乃入居嵩高,采营其物,历岁无所成,遂罢。二十二年,上幸县瓠,有疾大渐,乃驰驿召謇,令水路赴行所,一日一夜行数百里。至,诊省有大验。九月,车驾次于汝滨,乃大为謇设太官珍膳。因集百官,特坐謇于上席,遍陈肴馐于前,命左右宣謇救摄危笃振济之功,宜加酬赉。乃下诏褒美,以謇为大鸿胪卿、金乡县伯,又赐钱绢、杂物、奴婢、牛马,事出丰厚,皆经内呈。诸亲王咸阳王禧等各有别赉,并至千匹。从行至邺,上犹自发动,謇日夕左右。明年,从诣马圈,上疾势遂甚,蹙蹙不怡,每加切诮,又欲加之鞭捶,幸而获免。帝崩后,謇随梓宫还洛。

謇常有将饵及吞服道,年垂八十,而鬓发不白,力未多衰。正始元年,以老为光禄大夫。卒,赠安东将军、齐州刺史,谥曰靖。子践,字景升,袭爵。位建兴太守。

文伯仕南齐,位东莞、太山、兰陵三郡太守。

子雄,员外散骑侍郎,医术为江左所称,事并见《南史》。

雄子之才,幼而俊发,五岁诵《孝经》,八岁略通义旨。曾与从兄康造梁太子詹事汝南周舍宅,听《老子》。舍为设食,乃戏之曰:"徐郎不用心思义,而但事食乎?"之才答曰:"盖闻圣人虚其心而实其

腹。"舍嗟赏之。年十三,召为太学生,粗通《礼》、《易》。彭城刘孝绰、
河东裴子野、吴郡张嵊等每共论《周易》及《丧服》仪,酬应如响。咸
共叹曰:"此神童也。"孝绰又云:"徐郎燕颔,有班定远之相。"陈郡
袁昂领丹杨尹,辟为主簿,人务事宜,皆被顾访。郡廨遭火,之才起
望,夜中不著衣,披红眠帕出房,映光为昂所见。功曹白请免职,昂
重其才术,仍特原之。

豫章王综出镇江都,复除豫章王国左常侍,又转综镇北主簿。
及综入魏,三军散走,之才退至吕梁,桥断路绝,遂为魏统军石茂孙
所止。综入魏旬月,位至司空。魏听综收敛僚属,乃访知之才在彭
泗,启魏帝,云之才大善医术,兼有机辩,诏征之才。孝昌二年,至
洛,敕居南馆,礼遇甚优。寨子践启求之才还宅。之才药石多效,又
窥涉经史,发言辩捷,朝贤竞相要引,为之延誉。武帝时,封昌安县
侯。

天平中,齐神武征赴晋阳,常在内馆,礼遇稍厚。武定四年,自
散骑常侍转秘书监。文宣作相,普加黜陟,杨愔以其南士,不堪典掌
功程,且多陪从,全废曹务,转授金紫光禄大夫,以魏收代。之才甚
怏怏不平。

之才少解天文,兼图谶之学,共馆客宋景业参校吉凶,知午年
必有革易。因高德正启之,文宣闻而大悦。时自娄太后及勋贵臣咸
云:"关西既是勍敌,恐其有挟天子令诸侯之辞,不可先行禅代事。"
之才独云:"千人逐兔,一人得之,诸人咸息。须定大业,何容翻欲学
人?"又援引证据,备有条目,帝从之。登阼后,弥见亲密。之才非惟
医术自进,亦为首唱禅代,又戏谑滑稽,言无不至,于是大被狎昵。
寻除侍中,封池阳县伯。见文宣政令转严,求出,除赵州刺史。竟不
获述职,犹为弄臣。皇建二年,除西兖州刺史,未之官。武明皇太后
不豫,之才疗之,应手便愈,孝昭赐彩帛千段、锦四百匹。之才既善
医术,虽有外授,顷即征还。既博识多闻,由是于方术尤妙。

大宁二年春,武明太后又病,之才弟之范为尚药典御,敕令诊
候。内史皆令呼太后为石婆,盖有俗忌,故改名以厌制之。之范出

告之才曰："童谣云：'周里跂求伽，豹祠嫁石婆，斩冢作媒人，唯得一量紫綖靴。'今太后忽改名，私所致怪。"之才曰："跂求伽，胡言去已，豹祠嫁石婆，岂有好事？斩冢作媒人，但令合葬，自斩冢。唯得紫綖靴者，得至四月。何者？紫之为字，此下系，綖者熟，当在四月之中。"之范问靴是何义。之才曰："靴者革旁化，宁是久物？"至四月一日，后果崩。有人患脚跟肿痛，诸医莫能识。之才曰："蛤精疾也，由乘船入海，垂脚水中。"疾者曰："实曾如此。"之才为剖，得蛤子二，大如榆荚。又有以骨为刀子把者，五色斑斓。之才曰："此人瘤也。"问得处，云："于古冢见髑髅，额骨长数寸，试削视，有文理，故用之。"其明悟多通如此。

天统四年，累迁尚书左仆射，俄除兖州刺史，特给铙吹一部。之才医术最高，偏被命召。武成酒色过度，怳忽不恒。曾病发，自云，初见空中有五色物，稍近，变成一美妇人，去地数丈，亭亭而立。食顷，变为观世音。之才云："此色欲多，大虚所致。"即处汤方，服一剂，便觉稍远；又服，还变成五色物，数剂汤，疾竟愈。帝每发动，暂遣骑追之，针药所加，应时必效，故频有端执之举。入秋，武成小定，更不发动。和士开欲依次转进，以之才附籍兖州，即是本属，遂奏附除刺史，以胡长仁为左仆射，士开为右仆射。及十月，帝又病动，语士开云："浪用之才外任，使我辛苦。"其月八日，敕驿追之才。帝以十日崩，之才十一日方到。既无所及，复还赴州。在职无所侵暴，但不甚闲法理，颇亦疏慢，用舍自由。

五年冬，后主征之才。寻左仆射阙，之才曰："自可复禹之绩。"武平元年，重除尚书左仆射。之才于和士开、陆令萱母子曲尽卑狎，二家若疾，救护百端。由是迁尚书令，封西阳郡王。祖珽执政，除之才侍中、太子太师。之才恨曰："子野沙汰我。"珽目疾，故以师旷比之。

之才聪辩强识，有兼人之敏。尤好剧谈体语，公私言聚，多相嘲戏。郑道育常戏之才为师公，之才曰："既为汝师，又为汝公，在三之义，顿居其两。"又嘲王昕姓云："有言则狂，近犬便狂，加颈足而为马,施角尾而成羊。"卢元明因戏之才云:"卿姓是未入人,名是子之误,之当为乏也。"即答云:"卿姓,在上为虐,在丘为虚,生男则为虏,配马则为驴。"又常与朝士出游,遥望群犬竞走,诸人试令目之。之才即应声云:"为是宋鹊?为是韩卢?为逐李斯东走?为负帝女南徂?"李谐于广坐因称其父名曰:"卿嗜熊白生不?"之才曰:"平平耳。"又曰:"卿此言于理平不?"谐遽出避之,道逢其甥高德正。德正曰:"舅颜色何不悦?"谐告之故。德正径造坐席,连索熊白。之才谓坐者曰:"个人讳底?"众莫之应。之才曰:"生不为人所知,死不为人所讳,此何足问。"唐邕、白建方贵,时人言云:"并州赫赫唐与白。"之才蔑之,元日,对邕为诸令史祝曰:"卿等位当作唐、白。"又以小史好嚼笔,故常执管就元文遥口曰:"借君齿。"其不逊如此。

历事诸帝,以戏狎得宠。武成生齫牙,问诸医,尚药典御邓宣文以实对,武成怒而挞之。后以问之才,拜贺曰:"此是智牙,生智牙者,聪明长寿。"武成悦而赏之。为仆射时,语人曰:"我在江东,见徐勉作仆射,朝士莫不佞之。今我亦是徐仆射,无一人佞我,何由可活!"之才妻,魏广阳王妹,之才从文襄求得为妻。和士开知之,乃淫其妻。之才遇见而避之,退曰:"妨少年戏笑。"其纵之如此。年八十,卒,赠司徒公、录尚书事,谥曰文明。

长子林,字少卿,太尉司马。次子同卿,太子庶子。之才以其无学术,每叹曰:"终恐同《广陵散》矣。"

弟之范亦医术见知,位太常卿,特听袭之才爵西阳王。入周,授仪同大将军。开皇中,卒。

王显字世荣,阳平乐平人也。自言本东海郯人,王朗之后也。父安上,少与李亮同师,俱受医药,而不及亮。

显少历本州从事,虽以医术自通,而明敏有决断才用。初文昭太后之怀宣武,梦为日所逐,化而为龙而绕后,后寤而惊悸,遂成心疾。文明太后敕徐謇及显等为后诊脉,謇云是微风入藏,宜进汤加针;显言案三部脉,非有心疾,将是怀孕生男之象,果如显言。久之,补侍御师。

宣武自幼有微疾，显摄疗有效，因稍蒙眄识。又罢六辅之初，显为领军于烈间通规策，颇有密功。累迁廷尉卿，仍在侍御，营进御药，出入禁内。累迁御史中尉。显前后居职，所在著称，纠折庶狱，究其奸回，出内惜慎，忧国如家。及领宪台，多所弹劾，百僚肃然。又以中尉属官不悉称职，讽求改革。诏委改选，务尽才能。而显所举，或有请属，未皆得人，于是众议喧哗，声望致损。后宣武诏显撰药方三十五卷，班布天下，以疗诸疾。东宫建，以为太子詹事，委任甚厚。上每幸东宫，显常近侍，出入禁中，仍奉医药。赏赐累加，为立馆宇，宠振当时。以营疗功，封卫国县伯。

及宣武崩，明帝践阼，显参奉玺策，随从临哭，微为忧惧。显既蒙任遇，兼为法官，恃势使威，为时所疾。朝宰托以侍疗无效，执之禁中。诏削爵位，徙朔州。临执呼冤，直阁伊盆生以刀环撞其腋下，伤中吐血，至右卫府，一宿死。子晔，尚书仪曹郎中，惧走，后被获，拷掠百余。宅没于官。

初，显构会元景，就刑南台。及显之死，在右卫府，唯隔一巷，相去数十步。世以为有报应之验。始显布衣为诸生，有沙门相显，后当富贵，诫其勿为吏，为吏必败。由是宣武时，或欲令其兼摄吏部，每殷勤辞避。及宣武崩，帝夜即位，受玺策，于仪须兼太尉及吏部，仓卒，百官不具，以显兼吏部行事。又显未败之前，有妪卜相于市者，言人吉凶颇验。时子晔已为郎，闻之，微服就妪，问己终至何官。妪言："君今既有位矣，不复更进，当受父冤。"并如其语。

马嗣明，河内野王人也。少博综经方，为人诊脉，一年前知其生死。邢邵唯一子大宝，甚聪慧，年十七八患伤寒。嗣明为其诊脉，退告杨愔云"邢公子伤寒不疗自差，然脉候不出一年便死，觉之少晚，不可复疗。"数日后，杨、邢并侍宴内殿。文宣云："邢子才儿大不恶，我欲乞其随近一郡。"杨以年少，未合剖符。宴罢，奏云："马嗣明称大宝脉恶，一年内恐死，若其出郡，医药难求。"遂寝。大宝未期而卒。杨愔患背肿,嗣明以练石涂之,便差,因此大为杨愔所重。作练石法:以粗黄色石如鹅鸭卵大,猛火烧令赤,内淳醋中,自有石屑落醋裹。频烧至石尽,取石屑曝乾,捣下筛,和醋以涂肿上,无不愈。

武平中,为通直散骑常侍,针灸孔穴,往往与《明堂》不同。尝有一家,二奴俱患,身体遍青,渐虚羸不能食。访诸医,无识者。嗣明为灸两足跌上各三七壮,便愈。武平末,从驾往晋阳,至辽阳山中,数处见榜,云有人家女病,若能差之者,购钱十万。又诸名医多寻榜至是人家,问疾状,俱不下手。唯嗣明为之疗。问其病由,云曾以手持一麦穗,既见一赤物长二尺许,似蛇,入其手指中,因惊倒地。即觉手臂疼肿,月余日,渐及半身,肢节俱肿,痛不可忍,呻吟昼夜不绝。嗣明即为处方,令驰马往都市药,示其节度,前后服十剂汤,一剂散。比嗣明明年从驾还,此女平复如故。嗣明艺术精妙,多如是。

隋开皇中,卒于太子药藏监。然性自矜大,轻诸医人,自徐之才、崔叔鸾以还,俱为其所轻。

姚僧垣字法卫,吴兴武康人,吴太常信之八世孙也。父菩提,梁高平令。尝婴疾疹历年,乃留心医药。梁武帝召与讨论方术,言多会意,由是颇礼之。

僧垣幼通洽,居丧尽礼,年二十四,即传家业。仕梁为太医正,加文德主帅。梁武帝尝因发热,服大黄。僧垣曰:"大黄快药,至尊年高,不宜轻用。"帝弗从,遂至危笃。太清元年,转镇西湘东王府中记室参军。僧垣少好文史,为学者所称。及梁简文嗣位,僧垣兼中书舍人。梁元帝平侯景,召僧垣赴荆州,改授晋安王府谘议。梁元帝尝有心腹病,诸医皆请用平药。曾垣曰:"脉洪实,宜用大黄。"元帝从之,进汤讫,果下宿食,因而疾愈。时初铸钱,一当十,乃赐十万贯,实百万也。

及魏军克荆州,僧垣犹侍梁元,不离左右,为军人所止,方泣涕而去。寻而周文遣使驰驿征僧垣。燕公于谨固留不遣,谓使人曰:"吾年衰暮,疾病婴沉,今得此人,望与之偕老。"周文以谨勋德隆重,乃止。明年,随谨至长安。

武成元年,授小畿伯下大夫。金州刺史伊娄穆以疾还京,请僧垣省疾,乃云自腰至脐,似有三缚,两脚缓纵,不复自持。僧垣即为处汤三剂,穆初服一剂,上缚即解;次服一剂,中缚复解;又服一剂,三缚悉除。而两脚疼痹,犹自挛弱,更为合散一剂,稍得屈申。僧垣曰:"终待霜降,此患当愈。"及至九月,遂能起行。大将军、襄乐公贺兰隆先有气疾,加以水肿,喘息奔急,坐卧不安。或有劝其服决命大散者,其家疑未能决,乃问僧垣。僧垣曰:"意谓此患,不与大散相当。"即为处方,劝使急服,便即气通;更服一剂,诸患悉愈。大将军、乐平公窦集暴感风疾,精神瞀乱,无所觉知。医先视者,皆云已不可救。僧垣后至曰:"困矣,终当不死。"为合汤散,所患即疗。大将军、永世公叱伏列椿苦痢积时,而不损废朝谒。燕公谨尝问僧垣曰:"乐平、永世,俱有痼疾,意永世差轻。"对曰:"夫患有深浅,时有危杀,乐平虽困,终当保全;永世虽轻,必不免死。"谨曰:"当在何时?"对曰:"不出四月。"果如其言,谨叹异之。

天和六年,迁遂伯中大夫。建德三年,文宣太后寝疾,医巫杂说,各有同异。武帝引僧垣坐,问之。对曰:"臣准之常人,窃以忧惧。"帝泣曰:"公既决之矣,知复何言!"寻而太后崩。其后复因召见,乃授骠骑大将军、开府仪同三司。敕停朝谒,若非别敕,不劳入见。四年,帝亲戎东讨,至河阴遇疾,口不能言;睑垂覆目,不得视;一足短缩,又不得行。僧垣以为诸藏俱病,不可并疗,军中之要,莫过于语,乃处方进药,帝遂得言;次又疗目,目疾便愈;末及足,足疾亦瘳。比至华州,帝已痊复。即除华州刺史,仍诏随驾入京,不令在镇。宣政元年,表请致仕,优诏许之。是岁,帝幸云阳,遂寝疾,乃召僧垣赴行所。内史柳昂私问曰:"至尊脉候何如?"对曰:"天子上应天心,或当非愚所及。若凡庶如此,万无一全。"寻而帝崩。

宣帝初在东宫,常苦心痛,乃令僧垣疗之,其疾即愈。及即位,恩礼弥隆。谓曰:"尝闻先帝呼公为姚公,有之?"对曰:"臣曲荷殊私,实如圣旨。"帝曰:"此是尚齿之辞,非为贵爵之号。朕当为公建国开家,为子孙永业。"乃封长寿县公,册命之日,又赐以金带及衣服等。大象二年,除太医下大夫。帝寻有疾,至于大渐,僧垣宿直侍疾。帝谓隋公曰:"今日性命,唯委此人。"僧垣知帝必不全济,乃对曰:"臣但恐庸短不逮,敢不尽心!"帝颔之。及静帝嗣位,迁上开府仪同大将军。

隋开皇初,进爵北绛郡公。三年,卒,年八十五。遗诫衣帢入棺,朝服勿敛,灵上唯置香奁,每日设清水而已。赠本官,加荆、湖二州刺史。

僧垣医术高妙,为当时所推,前后效验,不可胜纪。声誉既盛,远闻边服,至于诸蕃外域,咸请托之。僧垣乃参校征效者为《集验方》十二卷,又撰《行记》三卷,行于世。

长子察,《南史》有传。

次子最,字士会。博通经史,尤好著述。年十九,随僧垣入关。明帝盛聚学徒,校书于麟趾殿,最亦预为学士。俄授齐王宪府水曹参军,掌记室事,特为宪所礼接。最幼在江左,迄于入关,未习预医术。天和中,齐王宪奏遣最习之。宪又谓最曰:"博学高才,何如王褒、庾信?王庾名重两国,吾视之蔑如,接待资给,非尔家比也。勿不存心。且天子有敕,弥须勉励。"最于是始受家业,十许年中,略尽其妙。每有人告请,效验甚多。

隋文帝践极,除太子门大夫。以父忧去官,哀毁骨立。既免丧,袭爵北绛郡公,复为太子门大夫。俄转蜀王秀友。秀镇益州,迁秀府司马。及平陈,察至,最自以非嫡,让封于察,隋文帝许之。秀后阴有异谋,隋文帝令公卿穷其事。开府庆整、郝玮等并推过于秀。最独曰:"凡有不法,皆最所为,王实不知也。"榜讯数百,卒无异辞,竟坐诛,论者义之。撰《梁后略》十卷,行于世。

褚该字孝通,河南阳翟人也。父义昌,梁鄱阳王中记室。

该幼而谨厚,尤善医术,仕梁,历武陵王府参军,随府西上,后与萧㧑同归周。自许奭死后,该稍为时人所重,宾客迎候,亚于姚僧垣。天和初，位县伯下大夫，进授车骑大将军、仪同三司。该性淹和，不自矜尚，但有请之者，皆为尽其艺术。时论称其长者。后以疾卒。子则，亦传其家业。

许智藏，高阳人也。祖道幼，常以母疾，遂览医方，因而究极，时号名医。诫诸子曰："为人子者，尝膳视药，不知方术，岂谓孝乎。"由是，遂世相传授。仕梁，位员外散骑侍郎。父景，武陵王谘议参军。

智藏少以医术自达，仕陈，为散骑常侍。陈灭，隋文帝以为员外散骑侍郎，使诣扬州。会秦王俊有疾，上驰召之，俊夜梦其亡妃崔氏泣曰："本来相迎，如闻许智藏将至，其人若到，当必相苦，为之奈何？"明夜，俊又梦崔氏曰："妾得计矣，当入灵府中以避之。"及智藏至，为俊诊脉曰："疾已入心，即当发痫，不可救也。"果如言，俊数日而薨。上奇其妙，赍物百段。炀帝即位，智藏时致仕，帝每有苦，辄令中使就宅询访，或以舆迎入殿，扶登御床。智藏为方奏之，用无不效。卒于家，年八十。

宗人许澄，亦以医术显。澄父奭，仕梁，为中军长史，随柳仲礼入长安，与姚僧垣齐名，拜上仪同三司。澄有学识，传父业，尤尽其妙。历位尚药典御、谏议大夫，封贺川县伯。父子俱以艺术名重于周隋二代，史失其事，故附云。

万宝常，不知何许人也。父大通，从梁将王琳归齐，后谋还江南，事泄伏诛。由是宝常被配为乐户，因妙达钟律，遍工八音。与人方食，论及声调，时无乐器，宝常因取前食器及杂物，以箸扣之，品其高下，宫商毕备，谐于丝竹，大为时人所赏。然历周、隋，俱不得调。

开皇初，沛国公郑译等定乐，初为黄钟调，宝常虽为伶人，译等每召与议，然言多不用。后译乐成，奏之，上召宝常，问其可不。宝常曰："此亡国之音，岂陛下所宜闻！"上不悦。宝常因极言乐声哀怨淫放，非雅正之音，请以水尺为律，以调乐器，其声率下郑译调二律。并撰《乐谱》六十四卷。且论八音旋相为宫法,改弦移柱之变,为八十四调,一百四十律,变化终于一千八百声。时以《周礼》有旋宫之义,自汉已来,知音不能通,见宝常特创其事,皆哂之。至是,试令为之,应手成曲,无所疑滞,见者莫不嗟异。

于是损益乐器,不可胜纪。其声雅淡,不为时人所好。太常善声者,多排毁之。又太子洗马苏夔以钟律自命,尤忌宝常。夔父威方用事,凡言乐者附之而短宝常。数诣公卿怨望,苏威因诘宝常所为,何所传受。有一沙门谓宝常曰:"上雅好符瑞,有言征祥者,上皆悦之。先生当言从胡僧受学,云是佛家菩萨所传音律,则上必悦。先生当言,所为可以行矣。"宝常遂如其言以答威。威怒曰:"胡僧所传,乃四夷之乐,非中国宜行。"其事竟寝。宝常听太常所奏乐,泫然泣曰:"乐声淫厉而哀,天下不久将尽。"时四海全盛,闻言者皆谓不然。大业之末,其言卒验。

宝常贫而无子,其妻因其卧疾,遂窃其资物而逃,宝常竟俄死。将死,取其所著书焚之,曰:"何用此为?"见者于火中探得数卷,见行于世。

开皇中,郑译、何妥、卢贲、苏夔、萧吉并讨论坟籍,撰著乐书,皆为当时所用;至于天然识乐,不及宝常远矣。安马驹、曹妙达、王长通、郭令乐等能造曲,为一时之妙,又习郑声;而宝常所为,皆归于雅。此辈虽公议不附宝常,然皆心服,谓以为神。

时乐人王令言亦妙达音律。大业末,炀帝将幸江都,令言之子尝于户外弹胡琵琶,作翻调《安公子曲》,令言时卧室中,闻之惊起,曰:"变!变!"急呼其子曰:"此曲兴自早晚?"其子曰:"顷来有之。"令言遂歔欷流涕,谓其子曰:"汝慎无从行,帝必不反。"子问其故,令言曰:"此曲宫声往而不反。宫君也,吾所以知之。"帝竟被弑于江都。

蒋少游,乐安博昌人也。魏慕容白曜之平东阳,见俘,入于平城,充平齐户。后配云中为兵。性机巧,颇能画刻,有文思,吟咏之际，时有短篇。遂留寄平城，以佣写书为业，而名犹在镇。后被召为中书写书生，与高聪俱依高允。允并荐之，与聪俱补中书博士。自在中书，恒庇于李冲兄弟子侄之门。始北方不悉青州蒋族，或谓少游本非人士，又少游微，因工艺自达，是以公私人望，不至相重，唯高允、李冲，曲为体练。孝文、文明太后尝因密宴谓百官曰："本谓少游作师耳，高允老公乃言其人士。"然犹骤被引命，以规矩刻缋为务，因此大蒙恩赐，而位亦不迁陟也。

及诏尚书李冲与冯诞、游明根、高闾等议定衣冠于禁中，少游巧思，令主其事。亦访于刘昶。二意相乖，时致诤竞，积六载乃成，始班赐百官。冠服之成，少游有效焉。后于平城将营太庙太极殿，遣少游乘传诣洛，量准魏、晋基趾。后为散骑侍郎，副李彪使江南。孝文修船乘，以其多有思力，除都水使者。迁兼将作大匠，仍领水池湖泛戏舟楫之具。及华林殿诏修旧增新，改作金墉门楼，皆所措意，号为研美。虽有文藻，而不得申其才用。恒以剞劂绳尺，碎剧匆匆，徙倚园、湖、城、殿之侧，识者为之叹慨。而乃坦尔为己任，不告疲耻。又兼太常少卿，都水如故。卒，赠龙骧将军、青州刺史，谥曰质。有文集十卷余。少游又为太极立模范，与董尔、王遇等参建之，皆未成而卒。

初，文成时，郭善明甚机巧，北京宫殿，多其制作。孝文时，青州刺史侯文和亦以巧闻，为要舟，水中立射。滑稽多智，辞说无端，尤善浅俗委巷之语，至可玩笑。位乐陵、济南二郡太守。宣武、明帝时，豫州人柳俭、殿中将军关文备、郭安兴并机巧。洛中制永宁寺九层佛图，安兴为匠也。

始孝文时，有范宁儿者善围棋，曾与李彪使齐，齐令江南上品王抗与宁儿，制胜而还。又有浮阳高光宗善樗蒲。赵国李幼序、洛阳丘何奴并工握槊。此盖胡戏，近入中国。云胡王有弟一人遇罪，将杀之，弟从狱中为此戏以上之，意言孤则易死也。宣武以后，大盛于时。

何稠字桂林，国子祭酒妥之兄子也。父通，善琢玉。稠年十余，遇江陵平，随妥入长安。仕周，御饰下士。及隋文帝为丞相，召补军，兼掌细作署。开皇中，累迁太府丞。稠博览古图，多识旧物。波斯尝献金线锦袍，组织殊丽。上命稠为之，稠锦成，逾所献者。上甚悦。时中国久绝琉璃作，匠人无敢措意，稠以绿瓷为之，与真不异。寻加员外散骑侍郎。

开皇末，桂州俚李光仕为乱，诏稠募讨之，师次衡岭，遣使招其渠帅，洞主莫崇解兵降款。桂州长史王文同锁崇诣稠所。稠诈宣言曰：“州县不能绥养，非崇之罪。”命释之，引共坐，与从者四人，为设酒食遣之。大悦，归洞不设备。稠至五更，掩及其洞，悉发俚兵以临余贼，象州逆州开府梁昵讨叛夷罗寿。罗州刺史冯暄讨贼帅杜条辽、罗州逆帅庞靖等相继降款。分遣建帅李大檀，并平之。承制署首领为州县官而还，众皆悦服。有钦州刺史宁猛力帅众迎军。初，猛力欲图为逆，至是惶惧，请身入朝。稠以其疾笃，示无猜贰，放还州，与约八九月诣京师相见。稠还奏状，上意不怿。其年十月，猛力卒，上谓稠曰：“汝前不将猛力来，今竟死矣。”稠曰：“猛力共臣约，假令身死，当遣子入侍。越人性直，其子必来。”初，猛力临终，诫其子长真曰：“我与大使期，不可失信于国士，汝葬我讫，即宜上路。”长真如言入朝。上大悦曰：“何稠著信蛮夷，乃至于此！”以勋授开府。

仁寿初，文献皇后崩，稠与宇文恺参典山陵制度。稠性少言，善候上旨，由是渐见亲昵。上疾笃，谓稠曰：“汝既曾葬皇后，今我方死，亦宜好安置。嘱此何益？但不能忘怀耳。魂而有知，当相见于地下。”上因揽太子颈曰：“何稠用心，我后事动静当共平章。”

大业初，炀帝将幸扬州，敕稠讨阅图籍，造舆服羽仪，送至江都。其日，拜太府少卿。稠于是营黄麾三万六千人仗，及车舆辇辂、皇后卤簿、百官仪服，依期而就，送于江都。所役工十万余人，用金银钱物巨亿计。帝使兵部侍郎胡雅、选部郎薛迈等勾覆，数年方竟，毫厘无舛。

稠参会今古，多所改创。魏、晋已来，皮弁有缨而无笄导。稠曰："此古田猎服也，今服以入朝，宜变其制。"故弁施象牙簪导，自稠始也。又从省之服，初无佩绶。稠曰："此乃晦朔小朝之服，安有人臣谒帝，而除去印绶，兼无佩玉之节乎？"乃加兽头小绶及佩一只。旧制，五辂于辕上起箱，天子与参乘同在箱内。稠曰："君臣同所，过为相逼。"乃广为盘舆，别构栏楯，侍臣立于其中；于内复起须弥平坐，天子独居其上。自余麾幢文物，增损极多。帝复令稠造戎车万乘，钩陈八百连。帝善之，以稠守太府卿，后兼领少府监。

辽东之役，摄右屯卫将军，领御营弩手三万人。时工部尚书宇文恺造辽水桥不成，师未得济，左屯卫大将军麦铁杖因而遇害。帝遣稠造桥，二日而就。初，稠制行殿及六合城，至是，帝于辽左与贼相对，夜中施之。其城，周回八里，城及女垣合高十仞，上布甲士，立仗建旗，四隅置阙，面列一观，观下三门，比明而毕。高丽望见，谓若神功。稍加至右光禄大夫。

从幸江都，遇宇文化及乱，以为工部尚书。及败，陷于窦建德，复为工部尚书、舒国公。建德败，归于大唐，授少府监，卒。

又齐时有河间刘龙者，性强明，有巧思。齐后主令修三雀台称旨，因而历职通显。及隋文帝践阼，大见亲委，位右卫将军，兼将作大匠。迁都之始，与高颎参掌制度，世号为能。

大业中，有南郡公黄亘及弟衮，俱巧思绝人，炀帝每令其兄弟亘少府将作。于时改创多务，亘、衮每参典其事。凡有所为，何稠先令亘、衮立样，当时工人莫有所损益。亘，位朝散大夫；衮，散骑侍郎。

论曰：阴阳卜祝之事，圣哲之教存焉，虽不可以专，亦不可得而废也。徇于是者不能无非，厚于利者必有其害。《诗》、《书》、《礼》、《乐》所失也浅，故先王重其德；方术伎巧所失也深，故往哲轻其艺。夫能通方术而不诡于俗；习伎巧而必蹈于礼者，几于大雅君子。故昔之通贤，所以戒乎妄作。

　　晁崇、张深、殷绍、王早、耿玄、刘灵助、李顺兴、檀特师、由吾道荣、颜恶头、王春、信都芳、宋景业、许遵、吴遵世、赵辅和、皇甫玉、解法选、魏宁、綦母怀文、张子信、陆法和、蒋升、强练、庾季才、卢太翼、耿询、来和、萧吉、杨伯丑、临孝恭、刘祐、张胄玄等，皆魏来术艺之士也。观其占候卜筮，推步盈虚，通幽洞微，近知鬼神之情状。其间有不涉用于龟筮，而究人事之吉凶，如顺兴、檀特之徒，法和、强练之辈，将别禀数术，讵可以智识知？及江陵失守，前巧尽弃，还吴无路，入周不可，因归事齐，厚蒙荣遇。虽窃之以叨滥，而守之以清虚，生灵所资，嗜欲咸遗，斯亦得道家之致矣。信都芳所明解者，乃是经国之用乎？

　　周澹、李修、徐謇、謇兄孙之才、王显、马嗣明、姚僧垣、褚该、许智藏方药特妙，各一时之美也。而僧垣诊候精审，名冠一代，其所全济，固亦多焉。而弘兹义方，皆为令器，故能享眉寿，縻好爵。老聃云"天道无亲，常与善人"，于是信矣。许氏之运针石，百载可称。宝常声律之奇，足以追踪牙、旷，各一时之妙也。蒋、何以剖刿见知，没其学思，艺成为下，其近是乎。

　　周时，有乐茂雅以阴阳显，史元华以相术称，并所阙也。

北史卷九一
列传第七九

列　女

魏崔览妻封氏　　封卓妻刘氏

魏溥妻房氏　　胡长命妻张氏

平原女子孙氏　　房爱亲妻崔氏

泾州贞女兒氏　　姚氏妇杨氏

张洪祁妻刘氏　　董景起妻张氏

阳尼妻高氏　　史映周妻耿氏

任城国太妃孟氏　　苟金龙妻刘氏

贞孝女宗　　河东姚氏女

刁思遵妻鲁氏　　西魏孙道温妻赵氏

孙神妻陈氏　　隋兰陵公主

南阳公主　　襄城王恪妃

华阳王楷妃　　谯国夫人洗氏

郑善果母崔氏　　孝女王舜

韩觊妻于氏　　陆让母冯氏

刘昶女　　钟士雄母蒋氏

孝妇覃氏　元务光母卢氏
裴伦妻柳氏　赵元楷妻崔氏

盖妇人之德，虽在于温柔；立节垂名，咸资于贞烈。温柔仁之本也，贞烈义之资也。非温柔无以成其仁，非贞烈无以显其义。是以《诗》、《书》所记，风俗所存，图象丹青，流声竹素。莫不守约以居正，杀身以成仁者也。若文伯、王陵之母，白公、杞殖之妻，鲁之义姑，梁之高行，卫君灵王之妾，夏侯文宁之女，或抱信以会真，或蹈忠而践义，不以存亡易心，不以盛衰改节，其佳名彰于既没，徽音传于不朽，不亦休乎！或有王公大人之妃，偶肆情于淫僻之俗，虽衣文衣，依珍膳，坐金屋，乘玉辇，不入彤管之书，不沾青史之笔，将草木而俱落，与麋鹿而同死者，可胜道哉！永言载思，实庶姬之耻也。

魏、隋二书，并有《列女传》，齐、周并无此篇。今又得武功孙道温妻赵氏、河北孙神妻陈氏，附魏、隋二传，以备《列女篇》云。

魏中书侍郎清河崔览妻封氏者，勃海人，散骑常侍封恺女也。有才识，聪辩强记，多所究知。时李敷、公孙文叔虽已贵重，近世故事有所不达者，皆就而谘请焉。

勃海封卓妻刘氏者，彭城人也。成婚一夕，卓官于京师，后以事伏法。刘氏在家，忽然梦想，知卓已死，哀泣，嫂喻之不止。经旬，凶问果至，遂愤叹而死。时人比之秦嘉妻。中书令高允念其义高而名不著，为之诗曰："两仪正位，人伦肇甄。爰制夫妇，统业承先。虽曰异族，气犹自然，生则同室，终契黄泉。其一。

封生令达，卓为时彦，内协黄中，外兼三变。谁能作配，克应其选，实有华宗，挺生淑媛。其二。

京野势殊，山川乖互，乃奉王命，载驰在路。公务既弘，私义获著,因媒致币,遘止一暮。其三。

率我初冠,眷彼弱笄,形由礼比,情以趣谐。忻愿难常,影迹易乖,悠悠言迈,戚戚长怀。其四。

时遇险迍,横罹尘网,伏质就刑,身分土壤。千里虽遐,应如影响,良媛洞感,发于梦想。其五。

仰惟亲命,俯寻嘉好,谁谓会浅,义深情到,毕志守穷,誓不二醮,何以验之,殒身是效。其六。

人之处世,孰不厚生?必存于义,所重则轻。结愤钟心,甘就幽冥,永捐堂宇,长辞母兄。其七。

芒芒中野,翳翳孤丘,葛藟冥蒙,荆棘四周,理苟不昧,神必俱游。异哉贞妇,旷世靡俦。其八。

钜鹿魏溥妻房氏者,慕容垂贵乡太守常山房湛女也。幼有烈操。年十六而溥遇疾,且卒,顾谓之曰:“死不足恨,但痛母老家贫,赤子蒙眇,抱怨于黄垆耳!”房垂泣而对曰:“幸承先人余训,出事君子,义在偕老,有志不从,盖其命也。今夫人在堂,弱子襁褓,愿当以身少相感,永深长往之恨。”俄而溥卒。及将大敛,房氏操刀割左耳,投之棺中,仍曰:“鬼神有知,相期泉壤。”流血滂然,助丧者哀惧。姑刘氏辍哭而谓曰:“新妇何至于此?”对曰:“新妇少年,不幸早寡,实虑父母未量至情,觊持此自誓耳。”闻知者莫不感怆。

于时,子缉生未十旬,鞠育于后房之内,未尝出门。遂终身不听丝竹,不预座席。缉年十二,房父母仍存,于是归宁,父兄尚有异议。缉窃闻之,以启其母。房命驾,绐云他行,因而遂归。其家弗之知也。行数十里,方觉,兄弟来追,房哀叹而不反。其执意如此。训导一子,有母仪法度。缉所交游,有名胜者,则身具酒馔;有不及己者,辄屏卧不飧,须其悔谢,乃食。善诱严训,类皆如是。年六十五而终。

缉子悦后为济阴太守,吏民立碑颂德。金紫光禄大夫高闾为其文曰:“爰及处士,遘疾夙凋,伉俪秉志,识茂行高,残形显操,誓敦久要。”溥未仕而卒,故云处士焉。

　　乐部郎胡长命妻张氏者,不知何许人也。事姑王氏甚谨。太安中,京师禁酒。张以姑老且患,私为酝之,为有司所纠。王氏诣曹自首,由己私酿。张氏曰:"姑老抱患,张主家事,姑不知酿。"主司不知所处。平原王陆丽以状奏,文成义而赦之。

　　平原俞县女子孙氏男玉者,夫为零陵县人所杀,男玉追执雠人,欲自杀之。其弟止而不听。男玉曰:"女人出适,以夫为天,当亲自复雪,云何假人之手?"遂以杖殴杀之。有司处死,以闻。献文诏曰:"男玉重节轻身,以义犯法,缘情定罪,理在可原,其特恕之。"

　　清河房爱亲妻崔氏者,同郡崔元孙之女也。性严明,有高节,历览书传,多所闻知。亲授子景伯、景光《九经》义,学行修明,并当世名士。景伯为清河太守,每有疑狱,常先请焉。

　　贝丘人列子不孝,吏欲案之,景伯为之悲伤,入白其母。母曰:"吾闻闻名不如见面,小人未见礼教,何足责哉!但呼其母来,吾与之同居,其子置汝左右,令其见汝事吾,或应自改。"景伯遂召其母,崔氏处之于榻,兴之共食。景伯为之温清。其子侍立堂下,未及旬日,悔过求还。崔氏曰:"此虽颜惭,未知心愧,且可置之。"凡经二十余日,其子叩头流血,其母涕泣乞还,然后听之,终以孝闻。其识度励物如此。竟以寿终。

　　泾州贞女儿氏者,许嫁彭老生为妻,聘币既毕,未及成礼。倪氏率行贞淑,居贫,常自舂汲,以养父母。老生辄往逼之,女曰:"与君娉命难毕,二门多故,未及相见,何由不禀父母,擅见陵辱!若苟行非礼,正可身死耳!"遂不肯从。老生怒而刺杀之,取其衣服。女尚能言,临死谓老生曰:"生身何罪,与君相遇!我所以执节自固者,宁更有所邀,正欲奉给君耳。今反为君所杀,若魂灵有知,自当相报。"言终而绝。老生持女衣服珠缨,至其叔宅,以告。叔曰:"此是汝妇,奈何杀之,天不祐汝!"遂执送官。太和七年,有司劾以死罪。诏曰:"老生不仁,侵陵贞淑,原其强暴,便可戮之。而女守礼履节,没身不改,虽处草莽,行合古迹。宜赐美名,以显风操,其标墓旌善,号曰'贞女'。"

姚氏妇杨氏者,阉人符承祖姨也。家贫。及承祖为文明太后所宠贵,亲姻皆求利润,唯杨独不欲。常谓其姊曰:"姊虽有一时之荣,不若妹有无忧之乐。"姊每遗其衣服,多不受,强与之,则云:"我夫家世贫,好衣美服则使人不安。"与之奴婢,云:"我家无食,不能供给。"终不肯受。常著破衣,自执劳事。时受其衣服,多不著,密埋之;设有著者,污之而后服。承祖每见其寒悴,深恨其家,谓不供给之。乃启其母曰:"今承祖一身,何所乏少,而使姨如是?"母具以语之。承祖乃遣人乘车往迎之,则厉志不起。遣人强舆于车上,则大哭言:"尔欲杀我也!"由是符家内外,皆号为痴姨。及承祖败,有司执其二姨至殿庭致法,以姚氏妇衣裳弊陋,特免其罪。其识机,虽吕媭亦不如也。

荥阳京县人张洪祁妻刘氏者,年十七夫亡。遗腹生一子,三岁又没。其舅姑年老,朝夕奉养,率礼无违。兄矜其少寡,欲夺嫁之,刘自誓不许,以终其身。

陈留董景起妻张氏者,景起早亡,张时年十六,痛夫少丧,哀伤过礼,蔬食长斋。又无儿息,独守贞操,期以阖棺。乡曲高之,终见标异。

渔阳太守阳尼妻高氏者,勃海人也。学识有文翰,孝文敕令入待后宫。幽后表启,悉其辞也。

荥阳史映周妻耿氏者,同郡耿氏女也。年十七,适于映周。太和二十三年，映周卒，耿氏恐父母夺其志，因葬映周，哀哭而殒。见者莫不悲叹。属大使观风，以状具上，诏标门闾。

任城国太妃孟氏者，钜鹿人，尚书、任城王澄之母也。澄为扬州之日，率众出讨。于后贼帅姜庆真阴结逆党，袭陷罗城，长史韦缵仓卒。孟乃勒兵登陴，激厉文武，喻之逆顺，于是咸有奋志，贼不能克，卒以全城。灵太后后敕有司树碑旌美。

梓潼太守苟金龙妻刘氏者，平原人也，廷尉少卿刘叔宗之姊也。宣武时，金龙为郡，带关城戍主。梁人攻围，会金龙疾病，不堪部分，刘遂厉城人，修理战具，夜悉登城拒战，百有余日，兵士死伤过半。戍副高景阴图叛逆，刘与城人斩景及其党数十人。自余将士，分衣减食，劳逸必同，莫不畏而怀之。井在外城，寻为贼陷，城中绝水，渴死者多。刘乃集诸长幼，喻以忠节，遂相率告诉于天，俱时号叫，俄而澍雨。刘命出公私布绢及至衣服，悬之城内，绞而取水，所有杂器，悉储之。于是人心益固。会益州刺史傅竖眼将至，梁人乃退。竖眼叹异之，具状奏闻。宣武嘉之。正光中，赏其子庆珍平昌县子，又得二子出身。

贞孝女宗者，赵郡柏人人，赵郡太守李叔胤之女，范阳卢元礼之妻也。性至孝，父卒，号恸几绝者数四，赖母崔氏慰勉之，得全，三年之中，形骸销瘠，非人不起。及归夫氏，与母分隔，便饮食日损，涕泣不绝，日就羸笃。卢氏合家慰喻，不解。因遣归宁还家，乃复故。如此者八九焉。及元礼卒，李追亡抚遗，事姑以孝谨著。母崔终于洛阳，凶问初到，举声恸绝，一宿乃苏，水浆不入口者六日。其姑虑其不济。亲送奔丧，而气力危殆，自范阳向都，八旬方达。攀榇号踊，遂卒。有司以状闻，诏追号贞孝女宗，易其里为孝德里，树李、卢二门，以惇风俗。

　　河东姚氏女者，字女胜。少丧父，无兄弟，母怜而守养。年六七岁，便有孝性，人言其父者，闻辄垂泣，邻伍异之。正光中母死，胜年十五，哭泣不绝声，水浆不入口者数日，不胜哀，遂死。太守崔游申请为营墓立碑，自为制文，表其门闾，比之曹娥，改其里曰上虞里。墓在郡城东六里，大道北，至今名为孝女冢。

　　荥阳刁思遵妻者，鲁氏女也。始笄为思遵所聘，未逾月而思遵亡。其家矜其少寡，许嫁已定，鲁闻之，以死自誓。父母不达其志，遂经郡诉，称刁氏吝护寡女，不使归宁。鲁乃与老姑徒步诣司徒府，自告情状。普泰初，有司闻奏，节闵诏本司依式标榜。

　　西魏武功县孙道温妻赵氏者，安平人也。万俟丑奴之反，围岐州，久之无援。赵乃谓城中妇女曰：“今州城方陷，义在同忧。”遂相率负土，昼夜培城，城竟免贼。大统六年，赠夫岐州刺史，赠赵安平县君。

　　河北孙神妻陈氏者，河北郡人也。神当远戍，主吏配在夏州，意难其远，有孤兄子，欲以自代。陈曰：“为国征戍，道路辽远，何容身不肯行，以孤侄自代！天下物议谁其相许？”神感其言，乃自行。在戍未几，便丧。槥柩至，陈望而哀恸，一哭而卒。文帝诏表其闾。

　　隋兰陵公主字阿五，文帝第五女也。美姿容，性婉顺，帝于诸女中，特所钟爱。初嫁仪同王奉孝，奉孝卒，适河东柳述，时年十八。诸姊并骄踞，主独折节遵妇道，事舅姑甚谨，遇疾必亲奉汤药。帝闻之大悦，由是述渐见宠遇。

　　初，晋王广欲以主配其妃弟萧玚，文帝将许之，后遂适述，晋王因不悦。及述用事，弥恶之。文帝崩，述徙岭表。炀帝令主与离绝，将改嫁之。公主以死自誓，不复朝谒，表求免主号，与述同徙。帝大怒曰：“天下岂无男子，欲与述同徙邪？”主曰：“先帝以妾适柳家，今其有罪,妾当从坐。"帝不悦,主忧愤卒,时年三十二。临终上表,生不得从夫死,乞葬柳氏。帝览表愈怒,竟不哭,葬主于洪渎川,资送甚薄,朝野伤之。

南阳公主者,炀帝长女也。美风仪,有志节。十四嫁于许国公宇文述子士及,以谨厚闻。述病且卒,主亲调饮食,手自奉上,世以此称之。及宇文化及弑逆,公主随至聊城,而化及为窦建德所败,士及自济北西归大唐。时隋代衣冠引见建德,莫不惶惧失常,唯主神色自若。建德与语,主自陈国破家亡,不能报怨雪耻,泪下盈襟,声辞不辍,情理切至。建德及观听者,莫不为之动容陨涕,咸敬异焉。及建德诛化及,时主有一子名禅师,年且十岁。建德遣武贲郎将于士证谓主曰:"宇文化及躬行弑逆,今将族灭其宗。公主之子,法当从坐,若不能割爱,亦听留之。"主泣曰:"武贲既是隋室贵臣,此事何须见问?"建德竟杀之。公主寻请建德,剃发为尼。

及建德败,将归西京,复与士及遇于东都。主不与相见。士及就之,请复为夫妻。主拒曰:"我与君雠家,今恨不能手刃君者,但谋逆之际,君不预知耳。"固与告绝。士及固请,主怒曰:"必就死,可相见也!"士及知不可屈,乃拜辞而去。

襄城王恪妃者,循州刺史柳旦女也。妃姿貌端丽,年十余,以良家子合相,见聘为妃。未几而恪被废,妃修妇道,事之愈敬。炀帝嗣位,复徙边,帝令使者杀之于道。恪与辞决,妃曰:"若王死,妾誓不独生。"于是相对恸哭。恪死,棺敛讫,妃谓使者曰:"妾誓与杨氏同穴,若身死得不别埋,君之惠也。"遂抚棺号恸,自经而卒。见者莫不流涕。

华阳王楷妃者,黄门侍郎、龙涸县公河南元岩女也。岩明敏有器干,炀帝嗣位,坐与柳述连事,除名徙南海。后会赦还长安,有人谮岩逃归,收杀之。妃有姿色,性婉顺,初以选为妃,未几而楷被幽废。妃事楷愈谨，每见楷有忧惧色，辄陈义理以慰谕之，楷甚敬焉。

及江都之乱，楷遇害，宇文化及以妃赐其党元武达。初以宗族礼之，置之别舍。后因醉而逼之，妃自誓不屈。武达怒，挞之百余，词色弥厉。元自毁其面，血泪俱下，武达释之。妃谓其徒曰：“我不能早死致命，将见侵辱，我之罪也。”因不食而卒。

谯国夫人洗氏者，高凉人也。世为南越首领，部落十余万家。夫人幼贤明，在父母家，抚循部众，能行军用师，压服诸越。每劝宗族为善，由是信义结于本乡。越人俗好相攻击，夫人兄南梁州刺史挺恃其富强，侵掠傍郡，岭表苦之。夫人多所规谏，由是怨隙止息，海南儋耳归附者千余洞。

梁大同初，罗州刺史冯融闻夫人有志行，为其子高凉太守宝聘以为妻。融本北燕苗裔也。初，冯弘之南投，遣融大父业以三百人浮海归宋，因留于新会。自业及融，三世为守牧，他乡羁旅，号令不行。至是，夫人诫约本宗，使从百姓礼。每与夫宝，参决辞讼，首领有犯法者，虽是亲族，无所纵舍。自此，政令有序，人莫敢违。

后遇侯景反，广州都督萧勃征兵援台，高州刺史李迁仕据大皋口，遣召宝，宝欲往，夫人疑其反，止之。数日，迁仕果反，遣主帅杜平虏率兵入赣石。宝以告，夫人曰：“平虏入赣，与官兵相拒，势未得还，迁仕在州，无能为也。宜遣使诈之，云：‘身未敢出，欲遣妇往参。’彼必无防虑。我将千余人，步担杂物，唱言输赕，得至栅下，贼亦可图。”从之。迁仕果大喜，觇夫人众皆担物，不设备。夫人击之，大捷。因总兵与长城侯陈霸先会于赣石。还谓宝曰：“陈都督极得众心，必能平贼，君厚资给之。”

及宝卒，岭表大乱，夫人怀集百越，数州宴然。陈永定二年，其子仆年九岁，遣帅诸首领朝于丹阳，拜阳春郡守。后广州刺史欧阳纥谋反，召仆至南海，诱与为乱。仆遣使归告夫人，夫人曰：“我为忠贞，经今两代，不能惜汝负国。”遂发兵拒境，纥徒溃散。仆以夫人之功，封信都侯，加平越中郎将，转石龙太守。诏使持节册夫人为高凉郡太夫人,赍绣幰油络驷马安车一乘,给鼓吹一部,并麾幢旌节,一如刺史之仪。至德中,仆卒。

后陈国亡,岭南未有所附,数郡共奉夫人号为圣母。隋文帝遣总管韦洸安抚岭外,陈将徐璒以南康拒守,洸不敢进。初,夫人以扶南犀杖献陈主,至此,晋王广遣陈主遣夫人书,谕以国亡,命其归化,并以犀杖及兵符为信。夫人见杖,验知陈亡,集首领数千人,尽日恸哭。遣其孙魂,帅众迎洸。洸至广州,岭南悉定。表魂为仪同三司,册夫人为宋康郡夫人。

未几,番禺人王仲宣反,围洸,进兵屯衡岭。夫人遣其孙暄帅师援洸。时暄与逆党陈佛智素相友,故迟留不进。夫人大怒,遣使执暄系州狱,又遣孙盎讨佛智斩之。进兵至南海,与鹿愿军会,共败仲宣。夫人亲被甲,乘介马,张锦伞,领彀骑卫,诏使裴矩巡抚诸州。其苍梧首领陈坦、冈州冯岑翁、梁化邓马头、籘州李光略、罗州庞靖等皆来参谒。还令统其部落,岭南悉定。帝拜盎为高州刺史,仍赦出暄,拜罗州刺史,追赠宝为广州总管,封谯国。夫人幕府署长史已下官属,给印章,听发部落、六州兵马,若有机急,便宜行事。降敕书褒美,赐物五千段。皇后以首饰及宴服一袭赐之。夫人并盛于金箧,并梁、陈赐物,各藏于一库。每岁时大会,皆陈于庭,以示子孙曰:“汝等宜尽赤心向天子。我事三代主,唯用一好心。今赐物具存,此忠孝之报。”

时番州总管赵讷贪虐,诸俚獠多有亡叛。夫人遣长史张融上封事,论安抚之宜,并言讷罪状。上遣推讷,得其赃,竟致于法。敕委夫人招慰亡叛,夫人亲载诏书,自称使者,历十余州,宣述上意,谕诸俚獠,所至皆降。文帝赐夫人临振县汤沐邑一千五百户,赠仆为崖州总管,平原郡公。仁寿初,卒,谥为诚敬夫人。

郑善果母崔氏者,清河人也。年十三,适荥阳郑诚,生善果。周末,诚讨尉迟迥,力战死于阵。母年二十而寡,父彦穆欲夺其志,母抱善果曰:“妇人无再见男子之义。且郑君虽死,幸有此儿,弃儿为不慈,背死夫为无礼。宁当割耳剪发,以明素心。违礼灭慈,非敢闻命。"

善果以父死王事,年数岁,拜使持节、大将军,袭爵开封县公。开皇初,进封武德郡公。年十四,授沂州刺史。转景州刺史,寻为鲁郡太守。母性贤明,有节操,博涉书史,通晓政事。每善果出听事,母辄坐胡床,于鄣后察之。闻其剖断合理,归则大悦,即赐之坐,相对谈笑;若行事不允,或妄嗔怒,母乃还堂,蒙袂而泣,终日不食。善果伏于床前,不敢起。母方起谓之曰:"吾非怒汝,乃愧汝家耳。吾为汝家妇,获奉洒扫,知汝先君忠勤之士也,守官清恪,未尝问私,以身徇国,继之以死。吾亦望汝,副其此心。汝既年小而孤,吾寡妇耳,有慈无威,使汝不知礼训,何可负荷忠臣之业乎!汝自童子袭茅土,汝今位至方岳,岂汝身致之邪? 不思此事,而妄加嗔怒,心缘骄乐,堕于公政。内则坠尔家风,或失亡官爵;外则亏天下法,以取罪戾。吾死日何面目见汝先人于地下乎!"

母恒自纺绩,每自夜分而寝。善果曰:"儿封侯开国,位居三品,秩俸幸足,母何自勤如此?"答曰:"吁! 汝年已长,吾谓汝知天下理,今闻此言,公事何由济乎?今秩俸乃天子报汝先人殉命也,当散赡六姻,为先君之惠,妻子奈何独擅其利以为贵乎! 又丝枲纺绩,妇人之务,上自王后,下及大夫士妻,各有所制,若堕业者,是为骄逸。吾虽不知礼,其可自败名乎!"

自初寡便不御脂粉,常服大练。性又节俭,非祭祀宾客之事,酒肉不妄陈其前。静室端居,未尝辄出门闾。内外姻戚有吉凶事,但厚加赠遗,皆不诣其门。非自手作及庄园禄赐所得,虽亲族礼遗,悉不许入门。善果历任州郡,内自出馔于衙中食之。公廨所供,皆不许受,悉用修理公宇,及分僚佐。善果亦由此克己,号为清吏。炀帝遣御史大夫张衡劳之,考为天下最。征授光禄卿。其母卒后,善果为大理卿,渐骄恣,公清平允,遂不如畴昔焉。

孝女王舜者,赵郡人也。父子春,与从兄长忻不协,齐亡之际,长忻与其妻同谋杀子春。舜时年七岁,有二妹,粲年五岁,璠年二岁,并孤苦,寄食亲戚。舜抚育二妹,恩义甚笃。而舜阴有复雠之心,长忻殊不为备。妹俱长,亲戚欲嫁之,辄拒不从。乃密谓二妹曰:“我无兄弟,致使父雠不复,吾辈虽女子,何用生为!我欲共汝报复,汝竟何如?”二妹皆垂泣曰:“唯姊所命。”夜中,姊妹各持刀逾墙入,手杀长忻夫妇,以告父墓,因诣县请罪。姊妹争为谋首,州县不能决。文帝闻而嘉叹,特原其罪。

韩觊妻于氏者,河南人也,字茂德。父寔,周大左辅。于氏年十四,适于觊。虽生长膏腴,家门鼎贵,而动遵礼度,躬自俭约,宗党敬之。年十八,觊从军没,于氏哀毁骨立,恸感行路,每朝夕奠祭,皆手自拜持。及免丧,其父以其幼少无子,欲嫁之,誓不许。遂以夫孽子世隆为嗣,身自抚育,爱同己生,训导有方,卒能成立。自媦居以后,唯时或归宁,至亲族之家,绝不来往。有尊就省谒者,送迎皆不出户庭。蔬食布衣,不听声乐,以此终身。隋文帝闻而嘉叹,下诏褒美,表其门闾。长安中号为节妇门,终于家。

陆让母冯氏者,上党人也。性仁爱,有母仪。让即其孽子也,开皇末,为播州刺史。数有聚敛,赃货狼籍,为司马所奏。案覆得实,将就刑。冯氏蓬头垢面,诣朝堂数让罪。于是流涕呜咽,亲持杯粥,劝让食。既而上表求哀,词情甚切,上愍然为之改容。献皇后甚奇其意,致请于上。书侍御史柳彧进曰:“冯氏母德之至,有感行路,如或戮之,何以为劝?”上于是集京城士庶于朱雀门,遣舍人宣诏曰:“冯氏以嫡母之德,足为世范,慈爱之道,义感人神,特宜矜免,用奖风俗。让可减死除名。”复下诏褒美之,赐物五百段,集命妇与冯相识,以旌宠异。

刘昶女者,河南长孙氏妇。昶在周尚公主,为上柱国、彭国公,位望甚显。与隋文帝有旧,及受禅,甚见亲礼。历左武卫大将军、庆州总管。

其子居士为千牛备身，不遵法度，数得罪。上以昶故，每原之。居士转恣，每大言曰："男儿要当辫头反缚，蓬莱上作猱舞。"取公卿子弟膂力雄健者，辄将归家，以车轮括其颈而棒之，殆死，能不屈者，称为壮士，释而与之交。党与三百人，其矫捷者号为饿鹘队，武力者号为蓬转队。韝鹰继犬，连骑道中，殴击路人，多所侵夺。长安市里，无贵贱见者辟易。至于公卿妃主，亦莫敢与校。其女则居士姊也，每垂泣诲之，居士不改，至破家产。昶年高，奉养甚薄。其女时寡居，哀昶如此，每归宁于家，躬勤纺绩，以致其肥鲜。

有人告居士与其徒游长安城，登故未央殿基，向南坐，前后列队，意有不逊。每相约曰："当作一死耳。"又时有人言居士遣使引突厥，令南寇，当于京师应之。上谓昶曰："今日事当如何？"昶犹恃旧恩，不自引咎，直前曰："黑白在于至尊。"上大怒，下昶狱，捕居士党与。宪司又奏昶事母不孝。其女知昶必不免，不食者数日。每亲调饮食，手自捧持，诣大理饷父。见狱卒，跪以进之，歔欷呜咽，见者伤之。居士斩，昶赐死于家。诏百僚临视，时其女绝而复苏者数矣，公卿慰喻之。其女言父无罪，坐子及祸。词情哀切。人皆不忍闻见。遂布衣蔬食，以终其身。上闻叹曰："吾闻衰门之女，兴门之男，固不虚也。"

钟士雄母蒋氏者，临贺人也。士雄仕陈，为伏波将军。陈主以士雄岭南酋帅，虑其反覆，留蒋氏于都下。及晋王广平江南，以士雄在岭表，欲以恩义致之，遣蒋氏归临贺。既而同郡虞子茂、钟文华等作乱攻城，遣召士雄，士雄将应之。蒋氏谓曰："汝若背德忘义，我当自杀于汝前。"士雄遂止。蒋氏复为书与子茂等，谕以祸福。子茂不从，寻为官军所败。上闻蒋氏甚异之，封安乐县君。

时伊州寡妇胡氏者，不知何许人妻，甚有志节，为邦族所重。江南之乱，讽谕宗党，守节不从叛逆，封为密陵郡君。

孝妇覃氏者,上郡钟氏妇也。与夫相见未几而死,时年十八,事后姑以孝闻。数年间,姑及伯叔皆相继死。覃氏家贫,无以葬,躬自节俭,昼夜纺绩,十年而葬八丧,为州里所敬。文帝闻而赐米百石,表其门闾。

元务光母卢氏者,范阳人也。少好读书,造次必以礼。盛年寡居,诸子幼弱,家贫不能就学,卢氏每亲自教授,勖以义方。汉王谅反,遣将綦良往山东略地,良以务光为记室。及良败,慈州刺史上官政簿务光家。见卢氏,逼之,卢氏以死自誓。政凶悍,怒甚,以烛烧其面。卢氏执志弥固,竟不屈节。

裴伦妻柳氏者,河东人也,少有风训。大业末,伦为渭源令,为贼薛举所陷,伦遇害。柳氏时年四十,有二女及儿妇三人,皆有美色。柳氏谓曰:"我辈遭逢祸乱,汝父已死。我自念不能全汝。我门风有素,义不受辱于群贼。我将与汝等同死,如何?"女等垂泣曰:"唯母所命。"柳氏遂自投于井,其女及妇相继而下,皆死井中。

赵元楷妻崔氏者,清河人也,甚有礼度。隋末宇文化及之反,元楷随至河北。将归长安,至滏口遇盗,仅以身免。崔氏为贼所拘,请以为妻。崔氏曰:"我士大夫女,为仆射子妻,今日破亡,自可即死,终不为贼妇。"群贼毁裂其衣,缚于床簣之上,将陵之。崔氏惧为所辱,诈之曰:"今力已屈,当受处分。"贼遂释之。妻因取贼刀倚树而立曰:"欲杀我,任加刀锯;若觅死,可来相逼。"贼大怒,乱射杀之。
元楷后得杀妻者,支解以祭崔氏之柩。

论曰:妇人主织纴中馈之事,其德以柔顺为先,斯乃举其中庸,未臻其极者也。至于明识远图,贞心峻节,志不可夺,唯义所高,考之图史,亦何代而无之哉!魏隋所叙列女,凡三十四人。自王公妃主,下至庶人女妻,盖有质迈寒松,心逾匪石,或忠壮诚恳,或文采可称。虽子政集之于前，元凯编之于后，比其美节，亦何以尚兹。故知兰玉芳贞，盖乃禀其性矣。

北史卷九二
列传第八〇

恩　幸

王叡　　王仲兴　　赵脩　　茹皓　　赵邕
侯刚　　徐纥　　宗爱　　仇洛齐　　王琚
赵默　　孙小　　张宗之　　剧鹏　　张祐
抱嶷　　王遇　　符承祖　　王质　　李坚
刘腾　　贾粲　　杨范　　成轨　　王温
孟栾　　平季　　封津　　刘思逸　　郭秀
和士开　　穆提婆　　高阿那肱　　韩凤
齐诸宦者

　　夫令色巧言，矫情饰貌，邀昕睐之利，射咳唾之私，乃苟进之常道也。况乃亲由褒狎，恩生趋走，便僻俯仰，当宠擅权。斯乃夏桀、殷纣所以丧两代，石显、张让所以蠹二京焉。

　　魏世王叡幸于太和之初，郑俨宠于孝昌之季，宗爱之弑帝害王，刘腾之废后戮相，此盖其甚者尔。其间盗官卖爵，污辱宫闱者多矣，亦何可枚举哉。斯乃王者所宜深诫。而齐末又有甚焉。乃自书契以降，未之有也。若乃心利锥刀，居台鼎之任；智昏菽麦，当机衡之重。亦有西域丑胡，龟兹杂伎，封王开府，接武比肩。非直独守幸臣，且复多干朝政。赐予之费，帑藏以虚；杼柚之资，剥掠将尽。齐运短促，固其宜哉。神武、文襄，情存庶政，文武任寄，多贞干之臣，唯郭秀小人，有累明德。天保五年之后，虽罔念作狂，所幸有通州刺史梁伯和、陆颷儿之徒，唯左右驱驰，内外亵狎，其朝廷之事，一不与闻，故不入此传。大宁之后，奸佞浸繁，盛业鸿基，以之颠覆，生灵厄夫左衽，非不幸也！”

《魏书》有《恩幸传》及《阉官传》，《齐书》有《佞幸传》。今用比次，以为《恩幸》篇云。旧书郑俨在《恩幸》中，今从例附其家传，其余并编于此。其宦者之徒，尤是亡齐之一物，丑声秽迹，千端万绪，其事阙而不书，乃略存姓名，附之此传之末。其帝家诸奴及胡人乐工叨窃贵幸者，亦附出焉。

王叡字洛诚，自云太原晋阳人也。六世祖横，张轨参军。晋乱，子孙因居于武威姑臧。父桥，字法生，解天文卜筮。凉州平，入京。家贫，以术自给，历位终于侍御中散。天安初，卒，赠平远将军、凉州刺史、显美侯，谥曰敬。

叡少传父业，而姿貌伟丽，景穆之在东宫，见而奇之。兴安初，擢为太卜中散，稍迁为令，领太史。承明元年，文明太后临朝，叡因缘见幸，超迁给事中。俄为散骑常侍、侍中、吏部尚书，赐爵太原公。于是内参机密，外豫政事，爱宠日隆，朝士慑惮焉。太和二年，孝文及文明太后率百僚与诸客临兽圈，有猛兽逸，登门阁道，几至御坐。左右侍卫皆惊靡，叡独执戟御之，猛兽乃退。故亲任转重。三年春，诏叡与东阳王丕同入八议，永受复除。四年，迁尚书令，进爵中山王，加镇东大将军，置王官二十二人，中书侍郎郑羲为傅，郎中令以下，皆当时名士。又拜叡妻丁氏为妃。及沙门法秀谋逆事发，多所牵引。叡曰：“与杀不辜，宁赦有罪，宜枭斩首恶，余从原赦，不亦善乎！”孝文从之，得免者千余人。

叡出入帷幄，太后密赐珍玩缯彩，人莫能知。率常以夜帷载阉官防致，前后钜万，不可胜数。加以田园、奴婢、牛马杂畜，并尽良美。大臣及左右因是以受赍赐，外示不私，所费又以万计。及疾病，孝文、太后每亲视疾，侍官省问，相望于道。及疾笃，上疏陈刑政之宜。寻薨，孝文、文明太后亲临哀恸。赐温明秘器，宕昌公王遇监护丧事。赠卫大将军、太宰、并州牧，谥曰宣王。内侍长董丑奴营坟墓。将葬于城东，孝文登城楼以望之。京都文士为作哀诗及诔者百余人。乃立叡祀于都南二十里大道右，起庙，以时祭荐，并立碑铭，置守祀五家。又诏褒扬叡，图其捍猛兽状于诸殿，令高允为之赞。京邑士女，诏称叡美，造新声而弦歌之，名曰《中山王》。诏班乐府，合乐奏之。初，叡女妻李冲兄子蒹，次女又适赵国李恢子华。女之将行，先入宫中，其礼略如公主、王女之仪。太后亲御太华殿，寝其女于帐中，叡与张祐侍坐。叡所亲及两李家大夫、妇人列于东西廊。及女子登车，太后送过中路。时人窃谓天子、太后嫁女。叡之葬也，假亲姻义旧衰绖缟冠送丧者千余人，皆举声恸泣，以要荣利，时谓之义孝。

叡既贵，乃言家本太原晋阳，遂移属焉。故其兄弟封爵，多以并州郡县。薨后，重赠叡父桥侍中、征西将军、左光禄大夫、仪同三司、武威王，谥曰定。追策叡母贾氏为妃，立碑于墓左。父子并葬城东，相去里余。迁洛后，更徙葬太原晋阳故地。

子袭，字元孙。叡薨，孝文诏袭代领都曹，为尚书令，领吏部曹。后袭王爵，例降为公。太后崩后，袭礼遇稍薄，不复关与时事。后出为并州刺史。舆驾诣洛，路幸其州，人庶多为立铭，置于大路，虚相称美。或云袭所教也，尚书奏免其官，诏唯降号二等。卒，赠豫州刺史，谥曰质。

袭弟椿，字元寿。正始中，拜太原太守，坐事免。椿僮仆千余，园宅华广，声伎自适，无乏于时。或有劝椿仕者，椿笑而不答。雅有巧思，凡所营制，可为后法。由是正光中元乂将营明堂、辟雍，欲征为将作大匠，椿闻而固辞。孝昌中，尔朱荣以汾州胡逆，表椿慰劳汾胡。汾胡与椿比州，服其声望，所至降下。事宁，授太原太守。以预立庄帝功，封辽阳县子，寻转封真定县。永熙中，除瀛州刺史。时有风雹之变，诏书广访谠言，椿乃上疏言政事之宜。椿性严察，下不容奸，所在吏人畏之重足。天平末，更满还乡。初，椿于宅构起听事，极为高壮。时人忽云："此乃太原王宅，岂是王太原宅？"椿往为本郡，世皆呼为王太原。未几，尔朱荣居椿之宅，荣封太原王焉。至于齐神武之居晋阳，霸朝所在，人士辐凑。椿礼敬亲知，多所拯接。后以老病辞疾，客居赵郡之西鲤鱼祠山。卒，赠尚书左仆射、太尉公、冀州刺史，谥曰文恭。及葬，齐神武亲自吊送。

椿妻钜鹿魏悦次女，明达有远操，多识往行前言。随夫在华州，兄子建在洛遇患，闻而驰赴，肤容亏损，亲类叹尚之。尔朱荣妻乡郡长公主深所礼敬。永安中，诏以为南和县君。内足于财，不以华饰为意。抚兄子收，情同己子。存拯亲类，所在周给。椿名位终始，魏有力焉。卒，赠钜鹿郡君。椿无子，以兄孙叔明为后。

王仲兴，赵郡南栾人也。父天德，起自细微，至殿中尚书。

仲兴幼而端谨，以父任，早给事左右，累迁越骑校尉。孝文在马圈，自不豫，大渐迄于崩，仲兴颇预侍护。宣武即位，转左中郎将。及帝亲政，与赵脩并见宠任，迁光禄大夫，领武卫将军。虽与脩并，而畏慎自退，不若脩倨傲无礼。咸阳王禧之出奔也，当时上下微为震骇，帝遣仲兴先驰入金墉安慰。后与领军于劲参机要，因自回马圈侍疾及入金墉功，遂封上党郡开国公。自拜武卫及受封日，车驾每临飨其宅。宣武游幸，仲兴常侍，不离左右，外事得径以闻，百僚亦耸体而承望焉。兄可久，以仲兴故，自散爵为征虏府长史，带彭城太守。仲兴世居赵郡，自以寒微，云旧出京兆霸城，故为雍州大中正。

尚书后以仲兴赏报过优，北海王详尝以面启，奏请降减，事久不决。可久在徐州，恃仲兴宠势，轻侮司马梁郡太守李长寿，乃令僮仆邀殴长寿，遂折其胁。州以表闻，北海王详因百僚朝集，厉色大言曰："徐州名藩，先帝所重，朝廷云何简用上佐，遂至此纷纭，以彻荒外，岂不为国丑辱！"仲兴是后渐疏。宣武乃下诏夺其封邑。后卒于并州刺史。

宣武时，又有上谷寇猛，少以姿干充武贲，稍迁至武卫将军。出入禁中，无所拘忌。自以上谷寇氏，得补燕州大中正，而不能甄别士庶也。卒，赠燕州刺史。

赵脩字景业，赵郡房子人也。父谧，阳武令。脩本给事东宫，为白衣左右，颇有膂力。宣武践阼，爱遇日隆。然天性暗塞，不闲书疏。宣武亲政，旬月间频有转授。每受除设宴，帝幸其宅，诸王公百僚悉从，帝亲见其母。脩能剧饮，至于逼劝觞爵，虽北海王详、广阳王嘉等皆亦不免，必致困乱。每适郊庙，脩常骖陪，出入华林，恒乘马至禁内。咸阳王禧诛，其家财货多赐高肇及脩。脩之葬父，百官自王公已下，无不吊祭，酒犊祭奠之具，填塞门街。于京师为制碑铭兽石柱，皆发人车牛，传致本县。财用之费，悉自公家。凶吉车乘将百两，道路供给，皆出于官。时将马射，宣武留脩过之，帝如射宫，又骖乘。辂车旍竿触东门折。脩恐不逮葬日，驿赴窆期。左右求从及特遣者数十人。脩道路嬉戏，殆无戚容，或与宾客奸掠妇女裸观，从者嚾啮喧哗，诟詈无节，莫不畏而恶之。是年，又为脩广增宅舍，多所并兼，洞门高堂，房庑周博，崇丽拟于诸王。其四面邻居，赂入其地者侯天盛兄弟，越次出补长史大郡。

脩起自贱伍，暴致富贵，奢傲无礼，物情所疾，因其在外，左右或讽纠其罪。自其葬父还也，旧宠小薄。初，王显附脩，后因忿阋窥伺其过，列脩葬父时，路中淫乱不轨。又云与长安人赵僧攲谋匿玉印事。高肇、甄琛等构成其罪，乃密以闻。始琛及李冯等曲事脩，无所不至，惧相连及，乃争共纠摘。遂有诏按其罪恶，鞭之一百，徙敦煌为兵。其家宅作徒，即仰停罢，所亲在内者，悉令出禁。是日，脩诣领军于劲第，与之樗蒲。筹未及毕，羽林数人，相续而至，称诏呼之。脩惊起，随出。路中执脩马诣领军府。琛与显监决其罪，先具问事有力者五人，更迭鞭之，占令必死。旨决百鞭，其实三百。脩素肥壮，腰腹博硕，堪忍楚毒，了不转动。鞭讫，即召驿马，促之令发。出城西门，不自胜举，缚置鞍中，急驱驰之，其母妻追随，不得与语，行八十里乃死。

初，于后之入，脩之力也。脩死后，领军于劲犹追感旧意，经恤其家。自余朝士昔相宗承者，悉弃绝之，以示己之疏远焉。

茹皓字禽奇，旧吴人也。父谦之，本名要，随宋巴陵王休若为将，至彭城，遂寓居淮阳上党。

年十五六，为县金曹史。南徐州刺史沈陵见而善之，自随入洛，举充孝文白衣左右。宣武践阼，皓侍直禁中，稍被宠接。宣武尝拜山陵，路中欲引与同车，黄门侍郎元匡切谏乃止。及帝亲政，皓眷赉日隆。时赵脩亦被幸，妒之，求出皓。皓亦虑见危祸，不乐内官，遂超授濮阳太守。其父因皓，讼理旧勋，先除兖州阳平太守，赐以子爵。父子剖符名邦，郡境相接。皓忻于去内，不以疏外为戚。及赵脩等败，竟获全。虽起微细。为守乃清简寡事。

后授左中郎将，领直阁，宠待如前。皓既宦达，自云本出雁门，雁门人谄附者，乃因荐皓于司徒，请为肆州大中正，诏特依许。迁骁骑将军，领华林诸作。皓性微工巧，多所兴立，为山于天泉池西，采掘北芒及南山佳石，徙竹汝、颍，罗莳其间。经构楼观，列于上下，树草栽木，颇有野致。帝心悦之，以时临幸。

皓贵宠日升，关豫政事，太傅、北海王详以下，咸祗惮之。皓娶仆射高肇从妹，于帝为从母，迎纳之日，详亲诣之，礼以马物。皓又为弟聘安丰王延明妹，延明耻非旧流，不许。详劝之云："欲觅官职，如何不与茹皓婚姻也？"延明乃从焉。皓颇敏慧，折节下人，潜自经营，阴有纳受，货产盈积，起宅宫西，朝贵弗及。时帝虽亲万务，皓率常居内，留宿不还，传可门下奏事。未几，转光禄少卿。意殊不已，方欲陈马圈从先帝劳，更希荣举。

初，脩、皓之宠，北海王详皆附之。又直阁刘胄本为详荐，常感恩。高肇素嫉诸王，常规陷害，既知详与皓等交关相昵，乃构之，云皓等将有异谋。宣武乃召中尉崔亮，令奏皓、胄、常季贤、陈扫静四人擅势纳贿及私乱诸事。既日执皓等，皆诣南台，翌日，奏处杀之。

皓妻被发出堂，哭而迎皓。皓径入哭别，食椒而死。

胄字元孙，后位直阁将军。

季贤起于主马，宣武初好骑乘，因是获宠。位司药丞，仍主厩闲。

扫静、徐义恭，并彭城旧营人。扫静能为宣武典栉梳，义恭善执衣服，并以巧便，且夕居中，爱幸相侔，官叙不异。二人皆承皓，皓亦接眷。而扫静偏为亲密，与皓常在左右，略不归休。皓败，扫静亦死于家。义恭小心谨慎，皓等死后，弥见幸信。宣武不豫，义恭昼夜扶抱，崩于怀中。义恭谄附元乂，又有淫宴，多在其宅。位终左光禄大夫。

赵邕字令和，自云南阳人也。洁白美髭眉。司空李冲之贵宠也，邕以少年端谨，出入其家，颇给桵磨奔走之役。冲令与诸子游处，人有束带谒冲者，时托之以自通。太和中，给事左右，至殿中监。宣武即位及亲政，犹居本任。微与赵脩结为宗援，然亦不甚相附也。邕父怡，以邕宠，召拜太常少卿，寻为荆州大中正，出为荆州刺史。怡乃致其母丧，葬于宛城之南，赵氏旧墟。后拜金紫光禄大夫，卒，赠相州刺史。宣武每出入郊庙，脩恒以常侍兼侍中陪乘，而邕兼奉车都尉，执辔同载。时人窃论，号为二赵。以赵出南阳，徙属荆州。邕转给事中，南阳中正。以父为荆州大中正，罢。宣武崩，邕兼给事黄门。

后为幽州刺史，贪与范阳卢氏为婚，女父早亡，其叔许之，而母不从。母北平阳氏，携女至家，藏避，规免。邕乃考掠阳叔，遂至于死。阳氏诉冤，邕坐处死。会赦，免。孝昌初，卒。

侯刚字乾之，河南洛阳人也。其先代人，本出寒微。少以善于鼎俎，得进膳出入，积官至尝食典御。宣武以其质直，赐名刚焉。稍迁左右郎将，领刀剑左右，后领太子中庶子。宣武崩，刚与侍中崔光迎明帝于东宫，寻除卫尉卿，封武阳县侯。俄为侍中、抚军将军、恒州大中正,进爵为公。熙平中,侍中游肇出为相州,刚言于灵太后曰:"昔高氏擅权,游肇抗衡不屈,而出牧一藩,未尽其美。宜还引入,以辅圣主。"太后善之。

刚宠任既隆,江阳王继、尚书长孙承业皆以女妻其子。司空、任城王澄以其起由膳宰,颇窃侮之云:"此近为我举食。"然公坐对集,敬遇不亏。后刚坐掠杀试谢羽林,为御史中尉元匡所弹,处刚大辟。尚书令、任城王澄为之言于灵太后,令削封三百户,解尝食典御。刚于是颇为失意。刚自太和进食,遂为典御,历两都、三帝、二太后,将三十年,至此始解。御史中尉元匡之废也,刚为太傅、清河王怿所举,除车骑将军,领御史中尉。及领军元叉执政,刚长子,叉之妹夫,乃引刚为侍中、左卫将军,还领尝食典御,以为拔援。复领御史中尉。刚启军旅稍兴,国用不足,求以己邑俸粟,赈给征人,比至军下。明帝许之。

孝昌元年,除领军。初,元义之解领军,灵太后以叉腹心尚多,恐难卒制,故权以刚代之,示安其意。寻出为冀州刺史。刚在道,诏暴其明党元叉,逼胁内外,降为征虏将军,余悉削黜。终于家。永安中,赠司徒公。刚以上谷先有侯氏,于是始家焉。

徐纥字武伯,乐安博昌人也。家世寒微。纥少好学,颇以文词见称。宣武初,自书生除中书舍人。谄附赵脩,脩诛,坐徙枹罕。虽在徒役,志气不挠。故事,捉逃役流兵五人者,听免,纥以此得还。久之,复除中书舍人。太傅、清河王怿以文翰待之。及元叉害怿,出为雁门太守,称母老解郡。寻饰貌事叉,大得叉意。

灵太后反政,以纥曾为怿所顾待,复自母忧中起为中书舍人。曲事郑俨,是以特被信任。俄迁给事黄门侍郎,仍领舍人,总摄中书、门下事。军国诏命,莫不由之。时有急速,令数吏执笔,或行或卧,人别占之,造次俱成,不失事理,虽无雅才,咸得济用。时黄门侍郎太原王遵业、琅邪王诵,并称文学,亦不免为纥执笔,承其指授。纥机辩有智数,公当断决,终日不以为劳。长直禁中,略无休息。时复与沙门讲论，或分宵达曙，而心力无怠，道俗叹服之。然性浮动，慕权利，外似謇正，内实诡谀。时豪胜己，必相陵驾；书生贫士，矫意礼之。其诡态若此，有识鄙焉。纥既处腹心，参断机密，势倾一时，远近填凑。与郑俨、李神轨宠任相亚，时称徐、郑焉。

　　然无经国大体，好行小数，说灵太后以铁券间尔朱左右。荣知，深以为憾，启求诛之。荣将入洛，既克河梁，纥矫诏夜开殿中，取骅骝御马十余疋，东走兖州。羊侃时为太山太守，纥往投之，说侃令举兵。侃从之，遂聚兵反，共纥围兖州。孝庄初，遣侍中于晖为行台，与齐神武讨之。纥虑不免，说侃请乞师于梁，侃信之，遂奔梁。文笔驳论十卷，多有遗落，时或存于世焉。

　　宗爱不知其所由来，以罪为阉人，历碎职至中常侍。正平元年元正，太武大会于江上，班赏群臣，以爱为秦郡公。景穆之监国也，每事精察，爱天性险暴，行多非法，景穆每衔之。给事中侯道盛、侍郎任平城等任事东宫，微为权势，太武颇闻之。二人与爱并不睦，爱惧道盛等案其事，遂构告其罪，诏斩道盛等于都街。时太武震怒，景穆遂以忧薨。

　　是后，太武追悼不已，爱惧诛，遂谋逆。二年春，太武暴崩，爱所为也。尚书左仆射兰延、侍中吴兴公和疋、侍中太原公薛提等秘不发丧。延、疋二人议，以文成冲幼，欲立长君，征秦王翰，置之秘室。提以文成有世嫡之重，不可废所宜立而更求君。延等犹豫未决。爱知其谋。始爱负罪于东宫，而与吴王余素协，乃密迎余，自中宫便门入，矫皇后令征延等。延等以爱素贱，弗之疑，皆随之入。爱先使阉竖三十人持仗于宫内，及延等入，以次收缚，斩于殿堂。执秦王翰，杀之于永巷，而立余。余以爱为大司马、大将军、太师、都督中外诸军事，领中秘书，封冯翊王。

　　爱既立余，位居元辅，录三省，兼总戎禁，坐召公卿，权恣日甚，内外惮之。群情咸以为爱必有赵高、阎乐之祸，余疑之，遂谋夺其权。爱愤怒，使小黄门贾周等夜杀余。文成立，诛爱、周等，皆具五刑,夷三族。

　　仇洛齐,中山人也,本姓侯氏。外祖父仇款,始出冯翊重泉。款仕石季龙末,徙邺南枋头。仕慕容晓为乌丸护军、长水校尉。生二子,长曰嵩,小曰腾。嵩仕慕容垂,迁居中山,位殿中侍御史。嵩有二子,长曰广,小曰盆。嵩妹子洛齐,生而非男,嵩养为子,因为仇姓。初,嵩长女有姿色,充冉闵妇。闵破,入慕容俊,又传赐卢豚,生子鲁元。鲁元有宠于太武,而知外祖嵩已死,唯有三舅,每言于帝。帝为访其舅。时东方罕有仕者,广、盆皆不乐入平城。洛齐独请行曰:“我养子,兼人道不全,当为兄弟试祸福也。”乃乘驴赴京。鲁元候知将至,结从者百余骑,迎于桑乾河,见而下拜,从者亦同致敬。入言于太武。太武问其才用所宜,鲁元曰:“臣舅不幸,生为阉人,唯合与陛下守宫闱耳。”而不言其养。帝矜焉,引见叙用,赐爵文安子,稍迁给事黄门侍郎。

　　魏初,禁网疏阔,人户隐匿,漏脱者多。东州既平,绫罗户人乐葵,因是请采漏户,供为纶绵,自后逃户占为绁续罗縠者非一。于是杂营户帅遍于天下,不属守宰,发赋轻易,人多私附,户口错乱,不可捡括。洛齐奏议罢之,一属郡县。从征平凉,以功超迁散骑常侍。又加中书令,进爵零陵公,拜侍中、冀州刺史、内都大官。卒,谥曰康。养子俨,袭爵。

　　太武时,又有段霸,以谨敏见知。历中常侍、殿中尚书、定州刺史。

　　王琚,高平人也。自云本太原人,高祖始,晋豫州刺史。琚以泰常中被刑,入宫禁。小心守节,久乃见叙用,稍迁礼部尚书,赐爵广平公。孝文以琚历奉前朝,志存公正,授散骑常侍。后历位冀州刺史,假广平王,进爵高平王。孝文、文明太后东巡冀州,亲幸其家。还京,以其年老,拜散骑常侍,养老于家。前后赐以车马、衣物,不可称计。又降爵为公。扶老自平城从迁洛邑。常饮牛乳,色如处子。卒年九十,赠冀州刺史,谥靖公。

赵默字文静,初名海,本凉州隶户。自云,其先河内温人也,五世祖术,晋末为西夷校尉,因居酒泉安弥县。海生而凉州平,没入而为阉人,因改名默。有容貌,恭谨小心,赐爵睢阳侯,累迁选部尚书。能自谨励,当官任举,颇得其人。加侍中,进爵河内公。献文将传位京兆王子推,访诸群臣,百官唯唯,莫敢先言,唯源贺等辞义正直,不肯奉诏。献文怒,变色,复以问默。默对曰:“臣以死奉戴皇太子。”献文默然良久,遂传位孝文。孝文立,得幸两宫,禄赐优厚。

时尚书李欣亦有宠于献文,与默对绾选部。欣奏中书侍郎崔鉴为东徐州,北部主书郎公孙处显为荆州,选部监公孙蘧为幽州,皆曰有能,实有私焉。默疾其亏乱选体,遂争于殿庭曰:“以功授官,因爵与禄,国之常典。中书侍郎、尚书主书郎、诸曹监,勋能俱立,不过列郡。今欣皆以为州,臣实为惑。”于是默与欣遂为深隙。欣竟列默为监藏。因黜为门士。默废寝忘食,规报前怨。逾年,还入为侍御、散骑常侍、侍中、尚书左仆射,复兼选部如昔。及欣将获罪,默因构成以诛之,然后食甘寝安,志于职事。

出为仪同三司、定州刺史,进爵为王。克己清俭,事济公私。后薨于冀州刺史,追赠司空,谥曰康。

孙小字茂翘,咸阳石安人也。父瓒,姚泓安定护军,为赫连屈丐所杀,小没入宫刑。会魏平统万,遂图平城。内侍东宫,以聪识有智略称。未几,转西台中散。太武幸瓜步,虑有北寇之虞,赐爵泥阳子,除留台将军。车驾还都,乃请父瓒赠谥,求更改葬。诏赠秦州刺史、石安县子,谥曰戴。

小后拜并州刺史,进爵中都侯。州内四郡百余人,诣阙颂其政化。后迁冀州刺史,声称微少于前。然所在清约,当时牧伯,无能及也。性颇忍酷,所养子息,驱逐鞭挞,视如仇雠。小之为并州,以郭祚为主簿。重祚文才,兼任以书记,时人多之。

张宗之字益宗，河南巩人也。家世寒微。父孟舒，晋将刘裕西征，板假洛阳令。初，维氏宗文邕谋反，胁孟舒等事晋。孟舒败，走免。宗之被执入京，腐刑。以忠厚谨慎，擢为侍御中散，赐爵巩县侯。历仪曹、库部二曹尚书，邺中秘书，进爵彭城公，后例降为侯。卒于冀州刺史，赠怀州刺史，谥曰敬。

始宗之纳南来殷孝祖妻萧氏，宋仪同三司思话弟思度女也，多悉妇人仪饰故事。太和中，初制六宫服章，萧被命在内，豫见访采，数蒙赐赉云。

剧鹏，高阳人也。粗览经史，闲晓吏事。与王质等俱充宦官，性通率，不以阉阉为耻。孝文迁洛，常为宫官任事。幽后之惑薛菩萨也，鹏密谏止之，不从，遂发愤卒。

张祐字安福，安定石唐人也。父成，扶风太守，太武末，坐事诛。祐充腐刑，积劳至曹监、中给事。文明太后临朝，中官用事，祐宠幸冠诸阉，官特迁、尚书，进爵陇东公，仍绾内藏曹。未几监都曹，加侍中，与王叡等俱入八议。太后嘉其忠诚，为造甲第。宅成，孝文、太后亲率文武往宴会焉。拜尚书左仆射，进爵新平王，受职于太华庭，备威仪于宫城南，观者以为荣。孝文、太后亲幸其宅，飨会百官。祐性恭密，出入机禁二十余年，未尝有过。由是特被恩宠，岁月赏赐，家累巨万。与王质等十七人，俱赐金券，许以不死。薨，孝文亲临之，诏鸿胪典护丧事。赠司空，谥曰恭。葬日，车驾亲送近郊。

祐养子显明，后名庆，少历内职，有姿貌，江阳王继以女妻之。袭爵，降为陇东公，又降为侯。

抱嶷字道德，安定石唐人也，居于直谷。自言其先姓杞，汉灵帝时，杞匡为安定太守。董卓时，惧诛易氏，即家焉。无得而知也。幼时，陇东人张乾王反，家染其逆。及乾王败，父睹生逃免。嶷独与母没入内宫,受刑,遂为宦人。小心慎密,累迁中常侍、中曹侍御尚书,赐爵安定公。自总纳言,职当机近,诸所奏议,必致抗直。孝文、文明太后嘉之,以为殿中侍御尚书。太后既宠之,乃征其父睹生,拜太中大夫。将还,见于皇信堂,孝文执手曰:"老人归途,几日可达?好慎行路!"其见幸如此。睹生卒,赠秦州刺史,谥曰靖。赐黄金八十斤,缯彩及绢八百疋,以供丧用。并别使劳慰。加嶷大长秋卿。嶷老疾,乞外禄,乃出为泾州刺史,特加光禄大夫。将之州,孝文饯于西郊乐阳殿,以御白羽扇赐之。十九年,以刺史从驾南征,以老旧,每见劳问,数道称嶷之正直。命乘马出入行禁之间,与司徒冯诞同例。军回,还州。自以故老前官,为政多守往法,不能遵用新制。侮慢士族,简于礼接。天性酷薄,虽弟侄甥婿,略无存润。卒于州。

先以从弟老寿为后,又养太师冯熙子次兴。嶷死后,二人争立。嶷妻张氏,致讼经年,得以熙子为后。老寿亦仍陈诉,终获绍爵,次兴还于本族。老寿凡薄,酒色肆情。御史中尉王显奏言:"前洛州刺史阴平子石荣、积射将军抱老寿,恣荡非轨,易室而奸,臊声布于朝野,丑音被于行路,男女三人,莫知谁子。人理所未闻,鸟兽之不若。请以见事免官,付廷尉正罪。"诏可之。老寿死后,其旧奴婢尚六七百人。老寿及石荣祖父皆造碑铭,就乡建立,言西方直谷出二贵人。

石荣自被劾后,遂废顿。子长宣,位南兖州刺史,与侯景反,伏法。

王遇字庆时,本名他恶,冯翊李润镇羌也。与雷、党、不蒙俱为羌中强族。自云其先姓王,后改为钳耳氏。宣武时,改为王焉。自晋已来,恒为渠长。

遇坐事腐刑,累迁吏部尚书,爵宕昌公。出为华州刺史,加散骑常侍。幽后之前废也,遇颇言其过。及后进幸,孝文对李冲等申后无咎,而称遇谤议之罪,遂免遇官,夺其爵。宣武初为光禄大夫,复旧爵。冯氏为尼也,公私罕相供恤,遇自以尝更奉接,往来祗谒,不替旧敬。

遇性工巧，强于部分。北都方山、灵泉道俗居宇，及文明太后陵庙，洛京东郊马射坛殿，脩广文昭太后墓园，及东西两堂，内外诸门制度，皆遇监作。虽年在耆老，朝夕不倦。又长于人事，留意酒食之间。每逢僚旧，觞膳精丰。然竞于荣利，趋求势门。赵脩之宠也，遇深附会，受敕为之造宅，增于本旨，笞击作人，莫不嗟怨。卒于官。初遇之疾，太傅北海王与太妃俱往临问，视其危惙，为之泣下。其善奉诸贵，致相悲悼如此。赠雍州刺史。

符承祖，略阳氐人也。因事为阉人，为文明太后所宠，赐爵略阳公。历吏部尚书，加侍中，知都曹事。初，太后以承祖居腹心之任，许以不死之诏。后承祖坐赃应死，孝文原之，命削职禁锢在家，授悖义将军、伭浊子。月余遂死。

王质字绍奴，高阳易人也。其家坐事，幼下蚕室。颇解书学，为中曹吏、内典监。稍迁秘书中散，赐爵永昌子，领监御。迁为侍御给事。又领选部、监御二曹事，进爵魏昌侯。转选部尚书。出为瀛州刺史，风化粗行，人庶服之，而刑政峻刻，号为威酷。孝文颇念其忠勤宿旧，每行留大故、冯司徒亡、废冯后、陆叡、穆泰等事，皆赐质以玺书手笔，莫不委至，同之戚贵。质皆宝掌。入为大长秋卿，卒。

李坚字次寿，高阳易人也。文成初，坐事为阉人，稍迁中给事中，赐爵魏昌伯。小心谨慎，常在左右，虽不及王遇、王质等，而亦见任用。宣武初，自太仆卿出为瀛州刺史。本州之荣，同于王质。所在受纳，家产巨万。卒于光禄大夫，赠相州刺史。

太和末，又有秦松、白整，位并长秋卿。

刘腾字青龙，本原城人也，徙属南兖州之谯郡。幼时坐事受刑，补小黄门，转中黄门。孝文之在县瓠，问其中事，腾具言幽后私隐，与陈留公主所告符协，由是进冗从仆射，仍中黄门。后与茹皓使徐、兖,采召人女。还,迁中给事。

灵太后临朝,以与于忠保护勋,除崇训太仆,加侍中,封长乐县公。拜其妻魏氏为钜鹿郡君,每引入内,受赏赉亚于诸主外戚。所养二子,为郡守、尚书郎。腾曾疾笃,灵太后虑或不救,迁卫将军、仪同三司。后疾瘳。腾之拜命,孝明尝为临轩,会日,大风寒甚,乃遣使持节授之。腾幼充宫役,手不解书,裁知署名而已。而奸谋有余,善射人意。灵太后临朝,特蒙进宠,多所干托,内外碎密,栖栖不倦。洛北永桥、太上公、太上君及城东三寺皆主脩营。

吏部尝望腾意,奏其弟为郡,带戍。人资乖越,清河王怿抑而不奏。腾以为恨,遂与领军元叉害怿,废灵太后于宣光殿。宫门昼夜长闭,内外断绝。腾自执管龠,明帝亦不得见,裁听传食而已。太后服膳俱废,不免饥寒。又使中常侍贾粲假言侍明帝书,密令防察。又以腾为司空,表里擅权,共相树置。又为外御,腾为内防,迭直禁闼,共裁刑赏。腾遂与崔光同受诏,乘步挽出入殿门。四年之中,生杀之威,决于叉、腾之手。八坐九卿,旦造腾宅,参其颜色,然后方赴省府;亦有历日不能见者。公私属请,唯在财货,舟车之利,水陆无遗,山泽之饶,所在固护,剥削六镇,交通底市,岁入利息以巨万计。又颇役嫔御,时有征求,妇女器物,公然受纳,逼夺邻居,广开室宇,天下咸苦之。薨于位,中官为义息衰经者四十余人。腾之立宅也,奉车都尉周恃为之筮,不吉,深谏止之。腾怒而不用。恃告人曰:“必困于三月、四月之交。”至是果死。厅事甫成,陈尸其下。追赠太尉、冀州刺史。葬,阉官为义服,杖经衰缟者以百数;朝贵皆从,轩盖填塞,相属郊野。魏初以来,权阉存亡之盛,莫及焉。

灵太后反政,追夺爵位,发其冢,散露骸骨,没入财产。后腾所养一子叛入梁,太后大怒,悉徙腾余养于北裔,寻遣密使追杀之于汲郡。

贾粲字季宣,酒泉人也。太和中,坐事腐刑。颇涉书记。与元叉、刘腾等同其谋谟,进光禄勋卿。专侍明帝,与叉、腾等伺帝动静。

右卫奚康生之谋杀叉也,灵太后、明帝同升于宣光殿,左右侍臣,俱立西阶下。康生既被囚执,粲绐太后曰:"侍官怀恐不安,陛下宜亲安慰。"太后信之,适下殿,粲便扶明帝出东序,前御显阳,还闭太后于宣光殿。粲既叉党,威福亦震于京邑。自云本出武威,魏太尉文和之后,遂移家属焉。时武威太守韦景承粲意,以其兄绪为功曹。绪时年向七十。未几,又以绪为西平太守。

灵太后反政,欲诛粲,以叉、腾党与不一,恐惊动内外,乃止。出粲为济州刺史。未几,遣武卫将军刁宣驰驿杀之。

杨范字法僧,长乐广宗人也。文成时,坐事宫刑,为王琚所养,恩若父子。累迁为中尹。灵太后临朝,为中常侍、崇训太仆,领中尝药典御,赐爵华阴子,出为华州刺史。中官内侍贵者,灵太后皆许其方岳,以范年长,拜跪为难,故遂其请。父子纳货,为御史所纠,遂废于家。后为崇训太仆、华州大中正,卒。

成轨字洪义,上谷居庸人也。少以罪刑,入事宫掖。以谨厚称,为中谒者仆射。孝文意有所欲,轨候容色,时有奏发,辄合帝心。从驾南征,专进御食。时孝文不豫,常居禁中,昼夜无懈。延昌末,迁中常侍、尝食典御、光禄大夫,统京染都将。孝昌二年,以勤旧封始平县伯。明帝所幸潘嫔以轨为假父,颇为中官之所敬惮。后进爵为侯,卒于卫将军,赠雍州刺史,谥曰孝惠。

王温字桃汤,赵郡栾城人也。父冀,高邑令,坐事诛,温与兄继叔俱充宦者。稍迁中尝食典御、中给事,加左中郎将。宣武之崩,群官迎明帝于东宫,温于卧中起明帝,与保母扶抱明帝,入践帝位。高阳王雍既居冢宰,虑中人朋党,出为钜鹿太守。灵太后临朝,征为中常侍,赐爵栾城伯。累迁左光禄大夫、光禄勋卿、侍中,进封栾城县侯。温自陈本阳平武阳人,改封武阳县侯。建义初,于河阴遇害。

　　孟栾字龙儿，不知何许人也。坐事为阉人。灵太后临朝，为左中郎将、给事中。素被病，面常黯黑。于九龙殿下暴疾，归家，其夜亡。栾初出，灵太后闻之曰："栾必不济，我为之忧。"及奏其死，为之下泪曰："其事我如此，不见我一日忻乐时也。"赐帛三百疋、黄绢一十疋，以供丧用。七日，灵太后为设二百僧斋。

　　平季字幼穆，燕国蓟人也。坐事腐刑。累迁新兴太守。明帝崩，与尔朱荣等议立庄帝。庄帝即位，超拜肆州刺史。寻除中侍中。以参谋勋，封元城县侯。永熙中，加骠骑大将军，卒。

　　封津字丑汉，勃海蓚人也。父令德，娶常宝女。宝伏诛，令德以连坐伏法。津受刑，给事宫掖。累迁奉车都尉、中给事中。灵太后令津侍明帝书，迁常山太守。津少长宫闱，给事左右，善候时情，号为机悟。天平初，除开府仪同三司、怀州刺史。元象初，复为中侍中、大长秋卿，仍开府仪同。薨，赠司徒、冀州刺史，谥曰孝惠。

　　刘思逸，平原人也。以罪，少充腐刑。初为小史，累迁中侍中。武定中，与元瑾等谋反，伏诛。
　　又有张景嵩、毛畅者，咸以阉寺在明帝左右。灵太后亦密杖之通传意计于明帝。元叉之出，景嵩、畅颇有力焉。灵太后反政，以妹故，未即戮叉。时内外喧喧，云叉还欲入知政事。畅等恐祸及已，乃启明帝，欲诏右卫将军杨津密往杀叉。诏书已成，未及出外，叉妻知之，告太后："景嵩、畅与清河王怿邵欲废太后。"太后信之，责畅。畅出诏草以呈太后。太后读之，知无废已状，意小解。然叉妻构之不已，出畅为颍丘太守，景嵩为鲁郡太守。寻令捕杀畅。景嵩，孝静时位至中侍中，坐事死。

　　郭秀，范阳涿人也。事齐神武，稍迁行台布水，封寿阳伯。亲宠日隆，多受赂遗，进退人物。张伯德、祁仲彦、张华原之徒，皆深相附会。秀疾,神武亲视之,问所欲官,乃启为士兵尚书,除书未至而卒。家无成人子弟,神武自至其宅,亲使录知其家资粟帛多少,然后去。赠仪同三司、恒州刺史。命其子孝义与太原公以下同学读书。初,秀忌嫉杨愔,诳胁令其逃亡。秀死后,愔还,神武追忿秀,即日斥遣孝义,终身不齿。

和士开字彦通,清都临漳人也。其先西域商胡,本姓素和氏。父安,恭敏善事人,稍迁中书舍人。魏静帝尝夜与朝贤讲集,命安看斗柄所指。安曰:“臣不识北斗。”齐神武闻之,以为淳直,由是启除给事黄门侍郎,位仪州刺史。士开贵,赠司空公、尚书左仆射、冀州刺史,谥文贞公。

士开幼而聪慧,选为国子学生,解悟捷疾,为同业所尚。天保初,武成封长广王,辟士开开府行参军。武成好握槊,士开善此戏,由是遂有斯举。加以倾巧便僻,又能弹胡琵琶,因致亲宠。尝谓王曰:“殿下非天人也,是天帝也。”王曰:“卿非世人也,是世神也。”其深相爱重如此。文宣知其轻薄,不欲令王与小人相亲善,责其戏狎过度,徙之马城。乾明元年,孝昭诛杨愔等,救追还,长广王请之也。

武成即位,累迁给事黄门侍郎。侍中高元海、黄门郎高乾和及御史中丞毕义云等疾之,将言其事。士开乃奏元海等交结朋党,欲擅威福。乾和因被疏斥,义云反纳货于士开,除兖州刺史。士开初封定州真定县子,寻进为伯。天统元年,加仪同三司,寻除侍中,加开府。及遭母刘氏忧,帝闻而悲恸,遣武卫将军侯吕芬诣宅,昼夜扶侍,并节哀止哭。又遣侍中韩宝业赍手慰谕云:“朕之与卿,本同心腹,今怀抱痛割,与卿无异。当深思至理,以自开慰。”成服后,吕芬等始还。其日,遣韩宝业以辇车迎士开入内,帝亲握手,下泣晓谕,然后遣还。驾幸晋阳,给假,听过七日续发,其见重如此。并诸弟四人,并起复本官。四年,再迁尚书右仆射。帝先患气疾,因饮酒辄大发动,士开每谏不从。后属帝气疾发,又欲饮酒,士开泪下歔欷而不能言。帝曰:“卿此是不言之谏。”因不饮酒。及冬,公主出降段氏,帝幸平原王第,始饮酒焉。又除尚书左仆射,仍兼侍中。

　　武成外朝视事,或在内宴赏,须臾之间,不得不与士开相见。或累月不归,一日数入;或放还之后,俄顷即追,未至之间,连骑催唤。奸谄日至,宠爱弥隆,前后赏赐,不可胜纪。言辞容止,极诸鄙亵,以夜继昼,无复君臣之礼。至说武成云:"自古帝王,尽为灰土,尧、舜、桀、纣,竟复何异?陛下宜及少壮,恣意作乐,从横行之,即是一日快活敌千年。国事分付大臣,何虑不办? 无为自勤约也。"帝大悦,于是委赵彦深掌官爵,元文遥掌财用,唐邕掌外兵,白建掌骑兵,冯子琮、胡长粲掌东宫。帝三四日乃一坐朝,书数字而已,略无言,须臾罢入。及帝寝疾于乾寿殿,士开入侍医药。帝谓士开有伊、霍之才,殷勤属以后事,临崩握其手曰:"勿负我也。"仍绝于士开之手。

　　后主以武成顾托,深委任之。又先得幸于胡太后,是以弥见亲密。赵郡王叡与娄定远、元文遥等谋出士开,仍引任城、冯翊二王及段韶、安吐根共为计策。属太后觞朝贵于前殿,叡面陈士开罪失云:"士开,先帝弄臣,城狐社鼠,受纳货贿,秽乱宫掖。臣等义无杜口,冒以死陈。"太后曰:"先帝在时,王等何意不道?今日欲欺孤寡邪! 但饮酒,勿多言。"叡词色愈厉。安吐根继进曰:"臣本商胡,得在诸贵行末,既受厚恩,岂敢惜死?不出士开,朝野不定。"太后曰:"别日论之,王等且散。"叡等或投冠于地,或拂衣而起,言词咆哮,无所不至。明日,叡等复于云龙门令文遥入奏,三反,太后不听。段韶呼胡长粲传言于太后。曰:"梓宫在殡,事太匆速,犹欲王等更思量。"赵郡王等遂并拜谢。长粲复命,太后谓曰:"成妹母子家计者,兄之力也。"厚赐叡等而罢之。

　　太后及后主召问士开,士开曰:"先帝群臣中,待臣最重。陛下谅阴始尔,大臣皆有觊觎,今若出臣,正是翦陛下羽翼。宜谓叡等,云文遥与臣同是任用,岂得一去一留,并可以为州。且依旧出纳,待过山陵,然后发遣。叡等谓臣真出,心必喜之。"后主及太后告叡等,如其言,以士开为兖州刺史,文遥为西兖州刺史。山陵毕,叡等促士开就路。士开载美女珠帘及诸宝玩以诣娄定远,谢曰:"诸贵欲杀士开,蒙王特赐性命,用作方伯。今欲奉别,且送二女子、一珠帘。"定远大喜,谓士开曰:"欲还入不?"士开曰:"在内久,常不自安,不愿更入。"定远信之,送至门。士开曰:"今日远出,愿一辞觐二宫。"定远许之。由是得见后主及太后,进说曰:"先帝一旦登遐,臣愧不能自死。观朝贵意势,欲以陛下为乾明。臣出之后,必有大变,复何面目见先帝于地下!"因恸哭。后主及太后皆立,问计将安出。士开曰:"臣已得入,复何所虑?正须数行诏书耳。"于是诏定远为青州刺史;责赵郡王叡以不臣,召入杀之;复除士开侍中、尚书左仆射。定远归士开所遗,加以余珍赂之。武平元年,封淮阳王,寻除尚书令,还录尚书事,食定州常山郡干。

武成时,恒令士开与太后握槊,又出入卧内,遂与太后为乱。及武成崩后,弥自放恣。琅邪王俨恶之,与领军大将军库狄伏连、侍中冯子琮、书侍御史王子宜、武卫大将军高舍洛等谋诛之。伏连发京畿军士帖神武千秋门外,并私约束,不听士开入殿。士开虽为领军,恒性好内,多早下,纵当直,必须还宅,晚始来。门禁宿卫,略不在意。及旦,士开依式早参,库狄伏连把士开手曰:"今有一大好事。"王子宜便授一函云:"有敕,令王向台。"遣军士防送,禁治书侍御厅事。严遣都督冯永洛就室斩之。先是邺下童谣云:"和士开,当入室。"士开谓入上台,至是果验。俨令御史李幼业、羊立正将令史就宅簿录家口,自领兵士从殿西北角出。斛律明月说后主亲自晓告军士,军士果散。即斩伏连及王子宜,并支解,弃尸殿西街。自余皆辫头反缚,付赵彦深于凉风堂推问,死者十余人。帝哀悼,不视事数日。后追忆不已,诏起复其子道盛通直散骑常侍,又敕其弟士休入内省,参典机密。诏赠士开假黄钺、右丞相、太宰、司徒公,录尚书事,谥曰文定。

士开禀性庸鄙,不窥书传,发言吐论,唯以谄媚自资。自河清、天统以后,威权转盛,富商大贾,朝夕填门,聚敛货财,不知纪极。虽公府属掾,郡县守长,不拘阶次,启牒即成。朝士不知廉耻者,多相附会,甚者为其假子,与市道小人丁邹、严兴等同在昆季行列。又有一人士,曾参士开疾患,遇医人云,王伤寒极重,应服黄龙汤,士开有难色。是人云:"此物甚易,王不须疑惑,请为王先尝之。"一举便尽。士开深感此心,为之强服,遂得汗病愈。其势倾朝廷如此。虽以左道事之者,不隔贤愚,无不进擢;而正理违忤者,亦颇能含容之。士开见人将加刑戮,多所营救,既得免罪,即令讽论,责其珍宝,谓之赎命物。虽有全济,皆非直道。

安吐根,安息胡人,曾祖入魏,家于酒泉。吐根魏末充使蠕蠕,因留塞北。天平初,蠕蠕主使至晋阳,吐根密启本蕃情状,神武得为之备。蠕蠕果遣兵入掠,无获而反。神武以其忠款,厚加赏赉。其后与蠕蠕和亲,结成婚媾,皆吐根为行人也。吐根性和善,颇有计策,频使入朝,为神武亲待。在其本蕃,为人所谮,奔投神武。文襄嗣事,以为假节、凉州刺史、率义侯,稍迁仪同三司,食永昌郡干。皇建中,加开府。齐亡年,卒。

穆提婆本姓骆,汉阳人也。父超,以谋叛伏法,提婆母陆令萱配入掖庭,提婆为奴。后主在襁褓中,令其鞠养,谓之乾阿妳,呼姊姊,遂为胡太后昵爱。令萱奸巧多机辩,取媚百端,宫掖之中,独擅威福,封为郡君。和士开、高那肱皆为郡君义子。天统初,奏引提婆入侍后主,朝夕左右,大被亲狎,无所不为。武平元年,稍迁仪同三司,又加开府,寻授武卫将军、秦州大中正。二年,除侍中,转食乐陵郡干,宠遇弥隆。遂至尚书左右仆射、领军大将军、录尚书,封城阳郡王。赠其父司徒公、尚书左仆射、城阳王。令萱又佞媚穆昭仪,养之为女,是以提婆改性穆。及穆氏定位,号视第一品,班在长公主之上。

自武平三年之后,令萱母子势倾内外,卖官鬻狱,聚敛无厌,每一赐与,动倾府藏。令萱则自太后以下,皆受其指麾;提婆则唐邕之徒,皆重迹屏气。提婆尝有罪,太姬于帝前骂之曰:"奴断我儿!"儿谓帝,奴谓提婆也。

斛律皇后之废也,太后欲以胡昭仪正位后宫,力不能遂,乃卑辞厚礼,以求令萱。令萱亦以胡氏宠幸方睦,不得已而白后主立之。然意在穆昭仪,每私谓后主曰:"岂有男为皇太子,而身为婢妾?"又恐胡后不可以正义离间,乃外求左道行厌蛊之术,旬朔之间,胡氏遂即精神恍惚,言笑无恒,后主遂渐相畏恶。令萱一旦忽以皇后服御衣被穆昭仪,又先别造宝帐,爰及枕席器玩,莫匪珍奇,坐昭仪于帐中,谓后主云:"有一圣女出,将大家看之。"及见,昭仪更相媚悦。令萱云:"如此人不作皇后,遣何物人作皇后?"于是立穆氏为右皇后,以胡氏为左皇后,寻复黜胡,以穆为正嫡。引祖珽为宰相,杀胡长仁,皆令萱所为也。自外杀生与夺,不可尽言。

提婆虽庸品厮滥,而性乃和善,不甚害物。耽声色,极奢侈,晚朝早退,全不以公事关怀。未尝毒害,士人亦由此称之。晋州军败。后主还邺,提婆奔投周军,令萱自杀,子孙小大皆弃市,籍没其家。周武帝以提婆为柱国、宜州刺史。未几,云将据宜州起兵,与后主相应,诛死。后主及齐氏诸王,并因此非命。

高阿那肱,无善人也。父市贵,从神武以军功封常山郡公,位晋州刺史,赠太尉公。及阿那肱贵宠,赠成皋王。

阿那肱初为库直,每从征讨,以功封直城县男。天保初,除库直都督。四年,从破契丹及蠕蠕,以矫捷见知。大宁初,除假仪同三司、武卫将军。那肱工于骑射,便僻善事人,每宴射之次,大为武成爱重。又谄悦和士开,尤相亵狎。士开每见为之言,由是弥见亲待。河清中,除仪同三司,食汾州定阳、仵城二郡干。以破突厥,封宜君县伯。天统初,加开府,除侍中、骠骑大将军、领军,别封昌国县侯。后主即位,除并省右仆射。武平元年,封淮阳郡王,仍迁并省尚书左仆射,又除并省尚书令、领军大将军、并州刺史。

那肱才技庸劣,不涉文史,识用尤在士开下。而奸巧计数,亦不逮士开。既为武成所幸,多令在东宫侍卫,后主所以大宠遇之。士开死后,后主谓其识度足继士开,遂致位宰辅。武平四年,令其录尚书事,又总知外兵及内省机密。顿不如和士开、骆提婆母子卖狱鬻官,韩长鸾憎疾良善;而那肱少言辞;不妄喜怒,亦不察人阴私,虚相谗构。遂至司徒公、右丞相,其录尚书、刺史并如故。

及周师逼平阳,后主于天池校猎,晋州频遣驰奏,从旦至午,驿马三至。那肱云:“大家正作乐,边境小小兵马,自是常事,何急奏闻?”向暮,更有使至,云平阳城已陷贼,方乃奏知。明即欲引军,淑妃又请更合围,所以弥致迟缓。及军赴晋州,命那肱率前军先进,仍总节度诸军。

后主至平阳城下,谓那肱曰:“战是邪?不战是邪?”那肱曰:“兵虽多,堪战者不过十万,病伤及绕城火头,三分除一。昔攻玉璧,援军来,即退。今日将士岂胜神武皇帝时?不如勿战,守高梁桥。”安吐根曰:“一把子贼,马上刺取掷汾河中。”帝未决,诸内参曰:“彼亦天子,我亦天子,彼尚能县军远来,我何为守堑示弱?”帝曰:“此言是也。”于是桥堑进军,使内参让阿那肱曰:“尔富贵足,惜性命邪!”

后主从穆提婆观战,东偏颇有退者,提婆怖曰:“大家去!大家去!”帝与淑妃奔高梁。开府奚长乐谏曰:“半进半退,战家常体。今众全整,未有伤败,陛下舍此安之? 御马一动,人情惊乱,愿速还安慰之。”武卫张常山自后至,亦曰:“军寻收讫,甚整顿,围城兵亦不动,至尊宜回。不信臣言,乞将内参往视。”帝将从之,提婆引帝肘曰:“此言何可信!”帝遂北驰。有军士雷相,告称:“阿那肱遣臣招引西军,行到文侯城,恐事不果,故还闻奏。”后主召侍中斛律孝卿,令其检校。孝卿固执云:“此人自欲投贼,行至文侯城,迷不得去,畏死妄语耳。”事遂寝。还至晋阳,那肱腹心人马子平告那肱谋反,以为虚妄,斩子平。乃颠沛还邺,侍卫逃散,唯那肱及阉寺等数十骑从行。复除大丞相。

后主走度河,令那肱以数千人投济州关,仍遣觇候周军进止,日夕驰报。那肱每奏云:“周军未至,且在青州集兵马,未须南行。”及周军且至关首,所部兵马皆散,那肱遂降。时人皆云,那肱表款周武,必仰生致齐主,故不速报兵至,使后主被禽。那肱至长安,授大将军,封郡公,寻出为隆州刺史。大象未,在蜀从王谦起兵,诛死。

初,天保中,文宣自晋阳还邺,愚僧秃师于路中大叫,呼文宣姓名云:"阿那瓌终破你国。"时蠕蠕主阿那瓌在塞北强盛,帝尤忌之,所以每岁讨击。后亡齐者遂属高阿那肱云。虽作"肱"字,世人皆称为"瓌"音。斯固亡秦者胡,盖县定于窈冥也。

韩凤字长鸾,昌黎人也。父永兴,开府、青州刺史、高密郡公。

凤少聪察,有膂力,善骑射,稍迁乌贺真、大贤真正都督。后主居东宫,年尚幼,武成简都督三十人,送令侍卫,凤在其数。后主亲就众中牵凤手曰:"都督,看儿来。"因此被识,数唤共戏。袭爵高密郡公,位开府仪同三司。武平二年,和士开为库狄伏连等矫害,敕咸阳王斛律明月、宜阳王赵彦深在凉风堂推问支党。其事秘密,皆令凤口传,然后宣诏敕号令文武。禁掖防守,悉以委之。除侍中、领军,总知内省机密。

祖珽曾与凤于后主前论事,珽语凤云:"强弓长稍,容相推谢;军国谋算,何由得争?"凤答云:"各出意见,岂在文武优劣!"后主将诛斛律明月,凤固执不从。祖珽因有谗言,既诛明月,数日后主不与语,后寻复旧。仍封旧国昌黎郡王,又加特进。及祖珽除北徐州刺史,即令赴任。既辞之后,迟留不行。其省事徐孝远密告祖珽诛斛律明月后,矫称敕赐其珍宝财物,亦有不云敕而径回取者。敕令领军将军侯吕芬追珽还,引入侍中省锁禁,其事首尾,并凤约敕责之。

进位领军大将军,余悉如故。息宝行尚公主,在晋阳赐甲第一区。其公主生男满月,驾幸凤宅,宴会尽日。每旦早参,先被敕唤顾访,出后方引奏事官。若不视事,内省急速者,皆附奏闻。军国要密,无不经手。东西巡幸,及山水游戏射猎,独在御傍。与高阿那肱、穆提婆共处衡轴,号曰三贵。损国害政,日月滋甚。

寿阳陷没,凤与穆提婆闻告败,握槊不辍曰:"他家物,从他去。"后帝使于黎阳临河筑城戍,曰:"急时且守此作龟兹国子。更可怜人生如寄,唯当行乐,何用愁为!"君臣应和若此。凤恒带刀走马,未曾安行,瞋目张拳,有啖人之势。每咤曰:"恨不得铿汉狗饲马!"又曰:"刀止可刈贼汉头,不可刈草。"其弟万岁,及其二子宝行、宝信,并开府仪同。万岁又拜侍中,亦处机要。宝信尚公主,驾复幸其宅,亲戚咸蒙官赏。

凤母鲜于,段孝言之从母子姊也,为此偏相参附,奏遣监造晋阳宫。陈德信驰驿检行,见孝言役官夫匠自营宅,即语云:"仆射为至尊起台殿未讫,何用先自营造?"凤及穆提婆亦遣孝言分工匠为己造宅。德信还,具奏闻。及幸晋阳,凤又以官马与他人乘骑,因此发忿,与提婆并除名。亦不露其罪,仍毁其宅,公主离婚,复被遣向邺吏部门参。及后主晋阳走还,被敕唤入内,寻诏复王爵及开府、领军大将军,常在左右。仍从后主走度河,至青州,并为周军所获。

凤被宠要之中,尤嫉人士,朝夕燕私,唯相谮诉。崔季舒等冤酷,皆凤所为也。每一赐与,动至千万。恩遇日甚,弥自骄恣,意色严厉,未尝与人相承接。朝士谘事,莫敢仰视,动致呵叱,辄詈云:"狗汉大不可耐!唯须杀却!"若见武职,虽厮养末品,亦容下之。仕隋,位终于陇州刺史。

宦者韩宝业、卢勒叉、齐绍、秦子徵并神武旧左右,唯阁内驱使,不被恩遇。历天保、皇建之朝,亦不至宠幸,但渐有职任。宝业至长秋卿,勒叉等或为中常侍。武成时有曹文标、夏侯通、伊长游、鲁悖伯、郭沙弥、邓长颙及宝业辈,亦有至仪同食干者。唯长颙武平中任参宰相,干预朝权。如宝业及勒叉、齐绍、子徵并封王,俱自收敛,不过侵暴。又有陈德信亦参时宰,与长颙并开府封王,俱为侍中、左右光禄大夫,领侍中。又有潘师子、崔孝礼、刘万通、研胥光弁、刘通远、王弘远、王子立、王玄昌、高伯华、左君才、能纯陀、宫钟旭、赵野义、徐世凝、苟子溢、斛子慎、宋元宾、康德汪,并于后主之朝,肆其奸佞。败政虐人,古今未有。多授开府,罕止仪同,亦有加光禄大夫,金章紫绶者。多带中侍中、中常侍,此二职乃至数十人。

恒出门禁,往来园苑,趋侍左右,通宵累日。承候颜色,竞进谄谀,发言动意,多会深旨。一戏之赏,动逾巨万,丘山之积,贪各无厌。犹以波斯狗为仪同、郡君,分其干禄。神兽门外,有朝贵憩息之所,时人号为解御厅。诸阉或在内多日,暂放归休,所乘之马,牵至神兽门阶,然后升骑,飞鞭竞走,十数为群,马尘必坌诸贵,爰至唐、赵、韩、骆,皆隐厅趋避,不敢为言。齐、卢、陈、邓之徒,亦意属尚书、卿尹,宰相既不为致言,时主亦无此命。唯以工巧矜功,用长颙为太府卿焉。

神武时有仓头陈山提、盖丰乐,俱以驱驰便僻,颇蒙恩遇。魏末,山提通州刺史,丰乐尝食典御。又有刘郁斤、赵道德、刘桃枝、梅胜郎、辛洛周、高舍洛、郭黑面、李铜锓、王恩洛,并为神武驱使。天保、大宁之朝,渐以贵盛。至武平时,山提等皆以开府封王。其不及武平者则追赠王爵。虽赐与无赘,顾眄深重,乃至陵忽宰辅,然皆不得干预朝政。

武平时有胡小儿,俱是康阿驮、穆叔儿等富家子弟,简选黠慧者数十人以为左右,恩眄出处,殆与阉官相埒。亦有至开府仪同者。其曹僧奴、僧奴子妙达,以能弹胡琵琶,甚被宠遇,俱开府封王。又有何海及子洪珍,开府封王,尤为亲要。洪珍侮弄权势,鬻狱卖官。其何朱弱、史丑多之徒十数人,咸以能舞工歌及善音乐者,亦至仪同开府。

阉官犹以宫掖驱驰,便蕃左右,渐因昵狎,以至大官。仓头始自家人,情寄深密,及于后主,则是先朝旧人,以勤旧之劳,致此叨窃。至于胡小儿等,眼鼻深险,一无可用,非理爱好,排突朝贵,尤为人士之所疾恶。

其以音乐至大官者:沈过儿,官至开府仪同;王长通,年十四五便假节、通州刺史。

时又有开府薛荣宗,常自云能使鬼。及周兵之逼,言于后主曰:"臣已发遣斛律明月将大兵在前去。帝信之。经古冢,荣宗谓舍人行恭:"是谁冢?"行恭戏之曰:"林宗冢。"复问:"林宗是谁?"行恭曰：“郭元贞父。”荣宗前奏曰：“臣向见郭林宗从冢出，著大帽、吉莫靴，棰马鞭，问臣：‘我阿贞来不？’”是时群妄，多皆类此。

　　论曰：古谚有之，“人之多幸，国之不幸”。然则宠私为害，自古忌之。大则倾国亡身，小则伤贤害政，率由斯也，所宜诚焉。《诗》曰：“殷鉴不远，近在夏后之世。”观夫魏氏以降，亦后来之殷鉴矣。为国家者，可无鉴之哉？

北史卷九三
列传第八一

僭伪附庸

刘武　　刘卫辰　　赫连屈丐　　慕容廆
慕容永　　慕容垂　　慕容德　　姚苌
冯跋　　乞伏国仁　　沮渠蒙逊　　萧詧

晋自永嘉之乱，宇县瓜分，胡羯凭陵，积有年代，各言膺运，咸居大宝。竟而自相吞灭，终为魏臣。然魏自昭成已前，王迹未显，至如刘石之徒，时代不接，旧书为传，编之四夷，有欺耳目，无益缃素。且于时五马浮江，正朔未改，《阳秋》记注，具存纪录。虽朝政丛脞，而年代已多。太宗文皇帝爰动天文，大存刊勒，其时事相接，已编之《载记》。今断自道武已来所吞并者，序其行事，纪其灭亡。其余不相关涉，皆所不取。至如晋、宋、齐、梁虽曰偏据，年渐三百，鼎命相承。《魏书》命曰《岛夷》，列之于传，亦所不取。故不入今篇。萧察虽云帝号，附庸周室，故从此编，次为《僭伪附庸传》云尔。

铁弗刘武，南单于苗裔，左贤王去卑之孙，北部帅刘猛之从子，居于新兴虑虒之北。北人谓胡父鲜卑母为"铁弗"，因以号为姓。武父诰汁爰，世领部落。汁爰死，武代焉。武死，子务桓代领部落，与魏和通。务桓死，弟阏陋头代立，密谋反叛。后务桓子悉勿祈逐阏陋头而立。悉勿祈死,弟卫辰代立。

卫辰,务桓之第三子也。既立,遣子朝献,昭成以女妻之。卫辰潜通苻坚,坚以为左贤王。遣使请坚求田地,春去秋来,坚许之。后乃背坚,专心归魏。举兵伐坚,坚遣其将邓羌讨擒之。坚自至朔方,以卫辰为夏阳公,统其部落,卫辰复附于坚。昭成讨大破之,遂走奔苻坚。坚送还朔方,遣兵戍之。

昭成末,卫辰导苻坚寇魏南境,王师败绩。坚遂分国人为二部,自河以西,属之卫辰;自河以东,属之刘库仁。坚后以卫辰为单于,督摄河西新类,顿于代来。慕容永据长子,拜卫辰使持节、都督河西诸军事、大将军、朔州牧、朔方王。姚苌亦遣使结好,拜卫辰使持节、都督北朔杂夷诸军事、大将军、大单于、河西王、幽州牧。

登国中,卫辰遣子直力鞮寇南部,其众八九万。道武军五六千人,为其所围。帝乃以车为方营,并战并前,大破之于铁岐山南。直力鞮单骑而走。帝乘胜追之,自五原金津南度河,径入其国。遂至卫辰所居悦跋城,卫辰父子惊遁。乃分遣陈留公元虔南至白盐池,虏卫辰家属;将军伊谓至木根山,擒直力鞮。卫辰单骑遁走,为其部下所杀,传首行宫。先是河水赤如血,卫辰恶之,及卫辰之亡,诛其族类,并投之于河。卫辰第三子屈丐奔薛干部帅太悉伏。

屈丐本名勃勃,明元改其名曰屈丐。北方言屈丐者卑下也。太悉伏送之姚兴。兴高平公破多罗没弈干妻之以女。屈丐身长八尺五寸,兴见而奇之,拜骁骑将军,加奉车都尉,常参军国大议,宠遇逾于勋旧。兴弟济南公邕言于兴曰:“屈丐天性不仁,难以亲育,宠之太甚,臣窃惑之。”兴曰:“屈丐有济世之才,吾方收其艺用,与之共平天下,有何不可?”乃以屈丐为安远将军,封阳川侯,使助没弈干镇高平。邕固谏以为不可,兴乃止。以屈丐为持节、安北将军、五原公,配以三交五部鲜卑二万余落,镇朔方。

道武末,屈丐袭杀没弈干而并其众,僭称大夏天王,号年龙升,置百官。兴乃悔之。屈丐耻姓铁弗,遂改为赫连氏,自云徽赫与天连。又号其支庶为铁伐氏,云族刚锐如铁,皆堪伐人。晋将刘裕攻长安,屈丐闻而喜曰:"姚泓岂能拒裕?裕必克之。待裕去后,吾取之如拾遗耳。"于是秣马励兵,休养士卒。及刘裕禽泓,留子义真守长安。屈丐伐之,大破养真,积人头为京观,号曰髑髅台。遂僭皇帝于灞上,号年为昌武,定都统万,勒铭城南,颂其功德,以长安为南郡。

性骄虐,视人如草,蒸土以筑城,铁锥刺入一寸,即杀作人而并筑之。所造兵器,匠呈必死,射甲不入,即斩弓人,如其入,便斩铠匠,杀工匠数千人。常居城上,置弓剑于侧,有所嫌忿,手自杀之。群臣忤视者,凿其目,笑者决其唇,谏者谓之诽谤,先截其舌,而后斩之。议废其子瑱,瑱自长安起兵攻屈丐,丐遣子太原公昌破瑱杀之。屈丐以昌为太子。始光二年,屈丐死,昌僭立。

昌字还国,一名折,屈丐之第二子也。既僭位,改年承光。太武闻屈丐死,诸子相攻,关中大乱,于是西伐。乃以轻骑一万八千,济河袭昌。时冬至之日,昌宴飨,王师奄到,上下惊扰。车驾次于黑水,去其城三十余里,昌乃出战。太武驰往击之,昌退走入城,未闭门,军士乘胜入其西宫,焚其西门,夜宿城北。明日分军四出,徙万余家而还。

后昌遣弟定与司空奚斤相持于长安,太武乘虚西伐,济君子津,轻骑三万,倍道兼行。群臣咸谏曰:"统万城坚,非千日可拔。今轻军讨之,进不可克,退无所资。不若步军攻具,一时俱往。"帝曰:"夫用兵之术,攻城最下,不得已而用之。如其攻具一时俱往,贼必惧而坚守。若攻不时拔,则食尽兵疲,外无所掠,非上策也。朕以轻骑至其城下,彼先闻有步军,步从见骑至,必当心闲。朕且羸师以诱之,若得一战,擒之必矣。所以然者,军士去家二千里,后有黄河之难,所谓置之死地而后生也。以是决战则有余,攻城则不足。"遂行,决于黑水,分军伏于谷,而以少众至其城下。昌将狄子玉来降,说:使人追其弟定,定曰:"城坚峻未可攻拔,待禽斤等,然后徐往,内外击之,有何不济?"昌以为然。太武恶之,退军城北,示昌以弱,遣永昌王健及娥清等分骑五千,西掠居人。会军士负罪,亡入昌城,言官军粮尽,士卒食菜,辎重在后,步兵未至,击之为便。昌信其言,引众出城,步骑三万。司徒长孙翰等咸言昌步阵难陷,宜避其锋,且待步兵,一时奋击。帝曰:"不然,远来求贼,恐其不出。今避而不击,彼奋我弱,非计也。"遂收军伪北,引而疲之。昌以为退,鼓噪而前,舒阵为翼。行五六里,帝冲之,贼阵不动。稍前行,会有风起,方术官赵倪劝帝更待后日,崔浩叱之。帝乃分骑为左右以掎之。帝坠马,贼已逼,帝腾马刺杀其尚书斛黎文,杀骑贼十余人。流矢中帝,帝奋击不辍。昌军大溃,不及入城,奔投上邽。遂克其城。

初,屈丐奢,好修宫室,城高十仞,基厚三十步,上广十步,宫墙五仞,其坚可以砺刀斧。台榭高大,飞阁相连,皆雕镂图画,被以绮绣,饰以丹青,穷极文采。帝顾谓左右曰:"蕞尔小国,而用人如此,虽欲不亡,其可得乎?"

待御史安颉禽昌,帝使侍中古弼迎昌至京师,舍之西宫门内,给以乘舆之副。又诏昌尚始平公主,假会稽公,封为秦王,坐谋反伏诛。

昌弟定,小字直獖,屈丐之第五子也。凶暴无赖。昌败,定奔于平凉,自称尊号,改年胜光。定登阴槃山,望其本国,泣曰:"先帝以朕承大业者,岂有今日之事乎!使天假朕年,当与卿诸人建季兴之业。"俄而群狐百数,鸣于其侧,定命射之,无所获。恶之曰:"所见亦大不臧,咄咄天道,复何言哉!"

定与宋连和,遥分河北。自恒山以东,属宋;恒山以西,属定。太武亲率轻骑袭平凉。定救平凉,方阵自固。帝四面围之,断其水草,定不得水,引众下原,诏武卫将军丘眷击之。定众溃,被创,单骑遁走,收其余众,乃西保上邽。神麚四年,为吐谷浑慕容璝所袭,禽定送京师,伏诛。

徒河慕容廆字弈洛瓌,本出昌黎。曾祖莫护跋,魏祖,率诸部落入居辽西，司马宣王讨公孙氏，拜率义王，始建王府于棘城之北。祖木延，毌丘俭征高丽有功，始号左贤王。父涉归，以勋进拜鲜卑单于，迁邑辽东。涉归死，廆代领部落。以辽东僻远，迁于徒河之青山。穆帝世，颇为东部之患。廆死，子晃嗣。

晃字元真，号年为元年，自称燕王。建国二年，昭成纳晃女为后。四年，晃城和龙而都焉。征高丽大破之，遂入丸都，掘高丽王钊父利墓，载其尸，焚其宫室，毁丸都而归。钊后称臣，乃归其父尸。晃死，子俊嗣。

俊字宣英，既袭位，号年为元年。闻石氏乱，乃砺甲严兵，将为进取之计，徙都于蓟。建国十五年，俊僭称皇帝，置百官，号年天玺，国称大燕。十六年，自蓟迁都于邺，号年光寿。俊死，第三子暐嗣。

暐字景茂，号年建熙。暐政无纲纪。有神降于邺，曰湘女，有声，与人相接，数日而去。后苻坚遣将王猛伐邺，禽暐，封新兴侯。道武之七年，苻坚败于淮南。暐叔父垂叛坚，攻苻丕于邺。暐弟济北王泓先为北地长史，闻垂攻邺，亡奔关东，还屯华阴，自称雍州牧、济北王；推垂为丞相、大司马、吴王。坚遣子钜鹿公叡伐泓。泓弟中山王冲，先为平阳太守，亦起兵河东，奔泓。泓众至十万，遣使谓坚，求分王天下。坚大怒，责暐。暐叩头流血谢，坚待之如初，命暐以书招垂及泓、冲。暐密遣使谓泓："勉建大业，可以吴王为相国；中山王为太宰，领大司马；汝可为大将军，领司徒，承制封拜。听吾死问，汝便即尊位。"泓进向长安，年号燕兴。泓谋臣高盖、宿勒崇等以泓德望后冲，且持法苛峻，乃杀泓，立冲为皇太弟，承制行事，置百官。进据阿房。初，坚之灭燕，冲姊清河公主年十四，有殊色，坚纳之。冲年十二，亦有龙阳之姿，坚又幸之。姊弟专宠。长安歌之曰："一雌复一雄，双飞入紫宫。"王猛切谏，乃出冲。及其母卒，葬之以燕后之礼。长安又谣曰："凤皇，凤皇，止阿房。"时以凤皇非梧桐不栖，非竹实不食，乃莳梧竹数千株于阿城，以待凤皇。冲小字凤皇，至是，阿城终为坚贼。暐入见坚谢，因言二子昨婚，欲坚幸第，坚许之。暐出，术士王嘉曰："椎卢作蘧蒢，不成文章。会天大雨，不得杀羊。"言昕将杀坚而不果也。坚与群臣莫解。是夜大雨，晨不果出。事发，坚乃诛昕父子及宗族，城内鲜卑无少长男女皆杀之。

　　昕弟运。运孙永，字叔明。昕既为苻坚所并，永徙于长安。家贫，夫妻常卖靴于市。及昕为坚所杀，冲乃自称尊号，以永为小将军。冲毒暴，及坚出如五将山，冲入长安，纵兵大掠，死者不可胜计。初，坚之未乱，关中忽然，无火而烟气大起，方数十里，月余不灭。坚每临听讼观，令民有怨者，举烟于城北，观而录之。长安为之语曰："欲得必存当举烟。"关中谣曰："长鞘马鞭击左股，太岁南行当复虏。"西人呼徒河为白虏，冲果据长安。乐之忘归，且以慕容垂威名夙著，跨据山东，惮不敢进，众咸怨之。登国元年，冲左将军韩延因人之怨，杀冲，立冲将段随为燕王，改年昌平。冲之入长安，王嘉谓之曰："凤皇，凤皇，何不高飞还故乡？无故在此取灭亡。"

　　冲败，其左仆射慕容恒与永替谋，袭杀随，立宜都王子觊为燕王，号年建明。率鲜卑男女三十余万口，乘舆服御，礼乐器物，去长安而东。以永为武卫将军。恒弟护军将军韬，阴有贰志，诱觊杀之于临晋。恒怒，去之。永与武卫将军刁云率众攻韬。韬遣司马宿勤黎逆战，永执而戮之。韬惧，出奔恒营。恒立慕容冲子望为帝，改年建平。众悉去望奔永，永执望杀之，立慕容泓子忠为帝，改年建武。忠以永为太尉，守尚书令，封河东公。东至闻喜，知慕容垂称尊号，托以农要弗进，筑燕熙城以自固。刁云等又杀忠，推永为大都督、大将军、大单于、雍秦梁凉四州牧、河东王，称蕃于垂。

　　永进据长子，僭称帝，号年中兴。垂攻丁零翟钊于滑台，钊败降永。永以钊为车骑大将军、东郡王。岁余，谋杀永，永诛之。垂来攻永，永败，为前驱所获，垂数而戮之。并斩永公卿已下刁云、大逸豆归等四十余人。永所统新旧人户、服御、图书、器乐、珍宝，垂悉获之。

垂字道明,晃第五子也。甚见宠爱,常自谓诸弟子曰:"此儿阔达好奇,终能破人家,或能成人家。"故名霸,字道业,恩遇逾于俊。俊弗能平,及即王位,以垂坠马伤齿,改名为缺,外以慕郤缺为名,内实恶之。寻以谶记之文,乃去夬,以垂为名。年十三,为偏将,所在征伐,勇冠三军。俊平中原,垂为前锋,累战有大功。及俊僭尊号,封吴王。

后以车骑大将军败桓温于枋头,威名大震,不容于晖,西奔苻坚。坚甚重之,拜冠军将军,封宾都侯。坚败淮南,入于垂军。子宝劝垂杀之,垂以坚遇之厚也,不听。行至洛阳,请求拜墓,坚许之。遂起兵攻苻丕于邺。垂称燕王,置百官,年号燕元。

登国元年,垂僭位,号年为建兴。缮宗庙社稷于中山,尽有幽、冀、平州之地,遣使朝贡。三年,道武遣九原公仪使于垂,垂又遣使朝贡。四年,道武遣陈留公虔使于垂,垂又遣使朝贡。五年,又遣秦王觚使于垂,垂留觚不遣,遂绝行人。

垂议讨慕容永,太史令靳安言于垂曰:"彗星经尾、箕之分,燕当有野死之王。不出五年,其国必亡。岁在鹑火,必克长子。"垂乃止。安出而谓人曰:"此众既并,终不能久。"安盖知道武之兴也,而不敢言。先是,丁零翟辽叛垂,后遣使谢罪,垂不许。辽怒,遂自号大魏天王,屯滑台,与垂相击。死,子钊代之。及垂征克滑台,钊奔长子。垂议征长子,诸将咸谏。以永国未有衅,请他年。垂弟司徒、范阳王德固劝垂。垂曰:"司徒议与吾同,且吾投老,叩囊底智足以克之,不复留逆贼以累子孙。"乃伐永克之。

十年,垂遣其太子宝来寇。始宝之来,垂已有疾。自到五原,道武断其行路,父子问绝。帝乃诡其行人之辞,临河告之曰:"汝父已死,何不遽还?"宝兄弟闻之忧怖,以为信然,于是士卒骇动。初,宝至幽州,其所乘车轴无故自折。占工靳安以为大凶,固劝令还,宝怒,不从。至是,问安。安曰:"速去可免。"宝愈恐。安退告人曰:"今将死于他乡,尸骸委于草野,为鸟鸢蝼蚁所食,不复见家族。"十月,宝烧船夜遁。时河冰未成,宝谓帝不能度,不设斥候。十一月,天暴风寒,冰合,帝进军济河急追之。至参合陂西,靳安言于宝曰:"今日西北风动,是军将至之应,宜兼行速去,不然必危。"其夜,帝部分众军,东西为掎角之势。约勒士卒,束马口,衔枚无声。昧爽,众军齐进,日出登山,下临其营。宝众晨将东引,顾见军至,遂惊扰。帝纵骑腾蹑,马者躐倒冰上。宝及诸父兄弟,军马进散,仅以身免。宝军四五万人,一时放仗,敛手就羁。擒其王公文武数千。垂复欲来寇,太史曰:"太白夕没西方,数日后见东方,此为躁兵,先举者亡。"垂不从,凿山开道,至宝前败所,见积骸如丘,设祭吊之。死者父兄子弟遂皆嗥哭,声震山川。垂惭忿呕血,发病而还,死于上谷。宝僭立。

宝字道裕,垂之第四子也。少轻果,无志操,好人佞己。为太子,砥厉自修。垂妻段氏谓垂曰:"宝姿质雍容,柔而不断,承平则为仁明之主,处难则非济世之雄。今托以大业,未见克昌之美。辽西、高阳,儿之俊贤者,宜择一以树之。赵王麟奸诈负气,常有轻宝之心,恐难作。"垂不纳。宝闻,深以为恨。宝既僭位,年号永康。遣麟逼其母段氏自裁。段氏怒曰:"汝兄弟尚逼杀母,安能保社稷?吾岂惜死!"遂自杀。宝议以后谋废嫡,称无母之道,不宜成丧,群臣咸以为然。宝中书令眭邃执意抗言,宝从之而止。

皇始元年,道武南伐。及克信都,宝大惧,夜来犯营,帝击破之。宝走中山,遂奔蓟。宝子清河王会先守龙城,闻宝被围,率众赴难逢宝于路。宝分夺其军,以授弟辽西王农等。会怒袭农杀之,勒兵攻宝。宝走龙城,会追围之。侍御郎高云袭败会师,会奔中山。宝命云为子,封夕阳公。会至中山,为慕容普邻所杀。宝至龙城,垂舅兰汗拒之,宝南走奔蓟。汗复遣迎。宝以汗,垂之季舅,子盛又汗之婿也,必谓无二,乃还龙城。汗杀之,及子策等百余人。汗自称大都督、大单于、昌黎王,号年青龙。以盛子婿,哀而宥之。

盛字道运,宝长子也。垂封为长乐公,宝僭立,进爵为王。兰汗之杀宝也,以盛为侍中、左光禄大夫。盛乃间汗兄弟,使相疑害。李早、卫双、刘志、张真等皆盛之旧昵,汗太子穆并引为腹心。盛结早等，因汗、穆等醉，夜袭杀之。僭尊号，改年为建平，又号年为长乐。盛改称庶人大王。盛以宝暗而不断，遂峻极威刑，于是上下震局。前将军段玑等夜鼓噪攻盛，伤之。遂辇升殿，召叔父河间公熙，属以后事，熙未至而死。

熙字道文，小字长生，垂之长子也。群臣与盛伯母丁氏议，以其家多难，宜立长君，遂废盛子定，迎熙立之。熙立，杀定，年号光始。筑龙腾苑，起云山于苑内。又起逍遥宫、甘露殿，边房数百，观阁相交。凿天河渠，引水入宫。又为妻苻氏凿曲光海、清凉池。季夏盛暑，不得休息，暍死者太半。熙游城南，止大柳树下，若有人呼曰："大王且止。"熙恶之，伐其树，下有蛇长丈余。熙尽杀宝诸子，改年为建始。又为其妻起承华殿，负土于北门，土与谷同价。典军杜静载棺诣阙，上书极谏，熙大怒，斩之。熙妻当季夏思冻鱼脍，仲冬须生地黄，切责不得，加有司大辟。苻氏死，熙拥其尸僵仆绝息，久而乃苏，悲号擗踊，斩衰食粥。大敛之后，复启而交接。制百官哭临，沙门素服，令有司案检，有泪者为忠，无泪者罪之，群臣莫不含辛以为泪。及葬，熙被发徒步，从輀车毁城门而出。长老相谓曰："慕容氏自毁其门，将不久矣。"卫中将军冯跋兄弟闭门拒熙，执而杀之。立夕阳公云为主。云，宝之养子也，复姓高氏，年号正始。跋又杀云自立。

云之立也，熙幽州刺史、上庸公慕容懿以辽西归降。道武以懿为征东大将军、平州牧、昌黎王。后坐反伏诛。

晃少子德，字玄明，雅为兄垂所重。苻坚灭暐，以德为张掖太守。垂僭号，封范阳王，位司徒。宝即位，以德镇邺，大丞相。宝既东走，群僚劝德称尊号，德不从。皇始二年，既拔中山，道武遣卫王仪攻邺，德南走滑台，自称燕王，号年燕元，置百官。德冠军将军苻广叛于乞活垒，德留兄子和守滑台，率众攻广斩之。而和长史李辩杀和，以城降魏。德无所据，用其尚书潘聪计，据青、齐，入都广固，僭称尊号，号年建平。女水竭，德闻而恶之，因而寝疾。兄子超请祈女水，德曰："人君之命，岂女水所知？"乃以超为太子。德死，超僭立。

超字祖明，德兄北海王纳之子也。既僭位，号年太上。超南郊柴燎，焰起而烟不出，灵台令张光告人曰："今火盛而烟灭，国其亡乎！"天赐五年，晋将刘裕伐超，超将公孙五楼劝拒之于大岘，不从。裕入大岘，超战于临朐，为裕败。退还广固，围之。广固鬼夜哭，有流星长十余丈，陨于广固。城溃，裕执超，送建康市斩之。

姚苌字景茂，出于南安赤亭，烧当之后也。祖柯回，助魏捔姜维于沓中，以功假绥戎校尉、西羌都督。父弋仲，晋永嘉之乱，东徙榆眉。刘曜以弋仲为平西将军，平襄公。后随石季龙迁于清河滠头，勒以弋仲为奋武将军，封襄平公。弋仲死，子襄代，屯于谯城。慕容俊以襄为豫州刺史、丹阳公，屯淮南。自称大将军、大单于，为晋将桓温所败，奔河东。后为苻眉所杀。

弋仲有子四十二人，苌第二十四。随兄襄征伐，襄甚奇之。襄败，降于苻坚。从坚征伐，频有功。坚伐晋，以苌为龙骧将军，督益守梁州诸军事，谓苌曰："朕本以龙骧建业，龙骧之号，初未假人，今特以相授。山南之事，一以委卿。"坚左将军窦冲进曰："王者无戏言，此亦不臧之征也，惟陛下察之。"坚默然。及慕容泓起兵华泽，坚遣子卫大将军叡讨之，战败，为泓所杀。时苌为叡司马，惧罪奔马牧。聚众万余，自称大将军、大单于、万年秦王，号年白雀。数日之间，众至十余万。与慕容冲连和，进屯北地。苻坚出五将山，苌执而杀之。

登国元年，僭称皇帝，置百官，国号大秦，年曰建初。改长安曰常安，以其太子兴镇之。自击苻登于安定，败之。苌病，梦苻坚将天官使者、鬼兵数百，突入营中。苌惧，走后宫，宫人迎苌刺鬼，误中苌阴。鬼相谓曰："正中死处。"拔矛，出血石余。疴而惊悸，遂患阴肿，刺之，出血如梦。苌乃狂言，或称苌："杀陛下者臣兄襄，非臣之罪，愿不枉法"。苌死,子兴袭位,秘不发丧。

兴字子略,苌长子也。既灭苻登,然后发丧行服。僭称皇帝,年号皇初。天兴元年,兴去皇帝之号,降称天王,号年洪始。兴克洛阳,以其弟东平公绍镇之。三年,兴遣使来聘,道武遣谒者仆射张济使于兴。天兴五年夏,兴遣其弟义阳公平率众四万侵平阳,攻乾壁六十余日,陷之。七月,车驾亲征。八月,次永安,平募遣勇将率精骑二百窥军,为前锋将长孙肥所禽,匹马不反。平遂退走。帝急追,及于柴壁,围之。兴乃悉举其众,救平。帝增筑重围,内以防平之出,外以距兴之入。又截汾曲为南北浮桥,乘西岸筑围。帝帅师度蒙坑南四十里,逆击兴。兴晨行北引,未及安营,大军卒至,兴众怖扰。帝知兴气挫,乃南绝蒙坑之口,东杜新坂之隘,守天度,屯贾山,令平水陆路绝,将坐甲而禽之。又令缘汾带冈树栅,以卫刍牧者。九月,兴从汾西北下,凭堑为垒以自固。兴又将数千骑乘西桥,官军钩取,以为薪蒸。兴还垒,道武度其必攻西围,乃命修堑,增广之。至夜,兴果来攻,梯短不及,弃之堑中而还。兴又分其众,临汾为垒,叩逼水门,与平相望。帝因截水中,兴内外隔绝,士众丧气。于是平粮尽,窘急,夜悉众将突西南而出。兴列兵汾西,举烽鼓噪,为平接援。帝简诸军精锐,屯汾西固守,南绝水口。兴夜闻声,望平力战突免;平闻外鼓,望兴攻围引接。故但叫呼,虚相应和,莫敢逼围。平不得出,穷逼,乃将二妾赴水死。兴安远将军不蒙世、扬武将军雷重等将士四千余人随平投水。帝令泅水钩捕,无得免者。平众三千余人,皆敛手受执。擒兴尚书右仆射狄伯友已下四十余人。兴远来救,自观其穷,力不能免,举军悲号,震动山谷,数日不止。频遣使请和,帝不许,乃班师。兴还长安。有雀数万头斗于兴庙,毛羽折落,多有死者,月余乃止。识者曰:"今雀斗庙上,子孙当有争乱者乎。"又兴殿有声如牛吼。有二狐入长安,一登兴殿屋,走入宫,一入市,求之不得。永兴三年,兴遣周宝来聘。五年,兴遣使来聘,并请进女,明元许之。神瑞元年,兴遣兼散骑常侍、尚书吏部郎严康来聘。二年,兴遣散骑常侍、东武侯姚敞、尚书姚轨奉其西平公主于明元,明元以后礼纳之。

　　泰常元年,兴死。长子泓,字元子,僭位,号年永和。晋将刘裕伐泓,长驱入关。泓战败请降,裕执之,于建康斩之。

　　冯跋字文起,小名乞直代,本出长乐信都。慕容永僭号长子,以跋父安为将。永为垂所灭,安东徙昌黎,家于长谷,遂同夷俗。

　　跋饮酒至一石不乱,诸弟皆不修行业,唯跋恭慎。慕容熙僭号,以跋为殿中左监,稍迁卫中将军。后坐事逃亡。既而熙政残虐,人不堪命。跋乃与从兄万泥等二十二人结谋,跋与二弟乘车,使妇人御,潜入龙城,匿于孙护之室,以诛熙。乃立夕阳公高云为主。云以跋为侍中、征北大将军、开府仪同三司,封武邑公。事皆决跋兄弟。明元初,云为左右所杀,跋乃自立为燕王,置百官,号年太平。于时永兴元年也。

　　跋抚纳契丹等,诸落颇来附之。明元遣谒者于什门喻之,为跋所留。太常三年,和龙城有赤气蔽日,自寅至申。跋太史令张穆以为兵气,劝跋还魏使,奉修职贡,跋不从。明元诏征东大将军长孙道生讨之,跋婴城固守,道生不克而还。

　　神麚二年,跋有疾,其长子永先死,立次子翼为世子,摄国事,勒兵以备非常。跋妾宋氏规立其子受居,深忌翼,谓之曰:"主上疾将瘳,奈何代父临国乎!"翼遂还。宋氏矫绝内外,遣阉人传问。翼及跋诸子、大臣并不得省疾,唯中给事胡福独得出入,专掌禁卫。跋疾甚,福虑宋氏将成其计,乃言于跋弟弘。勒兵而入,跋惊怖而死。弘袭位,翼勒兵出战不利,遂死。跋有子男百余人,悉为弘所杀。

　　弘字文通,跋之少弟也。跋立,为尚书右仆射,封中山公,领中领军,内掌禁卫,外总朝政。历位司徒。及自立,乃与宋氏通和。延和元年,太武亲讨之,弘婴城固守。其营丘、辽东、成周、乐浪、带方、玄菟六郡皆降,太武徙其人三万余家于幽州。其尚书郭深劝之归诚进女,乞为附庸,保守宗庙。弘曰:"负衅在前,衅形已露,附降取死。不如守志,更图所适也。"

　　先是,弘废其元妻王氏,黜世子崇,令镇肥如,以后妻慕容氏子曰王仁为世子。崇母弟广平公朗、乐陵公邈相谓曰:"祸将至矣!"
于是遂出奔辽西,劝崇来降,崇纳之。会太武使给事中王德陈示成
败,崇遣邈入朝。太武封崇辽西王,录其国尚书事,辽西十郡,承制
假授文官尚书、刺史,武官征虏已下。弘遣其将封羽率众围崇,太武
诏永昌王健督诸军救之。封羽又以九城降,徙其人三千余家而还。
弘遣其尚书高颙请罪,乞以季女充掖庭。帝许之,征其子王仁入朝,
弘不遣。其散骑常侍刘训谏,弘大怒,杀之。太武又诏乐平王丕等
讨之。日就蹙削,上下危惧。弘太常阳岷复劝弘请罪乞降,令王仁
入侍。弘不听,乃密求迎于高丽。太延二年,高丽遣将葛居卢等率
众迎之,弘乃拥其城内士女入于高丽。先是,其国有狼夜绕城群嗥,
如是终岁。又有鼠集于城西,阗满数里,西行,至水则在前者衔马
矢,迭相啮尾而度。宿军地然,一旬而灭,触地生蛆,月余乃止。和
龙城生白毛,一尺二寸。

弘至辽东,高丽遣使劳之曰:"龙城王冯君,爰适野次,士马劳
乎?"弘惭怒,称制答让之。高丽乃处之于平郭,寻徙北丰。弘素侮
高丽,政刑赏罚,犹如其国。高丽乃夺其侍人,质任王仁。弘忿怨之,
谋将南奔。太武又征弘于高丽。乃杀之于北丰,子孙同时死者十余
人。弘子朗、邈。朗子熙,在《外戚传》。

乞伏国仁,陇西人也。其先弗,如自漠北南出。五世祖祐邻,并
兼诸部,众渐盛。父司繁,拥部落降苻坚,坚以为南单于,又拜镇西
将军,镇勇士川。司繁死,国仁为将军。及坚败,国仁叔步颓叛于陇
右。坚令国仁讨之,步颓大悦,迎而推之,部众十余万。道武时,私
署大都督、大将军、大单于、秦河二州牧,号年建义,署置官属。分部
内为十一郡,筑勇士城以都之。

国仁死,弟乾归统事,自署大都督、大将军、大单于、河南王,改
年为太初,置百官。登国中,迁于金城。城门自坏,乾归恶之,迁于
苑川。寻为姚兴所破,又奔枹罕,遂降姚兴。拜为河州刺史,封归义
侯。寻遣还苑川。乾归乃背姚兴,私称秦王,置百官,号年更始。遣

使请援,明元许之。田于五溪,有枭集其手,寻为其兄子公府所杀。

子炽盘杀公府,代统任。炽盘自称大将军、河南王,改年为永康。后袭秃发辱檀于乐都,灭之,乃私署秦王,置百官,改年为建弘。后遣其尚书郎莫者胡、积射将军乞伏又寅贡金二百斤,请伐赫连昌,太武许之。及统万事平,炽盘乃遣其叔平远将军泥头、弟安远将军安度质于京师。又使其中书侍郎王恺、丞相从事中郎乌讷阗奉表贡其方物。炽盘死,子慕末统任。

慕末字安石跋。既立,改年为永弘。其尚书陇西辛进尝随炽盘游后园,进弹鸟,丸误伤慕末母面。至是,诛进五族二十七人。慕末弟殊罗烝炽盘左夫人秃发氏,慕末知而禁之。殊罗与叔父什寅谋杀慕末,使乞发氏盗门龠。龠误,门不开。门者以告,慕末收其党,尽杀之。欲鞭什寅,什寅曰:"我负汝死,不负汝鞭。"慕末怒,剖其腹,投尸于河。什寅母弟白养及去列,颇有怒言,又杀之。政刑酷滥,内外崩离,部人多叛。

后为赫连定所逼,遣王恺、乌讷阗请迎于太武。太武许以安定以西,平凉以东封之。慕末乃焚城邑,毁宝器,率户万五千至高田谷。为赫连定所拒,遂保南安。太武遣师迎之,慕末卫将军吉毗固谏,以为不宜内徙,慕末从之。赫连定遣其北平公韦代率众万人攻南安。城内大饥,人相食。神麚四年,慕末及宗族五百余人出降,送于上邽,遂为定灭。

大沮渠蒙逊,本张掖临松卢水人也。匈奴有左沮渠官,蒙逊之先为此职,羌之酋豪曰大,故以官为氏,以大冠之。世居卢水为酋豪。逊高祖晖仲归、曾祖遮,皆雄健有勇名。祖祁复延,封伏地王。父法弘,袭爵。苻氏以为中田护军。

蒙逊代父领部曲,有勇略,多计数,颇晓天文,为诸胡所推服。吕光自王于凉土,使蒙逊自领营人,配箱直。又以蒙逊叔父罗仇为西平太守。后遣其子慕率罗仇伐乞伏乾归于枹罕,为乾归所败,杀之。蒙逊求还葬罗仇,因聚众屯,与从兄金山晋昌太守男成共推建康太守段业为使持节、大都督、龙骧大将军、凉州牧、建康公，称神玺元年。业以蒙逊为张掖太守，封临池侯，男成为辅国将军，委以军国之任。业又自称凉王，以蒙逊为尚书左丞。忌蒙逊威名，微疏远之。天兴四年，蒙逊内不自安，请为西安太守。蒙逊欲激怒其众，乃密诬告男成叛逆，业杀之。蒙逊泣而告众，陈欲复雠之意。男成素有恩信，众情怨愤，泣而从之。蒙逊因举兵攻杀业，私署使持节、大都督、大将军、凉州牧、张掖公，年号永安。居张掖。是月，凉武昭王亦起兵，年号庚子。

永兴中，蒙逊克姑臧，迁居之，改号玄始元年，自称河西王，置百官。频遣使朝贡。蒙逊寝于新台，阍人王怀祖斫蒙逊，伤足。蒙逊妻孟氏禽怀祖斩之。及闻晋灭姚泓，怒甚。有校郎言事于蒙逊，蒙逊曰："汝闻刘裕入关，敢研研然也！"遂杀之。寻称藩于晋。泰常中，蒙逊克敦煌，改年承玄。后又称蕃于宋，并求书，宋文帝并给之。蒙逊又就宋司徒王弘求《搜神记》，弘与之。

神䴥中，遣尚书郎宗舒、左常侍高猛朝贡，上表称臣。前后贡使相望。后遣子安周内侍。太武遣兼太常李顺持节拜蒙逊为假节，加侍中、都督凉州西域羌戎诸军事、太傅、行征西大将军、凉州牧、凉王。使崔浩为册书以褒赏之。蒙逊又改义和元年。延和二年四月，蒙逊死，诏遣使监护丧事，私谥武宣王。蒙逊性淫忌，忍于刑戮，闺庭之中，略无风礼。

第三子牧犍统任，自称河西王，遣使请朝命。并遣使通宋，受宋褒授。先是，太武遣李顺迎蒙逊女为夫人，会蒙逊死，牧犍受蒙逊遗意，送妹于京师，拜为右昭仪。改称承和元年。太武又遣李顺拜牧犍为使持节、侍中、都督凉沙河三州西域羌戎诸军事、车骑将军、开府仪同三司、领护西戎校尉、凉州刺史、河西王。牧犍以无功受赏，乃留顺，上表乞安、平一号，优诏不许。牧犍尚太武妹武威公主，遣其相宋繇表谢，献马五百匹，黄金百斤。繇又表请公主及牧犍母妃后定号。朝议谓礼母以子贵，妻从夫爵，牧犍母宜称河西国太后；公主于国内可称王后，于京师则称公主。诏从之。牧犍遣建节将军沮渠旁周朝京师,太武遣侍中古弼、尚书李顺赐其侍臣衣服有差,并征世子封坛入侍。牧犍乃遣封坛朝京师。

太延五年,太武遣尚书贺罗使凉州,且观虚实。帝以牧犍虽称藩致贡,而内多乖悖,于是亲征之。诏公卿为书让之,数其罪十二。官军济河,牧犍曰:"何故尔也?"用其左丞姚定国计,不肯出迎,求救于蠕蠕。遣大将董来万余人拒军于城南,战退。车驾至姑臧,遣使喻牧犍令出。牧犍闻蠕蠕内侵善无,幸车驾返旆,遂婴城自守。牧犍兄子祖逾城出降,具知其情。太武乃引诸军进攻,牧犍兄子万年率麾下又来降。城拔,牧犍与左右文武,面缚请罪,诏释其缚。徙凉州人三万余家于京师。初,太延中,有一老父投书于敦煌城东门,忽然不见。其书纸八字,文曰:"凉王三十年,若七年。"又于震电所得石,丹书曰:"河西,河西,三十年,破带石,乐七年。"带石青山名,在姑臧南。山祀傍泥陷不通,牧犍征南大将军董来曰:"祀岂有知乎!"遂毁祀伐木,通道而行。牧犍立,果七年而灭。初,牧犍淫嫂李氏,兄弟三人传娶之。李与牧犍姊共毒公主,上遣医乘传救公主,得愈。上征李氏,牧犍不遣,厚送居于酒泉。上大怒。既克,犹以妹婿待之。其母死,以王太妃礼葬焉。又为蒙逊置守冢三十家,授牧犍征西大将军,王如故。

初,官军未入之间,牧犍使人斫开府库,取金银珠玉及珍奇器物,不更封闭,百姓因之入盗,巨细荡尽。有司求贼不得。真君八年,其所亲人及守藏者告之,乃穷竟其事,搜其家中,悉得所藏器物。又告牧犍父子多畜毒药,前后隐窃杀人,乃有百数,姊妹皆为左道,朋行淫佚,曾无愧颜。始罽宾沙门曰昙无谶,东入鄯善,自云能使鬼疗病,令妇人多子。与鄯善王妹曼头陀林淫通,发觉,亡奔凉州。蒙逊宠之,号曰圣人。昙无谶以男女交接术教授妇女,蒙逊诸女、子妇,皆往受法。太武闻诸行人言昙无谶术,乃召之。蒙逊不遣,遂发露其事,拷讯杀之。至此,帝知之,于是赐昭仪沮渠氏死,诛其宗族。唯万年及祖以前先降,得免。是年,又人告牧犍犹与故臣交通谋反,诏司徒崔浩就公主第赐牧犍死。与主决良久,乃自裁,葬以王礼,谥曰哀王。及公主薨，诏与牧犍合葬。公主无男，有女，以国甥得袭母爵为武威公主。

蒙逊子季义，位东雍州刺史。真君中，与河东薛安都谋逆，召至京师，付其兄弟扼杀之。万年、祖并以先降，万年拜张掖王，祖广武公。后坐谋逆，俱死。

初，牧犍之败，弟乐都太守安周南奔吐谷浑，太武遣镇南将军奚眷讨之。牧犍弟酒泉太守无讳奔晋昌，乃使弋阳公元洁守酒泉。真君初，无讳围酒泉，陷之。又围张掖，不能克，退保临松。太武不伐，诏谕之。时永昌王健镇凉州，无讳使其中尉梁伟诣健，求奉酒泉。又送洁及统帅兵士于健军。二年，太武遣使拜无讳为征西大将军、凉州牧、酒泉王。寻以无讳复规叛，遣南阳公奚眷讨酒泉，克之。无讳遂谋度流沙，遣安周西击鄯善。鄯善欲降，会魏使者劝令拒守，安周不能克，退保东城。三年春，鄯善王比龙西奔且末，其世子乃从安周。鄯善大乱。遂度流沙，士卒渴死者太半，仍据鄯善。先是高昌太守阚爽为李宝舅唐契所攻，闻无讳至鄯善，使诈降，欲令无讳与唐契相击。留安周住鄯善，从焉耆东北趣高昌。会蠕蠕杀唐契，爽拒无讳，无讳将卫兴奴遂屠其城。爽奔蠕蠕，无讳因留高昌。五年夏，无讳病死，安周立。为蠕蠕所并。

梁帝萧詧字理孙，兰陵人，武帝之孙，昭明太子统之第三子也。幼好学，善属文，尤长佛义，特为梁武嘉赏。梁普通中，封曲江县公。及昭明太子薨，封詧岳阳郡王，位东扬州刺史，领会稽太守。初，昭明卒，梁武舍詧兄弟而立简文，内常愧之，故宠亚诸子。以会稽人物殷阜，一都之会，故有此授，以慰其心。詧既以其昆季不得为嗣，常怀不平。又以梁武衰老，朝多秕政，有败亡之渐。遂蓄聚货财，交通宾客，招募轻侠，折节下之。其勇敢者，多归附焉。左右遂至数千人，皆厚加资给。

大同元年，除西中郎将、雍州刺史，都督五州诸军事，宁蛮校尉。詧以襄阳形胜之地，又梁武创基之所，时平足以树根本，时乱足以图霸功，遂务修刑政。太清二年，梁武以詧兄河东王誉为湘州刺史，徙湘州刺史张缵为雍州。缵恃才轻誉，州府迎候有阙。誉深衔之，遂托疾不与相见。后闻侯景作乱，颇陵蔑缵，缵构誉及詧于梁元帝，元帝令其世子方等及王僧辩相继攻誉。誉告于詧，詧闻之大怒。及梁元将援建业，令所督诸州并发兵赴都。詧遣府司马刘方贵领兵为前军，出汉口。及将发，梁元又使谘议参军刘谷召詧自行，詧不从。而方贵潜与梁元相知，克期袭詧。未及发，会詧以他事召方贵，谋泄，遂据樊城拒命。詧遣军攻之。梁元乃厚资遣张缵，若将述职，而密援方贵。缵次大堤，而樊城已陷。詧擒方贵兄弟党与，并斩之。詧时以誉危急，乃留谘议参军蔡大宝守襄阳，率众伐江陵以救之。梁元大惧，乃遣参军庚臭谓詧曰："以侄伐叔，逆顺安在？"詧曰："家兄无罪，屡被攻围，七父若顾先恩，岂应若是？如能退兵湘水，吾便旋旆襄阳。"时攻栅不克，会大雨暴至，平地四尺，众颇离心。军主杜岸、岸弟幼安及其兄子嶷，以其属降于江陵。詧夜遁归襄阳，器械辎重多没于健水。詧恐不能自固，乃遣蔡大宝求附庸于西魏。时西魏大统十五年也。周文令丞相东阁祭酒荣权使焉。

是岁，梁元令柳仲礼图襄阳，詧乃遣妃王氏及世子嶚为质，请救。周文令荣权报命，仍遣开府杨忠为援。十六年，忠擒仲礼，平汉东。西魏命詧发丧嗣位，使假散骑常侍郑孝穆及荣权策命詧为梁王。乃于襄阳置百官，承制封拜。十七年，留尚书仆射蔡大宝守雍部，而朝于京师。周文谓曰："王之来此，颇由荣权。"乃召权见，曰："权吉士也，寡人与之从事，未尝见失信。"詧曰："荣常道二国之言无私，故詧今者得归诚魏阙耳。"

魏恭帝元年，周文命柱国于谨伐江陵，詧以兵会之。及江陵平，周文命詧主梁嗣，居江陵东城，资以江陵一州之地。其襄阳所统，尽入于周。詧乃称皇帝于其国，年号大定。追尊其父统为昭明皇帝，庙号高宗；统妃蔡氏为昭德皇后。又尊其所生母龚氏皇太后。立妻王氏为皇后，子岿为皇太子。其庆赏刑威，官方制度，并同王者。唯上疏则称臣，奉朝廷正朔。至于爵命其下，亦依梁氏之旧。其戎章勋级,则又兼用柱国等官。又追赠叔父邵陵王纶太宰,谥曰壮武。赠兄河东王誉丞相,谥曰武桓。周文仍置江陵防主,统兵居于西城,名曰武桓周文外云助詧备御,内实防詧。

初,江陵灭,梁元将王琳据湘州,志图匡复。及詧立,琳乃遣其将潘纯陀、侯方儿来寇。詧御之,纯陀等退屯夏口。詧之四年,詧遣其大将军王操略取王琳之长沙、武陵、南平等郡。五年,王琳又遣其将雷文柔袭陷监利郡,太守大有死之。寻而琳与陈人相持,称藩乞师于詧,詧许之。师未出而琳军败,附于齐。是岁,其太子岿来朝京师。六年四月,大雨震,前殿崩,压二百余人。七年冬,有服鸟鸣于寝殿。八年二月,詧终于前殿,时年四十四。是岁,周保定二年也。八月,葬于平陵,谥曰宣皇帝,庙号中宗。

詧少有大志,不拘小节,虽多猜忌,而知人善任使,抚将士有恩,能得其死力。性不饮酒,安于俭素。事母以孝闻。又不好声色,尤恶见妇人,虽相去数步,亦云遥闻其死。经御妇人之衣,更不著,并皆弃之。一幸姬滕,病卧累旬。又恶见人发,白事之者,必方便避之,担舆者,冬月必须裹头,夏月则加莲叶帽。其在东扬州,颇放诞,省览簿领,好为戏弄之言,以此获讥于世。

及江陵平,宿将尹德毅谓詧曰:“臣闻人主之行,与疋夫不同。疋夫者,饰小行,竞小廉,以取名誉;人主者,定天下,安社稷,以成大功。今魏虏贪婪,罔顾吊伐之义,俘囚士庶,并充军实。然此等戚属,咸在江东。悠悠之人,可门到户说?既涂炭至此,咸谓殿下为之。殿下既杀人父兄,孤人子弟,人尽雠也,又谁与为国?但魏之精锐,尽萃于此,犒师之礼,非无故事。若殿下为设享会,固请于谨等为劝,彼无我虞,当相率而至,预伏武士,因而毙之。江陵百姓,抚而安之,文武官僚,随即铨授。魏人慑息,未敢送死;僧辩之徒,折简可致。然后朝服济江,入践皇极,缵尧复禹,万世一时。”詧谓德毅曰:“卿此策非不善也,然魏人待我甚厚,未可背德。若遽为卿计,则邓祁侯所谓人将不食吾余。”既而阖城长幼,被虏入关,又失襄阳之地。詧恨,乃曰:“不用德毅之言,以至于是!”又见邑居残毁,干戈日用,耻其威略不振,常怀怖愤,乃著《愍时赋》以见志焉。居常怏怏,每诵"老马伏枥,志在千里;烈士暮年,壮心不已",未尝不盱衡抱叹吒者久之。遂以忧愤发背而死。

詧笃好文义,所著文集十五卷,内典《华严》、《般若》、《法华》、《金光明义疏》三十六卷,并行于世。武帝又命其太子岿嗣位,年号天保。

岿字仁远,詧之第三子也。机辩有文学,善于抚御,能得其下欢心。嗣位之元年,尊其祖母龚太后曰太皇太后,嫡母王皇后曰皇太后,所生曹贵嫔曰皇太妃。其年五月,其太皇太后薨,谥曰元太后。九月,其太妃又薨,谥曰孝皇太妃。二年,其皇太后薨,谥曰宣静皇后。

五年,陈湘州刺史华皎、巴州刺史戴僧朔并来附。皎送其子玄响为质于岿,仍请兵伐陈。岿上言其状。武帝诏卫公直督荆州总管权景宣、大将军元定等赴之。岿亦遣其柱国王操率水军二万,会皎于巴陵。既而与陈将吴明彻等战于沌口,直军不利,元定遂没,岿大将军李广等亦为陈人所虏,长沙、巴陵并陷于陈。卫公直乃归罪于岿之柱国殷亮。岿虽以退败不独罪亮,然不敢违命,遂诛之。吴明彻乘胜攻克岿河东郡,获其守将许孝敬。明年,彻进寇江陵,引江水灌城。岿出顿纪南,以避其锐。江陵副总管高琳与其尚书仆射王操拒守。岿马军主马武、吉彻等击明彻,彻退保公安,岿乃还江陵。岿之八年,陈又遣其司空章昭达来寇,江陵总管陆腾及岿之将士击走之。昭达又寇竟陵之青泥,岿令其大将军许世武赴援,大为昭达所破。

初,华皎、戴僧朔从卫公直与陈人战,率其麾下数百人归于岿。岿以皎司空,封江夏郡公;僧朔为车骑将军,封吴兴县侯。岿之十年,皎将来朝,至襄阳,请卫公直曰:"梁主既江南诸郡,人少国贫,朝廷兴亡继绝,理宜资赡。岂使齐桓、楚庄独擅救卫复陈之美?望借数州,以裨梁国。"直然之,乃遣使言状。帝许之,诏以基、平、郢三州归之于岿。

及平齐，岿朝于邺，帝虽以礼接之，然未之重也。岿知之，后因宴承间，乃陈其父荷周文拯救之恩，并叙二国艰虞，唇齿掎角之事。辞理辩畅，因涕泣交流，帝亦为之歔欷。自是大加赏异，礼遇日隆。后帝复与之宴，齐氏故臣叱列长叉说预焉，帝指谓岿曰："是登陴骂朕者也。"岿曰："长叉未能辅桀，翻敢吠尧！"帝大笑。及酒酣，帝又命琵琶自弹之，仍谓岿曰："当为梁主尽欢。"岿乃起请舞，帝曰："王乃能为朕舞乎？"岿曰："陛下既亲抚五弦，臣何敢不同百兽？"帝大悦，赐杂缯万段、良马数十疋，并赐齐后主妓妾，及帝所乘五百里骏马以遗之。

及隋文帝执政，尉迟迥、王谦、司马消难等各起兵。时岿将帅皆密请兴师，与迥等为连衡之势，进可以尽节于周氏，退可以席卷山南。岿以为不可。俄而消难奔陈，迥等相次破灭。隋文帝既践极，恩礼弥厚，遣使赐金五百两、银千两、布帛万疋、马五百疋。开皇二年，隋文帝备礼纳岿女为晋王妃，又欲以其子瑒尚兰陵公主，由是罢江陵总管，岿专制其国。四年，来朝长安。帝甚敬待之，诏岿位在王公之上。岿被服端丽，进退闲雅，天子瞩目，百僚倾慕。帝赐岿缣万疋，珍玩称是。及还，亲执其手谓之曰："梁主久滞荆楚，未复旧都，朕当振旅长江，相送旋反。"岿拜谢而归。五年五月，寝疾薨。临终上表奉辞，并献所服金装剑，帝览而嗟悼。岿在位二十三年。梁之臣子，葬之显陵，谥曰孝明皇帝，庙号世宗。

岿孝悌慈仁，有君人之量。四时祭享，未尝不悲慕流涕。性尤俭约，御下有功，境内安之。所著文集及《孝经》、《周易义记》及《大小乘幽微》，并行于世。文帝又命其太子琮嗣位。

琮字温文，性倜傥不羁，博学有文义。兼善弓马，遣人伏地持帖，琮奔马射之，十发十中，持帖者亦不惧。初封东阳王，寻立为梁太子。及嗣位，帝赐以玺书，敦勉之。又赐梁之大臣玺书，诚勉之。时琮年号广运，有识者曰："运之为字，军走也，吾君将奔走乎！"其年，琮遣大将军戚昕以舟师袭陈公定，不克而还。文帝征琮叔父岑入朝，拜大将军，封怀义公，因留不遣。复置江陵总管以监之。琮所署大将军许世武密以城召陈将宜黄侯陈纪,谋泄,琮诛之。

后二岁,上征琮入朝,率臣下二百余人朝京师。江陵父老莫不殒涕曰:"吾君其不反矣!"上以琮来朝,遣武乡公崔弘度将兵戍之。军至郢州,琮叔父岩及弟瓛等惧弘度掩袭之,遂引陈人至城下,虏居人而叛。于是废梁国。上遣仆射高颎安集之,曲赦江陵死罪,给复十年。梁二主各给守墓十户,拜琮柱国,赐爵莒国公。

自詧初即位,岁在乙亥,至岁在丁未,凡三十三载而亡。

琮至炀帝嗣位,甚见亲重,拜内史令,改封梁公。琮之宗族,缌麻以上,并随才擢用,于是诸萧昆弟,布列朝廷。琮性澹雅,不以职务自婴,退朝纵酒而已。内史令杨约与琮同列,帝令约宣旨诫励。约复以私情谕之,琮曰:"琮若复事事,则何异公哉?"约笑而退。约兄素时为尚书令,见琮嫁从父妹于钳耳氏,谓曰:"公帝王之族,何乃适妹钳耳氏?"琮曰:"前已嫁妹于侯莫陈氏,此复何疑?"素曰:"钳耳,羌也;侯莫陈,虏也。何得相比?"琮曰:"以羌异虏,未之前闻。"素惭而止。琮虽羁旅,见北间豪贵,无所降下。常与贺若弼深友,既诛,复有童谣曰:"萧萧亦复起",帝由是忌之,遂废于家。卒,赠左光禄大夫。

子铉,位襄城通守。复以琮弟子钜为梁公。钜小名曰藏,炀帝甚昵之,以为千牛。与宇文皛出入宫掖,伺察内外。帝每有游宴,钜未尝不从。遂于宫中,多行淫秽。江都之变,为宇文化及所杀。

詧之居帝位,百僚追谥孝惠太子;岩,封安平王;岌,封东平王;岑,封河间王,后改封吴郡王;琮弟瓛,义兴王;瑑,晋陵王;璟,临海王;珣,南海王;瑒,义安王。

以蔡大宝为股肱,王操为腹心,魏益德、尹正、薛晖、许孝敬、薛宣为爪牙,甄玄成、刘盈、岑善方、傅淮、褚珪、蔡大业典众务,张绾以旧齿处显位,沈重以儒学蒙厚礼。自余多所奖拔,咸尽其器能。及詧纂业,亲贤并用。将相则华皎、殷亮、刘忠义,宗室则萧欣、萧翼,人望则萧确、谢温、柳洋、王湜、徐岳,外戚则王洋、王诵、殷珪,文章则刘孝胜、范迪、沈居游、君公、柳信言,政事则袁敞、柳庄、蔡延寿、甄诩、皇甫兹。故能保其疆土而和其人焉。今载詧子嶚等及蔡大宝以下尤著者，附于左。其在梁、陈、隋已有传，及岿诸子未任职者，则不兼录。

嶚字道远，詧之长子也。母曰宣静皇后。詧之为梁王，立为世子。寻病卒。及詧称帝，追谥焉。

岩字义远，詧第五子也。性仁厚，善抚接，历尚书令、太尉、太傅。入陈，授东扬州刺史。及陈亡，百姓推岩为主。为总管宇文述所破，伏法于长安。

岌，詧弟六子也。性淳和，位至侍中、中卫将军。岿之五年，卒。赠司空，谥曰孝。

岑字智远，詧第八子也。位至太尉。性简贵，御下严整。及琮嗣位，自以望重属尊，颇有不法。故隋文征入朝，拜大将军，封怀义郡公。

瓛字钦文，岿第三子也。幼有令誉，能属文。位荆州刺史，颇有能名。崔弘度兵至郢州，瓛惧，与其叔父岩奔陈。陈主以为侍中、吴州刺史，甚得物情。三吴父老皆曰："吾君之子。"陈亡，吴人推之为主。吴人见梁武、简文及詧、岿等兄弟中并第三，而践尊位。瓛自以岿第三子，深自矜负。有谢异者，颇知废兴，梁陈之际，言无不验，江南人甚敬信之。及陈主被禽，异奔瓛，由是益为众所归。宇文述讨之，瓛遣王褒守吴州，自将拒述。述遣兵别道袭褒，褒衣道士服，弃城而遁。瓛败，将左右数人，逃于太湖，匿于人家。被执，述送长安斩之。

璟，仕隋，尚衣奉御；场，卫尉卿、秘书监、陶丘侯；瑀，内史侍郎、河池太守。

蔡大宝字敬位，济阳考城人。祖履，齐尚书祠部郎。父點，梁尚书仪曹郎、南兖州别驾。

大宝少孤，而笃学不倦，善属文。初以明经对策第一，解褐武陵王国左常侍。尝以书干仆射徐勉，勉大赏异，乃令与其子游处，所有坟籍，尽以给之。遂博览群书，学无不综。詧初出第，勉仍荐大宝为侍读,兼掌记室。寻除尚书仪曹郎。詧出镇会稽,大宝诣选曹求谘议,不得,以为记室。大宝攘臂而出曰:“不为孙秀,非人也。”詧莅襄阳,迁谘议参军,谋谟皆自大宝出。及梁元与河东王誉结隙,詧令大宝使江陵以观之。梁元素知大宝,见之甚悦,乃示所制《玄览赋》,令注解焉。三日而毕。梁元大嗟赏之,赠遗甚厚。大宝还,白詧云:“湘东必有异图,祸乱将作,不可下援台城。”詧纳之。

及詧于江陵称帝,为侍中,尚书令,参掌选事,进位柱国、军师将军,封安丰县侯。岿嗣位,册授司空、中书监、中权大将军、领吏部尚书。固让司空,许之,加特进。岿之三年,卒。及葬,岿三临其丧。赠司徒,进爵为公,谥曰文凯,配食詧庙。

大宝性严整,有智谋,雅达政事,文辞赡速。詧之章表、书记、教令、诏册,并大宝专掌之。詧推心委任,以为谋主。时人以詧之有大宝,犹刘先主之有孔明焉。所著文集三十卷,及《尚书义疏》,并行于世。

有四子。次子延寿有器识,博涉经籍,尤善当世之务。尚詧女宣城公主,历中书郎、尚书右丞、吏部郎、御史中丞。从琮入隋,授开府仪同三司、秘书丞。终于成州刺史。

大宝弟大业,字敬道。有至行,位散骑常侍、卫尉卿、都官尚书、太常卿。卒,赠金紫光禄大夫,谥曰简。有王子,允恭最知名。位太子舍人。梁灭入陈,为尚书库部郎。陈亡,仕隋,起居舍人。

王操字子高,其先太原晋阳人,詧母龚氏之外弟也。性敦厚,有筹略。初为詧外兵参军,亲任亚于蔡大宝。及詧称帝,历五兵尚书、鄋州刺史,进位柱国,封新康县侯。岿嗣位,授镇右将军、尚书仆射。及吴明彻为寇,岿出顿纪南,操抚循将士,莫不用命。明彻退,江陵获全,操之力也。迁侍中、中卫将军、尚书令、开府仪同三司,领荆州刺史。操既位居朝右,每自挹损,深得当时之誉。卒,岿举哀于朝堂,流涕曰:“天不使吾平荡江表,何夺吾贤相之速也!”及葬,亲祖于瓦宫门。赠司空,进爵为公,谥曰康节。

有七子,次子衡最知名。有才学,位中书、黄门侍郎。

　　魏益德,襄阳人也。有材干,胆勇过人。詧称帝,位柱国,封上黄县侯。卒,赠司空,谥曰忠壮,进爵为公。岿之五年,以益德配食詧庙。

　　尹正,其先天水人。詧莅雍州,正为其府中兵参军。禽张缵,获杜岸,皆正之力。詧称帝,除护军将军,位柱国,封新野县侯。卒,赠开府仪同三司,谥曰刚。岿之五年,以正配食詧庙。

　　子德毅,多权略,位大将军。后以见疑赐死。

　　甄玄成字敬平,中山人。博达经史,善属文。少为简文所知。以录事参军随詧镇襄阳,转中记室参军,颇参政事。以江陵甲兵殷盛,遂怀贰心,密书与元帝,具申诚款。或有得其书,送于詧。詧深信佛法,常愿不杀诵《法华经》人。玄成素诵《法华经》,遂以此获免。詧后见之,常曰:"甄公好得《法华经》力。"后位吏部尚书,有文集二十卷。

　　子诩,少沈敏,闲习政事。历中书舍人、尚书右丞。从琮入隋,授开府仪同三司,终于太府少卿。

　　岑善方字思义,南阳棘阳人。祖惠甫,给事中。父昶,散骑侍郎。善方有器局,博综经史。以刑狱参军随詧至襄阳。詧初请内附,以善方兼记室充使,往来凡数十反。魏恭帝二年,封长宁县公。及詧称帝,位散骑侍郎、起部尚书。善方性清慎,有当世干能,故詧委以机密。卒,赠太常卿,谥曰敬。所著文集十卷。

　　有七子,并有操行。之元、之利、之象最知名。之元太子舍人,早卒。之利仕隋,位零陵郡丞。之象仕隋,尚书虞部员外侍郎,邵陵、上宜、渭南、邯郸四县令。

　　宗如周,南阳人。有才学,以府僚随詧,后至度支尚书。如周面狭长,詧以《法华经》云:"闻经随喜,面不狭长。"尝戏之曰:"卿何为谤经?"如周跼蹐,自陈不谤。詧又谓之如初。如周惧,出告蔡大宝。大宝知其旨,笑谓之曰:"君当不谤余经,正应不信《法华》耳。"如周乃悟。又尝有人诉事于如周,谓为经作如州官也。乃曰:"某有屈滞,故来诉如州官。"如周曰:"尔何小人,敢呼我名!"其人惭谢曰:"祇言如周官作如州,不知如州官名如周,早知如州官名如周,则不敢唤如周官作如州。"如周乃笑曰:"令卿自责,见侮反深。"众咸服其宽雅。

袁敞,陈郡人。祖昂,司空。父士俊,安成内史。敞少有识量,博涉文史。以吏部郎使诣周。时主者以敞班在陈使之后,敞固不从命曰:"昔陈之祖父,乃梁诸侯下吏。盗有江东。今周朝宗万国,招携以利。若使梁之行人在陈之后,便恐彝伦失序。岂使臣之所望焉。"主者不能屈,遂以状奏。周武帝善之,乃诏敞与陈使异日而进。使还,以称旨,迁侍中。转左户尚书。从琮入隋,授开府仪同三司。终于谯州刺史。

论曰:自金行运否,中原丧乱,元氏唯天所命,方一函夏。铁弗、徒何之辈,虽非行录所归,观其递为割据,亦一时之杰。然而卒至夷灭,可谓魏之驱除。

梁主任术好谋,爱贤养士,盖有英雄之志,霸王之略焉。及淮海版荡,骨肉猜贰,拥众自固,称藩内款,终能据有全楚,中兴预运。虽土宇殊于旧邦,而位号同于曩日。贻厥自远,享国虽短,可不谓贤哉!嗣子纂业,增修遗构,赏罚得衷,举厝有方。密迩寇雠,则威略具举;朝宗上国,则声猷远振。岂非继世之令主乎?琮大去其邦,因而不反,遂为外戚。不事自持,盖亦守满之道也。

北史卷九四
列传第八二

高丽　百济　新罗　勿吉
奚　契丹　室韦　豆莫娄
地豆干　乌落侯　流求　倭

　　盖天地之所覆载至大，日月之所照临至广。万物之内，生灵寡而禽兽多；两仪之间，中土局而殊俗旷。人寓形天地，禀气阴阳，愚智本于自然，刚柔系于水土。故相露所会，风气所通，九川为纪，五岳作镇，此之谓诸夏，生其地者，则仁义所出；昧谷嵎夷，孤竹北户，限以丹徼紫塞，隔以沧海交河，此之谓荒裔，感其气者，则凶德行禀。若夫九夷、八狄，种落繁炽，七戎、六蛮，充牣边鄙，虽风土殊俗，嗜欲不同，至于贪而无厌，很而好乱，强则旅拒，弱则稽服，其揆一也。

　　秦皇鞭笞天下，黩武于遐方，汉武士马强盛，肆志于远略。匈奴已却，其国乃虚；天马既来，其人亦困。是知雁海龙堆，天所以纪夷夏也；炎方朔漠，地所以限内外也。况乎时非秦、汉，志甚嬴、刘，逆天道以求其功，殚人力而从所欲，颠坠之衅，固不旋踵。是以先王设教，内诸夏而外夷狄；往哲垂范，美树德而鄙广地。虽禹迹之东渐西被，不过海及流沙；《王制》之自北徂南，裁犹穴居交趾。岂非道贯三古，义高百代者乎！

　　自魏至隋，市朝屡革，其四夷朝享，亦各因时。今各编次，备《四

《夷传》云。

　　高句丽,其先出夫余。王尝得河伯女,因闭于室内,为日所照,引身避之,日影又逐,既而有孕,生一卵,大如五升。夫余王弃之与犬,犬不食;与豕,豕不食;弃于路,牛马避之;弃于野,众鸟以毛茹之。王剖之不能破,遂还其母。母以物裹置暖处,有一男破而出。及长,字之曰朱蒙。其俗言"朱蒙"者,善射也。夫余人以朱蒙非人所生,请除之。王不听,命之养马。朱蒙私试,知有善恶,骏者减食令瘦,驽者善养令肥。夫余王以肥者自乘,以瘦者给朱蒙。后狩于田,以朱蒙善射,给之一矢。朱蒙虽一矢,殪兽甚多。夫余之臣,又谋杀之,其母以告朱蒙,朱蒙乃与焉违等二人东南走。中道遇一大水,欲济无梁。夫余人追之甚急,朱蒙告水曰:"我是日子,河伯外孙,今追兵垂及,如何得济?"于是鱼鳖为之成桥,朱蒙得度。鱼鳖乃解,追骑不度。朱蒙遂至普述水,遇见三人,一著麻衣,一著衲衣,一著水藻衣,与朱蒙至纥升骨城,遂居焉。号曰高句丽,因以高为氏。其在夫余妻怀孕,朱蒙逃后,生子始闾谐。及长,知朱蒙为国王,即与母亡归之。名曰闾达,委之国事。

　　朱蒙死,子如栗立。如栗死,子莫来立,乃并夫余。

　　汉武帝元封四年,灭朝鲜,置玄菟郡,以高句丽为县以属之。汉昭赐衣帻朝服鼓吹,常从玄菟郡受之。后稍骄,不复诣郡,但于东界筑小城受之,遂名此城为帻沟溇。"沟溇"者,句丽"城"名也。王莽初,发高句丽兵以伐胡,而不欲行,莽强迫遣之,皆出塞为寇盗。州郡归咎于句丽侯驺,严尤诱而斩之。莽大悦,更名高句丽,高句丽侯。光武建武八年,高句丽遣使朝贡。

　　至殇、安之间,莫来裔孙宫,数寇辽东。玄菟太守蔡风讨之,不能禁。

　　宫死,子伯固立。顺、和之间,复数犯辽东,寇抄。灵帝建宁二年,玄菟太守耿临讨之,斩首虏数百级,伯固乃降,属辽东。公孙度之雄海东也,伯固与之通好伯固死，子伊夷摸立。伊夷摸自伯固时，已数寇辽东，又受亡胡五百余户。建安中，公孙康出军击之，破其国，焚烧邑落，降胡亦叛。伊夷摸更作新国。其后伊夷摸复击玄菟，玄菟与辽东合击，大破之。

伊夷摸死，子位宫立。始位宫曾祖宫，生而目开能视，国人恶之。及长凶虐，国以残破。及位宫亦生而视人，高丽呼相似为"位"，以为似其曾祖宫，故名位宫。位宫亦有勇力，便鞍马，善射猎。魏景初二年，遣太傅、司马宣王率众讨公孙文懿，位宫遣主簿、大加将数千人助军。正始三年，位宫寇辽西安平。五年，幽州刺史毌丘俭将万人出玄菟，讨位宫，大战于沸流。败走，俭追至岘岘，悬车束马登丸都山，屠其所都。位宫单将妻息远窜。六年，俭复讨之，位宫轻将诸加奔沃沮。俭使将军王颀追之，绝沃沮千余里，到肃慎南，刻石纪功。又刊丸都山、铭不耐城而还。其后，复通中夏。

晋永嘉之乱，鲜卑慕容廆据昌黎大棘城，元帝授平州刺史。位宫玄孙乙弗利频寇辽东，廆不能制。

弗利死，子钊代立。魏建国四年，慕容廆子晃伐之，入自南陕，战于木底，大破钊军，追至丸都。钊单马奔窜，晃掘钊父墓，掠其母妻、珍宝、男女五万余口，焚其室，毁丸都城而还。钊后为百济所杀。

及晋孝武太元十年，句丽攻辽东、玄菟郡。后燕慕容垂遣其弟农伐句丽，复二郡。垂子宝以句丽王安为平州牧，封辽东、带方二国王，始置长史、司马、参军官。后略有辽东郡。

太武时，钊曾孙琏始遣使者诣安东，奉表贡方物，并请国讳。太武嘉其诚款，诏下帝系名讳于其国。使员外散骑侍郎李敖拜琏为都督辽海诸军事、征东将军、领东夷中郎将、辽东郡公、高句丽王。敖至其所，居平壤城，访其方事，云：去辽东南一千余里，至栅城，南至小海，北至旧夫余，人户参倍于前魏时。后贡使相寻，岁致黄金二百斤、白银四百斤。时冯弘率众奔之，太武遣散骑常侍封拨诏琏，令送弘。琏上书称当与弘俱奉王化，竟不遣。太武怒，将往讨之。乐平王丕等议待后举，太武乃止。而弘亦寻为琏所杀。

后文明太后以献文六宫未备，敕琏令荐其女。琏奉表云：女已

出，求以弟女应旨。朝廷许焉，乃遣安乐王真、尚书李敷等至境送
币。琏惑其左右之说，云朝廷昔与冯氏婚姻，未几而灭其国。殷鉴
不远，宜以方便辞之。琏遂上书，妄称女死。朝廷疑其矫拒，又遣假
散骑常侍程骏切责之，若女审死，听更选宗淑。琏云："若天子恕其
前愆，谨当奉诏。"会献文崩，乃止。至孝文时，琏贡献倍前，其报赐
亦稍加焉。时光州于海中得琏遣诣齐使余奴等，送阙。孝文诏责曰：
"道成亲杀其君，窃号江左，朕方欲兴灭国于旧邦，继绝世于刘氏。
而卿越境外乡，交通篡贼，岂是藩臣守节之义？今不以一过掩旧款，
即送还藩。其感恕思愆，祗承明宪，辑宁所部，动静以闻。"

太和十五年，琏死，年百余岁。孝文举哀于东郊，遣谒者仆射李
安上策赠车骑大将军、太傅、辽东郡公、高句丽王，谥曰康。又遣大
鸿胪拜琏孙云使持节、都督辽海诸军事、征东将军，领护东夷中郎
将、辽东郡公、高句丽王。赐衣冠服物车旗之饰。又诏云遣世子入
朝，令及郊丘之礼。云上书辞疾，遣其从叔升于随使诣阙。严责之。
自此，岁常贡献。正始中，宣武于东堂引见其使芮悉弗，进曰："高丽
系诚天极，累叶纯诚，地产土毛，无愆王贡。但黄金出夫余，珂则涉
罗所产。今夫余为勿吉所逐，涉罗为百济所并。国王臣云惟继绝之
义，悉迁于境内。二品所以不登王府，实两贼之为。"宣武曰："高丽
世荷上将，专制海外，九夷黠虏，实得征之。昔方贡之愆，责在连率。
宜宣朕旨于卿主，务尽威怀之略，使二邑还复旧墟，土毛无失常贡
也。"

神龟中，云死，灵太后为举哀于东堂。遣使策赠车骑大将军、领
护东夷校尉、辽东郡公、高丽王。又拜其世子安为镇东将军、领护东
夷校尉、辽东郡公、高丽王。正光初，光州又于海中执得梁所授安宁
东将军衣冠剑佩，及使人江法盛等，送京师。

安死，子延立。孝武帝初，诏加延使持节、散骑常侍、车骑大将
军、领护东夷校尉、辽东郡公、高句丽王。天平中，诏加延侍中、骠骑
大将军，余悉如故。

延死，子成立。讫于武定已来，其贡使无岁不至。大统十二年，

遣使至西魏朝贡。及齐受东魏禅之岁，遣使朝贡于齐。齐文宣加成使持节、侍中骠骑大将军，领东夷校尉、辽东郡公、高丽王如故。天保三年，文宣至营州，使博陵崔柳使于高丽，求魏末流人。敕柳曰："若不从者，以便宜从事。"及至，不见许。柳张目叱之，拳击成坠于床下，成左右雀息不敢动，乃谢服，柳以五千户反命。

成死，子汤立。乾明元年，齐废帝以汤为使持节、领东夷校尉、辽东郡公、高丽王。周建德六年，汤遣使至周，武帝以汤为上开府仪同大将军、辽东郡公、辽东王。隋文帝受禅，汤遣使诣阙，进授大将军，改封高丽王。自是，岁遣使朝贡不绝。

其国，东至新罗，西度辽，二千里；南接百济，北邻靺鞨，一千余里。人皆土着，随山谷而居，衣布帛及皮。土田薄瘠，蚕农不足以自供，故其人节饮食。其王好修宫室，都平壤城，亦曰长安城，东西六里，随山屈曲，南临浿水。城内唯积仓储器，备寇贼至日，方入固守。王别为宅于其侧，不常居之。其外复有国内城及汉城，亦别都也。其国中呼为三京。复有辽东、玄菟等数十城，皆置官司以统摄。与新罗每相侵夺，战争不息。

官有大对卢、太大兄、大兄、小兄、竟侯奢、乌拙、太大使者、大使者、小使者、褥奢、翳属、仙人，凡十二等，分掌内外事。其大对卢则以强弱相陵夺而自为之，不由王署置。复有内评、五部褥萨。人皆头著折风，形如弁，士人加插二鸟羽。贵者，其冠曰苏骨，多用紫罗为之，饰以金银。服大袖衫、大口裤、素皮带、黄革履。妇人裙襦加襈。书有《五经》、《三史》、《三国志》、《晋阳秋》。兵器与中国略同。及春秋校猎，王亲临之。税，布五疋、谷五石，游人则三年一税，十人共细布一疋。租，户一石，次七斗，下五斗。其刑法，叛及谋逆者，缚之柱，爇而斩之，籍没其家；盗则偿十倍，若贫不能偿者乐及公私债负，皆听评其子女为奴婢以偿之。用刑既峻，罕有犯者。乐有五弦、琴、筝、筚篥、横吹、箫、鼓之属，吹卢以和曲。每年初，聚戏浿水上，王乘腰舆，列羽仪观之。事毕，王以衣入水，分为左右二部，以水石相溅掷，喧呼驰逐，再三而止。俗洁净自喜，尚容止，以趋走为敬。拜则曳一脚,立多反拱,行必插手。性多诡伏,言辞鄙秽,不得亲疏。父子同川而浴,共室而寝。好歌舞,常以十月祭天,其公会衣服,皆锦绣金银以为饰。好蹲踞,食用俎机。出三尺马,云本朱蒙所乘马种,即果下也。风俗尚淫,不以为愧,俗多游女,夫无常人,夜则男女群聚而戏,无有贵贱之节。有婚嫁,取男女相悦即为之。男家送猪酒而已,无财聘之礼;或有受财者,人共耻之,以为卖婢。死者,殡在屋内,经三年,择吉日而葬。居父母及夫丧,服皆三年,兄弟三月。初终哭泣,葬则鼓舞作乐以送之。埋讫,取死者生时服玩车马置墓侧,会葬者争取而去。信佛法,敬鬼神,多淫祠。有神庙二所:一曰夫余神,刻木作妇人像;一曰高登神,云是其始祖夫余神之子。并置官司,遣人守护,盖河伯女、朱蒙云。

及隋平陈后,汤大惧,陈兵积谷,为守拒之策。开皇十七年,上赐玺书,责以每遣使人,岁常朝贡,虽称藩附,诚节未尽。驱逼靺鞨,禁固契丹。昔年潜行货利,招动群小,私将弩手,巡窜下国,岂非意欲不臧,故为窃盗?坐使空馆,严加防守;又数遣马骑,杀害边人。恒自猜疑,密觇消息。殷勤晓示,许其自新。汤得书惶恐,将表陈谢。会病卒。

子元嗣。文帝使拜元为上开府仪同三司,袭爵辽东公,赐服一袭。元奉表谢恩,并贺祥瑞,因请封王。文帝优册为王。明年,率靺鞨万余骑寇辽西,营州总管韦世冲击走之。帝大怒,命汉王谅为元帅,总水陆讨之,下诏黜其爵位。时馈运不继,六军乏食,师出临渝关,复遇疾疫,王师不振。及次辽水,元亦惶惧,遣使谢罪,上表称辽东粪土臣元云云。上于是罢兵,待之如初。元亦岁遣朝贡。

炀帝嗣位,天下全盛,高昌王、突厥启人可汗并亲诣阙贡献,于是征元入朝。元惧,蕃礼颇阙。大业七年,帝将讨元罪,车驾度辽水,止营于辽东地,分道出师,各顿兵于其城下。高丽出战多不利,皆婴城固守。帝令诸军攻之,又敕诸将,高丽若降,即宜抚纳,不得纵兵入。城陷,贼辄言,诸将奉旨,不敢赴机。先驰奏,比报,贼守御亦备,复出拒战。如此者三,帝不悟。由是食尽师老,转输不继,诸军多败绩,于是班师。是行也,唯于辽水西拔贼武厉逻,置辽东郡及通定镇而还。九年,帝复亲征,敕诸军以便宜从事。诸将分道攻城,贼势日蹙。会杨玄感作乱,帝大惧,即日六军并还。兵部侍郎斛斯政亡入高丽,高丽具知事实,尽锐来追,殿军多败。十年,又发天下兵,会盗贼蜂起,所在阻绝,军多失期。至辽水,高丽亦困弊,遣使乞降,因送斛斯政赎罪。帝许之,顿怀远镇受其降,仍以俘囚军实归。至京师,以高丽使亲告太庙,因拘留之。仍征元入朝,元竟不至。帝更图后举,会天下丧乱,遂不复行。

　　百济之国,盖马韩之属也,出自索离国。其王出行,其侍儿于后妊娠,王还,欲杀之。侍儿曰:"前见天上有气如大鸡子来降,感,故有娠。"王舍之。后生男,王置之豕牢,豕以口气嘘之,不死;后徙于马阑,亦如之。王以为神,命养之,名曰东明。及长,善射,王忌其猛,复欲杀之。东明乃奔走,南至淹滞水,以弓击水,鱼鳖皆为桥,东明乘之得度,至夫余而王焉。东明之后有仇台,笃于仁信,始立国于带方故地。汉辽东太守公孙度以女妻之,遂为东夷强国。初以百家济,因号百济。

　　其国东极新罗、句丽,西南俱限大海,处小海南,东西四百五十里,南北九百余里。其都曰居拔城,亦曰固麻城。其外更有五方:中方曰古沙城,东方曰得安城,南方曰久知下城,西方曰刀先城,北方曰熊津城。王姓余氏,号"於罗瑕",百姓呼为"鞬吉支",夏言并王也。王妻号"於陆",夏言妃也。官有十六品:左平五人,一品;达率三十人,二品;恩率,三品;德率,四品;杆率,五品;奈率,六品。已上冠饰银华。将德,七品,紫带。施德,八品,皂带。固德,九品,赤带。季德,十品,青带。对德,十一品;文督,十二品,皆黄带。武督,十三品;佐军,十四品;振武,十五品;克虞,十六品,皆白带。自恩率以下,官无常员。各有部司,分掌众务。内官有前内部、谷内部、内掠部、外掠部、马部、刀部、功德部、药部、木部、法部、后宫部。外官有司军部、司徒部、司空部、司寇部、点口部、客部、外舍部、绸部、日官部、市部。长吏三年一交代。都下有万家，分为五部，曰上部、前部、中部、下部、后部，部有五巷，士庶居马。部统兵五百人。五方各有方领一人，以达率为之，方佐贰之。方有十郡，郡有将三人，以德率为之。统兵一千二百人以下，七百人以上。城之内外人庶及余小城，咸分隶焉。

其人杂有新罗、高丽、倭等，亦有中国人。其饮食衣服，与高丽略同。若朝拜祭祀，其冠两厢加翅，戎事则不。拜谒之礼，以两手据地为礼。妇人不加粉黛，女辫发垂后，已出嫁，则分为两道，盘于头上。衣似袍而袖微大。兵有弓箭刀矟。俗重骑射，兼爱坟史，而秀异者颇解属文，能吏事。又知医药、蓍龟，与相术、阴阳五行法。有僧尼，多寺塔，而无道士。有鼓角、箜篌、筝竽、篪笛之乐，投壶、樗蒲、弄珠、握槊等杂戏。尤尚弈棋。行宋《元嘉历》，以建寅月为岁首。赋税以布、绢、丝、麻及米等，量岁丰俭，差等输之。其刑罚，反叛、退军及杀人者，斩；盗者，流，其赃两倍征之；妇犯奸，没入夫家为婢。婚娶之礼，略同华俗。父母及夫死者，三年居服，余亲则葬讫除之。土田湿，气候温暖，人皆山居。有巨栗，其五谷、杂果、菜蔬及酒醴肴馔之属，多同于内地。唯无驼、骡、驴、羊、鹅、鸭等。国中大姓有八族，沙氏、燕氏、刕氏、解氏、真氏、国氏、木氏、苗氏。其王每以四仲月祭天及五帝之神。立其始祖仇台之庙于国城，岁四祠之。国西南，人岛居者十五所，皆有城邑。

魏延兴二年，其王余庆始遣其冠军将军驸马都尉弗斯侯、长史余礼、龙骧将军带方太守司马张茂等上表自通，云：“臣与高丽，源出夫余，先世之时，笃崇旧款。其祖钊，轻废邻好，陵践臣境。臣祖须，整旅电迈，枭斩钊首。自尔以来，莫敢南顾。自冯氏数终，余烬奔窜，丑类渐盛，遂见陵逼，构怨连祸，三十余载。若天慈曲矜，远及无外，速遣一将，来救臣国。当奉送鄙女，执扫后宫，并遣子弟，牧圉外厩，尺壤疋夫，不敢自有。去庚辰年后，臣西界海中，见尸十余，并得衣器鞍勒。看之，非高丽之物。物闻乃是王人来降臣国，长蛇隔路，以阻于海。今上所得鞍一，以为实矫。”

献文以其僻远，冒险入献，礼遇优厚，遣使者邵安与其使俱还。诏曰："得表闻之无恙。卿与高丽不睦，致被陵犯，苟能顺义，守之以仁，亦何忧于寇雠也。前所遣使，浮海以抚荒外之国，从来积年，往而不反，存亡达否，未能审悉。卿所送鞍，比校旧乘，非中国之物。不可以疑似之事，以生必然之过。经略权要，已具别旨。"又诏曰："高丽称藩先朝，供职日久，于彼虽有自昔之衅，于国未有犯令之愆。卿使命始通，便求致伐，寻讨事会，理亦未周。所献锦布海物，虽不悉达，明卿至心。今赐杂物如别。"又诏琏护送安等。至高丽，琏称昔与余庆有雠，不令东过。安等于是皆还，乃下诏切责之。五年，使安等从东莱浮海，赐余庆玺书，褒其诚节。安等至海滨，遇风飘荡，竟不达而还。

自晋、宋、齐、梁据江左右，亦遣使称藩，兼受拜封。亦与魏不绝。

及齐受东魏禅，其王隆亦通使焉。淹死，子余昌亦通使命于齐。武平元年，齐后主以余昌为使持节、侍中、车骑大将军、带方郡公、百济王如故。二年，又以余昌为持节、都督东青州诸军事、东青州刺史。

周建德六年，齐灭，余昌始遣使通周。宣政元年，又遣使来献。

隋开皇初，余昌又遣使贡方物，拜上开府、带方郡公、百济王。平陈之岁，战船漂至海东𨈭牟罗国。其船得还，经于百济，昌资送之甚厚，并遣使奉表贺平陈。文帝善之，下诏曰："彼国悬隔，来往至难，自今以后，不须年别入贡。"使者舞蹈而去。八年，余昌使其长史王辩那来献方物。属兴辽东之役，遣奉表，请为军导。帝下诏，厚其使而遣之。高丽颇知其事，兵侵其境。余昌死，子余璋立。大业三年，余璋遣使燕文进朝贡。其年，又遣使王孝邻入献，请讨高丽。炀帝许之，命觇高丽动静。然余璋内与高丽通和，挟诈以窥中国。七年，帝亲征高丽，余璋使其臣国智牟来请军期。帝大悦，厚加赏赐，遣尚书起部郎席律诣百济，与相知。明年，六军度辽，余璋亦严兵于境，声言助军，实持两端。寻与新罗有隙，每相争。十年，复遣使朝贡。后天下乱,使命遂绝。

其南,海行三月有躭牟逻国,南北千余里,东西数百里,土多麈鹿,附庸于百济。西行三日,至貊国千余里云。

新罗者,其先本辰韩种也。地在高丽东南,居汉时乐浪地。辰韩亦曰秦韩。相传言秦世亡人避役来适,马韩割其东界居之,以秦人,故名之曰秦韩。其言语名物,有似中国人,名国为邦,弓为弧,贼为寇,行酒为行觞,相呼皆为徒,不与马韩同。又辰韩王常用马韩人作之,世世相传,辰韩不得自立王,明其流移之人故也。恒为马韩所制。辰韩之始,有六国,稍分为十二,新罗则其一也。或称魏将毌丘俭讨高丽破之,奔沃沮,其后复归故国,有留者,遂为新罗,亦曰斯卢。其人辩有华夏、高丽、百济之属,兼有沃沮、不耐、韩、獩之地。其王本百济人,自海逃入新罗,遂王其国。初附庸于百济,百济征高丽,不堪戎役,后相率归之,遂致强盛。因袭百济,附庸于迦罗国焉。传世三十,至真平。以隋开皇十四年,遣使贡方物。文帝拜真平上开府、乐浪郡公、新罗王。

其官有十七等:一曰伊罚干,贵如相国,次伊尺干,次迎干,次破弥干,次大阿尺干,次阿尺干,次乙吉干,次沙咄干,次及伏干,次大奈摩干,次奈摩,次大舍,次小舍,次吉士,次大乌,次小乌,次造位。外有郡县。其文字、甲兵,同于中国。选人壮健者悉入军,烽、戍、逻俱有屯营部伍。风俗、刑政、衣服略与高丽、百济同。每月旦相贺,王设宴会,班赉群官。其日,拜日月神主。八月十五日设乐,令官人射,赏以马、布。其有大事,则聚官详议定之。服色尚画素。妇人辫发绕颈,以杂彩及珠为饰。婚嫁礼唯酒食而已,轻重随贫富。新妇之夕,女先拜舅姑,次即拜大兄、夫。死有棺敛,葬送起坟陵。王及父母妻子丧,居服一年。田甚良沃,水陆兼种。其五谷、果菜、鸟兽、物产,略与华同。

大业以来,岁遣朝贡。新罗地多山险,虽与百济构隙,百济亦不能图之也。

勿吉国在高句丽北,一曰靺鞨。邑落各自有长,不相总一。其人劲悍,于东夷最强,言语独异。常轻豆莫娄等国,诸国亦患之。去洛阳五千里。自和龙北二百余里有善玉山,山北行十三日至祁黎山,又北行七日至洛环水,水广里余,又北行十五日至太岳鲁水,又东北行十八日到其国。国有大水,阔三里余,名速末水。其部类凡有七种:其一号粟末部,与高丽接,胜兵数千,多骁武,每寇高丽;其二伯咄部,在粟末北,胜兵七千;其三安车骨部,在伯咄东北;其四拂涅部,在伯咄东;其五号室部,在拂涅东;其六黑水部,在安车西北;其七白山部,在粟末东南。胜兵并不过三千,而黑水部尤为劲。自拂涅以东,矢皆石镞,即古肃慎氏也。东夷中为强国。

所居多依山水。渠帅曰大莫弗瞒咄。国南有从太山者,华言太皇,俗甚敬畏之,人不得山上溲污,行经山者,以物盛去。上有熊罴豹狼,皆不害人,人亦不敢杀。地卑湿,筑土如堤,凿穴以居,开口向上,以梯出入。其国无牛,有马,车则步推,相与偶耕。土多粟、麦、穄,菜则有葵。水气咸,生盐于木皮之上,亦有盐池。其畜多猪,无羊。嚼米为酒,饮之亦醉。婚嫁,妇人服布裙,男子衣猪皮裘,头插武豹尾。俗以溺洗手面,于诸夷最为不洁。初婚之夕,男就女家,执女乳而妒罢。其妻外淫,人有告其夫,夫辄杀妻而后悔,必杀告者。由是奸淫事终不发。人皆善射,以射猎为业。角弓长三尺,箭长尺二寸,常以七八月造毒药,傅矢以射禽兽,中者立死。煮毒药气亦能杀人。其父母春夏死,立埋之,冢上作屋,令不雨湿;若秋冬死,以其尸捕貂,貂食其肉,多得之。

延兴中,遣乙力支朝献。太和初,又贡马五百匹。乙力支称:初发其国,乘船溯难河西上,至太沴河,沈船于水。南出陆行,度洛孤水,从契丹西界达和龙。自云其国先破高句丽十落,密共百济谋,从水道并力取高丽,遣乙力支奉使大国,谋其可否。诏敕:“三国同是藩附,宜共和顺,勿相侵扰。”乙力支乃还。从其来道,取得本船,泛达其国。九年,复遣使侯尼支朝。明年,复入贡。其傍有大莫卢国、覆钟国、莫多回国、库娄国、素和国、具弗伏国、匹黎尔国、拔大何国、郁羽陵国、库伏真国、鲁娄国、羽真侯国,前后各遣使朝献。太和十三年,勿吉复遣使贡楛矢、方物于京师。十七年,又遣使人婆非等五百余人朝贡。景明四年,复遣使侯力归朝贡。自此迄于正光,贡使相寻。尔后中国纷扰,颇或不至。延兴二年六月,遣石文云等贡方物。以至于齐,朝贡不绝。

隋开皇初,相率遣使贡献。文帝诏其使曰:"朕闻彼土人勇,今来实副朕怀。视尔等如子,尔宜敬朕如父。"对曰:"臣等僻处一方,闻内国有圣人,故来朝拜。既亲奉圣颜,愿长为奴仆。"其国西北与契丹接,每相劫掠。后因其使来,文帝诫之,使勿相攻击。使者谢罪。文帝因厚劳之,令宴饮于前。使者与其徒皆起舞,曲折多战斗容。上顾谓侍臣曰:"天地间乃有此物,常作用兵意。"然其国与隋悬隔,唯粟末、白山为近。炀帝初,与高丽战,频败其众。渠帅突地稽率其部降,拜右光禄大夫,居之柳城。与边人来往,悦中国风俗,请被冠带,帝嘉之,赐以锦绮而褒宠之。及辽东之役,突地稽率其徒以从,每有战功,赏赐甚厚。十三年,从幸江都,寻放还柳城。李密遣兵邀之,仅而得免。至高阳,没于王须拔。未几,遁归罗艺。

奚本曰库莫奚,其先东部胡宇文之别种也。初为慕容晃所破,遗落者窜匿松漠之间。俗甚不洁净,而善射猎,好为寇抄。登国三年,道武亲自出讨,至弱水南大破之,获其马、牛、羊、豕十余万。帝曰:"此群狄诸种,不识德义,鼠窃狗盗,何足为患?今中州大乱,吾先平之,然后张其威怀,则无所不服矣。"既而车驾南迁,十数年间,诸种与库莫奚亦皆滋盛。及开辽海,置戍和龙,诸夷震惧,各献方物。文成、献文之世,库莫奚岁致铭马、文皮。孝文初,遣使朝贡。太和四年,辄人塞内,辞以畏地豆干抄掠,诏书切责之。二十年,入寇安州,时营、燕、幽三州兵数千人击走之。后复款附,每求入塞交易。宣武诏曰:"库莫奚去太和二十一年以前,与安、营二州边人参居,交易往来,并无欺贰。至二十二年叛逆以来,遂尔远窜。今虽款附,犹在塞表,每请入塞,与百姓交易。若抑而不许,乖其归向之心;信而不虑,或有万一之惊。交市之日,州遣士监之。"自此已后,岁尝朝献,至武定已来不绝。齐受魏禅,岁时来朝。

其后种类渐多,分为五部:一曰辱纥主,二曰莫贺弗,三曰契个,四曰木昆,五曰室得。每部一千人为其帅。随逐水草,颇同突厥。有阿会氏,五部中遂盛,诸部皆归之。每与契丹相攻击,虏获财畜,因遣使贡方物。

契丹国在库莫奚东,与库莫奚异种同类。并为慕容晃所破,俱窜于松漠之间。登国中,魏大破之,遂逃进,与库莫奚分住。经数十年,稍滋蔓,有部落,于和龙之北数百里为寇盗。真君以来,岁贡名马。献文时,使莫弗纥何辰来献,得班飨诸国之末。归而相谓,言国家之美,心皆忻慕,于是东北群狄闻之,莫不思服。悉万丹部、何大何部、伏弗郁部、羽陵部、日连部、匹洁部、黎部、吐六干部等各以其名马、文皮献天府。遂求为常,皆得交市于和龙、密云之间,贡献不绝。太和三年,高句丽窃与蠕蠕谋,欲取地豆干以分之。契丹旧怨其侵轶,其莫贺弗干率其部落,车三千乘、众万余口,驱徙杂畜求内附,止于白狼水车。自此岁常朝贡。后告饥,孝文听其入关市籴。及宣武、孝明时,恒遣使贡方物。熙平中,契丹使人初真等三十人还,灵太后以其俗嫁娶之际以青毡为上服,人给青毡两匹,赏其诚款之心,余依旧式朝贡。及齐受东魏禅,尝不断绝。

天保四年九月,契丹犯塞,文帝亲戎北讨,至平州,遂西趣长堑。诏司徒潘相乐帅精骑五千,自东道趣青山;复诏安德王韩轨帅精骑四千东趣,断契丹走路。帝亲逾山岭,奋击大破之,虏十余万口、杂畜数十万头。相乐又于青山大破契丹别部。所虏生口,皆分置诸州。其后复为突厥所逼,又以万家寄于高丽。

其俗与靺鞨同,好为寇盗。父母死而悲哭者,以为不壮。但以其尸置于山树之上,经三年后,乃收其骨而焚之。因酹酒而祝曰:"冬月时,向阳食,若我射猎时,使我多得猪、鹿。"其无礼顽嚣,于诸夷最甚。

隋开皇四年，率莫贺弗来谒。五年，悉其众款塞，文帝纳之，听居其故地。责让之，其国遣使诣阙，顿颡谢罪。其后，契丹别部出伏等背高丽，率众内附。文帝见来，怜之。上方与突厥和好，重失远人之心，悉令给粮还本部，敕突厥抚纳之。固辞不去。部落渐众，遂北徙，逐水草，当辽西正北二百里，依托纥臣水而居，东西亘百里，分为十部。兵多者三千，少者千余。逐寒暑，随水草畜牧。有征伐，则酋帅相与议之，兴兵动众，合如符契。突厥沙钵略可汗遣吐屯潘垤统之，契丹杀吐屯而遁。大业七年，遣使朝，贡方物。

室韦国在勿吉北千里，去洛阳六千里。“室”或为“失”，盖契丹之类，其南者为契丹，在北者号为失韦。路出和龙北千余里，入契丹国，又北行十日至啜水，又北行三日有善水，又北行三日有犊了山，其山高大，周回三百里。又北行三百余里，有大水名屈利，又北行三日至刃水，又北行五日到其国。有大水从北而来，广四里余，名椤水。国土下湿，语与库莫奚、契丹、豆娄国同。颇有粟、麦及穄。夏则城居，冬逐水草，多略貂皮。丈夫索发。用角弓，其箭尤长。女妇束发作叉手髻。其国少窃盗，盗一征三；杀人者责马三百匹。男女悉衣白鹿皮襦绔。有麹，酿酒。俗爱赤珠，为妇人饰，穿挂于颈，以多为贵。女不得此，乃至不嫁。父母死，男女众哭三年，尸则置于林树之上。

武定二年四月，始遣使张乌豆伐等献其方物。迄武定末，贡使相寻。及齐受东魏禅，亦岁时朝聘。

其后分为五部，不相总一，所谓南室韦、北室韦、钵室韦、深末怛室韦、大室韦，并无君长。人贫弱，突厥以三吐屯总领之。

南室韦在契丹北三千里，土地卑湿，至夏则移向北。贷勃、欠对二山多草木，饶禽兽，又多蚊蚋，人皆巢居，以避其患。渐分为二十五部，每部有余莫弗蟎咄，犹酋长也。死则子弟代之，嗣绝则择贤豪而立之。其俗，丈夫皆被发，妇女盘发，衣服与契丹同。乘牛车，以蓬蒢为屋,如突厥毡车之状。度水则束薪为筏,或有以皮为舟者。马则织草为鞯,结绳为辔。匿寝则木屈为室,以蓬蒢覆上,移则载行。以猪皮为席,编木为藉。妇女皆抱膝坐。气候多寒,田收甚薄。无羊,少马,多猪、牛。与靺鞨同俗,婚嫁之法,二家相许竟,辄盗妇将去,然后送牛马为聘,更将妇归家,待有孕,乃相许随还舍。妇人不再嫁,以为死人之妻,难以共居。部落共为大棚,人死则置其上。居丧三年,年唯四哭。其国无铁,取给于高丽。多貂。

南室韦北行十一日至北室韦,分为九部落,绕吐纥山而居。其部落渠帅号乞引莫贺咄。每部有莫何弗三人以贰之。气候最寒,雪深没马。冬则入山居土穴,牛畜多冻死。饶獐鹿,射猎为务,食肉衣皮,凿冰没水中而网取鱼鳖。地多积雪,惧陷坑阱,骑木而行,俗即止。皆捕貂为业,冠以狐貂,衣以鱼皮。

又北行千里至钵室韦,依胡布山而住,人众多北室韦,不知为几部落。用桦皮盖屋,其余同北室韦。

从钵室韦西南四日行,至深末怛室韦,因水为号也。冬月穴居,以避太阴之气。

又西北数千里至大室韦,径路险阻,言语不通。尤多貂及青鼠。

北室韦时遣使贡献,余无至者。

豆莫娄国在勿吉北千里,旧北夫余也。室娄之东,东至于海,方二千余里。其人土著,有居室仓库。多山陵广泽,于东夷之城,最为平敞。地宜五谷,不生五果。其人长大,性强勇谨厚,不寇抄。其君长皆六畜名官,邑落有豪帅。饮食亦用豆。有麻布,衣制类高丽而帽大。其国大人,以金银饰之。用刑严急,杀人者死,没其家人为奴婢。俗淫,尤恶妒者,杀之尸于国南山上,至腐,女家始得输牛马乃与之。或言秽貊之地也。

地豆干国在室韦西千余里。多牛、羊,出名马,皮为衣服,无五谷,唯食肉酪。延兴二年八月,遣使朝贡,至于太和六年,贡使不绝。

十四年，频来犯塞，孝文诏征西大将军阳平王颐击走之。自后朝京师，迄武定末，贡使不绝。及齐受禅，亦来朝贡。

乌洛侯国在地豆干北，去代都四千五百余里。其地下湿，多雾气而寒。人冬则穿地为室，夏则随原阜畜牧。多豕，有谷、麦。无大君长，部落莫弗，皆世为之。其俗，绳发，皮服，以珠为饰。人尚勇，不为奸窃，故慢藏野积而无寇盗。好射猎。乐有箜篌，木槽革面而施九弦。其国西北有完水，东北流合于难水，其小水，皆注于难，东入海。又西北二十日行，有于巳尼大水，所谓北海也。

太武真君四年朝，称其国西北有魏先帝旧墟石室，南北九十步，东西四十步，高七十尺，室有神灵，人多祈请。太武遣中书侍郎李敞告祭焉，刊祝文于石室之壁而还。

流求国居海岛，当建安郡东，水行五日而至。土多山洞。其王姓欢斯氏，名渴剌兜，不知其由来有国世数也。彼土人呼之为可老羊，妻曰多拔茶。所居曰波罗檀洞，堑栅三重，环以流水，树棘为藩。王所居舍，其大一十六间，雕刻禽兽。多斗镂树，似橘而叶密，条纤如发之下垂。国有四五帅，统诸洞，洞有小王。往往有村，村有鸟了帅，并以善战者为之，自相树立，主一村之事。男女皆白纻绳缠发，从项后盘绕至额。其男子用鸟羽为冠，装以珠贝，饰以赤毛，形制不同。妇人以罗纹白布为帽，其形方正。织斗镂皮并杂毛以为衣，制裁不一。缀毛垂螺为饰，杂色相间，下垂小贝，其声如佩。缀珰施钏，悬珠于颈。织藤为笠，饰以毛羽。有刀鞘、弓箭、剑铍之属。其处少铁，刀皆薄小，多以骨角辅助之。编纻为甲，或用熊豹皮。王乘木兽，令左右舆之，而导从不过十数人。小王乘机，镂为兽形。国人好相攻击，人皆骁健善走，难死耐创。诸洞各为部队，不相救助。两军相当，勇者三五人出前跳噪，交言相骂，因相击射。如其不胜，一军皆走，遣人致谢，即共和解。收取斗死者聚食之，仍以髑髅将向王所，王则赐之以冠，便为队帅。

无赋敛，有事则均税。用刑亦无常准，皆临事科决。犯罪皆断于鸟了帅，不伏则上请于王，王令臣下共议定之。狱无枷锁，唯用绳缚。决死刑以铁锥大如筯，长尺余，钻顶杀之。轻罪用杖。俗无文字，望月亏盈，以纪时节草木荣枯，以为年岁。人深目长鼻，类于胡，亦有小慧。无君臣上下之节，拜伏之礼。父子同床而寝。男子拔去髭须，身上有毛处皆除去。妇人以墨黥手为虫蛇之文。嫁娶以酒、珠贝为聘，或男女相悦，便相匹偶。妇人产乳，必食子衣，产后以火自炙，令汗出，五日便平复。以木槽中暴海水为盐，木汁为酢，米面为酒，其味甚薄。食皆用手。遇得异味，先进尊者。凡有宴会，执酒者必待呼名而后饮，上王酒者，亦乎王名后衔杯共饮，颇同突厥。歌呼蹋蹄，一人唱，众皆和，音颇哀怨。扶女子上膊，摇手而舞。其死者气将绝，举至庭前，亲宾哭泣相吊。浴其尸，以布帛缚缠之，裹以苇席，衬土而殡，上不起坟。子为父者，数月不食肉。其南境风俗少异，人有死者，邑里共食之。有熊、豺、狼，尤多猪、鸡，无羊、牛、驴、马。厥田良沃，先以火烧，而引水灌，持一锸，以石为刃，长尺余，阔数寸，而垦之。宜稻、粱、禾、黍、麻、豆、赤豆、胡黑豆等。木有枫、栝、樟、松、梗、楠、枌、梓。竹、藤、果、药。同于江表。风土气候，与岭南山类。俗事山海之神，祭以肴酒。战斗杀人，便将所杀人祭其神。或依茂树起小屋，或悬髑髅于树上，以箭射之，或累石系幡，以为神主。王之所居，壁下多聚髑髅以为佳。人间门户上，必安兽头骨角。

隋大业元年，海师何蛮等，每春秋二时，天清风静，东望依稀，似有烟雾之气，亦不知几千里。炀帝令羽骑尉朱宽入海求访异俗，何蛮言之，遂与蛮俱往。同到流求国，言不通，掠一人而反。明年，复令宽慰抚之，不从。宽取其布甲而归。时倭国使来朝见之，曰："此夷邪夕国人所用。"帝遣武贲郎将陈稜、朝请大夫张镇州率兵自义安浮海至高华屿，又东行二日至鼊鼊屿，又一日，便至流求。流求不从，稜击走之。进至其都，焚其官室，虏其男女数千人，载军实而还。自尔遂绝。

　　倭国在百济、新罗东南,水陆三千里,于大海中依山岛而居。魏时,译通中国三十余国,皆称子。夷人不知里数,但计以日。其国境,东西五月行,南北三月行,各至于海。其地势,东高西下。居于邪摩堆,则《魏志》所谓邪马台者也。又云:去乐浪郡境及带方郡并一万二千里,在会稽东,与儋耳相近。俗皆文身,自云太伯之后。计从带方至倭国,循海水行,历朝鲜国,乍南乍东,七千余里,始度一海。又南千余里,度一海,阔千余里,名瀚海,至一支国。又度一海千余里,名未卢国。又东南陆行五百里,至伊都国。又东南百里,至奴国。又东行百里,至不弥国。又南水行二十日,至投马国。又南水行十日,陆行一月,至邪马台国,即倭王所都。

　　汉光武时,遣使入朝,自称大夫。安帝时,又遣朝贡,谓之倭奴国。灵帝光和中,其国乱,递相攻伐,历年无主。有女子名卑弥呼,能以鬼道惑众,国人共立为王。无夫,有二男子,给王饮食,通传言语。其王有宫室、楼观、城栅,皆持兵守卫,为法甚严。魏景初五年,公孙文懿诛后,卑弥呼始遣使朝贡。魏主假金印紫绶。正始中,卑弥呼死,更立男王。国中不服,更相诛杀,更立卑弥呼宗女台与为王。其后复立男王,并受中国爵命。江左历晋、宋、齐、梁,朝聘不绝。

　　及陈平,至开皇二十年倭王姓阿每,字多利思比孤,号阿辈鸡弥,遣使诣阙。上令所司访其风俗,使者言倭王以天为兄,以日为弟,天明时出听政,跏趺坐,日出便停理务,云委我弟。文帝曰:"此大无义理。"于是训令改之。王妻姓鸡,后宫有女六七百人。名太子为利歌弥多弗利。无城郭。内官有十二等:一曰大德,次小德,次大仁,次小仁,次大义,次小义,次大礼,次小礼,次大智,次小智,次大信,次小信,员无定数。有军尼一百二十人,犹中国牧宰。八十户置一伊尼翼,如今里长也。十伊尼翼属一军尼。其服饰,男女衣裙襦,其袖微小;履如履形,漆其上,系之脚。人庶多跣足,不得用金银为饰。故时,衣横幅,结束相连而无缝,头亦无冠,但垂发于两耳上。至隋,其王始制冠,以锦彩为之,以金银镂花为饰。妇人束发于后,亦衣裙襦,裳皆有襈。攕竹聚以为梳。编草为荐,杂皮为表,缘以文皮。

有弓、矢、刀、稍、弩、矛、斧，漆皮为甲，骨为矢镝。虽有兵，无征战。

其王朝会，必陈设仪仗，其国乐。户可十万。俗，杀人、强盗及奸，皆死；盗者计赃酬物，无财者，没身为奴；自余轻重，或流或仗。每讯冤狱，不承引者，以木压膝；或张强弓，以弦锯其项。或置小石于沸汤中，令所竞者探之，云理曲者即手烂；或置蛇瓮中，令取之，云曲者即螫手。人颇恬静，罕争讼，少盗贼。乐有五弦、琴、笛。男女皆黥臂点面，文身。没水捕鱼。无文字，唯刻木结绳。敬佛法，于百济求得佛经，始有文字。知卜筮，尤信巫觋。每至正月一日，必射戏饮酒，其余节，略与华同。好棋博、握槊、摴蒲之戏。气候温暖，草木冬青。土地膏腴，水多陆少。以小环挂鸬鹚项，令入水捕鱼，日得百余头。俗无盘俎，藉以槲叶，食用手餔之。性质直，有雅风。女多男少，婚嫁不取同姓，男女相悦者即为婚。妇入夫家，必先跨火，乃与夫相见。妇人不淫妒。死者敛以棺椁，亲宾就尸歌舞，妻子兄弟以白布制服。贵人三年殡，庶人卜日而瘗。及葬，置尸船上，陆地牵之，或以小舆。有阿苏山，其石无故火起接天者，俗以为异，因行祭祷。有如意宝珠，其色青，大如鸡卵，夜则有光，云鱼眼睛也。新罗、百济皆以倭为大国，多珍物，并仰之，恒通使往来。

大业三年，其王多利思比孤遣朝贡。使者曰："闻海西菩萨天子重兴佛法，故遣朝拜，兼沙门数十人来学佛法。"国书曰："日出处天子致书日没处天子，无恙。"云云。帝览不悦，谓鸿胪卿曰："蛮夷书有无礼者，勿复以闻。"明年，上遣文林郎裴世清使倭国，度百济，行至竹岛，南望耽罗国，经都斯麻，迥在大海中。又东至一支国，又至竹斯国。又东至秦王国，其人同于华夏，以为夷洲，疑不能明也。又经十余国，达于海岸。自竹斯国以东，皆附庸于倭。倭王遣小德何辈台从数百人，设仪仗，鸣鼓角来迎。后十日，又遣大礼哥多毗从二百余骑，郊劳。既至彼都，其王与世清。来贡方物。此后遂绝。

论曰：广谷大川异制，人生其间异俗，嗜欲不同，言语不通，圣人因时设教，所以达其志而通其俗也。九夷所居，与中夏悬隔，然天性柔顺,无横暴之风,虽绵邈山海,而易以道御。夏、殷之世,时或来王。暨箕子避地朝鲜,始有八条之禁,疏而不漏,简而可久,化之所感,千载不绝。今辽东诸国,或衣服参冠冕之容,或饮食有俎豆之器,好尚经术,爱乐文史,游学于京都者,往来继路,或没世不归,非先哲之遗风,其孰能致于斯也?故孔曰:"言忠信,行笃敬,虽蛮貊之邦行矣。"诚哉斯言。其俗之可采者,岂楛矢之贡而已乎?

自魏迄隋,年移四代,时方争竞,未遑外略。洎开皇之末,方征辽左,天时不利,师遂无功。二代承基,志苞宇宙,频践三韩之地,屡发千钧之弩。小国惧亡,敢同困兽,兵不载捷,四海骚然,遂以土崩,丧身减国。兵志有之曰:"务广德者昌,务广地者亡。"然辽东之地,不列于郡县久矣,诸国朝正奉贡,无阙于岁时。二代震而矜之,以为人莫己若,不能怀以文德,遽动干戈,内恃富强,外思广地,以骄取怨,以怒兴师,若此而不亡,自古未闻也。然四夷之戒,安可不深念哉!

其豆莫娄、地豆干、乌洛侯,历齐周及隋,朝贡遂绝,其事故莫显云。

北史卷九五
列传第八三

蛮　獠　林邑　赤土　真腊
婆利

　　蛮之种类，盖盘瓠之后。在江、淮之间，部落滋蔓，布于数州，东连寿春，西通巴、蜀，北接汝、颍，往往有焉。其于魏氏，不甚为患，至晋之末，稍以繁昌，渐为寇暴矣。自刘、石乱后，诸蛮无所忌惮，故其族渐得北迁，陆浑以南，满于山谷，宛、洛萧条，略为丘墟矣。

　　道武既定中山，声教被于河表。泰常八年，蛮王梅安率渠帅数朝京师，求留质子，以表忠款。始光中，拜安侍子豹为安远将军、江州刺史、顺阳公。兴光中，蛮王文武龙请降，诏褒慰之，拜南雍州刺史、鲁阳侯。

　　延兴中，大阳蛮首桓诞拥沔水以北，滍叶以南，八万余落，遣使内属。孝文嘉之，拜诞征南将军、东荆州刺史、襄阳王，听自选郡县。诞字天生，桓玄之子也。初，玄西奔至枚回洲被杀，诞时年数岁，流窜大阳蛮中，遂习其俗。及长，多智谋，为群蛮所归。诞既内属，居朗陵。太和四年，王师南伐，诞请为前驱。乃授使持节、南征西道大都督，讨义阳，不果而还。十年，移居颍阳。十六年，依例降王为公。十七年，加征南将军、中道大都督，征竟陵。遇迁洛，师停。是时，齐征虏将军、直阁将军蛮首田益宗率部曲四千余户内属。襄阳道雷婆思等十一人率户千余内徙，求居大和川，诏给廪食。后开南阳，令有沔北之地，蛮人安堵，不为寇贼。十八年，诞入朝，赏遇隆厚。卒，谥

曰刚。子晖，字道进，位龙骧将军、东荆州刺史，袭爵。景明初，大阳
蛮首田育丘等二万八千户内附，诏置四郡十八县。晖卒，赠冠军将
军。

三年，鲁阳蛮鲁北燕等聚众攻逼，频诏左卫将军李崇讨平之，
徙万余家于河北诸州及六镇。寻叛南走，所在追讨，比及河，杀之皆
尽。四年，东荆州蛮樊素安反，僭替帝号。正始元年，素安弟秀安复
反，李崇、杨大眼悉讨平之。二年，梁沔东太守田清喜拥七郡三十一
县、户万九千，遣使内附，乞师讨梁。其雍州以东，石城以西，五百余
里水陆援路，请率部曲断之。四年，梁永宁太守文云生六部，自汉自
遣使归附。

永平初，东荆州表太守桓叔兴前后招慰大阳蛮归附者一万七
百户，请置郡十六、县五十，诏前镇东府长史郦道元检行置之。然兴
即晖弟也，延昌元年，拜南荆州刺史，居安昌，隶于东荆。三年，梁遣
兵讨江、沔，破掠诸蛮，百姓扰动。蛮自相督率二万余人，频请统帅，
蛮以为声势。叔兴给一统并威仪，为之节度，蛮人遂安。其年，梁雍
州刺史萧藻遣其将蔡令孙等三将寇南荆之西南，沿襄、沔上下，破
掠诸蛮。蛮首梁龙骧将军樊石廉叛梁，来请援。叔兴与石廉督集蛮
夏二万余人击走之，斩令孙等三将。藻又遣其新阳太守邵道林，于
沔水之南石城东北立清水戍，为抄掠之基，叔兴遣诸蛮击破之。四
年，叔兴上表，请不隶东荆，许之。梁人每有寇抄，叔兴必摧破之。

正光中，叔兴拥所部南叛。蛮首成龙强率户数千内附，拜刺史；
蛮帅田牛生率户二千内徙扬州，拜为郡守。梁义州刺史边城王文僧
明、铁骑将军边城太守田官德等率户万余，举州内属。拜僧明平南
将军、西豫州刺史，封开封侯；官德龙骧将军、义州刺史；自余封授
各有差。僧明、官德并入朝。蛮出山至边城、建安者，八九千户。义
州寻为梁将裴邃所陷。梁定州刺史田超秀亦遣使求附，请援历年，
朝廷恐轻致边役，未之许。会超秀死，其部曲相率内附，徙之。六镇、
秦、陇所在反叛，二荆、西郢蛮大扰动，断三鸦路，杀都督，寇盗至于
襄城、汝水，百姓多被其害。梁遣将围广陵，楚城诸蛮，并为前驱。自

汝水以南,恣其暴掠,连年攻讨,散而复合,其暴滋甚。

又有冉氏、向氏、田氏者,陬落尤盛。余则大者万家,小者千户,更相崇僭,称王侯。屯据三峡,断遏水路,荆蜀行人,至有假道者。

周文略定伊、瀍,声教南被,诸蛮畏威,靡然向风矣。大统五年,蔡阳蛮王鲁超明内属,授南雍州刺史,仍世袭焉。十一年,蛮酋梅勒特来贡其方物。寻而蛮帅田杜青及江、汉诸蛮扰动,大将军杨忠击破之。其后蛮帅杜青和自称巴州刺史,入附,朝廷因其所称而授之。杜青和后遂反,攻围东梁州。其唐州蛮田鲁嘉亦叛,自号豫州伯。王雄、权景宣等前后讨平之。

废帝初,蛮首樊舍举落内附,以为督淮北三州诸军事、淮州刺史、淮安郡公。于谨等平江陵,诸蛮骚动,诏豆卢宁、蔡祐等讨破之。恭帝二年,蛮酋宜人王田兴彦、北荆州刺史梅季昌等相继款附。以兴彦、季昌并为开府仪同三司,加季昌洛州刺史,赐爵石台县公。

其后,巴西人谯淹扇动群蛮以附梁,蛮帅向镇侯、向白虎等应之;向五子王又攻陷信州;田乌度、田唐等抄断江路;文子荣复据荆州之政阳郡,自称仁州刺史;并邻州刺史蒲微亦举兵逆命。诏田弘、贺若敦、潘和、李迁哲等讨破之。周武成初,文州蛮叛,州军讨定之。寻而冉令贤、向五子王等又攻陷白帝,杀开府杨长华,遂相率作乱。前后遣开府元契、赵刚等总兵出讨,虽颇翦其族类,而元恶未除。

天和元年,诏开府陆腾督王亮、司马裔等讨之。腾水陆俱进,次于汤口,先遣喻之。而令贤方增浚城池,严设捍御,遣其长子西黎、次子南王领其支属,于江南险要之地,置立十城,远结涔阳蛮为其声援。令贤率其卒,固守水逻城。腾乃总集将帅谋进趣,咸欲先取水逻,然后经略江南。腾言于众曰:“令贤内恃水逻金汤之险,外托涔阳辅车之援,兼复资粮充实,器械精新。以我悬军,攻其严垒,脱一战不克,更成其气。不如顿军汤口,先取江南,翦其毛羽,然后游军水逻,此制胜之计也。”众皆然之。乃遣开府王亮率众渡江,旬日攻拔其八城,凶党奔散,获贼帅冉承公并生口三千人,降其部众一千户。遂科募骁勇,数道分攻水逻。路经石壁城,险峻,四面壁立,故以名焉。唯有一小路，缘梯而上，蛮蜒以为峭绝，非兵众所行。腾被甲先登，众军继进，备经危阻，累日乃得旧路。且腾先任隆州总管，雅知其路。蛮帅冉伯梨、冉安西与令贤有隙。胜乃招诱伯犁等，结为父子，又多遗钱帛。伯犁等悦，遂为乡导。水逻侧又有石胜城者，亦是险要，令贤使其兄龙真据之。腾又密告龙真云，若平水逻，使其代令贤处之。龙真大悦，遣其子诣腾。乃厚加礼接，赐以金帛。蛮贪利既深，仍请立效，乃谓腾曰："欲翻所据城，恐人力寡少。"腾许以三百兵助之。既而遣二千人，御枚夜进，龙真力不能御，遂平石胜城。晨至水逻，蛮众大溃，斩首万余级。令贤遁走，而获之。司马裔又别下其二十余城，获蛮帅并三公等。腾乃积其骸骨于水逻城侧为京观，后蛮蜒望见辄大哭，自此狼戾之心辍矣。

时向五子王据石墨城，令其子宝胜据双城。水逻平后，频遣喻之，而五子王犹不从命。腾又遣王亮屯牢坪，司马裔屯双城以图之。腾虑双城孤峭，攻未可拔，贼若委城遁散，又难追讨。乃令诸军周回立栅，遏其走路，贼乃大骇。于是纵兵击破之，擒五子王于石墨，获宝胜于双城，悉斩诸向首领，生擒万余口。信州旧居白帝，腾更于刘备故宫城南，八阵之北，临江岸筑城，移置信州。又以巫县、信陵、秭、归并筑城置防，以为襟带焉。

天和六年，蛮渠冉祖熹、冉龙骧又反，诏大将军赵闿讨平之。自此群蛮惧息，不复为寇。

獠者盖南蛮之别种，自汉中达于邛、笮，川洞之间，所在皆有。种类甚多，散居山谷，略无氏族之别。又无名字，所生男女，唯以长幼次第呼之。其丈夫称阿谟、阿段，妇人阿夷、阿等之类，皆语之次第称谓也。依树积木，以居其上，名曰干阑，干阑大小，随其家口之数。往往推一长者为王，亦不能远相统摄。父死则子继，若中国之贵族也。獠王各有鼓角一双，使其子弟自吹击之。好相杀害，多死，不敢远行。能卧水底持刀刺鱼，其口嚼食并鼻饮。死者，竖棺而埋之。性同禽兽，至于忿怒，父子不相避，唯手有兵刃者先杀之。若杀其父,走避外,求得一狗以谢,不复嫌恨。若报怨相攻击,必杀而食之;平常劫掠,卖取猪狗而已。亲戚比邻,指授相卖。被卖者号哭不服,逃窜避之,乃将买人指捕,逐若亡叛,获便缚之。但经被缚者,即服为贱隶,不敢称良矣。亡失儿女,一哭便止,不复追思。唯执盾持矛,不识弓矢。用竹为簧,群聚鼓之,以为音节。能为细布,色至鲜净。大狗一头,买一生口。其俗畏鬼神,尤尚淫祀。所杀之人美鬃髯者,乃剥其面皮,笼之于竹,及燥,号之曰鬼,鼓舞祀之,以求福利。至有卖其昆季妻孥尽者,乃自卖以供祭焉。铸铜为器,大口宽腹,名曰铜爨,既薄且轻,易于熟食。

建国中,李势在蜀,诸獠始出巴西、渠川、广汉、阳安、资中,攻破郡国,为益州大患。势内外受敌,所以亡也。自桓温破蜀之后,力不能制。又蜀人东流,山险之地多空,獠遂挟山傍谷。与夏人参居者,颇输租赋;在深山者,仍不为编户。梁、益二州岁伐獠,以裨润公私,颇藉为利。

正始中,夏侯道迁举汉中内附,宣武遣尚书邢峦为梁、益二州刺史以镇之,近夏人者安堵乐业,在山谷者不敢为寇。后以羊祉为梁州,傅竖眼为益州。祉性酷虐,不得物情。梁辅国将军范季旭与獠王赵清荆率众屯孝子谷,祉遣统军魏胡击走之。后梁宁朔将军姜白复拥夷獠入屯南城,梁州人王法庆与之通谋,众屯于固门川,祉遣征虏将军讨破之。竖眼施恩布信,大得獠和。后以元法僧代傅竖眼为益州,法僧在任贪残,獠遂反叛,勾引梁兵,围逼晋寿。朝廷忧之。以竖眼先得物情,复令乘传往抚。獠闻竖眼至,莫不欣然,拜迎道路,于是而定。

及元桓、元子真相继为梁州,并无德绩,诸獠苦之。军后,朝廷以梁、益二州控摄险远,乃立巴州以统诸獠。后以巴酋严始欣为刺史。又立隆城镇,所绾獠二十万户。彼谓北獠,岁输租布,又与外人交通贸易。巴州生獠,并皆不顺,其诸头王,每于时节谒见刺史而已。孝昌初,诸獠以始欣贪暴,相率反叛,攻围巴州。山南行台勉喻,即时散罢,自是獠诸头王,相率诣行台者相继,子建厚劳赉之。始欣见中国多事，又失彼心，虑获罪谴。时梁南梁州刺史阴子春扇惑边陲，始欣谋将南叛。始欣族子恺时为隆城镇将，密知之，严设逻候，遂擒梁使人，并封始欣诏书、铁券、刀剑、衣冠之属，表送行台。子建乃启以镇为南梁州，恺为刺史，发使执始欣，囚于南郑。遇子建见代，梁州刺史傅竖眼仍为行台，竖眼久病，其子敬绍纳始欣重赂，使得还州。始欣乃起众攻恺，屠灭之，据城南叛。梁将萧玩，率众援接。时梁、益二州并遣将讨之，攻陷巴州，执始欣，遂大破玩军。及斩玩，以傅昙表为刺史。后元罗在梁州，为所陷，自此遂绝。

及周文平梁、益之后，令在所抚慰，其与华人杂居者，亦颇从赋役。然天性暴乱，旋致扰动。每岁命随近州镇，出兵讨之。获其生口，以充贱隶，谓之为压獠焉。后有南旅往来者，亦资以为货，公卿达于人庶之家，有獠口者多矣。恭帝三年，陵州木笼獠反，诏开府陆腾讨破之。周保定二年，铁山獠又反，抄断江路，陆腾又攻拔其三城。

天和三年，梁州恒稜獠叛，总管长史赵文表讨之。军次巴州，文表欲率众径进。军吏等曰：“此獠旅拒日久，部众甚强，讨之者四面攻之，以分其势。今若大军直进，不遣奇兵，恐并力于表，未可制胜。”文表曰：“往者既不能制之，今须别为进趣。若四面遣兵，则獠降走路绝，理当相率以死拒战；如从一道，则吾得示威恩，分遣人以理晓谕，为恶者讨之，归善者抚之，善恶既分，易为经略。事有变通，奈何欲遵前辙也？”文表遂以此意，遍令军中。时有从军熟獠，多与恒稜亲识，即以实报之。恒稜獠相与聚议，犹豫之间，文表军已至界。獠中先有二路，一路稍平，一路极险。俄有生獠酋帅数人来见文表曰：“我恐官军不识山川，请为乡导。”文表谓之曰：“此路宽平，不须导引，卿但先去，好慰喻子弟也。”乃遣之。文表谓其众曰：“向者獠帅，谓吾从宽路而行，必当设伏险要。若从险路，出其不虑，獠众自离散矣。”于是勒兵从险道进，其有不通之处，即平之。乘高而望，果见其伏兵。獠既失计，争携妻子，退保险要。文表顿军大蓬山下，示祸福，遂相率来降。文表皆抚慰之，仍征其租税，无敢动者。后除文表为蓬州刺史，又大得人和。

建德初，李晖为蓬、梁州总管，诸獠亦望风从附。然其种滋蔓，保据岩壑，依山走险，若履平地，虽屡加兵，弗可穷讨。性又无知，殆同禽兽，诸夷之中，最难以道招怀者也。

林邑，其先所出，事具《南史》。其国延袤数千里，土多香木、金宝，物产大抵与交趾同。以砖为城，蜃灰涂之，东向户。尊官有二，其一曰西那婆帝，其二曰萨婆地歌。其官三等，其一曰伦多姓，次歌伦致帝，次乙地伽兰。外官分为二百余部，其长官曰弗罗，次曰可轮，如牧宰之差也。王戴金花冠，形如章甫，衣朝霞布，珠玑缨络，足蹑革履。时服锦袍。良家子侍卫者二百许人，皆执金装。兵有弓、箭、刀、矟，以竹为弩，傅毒于矢。乐有琴、笛、琵琶、五弦，颇与中国同。每击鼓以警众，吹蠡以即戎。其人深目高鼻，发拳色黑。俗皆徒跣，以幅巾缠身，冬月衣袍。妇人椎髻。施椰叶席。每有婚媾，令媒者赍金银钏、酒二壶、鱼数头至女家，于是择日，夫家会亲宾，歌舞相对，女家请一婆罗门，送女至男家，婿盥手，因牵女授之。王死，七日而葬；有官者，三日；庶人，一日。皆以函盛尸，鼓舞导从，舆至水次，积薪焚之。收其余骨，王则内金罂中，沉之于海；有官者，以铜罂，沉之海口；庶人以瓦，送之于江。男女皆截发，哭至水次，尽哀而止，归则不哭。每七日，燃香散花，复哭尽而止，百日、三年，皆如之。人皆奉佛，文字同于天竺。

隋文帝既平陈，乃遣使献方物，后朝贡遂绝。时天下无事，群臣言林邑多奇宝者。仁寿末，上遣大将军刘方为驩州道行军总管，率钦州刺史宁长真、驩州刺史李晕、开府秦雄步骑万余，及犯罪者数千人击之。其王梵志乘巨象而战，方军不利。方乃多掘小坑，草覆其上，因以兵挑之。方与战伪北，梵志逐之，其象陷，军遂乱，方大破之，遂弃城走。入其郡，获其庙主十八枚，皆铸金为之，盖其国有十八世。方班师，梵志复其故地，遣使谢罪，于是朝贡不绝。

　　赤王国，扶南之别种也。在南海中，水行百余日而达。所都土色多赤，因以为号。东波罗刺国，西婆罗婆国，南诃罗旦国，北拒大海，地方数千里。其王姓瞿昙氏，名利富多塞，不知有国近远。称其父释王位，出家为道，传位于利富多塞，在位十六年矣。有三妻，并邻国女也。居僧祇城，有门三重，相去各百许步。每门图画菩萨飞仙之象，悬金花铃毦，妇人数十人，或奏乐，或捧金花。又饰四妇人，容饰如佛塔边金刚力士之状，夹门而立，门外者持兵仗，门内者执白拂。夹道垂素网，缀花。王宫诸屋，悉是重阁，北户。北面而坐三重之榻，衣朝霞布，冠金花冠，垂杂宝璎络，四女子立侍左右，兵卫百余人。主榻后作一木龛，以金银五香木杂钿之，龛后悬一金光焰；夹榻又树二金镜，镜前并陈金瓮，瓮前各有金香炉；当前置一金伏牛，前树一宝盖，左右皆有宝扇。婆罗门等数百人，东西重行，相向而坐。其官：萨陀加逻一人，陀挈达又一人，迦利密迦三人，共掌政事；俱罗末帝一人，掌刑法。每城置那邪迦一人，钵帝十人。

　　其俗，皆穿耳翦发，无跪拜之礼，以香油涂身。其俗敬佛，尤重婆罗门。妇人作髻于项后，男女通以朝霞朝云杂色布为衣。豪富之室，恣意华靡，唯金锁非王赐不得服用。每婚嫁，择吉日，女家先期五日，作乐饮酒，父执女手以授婿，七日乃配。既娶，即分财别居，唯少子与父居。父母兄弟死，则剔发素服，就水上构竹木为棚，棚内积薪，以尸置上，烧香建幡，吹蠡击鼓以送，火焚薪，遂落于水。贵贱皆同，唯国王烧讫收灰，贮以金瓶，藏庙屋。冬夏常温，雨多霁少，种植无时。特宜稻、穄、白豆、黑麻，自余物产，多同于交趾。以甘蔗作酒，杂以紫瓜根，酒色黄赤，味亦香美。亦以椰浆为酒。

　　隋炀帝嗣位，募能通绝域者。大业三年，屯田主事常骏、虞部主事王君政等请使赤土。帝大悦，遣赍物五千段以赐赤土王。其年十月，骏等自南海郡乘舟，昼夜二旬，每日遇便风。至焦石山而过，东南诣陵伽钵拔多洲，西与林邑相对，有神祠焉。又南行，至师子石。自是岛屿连接。又行二三日，西望见狼牙须国之山，于是南达鸡笼岛，至于赤土之界。

其王遣婆罗门鸠摩罗，以舶三百艘来迎，吹蠡击鼓乐隋使，进金锁以缆船。月余，至其都。王遣其子那邪迦请与骏等礼见。先遣人送金盘贮香花并镜镊，金合二枚贮香油，金瓶二枚贮香水，白叠布四条，以拟供使者盥洗。其日未时，那邪迦又将象二头，持孔雀盖以迎使人，并致金盘、金花，以藉诏函，男女百人奏蠡鼓，婆罗门二人导路。至王宫，骏等奉诏书上阁，王以下皆坐，宣诏讫，引骏等坐，奏天竺乐，事毕，骏等还馆。又遣婆罗门就馆送食，以草叶为盘，其大方丈。因谓骏曰："今是大国臣，非复赤土国矣。"后数日，请骏等入宴，仪卫导从如初见之礼。王前设两床，床上并设草叶盘，方一丈五尺，上有黄、白、紫、赤四色之饼，牛、羊、鱼、鳖、猪、玳瑁之肉百余品。延骏升床，从者于地席，各以金钟置酒，女乐迭奏，礼遗甚厚。

寻遣那邪迦随贡方物，并献金芙蓉冠、龙脑香，以铸金为多罗叶，隐起成文以为表，金函封之，令婆罗门以香花奏蠡鼓而送之。既入海，见绿鱼群飞水上。浮海十余日，至林邑东南，并山而行。其海水色黄气腥，舟行一日不绝，云是大鱼粪也。循海北岸，达于交趾。骏以六年春与那邪迦于弘农谒帝。帝大悦，授骏等执戟都尉，那邪迦等官赏各有差。

真腊国在林邑西南，本扶南之属国也，去日南郡舟行六十日而至。南接车渠国，西有朱江国。其王姓刹利氏，名质多斯那。自其祖渐已强盛，至质多斯那遂兼扶南而有之。死，子伊奢那先代立。居伊奢那城，郭下二万余家。城中有一大堂，是其王听政所。总大城三十所，城有数千家，各有部师，官名与林邑同。

其王三日一听朝，坐五香七宝床，上施宝帐，以文木为竿，象牙金钿为壁，状如小屋，悬金光焰，有同于赤土。前有金香，命二人侍侧。王著朝霞古贝，瞒络腰腹，下垂至胫，头载金宝花冠，被真珠缨络，足履革履，耳悬金铛。常服白叠，以象牙为屩。若露发，则不加缨络。臣下服制大抵相类。有五大臣，一曰孤落支，二曰相高凭，三曰婆何多陵，四曰舍摩陵，五曰髯罗娄，及诸小臣。朝于王者，辄于阶下三稽首，王呼上阶，则跪，以两手抱膊，绕王环坐。议政事讫，跪伏而去。阶庭门阁，侍卫有千余人，被甲持仗。其国与参半、朱江二国和亲，数与林邑、陀桓二国战争。其人行止，皆持甲仗，若有征伐，因而用之。

其俗，非王正妻子，不得为嗣。王初立日，所有兄弟，并刑残之，或去一指，或劓其鼻，别处供给，不得仕进。人形小而色黑，妇人亦有白者。悉拳发垂耳，性气捷劲。居处器物，颇类赤土。以右手为净，左手为秽。每旦澡洗，以杨枝净齿，读诵经咒，又澡洒乃食。食罢还用杨枝净齿，又读经咒。饮食多苏酪、沙糖、粳粟、米饼。欲食之时，先取杂肉羹与饼相和，手擩而食。娶妻者，唯送女人女，择日遣媒人迎妇。男女二家，各八日不出，昼夜燃灯不息。男婚礼毕，即与父弱分财别居。父母死，小儿未婚者，以余财与之。若婚毕，财物入官。丧葬，儿女皆七日不食，剔发而丧，僧尼、道士、亲故皆来聚会，音乐送之。以五香木烧尸，收灰，以金银瓶盛，送大水之内；贫者或用瓦，而以五彩色画之。亦有不焚，送尸山中，任野兽食者。

其国北多山阜，南有水泽。地气尤热，无霜雪，饶瘴疠毒蠚。宜粱、稻，少黍、粟。果菜与日南、九真相类。异者，有婆罗那娑树，无花，叶似柿，实似冬瓜；庵罗花、叶似枣，实似李；毗野树，花似木瓜，叶似杏，实似楮；婆田罗树，花、叶、实并似枣，而小异；歌毕佗树，花似林檎，叶似榆而厚大，实似李，其大如升。自余多同九真。海有鱼名建同，四足无鳞，鼻如象，吸水上喷，高五六十尺。有浮胡鱼，形似鲖，觜如鹦鹉，有八足。多大鱼，半身出，望之如山。每五六月中，毒气流行，即以白猪、白牛羊于城西门外祠之。不然，五谷不登，畜多死，人疾疫。近都有陵伽钵婆山，上有神祠，每以兵二千人守卫之。城东神名婆多利，祭用人肉。其王年别杀人，以夜祠祷，亦有守卫者千人。其敬鬼如此。多奉佛法，尤信道士。佛及道士，并立像于其馆。

隋大业十二年，遣使贡献，帝礼之甚厚，于后亦绝。

　　婆利国,自交趾浮海,南过赤土、丹丹,乃至其国。国界,东西四月行,南北四十五日行。王姓刹利伽,名护滥那婆。官曰独诃邪拏。国人善投轮,其大如镜,中有窍,外锋如锯,远以投人,无不中。其余兵器,与中国略同。俗类真腊,物产同于林邑。其杀人及盗,截其手;奸者,锁其足,期年而止。祭祀必以月晦,盘贮酒肴,浮之流水。每十一月必设大祭。海出珊瑚。有鸟名舍利,解人语。

　　隋大业十二年,遣使朝贡,后遂绝。

　　于时南荒有丹丹、盘盘二国,亦来贡方物,其风俗、物产,大抵相类云。

　　论曰:《礼》云“南方曰蛮,有不火食者矣。”然其种类非一,与华人错居。其流曰蜒,曰獽,曰俚,曰獠,曰㐌。居无君长,随山洞而居。其俗,断发文身,好相攻讨。自秦并三楚,汉平百越,地穷丹徼,景极日南,水陆可居,咸为郡县。洎乎境分南北,割据各殊,蛮、獠之族,递为去就。至于林邑、赤土、真腊、婆利则地隔江岭,莫通中国。及隋氏受命,克平九宇,炀帝纂业,威加八荒,甘心远夷,志求珍异。故师出流求,兵加林邑,威振殊俗,过于秦、汉远矣。虽有荒外之功,无救域中之败。《传》曰:“非圣人,外宁必有内忧。”诚哉斯言也。

　　大业中,南荒朝贡者十余国,其事迹湮灭,今可知者四国而已。

北史卷九六
列传第八四

氐　吐谷浑　宕昌　邓至
白兰　党项　附国　稽胡

　　氐者西夷之别种，号曰白马，三代之际，盖自有君长，而世一朝见，故《诗》称"自彼氐、羌，莫敢不来王"也。秦、汉以来，世居岐、陇以南，汉川以西，自立豪帅。汉武帝遣中郎将郭昌、卫广灭之，以其地为武都郡。自汧、渭抵于巴、蜀，种类实繁，或谓之白氐，或谓之故氐，各有侯王，受中国封拜。

　　汉建安中，有杨腾者，为部落大帅。腾勇健多计略，始徙居仇池，方百顷，因以为号。四面斗绝，高七里余，蟠道三十六回，其上有丰水泉，煮土成盐。腾后有名千万者，魏拜为百顷氐王。

　　千万孙名飞龙，渐强盛，晋武帝假平西将军。无子，养外甥令狐茂搜为子。惠帝元康中，茂搜自号辅国将军、右贤王，群氐推以为主。关中人士流移者，多依之。愍帝以为骠骑将军、左贤王。茂搜死，子难敌统位，与弟坚头分部曲。难敌自号左贤王，屯下辨；坚头号右贤王，屯河池。难敌死，子毅立，自号使持节、龙骧将军、左贤王、下辨公；以坚头子盘为使持节、冠军将军、右贤王、河池公。臣晋，晋以毅为征南将军。

　　三年，毅族兄初袭杀毅，并有其众，自立为仇池公。臣于石季龙，后称蕃于晋。永和十年，改初为天水公。十一年，毅小弟宋奴使姑子梁三王因侍直手刃杀初，初子国率左右诛三王及宋奴，复自立为仇池公。桓温表国为秦州刺史，国子安为武都太守。十二年，国从叔俊复杀国自立。国子安叛苻生，杀俊，复称蕃于晋。死，子世自立为仇池公。晋太和三年，以世为秦州刺史，弟统为武都太守。世死，统废世子纂自立。一名德。聚纂党袭杀统，自立为仇池公，遣使诣简文帝。以纂为秦州刺史。晋咸安元年，苻坚遣杨安伐纂，克之。徙其人于关中，空百顷之地。

宋奴之死，二子佛奴、佛狗逃奔苻坚，坚以女妻佛奴子定，拜为尚书、领军。苻坚之败，关右扰乱，定尽力于坚。坚死，乃率众奔陇右，徙居历城，去仇池百二十里，置仓储于百顷。招夷夏得千余家，自称龙骧将军、仇池公，称蕃于晋。孝武即以其自号假之，后以为秦州刺史。登国四年，遂有秦州之地，号陇西王。后为乞佛乾归所杀，无子。

佛狗子盛，先为监国守仇池，乃统事，自号征西将军、秦州刺史、仇池公。谥定为武王。分诸氐、羌为二十部护军，各为镇戍，不置郡县。遂有汉中之地，仍称蕃于晋。天兴初，遣使朝贡，诏以盛为征南大将军、仇池王。隔碍姚兴，不得岁通贡使。盛以兄子抚为平南将军、梁州刺史，守汉中。宋永初中，宋武帝封盛为武都王。盛死，私谥曰惠文王。子玄统位。

玄子黄眉，号征西大将军、开府仪同三司、秦州刺史、武都王。虽蕃于宋，仍奉晋永熙之号。后始用宋元嘉正朔。初，盛谓玄曰：“吾年已老，当终为晋臣，汝善事宋帝。”故玄奉焉。玄善于待士，为流旧所怀。始光四年，太武遣大鸿胪公孙轨拜玄为征南大将军、督梁州刺史、南秦王。玄上表请比内蕃，许之。玄死，私谥孝昭王。子保宗统位。

初，玄临终谓弟难当曰：“今境候未宁，方须抚慰，保宗冲昧，吾授卿国事，其无坠先勋。”难当固辞，请立保宗以辅之。保宗既立，难当妻姚氏谓难当曰：“国险，宜立长君，反事孺子，非久计。”难当从之，废保宗而自立，称蕃于宋。难当拜保宗为镇南将军，镇石昌；以次子顺为镇东将军、秦州刺史，守上邦。保宗谋袭难当，事泄，被系。

先是,四方流人以仇池丰实,多往依附。流人有许穆之、郝惔之二人投难当,并改姓为司马,穆之自云名飞龙,惔之自云康之,云是晋室近戚。康之寻为人所杀。时宋梁州刺史甄法护刑政不理,宋文帝遣刺史萧思话代任。难当以思话未至,遣将举兵袭梁州,破白马,遂有汉中之地。寻而思话使其司马萧承成先驱进讨,所向克捷,遂平梁州。因又附宋。难当后释保宗,遣镇董亭。保宗与兄显归京师,太武拜保宗征南大将军、秦州牧、武都王,尚公主;保显为镇西将军、晋寿公。后遣大鸿胪崔颐,拜难当为征南大将军、仪同三司、领护西羌校尉、秦梁二州牧、南秦王。

难当后自立为大秦王,号年曰建义,立妻为王后,世子为太子,置百官具拟天朝。然犹贡献于宋不绝。寻而其国大旱,多灵异,降大秦王复为武都王。太延初,难当立镇上邦。太武遣车骑大将军、乐平王丕等督河西、高平诸军取上邦,又诏喻难当,奉诏摄守。寻而倾国南寇,规有蜀土,袭宋益州,攻涪城,又伐巴西,获雍州流人七千余家,还于仇池。宋文帝怒,遣将裴方明等伐之。难当为方明所败,弃仇池,与千余骑奔上邦。太武遣中山王辰迎之赴行宫。方明既克仇池,以保宗弟保炽守之,河间公齐击走之。

先是,诏保宗镇上邦,又诏镇骆谷,复其本国。保宗弟文德先逃氐中,乃说保宗令叛。事泄,齐执保宗送京师,诏难当杀之。氐、羌立文德,屯于浊水。文德自号征西将军、秦河梁三州牧、仇池公,求援于宋,封文德为武都王,遣偏将房亮之等助之。齐逆击,擒亮之。文德奔守葭芦,武都、阴平氐多归之。诏淮阳公皮豹子等率诸军讨文德,走汉中,收其妻子、僚属、资粮。及保宗妻公主送京师,赐死。初,公主劝保宗反,人问曰:"背父母之邦若何?"公主曰:"礼,妇人外成,因夫而荣。事立,据守一方,我亦一国之母,岂比小县之主?"以此得罪。

文成时,拜难当营州刺史,还为外都大官。卒,谥曰忠。子和,随父归魏,别赐爵仇池公。子德子袭难当爵,早卒。子小眼袭,例降为公,拜天水太守,卒。子大眼,别有传。

小眼子公熙袭爵。正光中,尚书右丞张普惠为行台,送租于南秦、东益,普惠启公熙俱行。至南秦,以氐反不得进,遣公熙先慰氐。东益州刺史魏子建以公熙险薄,密令访察,公熙果有潜谋,将为叛乱。子建仍报普惠,令其摄录。普惠急追公熙,公熙竟不肯赴,东出汉中。普惠表列其事,公熙大行贿赂,终得免罪。后为假节、别将,与都督元志同守岐州,为秦贼莫折天生所虏,死于秦州。

文德后自汉中入统洴、陇,遂有阴平、武兴之地。后为宋荆州刺史刘义宣所杀。

保宗之执也,子元和奔宋,以为武都、白水太守。元和据城归顺,文成嘉之,拜征南大将军、武都王,内徙京师。

元和从叔僧嗣复自称武都王于葭芦。僧嗣死,从弟文度自立为武兴王,遣使归顺。献文授文度武兴镇将,既而复叛。孝文初,征西将军皮欢喜攻葭芦破之,斩文度首。

文度弟弘,小名鼠,名犯献文庙讳,以小名称。鼠自为武兴王,遣使奉表谢罪,贡其方物,孝文纳之。鼠遣子狗奴入侍,拜鼠都督、南秦州刺史、征西将军、西戎校尉、武都王。鼠死,从子后起统位,孝文复以鼠爵授之。鼠子集始为白水太守。

后起死,以集始为征西将军、武都王。集始复朝于京师,拜都督、南秦州刺史、安南大将军、领护南蛮校尉、汉中郡侯、武兴王,赐以车旗、戎马、锦彩、缯纩。寻还武兴,进号镇南将军,加督宁、湘五州诸军事。后仇池镇将杨灵珍袭破武兴,集始遂入齐。景明初,集始来降,还授爵位,归守武兴。死,子绍先立,拜都督、南秦州刺史、征虏将军、汉中郡公、武兴王,赠集始车骑大将军、开府仪同三司、谥安王。

绍先年幼,委事二叔集起、集义。夏侯道迁以汉中归顺也,梁白马戍主尹天保率众围之。道迁求援于集起、集义,二人贪保边番,不欲救之。唯集始弟集朗心愿立功,率众破天保,全汉川,朗之力也。集义见梁、益既定,恐武兴不得久为外藩,遂煽动诸氐,推绍先僭称大号,集起、集义并称王,外引梁为援。安西将军邢峦遣建武将军傅竖眼攻武兴克之，执绍先，送于京师，遂灭其国，以为武兴镇，复改镇为东益州。

前后镇将唐法乐、刺史杜纂、邢豹以威惠失衷，氐豪仇石柱等相率反叛，朝廷以西南为忧。正光中，诏魏子建为刺史，以恩信招抚，风化大行，远近款附，如内地焉。后唐永代子建为州，未几，氐人悉反。永弃城东走，自此复为氐地。

魏末，天下乱，绍先奔还武兴，复自立为王。周文定秦、陇，绍先称藩，送妻子为质。大统元年，绍先请其女妻，周文奏魏帝许之。绍先死，子辟邪立。

四年，南岐州氐苻寿反，攻陷武都，自号太白王，诏大都督侯莫陈顺与渭州刺史长孙澄讨降之。九年，清水氐酋李鼠仁据地作乱，氐帅梁道显叛，攻南由，周文遣典签赵昶慰谕之，鼠仁等相继归附。十一年，于武兴置东益州，以辟邪为刺史。十五年，安夷氐复叛。赵昶时为郡守，收首逆者二十余人斩之，乃定。于是以昶行南秦州事。氐帅盖闹等作乱，闹据北谷，其党西结宕昌羌獠甘，共推盖闹为主。昶分道遣使，宣示祸福，然后出兵讨之。擒盖闹，散其余党。兴州叛氐复侵逼南岐州，刺史叱罗协遣使告急，昶赴救，又大破之。

先是，氐酋杨法深据阴平自称王，亦盛之苗裔也。魏孝昌中，举众内附，自是职贡不绝。废帝元年，以深为黎州刺史。二年，杨辟邪据州反，群氐复与同逆。诏叱罗协与赵昶讨平之。周文乃以大将军宇文贵为大都督、兴州刺史。贵威名先著，群氐颇畏服之。来岁，杨法深从尉迟迥平蜀，军回，法深寻与其宗人杨崇集、杨陈侘各拥其众，递相攻讨。赵昶时督成、武、沙三州诸军事，遣使和解之。法深等从命，乃分其部落，更置州郡以处之。

恭帝末，武兴氐反，围和州，凤州固道氐魏天王等亦聚众响应，大将军豆卢宁等讨平之。周明帝时，兴州人段吒及下辩、柏树二县人反，相率破兰皋戍。氐酋姜多复率厨中氐属攻陷落聚郡以应之。赵昶讨平二县，并斩段吒。而阴平、葭芦氐复往屯聚，与厨中相应。昶乃简精骑，出其不意，径入厨中，至大竹坪，连破七栅，诛其渠帅，二郡并降。及昶还,厨中生氐,复为寇掠。昶又遣仪同刘崇义、宇文琦入厨中讨之,于是群氐并平。

及王谦举兵,沙州氐帅开府杨永安又据州应谦,大将军达奚儒讨平之。

吐谷浑,本辽东鲜卑徒河涉归子也。涉归一名弈洛韩,有二子,庶长曰吐谷浑,少曰若洛廆。涉归死,若洛廆代统部落,是为慕容氏。涉归之在也,分户七百以给吐谷浑,与若洛廆二部。马斗相伤,若洛廆怒,遣人谓吐谷浑曰:"先公处分,与兄异部,何不相远,而马斗相伤?"吐谷浑曰:"马食草饮水,春气发动,所以斗。斗在马,而怒及人!乖别甚易,今当去汝万里外!"若洛廆悔,遣旧老及长史七那楼谢之。吐谷浑曰:"我乃祖以来,树德辽右,先公之世,卜筮之言云:'有二子,当享福祚,并流子孙。'我是卑庶,理无并大。今以马致怒,殆天所启。诸君试驱马令东,马若还东,我当随去。"即令从骑拥马令回,数百步,欻然悲鸣,突走而西,声若颓山,如是者十余辈,一回一迷。楼力屈,乃跪曰:"可汗,此非复人事!"浑谓其部落曰:"我兄弟子孙并应昌盛,廆当传子及曾玄孙,其间可百余年;我乃玄孙间始当显耳。"于是遂西附阴山,后假道上陇。若洛廆追思吐谷浑,作阿于歌,徒河以兄为阿干也。子孙僭号,以此歌为辇后鼓吹大曲。

吐谷浑遂从上陇,止于枹罕。自枹罕暨甘松,南界昂城、陇涸,从洮水西南极白兰,数千里中,逐水草,庐帐而居,以肉酪为粮。西北诸杂种谓之阿柴虏。

吐谷浑死,有子六十人。长子吐延,身长七尺八寸,勇力过人,性刻暴。为昂城羌酋姜聪所刺,剑犹在体,呼子叶延语其大将绝拔垔曰:"吾气绝,棺敛讫,便速去保兰。地既险远,又土俗懦弱,易控御。叶延小儿,欲授余人,恐仓卒终不能相制。今以叶延付汝,竭股肱之力以辅之,孺子得立,吾无恨也。"抽剑而死。有子十二人。

叶延少而勇果,年十岁,缚草为人,号曰姜聪,每旦辄射之,射中则嗥叫泣涕。其母曰:"雠贼诸将已屠脍之,汝年小,何烦朝朝自苦！”叶延呜咽若不自胜，答母曰：“诚知无益，然罔极之心，不胜其痛。”性至孝，母病，母三日不食，叶延亦不食。颇视书传，自谓曾祖弈洛韩始封昌黎公，吾为公孙之子，案《礼》，公孙之子得以王父字为氏，遂以吐谷浑为氏焉。

叶延死，子碎奚立。性淳谨，三弟专权，碎奚不能制，诸大将共诛之。奚忧哀不复摄事，遂立子视连为世子，委之事。号曰莫贺郎，华言父也。奚遂以忧死。视连立，以父忧思，不游娱酣宴。十五年死，弟视罴立。死，子树洛干等并幼，弟乌纥提立，而妻树洛干母，生二子慕璝、慕利延。乌纥提一名大孩。死，树洛干立，自号车骑将军。是岁，晋义熙初也。

树洛干死，弟阿豺立，自号骠骑将军、沙州刺史。部内有黄沙，周回数百里，不生草木，因号沙州。阿豺兼并氐、羌，地方数千里，号为强国。升西强山，观垫江源，问于群僚曰：“此水东流，更有何名？由何郡国入何水也？”其长史曾和曰：“此水经仇池，过晋寿，出宕渠始号垫江，至巴郡入江，度广陵入于海。”阿豺曰：“水尚知归，吾虽塞表小国，而独无所归乎！”遣使通宋，献其方物。宋少帝封为浇河公。未及拜受，宋文帝元嘉三年，又加除命。又将遣使朝贡，会暴病，临死召诸子弟告之曰：“先公车骑舍其子虔，以大业属吾，岂敢忘先公之举而私于纬代！其以慕璝继事。”阿豺有子二十人，纬代长子也。阿豺又谓曰：“汝等各奉吾一支箭，将玩之地下。”俄而命母弟慕利延曰：“汝取一支箭折之。”慕利延折之。曰：“汝取十九支箭折之。”慕延不能折。阿豺曰：“汝曹知不？单者易折，众则难摧，戮力一心，然后社稷可固。”言终而死。慕璝立。

先是，阿豺时，宋命竟未至而死。慕璝又奉表通宋，宋文帝又授陇西公。慕璝招集秦、凉亡业之人，及羌戎杂夷众至五六百落，南通蜀、汉，北交凉州、赫连，部众转盛。太武时，慕璝始遣其侍郎谢大宁奉表归魏。寻讨擒赫连定，送之京师。太武嘉之，遣使者策拜慕璝为大将军、西秦王。

慕璝表曰：“臣诚庸弱，敢竭精款，俘擒僭逆，献捷王府，爵秩虽崇,而土不增廓,车旗既饰,而财不周赏,愿垂鉴察,亮其单款。臣须接寇逆,疆境之人,为贼所抄,流转东下,今皇化混一,求还乡土。乞佛曰连、窟略寒、张华等三人家弱在此,分乖可愍,愿并救遣,使恩洽遐荒,存亡感戴。"

太武诏公卿朝堂会,议答施行。太尉长孙嵩及议郎、博士二百七十九人议曰:

前者有司所处,以为秦王荒外之君,本非政教所及,来则受之,去则不禁。皇威远被,西秦王慕义畏威,称臣纳贡,求受爵号。议者以为古者要荒之君,虽人土众广,而爵不拟华夏。陛下加宠王官,乃越常分,容饰车旗,班同上国。至于缯絮多少,旧典所无,皆当临时以制丰寡。自汉、魏以来,抚绥遐荒,颇有故事。吕后遣单于御车二乘、马二驷,单于答马千匹。其后匈奴和亲,敌国,遗缯絮不过数百;呼韩邪称臣,身自入朝,始乃至万匹。今西秦王若以土无桑蚕,便当上请,不得言财不周赏也。周室衰微,齐侯小白一匡天下,有赐胙之命,无益土之赏。晋侯重耳破楚城濮,唯受南阳之田,为朝宿之邑。西秦所致,唯定而已。塞外之人,因时乘便,侵入秦、凉,未有经略拓境之勋,爵登上国,统秦、凉、河、沙四州之地,而云土不增廓。比圣朝于弱周,而自同于五霸,无厌之情,其可极乎!西秦王忠款于朝廷,原其本情,必不至此。或左右不救,因致斯累。

检西秦流人,贼时所抄,悉在蒲坂。今既称藩,四海咸泰,天下一家,可敕秦州送诣京师,随后遣还。所请乞佛三人,昔为宾国之使,来在王庭,国破家迁,即为臣妾,可勿听许。

制曰:"公卿议之,未为失体。西秦王所收金城、枹罕、陇西之地,彼自取之,朕即与之,便是裂士,何须复廓?西秦款至,绵绢随使疏数增益之,非一匹而已。"自是,慕璝贡献颇简。又通于宋,宋文封为陇西王。

太延二年,慕璝死,弟慕利延立。诏遣使者策谥慕璝曰惠王。后拜慕利延镇西大将军、仪同三司,改封西平王;以慕璝子元绪为抚军将军。时慕利延又通宋，宋封为河南王。太武征凉州，慕利延惧，遂率其部人，西遁沙漠。太武以慕利延兄有禽赫连定之功，遣使宣喻之，乃还。后慕利延遣使表谢，书奏，乃下诏褒奖之。

慕利延兄子纬代惧慕利延害己，与使者谋欲自归，慕利延觉而杀。纬代弟叱力延等八人逃归京师，请兵讨慕利延。太武拜叱力延归义王，诏晋王伏罗率诸将讨之。军至大母桥，慕利延兄子拾寅走河西，伏罗遣将追击之，斩首五千余级。慕利延走白兰。慕利延从弟伏念、长史鸦鸠黎、部大崇娥等率众一万三千落归降。后复遣征西将军、高梁王那等讨之于白兰。慕利延遂入于阗国，杀其王，死者数万人。南征罽宾。遣使通宋求援，献乌丸帽、女国金酒器、胡王金钏等物，宋文帝赐以牵车。七年，遂还旧土。

慕利延死，树洛干子拾寅立。始邑于伏罗川，其居止出入，窃拟王者。拾寅奉修贡职，受魏正朔；又受宋封爵，号河南王。太武遣使拜为镇西大将军、沙州刺史、西平王。后拾寅自恃险远，颇不恭命。通使于宋，献善马、四角羊，宋明帝加之官号。

文成时，定阳侯曹安表拾寅今保白兰，多有金银、牛马，若击之，可以大获。议者咸以先帝忿拾寅兄弟不睦，使晋王伏罗、高凉王那再征之，竟无多克，拾寅虽复远遁，军亦疲劳。今在白兰，不犯王塞，不为人患，非国家之所急也。若遣使招慰，必求为臣妾，可不劳而定也。王者之于四荒，羁縻而已，何必屠其国，有其地。安曰：“臣昔为浇河戍将，与之相近，明其意势。若分军出其左右，拾寅必走保南山，不过十日，牛马草尽，人无所食，众必溃叛，可一举而定也。”从之。诏阳平王新成、建安王穆六头等出南道，南郡公李惠、给事中公孙拔及安出北道以讨之。拾寅走南山，诸军济河追之。时军多病，诸将议贼已远遁，军容已振，今驱疲病之卒，要难冀之功，不亦过乎？众以为然，乃引还，获驼马二十余万。

献文复诏上党王长孙观等率州郡兵讨拾寅。军至曼头山，拾寅来逆战，观等纵兵击败之，拾寅宵遁。于是思悔复蕃职，遣别驾康盘龙奉表朝贡。献文幽之，不报其使。拾寅部落大饥，屡寇浇河。诏平西将军、广川公皮欢喜率敦煌、州、枹罕、高平将军为前锋,司空、上党王长孙观为大都督以讨之。观等军入拾寅境,刍其秋稼。拾寅窘怖,遣子诣军,表求改过,观等以闻。献文以重劳将士,乃下诏切责之,征其任子。拾寅遣子斤入侍,献文寻遣斤还。拾寅后复扰掠边人,遣其将良利守洮阳,枹罕所统也。枹罕镇将、西郡公杨钟葵贻拾寅书以责之。拾寅表曰:"奉诏,听臣还旧土,故遣良利守洮阳。若不追前恩,求令洮阳贡其土物。"辞旨恳切,献文许之,自是岁修职贡。

太和五年,拾寅死,子度易侯立。遣其侍郎时真贡方物,提上表称嗣事。后度易侯伐宕昌,诏让之,赐锦彩一百二十匹,喻令悛改;所掠宕昌口累,部送时还。易侯立奉诏。死。

子伏连筹立。孝文欲令入朝,表称疾病,辄修洮阳、泾和城而置戍焉。文明太后崩,使人告凶,伏连筹拜命不恭,有司请伐之,孝文不许。群臣以其受诏不敬,不宜纳所献。帝曰:"拜受失礼,乃可加以诘责。所献土毛,乃是臣之常道。杜弃所献,便是绝之,纵欲改悔,其路无由矣。"诏曰:"朕在哀疚之中,未存征讨。而去春枹罕表取其洮阳、泾和二戍,时此既边将之常,即便听许。及偏师致讨,二戍望风请降,执讯二千余人,又得妇女九百口。子妇可悉还之。"伏连乃遣世子贺鲁头朝于京师。礼锡有加,拜伏连筹使持节、都督西垂诸军事、征西将军、领护西戎中郎将、西海郡开国公、吐谷浑王,麾旗章绶之饰,皆备给之。

后遣兼员外散骑常侍张礼使于伏连筹。谓礼曰:"昔与宕昌通和,恒见称大王,己则自名。今忽名仆,而拘执此使。将命偏师,往问其意。"礼曰:"君与宕昌,并为魏蕃,而比辄有兴动,殊违臣节。当发之日,宰辅以为君若返迷知罪,则克保蕃业;脱守愚不改,则祸难将至。"伏连筹遂默然。及孝文崩,遣使赴哀,尽其诚敬。

伏连筹内修职贡,外并戎狄,塞表之中,号为强富。准拟天朝,树置官司,称制诸国,以自夸大。宣武初,诏责之曰:"梁州表送卿报宕昌书。梁弥邕与卿并为边附,语其国则邻藩,论其位则同列,而称书为表,名报为旨。有司以国常刑,殷勤请讨。朕虑险远多虞,轻相构惑,故先宣此意,善自三思。"伏连筹上表自申,辞诚恳至。终宣武世至于正光,氂牛、蜀马及西南之珍,无岁不至。后秦州城人莫折念生反,河西路绝。凉州城人万于菩提等东应念生,囚刺史宋颖。颖密遣求援于伏连筹,伏连筹亲率大众救之,遂获保全。自尔以后,关徼不通,贡献遂绝。

伏连筹死,子夸吕立,始自号为可汗。居伏俟城,在青海西十五里。虽有城郭而不居,恒处穹庐,随水草畜牧。其地,东西三千里,南北千余里。官有王、公、仆射、尚书及郎中、将军之号。夸吕椎髻毦珠,以皂为帽,坐金狮子床。号其妻为母尊,衣绢成裙,披锦大袍,辫发于后,首戴金花冠。

其俗:丈夫衣服略同于华夏,多以罗幂为冠,亦以缯为帽;妇人皆贯珠贝,束发,以多为贵。兵器有弓、刀、甲、矟。国无常赋,须则税富室商人以充用焉。其刑罚:杀人及盗马死,余则征物以赎罪,亦量事决杖。刑人必以毡蒙头,持石从高击之。父兄死,妻后母及嫂等,与突厥俗同。至于婚,贫不能备财者,辄盗女去。死者亦皆埋殡,其服制,葬讫则除之。性贪婪,忍于杀害。好射猎,以肉酪为粮。亦有种田,有大麦、粟、豆。然其北界气候多寒,唯得芜菁、大麦,故其俗贫多富少。青海周回千余里,海内有小山。每冬冰合后,以良牝马置此山,至来春收之,马皆有孕,所生得驹,号为龙种,必多骏异。吐谷浑尝得波斯草马,放入海,因生骢驹,能日行千里,世传青海骢者也。土地出氂牛、马、骡,多鹦鹉,饶铜、铁、朱砂。地兼鄯善、且末。

兴和中,齐神武作相,招怀荒远,蠕蠕既附于国,夸吕遣使致敬。神武喻以大义,征其朝贡,夸吕乃遣使人赵吐骨真假道蠕蠕,频来东魏。又荐其从妹,静帝纳以为嫔。遣员外散骑常侍傅灵标使于其国。夸吕又请婚,乃以济南王匡孙女为广乐公主以妻之。此后朝贡不绝。

西魏大统初,周文遣仪同潘濬喻以逆顺之理,于是夸吕再遣使献能舞马及羊、牛等。然寇抄不已,缘边多被其害。废帝二年,周文勒大兵至姑臧,夸吕震惧,使贡方物。是岁,夸吕又通使于齐。凉州刺史史宁觇知其还,袭之于州西赤泉,获其仆射乞伏触状、将军翟潘密,商胡二百四十人,驼骡六百头,杂彩丝绢以万计。恭帝三年,史宁又与突厥木杆可汗袭击夸吕,破之,虏其妻子,获珍物及杂畜。武成初,夸吕复寇凉州,刺史是云宝战没。贺兰祥、宇文贵率兵讨之,夸吕遣其广定王、钟留王拒战。祥等破之,广定等遁走。又拔其洮阳、洪和二城,置洮州而还。保定中,夸吕前后三辈遣使献方物,天和初,其龙涸王莫昌率来降,以其地为扶州。二年五月,复遣使来献。建德五年,其国大乱,武帝诏皇太子征之。军至伏俟城,夸吕遁走,虏其余众而还。明年,又再遣使奉献。宣政初,其赵王他娄屯来降。自是,朝献遂绝。

及隋开皇初,侵弘州,地旷人梗,废之。遣上柱国元谐率步骑数万击之。贼悉发国中,自曼头至树敦,甲骑不绝。其所署河西总管定城王钟利房及其太子可博汗前后来拒战,谐频破之。夸吕大惧,率亲兵远遁,其名王十三人召率部落来降。上以其高宁王移兹裒素得众心,拜大将军,封河南王,以统降众。自余官赏各有差。未几,复来寇边,州刺史皮子信拒战死之。汶州总管梁远以锐卒击之,乃奔退。俄而入寇廓州,州兵击走之。

夸吕在位百年,屡因喜怒废杀太子。其后太子惧杀,遂谋执夸吕而降,请兵于边吏。秦州总管河间王计应之,上不许。太子谋泄,为其父所杀。复立少子嵬王诃为太子。叠州刺史杜祭请因其衅讨之,上又不许。六年,嵬王诃复惧父诛,谋归国,请兵迎接。上谓其使者曰:“溥天之下,皆是朕臣妾,各为善事,即朕称心。嵬王既有好意,欲来投服,唯教嵬王为臣子法,不可远遣兵马,助为恶事。”嵬王乃止。八年,其名王拓拔木弥请以千余家归化。上曰:“叛天背父,何可收纳!又其本意正自避死,若令违拒,又复不仁。若有音信,宜遣慰抚,任其自拔,不须出兵马应接。其妹夫及甥欲来,亦任其意,不劳劝诱也。”是岁,河南王移兹裒死,文帝令其弟树归袭统其众。平陈之后,夸吕大惧,逃遁险远,不敢为寇。

十一年，夸吕卒，子世伏使其兄子无素奉表称藩，并献方物，请以女备后庭。上谓无素曰："若依来请，他国便当相学，一许一塞，是谓不平。若并许之，又非好法。"竟不许。十一年，遣刑部尚书宇文弢抚慰之。十六年，以光化公主妻世伏，上表称公主为天后，上不许。

明年，其国大乱，国人杀世伏，立其弟伏允为主。使陈废立事，并谢专命罪，且请依俗尚主，上从之。自是朝贡岁至，而常访国家消息，上甚恶之。炀帝即位，伏允遣子顺来朝。时铁勒犯塞，帝遣将军冯孝慈出敦煌御之，战不利。铁勒遣使谢罪请降，帝遣黄门侍郎裴矩慰抚之，讽令击吐谷浑以自效。铁勒即勒兵袭破吐谷浑，伏允东走，保西平境。帝复令观德王雄出浇河，许公宇文述出西平掩之，大破其众。伏允遁逃于山谷间，其故地皆空。自西平临羌城以西，且末以东，祁连以南，雪山以北，东西四千里，南北二千里皆为隋有。置郡、县、镇、戍，发天下轻罪徙居之。于是留顺不之遣。伏允无以自资。率其徒数千骑，客于党项。帝立顺为主，送出玉门，令统余众，以其大宝王泥洛周为辅。至西平，其部下杀洛周，顺不果入而还。

大业末，天下乱，伏允复其故地，屡寇河右，郡县不能制。

吐谷浑北有乙弗勿敌国，国有屈海，海周回千余里。众有万落，风俗与吐谷浑同。然不识五谷，唯食鱼及苏子。苏子状若中国枸杞子，或赤或黑。

有契翰一部，风俗亦同，特多狼。

白兰山西北，又有可兰国，风俗亦同。目不识五色，耳不闻五声，是夷蛮戎狄之中丑类也。土无所出，直大养群畜，而户落亦可万余人。顽弱不知斗战，忽见异人，举国便走。性如野兽，体轻工走，遂不可得。

白兰西南二千五百里，隔大岭，又度四十里海，有女王国。人庶万余落，风俗土著，宜桑麻，熟五谷，以女为王，故因号焉。译使不至，其传云然。

宕昌羌者,其先盖三苗之胤。周时与庸、蜀、微、卢等八国从武王灭商。汉有先零、烧当等,世为边患。其地东接中华,西通西域,南北数千里。姓别自为部落,酋帅皆有地分,不相统摄,宕昌即其一也。俗皆土著,居有屋宇。其屋,织牦牛尾及羖羊毛覆之。国无法令,又无徭赋。唯战伐之时,乃相屯聚;不然,则各事生业,不相往来。皆衣裘褐,牧养牦牛、羊、豕以供其食。父子、伯叔、兄弟死者,即以继母、世叔母及嫂、弟妇等为妻。俗无文字,但候草木荣落,记其岁时。三年一相聚,杀牛、羊以祭天。

有梁勤者,世为酋帅,得羌豪心,乃自称王焉。勤孙弥忽。太武初,遣子弥黄奉表求内附。太武嘉之,遣使拜弥忽为宕昌王,赐弥黄爵甘松侯。弥忽死。孙彪子立。其地自仇池以西,东西千里;席水以南,南北八百里。地多山阜,人二万余落。世修职贡,颇为吐谷浑所断绝。彪子死,弥治立。彪子弟羊子先奔吐谷浑,遣兵送羊子,欲夺弥治位。弥治遣使请救,献文诏武都镇将宇文生救之,羊子退走。弥治死,子弥机立,遣其司马利柱奉贡方物。杨文度之叛,围武都,弥机遣其二兄率众救武都,破走文度。孝文时,遣使子桥表贡朱沙、雌黄、白石胆各一百斤。自此后,岁以为常,朝贡相继。后孝文遣鸿胪刘归、谒者张察拜弥机征南大将军、西戎校尉、梁益二州牧、河南公、宕昌王。以助之。周文命章武公遵率兵送之。

邓至者,白水羌也,世为羌豪,因地名号,自称邓至。其地自亭街以东,平武以西,汶岭以北,宕昌以南,土风习俗,亦与宕昌同。其王像舒治遣使内附,高祖拜龙骧将军、邓至王,遣贡不绝。

邓至之西,有赫羊国。初,其部内有一羊,形甚大,色至鲜赤,故因为国名。

又有东亭卫、大赤水、寒宕、石河、薄陵、下习山、仓骧、覃水等诸羌国,风俗粗犷,与邓至国不同焉。亦时遣贡使,朝廷纳之,皆假之以杂号将军,子、男、渠帅之名。

白兰者,羌之别种也。其地东北接吐谷浑,西北利摸徒,南界那鄂。风俗物产,与宕昌略同。

周保定元年,遣使献犀甲、铁铠。

党项羌者,三苗之后也。其种有宕昌、白狼,皆自称猕猴种。东接临洮、西平,西拒叶护,南北数千里,处山谷间。每姓别为部落,大者五千余骑,小者千余骑。织犛牛尾及羖䍯毛为屋,服裘褐,披毡为上饰。俗尚武力,无法令,各为生业,有战阵则屯聚,无徭役,不相往来。养犛牛、羊、猪以供食,不知稼穑。其俗淫秽蒸报,于诸夷中为甚。无文字,但候草木以记岁时。三年一聚会,杀牛羊以祭天。人年八十以上死者,以为令终,亲戚不哭;少死者,则云夭枉,共悲哭之。有琵琶、横吹,击缶为节。

魏、周之际,数来扰边。隋文帝为丞相时,中原多故,因此大为寇掠。蒋公梁睿既平王谦,请因还师讨之。开皇元年,有千余家归化。五年,拓拔宁业等各率众诣旭州内附,授大将军,其部下各有等差。十六年,复寇会州,诏发陇西兵讨之,大破其众,人相率降,遣子弟入谢罪。帝谓曰:“还语尔父兄,人生须有定居,养老长幼。乃乍还乍走,不羞乡里邪!”自是朝贡不绝。

附国者,蜀郡西北二千余里,即汉之西南夷也。有嘉良夷,即其东部,所居种姓自相率领,土俗与附国同,言语少殊。不统一,其人并无姓氏。

附国王字宜缯。其国南北八百里,东西千五百里。无城栅,近川谷,傍山险。俗好复雠,故垒石为巢,以避其患。其巢高至十余丈,下至五六丈,每级以木隔之,基方三四步,巢上方二三步,状似浮图。于下级开小门,从内上通,夜必关闭,以防贼盗。国有重罪者,罚牛。人皆轻捷,便击剑。漆皮为牟甲,弓长六尺,竹为箭。妻其群母及嫂,儿弟,父兄亦纳其妻。好歌舞,鼓簧,吹长角。有死者,无服制,置尸高床之上,沐浴衣服,被以牟甲,覆以兽皮。子孙不哭,带甲舞剑而呼云："我父为鬼所取，我欲报冤杀鬼。"自余亲戚，哭三声而止。妇人哭，必两手掩面。死家杀牛，亲属以猪酒相遗，共饮啖而瘗之。死后一年，方始大葬，必集亲宾，杀马动至数十匹。立木为祖父神而事之。其俗以皮为帽，形圆如钵，或戴幂䍦。衣多毨皮裘，全剥牛脚皮为靴。项系铁锁，手贯铁钏。王与酋帅，金为首饰，胸前悬一金花，径三寸。其土高，气候凉，多风少雨，宜小麦、麦稞。山出金、银、铜，多白雉。水有嘉鱼，长四尺而鳞细。

大业四年，其王遣使素福等八人入朝。明年，又遣其弟子宜林率嘉良夷六十人朝贡。欲献良马，以路险不通，请开山道，修职贡物，炀帝以劳人不许。

嘉良有水阔六七十丈，附国有水阔百余丈，并南流。用皮为舟而济。

附国有薄缘夷，风俗亦同。西有女国。其东北连山绵亘数千里，接于党项。往往有羌，大小左封、昔卫、葛延、白狗、向人、望族、林台、春桑、利豆、迷桑、婢药、大硖、白兰、北利摸徒、那鄂、当迷、渠步、桑悟、千碉，并在深山穷谷，无大君长。其风俗略同于党项，或役属吐谷浑，或附国。大业中，朝贡。缘西南边置诸道总管以管之。

稽胡一曰步落稽，盖匈奴别种，刘元海五部之苗裔也。或云山戎赤狄之后。自离石以西，安定以东，方七八百里，居山谷间，种落繁炽。其俗土著，亦知种田，地少桑蚕，多衣麻布。其丈夫衣服及死亡殡葬，与中夏略同；妇人则多贯蜃贝以为耳颈饰。与华人错居。其渠帅颇识文字，言语类夷狄，因译乃通。蹲踞无礼，贪而忍害。俗好淫秽，女尤甚，将嫁之夕，方与淫者叙离，夫氏闻之，以多为贵。既嫁，颇亦防闲，有犯奸者，随事惩罚。又兄弟死者，皆纳其妻。虽分统郡县，列于编户，然轻其徭赋，有异华人。山谷阻深者，又未尽役属，而凶悍恃险，数为寇。

魏孝昌中，有刘蠡升者，居云阳谷，自称天子，立年号，署百官。属魏氏乱，力不能讨。蠡升遂分遣部众抄掠汾、晋之间，略无宁岁。

神武迁邺后，始密图之，乃为许以女妻蠕升太子。蠕升遂遣子诣邺，齐神武厚礼之，缓以婚期。蠕升既恃和亲，不为之备。魏大统元年三月，齐神武袭之，蠕升率轻骑出外征兵，为其北部王所杀，送于神武。其众复立蠕升第三子南海王为主，神武灭之，获其伪主及弟西海王并皇后、夫人、王公以下四百余人，归于邺。

居河西者，多恃险不宾。时周文方与神武争衡，未遑经略，乃遣黄门侍郎杨檦就安抚之。五年，黑水部众先叛。七年，别帅夏州刺史刘平伏又据上郡反。自是北山诸部，连岁寇暴。周文前后遣于谨、侯莫陈崇、李弼等相继讨平之。

武成初，延州稽胡郝阿保、狼皮率其种人，附于齐氏。阿保自署丞相，狼皮自署柱国，并与其别部刘桑德共为影响。柱国豆卢宁督诸军击破之。二年，狼皮等余党复叛，诏大将军韩果讨破之。

保定中，离石生胡数寇汾北，敷州刺史韦孝宽于险要筑城，置兵粮，以遏其路。及杨忠与突厥伐齐，稽胡等便怀旅拒，不供粮饩。忠乃诈其酋帅，云与突厥回兵讨之，酋帅等惧，乃相率供馈焉。

其后丹州、绥州等部内诸胡，与蒲川别帅那协郎等又频年逆命，复诏达奚震、辛威、于寔等前后穷讨，散其种落。天和二年，延州总管宇文盛率众城银州，稽胡白郁久同、乔是罗等欲邀袭，盛并讨斩之。又破其别帅乔三勿同等。五年，开府刘雄出绥州，巡检北边川路。稽胡帅白郎、乔素勿同等度河逆战，雄复破之。

建德五年，武帝败齐师于晋州，乘胜逐北，齐入所弃甲仗，未暇收敛，稽胡乘间窃出，并盗而有之。乃立蠕升孙没铎为主，号圣武皇帝，年曰石平。六年，武帝定东夏，将讨之，议欲穷其巢穴。齐王宪以为种类既多，又山谷阻绝，王师一举，未可尽除，且当翦其魁帅，余加慰抚。帝然之，乃以宪为行军元帅，督行军总管赵王招、谯王俭、滕王逌等讨之。宪军次马邑，乃分道俱进。没铎遣其党天柱守河东，又遣其大帅穆支据河西，规欲分守之险要，掎角宪军。宪命谯王俭击破之，斩获千余级。赵王招又擒没铎，众尽降。宣政元年，汾胡帅刘受罗千复反，越王盛督军讨擒之。自是寇盗颇息。

　　论曰：氐、羌、吐谷浑等曰殊俗，别处边陲，考之前代，屡经叛服，窥觎首鼠，盖其本性。夫无德则叛，有道则伏，先王所述荒服也。

北史卷九七
列传第八五

西　域

鄯善　且末　于阗　蒲山　悉居半
权于摩　渠莎　车师　高昌　且弥
焉耆　龟兹　姑默　温宿　尉头
乌孙　疏勒　悦般　者至拔　迷密
悉万斤　忸密　破洛那　粟特
波斯　伏卢尼　色知显　伽色尼
薄知　牟知　阿弗太汗　呼似密
诺色波罗　早伽至　伽不单　者舌
伽倍　折薛莫孙　钳敦　弗敌沙
阎浮谒　大月氏　安息　条支
大秦　阿钩羌　波路　小月氏
罽宾　吐呼罗　副货　南天竺
叠伏罗　拔豆　嚈哒　朱居
渴槃陀　钵和　波知　赊弥　乌苌
乾陀　康国　安国　石国　女国

钹汗　吐火罗　米国　史国
曹国　何国　乌那遏　穆国　漕国

《夏书》称："西戎即序。"班固云："就而序之,非盛威武致其贡物也。"汉氏初开西域,有三十六国。其后,分立五十五王,置校尉、都护以抚之。王莽篡位,西域遂绝。至于后汉,班超所通者五十余国,西至西海,东西万里,皆来朝贡,复置都护、校尉,以相统摄。其后或绝或通,汉朝以为劳弊中国,其官时置时废。暨魏、晋之后,互相吞灭,不可复详记焉。

道武初,经营中原,未暇及于四表。既则西戎之贡不至,有司奏依汉氏故事,请通西域,可以振威德于荒外,又可致奇货于天府。帝曰："汉氏不保境安人,乃远开西域,使海内虚耗,何利之有?今若通之,前弊复加百姓矣!"遂不从。历明元世,竟不招纳。

太延中,魏德益以远闻,西域龟兹、疏勒、乌孙、悦般、渴槃陀、鄯善、焉耆、车师、粟特诸国王始遣使来献。太武以西域汉世虽通,有求则卑辞而来,无欲则骄慢王命,此其自知绝远,大兵不可至故也。若报使往来,终无所益,欲不遣使。有司奏："九国不惮遐险,远贡方物,当与其进,安可豫抑后来?"乃从之。于是始遣行人王恩生、许纲等西使。恩生出流沙,为蠕蠕所执,竟不果达。又遣散骑侍郎董琬、高明等多赍锦帛,出鄯善,招抚九国,厚赐之。初,琬等受诏:便道之国,可往赴之。琬过九国,北行至乌孙国。其王得魏赐,拜受甚悦。谓琬等曰:"传闻破洛那、者舌皆思魏德,欲称臣致贡,但患其路无由耳。今使君等既到此,可往二国,副其慕仰之诚。"琬于是自向破洛那,遣使者。乌孙王为发导译,达二国,琬等宣诏慰赐之。已而琬、明东还,乌孙、破洛那之属遣使与琬俱来贡献者,十有六国。自后相继而来,不间于岁,国使亦数十辈矣。

初,太武每遣使西域,常诏河西王沮渠牧犍,令护送。至姑臧,牧犍恒发使导路,出于流沙。后使者自西域还至武威,牧犍左右谓使者曰:"我君承蠕蠕吴提妄说,云:'去岁魏天子自来伐我,士马疫死,大败而还,我擒其长弟乐平王丕。'我君大喜,宣言国中。又闻吴提遣使告西域诸国;'魏已削弱,今天下唯我为强。若更有魏使,勿复恭奉。'西域诸国,亦有贰。"且牧犍事主,稍以慢堕。使还,具以状闻。太武遂议讨牧犍。凉州既平,鄯善国以为唇亡齿寒,自然之道也。今武威为魏所灭,次及我矣。若通其使人,知我国事,取亡必近;不如绝之,可以支久。乃断塞行路,西域贡献,历年不入。后平鄯善,行人复通。

始,琬等使还京师,具言凡所经见及传闻傍国,云:"西域自汉武时五十余国,后稍相并,至太延中为十六国。分其地为四域:自葱岭以东,流沙以西为一域;葱岭以西,海曲以东为一域;者舌以南,月氏以北为一域;两海之间,水泽以南为一域。内诸小渠长,盖以百数。其出西域,本有二道,后更为四:出自玉门,度流沙,西行二千里至鄯善,为一道;自玉门度流沙,北行二千二百里至车师,为一道;从莎车西行一百里至葱岭,葱岭西一千三百里至伽倍,为一道;自莎车西南五百里,葱岭西南一千三百里至波路,为一道焉。自琬所不传而更有朝贡者,纪其名,不能具国俗也。

东西魏时,中国方扰,及于齐、周,不闻有事西域,故二代书并不立记录。

隋开皇、仁寿之间,尚未云经略。炀帝时,乃遣侍御史韦节、司隶从事杜行满使于西藩诸国,至罽宾得玛瑙杯,王舍城得佛经,史国得十舞女、师子皮、火鼠毛而还。帝复令闻喜公裴矩于武威、张掖间往来以引致之。其有君长者四十四国,矩因其使者入朝,啖以厚利,令其转相讽谕。大业中,相率而来朝者四十余国,帝因置西戎校尉以应接之。寻属中国大乱,朝贡遂绝,然事亡失,书所存录者二十国焉。魏时所来者,在隋亦有不至,今总而编次,以备前书之《西域传》云。至于道路远近,物产风俗,详诸前史,或有不同。斯皆录其当时,盖以备其遗阙尔。

　　鄯善国，都捍泥城，古楼兰国也。去代七千六百里。所都城方一里。地多沙卤，少水草。北即白龙堆路。至太延初，始遣其弟素延者入侍。及太武平凉州，沮渠牧犍弟无讳走保敦煌。无讳后谋渡流沙，遣其弟安周击鄯善，王比龙恐惧欲降。会魏使者自天竺、罽宾还，俱会鄯善，劝比龙拒之，遂与连战。安周不能克，退保东城。后比龙惧，率众西奔且末，其世子乃应安周。

　　鄯善人颇剽劫之，令不得通，太武诏散骑常侍、成周公万度归乘传发凉州兵讨之。度归到敦煌，留辎重，以轻骑五千渡流沙，至其境。时鄯善人众布野，度归敕吏卒不得有所侵掠，边守感之，皆望旗稽服。其王真达面缚出降，度归释其缚，留军屯守，与真达诣京都。太武大悦，厚待之。是岁，拜交阯公韩拔为假节、征西将军、领护西戎校尉、鄯善王以镇之，赋役其人，比之郡县。

　　且末国，都且末城，在鄯善西，去代八千三百二十里。真君三年，鄯善王比龙避沮渠安周之难，率国人之半奔且末。后役属鄯善。且末西北有流沙数百里，夏日有热风，为行旅之患。风之所至，唯老驼预知之，即嗔而聚立，埋其口鼻于沙中。人每以为候，亦即将毡拥蔽鼻口。其风迅驶，斯须过尽，若不防者，必至危毙。

　　大统八年，其兄鄯善米率众内附。

　　于阗国，在且末西北，葱岭之北三百余里，东去鄯善千五百里，南去女国三千里，去朱俱波千里，北去龟兹千四百里，去代九千八百里。其地方亘千里，连山相次，所都城方八九里。部内有大城五，小城数十。于阗城东三十里有首拔河，中出玉石。土宜五谷并桑、麻。山多美玉。有好马、驼、骡。其刑法，杀人者死，余罪各随轻重惩罚之。自外风俗物产，与龟兹略同。俗重佛法，寺塔、僧尼甚众。王尤信尚，每设斋日，必亲自洒扫馈食焉。城南五十里有赞摩寺，即昔罗汉比丘卢旃为其王造覆盆浮图之所。石上有辟支佛跣处，双迹犹存。子阗西五百里有比摩寺，云是老子化胡成佛之所。俗无礼义，多盗贼淫纵。自高昌以西诸国人等，深目高鼻，唯此一国，貌不甚胡，颇类华夏。城东二十里有大水北流，号树枝水，即黄河也，一名计式水。城西十五里亦有大水，名达利水，与树枝水会，俱北流。

真君中，太武诏高凉王那击吐谷浑慕利延，慕利延惧，驱其部落渡流沙。那进军急追之，慕利延遂西入于阗，杀其王，死者甚众。献文末，蠕蠕寇于阗。于阗患之，遣使素目伽上表曰："西方诸国，今皆已属蠕蠕。奴世奉大国，至今无异。今蠕蠕军马到城下，奴聚兵自固，故遣使奉献，遥望救援。"帝诏公卿议之。公卿奏曰："于阗去京师几万里，蠕蠕之性，唯习野掠，不能攻城。若为害，当时已旋矣，虽欲遣师，势无所及。"帝以公卿议示其使者，亦以为然。于是诏之曰："朕承天理物，欲令万方各安其所，应救诸军，以拯汝难。但去汝遐阻，政复遣援，不救当时之急，是以停师不行，汝宜知之。朕今练甲养卒，一二岁间，当躬率猛将，为汝除患。汝其谨警候，以待大举。"

先是，朝廷遣使者韩羊皮使波斯，波斯王遣使献驯象及珍物。经于阗，于阗中于王秋仁辄留之，假言虑有寇不达。羊皮言状，帝怒，又遣羊皮奉诏责让之。自后每使朝贡。

周建德三年，其王遣使献名马。

隋大业中，频使朝贡。其王姓王，字早示门。练锦帽，金鼠冠，妻戴金花。其王发不令人见，俗言若见王发，其年必俭云。

蒲山国，故皮山国也。居皮城，在于阗南，去代一万二千里。其国西南三里有冻凌山。后役属于阗。

悉居半国，故西夜国也，一名子合。其王号子。治呼犍。在于阗西，去代万二千九百七十里。太延初，遣使来献，自后贡使不绝。

权于摩国，故乌秅国也。其王居乌秅城。在悉居半西南，去代一万二千九百七十里。

　　渠莎国,居故莎车城,在子合西北,去代一万二千九百八十里。

　　车师国,一名前部,其王居交河城。去代万五十里。其地北接蠕蠕,本通使交易。太武初,始遣使朝献,诏行人王恩生、许纲等出使。恩生等始度流沙,为蠕蠕所执。恩生见蠕蠕吴提,持魏节不为之屈。后太武切让吴提,吴提惧,乃遣恩生等归。许纲到敦煌病死,朝廷壮其节,赐谥曰贞。

　　初,沮渠无讳兄弟之渡流沙也,鸠集遗人,破车师国。真君十一年,车师王车夷落遣使琢进薛直上书曰:“臣亡父僻处塞外,仰慕天子威德,遣使奉献,不空于岁,天子降念,赐遣甚厚。及臣继立,亦不阙常贡,天子垂矜,亦不异前世。敢缘至恩,辄陈私恳。臣国自无讳所攻击,经今八岁,人民饥荒,无以存活。贼今攻臣甚急,臣不能自全,遂舍国东奔,三分免一。即日已到焉耆东界,思归天阙,幸垂赈救。”于是下诏抚慰之,开焉耆仓给之。正平安,遣子入侍。自后每使朝贡不绝。

　　高昌者,车师前王之故地,汉之前部地也。东西二百里,南北五百里,四面多大山。或云:昔汉武遣兵西讨,师旅顿弊,其中尤困者因住焉。地势高敞,人庶昌盛,因名高昌。亦云:其地有汉时高昌垒,故以为国号。东去长安四千九百里。汉西域长史及戊己校尉并居于此。晋以其地为高昌郡。张轨、吕光、沮渠蒙逊据河西,皆置太守以统之。去敦煌十三日行。

　　国有八城,皆有华人。地多石碛,气候温暖,厥土良沃,谷麦一岁再熟,宜蚕,多五果,又饶漆。有草名羊刺,其上生蜜,而味甚佳。引水溉田。出赤盐,其味甚美。复有白盐,其形如玉,高昌人取以为枕,贡之中国。多蒲桃酒。俗事天神,兼信佛法。国中羊、马,牧在隐僻处以避寇,非贵人不知其处。北有赤石,山北七十里有贪汗山,夏有积雪。此山北,铁勒界也。

太武时有阚爽者,自为高昌太守。太延中,遣散骑侍郎王恩生等使高昌,为蠕蠕所执。真君中,爽为沮渠无讳所袭,夺据之。无讳死,弟安周代立。和平元年,为蠕蠕所并。蠕蠕以阚伯周为高昌王,其称王自此始也。

太和初,伯周死,子义成立。岁余,为从兄首归所杀,自立为高昌王。五年,高车王可至罗杀首归兄弟,以敦煌人张孟明为王。后为国人所杀,立马儒为王,以巩顾礼、麹嘉为左右长史。二十一年,遣司马王体玄奉表朝贡,请师逆接,求举国内徙,孝文纳之,遣明威将军韩安保率骑千余赴之,割伊吾五百里,以儒居之。至羊棷水,儒遣嘉、礼率步骑一千五百迎安保。去高昌四百里而安保不至。礼等还高昌,安保亦还伊吾。安保遣使韩兴安等十二人使高昌,儒复遣顾礼将其世子义舒迎安保。至白棘城,去高昌百六十里。而高昌旧人情恋本土,不愿东迁,相与杀儒而立麹嘉为王。

嘉字灵凤,金城榆中人。既立,又臣于蠕蠕那盖。顾礼与义舒随安保至洛阳。及蠕蠕主伏图为高车所杀,嘉又臣高车。初,前部胡人悉为高车所徙,入于焉耆,又为哒所破灭,国人分散,众不自立,请王于嘉。嘉遣第二子为焉耆王以主之。熙平元年,嘉遣兄子私署左卫将军、田地太守孝亮朝京师,仍求内徙,乞军迎援。于是遣龙骧将军孟威发凉州兵三千人迎,至伊吾,失期而反。于后十余遣使献珠像、白黑貂裘、名马、盐枕等,款诚备至。唯赐优旨,卒不重迎。三年,嘉遣使朝贡,宣武又遣孟威使诏劳之。延昌中,以嘉为持节、平西将军、瓜州刺史、泰临县开国伯,私署王如故。熙平初,遣使朝献。诏曰:"卿地隔关山,境接荒漠,频请朝援,徙国内迁。虽来诚可嘉,即于理未帖。何者?彼之刻甿庶,是汉、魏遗黎,自晋氏不纲,因难播越,成家立国,世积已久。恶徙重迁,人怀恋旧。今若动之,恐异同之变,爰在肘腋,不得便如来表也。"神龟元年冬,孝亮复表求援内徙,朝廷不许。正光元年,明帝遣假员外将军赵义等使于嘉。嘉朝贡不绝,又遣使奉表,自以边遐,不习典诰,求借《五经》、诸史,并请国子助教刘燮以为博士,明帝许之,嘉死赠镇西将军、凉州刺史。

子坚立。于后关中贼乱，使命遂绝。普泰初，坚遣使朝贡，除平西将军、瓜州刺史，泰临县伯，王如故。又加卫将军。至永熙中，特除仪同三司，进为郡公。后遂隔绝。

至大统十四年，诏以其世子玄嘉为王。恭帝二年，又以其田地公茂嗣位。武成元年，其王遣使献方物。保定初，又遣使来贡。

其国，周时，城有一十六。后至隋时，城有十八。其都城周回一千八百四十步，于坐室画鲁哀公问政于孔子之像。官有令尹一人，比中夏相国；次有公二人，皆王子也，一为交河公，一为田地公；次有左右卫；次有八长史，曰吏部、祠部、库部、仓部、主客、礼部、户部、兵部等长史也；次有五将军，曰建武、威远、陵江、殿中、伏波等将军也；次有八司马，长史之副也；次有侍郎、校郎、主簿、从事，阶位相次，分掌诸事。次有省事，专掌导引。其大事决之于王，小事则世子及二公随状断决。评章录记，事讫即除，籍书之外，无久掌文案。官人虽有列位，并无书，唯每早集于牙门，评议众事。诸城各有户曹、水曹、田曹。城遣司马、侍郎相监检校，名为令。服饰，丈夫从胡法，妇人裙襦，头上作髻。其风俗政令，与华夏略同。兵器有弓、箭、刀、盾、甲、槊。文字亦同华夏，兼用胡书。有《毛诗》《论语》、《孝经》，置学官弟子，以相教授。虽习读之，而皆为胡语。赋税则计田输银钱，无者输麻布。其刑法、风俗、昏姻、丧葬与华夏小异而大同。自敦煌向其国，多沙碛，茫然无有蹊径，欲往者，寻其人畜骸骨而去。路中或闻歌哭声，行人寻之，多致亡失，盖魑魅魍魉也。故南客往来，多取伊吾路。

开皇十年，突厥破其四城，有二千人来归中国。

坚死，子伯雅立。其大母本突厥可汗女，其父死，突厥令依其俗。伯雅不从者久之。突厥逼之，不得已而从。炀帝即位，引致诸蕃。大业四年，遣使贡献，帝待其使甚厚。明年，伯雅来朝，因从击高丽。还，尚宗室女华容公主。八年冬，归蕃，下令国中曰："先者，以国处边荒境，被发左衽。今大隋统御，宇宙平一。孤既沐浴和风，庶均大化。其庶人以上，皆宜解辫削衽。"帝闻而善之，下诏曰："光禄大夫、弁国公、高昌王伯雅，本自诸华，世祚西壤，昔因多难，翦为胡服。自我皇隋，平一宇宙，伯雅逾沙忘阻，奉贡来庭，削衽曳裾，变夷从夏，可赐衣冠，仍班制造之式。"然伯雅先臣铁勒，恒遣重臣在高昌国，有商胡往来者则税之，送于铁勒。虽有此令取悦中华，然竟畏铁勒，不敢改也。自是岁令贡方物。

且弥国，都天山东于大谷，在车师北，去代一万五百七十里。本役属车师。

焉耆国，在车师南，都员渠城，白山南七十里，汉时旧国也。去代一万二百里。其王姓龙，名鸠尸毕那，即前凉张轨所讨龙熙之胤。所都城方二里。国内凡有九城。国小人贫，无纲纪法令。兵有弓、刀、甲、槊。婚姻略同华夏。死亡者，皆焚而后葬，其服制满七日则除之。丈夫并翦发以为首饰。文字与婆罗门同。俗事天神，并崇佛法也。尤重二月八日、四月八日。是日也，其国咸依释教，斋戒行道焉。气候寒，土田良沃，谷有稻、粟、菽、麦，畜有驼、马。养蚕，不以为丝，唯充绵纩。俗尚蒲桃酒，兼爱音乐。南去海十余里，有鱼监蒲苇之饶。东去高昌九百里，西去龟兹九百里，皆沙碛。东南去瓜州二千二百里。

恃地多险，颇剽劫中国使。太武怒之，诏成周公万度归讨之，约赍轻粮，取食路次。度归入焉耆东界，击其边守左回、尉犁二城，拔之，进军围员渠。鸠尸毕那以四五万人出城，守险以距。度归募壮勇，短兵直往冲，鸠尸毕那众大溃，尽虏之，单骑走入山中。度归进屠其城，四鄙诸戎皆降服。焉耆为国，斗绝一隅，不乱日久，获其珍奇异玩，殊方谲诡难识之物，橐驼、马、牛、杂畜巨万。时太武幸阴山北宫，度归破焉耆露板至，帝省讫，赐司徒崔浩书曰："万度归以五千骑，经万余里，拔焉耆三城，获其珍奇异物及诸委积不可胜数。自古帝王，虽云即序西戎，有如指注，不能控引也。朕今手把而有之，如何?"浩上书称美。遂命度归镇抚其人。初,鸠尸毕那走山中,犹觊城不拔,得还其国。既见尽为度归所克,乃奔龟兹。龟兹以其婿,厚待之。

周保定四年,其王遣使献名马。

隋大业中,其王龙突骑支遣使贡方物。是时,其国胜兵千余人而已。

龟兹国,在尉犁西北,白山之南一百七十里,都延城,汉时旧国也。去代一万二百八十里。其王姓白,即后凉吕光所立白震之后。其王头系彩带,垂之于后,坐金师子床。所居城方五六里。其刑法,杀人者死,劫贼则断其一臂,并刖一足。赋税,准地征租,无田者则税银。风俗、婚姻、丧葬、物产与焉耆略同。唯气候少温为异。又出细毡,饶铜、铁、铅、麖皮、氍毹、沙、盐绿、雌黄、胡粉、安息香、良马、犎牛等。东有轮台,即汉贰师将军李广利所屠者。其南三百里,有大河东流,号计戍水,即黄河也。东去焉耆九百里,南去于阗一千四百里,西去疏勒一千五百里,北去突厥牙六百余里,东南去瓜州三百里。

其东关城戍,寇窃非一,太武诏万度归率骑一千以击之。龟兹遣乌羯目提等领兵三千距战,度归击走之,斩二百余级,大获驼马而还。俗性多淫,置女市,收男子钱以入官。土多孔雀,群飞山谷间,人取而食之,孳乳如鸡鹜,其王家恒有千余只云。其国西北大山中有如膏者,流出成川,行数里入地,状如饧饧,甚臭。服之,发齿已落者,能令更生,疠人服之,皆愈。自后每使朝贡。

周保定元年,其王遣使来献。

隋大业中,其王白苏尼哑遣使朝,贡方物。是时,其国胜兵可数千人。

姑默国,居南城,在龟兹西,去代一万五百里。役属龟兹。

温宿国,居温宿城,在姑默西北,去代一万五百五十里。役属龟兹。

尉头国,居尉头城,在温宿北,去代一万六百五十里。役属龟兹。

乌孙国,居赤谷城,在龟兹西北,去代一万八十里。其国数为蠕蠕所侵,西徙葱岭山中。无城郭,随畜牧逐水草。

太延三年,遣使者董琬等使其国,后每使朝贡。

疏勒国,在姑默西,白山南百余里,汉时旧国也。去代一万一千二百五十里。文成末,其王遣使送释迦牟尼佛袈裟一,长二丈余。帝以审是佛衣,应有灵异,遂烧之以验虚实,置于猛火之上,经日不然。观者莫不悚骇,心形俱肃。其王戴金师子冠。土多稻、粟、麻、麦、铜、铁、锡、雌黄,每岁常供送于突厥。其都城方五里。国内有大城十二,小城数十。人手足皆六指,产子非六指者即不育。胜兵者二千人。南有黄河,西带葱岭,东去龟兹千五百里,西去镞汗国千里,南去朱俱波八九百里,东北至突厥牙千余里,东南去瓜州四千六百里。

悦般国,在乌孙西北,去代一万九百三十里。其先,匈奴北单于之部落也。为汉车骑将军窦宪所逐,北单于度金微山,西走康居,其羸弱不能去者,住龟兹北。地方数千里,众可二十余万,凉州人犹谓之单于王。其风俗言语与高车同,而其人清洁于胡。俗剪发齐眉,以㮕醐涂之,昱昱然光泽。日三澡漱,然后饮食。其国南界有大山,山傍石皆焦熔,流地数十里乃凝坚,人取以为药,即石流黄也。

与蠕蠕结好,其王尝将数千人入蠕蠕国,欲与大檀相见。入其百余里,见其部人不浣衣,不绊发,不洗手,妇人口舐器物。王谓其从臣曰:"汝曹诳我,将我入此狗国中。"乃驰还。大檀遣骑追之,不及。自是相仇雠，数相征讨。

真君九年，遣使朝献。并送幻人，称能割人喉脉令断，击人头令骨陷，皆血出或数升或盈斗，以草药内其口中，令嚼咽之，须臾血止，养疮一月复常，又无痕瘢。世疑其虚，乃取死罪囚试之，皆验。云中国诸名山皆有此草，乃使人受其术而厚遇之。又言：其国有大术者，蠕蠕来抄掠，术人能作霖雨、盲风、大雪及行潦，蠕蠕冻死漂亡者十二三。是岁，再遣使朝贡求与官军东西齐契讨蠕蠕。仍诏有司，以其鼓舞之节，施于乐府。自后每使朝贡。

者至拔国，都者至拔城，在疏勒西，去代一万一千六百二十里。其国东有潘贺那山，出美铁及师子。

迷密国，都迷密城，在者至拔西，去代一万二千一百里。正平元年，遣使献一峰黑橐驼。其国东有山名郁悉满山，出金、玉，亦多铁。

悉万斤国，都悉万斤城，在迷密西，去代一万二千七百二十里。其国南有山名伽色那山，出师子。每使朝贡。

忸密国，都忸密城，在悉万斤西，去代二万二千八百二十八里。

洛那国，故大宛国也。都贵山城，在疏勒西北，去代万四千四百五十里。

太和三年，遣使献汗血马，自此每使朝贡。

粟特国，在葱岭之西，故之奄蔡，一名温那沙。居于大泽，在康居西北，去代一万六千里。先是，匈奴杀其王而有其国，至于忽倪，已三世矣。其国商人先多诣凉土贩货，及魏克姑臧，悉见虏。文成初，粟特王遣使请赎之，诏听焉。自后无使朝献。

周保定四年，其王遣使贡方物。

波斯国,都宿利城,在忸密西,古条支国也。去代二万四千二百二十八里。城方十里,户十余万,河经其城中南流。土地平正,出金、鍮石、珊瑚、琥珀、车渠、马瑙,多大真珠、颇梨、琉璃、水精、瑟瑟、金刚、火齐、镔铁、铜、锡、朱砂、水银、绫、锦、叠、毼、氍毹、毺毲、赤獐皮,及薰六、郁金、苏合、青水等香,胡椒、荜拨、石蜜、千年枣、香附子、诃梨勒、无食子、盐绿、雌黄等物。气候暑热,家自藏冰。地多沙碛,引水溉灌。其五谷及鸟兽等与中夏略同,唯无稻及黍、稷。土出名马、大驴及驼,往往有一日能行七百里者,富室有数千头。又出白象、师子、大鸟卵。有鸟形如橐驼,有两翼,飞而不能高,食草与肉,亦能啖火。

其王姓波氏名斯,坐金羊床,戴金花冠,衣锦袍、织成帔,饰以真珠宝物。其俗:丈夫剪发,戴白皮帽,贯头衫,两箱近下开之,亦有巾帔,缘以织成;妇女服大衫,披大帔,其发前为髻后披之,饰以金银花,仍贯五色珠,络之于膊。王于其国内别有小牙十余所,犹中国之离宫也。每年四月出游处之,十月仍还。王即位以后,择诸子内贤者,密书其名,封之于库,诸子及大臣莫之知也。王死,众乃共发书视之,其封内有名者,即立以为王。余子出各就边任,兄弟更不相见也。国人号王曰医嗽,妃曰防步率,王之诸子曰杀野。大官有摸胡坛,掌国内狱讼;泥抱汗,掌库藏、关禁;地旱,掌文书及众务。次遏罗诃地,掌王之内事;薛波勃,掌四方兵马。其下皆有属官,分统其事。兵有甲、矟、圆排、剑、弩、弓、箭。战兼乘象,百人随之。

其刑法:重罪悬诸竿上,射杀之;次则系狱,新王立乃释之;轻罪则劓、刖若髡,或翦半鬓及系牌于项,以为耻辱;犯强盗,系之终身;奸贵人妻者,男子流,妇人割其耳鼻。赋税,则准地输银钱。俗事火神天神。文字与胡书异。多以姊妹为妻妾,自余婚合,亦不择尊卑,诸夷之中最为丑秽矣。百姓女年十岁以上有姿貌者,王收养之,有功勋人,即以分赐。死者,多弃尸于山,一月着服。城外有人别居,唯知丧葬之事,号为不净人,若入城市,摇铃自别。以六月为岁首，尤重七月七日、十二月一日。其日，人庶以上，各相命召，设会作乐，以极欢娱。又每年正月二十日，各祭其先死者。

神龟中，其国遣使上书贡物，云："大国天子，天之所生，愿日出处常为汉中天子。波斯国王居和多千万敬拜。"朝廷嘉纳之。自此，每使朝献。恭帝二年，其王又遣使献方物。

隋炀帝时，遣云骑尉李昱使通波斯。寻使随昱贡方物。

伏卢尼国，都伏卢尼城，在波斯国北，去代二万七千三百二十里。累石为城，东有大河南流，中有鸟，其形似人，亦有如骆驼、马者，皆有翼，常居水中，出水便死。城北有云尼山，出银、珊瑚、琥珀，多师子。

色知显国，都色知显城，在悉万斤西北，去代一万二千九百四十里。土平，多五果。

伽色尼国，都伽色尼城，在悉万斤南，去代一万二千九百里。土出赤盐，多五果。

薄知国，都薄知城，在伽色尼国南，去代一万三千三百二十里。多五果。

牟知国，都牟知城，在忸密西南，去代二万二千九百二十里。土平，禽兽草木类中国。

阿弗太汗国，都阿弗太汗城，在忸密西，去代三千七百二十里。土平，多五果。

呼似密国，都呼似密城，在阿弗太汗西，去代二万四千七百里。土平，出银、琥珀，有师子，多五果。

诺色波罗国,都波罗城,在忸密南,去代二万三千四百二十八里。土平,宜稻、麦,多五果。

早伽至国,都早伽至城,在忸密西,去代二万三千七百二十八里。土平,少田殖,取稻、麦于邻国,有五果。

伽不单国,都伽不单城,在悉万斤西北,去代一万二千七百八十里。土平,宜稻、麦,有五果。

者舌国,故康居国,在破洛那西北,去代一万五千四百五十里。太延三年,遣使朝贡,不绝。

伽倍国,故休密翕侯,都和墨城,在莎车西,去代一万三千里。人居山谷间。

折薛莫孙国,故双靡翕侯,都双靡城,在伽倍西,去代一万三千五百里。居山谷间。

钳敦国,故贵霜翕侯,都护澡城,在折薛莫孙西,去代一万三千五百六十里。居山谷间。

弗敌沙国,故肸顿翕侯,都薄苑,在钳敦西,去代一万三千六百六十里。居山谷间。

阎浮谒国,故高附翕侯,都高附城,在弗敌沙南,去代一万三千七百六十里。居山谷间。

大月氏国,都剩监氏城,在弗敌沙西,去代一万四千五百里。北与蠕蠕接，数为所侵，遂西徙都薄罗城，去弗敌沙二千一百里。其王寄多罗勇武，遂兴师越大山，南侵北天竺。自乾陀罗以北五国，尽役属之。

太武时，其国人商贩京师，自云能铸石为五色琉璃。于是采矿山中，于京师铸之，既成，光泽乃美于西方来者。乃诏为行殿，容百余人，光色映彻，观者见之，莫不惊骇，以为神明所作。自此，国中琉璃遂贱，人不复珍之。

安息国，在葱岭西，都蔚搜城。北与康居，西与波斯相接，在大月氏西北，去代二万一千五百里。

周天和二年，其王遣使朝献。

条支国，在安息西，去代二万九千四百里。

大秦国，一名黎轩，都安都城，从条支西渡海曲一万里，去代三万九千四百里。其海滂出，犹渤海也，而东西与渤海相望，盖自然之理。地方六千里，居两海之间。其地平正，人居星布。其都王城分为五城，各方五里，周六十里。王居中城。城置八臣，以主四方。而王城亦置八臣，分主四城。若谋国事及四方有不决者，则四城之臣，集议所，王自听之，然后施行。王三年一出观风化，人有冤枉诣王诉讼者，当方之臣，小则让责，大则黜退，令其举贤人以代之。其人端正长大，衣服、车旗，拟仪中国，故外域谓之大秦。其土宜五谷、桑、麻，人务蚕、田。多璆琳、琅玕、神龟、白马朱鬣、明珠、夜光璧。东南通交趾。又水道通益州永昌郡。多出异物。

大秦西海水之西有河，河西南流。河西有南北山，山西有赤水，西有白玉山，玉山西有西王母山，玉为堂室云。从安息西界循海曲，亦至大秦，回万余里。于彼国观日月星辰，无异中国，而前史云，条支西行百里，日入处，失之远矣。

阿钩羌国,在莎车西南,去代一万三千里。国西有县度山,其间四百里,中往往有栈道,下临不测之深,人行以绳索相持而度,因以名之。土有五谷、诸果。市用钱为货。止立宫室。有兵器。土出金珠。

波路国,在阿钩羌西北,去代一万三千九百里。其地湿热,有蜀马。土平,物产国俗与阿钩羌同类焉。

小月氏国,都富楼沙城。其王本大月氏王寄多罗子也。寄多罗为匈奴所逐,西徙。后令其子守此城,因号小月氏焉。在波路西南,去代一万六百里。先居西平、张掖之间,被服颇与羌同。其俗以金银钱为货,随畜牧移徙,亦类匈奴。其城东十里有佛塔,周三百五十步,高八十丈自佛塔初建计至武定八年,八百四十二年,所谓百丈佛图也。

罽宾国,都善见城,在波路西南,去代一万四千二百里。居在四山中,其地东西八百里,南北三百里。地平,温和,有苜蓿、杂草、奇木、檀、槐、梓、竹。种五谷,粪园。田地下湿,生稻。冬食生菜。其人工巧,雕文刻镂,织罽。有金、银、铜、锡,以为器物。市用钱。他畜与诸国同。每使朝献。

吐呼罗国,去代一万二千里。东至范阳国,西至悉万斤国,中间相去二千里;南至连山,不知名,北至波斯国,中间相去一万里。薄提城周匝六十里,城南有西流大水,名汉楼河。土宜五谷,有好马、驼、骡。其王曾遣使朝贡。

副货国,去代一万七千里。东至阿富使且国,西至没谁国,中间相去一千里;南有连山,不知名,北至奇沙国,相去一千五百里。国中有副货城,周匝七十里。宜五谷、蒲桃,唯有马、驼、骡。国王有黄金殿,殿下有金驼七头,各高三尺。其王遣使朝贡。

南天竺国,去代三万一千五百里。有伏丑城,周匝十里。城中出摩尼珠、珊瑚。城东三百里有拔赖城,城中出黄金、白真檀、石蜜、蒲桃,土宜五谷。

宣武时,其国王婆罗化遣使献骏马、金、银。自此,每使朝贡。

叠伏罗国,去代三万一千里。国中有勿悉城,城北有盐奇水,西流。有白象。并有阿末黎木,皮中织作布。土宜五谷。

宣武时,其国王伏陀末多遣使献方物。自是,每使朝贡。

拔豆国,去代五万一千里。东至多勿当国,西至旃那国,中间相去七百五十里;南至罽陵伽国,北至弗那伏且国,中间相去九百里。国中出金、银、杂宝、白象、水牛、牦牛、蒲桃、五果,土宜五谷。

嚈哒国,大月氏之种类也,亦曰高车之别种。其原出于塞北。自金山而南,在于阗之西,都乌许水南二百余里,去长安一万一百里。其王都拔底延城,盖王舍城也。其城方十里余,多寺塔,皆饰以金。风俗与突厥略同。其俗,兄弟共一妻,夫无兄弟者,妻戴一角帽,若有兄弟者,依其多少之数更加帽焉。衣服类加以缨络,头皆剪发。其语与蠕蠕、高车及诸胡不同。众可有十万,无城邑,依随水草,以毡为屋,夏迁凉土,冬逐暖处。分其诸妻,各在别所,相去或二百、三百里。其王巡历而行,每月一处。冬寒之时,三月不徙。王位不必传子,子弟堪者,死便受之。其国无车,有舆,多驼、马。用刑严急,偷盗无多少皆腰斩,盗一责十。死者,富家累石为藏,贫者掘地而埋,随身诸物,皆置冢内。其人凶悍,能斗战,西域康居、于阗、沙勒、安息及诸小国三十许,皆役属之,号为大国。与蠕蠕婚姻。自太安以后,每遣使朝贡。正光末,遣贡师子一,至高平,遇万俟丑奴反,因留之。丑奴平,送京师。永熙以后,朝献遂绝。

　　初,熙平中,明帝遣剽伏子统宋云、沙门法力等使西域,访求佛经,时有沙门慧生者,亦与俱行。正光中,还。慧生所经诸国,不能知其本末及山川里数,盖举其略云。

　　至大统十二年,遣使献其方物。废帝二年、周明帝二年,并遣使来献。后为突厥所破,部落分散,职贡遂绝。至隋大业中,又遣使朝贡方物。

　　其国去漕国千五百里,东去瓜州六千五百里。

　　朱居国,在于阗西。其人山居,有麦,多林果。咸事佛,语与于阗相类,役属哎哒。

　　渴槃陀国,在葱岭东,朱驹波西。河经其国东北流,有高山,夏积霜雪。亦事佛道,附于哎哒。

　　钵和国,在渴槃陀西。其土尤寒,人畜同居,穴地而处。又有大雪山,望若银峰。其人唯食饼麨。饮麦酒,服毡裘。有二道,一道西行向哎哒,一道西南趣乌苌。亦为哎哒所统。

　　波知国,在钵和西南。土狭人贫,依托山谷,其王不能总摄。有三池,传云大池有龙王,次者有龙妇,小者有龙子,行人经之,设祭乃得过,不祭,多遇风雪之困。

　　赊弥国,在波知之南。山居,不信佛法,专事诸神。亦附哎哒。

　　东有钵卢勒国,路险,缘铁锁而度,下不见底。熙平中,宋云等竟不能达。

　　乌苌国,在赊弥南。北有葱岭,南至天竺。婆罗门胡为其上族。婆罗门多解天文吉凶之数,其主动则访决焉。土多林果,引水灌田,丰稻、麦。事佛,多诸寺塔,极华丽。人有争诉,服之以药,曲者发狂,直者无恙。为法不杀，犯死罪唯徙于灵山。西南有檀特山，山上立寺，以驴数头运食山下，无人控御，自知往来也。

乾陀国，在乌苌西。本名业波，为哦哒所破，因改焉。其王本是敕勒，监国已二世矣。好征战，与罽宾斗，三年不罢，人怨苦之。有斗象七百头，十人乘一象，皆执兵仗，象鼻缚刀以战。所都城东南七里有佛塔，高七十丈，周三百步，即所谓雀离佛图也。

康国者，康居之后也，迁徙无常，不恒故地，自汉以来，相承不绝。其王本姓温，月氏人也，旧居祁连山北昭武城，因被匈奴所破，西逾葱岭，遂有国。枝庶各分王，故康国左右诸国并以昭武为姓，示不忘本也。王字世夫毕，为人宽厚，甚得众心。其妻，突厥达度可汗女也。

都于萨宝水上阿禄迪城。多人居，大臣三人，共掌国事。其王素冠七宝花，衣绫、罗、锦、绣、白叠。其妻有发，幪以皂巾。丈夫翦发，锦袍。名为强国，西域诸国多归之。米国、史国、曹国、何国、小安国、那色波国、乌那曷国、穆国皆归附之。有胡律，置于祆祠，将决罚，则取而断之。重者族，次罪者死，贼盗截其足。人皆深目、高鼻、多髯。善商贾，诸夷交易，多凑其国。有大小鼓、琵琶、五弦、箜篌。婚姻丧制与突厥同。国立祖庙，以六月祭之，诸国皆助祭。奉佛，为胡书。气候温，宜五谷，勤修园蔬，树木滋茂。出马、驼、驴、犎牛、黄金、碙沙、𫞩香、阿萨那香、瑟瑟、獐皮、氍毹、锦、叠。多蒲桃酒，富家或致千石，连年不败。

大业中，始遣使贡方物，后遂绝焉。

安国，汉时安息国也。王姓昭武氏，与康国王同族，字设力；妻，康国王女也。都在那密水南，城有五重，环以流水，宫殿皆平头。王坐金驼座，高七八尺，每听政，与妻相对，大臣三人，评理国事。风俗同于康居，唯妻其姊妹及母子递相禽兽，此为异也。

隋炀帝即位,遣司隶从事杜行满使西域,至其国,得五色盐而返。

国西百余里有毕国,可千余家。其国无君长,安国统之。大业五年,遣使贡献。

石国,居于药杀水,都城方十余里。其王姓石名涅。国城东南立屋,置座于中。正月六日,以王父母烧余之骨,金瓮盛置床上,巡绕而行,散以花香杂果,王率臣下设祭焉。礼终,王与夫人出就别帐,臣下以次列坐,享宴而罢。有粟、麦,多良马。其俗善战。曾贰于突厥,射匮可汗灭之,令特勤甸职摄其国事。南去钹汗六百里,东南去瓜州六千里。

甸职以隋大业五年遣使朝贡,后不复至。

女国,在葱岭南。其国世以女为王,姓苏毗,字末羯,在位二十年。女王夫号曰金聚,不知政事。国内丈夫,唯以征伐为务。山上为城,方五六里,人有万家。王居九层之楼,侍女数百人,五日一听朝,复有小女王共知国政。其俗妇人轻丈夫,而性不妒忌。男女皆以彩色涂面,而一日中或数度变改之。人皆被发。以皮为鞋。课税无常。气候多寒,以射猎为业。出输石、朱砂、麝香、牦牛、骏马、蜀马。尤多盐,恒将盐向天竺兴贩,其利数倍。亦数与天竺、党项战争。其女王死,国中厚敛金钱,求死者族中之贤女二人,一为女王,次为小王。其人死,剥皮,以金屑和骨肉置瓶中,埋之。经一年,又以其皮肉铁器埋之。俗事阿修罗神,又有树神,岁初以人祭,或用猕猴。祭毕,入山祝之,有一鸟如雌雉,来集掌上,破其腹视之,有众粟则年丰,沙石则有灾,谓之鸟卜。

隋开皇六年,遣使朝贡,后遂绝。

钹汗国,都葱岭之西五百余里,古渠搜国也。王姓昭武,字阿利柴。都城方四里,胜兵数千人。王坐金羊床,妻戴金花。俗多朱砂、金、铁。东去疏勒千里,西去苏对沙那国五百里,西北去石国五百里,东北去突厥可汗二千余里,东去瓜州五千五百里。

隋大业中,遣使贡方物。

吐火罗国,都葱岭西五百里,与挹怛杂居。都城方二里,胜兵者十万人,皆善战。其俗奉佛。兄弟同一妻,迭寝焉,每一人入房,户外持其衣以为志,生子属其长兄。其山穴中有神马,每岁牧马于穴所,必产名驹。南去漕国千七百里,去瓜州五千八百里。

大业中,遣使朝贡。

米国,都那密水西,旧康居之地。无王,其城主姓昭武,康国王之支庶,字闭拙。都城方二里,胜兵数百人。西北去苏对沙那国五百里,西南去史国二百里,东去瓜州六千四百里。

大业中,频贡方物。

史国,都独莫水南十里,旧康居之地也。其王姓昭武,字狄遮,亦康国王之支庶也。都城方二里,胜兵千余人。俗同康国。北去康国二百四十里,南去吐火罗五百里,西去那色波国二百里,东北去米国二百里,东北去米国二百里,东去瓜州六千五百里。

大业中,遣使贡方物。

曹国,都那密水南数里,旧是康居之地也。国无主,康国王令子乌建领之。都城方三里,胜兵千余人。国中有得悉神,自西海以东诸国并敬事之。其神有金人,破罗阔人丈有五尺,高下相称,每日以驼五头、马十匹、羊一百口祭之,常有数千人,食之不尽。东南去康国百里,西去何国百五十里,东去瓜州六千六百里。

大业中,遣使贡方物。

何国,都那密水南数里,旧是康居地也。其王姓昭武,亦康国王之族类,字敦。都城方二里,胜兵者千人。其王坐金羊座。东去曹国百五十里,西去小女国三百里,东去瓜州六千七百五十里。

大业中,遣使贡方物。

乌那遏国,都乌浒水西,旧安息之地也。王姓昭武,亦康国王种类,字佛食。都城方二里,胜兵数百人。王坐金羊座。东北去安国四百里,西北去穆国二百余里,东去瓜州七千五百里。

大业中,遣使贡方物。

穆国,都乌浒河之西,亦安息之故地,与乌那遏为邻。其王姓昭武,亦康国王之种类也,字阿滥密。都城方三里,胜兵二千人。东北去安国五百里,东去乌那遏二百余里,西去波斯国四千余里,东去瓜州七百里。

大业中,遣使贡方物。

漕国,在葱岭之北,汉时罽宾国也。其王姓昭武,字顺达,康国王之宗族也。都城方四里,胜兵者万余人。国法严,杀人及贼盗皆死。其俗重淫祠,葱岭山有顺天神者,仪制极华,金银镣为屋,以银为地,祠者日有千余人。祠前有一鱼脊骨,有孔,中通马骑出入。国王戴金牛头冠,坐金马座。多稻、粟、豆、麦,饶象、马、犎牛、金、银、镔铁、氍毹、朱沙、青黛、安息青木等香、石蜜、黑监、阿魏、没药、白附子。北去帆延七百里,东去刦国六百里,东北去瓜州六千六百里。

大业中,遣使贡方物。

论曰:自古开远夷,通绝域,必因宏放之主,皆起好事之臣。张骞凿空于前,班超投笔于后,或结之以重宝,或慑之以利剑,投躯万死之地,以要一旦之功,皆由主尚来远之名,臣徇轻生之节。是知上之所好,下必效焉。西域虽通于魏氏,于时中原始平,天子方以混一为心,未遑及此。其信使往来,得羁縻勿绝之道。

　　及隋炀帝规摹宏侈，掩吞秦、汉，裴矩方进《西域图记》以荡其心，故万乘亲出玉门关，置伊吾、且末镇，而关右暨于流沙，骚然无聊生矣。若使北狄无虞，东夷告捷，必将修输台之戍，筑乌垒之城，求大秦之明珠，致条支之鸟卵，往来转输，将何以堪其弊哉！古者哲王之制也，方五千里，务安诸夏，不事要荒。岂威不能加，德不能被？盖不以四夷劳中国，不以无用害有用也。是以秦戍五岭，汉事三边，或道殣相望，或户口减半。隋室恃其强盛，亦狼狈于青海。此皆一人失其道，故亿兆罹其苦。载思即叙之义，固辞都护之请，返其千里之马，不求白狼之贡，则七戎九夷，候风重译，虽无辽东之捷，岂及江都之祸乎！

　　案西域开于往汉，年世积久，虽离并多端，见闻殊说，此所以前书后史，舛驳不同，岂其好异，地远故也。人之所知，未若其所不知，信矣。但可取其梗概，夫何是非其间哉。

北史卷九八
列传第八六

蠕蠕　匈奴宇文莫槐
徒何段就六眷　高车

蠕蠕姓郁久闾氏。始神元之末，掠骑有得一奴，发始齐眉，忘本姓名，其主字之曰木骨闾。"木骨闾"者，首秃也。"木骨闾"与"郁久闾"声相近，故后子孙因以为氏。木骨闾既壮，免奴为骑卒。穆帝时，坐后期当斩，亡匿广漠溪谷间，收合逋逃，得百余人，依纯突邻部。木骨闾死，子车鹿会雄健，始有部众，自号柔然。后太武以其无知，状类于虫，故改其号为蠕蠕。车鹿会既为部帅，岁贡马畜、貂豽皮。冬则徙度漠南，夏则还居漠北。车鹿会死，子吐奴傀立。吐奴傀死，子跋提立。跋提死，子地粟袁立。

地粟袁死，其部分为二。地粟袁长子匹候跋继父，居东边；次子缦纥提，别居西边。及昭成崩，缦纥提附卫辰而贰于魏。魏登国中讨之，蠕蠕移部遁走。追之及于大碛南床山下，大破之，虏其半部。匹候跋及部帅屋击，各收余落遁走。遣长孙嵩及长孙肥追之，度碛。嵩至平望川，大破屋击，擒之，斩以徇。肥至涿邪山，及匹候跋，举落请降。获缦纥提子曷多汗及曷多汗及曷多汗兄诘归之、社崘、斛律等，并宗党数百人，分配诸部。缦纥提西遁，将归卫辰。道武追之至跋那山，缦纥提复降，道武抚慰如旧。

九年，曷多汗与社崘率部众弃其父西走，长孙肥轻骑追之，至上郡跋那山，斩曷多汗，尽殪其众。社崘数人奔匹候跋，匹候跋处之南鄙,去其庭五百里,令其子四人监之。既而社崙率其私属,执匹候跋四子而叛,袭匹候跋。诸子收余众,亡依高车斛律部。社崙凶狡有权变,月余,乃释匹候跋,归其诸子,欲聚而歼之。密举兵袭匹候跋。杀匹候跋。杀启拔、吴颉等十五人,归于道武。社崙既杀匹候跋,惧王师讨之,乃掠五原以西诸部,北度大漠。道武以拔、颉为安远将军、平棘侯。社崙与姚兴和亲,道武遣材官将军和突袭黜弗、素古延诸部,社崙遣骑救素古延,突逆击破。

社崙远遁漠北,侵高车,深入其地,遂并诸部,凶势益振。北徙弱洛水,始立军法:行人为军,军置将一人;百人为幢,幢置帅一人。先登者赐以虏获,退懦者以石击首杀之,或临时捶挞。无文记,将帅以羊屎粗计兵数,后颇知刻木为记。其西北有匈奴余种,国尤富强,部帅日拔也稽举兵击社崙。逆战于颇根河,大破之。后尽为社崙所并。号为强盛,随水草畜牧。其西则焉耆之地,东则朝鲜之地,北则渡沙漠,穷瀚海,南则临大碛。其常所会庭,敦煌、张掖之北。小国皆苦其寇抄,羁縻附之。于是自号豆代可汗。豆代,犹魏言驾驭开张也;可汗,犹魏言皇帝也。蠕蠕之俗,君及大臣因其行能,即为称号,若中国立谥。既死之后,不复追称。道武谓尚书崔宏曰:"蠕蠕之人,昔来号为顽嚣,每来抄掠,驾牸牛奔遁,驱犍牛随之,牸牛伏不能前。异部人有教其以犍牛易之者,蠕蠕曰:'其母尚不能行,而况其子!'终于不易,遂为敌所虏。今社崙学中国,立法,置战阵,卒成边害。道家言'圣人生,大盗起',信矣。"

天兴五年,社崙闻道武征姚兴,遂犯塞,入自参合陂,南至豺山及善无北泽。时遣常山王遵以万骑追之,不及。天赐中,社崙从弟悦代、大那等谋杀社崙而立大那。发觉,大那等来奔,以大那为冠军将军、西平侯,悦代为越骑校尉、易阳子。三年夏,社崙寇边。永兴元年冬,又犯塞。二年,明元讨之,社崙遁走,道死。

其子度拔年少,未能御众,部落立社崙弟斛律,号蔼苦盖可汗,魏言姿质美好也。斛律北并贺术也骨国,东破嚣历辰部落。三年,斛律宗人悦侯咄觚干等百数十人来降。斛律畏威自守,不敢南侵,北边安静。神瑞元年,与冯跋和亲,跋娉斛律女为妻,将为交婚。斛律长兄子步鹿真谓斛律曰:"女小远适,忧思生疾,可遣大臣树黎、勿地延等女为媵。"斛律不许。步鹿真出。谓树黎等曰:"斛律欲令汝女为媵,远至他国。"黎遂共结谋,令勇士夜就斛律穹庐后,伺其出执之,与女俱嫔于和龙。乃立步鹿真。步鹿真立,委政树黎。

初,高车叱洛侯者,叛其渠帅,导社峇破诸部落,社峇德之,以为大人。步鹿真与社峇子社拔共至叱洛侯家,淫其少妻。少妻告步鹿真,叱洛侯欲举大檀为主,遗大檀金马勒为信。步鹿真闻之,归发八千骑往围,叱洛侯焚其珍宝,自刭而死。步鹿真遂掩大檀。大檀发军执步鹿真及社拔,绞杀之,乃自立。

大檀者,社峇季父仆浑之子,先统别部镇于西界,能得众心,国人推戴之,号牟汗纥升盖可汗,魏言制胜也。斛律父子既至和龙,冯跋封为上谷侯。大檀率众南徙犯塞,明元亲讨之,大檀惧而遁走。遣山阳侯奚斤等追之,遇寒雪,士众冻死及堕指者十二三。及明元崩,太武即位,大檀闻而大喜,始光元年秋,乃寇云中。太武亲讨之,三日二夜至云中。大檀骑围太武五十余重,骑逼,马首相次如堵焉。士卒大惧。太武颜色自若,众情乃安。先是,大檀弟大那与社峇争国,败而来奔。大檀以大那子于陟斤为部师。军士射于陟斤杀之,大檀恐,乃还。二年,太武大举征之,东西五道并进。平阳王长孙翰等从黑漠;汝阴公长孙道生从白黑两漠间;车驾从中道;东平公娥清次西,从栗园;宜城王奚斤、将军安原等西道,从尔寒山。诸军至漠南,舍辎重,轻骑赍十五日粮,绝漠讨之。大檀部落骇惊,北走。

神麚元年八月,大檀遣子将骑万余入塞,杀掠边人而走,附国高车追击破之。自广宁还,追之不及。二年四月,太武练兵于南郊,将袭大檀。公卿大臣皆不愿,术士张深、徐辩以天文说止帝,帝从崔浩计而行。会江南使还,称宋文欲犯河南,谓行人曰:"汝疾还告魏主,归我河南地,即当罢兵;不然,尽我将士之力。"帝闻而大笑,告公卿曰:"龟鳖小竖,自救不暇,何能为也?就使能来,若不先灭蠕蠕,便是坐待寇至,腹背受敌,非上策也。吾行决矣!"于是车驾出东道,向黑山;平阳王长孙翰从西道,向大娥山;同会贼庭。五月,次于沙漠南,舍辎重轻袭之。至栗水,大檀众西奔。弟匹黎先典东落,将赴大檀,遇翰军,翰纵骑击之,杀其大人数百。大檀闻之震怖,将其族党,焚烧庐舍,绝迹西走,莫知所至。于是国落四散,窜伏山谷,畜产野布,无人收视。太武缘栗水西行,过汉将窦宪故垒。六月,车驾次於菟园水,去平城三千七百余里。分军搜讨,东至瀚海,西接张掖水,北度燕然山,东西五千余里,南北三千里。高车诸部杀大檀众类前后归降三十余万,俘获首虏及戎马百余万匹。八月,太武闻东部高车屯巳尼陂,人畜甚众,去官军千余里,遂遣左仆射安原等往讨之。暨巳尼陂,高车诸部望军降者数十万。大檀部落衰弱,因发疾而死。

子吴提立,号敕连可汗,魏言神圣也。四年,遣使朝献。先是,北鄙候骑获吴提南偏逻者二十余人,太武赐之衣服,遣归。吴提上下感德,故朝贡焉。帝厚宾其使而遣之。延和三年二月,以吴提尚西海公主,又遣使者纳吴提妹为夫人,又进为左昭仪。吴提遣其兄秃鹿傀及左右数百人来朝,献马二千匹。帝大悦,班赐甚厚。

至太延二年,乃绝和犯塞。四年,车驾幸五原,遂征之。乐平王丕、河东公贺多罗督十五将出东道,永昌王健、宜都王穆寿督十五将出西道,车驾出中道。至浚稽山,分中道复为二道,陈留王崇从大泽向涿邪山;车驾从浚稽北向天山。西登子阜,刻石记行,不见蠕蠕而还。时漠北大旱,无水草,军马多死。

五年,车骑西伐沮渠牧犍,宜都王穆寿辅景穆居守,长乐王嵇敬、建宁王崇二万人镇漠南,以备蠕蠕。吴提果犯塞,寿素不设备,贼至七介山,京邑大骇,争奔中城。司空长孙道生拒之于吐颓山。吴提之寇也,留其兄乞列归与北镇诸军相守,敬、崇等破乞列归于阴山之北,获乞列归。叹曰:"沮渠陷我也!"获其伯父他吾无鹿胡及其将帅五百人,斩首万余级。吴提闻而遁走,道生追之,至于漠南而还。

真君四年,车驾幸漠南,分军为四道:乐安王范、建宁王崇各统十五将出东道,乐平王督十五将出西道,车驾出中道,中山王辰领十五将为中军后继。车驾至鹿浑谷,与贼相遇。吴提遁走,追至颓根河击破之。车驾至石水而还。五年,复幸漠南,欲袭吴提,吴提远遁,乃止。

吴提死,子吐贺真立,号处可汗,魏言唯也。十年正月,车驾北伐,高昌王那出东道,略阳王羯儿出西道,车驾与景穆自中道出涿邪山。

吐贺真别部帅尔绵他拔等率千余家来降。是时,军行数千里,吐贺真新立,恐惧远遁。九月,车驾北伐,高昌王那出东道,略阳王羯儿出中道,与诸军期会于地弗池。吐贺真悉国精锐,军资甚盛,围那数十重。那掘长围坚守,相持数日。吐贺真数挑战辄不利,以那众少而固,疑大军将至,解围夜遁。那引军追之,九日九夜,吐贺真益惧,弃辎重,逾穿隆岭远遁。那收其辎重,引军还,与车驾会于广泽。略阳王羯儿尽收其人户、畜产百余万。自是,吐贺真遂单弱,远窜,边疆息警矣。太安四年,车驾北征,骑十万,车十五万辆,旌旗千里,遂渡大漠。吐贺真远遁,其莫弗乌朱驾颓率众数千落来降,乃刊石记功而还。太武征伐之后,意存休息;蠕蠕亦怖威北窜,不敢复南。

和平五年,吐贺真死,子予成立,号受罗部真可汗,魏言惠也。自称永康元年。率部侵塞,北镇游军大破其众。皇与四年,子成犯塞,车驾北讨,京兆王子推、东阳公元丕督诸军出西道,任城王云等督军出东道,汝阴王赐、济南公罗乌拔督军为前锋,陇西王源贺督诸军为后继。诸将会车驾于女水之滨,献文亲誓众,诏诸将曰:"用兵在奇,不在众也。卿等但为朕力战,方略已在朕心。"乃选精兵五千人挑战,多设奇兵以惑之,虏众奔溃,逐北三十余里,斩首五万级,降者万余人,戎马器械,不可称计。旬有九日,往返六千余里。改女水曰武川,遂作北征颂,刊石纪功。

延兴五年,予成求通婚聘。有司以予成数犯边塞,请绝其使,发兵讨之。帝曰:"蠕蠕譬若禽兽,贪而亡义,朕要当以信诚待物,不可抑绝也。予成知悔前非，遣使请和，求结姻援，安可孤其款意。"乃诏报曰："所论婚事，今始一反，寻鉴览事理，未允厥中。夫男而下女，爻象所明，初婚之吉，敦崇礼聘，君子所以重人伦之本。不敬其初，令终难矣。"予成每怀谲诈，终献文世，更不求婚。

太和元年四月，遣莫何去汾比拔等来献良马、貂裘。比拔等称："伏承天朝珍宝华丽甚积，求一观之。"乃敕有司，出御府珍玩、金玉、文绣、器物，御厩文马、奇禽、异兽及人间所宜用者，列之京肆，令其历观焉。比拔见之，自相谓曰："大国富丽，一生所未见也。"二年二月有，又遣比拔等朝贡，寻复请婚焉。孝文志在招纳，许之。予成虽岁贡不绝，而款约不著，婚事亦停。

九年，予成死，子豆苍立，号伏古敦可汗，魏言恒也。自称太平元年。豆苍性残暴好杀。其名臣侯医垔、石洛候数以忠言谏之，又劝与魏通和，勿侵中国。豆苍怒，诬石洛候谋反，杀之，夷其三族。

十六年八月，孝文遣阳平王颐、左仆射陆睿并为都督，领军斛律桓等十二将七万骑讨豆苍。部内高车阿伏至罗率众十余万西走，自立为主。豆苍与叔父那盖为二道追之。豆苍出自浚稽山北而西，那盖出自金山。豆苍频为阿伏至罗所败，那盖累有胜捷。国人咸以那盖为天所助，欲推那盖为主。那盖不从，众强之。那盖曰："我为臣不可，焉能为主？"众乃杀豆苍母子，以尸示那盖，乃袭位。

那盖号候其伏代库者可汗，魏言悦乐也。自称太安元年。

那盖死，子伏图立，号他汗可汗，魏言绪也。自称始平元年。正始三年，伏图遣使纥奚勿六跋朝献，请求通和。宣武不报其使，诏有司敕勿六跋曰："蠕蠕远祖社苍是大魏叛臣，往者包容，暂时通使。今蠕蠕衰微，有损畴日；大魏之德，方隆周、汉，跨据中原，指清八表。正以江南未平，权宽北略。通和之事，未容相许。若修蕃礼，款诚昭著者，当不孤尔也。"永平元年，伏图又遣勿六跋奉函书一封，并献貂裘。宣武不纳，依前喻遣。

伏图西征高车，为高车王弥俄突所杀，子丑奴立，号豆罗伏拔豆伐可汗，魏言彰制也。自称建昌元年。永平四年九月，丑奴遣沙门洪宣奉献珠像。延昌二年冬,宣武遣骁骑将军马义舒使于丑奴,未发而崩,事遂停寝。丑奴壮健,善用兵。四年,遣使俟斤尉比建朝贡。熙平元年,西征高车,大破之,擒其主弥俄突,杀之,尽并叛者,国遂强盛。二年,又遣使俟斤尉比建、纥奚勿六跋、巩顾礼等朝贡。神龟元年二月,明帝临显阳殿,引顾礼等二十人于殿下,遣中书舍人徐纥宣诏,让以蠕蠕蕃礼不备之意。

　　初,豆岀之死也,那盖为主,伏图纳豆岀之妻侯吕陵氏,生丑奴、阿那瓌等六人。丑奴立后,忽亡一子,字祖惠,求募不能得。有尼引副升牟妻是豆浑地万,年二十许,为医巫,假托神鬼,先常为丑奴所信,出入去来。乃言:“此儿今在天上,我能呼得。”丑奴母子欣悦。后岁仲秋,在大泽中施帐屋,斋洁七日,祈请天神。经一宿,祖惠忽在帐中,自云恒在天上。丑奴母子抱之悲喜,大会国人,号地万为圣女,纳为可贺敦。授夫副升牟爵位,赐牛、马、羊三千头。地万既挟左道,亦是有姿色,丑奴甚加重爱,信用其言,乱其国政。如是积岁,祖惠年长,其母问之。祖惠言:“我恒在地万家,不尝上天。上天者,地万教也。”其母具以状告丑奴。丑奴言地万悬鉴远事,不可不信,勿用谗言也。既而地万恐惧,潜祖惠于丑奴,丑奴阴杀之。

　　正光初,丑奴母遣莫何去汾李具列等绞杀地万。丑奴怒,欲诛具列等。又阿至罗侵丑奴,丑奴击之,军败还,为母与其大臣所杀,立丑奴弟阿那瓌为主。阿那瓌立经十日,其族兄俟力发示发率众数万以伐,阿那瓌战败,将弟乙居伐轻骑南走归魏。阿那瓌母侯吕陵氏及其二弟寻为示发所杀,而阿那瓌未之知也。

　　九月,阿那瓌将至,明帝遣兼侍中陆希道为使主,兼散骑常侍孟威为使副,迎劳近畿,使司空公、京兆王继至北中,侍中崔光、黄门郎元纂在近郊,并申宴劳,引至阙下。十月,明帝临显阳殿,引从五品已上清官、皇宗、藩国使客等,列于殿庭。王公已下及阿那瓌等入就庭中,北面。位定,谒者引王公已下升殿,阿那瓌位于藩王之下,又引特命之官及阿那瓌弟并二叔升,位于群官之下。遣中书舍人曹道宣诏劳问。阿那瓌启云:“陛下优隆,命臣弟、叔等升殿预会。

但臣有从兄，在北之日，官高于二叔，乞命升殿。"诏听之，乃位于阿那瓌弟之下，二叔之上。

宴将罢，阿那瓌执所启立于座后。诏遣舍人常景问所欲言。阿那瓌求诣帝前，诏引之。阿那瓌再拜跽曰："臣先世源由，出于大魏。"诏曰："朕已知之。"阿那瓌起而言曰："臣之先，逐草放牧，遂居漠北。"诏曰："卿言未尽，可具陈之。"阿那瓌又言曰："臣祖先已来，世居北土，虽复隔越山津，而乃恭心慕化，未能时宣者，正以高车悖逆，臣国扰攘，不暇遣使以宣远诚。自顷年已前，渐定高车，及臣兄为主，故遣巩顾礼等使来大魏，实欲虔修藩礼。是以曹道芝北使之日，臣与主兄，即遣大臣五人，拜受诏命。臣兄弟本心，未及上彻。但高车从而侵暴，中有奸臣，因乱作逆，杀臣兄，立臣为主。裁过旬日，臣以陛下恩慈如天，是故仓卒轻身投国，归命陛下。"诏曰："具卿所陈，理犹未尽，可更言之。"阿那瓌再拜受诏，起而言曰："臣以家难，轻来投阙，老母在彼，万里分张，本国臣人，皆已迸散。陛下隆恩，有过天地，求乞兵马，还向本国，诛翦叛逆，收集亡散。陛下慈念，赐借兵马，老母若在，得生相见以申母子之恩；如其死也，即得报雠，以雪大耻。臣当统临余人，奉事陛下，四时之贡，不敢阙绝。陛下圣颜难睹，敢不披陈？但所欲言者，口不能尽言。别有辞启，谨以仰呈，愿垂昭览。"仍以启付舍人常景，具以奏闻。

寻封阿那瓌朔方郡公、蠕蠕王，赐以衣冕，加之轺、盖，禄从仪卫，同于戚藩。十二月，明帝以阿那瓌国无定主，思还绥集，启请切至，诏议之。时朝臣意有同异，或言听还，或言不可。领军元叉为宰相，阿那瓌私以金百斤货之，遂归北。

二年正月，阿那瓌等五十四人请辞，明帝临西堂，引见阿那瓌及其叔伯兄弟五人，升阶赐坐，遣中书舍人穆弼宣劳。阿那瓌等拜辞。诏赐阿那瓌细明光人马铠一具，铁人马铠六具，露丝银缠矟二张并白眊，赤漆矟十张并白眊，黑漆矟十张并幡，露丝弓二张并箭，朱漆柘弓六张并箭，黑漆弓十张并箭，赤漆盾六幡并刀，黑漆盾六幡并刀，赤漆鼓角二十具，五色锦被二领，黄紬被褥三十具，私府绣袍一领并帽，内者绯纳袄一领、绯袍二十领并帽，内者杂彩千段，绯纳小口绔褶一具内中宛具，紫纳大口绔褶一具内中宛具，百子帐十八具，黄布幕六张，新乾饭一百石，麦麨八石，榛麨五石，铜乌铫四枚，柔铁乌铫二枚各受二斛，黑漆竹檽四枚各受五升，婢二口，父草马五百疋，驼百二十头，牸牛一百头，羊五千口，朱画盘器十合，粟二十万石，至镇给之。诏侍中崔光、黄门元纂，郭外劳遣。

阿那瓌来奔之后，其父兄俟力发婆罗门率数万人入讨示发，破之。示发走奔地豆于，为其所杀。推婆罗门为主，号弥偶可社句可汗，魏言安静也。时安北将军、怀朔镇将杨钧表：“传闻彼人已立主，是阿那瓌同堂兄弟。夷人兽心，已相君长，恐未有以杀兄之人，郊迎其弟。轻往虚反，徒损国威。自非广加兵众，无以送其入北。”二月，明帝诏旧经蠕蠕使者牒云具仁往，喻婆罗门迎阿那瓌复藩之意。婆罗门殊自骄慢，无逊避之心，责具仁礼敬，具仁执节不屈。婆罗门遣大官莫何去汾、俟斤丘升头六人，将兵二千随具仁迎阿那瓌。五月。具仁还镇，论彼事势。阿那瓌虑不敢入，表求还京。

会婆罗门为高车所逐，率十部落诣凉州归降。于是蠕蠕数万，相率迎阿那瓌。七月，阿那瓌启云：“投化阿那瓌蠕蠕元退社、浑河旃等二人，以今月二十六日到镇，云国土大乱，姓姓别住，迭相抄掠，当今北人，鹄望待拯。今乞依前恩，赐给精兵一万，还令督率领，送臣碛北，抚定荒人。脱蒙所请，事必克济。”诏付尚书、门下博议。八月，诏兼散骑常侍王遵业驰驿宣旨慰喻阿那瓌，并申赐赉。九月，蠕蠕后主俟匿伐来奔怀朔镇，阿那瓌兄也，列称规望乞军，并请阿那瓌。

十月，录尚书事高阳王雍、尚书令李崇、侍中侯刚、尚书左仆射元钦、侍中元叉、侍中安丰王延明、吏部尚书元修义、尚书李彦、给事黄门侍郎元纂、给事黄门侍郎张烈、给事黄门侍郎卢同等奏曰：“窃闻汉立南北单于，晋有东西之称，皆所以相维御难，为国藩篱。今臣等参议，以为怀朔镇北，土名无结山吐若奚泉，敦煌北西海郡，即汉、晋旧郡，二处宽平，原野弥沃。阿那瓌宜置西吐若奚泉！婆罗门宜置西海郡，各令总率部落，收离聚散。其爵号及资给所须，唯恩裁处。彼臣下之官，任其旧俗。阿那瓌所居既是境外，宜少优遣，以示威刑。计沃野、怀朔、武川镇各差二百人，令当镇军主监率，给其粮仗，送至前所。仍于彼为其造构，功就听还。诸于北来在婆罗门前投化者，令州镇上佐，准程给粮，送诣怀朔阿那瓌，镇与使人，量给食禀；在京馆者，任其去留。阿那瓌草创，先无储积，请给朔州麻子乾饭二千斛，官驼运送。婆罗门居于西海，既是境内，资卫不得同之。阿那瓌等新造藩屏，宜各遣使持节驰驿，先诣慰喻，并委经略。”明帝从之。

十二月，诏安西将军、廷尉元洪超兼尚书行台，诣敦煌安置婆罗门。婆罗门寻与部众谋叛投哒。哒三妻，皆婆罗门姊妹也。仍为州军所讨，擒之。

三年十二月，阿那瓌上表，乞粟以为田种。诏给万石。四年，阿那瓌众大饥，入塞寇抄。明帝诏尚书左丞元孚兼行台尚书，持节喻之。孚见阿那瓌，为其所执。以孚自随，驱掠良口二千并公私驿马、牛羊数十万北遁，谢孚放还。诏骠骑大将军、尚书令李崇等率骑十万讨之，出塞三千余里，至瀚海，不及而还。俟匿伐至洛阳，明帝临西堂引见之。五年，婆罗门死洛南之馆，诏赠持节、镇西将军、秦州刺史、广牧公。

是岁，沃野镇人破六韩拔陵反，诸镇相应。孝昌元年春，阿那瓌率众讨之。诏遣牒云具仁赍杂物劳赐。阿那瓌拜受诏命，勒众十万，从武川镇西向沃野，频战克捷。四月，明帝又遣通直散骑常侍、中书舍人冯俊使阿那瓌，宣劳班赐有差。阿那瓌部落既和，士马稍盛，乃号敕连头兵伐可汗，魏言把揽也。十月，阿那瓌复遣郁久闾弥娥等朝贡。三年四月，阿那瓌遣使人巩凤景等朝贡。及还，明帝诏之曰：“北镇群狄，为逆不息，蠕蠕主为国立忠，助加诛讨，言念诚心，无忘寝食。今知停在朔垂，与尔朱荣邻接，其严勒部曲，勿相暴掠。又近得蠕蠕主启，更欲为国东讨。但蠕蠕主世居北漠，不宜炎夏，今可且停，听待后敕。”盖朝廷虑其反覆也。此后频使朝贡。

建义初，孝庄诏曰："夫勋高者赏重，德厚者名隆。蠕蠕主阿那瓌镇卫北藩，御侮朔表，遂使阴山息警，弱水无尘，刊迹狼山，铭功瀚海。至诚既笃，勋绪莫酬，故宜橺以殊礼，何容格以恒式。自今以后，赞拜不言名，上书不称臣。"

太昌元年六月，阿那瓌遣乌勾兰树升伐等朝贡，并为长子请尚公主。永熙二年四月，孝武诏以范阳王诲之长女琅邪公主许之，未及成婚，帝入关。东、西魏竞结阿那瓌为婚好。西魏文帝乃以孝武时舍人元翌女称为化政公主，妻阿那瓌兄弟塔寒，又自纳阿那瓌女为后，加以金帛诱之。阿那瓌遂留东魏使元整，不报信命。后遂率众度河，以废后为言，文帝不得已，遂敕废后自杀。

元象元年五月，阿那瓌掠幽州范阳，南至易水。九月，又掠肆州秀容，至于三推。又杀元整，转谋侵害。东魏乃囚阿那瓌使温豆拔等。神武以阿那瓌凶狡，将抚怀之，乃遣其使人龙无驹北还，以通温豆拔等音问。始阿那瓌杀元整，亦谓温豆拔等不存，既见无驹，微怀感愧。兴和一年春，复遣龙无驹等朝贡东魏。然犹未款诚。

阿那瓌女妻文帝者遇疾死，齐神武因遣相府功曹参军张徽纂使于阿那瓌，间说之。云文帝及周文既害孝武，又杀阿那瓌之女，妄以疏属假公主之号，嫁彼为亲。又阿那瓌度河西讨时，周文烧草，使其马饥，不得南进，此其逆诈反覆难信之状。又论东魏正统所在，言其往者破亡归命，魏朝保护，得存其国，以大义示之。兼诈阿那瓌云：近有赤铺步落坚胡行于河西，为蠕蠕主所获。云蠕蠕主问之："汝从高王？为从黑獭？"一人言从黑獭，蠕蠕主杀之；二人言从高王，蠕蠕主放遣。此即蠕蠕主存大国宿昔仁义。彼女既见害，欺许相待，不仁不信，宜见讨伐。且守逆一方，未知归顺，朝廷亦欲加诛。彼若深念旧恩，以存和睦，当以天子懿亲公主结成姻媾，为遣兵将，伐彼叛臣，为蠕蠕主雪耻报恶。

徽纂既申神武意，阿那瓌乃召其大臣与议之，便归诚于东魏。遣其俟利、莫何莫缘游大力等朝贡，因为其子庵罗辰请婚。静帝诏兼散骑常侍太府卿罗念、兼通直散骑常侍中书舍人穆景相等使于阿那瓌。八月，阿那瓌遣莫何去折豆浑十升等朝贡，复因求婚。齐神武请遂其意，以招四远。诏以常山王鸷妹乐安公主许之，改封为兰陵郡长公主。十二月，阿那瓌复遣折豆浑十升诣东魏请婚。三年四月，阿那瓌遣吐豆登郁久闾譬浑、侯利莫何折豆浑侯烦等奉马千疋，以为聘礼，请迎公主。诏兼宗正卿元寿、兼太常卿孟韶等送公主自晋阳北迓，资用器物，齐神武亲自经纪，咸出丰渥。阿那瓌遣其吐豆登郁久闾匿伏、侯利阿夷普掘、蒲提弃之伏等迎公主于新城之南。六月，齐神武虑阿那瓌难信，又以国事加重，躬送公主于楼烦之北，接劳其使，每皆隆厚。阿那瓌大喜，自是朝贡东魏相寻。四年，阿那瓌请以其孙女号邻和公主妻齐神武第九子长广公湛，静帝诏为婚焉。阿那瓌遣其吐豆登郁久闾譬掘、侯利莫何游大力送女于晋阳。武定四年，阿那瓌有爱女，号为公主，以齐神武威德日盛，又请致之，静帝闻而诏神武纳之。阿那瓌遣其吐豆发郁久闾汗拔姻姬等送女于晋阳。自此东魏边塞无事，至于武定末，使贡相寻。

始阿那瓌初复其国，尽礼朝廷。明帝之后，中原丧乱，未能外略，阿那瓌统率北方，颇为强盛，稍敢骄大，礼敬颇阙，遣使朝贡，不复称臣。天平以来，逾自踞慢。汝阳王暹之为秦州也，遣其典签齐人淳于覃使于阿那瓌。遂留之，亲宠任事。阿那瓌因入洛阳，心慕中国，立官号，僭拟王者，遂有侍中、黄门之属。以覃为秘书监、黄门郎，掌其文墨。覃教阿那瓌，转至不逊，每奉国书，邻敌抗礼。及齐受东魏禅，亦岁时往来不绝。

天保三年，阿那瓌为突厥所破，自杀。其太子庵罗辰及瓌从弟登注侯利、登注子库提，并拥众奔齐。其余众立注次子铁伐为主。四年，齐文宣送登注及子库提还北。铁伐寻为契丹所杀，其国人仍立注为主。又为大人阿富提等所杀，其国人复立库提为主。是岁，复为突厥所攻，举国奔齐。文宣乃北讨突厥，迎纳蠕蠕废其主库提，立阿那瓌子庵罗辰为主，致之马邑川，给其禀饩、缯帛。亲追突厥于朔方，突厥请降，许之而还。于是蠕蠕贡献不绝。

五年三月，庵罗辰叛，文宣亲讨，大破之。庵罗辰父子北遁。四月,寇肆州。帝自晋阳讨之,至恒州黄州瓜堆,虏散走。时大军已还,帝麾下千余骑,遇蠕蠕别部数万,四面围逼。帝神色自若,指画形势,虏众披靡,遂纵兵溃围而出。虏退走,追击之,伏尸二十五里,获庵罗辰妻子及生口三万余人。五月,帝又北讨蠕蠕,大破之。六月,蠕蠕帅部众东徙,将南侵,帝帅轻骑于金川下邀击,蠕蠕闻而远遁。六年六月,文宣又亲讨蠕蠕。七月,帝顿白道,留辎重,亲率轻骑五千追蠕蠕,躬犯矢石,频大破之,遂至沃野,大获而还。

是时,蠕蠕既累为突厥所破,以西魏恭帝二年,遂率部千余家奔关中。突厥既恃兵强,又藉西魏和好,恐其遗类依凭大国,使驿相继,请尽杀以甘心。周文议许之,遂收缚蠕蠕主已下三千余人付突厥使,于青门外斩之。中男以下免,并配王公家。

匈奴宇文莫槐,出辽东塞外,其先南单于之远属也,世为东部大人。其语与鲜卑颇异。人皆翦发而留其顶上,以为首饰,长过数寸则截短之。妇女被长襦及足,而无裳焉。秋收乌头为毒药,以射禽兽。莫槐虐用其人,为部下所杀,更立其弟普拨为大人。普拨死,子丘不勤立,尚平帝女。丘不勤死,子莫廆立。本名犯道武讳。莫廆遣弟屈云攻慕容廆,慕容廆击破之。又遣别部素延伐慕容廆于棘城,复为慕容廆所破。时莫廆部众强盛,自称单于,塞外诸部咸惮之。

莫廆死,子逊昵延立,率众攻慕容廆于棘城。廆子翰先戍于外,逊昵延谓其众曰:“翰素果勇,必为人患,宜先取之,城不足忧也。”乃分骑数千袭翰。翰闻之,使人诈为段末波使者,逆谓逊昵延曰:“翰数为吾患,久思除之,今闻来讨,甚善。戒严相待,宜兼路早赴。”翰设伏待之。逊昵延以为信然。长驱不备,至于伏所,为翰所虏。翰驰使告廆,乘胜遂进,及晨而至。廆亦尽锐应之。逊昵延见而方严,率众击战,前锋始交,而翰已入其营,纵火燎之,众乃大溃,逊昵延单马奔还,悉俘其众。逊昵延父子世雄漠北,又先得玉玺三纽,自言为天所指,每自夸大。及此败也,乃卑辞厚币,遣使朝贡于昭帝,帝嘉之,以女妻焉。

逊昵延死,子乞得龟立。复伐慕容廆,廆拒之。惠帝三年,乞得龟屯保浇水,固垒不战,遣其兄悉跋堆袭廆子仁于柏林。仁逆击,斩悉跋堆。廆又攻乞得龟克之,乞得龟单骑夜奔,悉虏其众。乘胜长驱,入其国城,收资财亿计,徙部人数万户以归。先是,海出大龟,枯死于平郭,至是而乞得龟败。

别部人逸豆归杀乞得龟而自立,与慕容晃迭相攻击。遣其国相莫浑伐晃,而莫浑荒酒纵猎,为晃所破,死者万余人。建国八年,晃伐逸豆归,逸豆归拒之。为晃所败,杀其骁将涉亦干。逸豆归远遁漠北,遂奔高丽。晃徙其部众五千余落于昌黎,自是散灭矣。

徒何段就六眷,出于辽西。其伯祖日陆眷,因乱被卖为渔阳乌丸子大库辱官家奴。诸大人集会幽州,皆持唾壶,唯库辱官独无,乃唾日陆眷口中。日陆眷因咽之,西向拜天曰:“愿使主君之智慧禄相,尽移入我腹中。”其后渔阳大饥,库辱官以日陆眷健,使将人诣辽西逐食,招诱亡叛,遂至强盛。日陆眷死,弟乞珍代立。乞珍死,子务目尘代立,即就六眷父也。据辽西之地而臣于晋。其所统三万余家,控弦上马四五万骑。穆帝时,幽州刺史王浚以段氏数为己用,深德之,乃表封务目尘为辽西公,假大单于印绶。浚使务目尘率万余骑伐石勒于常山封龙山下,大破之。

务目尘死,就六眷立。就六眷与弟匹碑、从弟末波等率五万余骑围石勒于襄国。勒登城望之,见将士皆释仗寝卧,无警备之意。勒因其懈怠,选募勇健,穿城突出,直冲末波,生擒之。置之座上,与饮宴尽欢,约为父子,盟誓而遣之。末波既得免,就六眷等遂摄军而还,不复报浚,归于辽西。自此以后,末波常不敢南向溲焉。人问其故,末波曰:“吾父在南。”其感勒不害己也如此。

就六眷死,其子幼弱,匹碑与刘琨世子群奔丧。匹碑阴卷甲而往,欲杀其叔羽鳞及末波而夺其国。末波等知之,遣军逆击匹碑。刘群为末波所获。匹碑走还蓟,惧琨禽己,请琨宴会,因执而害之。匹碑既杀刘琨，与羽鳞、末波自相攻击，部众乖离。欲拥其众徙保上谷，阻军都之险，以距末波等。平文帝闻之，阴严精骑，将击之。疋碑恐惧，南奔乐陵。后石勒遣石季龙击段文鸯于乐陵，破之，生禽文鸯。疋碑遂率其属及诸坞壁降于石勒。

末波自称幽州刺史，屯辽西。末波死，国人因立陆眷弟护辽为主。烈帝时，假护辽骠骑大将军、幽州刺史、大单于、北平公，弟郁兰抚军将军、翼州刺史、勃海公。建国元年，石季龙征护辽于辽西，护辽奔于平冈山，遂投慕容晃，晃杀之。郁兰奔石季龙，以所徙鲜卑五千人配之，使屯合支。郁兰死，子龛代之。及冉闵之乱，龛率众南移，遂据齐地。慕容俊使弟玄恭率众伐龛于广固，执龛送之蓟。俊毒其目而杀之，坑其徒三千余人。

高车，盖古赤狄之余种也。初号为狄历，北方以为“高车、丁零。其语略与匈奴同而时有小异。或云：其先匈奴甥也。其种有狄氏、表纥氏、斛律氏、解批氏、护骨氏、异奇斤氏。俗云：匈奴单于生二女，姿容甚美，国人皆以为神。单于曰：“吾有此女，安可配人？将以与天。”乃于国北无人之地筑高台，置二女其上曰：“请天自迎之。”经三年，其母欲迎之。单于曰：“不可，未彻之间耳。”复一年，乃有一老狼，昼夜守台嘷呼，因穿台不为空穴，经时不去。其小女曰：“吾父处我于此，欲以与天，而今狼来，或是神物，天使之然。”将下就之。其姊大惊曰：“此是畜生，无乃辱父母？”妹不从，下为狼妻而产子。后遂滋繁成国。故其人好引声长歌，又似狼嘷。

无都统大帅，当种各有君长。为性粗猛，党类同心，至于寇难，翕然相依。斗无行阵，头别冲突，乍出乍入，不能坚战。其俗，蹲踞亵黩，无所忌避。婚姻用牛马纳聘以为荣，结言既定，男党营车阑马，令女党恣取上马，祖乘出阑，马主立阑外，振手惊马，不坠即取之，坠则更取，数满乃止。俗无谷，不作酒。迎妇之日，男女相将，持马酪热肉节解。主人延宾，亦无行位，穹庐前丛坐，饮宴终日，复留其宿。明日，将妇归。既而夫党还入其家马群，极取良马，父母弟兄虽惜，终无言者。颇讳取寡妇，而优怜之。其畜产自有记识，虽阑纵在野，终无妄取。俗不清洁，喜致震霆。每震，则叫呼射天而集之移去。来岁秋，马肥，复相率候于震所，埋殺羊，燃火拔刀，女巫祝说，似如中国祓除，而群队驰马旋绕，百匝乃止。人持一束柳梜回，竖之以乳酪灌焉。妇人以皮裹羊骸，戴之首上，紫屈发鬂而缀之，有似轩冕。其死亡葬送，掘地作坎，坐尸于中，张臂引弓，佩刀挟槊，无异于生，而露坎不掩。时有震死及疫疠，则为之祈福；若安全无他，则为报赛。多杀杂畜，烧骨以燎，走马绕旋，多者数百匝。男女无小大，皆集会。平吉之人，则歌舞作乐；死丧之家，则悲吟哭泣。其迁徙随水草，衣皮食肉，牛、羊畜产，尽与蠕蠕同。唯车输高大，辐数至多。

徙于鹿浑海西北百余里，部落强大，常与蠕蠕为敌，亦每侵盗于魏。魏道武袭之，大破其诸部。后道武复度弱洛水，西行至鹿浑海，停驾简轻骑，西北行百余里，袭破之，虏获生口、牛马羊二十余万。复讨其余种于狼山，大破之。车驾北巡，分命诸将为东西二道，道武亲勒六军从中道，自驾犙水西北，徇略其部，诸军同时云合，破其杂种三十余落。卫王仪别督诸将从西北绝漠千余里，复破其遗进七部。于是高车大惧，诸部震骇。道武自牛川南引，大校猎，以高车为围，骑徒遮列，周七百余里，聚杂兽于其中，因驱至平城，即以高车众起鹿苑，南因台阴，北距长城，东包白登，之西山。寻而高车侄利曷莫弗敕力犍率其九百余落内附，拜敕犍为扬威将军，置司马、参军，赐谷二万斛。后高车解批莫弗幡豆建复率其部三十余落内附，亦拜为威远将军，置司马、参军，赐衣服，岁给廪食。

蠕蠕社崙破败之后，收拾部落，转徙广漠之北，侵入高车之地。斛律部帅倍侯利患之，曰：社崙新集，兵贫马少，易与耳！"乃举众掩击，之其国落。高车昧利，不顾后患，分其庐室，妻其妇女，安息寝卧不起。社崙登高望见，乃招集亡散得千人，晨掩杀之，走而脱者十二三。倍侯利遂奔魏，赐爵孟都公。侯利质直，勇健过人，奋戈陷阵，有异于众。北方人畏之，婴儿啼者，语曰："倍侯利来！"便止。处女歌谣云:"求良夫,当如倍侯。"其服众如此。善用五十蓍筮吉凶,每中,故得亲幸,赏赐丰厚,命其少子曷堂内侍。及倍侯利卒,道武悼惜,葬以魏礼,谥曰忠壮王。后诏将军伊谓帅二万骑北袭高车余种袁纥乌,频破之。道武时,分散诸部,唯高车以类粗犷,不任使役,故得别为部落。

后太武征蠕蠕,破之而还。至漠南,闻高车东部在已尼陂,人畜甚众,去官军千余里,将遣左仆射安原等讨之。司徒长孙翰、尚书令刘洁等谏,太武不听。乃遣原等并发新附高车合万骑,至于已尼陂,高车诸部望军而降者数十万落,获马牛羊亦在百余万,皆徙置漠南千里之地。乘高车,逐水草,畜牧蕃息,数年之后渐知粒食,岁致献贡。由是国家马及牛、羊遂至于贱,毡皮委积。文成时,五部高车合聚祭天,众至数万,大会走马,杀牲游绕,歌吟忻忻。其俗称自前世以来,无盛于此会。车驾临幸,莫不忻悦。后孝文召高车之众,随车驾南讨,高车不愿南行,遂推表纥树者为主,相率北叛,游践金陵。都督宇文福追讨,大败而还。又诏平北将军、江阳王继为都督讨之。继先遣人慰劳。树者入蠕蠕。寻悔,相率而降。

高车之族又有二十姓:一曰泣伏利氏,二曰吐卢氏,三曰乙旃氏,四曰大连氏,五曰窟贺氏,六曰达薄氏,七曰阿仑氏,八曰莫允氏,九曰俟分氏,十曰副伏罗氏,十一曰乞袁氏,十二曰右叔沛氏。

先是,副伏罗部为蠕蠕所役属。豆仑之世,蠕蠕乱离,国部分散,副伏罗阿伏至罗与从弟穷奇俱统领军高车之众十余万落。太和十一年,豆仑犯塞,阿伏至罗等固谏不从,怒率所部之众西叛,至前部西北,自立为王。国人号之曰候娄匐勒,犹魏言大天子也;穷奇号候倍,犹魏言储主也。二人和穆,分部而立,阿伏至罗居北,穷奇在南。豆仑追讨之。频为阿伏至罗所败,乃引众东徙。十四年,阿伏至罗遣商胡越者至京师,以二箭奉贡。云:"蠕蠕为天子之贼,臣谏之不从,遂叛来此,而自竖立,当为天子讨除蠕蠕。"孝文未之信也,遣使者于提往观虚实。阿伏至罗与穷奇遣使者薄颉随提来朝,贡其方物。诏员外散骑侍郎可足浑和长生复与于提使高车,各赐绣绮襦一具,杂彩百匹。

穷奇后为哎哒所杀,虏其子弥俄突等。其众分散,或来奔附,或投蠕蠕。诏遣宣威将军、羽林监孟威抚纳降人,置之高平镇。阿伏至罗长子蒸阿伏至罗余妻,谋害阿伏至罗,阿伏至罗杀之。阿伏至罗又残暴,大失众心,众共杀之,立其宗人跋利延为主。岁余哎哒伐高车,将纳弥俄突。国人杀跋利延,迎弥俄突而立之。

弥俄突既立,复遣朝贡,又奉表献金方一、银方一、金杖二、马七匹、驼十头。诏使者慕容坦赐弥俄突杂彩六十匹。宣武诏之曰:"卿远据沙外,频申诚款,览揖忠志,特所钦嘉。蠕蠕、哎哒、吐谷浑所以交通者,皆路由高昌,掎角相接。今高昌内附,遣使迎引。蠕蠕往来路绝,奸势。不得妄令群小敢有陵犯,拥塞王人,罪在不赦。"弥俄突寻与蠕蠕主伏图战于蒲类海北,为伏图所败,西走三百余里。伏图次于伊吾北山。先是,高昌王麹嘉表求内徙,宣武遣孟威迎之。至伊吾,蠕蠕见威军,怖而遁走。弥俄突闻其离骇,追击大破之,杀伏图于蒲类海北,割其发,送于孟威。又遣使献龙马五匹,金、银、貂皮及诸方物。诏东城子于亮报之,赐乐器一部、乐工八十人、赤绅十匹、杂彩六十匹。弥俄突遣其莫何去汾屋引叱贺真贡其方物。

明帝初,弥俄突与蠕蠕主丑奴战败,被禽。丑奴系其两脚于弩马之上,顿曳杀之,漆其头为饮器。其部众悉入哎哒。经数年,哎哒听弥俄突弟伊匐还国。伊匐既复国,遣使奉表,于是诏遣使者谷揩等拜为镇西将军、西海郡开国公、高车王。伊匐复大破蠕蠕,蠕蠕主婆罗门走投凉州。正光中,伊匐遣使朝贡,因乞朱画步挽一乘并幔褥、鞦鞴一副、伞扇各一枚、青曲盖五枚、赤漆扇五枚、鼓角十枚,诏给之。伊匐后与蠕蠕战,败归,其弟越居杀伊匐而自立。天平中,越居复为蠕蠕所破,伊匐子比适复杀越居而自立。兴和中,比适又为蠕蠕所破,越居子去宾自蠕蠕奔东魏。齐神武欲招纳远人,上言封去宾为高车王,拜安北将军、肆州刺史。既而病死。

初,道武时有吐突邻部在女水上,常与解如部相为唇齿,不供职事。登国三年,道武亲西征,度弱洛水,复西行趣其国。至女水上,讨解如部落,破之。明年春,尽略徙其部落畜产而还。

又有绝突邻,与绝奚世同部落,而各有大人长帅,拥集种类,常为寇于意辛山。登国五年,道武勒众亲讨焉。慕容驎率师来会,大破之。绝突邻大人屋地鞬,绝奚大人库寒等皆举部归降。皇始二年,车驾伐中山,军于柏肆。慕容宝夜来攻营,军人惊,走还于国。路由并州,遂反,将攻晋阳,并州刺史元延讨平之。绝突邻部帅匿物尼、绝奚部帅叱奴根等复聚党反于阴馆,南安公元顺讨之不克,死者数千人。道武闻之,遣安远将军库兵还讨匿物尼等,皆殄之。

又有侯吕邻部,众万余口,常依险畜牧。登国中,其大人叱伐为寇于苦水河。八年夏,道武大破之,并禽其别帅焉古延等。

薛于部常屯聚于三城之间,及灭卫辰后,其部帅太悉伏望军归顺,道武抚安之。车驾还,卫辰子屈丐奔其部。道武闻之,使使诏太悉伏执送之。太悉伏出屈丐以示使者曰:"今穷而见投,宁与俱亡,何忍送之!"遂不遣。道武大怒,车驾亲讨之。会太悉伏先出击曹覆寅,官军乘虚,遂屠其城,获太悉伏妻子、珍宝,徙其人而还。太悉伏来赴,不及,遂奔姚兴。未几,亡归岭北。上郡以西诸鲜卑、杂胡闻而皆应之。天赐五年,屈丐尽劫掠总服之。及平统万,薛于种类皆得为编户矣。

而帅屯山鲜卑别种破多兰部示传主部落。至木易干,有武力壮勇,劫掠左右,西及金城,东侵安定,数年间,诸种患之。天兴四年,遣常山王遵讨之于高平。木易干将数千骑弃国遁走,尽徙其人于京师,余种分迸,其后,为赫连屈丐所灭。

又黜弗、素古延等诸部,富而不恭。天兴五年,材官将军和突率六千骑袭而获之。

又越勤倍泥部,永兴五年,转牧跋那山西。七月,遣奚斤讨破之,徙其人而还。

论曰:周之猃狁,汉之匈奴,其作害中国,故久矣。魏、晋之世,种族瓜分,去来沙漠之陲,窥扰郡塞之际,犹皆东胡这绪余,冒顿之枝叶。至如蠕蠕者，匈奴之裔，根本莫寻。逃形集丑，自小为大，风驰鸟赴，倏来忽往，代京由之屡骇，戎车所以不宁。是故魏氏祖宗，扬威曜武，驱其畜产，收其部落，蓺之穷发之野，逐之无人之乡。岂好肆兵极锐，凶器不戢？盖亦急病除恶，事不得已。其狡狄强弱之由，猾虏服叛之迹，故备录云。

北史卷九九
列传第八七

突厥　铁勒

突厥者,其先居西海之右,独为部落,盖匈奴之别种也。姓阿史那氏。后为邻国所破。尽灭其族。有一儿,年且十岁,兵人见其小,不忍杀之,乃刖足断其臂,弃草泽中。有牝狼以肉饵之,及长,与狼交合,遂有孕焉。彼王闻此儿尚在,重遣杀之。使者见在狼侧,并欲杀狼。于时若有神物,投狼于西海之东,落高昌国西北山。山有洞穴,穴内有平壤茂草,周回数百里,四面俱山。狼匿其中,遂生十男。十男长,外托妻孕,其后各为一姓,阿史那即其一也,最贤,遂为君长。故牙门建狼头纛,示不忘本也。渐至数百家,经数世,有阿贤设者,率部落出于穴中,臣于蠕蠕。至大叶护,种类渐强。当魏之末,有伊利可汗,以兵击铁勒,大败之,降五万余家。遂求婚于蠕蠕主,阿那瓌大怒,遣使骂之。伊利斩其使,率众袭蠕蠕,破之。卒,弟阿逸可汗立,又破蠕蠕。病且卒,舍其子摄图,立其弟俟叔称,为木杆可汗。

或云突厥本平凉杂胡,姓阿史那氏。魏太武皇帝灭沮渠氏,阿史那以五百家奔蠕蠕。世居金山之阳,为蠕蠕铁工。金山形似兜鍪,借号兜鍪为突厥,突厥因以为号。

又曰突厥之先,出于索国,在匈奴之北。其部落大人曰阿谤步,兄弟七十人,其一曰伊质泥师都,狼所生也。阿谤步等性并愚痴,国遂被灭。泥师都既别感异气,能征占风雨。娶二妻,云是夏神、冬神之女。一孕而生四男:其一变白鸿;其一国于阿辅水、剑水之间,号为契骨;其一国于处折水;其一居跋斯处折施山,即其大儿也。山上仍有阿谤步种类,并多寒露,大儿为出火温养之,咸得全济。遂共奉大儿为主,号为突厥,即纳都六设也。都六有十妻,所生子皆以母族姓,阿史那是其小妻之子也。都六死,十母子内择立一人,乃相率于大树下,共为约曰:"向树跳跃,能最高者,即推立之。"阿史那子年幼而跳最高,诸子遂奉以为主,号阿贤设。此说虽殊,终狼种也。

其后曰土门,部落稍盛,始至塞上市缯絮,愿通中国。西魏大统十一年,周文帝遣酒泉胡安诺槃陀使焉。其国皆相庆曰:"今大国使至,我国将兴也。"十二年,土门遂遣使献方物。时铁勒将伐蠕蠕,土门率所部邀击破之,尽降其众五万余落。恃其强盛,乃求婚于蠕蠕主。阿那瓌大怒,使人詈辱之曰:"尔是我锻奴,何敢发是言也!"土门亦怒,杀其使者,遂与之绝,而求婚于魏。周文帝许之,十七年六月,以魏长乐公主妻之。是岁,魏文帝崩,土门遣使来吊,赠马二百匹。废帝元年正月,土门发兵击蠕蠕,大破之于怀芒北。阿那瓌自杀,其子庵罗辰奔齐,余众复立阿那瓌叔父邓叔子为主。土门遂自号伊利可汗,犹古之单于也;号其妻为可贺敦,亦犹古之阏氏也。亦与齐通使往来。

土门死,子科罗立。科罗号乙息记可汗,又破叔子于沃野北赖山。且死,舍其子摄图,立其弟俟斤,是为木杆可汗。

俟斤一名燕都,状貌奇异,面广尺余,其色赤甚,眼若琉璃,刚暴,勇而多知,务于征伐。乃率兵击邓叔子,破之。叔子以其余烬奔西魏。俟斤又西破哝哒,东走契丹,北并契骨,威服塞外诸国。其地,东自辽海以西,至西海,万里;南自沙漠以北,至北海,五六千里:皆属焉。抗衡中国,后与魏伐齐,至并州。

其俗:被发左衽,穹庐毡帐,随逐水草迁徙,以畜牧射猎为事,食肉饮酪,身衣裘褐。贱老贵壮,寡廉耻,无礼义,犹古之匈奴。其主初立,近侍重臣等舆之以毡,随日转九回,每回臣下皆拜,拜讫乃扶令乘马,以帛绞其颈,使才不至绝,然后释而急问之曰:"你能作几年可汗?"其主既神情瞀乱,不能详定多少,臣下等随其所言,以验修短之数。大官有叶护,次特勤,次俟利发,次吐屯毛发,及余小官,凡二十八等,皆世为之。兵器有角弓、鸣镝、甲、矟、刀、剑。佩饰则兼有伏突。旗纛之上,施金狼头。侍卫之士,谓之附离,夏言亦狼也。盖本狼生,志不忘旧。善骑射,性残忍。无文字,其征发兵马及诸税杂畜,刻木为数,并一金镞箭,蜡封印之,以为信契。候月将满,转为寇抄。其刑法:反叛、杀人、及奸人之妇、盗马绊者,皆死;淫者,割势而腰斩之;奸人女者,重责财物,即以其女妻之;斗伤人者,随轻重输物,伤目者偿以女,无女则输妇财,折支体者输马;盗马及杂物者,各十余倍征之。死者,停尸于帐,子孙及亲属男女各杀羊、马,陈于帐前祭之,绕帐走马七匝,诣帐门以刀剺面且哭,血泪俱流,如此者七度乃止。择日,取亡者所乘马及经服用之物,并尸俱焚之,收其余灰,待时而葬。春夏死者,候草木黄落;秋冬死者,候华茂,然后坎而瘗之。葬日,亲属设祭及走马、剺面如初死者之仪。表为茔,立屋,中图画死者形仪,及其生时所战阵状,尝杀一人,则立一石,有至千百者。又以祭之羊、马头,尽悬之于标上。是日也,男女咸盛服饰,会于葬所,男有悦爱于女者,归即遣人聘问,其父母多不违也。父、兄伯、叔死,子、弟及侄等妻其后母、世叔母、嫂,唯尊者不得下淫。移徙无常,而各有地分。可汗恒处于都斤山,牙帐东开,盖敬日之所出也。每岁率诸贵人,祭其先窟。又以五月中旬,集他人水拜祭天神。于都斤西五百里有高山迥出,上无草树,谓为勃登凝梨,夏言地神也。其书字类胡,而不知年历,唯以草青为记。男子好樗蒲,女子踏鞠,饮马酪取醉,歌呼相对。敬鬼神,信巫,重兵死,耻病终,大抵与匈奴同俗。

俟斤部众既盛,乃遣使请诛邓叔子等,周文帝许之,收叔子已下千人,付其使者,杀之于青门外。三年,俟斤袭击吐谷浑破之。周明帝二年,俟斤遣使来献。保定元年,又遣三辈,贡其方物。时与齐人交争,戎车岁动,故连结之,以为外援。初,恭帝时,俟斤许进女于周文帝,契未定而周文崩。寻而俟斤又以他女许武帝,未及结纳,齐人亦遣求婚，俟斤贪其币厚，将悔之。至是，武帝诏遣凉州刺史杨荐、武伯王庆等往结之。庆等至，谕以信义，俟斤遂绝齐使而定婚焉。仍请举国东伐，于是诏随公杨忠率众一万突厥伐齐。忠军度陉岭，俟斤率骑十万来会。明年正月，攻齐主于晋阳，不克，俟斤遂纵兵大掠而还。忠还，言于武帝曰："突厥甲兵恶，赏罚轻，首领多而无法令，何谓难制驭？由比者使人妄道其强盛，欲令国家厚其使者，身往重取其报。朝廷受其虚言，将士望风畏摄。但虏态诈健，而实易与耳。今以臣观之，前后使来人皆可斩也。"武帝不纳。是岁，俟斤复遣使来献，更请东伐。诏杨忠率兵出沃野，晋公护趣洛阳以应之。会护战不利，俟斤引还。五年，诏陈公纯、大司徒宇文贵、神武公窦毅、南安公杨荐往逆女。天和二年，俟斤又遣使来献。陈公纯等至，俟斤复贰于齐。会有雷风变，乃许纯等以后归。四年，又遣使贡献。

　　俟斤死，复舍其子大逻便而立其弟，是为他钵可汗。他钵以摄图为尔伏可汗，统其东面；又以其弟褥但可汗为步离可汗，居西方。自俟斤以来，其国富强，有凌轹中夏之志。朝廷既与之和亲，岁给缯絮、锦彩十万段。突厥在京师者，又待以优礼，衣锦食肉，常以千数。齐人惧其寇掠，亦倾府藏以给之。他钵弥复骄傲，乃令其徒属曰："但使我在南两个儿孝顺，何忧无物邪？"齐有沙门惠琳，掠入突厥中，因谓他钵曰："齐国富强，皆为有佛法。"遂说以因缘果报之理。他钵闻而信之，建一伽蓝，遣使聘齐，求《净名》、《涅槃》、《华严》等经，十人并诵律。他钵亦躬自斋戒，绕塔行道，恨不生内地。建德二年，他钵遣使献马。及齐灭，齐定州刺史、范阳王高绍义自马邑奔之。他钵立绍义为齐帝，召集所部，云为之复雠。宣政元年四月，他钵遂入寇幽州。柱国刘雄拒战，兵败死之。武帝亲总六军，将北伐，会帝崩，乃班师。是冬，他钵复寇边，围酒泉，大掠而去。大象元年，他钵复请和亲，帝策赵王招女为千金公主以嫁之，并遣执绍义送阙。他钵不许，仍寇并州。二年，始遣使奉献，且迎公主为亲而绍义尚留不遣。帝又令贺谊往谕之，始送绍义。

　　他钵病且卒，谓其子庵逻曰："吾闻亲莫过于父子。吾兄不亲其子,委位于我,我死,汝当避大逻便。"及卒,国中将立大逻便,以其母贱,众不服。庵逻实贵,突厥素重之。摄图最后至,谓国中曰:"若立庵逻者,我当率兄弟以事之;如立大逻便,我必守境,利刃长矛以相待。"摄图长而且雄,国人莫敢拒,竟立庵逻为嗣。大逻便不得立,心不服庵逻,每遣人詈辱之。庵逻不能制,因以国让摄图。国中相与议曰:"四可汗子,摄图最贤。"因迎立之,号伊利俱卢设莫何始波罗可汗,一号沙钵略,居都斤山。庵逻降居莉洛水,称第三可汗。大逻便乃谓沙钵略曰:"我与尔俱可汗子,居承父后,尔今极尊,我独无位,何也?"沙钵略患之,以为阿波可汗,还领所部。

沙钵略勇而得众,北夷皆归附之。隋文帝受禅,待之甚薄,北夷大怨。会营州刺史高宝宁作乱,沙钵略与之合军,攻陷临渝镇。上敕缘边修保鄣,峻长城,以备之。沙钵略妻,周千金公主,伤宗祀绝灭,由是悉众来寇,控弦士四十万。上令柱国冯昱屯乙弗泊,兰州总管叱李崇屯幽州,达奚长儒据周槃,皆为虏败。于是纵兵自木硖、石门两道来寇,武威、天水、安定、金城、上郡、弘化、延安六畜咸尽。天子震怒,下诏曰:

> 往者周、齐抗衡,分割诸夏,突厥之虏,俱通二国。周人东虑,恐齐好之深;齐氏西虞,惧周交之厚。各谓虏意轻重,国遂安危。非徒并有大敌之忧,思减一边之防。竭生灵之力,供其来往,倾府库之财,弃于沙漠。华夏之地,实为劳扰。朕受天明命,子育万方,愍臣下之劳,除既往之毙。回入贼之物,加赐将士;息在路之人,务于耕织。凶丑愚暗,未知深旨,将大定之日,比战国之时,乘昔世之骄,结今时之恨。近者,尽其巢窟,俱犯北边,而远镇偏师,逢而摧翦,未及南上,遽已奔北。

> 且后渠帅,其数凡五,昆季争长,父叔相猜,世行暴虐,家法残忍。东夷诸国,尽挟私雠;西戎群长,皆有宿怨。突厥之北,契骨之徒,切齿磨牙,常伺其后。达头前攻酒泉,于阗、波斯、挹怛三国,一时即叛;沙钵略近趣周槃,其部内薄孤、东纥罗寻亦翻动。往年利稽察大为高丽、靺鞨所破,沙毗设又为纥支可汗

所杀。与其为邻,皆愿诛剿,部落之下,尽异纯人。千种万类,仇敌怨偶,泣血扪心,衔悲积恨。圆首方足,皆人类也,有一于此,更切朕怀。彼地咎征祅作,将年一纪。乃兽为人语,人作神言,云其国亡,讫而不见。每冬雷震,触地火生。种类资给,唯藉水草,去岁四时,竟无雨雪,川枯蝗暴,卉木烧尽,饥疫死亡,人畜相半。旧居之地,赤土无依,迁徙漠南,偷存晷刻。斯盖上天所忿,驱就齐斧,幽明合契,今也其时。

故选将练兵,赢粮聚甲,义士奋发,壮夫肆愤,愿取名王之首,思挞单于之背。此则王恢所说,其犹射痈,何敌能当,何远不克。但皇王旧迹,北止幽都,荒遐之表,文轨所弃,得其地不可而居,得其人不忍皆杀。无劳兵革,远规溟海。普告海内,知朕意焉。

于是河间王弘、上柱国豆卢勣、窦荣定、左仆射高颎、右仆射虞庆则并为元帅,出塞击之。沙钵略率阿波、贪汗二可汗来拒战,皆败走。时虏饥不能得食,粉骨为粮,又多灾疫,死者极众。

既而沙钵略以阿波骁悍,忌之,因其先归,袭击其部,大破之,杀阿波母。阿波还无所归,西奔达头可汗。达头者,名玷厥,沙钵略之从父也,旧为西面可汗。既而大怒,遣阿波率兵而东,其部落归之者将十万骑,遂与沙钵略相攻。又有贪汗可汗,素睦于阿波,沙钵略夺其众而废之,贪汗亡奔达头。沙钵略从弟地勤察,别统部落,与沙钵略有隙,复以众叛归阿波。连兵不已,各遣诣阙,请和求援,上皆不许。

会千金公主上书,请为一子之例,文帝遣开府徐平和使于沙钵略。晋王广时镇并州,请因其衅乘之,上不许。沙钵略遣使致书曰:“辰年九月十日,从天生大突厥天下贤圣天子伊利俱卢设莫可始波罗可汗致书大隋皇帝:使人开府徐平和至,辱告言语,具闻也。皇帝是妇父,即是翁,此是女夫,即是儿例,两境虽殊,情义是一。今重叠亲旧,子子孙孙,乃至万世不断。上天为证,终不违负。此国所有羊、马都是皇帝畜生;彼有缯彩,都是此物。彼此不异也。”文帝报书曰:

"大隋天子贻书大突厥乙利俱卢设莫何沙钵略可汗：得书，知大有好心向此也。既是沙钵略妇翁，今日看沙钵略共儿子不异。既以亲旧厚意，常使之外，今特别遣大臣虞庆则往彼看女，复看沙钵略也。"沙钵略陈兵列其宝物，坐见庆则，称病不能起，且曰："我伯父以来，不向人拜。"庆则责而喻之。千金公主私谓庆则曰："可汗豺狼性，过与争，将啮人。"长孙晟说谕之，摄图屈，乃顿颡受玺书，以戴于首。既而大惭，其群下因相聚恸哭。庆则又遣称臣，沙钵略谓其属曰："何名为臣？"报曰："隋国臣，犹此称奴。"沙钵略曰："得作大隋天子奴，虞仆射之力也。"赠庆则马千匹，并以从妹妻之。

时沙钵略既为达头所困，又东畏契丹，遣使告急，请将部落度漠南，寄居白道川内。有诏许之，晋王广以兵援之，给以衣食，赐以车服、鼓吹。沙钵略因西击阿波，破擒之。而阿拔国部落乘虚掠其妻子。官军为击阿拔，败之，所获悉与沙钵略。钵略大喜，乃立约，以碛为界。因上表曰："大突厥伊利俱卢设始波罗莫何可汗臣摄图言：大使、尚书右仆射虞庆则至，伏奉诏书，兼宣慈旨，仰惟恩信之著，愈久愈明，徒知负荷，不能答谢。突厥自天置以来，五十余载，保有沙漠，自王蕃隅，地过万里，士马亿数，恒力兼戎夷，抗礼华夏，在于戎狄，莫与为大。顷者，气候清和，风云顺序，意以华夏其有大圣兴焉。伏惟大隋皇帝真皇帝也，岂敢阻兵恃险，偷窃名号？今便感慕淳风，归心有道。虽复南瞻魏阙，山川悠远，北面之礼不敢废。当令侍子入朝，神马岁贡，朝夕恭承，惟命是视。谨遣第七儿臣窟合真等奉表以闻。"文帝下诏曰："沙钵略往虽与和，犹是二国，今作君臣，便成一体。已敕有司，肃告郊庙，宜传播天下，咸使知闻。"自是诏答诸事，并不称其名以异之。其妻可贺敦周千金公主，赐姓杨氏，编之属籍，改封大义公主。策拜窟合真为柱国，封安国公，宴于内殿，引见皇后，赏劳甚厚。沙钵略大悦。于是，岁时贡献不绝。

七年正月，沙钵略遣其子入贡方物。因请猎于恒、代之间，诏许之，仍遣使人，赐其酒食。沙钵略率部落再拜受赐。沙钵一日手杀鹿十八头，赍尾舌以献。还至紫河镇，其牙帐为火所烧，沙钵略恶之，月余而卒。上为之废朝三日，遣太常吊祭焉，赠物五千段。

　　初，摄图以其子雍虞闾性懦，遗令立其弟叶护处罗侯。雍虞闾遣使迎处罗侯，将立之，处罗侯曰："我突厥自木杆可汗来，多以弟代兄，以庶夺嫡，失先祖之法，不相敬畏。汝当嗣位，我不惮拜汝也。"雍虞闾又遣使谓处罗侯曰："叔与我父，共根连体，我是枝叶，宁有我作主，令根本反同枝叶？愿叔勿疑。"相让者五六，处罗侯竟立，是为叶护。遣使上表言状，上赐之鼓吹、幡旗。处罗侯长颐偻背，眉目疏朗，勇而有谋。以隋所赐旗鼓，西征阿波，敌人以为得隋兵所助，多来降附，遂擒阿波。既而上书，请阿波死生之命。上下其议，左仆射高颎进曰："骨肉相残，教之蠹也，宜存养以示宽大。"上曰："善。"颎因奉觞进曰："自轩辕以来，獯粥多为边患。今远穷北海，皆为臣妾，此之盛事，振古未闻。臣敢再拜上寿。"

　　后处罗侯又西征，中流矢卒。其众奉雍虞闾为主，是为颉伽施多那都蓝可汗。雍虞闾遣使诣阙，赐物三千段，每岁遣使朝贡。时有流人杨钦，亡入突厥中，谬云彭国公刘昶与宇文氏谋反，令大义公主发兵扰边。都蓝执钦以闻，并贡勃布、鱼胶。其弟钦羽设部落强盛，都蓝忌而击之，斩首于阵。其年，遣其母弟褥但特勒献于阗玉杖，上拜褥但为柱国、康国公。明年，突厥部落大人相率遣使贡马万匹，羊二万口，驼、牛各五百头。寻遣请缘边置市，与中国贸易，诏许之。

　　平陈后，上以陈叔宝屏风赐大义公主，主心恒不平，因书屏风为诗，叙陈亡以寄曰："盛衰等朝暮，世道若浮萍，荣华实难守，池台终自平。富贵今安在？空事写丹青。杯酒恒无乐，弦歌讵有声？余本皇家子，飘流入虏庭，一朝睹成败，怀抱忽纵横。古来共如此，非我独申名。唯有《昭君曲》，偏伤远嫁情。"上闻恶之，礼赐益薄。公主复与西突厥泥利可汗连结，上恐其为变，将图之。会主与所从胡私通，因发其事，下诏废之。恐都蓝不从，遣奇章公牛弘将美妓四人以啖之。时沙钵略子曰染干，号突利可汗，居北方，遣使求婚。上令裴矩谓曰："当杀大义公主方许婚。"突利以为然，复谮之。都蓝因发怒，遂杀公主于帐。

都蓝因与突利汗有隙，数相征伐，上和解之，各引兵去。十七年，突利遣使来逆女，上舍之太常，教习六礼，妻以宗女义安公主。上欲离间北狄，故特厚其礼，遣牛弘、苏威、斛律孝卿相继为使。突厥前后遣使入朝，三百七十辈。突利本居北方，以尚主故，南徙度斤旧镇，锡赉优厚。雍虞闾怒曰：“我大可汗也，反不如染干！”于是朝贡遂绝，数为边患。

十八年，诏蜀王秀出灵州道击之。明年，又遣汉王谅为元帅，左仆射高颎率将军王察、上柱国赵仲卿并出朔州道，右仆射杨素率柱国李彻、韩僧寿出灵州道，上柱国燕荣出幽州，以击之。雍虞闾与玷厥举兵攻染干，尽杀其兄弟子女，遂渡河入蔚州。染干夜以五骑与隋使长孙晟归朝。上令染干与雍虞闾使者因头特勤相辩诘，染干辞直，上乃厚待之。雍虞闾弟都速六弃其妻子，与突利归朝。上嘉之，敕染干与都速六㩳蒲，稍稍输以宝物，用归其心。六月，高颎、杨素击玷厥，大破之。拜染干为意利珍豆启人可汗，华言意智健也。启人上表谢恩。上于朔州筑大利城以居之。时义安公主已卒，上以宗女义成公主妻之。部落归者甚众。雍虞闾又击之，上复令入塞。雍虞闾侵掠不已，遂迁于河南，在夏、胜二州间，发徒掘堑数百里，东西距河，尽为启人畜牧地。

于是遣越国公杨素出灵州，行军总管韩僧寿出庆州，太平公史万岁出燕州，大将军姚辩出河州，以击都蓝。师未出塞，而都蓝为其麾下所杀，达头自立为步迦可汗，其国大乱。遣太平公史万岁出朔州以击之，遇达头于大斤山，虏不战而遁。寻遣其子侯利伐从碛东攻启人，上又发兵助启人守要路，侯利伐退走入碛。启人上表陈谢曰：“大隋圣人随可汗怜养，百姓蒙恩，赤心归服，或南入长城，或住白道。染干如枯木重起枝叶，枯骨重生皮肉，千世万世，长与大隋典羊、马也。”

仁寿元年，代州总管韩洪为虏败于恒安，诏杨素为云州道行军无帅，率启人北征。斛薛等诸姓初附于启人，至是而叛。素军河北，逢突厥阿勿思力俟斤等南渡，掠启人男女杂畜而去，素率上大将军梁默追之，大破俟斤，悉得人畜以归启人。素又遣柱国张定和、领军大将军刘升别路邀击，并多斩获而还。兵既渡河，贼复掠启人部落，素率骠骑范贵于窟结谷东南复破之。

是岁，泥利可汗及叶获俱被铁勒所败，步迦等寻亦大乱。奚、霫五部内徙，步迦奔吐谷浑，启人遂有其众，遣使朝贡。

大业三年，炀帝幸榆林，启人及义城公主来朝行宫，前后献马三千匹。帝大悦，赐帛万三千段。启人及义城公主上表曰："已前圣人先帝莫缘可汗存日，怜臣，赐臣安义公主，臣种末为圣人先帝怜养。臣兄弟妒恶，相共杀臣。臣当时无处去，向上看只见天，下看只见地，实忆圣人先帝言语，投命去来。圣人先帝见臣，大怜臣死命，养活胜于往前，遣臣作大可汗坐著也。突厥百姓死者以外，还聚集作百姓也。至尊令还如圣人先帝于天下四方坐也，还养活臣及突厥百姓，实无少短。至尊怜臣时，乞依大国，服饰法用一同华夏。"帝下其议，公卿请依所奏，帝以为不可。乃诏曰："君子教人，不求变俗，何必化诸削衽，禠以长缨？"仍玺书答启人，以为碛北未静，犹复征战，但使存心孝顺，何必改衣服也。帝法驾御千人大帐，享启人及其部落酋长三千五百人，赐物二千段，其下各有差。复下诏褒宠之，赐路车、乘马、鼓吹、幡旗，赞拜不名，位在诸侯王上。帝亲巡云中，溯金河而东，北幸启人所居。启人奉觞上寿，跪伏甚恭。帝大悦，赋诗曰："鹿塞鸿旗驻，龙庭翠辇回。毡帐望风举，穹庐向日开。呼韩顿颡至，屠耆接踵来。索辫擎羶肉，韦鞲献酒杯。何如汉天子，空上单于台？"帝赐启人及主金瓮各一，及衣服、被褥、锦彩；特勒以下各有差。

先是，高丽私通使启人所，启人不敢隐境外之交，是日，持高丽使见。敕令牛弘宣旨谓曰："朕以启人诚心奉国，故亲至其所。明年当往涿郡。尔回日，语高丽主，宜早来朝。"使人甚惧。启人乃扈从入塞至定襄，诏令归蕃。明年，朝于东都，礼赐益厚。是岁，疾终，上为废朝三日。

其子吐吉立，是为始毕可汗。表续尚公主，诏从其俗。十一年，来朝于东都。其年，车驾避暑汾阳宫。八月，始毕率其种落入寇，围帝于雁门。援兵方至，始毕引去。由是朝贡遂绝。明年，复寇马邑，唐公击走之。隋末乱离，中国人归之者无数，遂大强盛。迎萧后置于定襄。薛举、窦建德、王世充、刘武周、梁师都、李轨、高开道之徒，虽僭尊号，皆称臣，受其可汗之号，使者往来，相望于道。

西突厥者，本杆可汗之子大逻便也。与沙钵略有隙，因分为二，渐以强盛。东拒都斤，西至龟兹，铁勒、伊吾及西域诸胡悉附之。大逻便为处逻侯所执，其国立鞅素特勒之子，是为泥利可汗。卒，子达漫立，号泥撅处逻可汗。其母向氏，本中国人，生达漫而泥利卒，向氏又嫁其弟婆实特勒。开皇末，婆实共向氏主朝，遇达头之乱，遂留京师，每舍之鸿胪寺。处罗可汗居无恒处，终多在乌孙故地。复立二小可汗，分统所部，一在石国北，以制诸胡国；一居龟兹北，其地名应娑。官有俟发、阎洪达，以评议国事，自余与东国同。每五月、八月，聚祭神，岁使重臣向其先世所居之窟致祭焉。

当大业初，处罗可汗抚御无道，其国多叛，与铁勒屡相攻，大为铁勒所败。时黄门侍朗裴矩在敦煌引致西域，闻其国乱，复知处罗思其母氏，因奏之。炀帝遣司朝谒者崔君肃赍书慰谕之。处罗甚踞，受诏不肯起。君肃谓处罗曰："突厥本一国也，中分为二，自相仇敌，每岁交兵，积十年而莫能相灭者，明知启人与处罗国其势敌耳。今启人举其部落，兵且百万，入臣天子，甚有丹诚者，何也？但以切恨可汗而不能独制，故卑事天子以借汉兵，连二大国，欲灭可汗耳。百官兆庶咸请许之，天子弗违，师出有日矣。顾可汗母向氏，本中国人，归在京师，处于宾馆，闻天子诏，惧可汗之灭，旦夕守阙，哭甚悲哀，是以天子怜焉，为其辍策。向夫人又匍匐谢罪，因请发使以召可汗，令入内属，乞恩于启人。天子从之，遣使到北。可汗若称藩拜诏，国乃永安，而母得延寿；不然者，则向夫人为诳天子，必当取戮而传首虏庭。发大隋之兵，资北藩之众，左提右挈，以击可汗，死亡则无日矣！奈何惜两拜之礼，剿慈母之命，吝一句称臣，丧匈奴之国也?"处罗闻之,瞿然而起,流涕再拜,跪受诏书。

君肃又说处罗曰:"启人内附,先帝嘉之,赏赐极厚,故致兵强国富。今可汗后附,与之争宠,须深结于天子,自表至诚。既以远道,未得朝觐,宜立一功,以明臣节。"处罗曰:"如何?"君肃曰:"吐谷浑者,启人少子莫贺咄设之母家也。今天子又以义城公主妻于启人,畏天子之威,而与之绝。吐谷浑亦因憾汉,职贡不修。可汗若请诛之,天子必许。汉击其内,可汗攻其外,破之必矣。然后自入朝,道路无阻,因见老母,不亦可乎?"处罗大喜,遂遣使朝贡。

帝将西狩,六年,遣侍御史韦节召处罗,令与车驾会于大斗拔谷。其国人不从,处罗谢使者,辞以他故。帝大怒,无如之何。适会其酋长射匮遣使来求婚,裴矩奏曰:"处罗不朝,恃强大耳。臣请以计弱之,分裂其国,即易制也。射匮者;都六之子,达头之孙,世为可汗,君临西面。今闻其失职,附隶于处罗,故遣使来以结援。愿厚礼其使,拜为大可汗,则突厥势分,两从我矣。"帝曰:"公言是也。"因遣裴矩,朝夕至馆,微讽喻之。帝于仁风殿召其使者,言处罗不顺之意,称射匮有好心,吾将立为大可汗,令发兵诛处罗,然后当为婚也。取桃竹白羽箭一枚以赐射匮,因谓之曰:"此事宜速,使疾如箭也。"使者返,路经处罗。爱其箭,将留之,使者谲而得免。射匮闻而大喜,兴兵袭,处罗大败,弃妻子,将左右数千骑东走。在路又被劫掠,遁于高昌,东保时罗漫山。高昌王麴伯雅上状,帝遣裴矩将向氏亲要左右,驰至玉门关晋昌城。矩遣向氏使诣处罗所,谕朝廷弘养之义,丁宁晓喻之。遂入朝,然每有怏怏之色。

以七年冬,处罗朝于临朔宫。帝享之,处罗稽首谢曰:"臣总西面诸蕃,不得早来朝拜,今参见迟晚,罪责极深。臣心里悚惧,不能尽道。"帝曰:"往者与突厥递相侵扰,不得安居。今四海既清,与一家无异,朕皆欲存养,使遂性灵。譬如上天,止有一个日照临,莫不宁帖;若有两个、三个日,万物何以得安?比者,亦知处罗总摄事繁,不得早来相见。今日见处罗,怀抱豁然欢喜。处罗亦当豁然,不烦在意。"明年元会,处罗上寿曰:"自天以下,地以上,日月所照,唯有

圣人可汗。今是大日,原圣人可汗千岁、万岁,常如今日也。"诏留其
羸弱万余口,令其弟达度阙设牧畜会宁郡。处罗从征高丽,号为曷
萨那可汗,赏赐甚厚。

十年正月,以信义公主嫁焉,赐锦彩、袍千具、彩万匹。帝将复
其故地,以辽东之役,故未遣也。每从行幸。江都之乱,随化及至河
北。化及将败,奔归京师,为北蕃突厥所害。

铁勒之先,匈奴之苗裔也。种类最多,自西海之东,依山据谷,
往往不绝。独洛河北,有仆骨、同罗、韦纥、拔也古覆,并号俟斤,蒙
陈、吐如纥、斯结、浑、斛薛等诸姓,胜兵可二万。伊吾以西,焉耆之
北,傍白山,则有契弊、薄落职、乙咥、苏婆、那曷、乌护、纥骨、也咥、
于尼护等,胜兵可二万。金山西南,有薛延陀、咥勒儿、十槃、达契
等,一万余兵。康国北,傍阿得水,则有诃咥、曷截、拨忽、比干、具
海、曷比悉、何嵯苏、拔也末、谒达等,有三万许兵。得嶷海东西,有
苏路羯、三素咽、篾促、萨忽等诸姓,八千余。拂东茇,则有恩屈、阿
兰、北褥、九离、伏嗢昏等,近二万人。北海南,则都波等。虽姓氏各
别,总谓为铁勒。并无君长,分属东西两突厥。居无恒所,随水草流
移。人性凶忍,善于骑射,贪婪尤甚,以寇抄为生。近西边者,颇为
艺植,多牛而少马。

自突厥有国,东西征讨,皆资其用,以制北荒。开皇末,晋王广
北征,纳启人,破步迦可汗,铁勒于是分散。大业元年,突厥处罗可
汗击铁勒诸部,厚税敛其物,又猜忌薛延陀等,恐为变,遂集其魁帅
数百人,尽诛之。由是一时反叛,拒处罗。遂立俟利发、俟斤契弊歌
楞为易勿真莫何可汗,居贪汗山;复立薛延陀内俟斤子也咥为小可
汗。既败,莫何可汗始大。莫何勇毅绝伦,甚得众心,为邻国所惮,
伊吾、高昌、焉耆诸国悉附之。

其俗大抵与突厥同。唯丈夫婚毕,便就妻家,待产乳男女,然后
归舍;死者埋殡之:此其异也。大业三年,遣使贡方物,自是不绝云。

论曰：四夷之为中国患也，久矣，北狄尤甚焉。种落实繁，迭雄边塞，年代遐邈，非一时也。五帝之世，则有獯鬻焉；其在三代，则猃狁焉；逮乎两汉，则匈奴焉；当涂、典午，则乌丸、鲜卑焉。后魏及周，则蠕蠕、突厥。此其酋豪相继，互为君长者也。皆以畜牧为业，侵抄为资，倏来忽往，云飞鸟集。智谋之士，议和亲于庙堂之上；折冲之臣，论奋击于塞垣之下。然事无恒规，权无定势，亲疏因其强弱，服叛在其盛衰，衰则款塞顿颡，盛则率兵寇掠。屈伸异能。强弱相反。正朔所不及，冠带所不加。唯利是视，不顾盟誓，至于莫相救护，骄黠凭陵。和亲结约之谋，行师用兵之事，前史论之备矣，故不详而究焉。

及蠕蠕衰微，突厥始大，至于木杆，遂雄朔野。东极旧境，西尽乌孙之地，弯弓数十万，别处于代阴，南向以临周、齐。二国莫之能抗，争请盟好，求结和亲。乃曰与周合从，终亡齐国。隋文迁鼎，厥徒孔炽，负其众力，将蹈秦郊。内自相图，遂以乖乱，达头可汗远遁，启人愿保塞下。于是推亡固存，返其旧地，助讨余烬，部众遂强，卒于仁寿，不侵不叛。暨乎始毕，未亏臣礼。炀帝抚之非道，始有雁门之围。俄属群盗并兴，于此浸以雄盛。豪杰虽建名号，莫不请好息人。于于分置官司，总统中国，子女玉帛，相继于道，使者之车，往来结辙。自古蕃夷骄僭，未有若斯之甚也。

及圣哲应期，扫除氛祲。暗于时变，犹怀抵拒，率其群丑，屡隳亭鄣，残败我云、代，摇荡我太原，肆掠于泾阳，饮马于渭沨。太宗文皇帝奇谋内运，神机密动，遂使百世不羁之虏，一举而灭。瀚海龙庭之地，尽为九州；幽都穷发之乡，隶于编户。是帝皇所不及，书契所未闻。由此言之，虽天道有盛衰，亦有人事之工拙也。加以为而弗恃，有而弗居，类天地之含容，同阴阳之化育，斯乃大道之行也，固无得而称焉。

北史卷一○○
列传第八八

序　传

凉武昭王李暠

　　李氏之先,出自帝颛顼高阳氏。当唐尧之时,高阳氏有才子曰庭坚,为尧大理,以官命族,为理氏。历夏、殷之季。其后理徵字德灵,隶为翼隶中吴伯,以直道不容,得罪于纣。其妻契和氏,携子利贞逃隐伊侯之墟,食木子而得全,遂改理为李氏。周时,裔孙曰乾,娶于益寿氏女婴敷。生子耳,字伯阳,为柱下史。

　　子孙散居诸国,或在赵,或在秦。在魏者为段干大夫,段干木其后也。别孙悝,为魏文侯兴富国之术焉。在赵者曰昙,以功封柏人,武安君牧其后也。在秦者名兴族,为将军。生子伯祐,建功北狄,封南郑公。伯祐生二子,平燕、内德。子信为秦将,虏燕太子丹。信孙元旷,仕汉为侍中。元旷弟仲翔,位太尉。仲翔讨叛羌于素昌,一名狄道。仲翔临阵殒命,葬狄道川,因家焉。《史记·李将军传》所云其先自槐里徙居成纪,实始此也。仲翔曾孙广,仕汉,历文、景、武三帝,位前将军,立功沙漠。广子当户、椒、敢。当户子陵,战殁匈奴。椒敢历侍中、郎中令、关内侯。生子禹,位至侍中。并事具《史》、《汉》。禹生承公。承公生蜀郡太守先。先生长宗。长宗生博士况。况生孝廉本。本字上明,生巴郡太守次公。次公生临淮太守轨。轨字逸文,生积弩将军隆。隆字业绪,生雍。雍字俊熙,仕魏,历尚书郎、济北、东莞二郡太守。雍生柔。柔字德远，晋举秀才，为相国从事中郎、北地太守。

雍生彝，字季子，高亮果毅，有智局。晋末大乱，与从兄卓居相国晋王保下。卓位相国从事中郎，保政刑不修，卓率宗族奔于张寔，彝亦随焉。因仕于张氏，为骁骑左监。彝本名良，妻姓梁氏。张骏谓彝曰："卿名良，妻又姓梁，令子孙何以目其舅氏？昔耿弇以弱年立功，启中兴之业，吾方赖卿，有同耿氏。"乃使名彝。历天水太守、卫将军，封安西亭侯。卒，年五十六，赠武卫将军，建初中，追谥景公。子昶，字仲坚，幼有誉，年十八而亡。建初中，追谥简公。

凉武昭王暠字玄盛，小字长生，简公昶之子也。遗腹而诞，祖母梁氏，亲加抚育。幼好学，性沈敏宽和，美器度，通涉经史，尤长文义。及长，颇习武艺，诵孙、吴兵法。常与吕光太史令郭黁及其同母弟宋繇同宿。黁起谓繇曰："君当位极人臣，李君必有国士之分。家有骟黄马生白额驹，此其时也。"及吕光之末，段业自称凉州牧，以昭王为效谷令。而敦煌护军冯翊郭谦、沙州中从事中敦煌索仙等以昭王温毅有惠政，推为宁朔将军、敦煌太守。昭王初难之。会宋繇仕于业，告归，言于昭王曰："兄忘郭黁言邪？白额驹今已生矣！"昭王乃从之。寻进号冠军将军，称藩于业。僭称凉王，其右卫将军索嗣构昭王于业，乃以嗣为敦煌太守，率骑而西，昭王命师击走之。

于是晋昌太守唐瑶移檄六郡，推昭王为大都督、大将军、凉公，领秦凉二州牧、护羌校尉，依窦融故事。昭王乃赦境内，建元号庚子，追崇祖考，大开霸府，置左右长史、司马、从事中郎，备置僚寀。广辟土宇，屯玉门、阳关，大田积谷，为东讨之资。立靖恭堂以议朝政，阅武事焉。图赞自古圣帝、明王、忠臣、孝子、烈士、贞女，亲为序颂，以明鉴诫之义。当时文武群公僚佐，亦皆图赞所志。五年，改元为建初。遣舍人黄始、梁兴间行归表于晋。是岁，乃自敦煌徙都酒泉。又以表未报，复遣沙门法泉间行通表建邺。于时百姓乐业，请勒铭酒泉，乃使儒林祭酒刘彦明为文，刻石颂德。又有白狼、白兔、白雀、白雉、白鸠等集于园间。群下以为白祥，金精所诞，皆应时邕而至；又有神光、甘露、连理、嘉禾众瑞，请史官记其事。昭王从之。上已日，燕于曲水，命群僚赋诗，昭王亲为之序。于是写诸葛亮训诫以勖诸子焉。昭王以纬世之量，为群雄所奉，兵无血刃，遂启霸业，乃修敦煌旧塞。薨，谥曰武昭王，庙号高祖，陵号建世。武昭王十字，谭、歆、让、愔、恂、翻、豫、宏、眺、亮。世子谭早卒。

后主讳歆，字士业，武昭王第二子也。武昭王薨，府僚奉为都督、大将军、凉公，领凉州牧、护羌校尉，大赦境内，改元为嘉兴。尊母尹氏为太后。在位四年，为沮渠蒙逊所败，国亡。武昭王以魏道武皇帝天兴二年立，后主以明元皇帝太常五年而亡，据河右凡二世，二十一年。世子重耳奔于江左，遂仕于宋。后归魏，位恒农太守，即皇室七庙之始也。

后主弟让，字士逊，雅量凝重，善于谋略，位宁朔将军，领西羌校尉、辅国将军、晋敦煌太守、新乡侯，赠骠骑大将军，谥曰穆。让弟愔，字士正，位晋昌、敦煌太守。愔弟恂，字士如，有干略，位酒泉、敦煌太守，遇家国之难而终。恂弟翻，字士举，小字武疆，英雄秀出，有雄略，位车骑将军，祈连、酒泉、晋昌郡太守。翻弟豫，字士宁，位西海太守。豫弟宏，字士赞，位前将军、中华令。宏弟眺，字士远，位左将军。眺弟亮，字士融，位右将军。

宝字怀素，小字衍孙，晋昌太守翻之子也。沈雅有度量，骁勇善抚接。遇家难，为沮渠蒙逊囚于姑臧。岁余，与舅赵唐契北奔伊吾，臣于蠕蠕。其遗众之归附者，稍至二千，宝倾身礼接，甚得其心，众皆为之用，每希报雪。属太武遣将讨沮渠无讳于敦煌，无讳捐城遁走。实自伊吾南归敦煌，遂修善城府，规复先业，遣弟怀达，奉表归诚。太武嘉其忠款，拜怀达散骑常侍、敦煌太守；别遣使授宝使持节、侍中、都督西垂诸军事、镇西大将军、开府仪同三司、领护西戎校尉、沙州牧、敦煌公，仍镇敦煌，四品已下，听承制假授。真君五年，因入朝，遂留京师，拜外都大官。转镇南将军、并州刺史，还除内都大官。文成初，代司马文镇怀荒，改授镇北将军。太安五年薨，年五十三,诏赐命服一袭,赠以本官,谥曰宣。有六子,承、茂、辅、佐、公业、冲。公业早卒。

承字伯业,少有谋略。初,宝欲归款,僚庶多异议。承时年十三,劝宝速定大计,于是遂决。宝仍令承随表入贺。太武深相器异,礼遇甚优,赐爵姑臧侯。后遭父忧,居丧以孝闻。承应传先封,以自有爵,乃以本封让弟茂,时论多之。承方裕有鉴裁,为时所重。文成末,以散侯出为龙骧将军、荥阳太守,为政严明,甚著声称。延兴五年卒,时年四十五,赠使持节、大将军、雍州刺史,谥曰穆。

长子韶,字元伯,学涉有器量,与弟彦、虔、蔚并孝文赐名焉。韶雅为季父冲所知重。延兴中,补中书学生,袭爵姑臧侯,除仪曹令。时修改车服及羽仪制度,皆令韶典焉。迁给事黄门侍郎。后依例降侯为伯,兼大鸿胪卿,黄门如故。孝文将创迁都之计,诏引侍臣,访以古事。韶对曰:“洛阳九鼎旧所,七百攸基,地则土中,实均朝贡,惟王建国,莫尚于此。”帝称善。迁太子右詹事,寻罢左右,仍为詹事、肆州大中正。出为安东将军、兖州刺史。帝自邺还洛,韶朝于路,帝言及庶人恂事曰:“卿若不出东宫,或未至此也。”

宣武初,征拜侍中,领七兵尚书,除抚军将军,并州刺史。以从弟伯尚同咸阳王禧之逆,免除官爵。久之,兼将作大匠,敕参定朝仪律令。及吕苟儿反于秦州,除抚军将军、西道都督行秦州事,与右卫将军元丽,率众讨之。事平,即真,玺书劳勉,复其先爵。时陇右新经师旅,百姓多不安业,韶善抚纳,甚得夷夏之心。

孝明初,自相州刺史入为殿中尚书,行雍州事。后除中军大将军、吏部尚书,加散骑常侍,出为冀州刺史。清简爱人,甚收名誉,政绩之美,声冠当时。明帝嘉之,就加散骑常侍,迁车骑将军,赐剑佩、貂蝉各一具,骅骝马一匹,并衣服寝具。韶以年及悬车,抗情逊位,优旨不许。转定州刺史,常侍如故。及赴中山,冀州父老皆送出西境,相聚而泣。二州境既连接,百姓素闻其德,州内大安。正光五年,卒于官,年七十二。诏赠帛七百匹,赠使持节、散骑常侍、车骑大将军、司空公、雍州刺史,谥曰文恭。既葬之后,有冀州兵千余人,戍于荆州,还经韶墓,相率培冢,数日方还,其遗爱如此。永安中,以克定秦、陇功,追封安城县开国伯,邑四百户。

长子玙,字道璠,温雅有识量。魏永平二年,释褐太尉府行参军,累迁尚书仓部郎中。后汝南王悦为司州牧,悦性质疏冗,情识不伦,朝廷以玙器望兼美,闲于政事,擢为悦府长史,兼知州务。甚得毗赞之方,因除司州别驾。迁光禄少卿。永安初以本官兼度支尚书,袭封安城县伯,又除司徒右长史,仍兼尚书。及迁都于邺,留玙于后,监掌府藏,及撤运宫庙材木,以明干见称。加征南将军、金紫光禄大夫,寻兼给事黄门侍郎,监典书事。出为东徐州刺史,为政清静,人吏怀之。解州还,以老疾,不求仕进。齐受禅,追玙兼前将军,导从于圜丘行礼。又摄护军,陪神武神主入太庙。玙意不愿策名两朝,虽以宿德耆旧被征,过事即绝朝请。文宣亦曾命玙预华林宴,顾访旧事,甚重之。天保四年卒,年七十二。

子诠,字世良,任城郡守,赠泾州刺史。

子伯卿,太师府参军事。

伯卿子师上,聪敏好学,雅有词致。外祖魏收无子,惟有一女,生师上,甚爱重之,童龀便自教属文,有名于世。后与范阳卢公顺俱为符玺郎,待诏文林馆。与博陵崔君洽同志友善,从驾晋阳,寓居僧寺,朝士谓之康寺三少,为物论推许若此。隋炀帝居蕃,奏为王府记室,终于扬州。

诠弟谧,字世安,位高阳郡守、司农卿、安州刺史。谧子千学,齐武平中尚神武女浮阳长公主,拜驸马都尉、南青州刺史。

谧弟诵,字世业,位假仪同三司、临漳令。诵弟世韫,太子舍人、殿中郎。

玙子孙繁衍,行人号其宅为孝东徐村。

玙弟瑾,字道瑜。美容貌,有才学,特为韶所钟爱。清河王怿甚知赏之。怿为司徒,辟参军事。转著作郎,稍迁通直散骑侍郎,与给事黄门侍郎王遵业、尚书郎卢观典修仪注。王、卢即瑾之外兄。临淮王彧谓瑾等三俊,共掌帝仪,可谓舅甥之国。及明帝崩,上谥策文，瑾所制也。庄帝初，于河阴遇害，年三十九，赠冠军将军、齐州刺史。

子产之，字孙侨。容貌短陋，而抚训诸弟，爱友笃至。其舅卢道将称之曰："此儿风调，足为李公家孙。"位北豫州司马。子仲膺，字公祀。以学行称，位太子洗马。仕周，为东京少吏部上士。隋开皇中，卒于荆州总管司马。

产之弟蒨之，字曼容，清通好文学。齐天保初，历太子洗马，行阳翟郡守，为政清静，吏人称之。迁尚书考功郎中，遇文宣昏纵，见害，时人冤之。

蒨之弟寿之，位梁州中从事，性贞介，不负于人。

寿之弟礼之，位司徒骑兵参军。与妻郑氏相重，妻先亡，遗言终不独死。未几，礼之脚上发肿，梦妻云，煮小麦渍之即差，如其言，反创而卒。

礼之弟行之，字义通，小字师子。简静，善守门业，多识前言往行，而不以文学自名。居丧尽礼，与兄弟深相友爱。仕齐，历位都水使者、齐郡太守，带青州长史。任城王敬惮之，州人号曰李御史。仕周，为冬官府司寺下大夫。隋开皇初，封固始县男，除唐州下溠郡太守，称疾不行，卒。行之风素夷坦，为士友所称。其舅子卢思道深所爱好，常赠诗云："水衡称逸人，潘、杨有世亲，形骸预冠盖，心思出器尘。"时人以为实录。及疾，内外多为求医，行之曰："居常待终，士之道也。贫既愈富，何知死不如生？"一皆抑绝。临终，命家人薄葬，口授墓志以纪其志曰："陇西李行之，以某年某月终于某所。年将六纪，官历四朝，道叶希夷，事忘可否。虽硕德高风，有倾先构；而立身行己，无愧夙心。以为气变则生，生化曰死，盖生者物之用，死者人之终，有何忧喜于其间哉！乃为铭曰：人生若寄，视死如归。茫茫大夜，何是何非。"言终而绝。二子，夷、道。

行之弟凝之，字惠坚。光州中从事，非其所好，俛偲而就，秩满，径还冀州枣强野舍。凝之明本草药性，恒以服饵自持，虽年将耄及，而志力不衰。笃好古文，精心典礼，以之终老，未尝懈倦。隋仁寿中卒。

产之兄弟,并有器望。邢子才为礼之墓志云:"食有奇味,相待乃餐,衣无常主,易之而出。"时以为实录。诸妇相亲,皆如姊妹。蒨之死,诸弟不避当时凶暴,行丧极哀。赵郡李荣来吊之,叹曰:"此家风范,海内所称,今始见之,真吾师也。"欲与连类,即日自名劳之。

瑛弟瓒,字道璋。少有风尚,辟司徒参军事。卒,赠汉阳郡太守。子修年,开府参军,早亡。

韶弟彦,字次仲,有学业。孝文初,举秀才,除中书博士,转谏议大夫。后因考课,降为元士。寻行主客曹从事,郊庙下大夫。时朝仪典掌,咸未周备,彦留心考定,号为称职。孝文南伐,彦谏曰:"臣以为蕞尔江、闽,未足亲劳鉴驾。"频表虽不见纳,而以至诚见嘉。及六军次于淮南,征为广陵王羽长史,加恢武将军、西翼副将。军还,除冀州赵郡王干长史。转青州广陵王羽长史,带齐郡太守。征为龙骧将军、司徒右长史,转右长史、左长史、秦州大中正。出行扬州事,寻征拜河南尹,还至汝阴,复敕行徐州事。寻征拜平北将军、平州刺史,迁平东将军,徐州刺史。延昌二年夏,大霖雨,川渎皆溢。彦相水陆形势,随便疏通,得无淹溃之害。朝廷嘉之,频诏劳勉。入为河南尹,迁金紫光禄大夫、光禄勋,转度支尚书。出为抚军将军、秦州刺史。时破六韩拔陵等反于北镇,二夏、幽、凉,所在蜂起,而彦刑政甚严。正光五年六月,城人薛珍、刘庆、杜超等因四方离叛,突入州门害彦,推其党莫折大提为帅。永安中,追赠侍中、骠骑大将军、司徒公、雍州刺史,谥曰孝贞。

子燮,字德谐,少有风望,位司徒主簿。卒,赠太常少卿。子士万,有雅望,位高都太守。

燮弟爽,字德明。弟充,字德广。弱冠,太学博士。大将军萧宝夤西讨,德广为行台郎,募众而征,战捷,乃手刃仇人,啖其肝肺。觉宝夤有异志,挺身归阙,朝廷加爵,辞而不受。宝夤遂与万俟丑奴同反,大行台尔朱天光讨之,请德广为从事中郎。天光用其计,遂定秦、陇。以功除中散大夫。痛父非命,终身不食酒肉。妹夫卢元明嗟重之。

子士英,有文才,王遵业以女妻之。

次僧伽,修整笃业,不应辟命。时郑子默有名于世,僧伽曰:"行不适道,文胜其质,郭林宗所谓墙高基下,虽得心丧,此之徒也。"竟如其言。尚书袁叔德来候僧伽,减仆从,然后入门,曰:"见此贤,令吾羞对轩冕。"及卒,叔德为怀旧诗曰:"平生寡俗累,终身无世言。"其见重如此。僧伽弟法藏,内清介,位员外郎。

德广弟德显,位散骑侍郎,赠东秦州刺史。

德显弟德明,敦重有器局,位高阳太守,赠光禄少卿、光州刺史。

彦弟虔,字叔恭。太和初,为中书学生,迁秘书中散,转冀州骠骑府长史、太子中舍人。宣武初,迁太尉从事中郎,出为清河太守。属京兆王愉反,虔弃郡奔阙。宣武闻虔至,谓左右曰:"李虔在冀州日久,恩信著物,今拔难而来,众情自解矣。"乃授虔别将,令军前慰劳。事平,转长乐太守。延昌初,冀州大乘贼起,令虔以本官为别将,与都督元遥讨平之。迁后将军、燕州刺史;还为光禄大夫,加平西将军,兼大司农;出为散骑常侍、安东将军、兖州刺史。追论平冀州之功,赐爵高平男。还京,除河南邑中正,迁领军将军、金紫光禄大夫。孝庄初,授特进、车骑大将军、仪同三司、散骑常侍,又进号骠骑大将军、开府仪同三司。永安三年薨,年七十四,赠侍中、骠骑大将军、太尉公、都督冀定瀛三州诸军事、冀州刺史,谥宣景。

长子暎,字仁明,位尚书左外兵郎。庄帝初,于河阴遇害,年四十,赠度支尚书、安东将军、青州刺史。子衰,章武郡守。衰弟奭,汲郡守。并以干局见知。

暎弟仁曜,位员外散骑侍郎、太尉录事参军。与兄暎同于河阴遇害,年三十八,赠散骑常侍、左将军、兖州刺史。子㧑,字道炽,学尚有风仪。魏武定中,司空长流参军。齐天保末,为尚书郎,终于光州司马。

仁曜弟皓,字仁昭,位散骑侍郎。亦遇害河阴,赠征虏将军、凉州刺史。子士元、士操，武定中，并仪同开府参军事。

皓弟晓，事列于后。

虔弟蕤，字延宾，历步兵校尉、东郡太守、司农少卿。卒，赠龙骧将军、豫州刺史。

子谌，字义兴。有干局，起家太学博士，领殿中侍御史，稍迁东郡太守。庄帝初，济、广二州刺史，加散骑常侍。节闵时，与第三弟通直散骑常侍义真、第七弟太常少卿义邕同为尔朱仲远所害。义邕，庄帝居藩之日，以外亲，甚见亲昵。及即位，特蒙信任。尔朱荣之诛，义邕预其事，由是并及祸。节闵初，谌赠侍中、骠骑将军、吏部尚书、冀州刺史，义真赠前将军、齐州刺史，义邕赠安东将军、青州刺史。谌次弟义顺，司空属。第四弟义远，国子博士。庄帝初，并于河阴遇害，赠散骑常侍、征东将军、雍州刺史。

承弟茂，字仲宗。文成末，袭父爵镇西将军、敦煌公。孝文初，除长安镇都将，转西汾州刺史，将军如故。入为光禄大夫，历西兖州刺史，例降为侯。茂性谦慎，以弟冲宠盛，惧于盈满，以疾求逊位。孝文不夺其志，听食大夫禄，还私第。因居中山，自是优游里舍，不入京师。卒年七十一，谥曰恭侯。

子静，字绍安，袭，位东平原太守。卒，子遐，字智远，袭。遐有几案才，位河内太守。从孝庄南度河，于河阴遇乱兵所害。事宁，追赠散骑常侍、车骑将军、尚书右仆射、秦州刺史，封卢乡伯。

静弟孚，字仲安。恭慎笃厚，历汝南、中山二郡太守。孝庄初，以外亲超抚军将军、金紫光禄大夫，出为镇东将军、沧州刺史，加散骑常侍。

孚弟安，粗涉书史，位北海王颢抚军长史。颢为关西都督，复引为长史，委以戎政。卒于军，赠征虏将军、凉州刺史。

茂弟辅，字叔直。有器望，解褐中书博士，迁司徒议曹掾。太和中，孝文为咸阳王禧纳其女为妃，除镇远将军、颍川太守，带长社戍。辅绥怀招集，甚得边和。卒于郡，赠征虏将军、秦州刺史，谥曰襄武侯。

长子伯尚,少有重名,弱冠除秘书郎。孝文每云:"此李氏之千里驹。"稍迁通直散骑侍郎,敕撰《太和起居注》。宣武初,兼给事黄门侍郎,坐与咸阳王禧谋反诛。

伯尚弟仲尚,仪貌甚美,少以文学知名。年二十,著《前汉功臣序赞》,及季父司空冲诔。高聪、邢峦见而叹曰:"后生可畏,非虚言也。"起家京兆王愉府参军。坐兄事,赐死。

仲尚弟季凯,沈敏有识量。坐兄事,与母弟俱徙边,久之,会赦免。遂寓居晋阳,沈废积年。后历位并州安北府长史。孝明崩,尔朱荣阴图义举,季凯豫谋。及庄帝践祚,征拜给事黄门侍郎,封博平县侯,加散骑常侍、秘书监、中军将军。后尔朱世隆以荣之死,谓季凯通知,于是见害。孝武初,追赠侍中、骠骑将军、吏部尚书、定州刺史。

季凯弟延庆,位陈留太守、金紫光禄大夫。延庆弟延度,卫将军、安德太守。

辅弟佐,字季翼,有文武才干。孝文初,兼散骑常侍使高丽,以称旨,还拜常山太守、真定县子。迁怀州刺史,进爵山阳侯,加安南将军、河内公,转相州刺史,所在有称绩。后拜安远将军,敕与征南将军城阳王鸾、安南将军卢阳乌等攻赭阳,各不相节度。诸军以敌强故班师,佐逆战,为贼所败,坐徙瀛州。车驾征宛、邓,复起佐,假平远将军、统军,以功封泾阳县子。沔北既平,以佐为广阳王嘉镇南府长史,加辅国将军,别镇新野。及大军凯旋,孝文执佐手曰:"沔北,洛阳南门,卿勉为朕善守。"孝文崩,遗敕以佐行荆州事。佐在州,威信大行,边人悦附,前后归者二万许家。寻正刺史。宣武初,征兼都官尚书。卒,年七十一,赠秦州刺史,谥曰庄。

子遵袭。遵豪爽有父风,卒于司空司马,赠洛州刺史。子果袭,位谘议参军,坐通西魏见杀。

遵弟𬒈,字休贤。郡辟功曹,以父忧去职,遂终身不食酒肉,因屏居乡里。司空、任城王澄嘉其操尚,以为参军事,累迁济州刺史。卒,赠殿中尚书、相州刺史。

東弟挺，字神俊，小名提。少以才学知名，为太常刘芳所赏。历位中书侍郎、太常少卿、荆州刺史。时梁将曹敬宗来寇，攻围积时，又引水灌城，城不没者数板，神俊循抚兵人，戮力固守。诏遣都督崔暹、别将王熊、裴衍等赴援，敬宗退走。时寇贼之后，城外有露骸，神俊令收葬之。征拜大司农。孝明末，除镇军将军，行相州事，时葛荣南逼，神俊忧惧，乃故坠马伤足，仍停沔郡，有诏追还。庄帝即位，以神俊人望，拜散骑常侍、殿中尚书，追论固守荆州功，封千乘县侯，转中书监、吏部尚书。神俊意尚风流，情在推引人物，尔朱荣有所用人，神俊不从。见怒，惧，启求解官，除右光禄大夫。寻属尔朱兆入京，乘舆幽执，神俊逃人间。孝武初，归阙，拜散骑常侍、骠骑大将军、左光禄大夫、仪同三司。孝静初，除骠骑大将军、华州刺史，入为侍中，薨。年六十四，赠尚书左仆射、司徒公、雍州刺史。

神俊风韵秀举，博学多闻，朝廷旧章及人伦氏族，多所谙记。笃学文雅，老而不辍。凡所交游，皆一时名士，汲引后生，为其光价，四方才子，咸宗附之。荥阳郑伯猷常云：“从舅为人物宗主。”在洛京时，琅邪王诵亦美神俊，故名其子曰俊，庶其似之。梁武帝雅重其名，常云：“彼若遣李神俊来聘，我当令刘孝绰往。”其见重如此。颈多鼠乳。而性通率，不持检度，至于少年之徒，皆与亵狎。北迁邺，于路见狗，温子升戏曰：“为是宋鹊？为是韩卢？”神俊曰：“为逐丞相东走？为共帝女南徂？”沙苑之败，神俊策眇马而走，曰：“丁掾力。”马倒，曰：“丁掾误我。”其不拘若此。既不能为重，识者以此为讥。丧二妻，又欲娶郑严祖妹，神俊之从甥也。卢元明亦将为婚。遂至纷竞，二家阋于严祖之门。郑卒归元明，神俊惆怅不已。时人以神俊为风德之衰。

冲字思顺，承少弟也，本名思冲，孝文改焉。少孤，为承训养。承常言，此儿器重非恒，方为门户所寄。冲雅有大量，随兄至荥阳，时牧守子弟多侵乱人庶，轻有乞夺，冲与承长子韶独清简皎然，无所求取，时人美焉。献文末，为中书学生，冲善交游，不妄戏杂，流辈重之。孝文初，以例迁秘书中散，典禁中文字。以修敕敏慧，渐见宠待，迁内秘书令，南部给事中。

旧无三长，唯立宗主主督护，所以多隐冒，五十、三家方为一户。冲以三正所由来远，于是创三长之制上之。文明太后览而称善，引见公卿议之，群臣多有不同。太后曰："立三长则课有常准，赋有常分，包荫之户可出，侥幸之人可止，何为不可？"词议虽有乖异，然惟以变法为难，更无异议，遂立三长，公私便之。

迁中书令，加散骑常侍，给事中如故。寻转南部尚书，赐爵顺阳侯。冲为文明太后所幸，恩宠日盛，赏赐月必数千万，进爵陇西公，密致珍宝服御以充其第，外人莫得而知。冲家素清贫，于是室富。而谦以自牧，积而能散，近自姻族，逮于乡闾，莫不分及。虚己接物，垂念羁寒，衰旧沦屈由之跻叙者，亦以多矣，时以此称之。初，冲兄佐与河南太守来崇同自凉州入国，素有微嫌，佐因构成崇罪，饿死狱中。后崇子护为南部郎，深虑为冲陷，常求退避，冲每慰抚之。护后坐赃罪，惧必不济，冲具奏与护本末嫌隙，乞原恕之，遂得不坐。冲从甥阴始孙贫，来冲家，至如子侄。有人求官，因其纳马于冲，始孙辄受而不言。后假方便，借冲。此马主见冲乘而不得官，后自陈首始末。冲闻大惊，执始孙，以状款奏，始孙坐死。其处要自厉，不念爱恶，皆此类也。

时循旧，王公重臣皆呼名，孝文帝谓冲为中书而不名之。文明太后崩后，孝文居丧，引见待接有加。及议律令，润饰辞旨，刊定轻重，孝文虽自下笔，无不使访焉。冲竭忠奉上，知无不尽，出入忧勤，形于颜色，虽旧臣戚辅，莫能逮之，俱服其明断慎密而归心焉。于是天下翕然。及殊方听望，咸宗奇之。孝文亦深相仗信，亲敬弥甚，君臣之间，情义莫二。及置百司，开建五等，以冲参定典式，封荥阳侯，拜廷尉卿，迁侍中、吏部尚书、咸阳王师。东宫建，拜太子少傅。孝文初，依《周礼》置夫嫔之列，以冲女为夫人。及营明堂，诏冲领将作大匠，与司空、长乐公亮共监兴缮。

车驾南伐，加冲辅国大将军，统众翼从。自发都至洛阳，霖雨不霁，仍诏六军发轸，孝文戎服执鞭，御马而出，群臣稽颡于马首之前。孝文曰："今大军将迈,公等更欲何云?"冲进请曰："发都淫雨,士马困弊,矜丧反斾,于义为允。"孝文曰："已至于此,何容停驾!"冲又进曰："今者之举,天下所不愿,敢以死请。"孝文大怒曰："方欲经营宇宙,而卿等儒生,屡疑大计,斧钺有常,卿勿复言!"策马将出。大司马安定王休、兼左仆射任城王澄等并殷勤泣谏,孝文乃喻群臣曰："今者兴动不小,勤而无成,何以示后?若不南銮,即当移都于此。光宅土中,几亦时矣,王公等以为何如?议之所决,不得旋踵,欲迁者左,不欲迁者右。"安定王休等相率如右。前南安王桢进曰:"愚者暗于成事,智者见于未行,见至德者不议于俗,成大功者不谋于众。非常之事,廓神都以延王业,都中土以制帝京,周公启之于前,陛下行之于后,固其宜也。请上安圣躬,下慰人望,光宅中原,辍彼南伐。此臣等之愿,亦苍生幸甚。"群臣咸唱万岁。孝文初谋南迁,恐众心恋旧,乃示为大举,因以胁定群情,外名南伐,其实迁也。旧人怀土,多所不愿,内惮南征,无敢言者,于是定都洛阳。

寻以冲为镇南将军,侍中、少傅如故。委以营构之任,改封阳平郡侯。车驾南征,以冲兼左仆射,留守洛阳,迁尚书左仆射,仍领少傅,改封清泉县侯。及太子恂废,冲罢少傅。孝文引见公卿于清徽堂曰："今徙极中天,创居嵩、洛,虽大构未成,要自条纪略举。但南有未宾之竖,兼凶蛮密迹,朕取南之计决矣,所行之谋必定。顷来阴阳卜术之士咸劝,朕今征必克。此既家国大事,宜其君臣各尽所见。"冲曰:"征战之法,先之人事,然后卜筮。卜筮虽吉,犹恐人事未备。京师始迁,众业未定,加之征战,以为未可。"帝曰:"仆射之言,非为不合朕意。然岠尺寇戎,无以自安,理须如此。若待人事备,复非天时,将若之何?如仆射之言,便终无征理。"冲机敏有巧思,北京明堂、圆丘、太庙,及洛都初基,安处郊兆,新起宫寝,皆资于冲。勤志强力,孜孜无怠,且理文簿,兼营匠制,几案盈积,剖厥在前,初不劳厌也。然显贵门族,荣益六姻,兄弟子侄,皆有官爵,一家岁禄,万匹有余。年才四十,而鬓发斑白,姿貌甚美,未有衰状。

李彪之入京也。孤微寡援而自立不群,以冲好士,倾心宗附。冲亦重其器学,礼而纳焉,每言之于孝文,公私共相援益。及彪为中尉、尚书,为孝文知待,便谓非复藉冲,更相轻背,唯公坐敛衽而已,无复宗敬之意。冲颇衔之。后孝文南征,冲与吏部尚书、任城王澄并以彪倨傲无礼,遂禁止之,奏其罪状。冲手自作表,家人不知,辞甚激切,因以自劾。孝文览其表,嗟叹久之。既而曰:"道固可谓隘也,仆射亦为满矣!"冲时震怒,数责彪前后愆悖,瞋目大呼,投折几案,尽收御史,皆泥首面缚,大骂辱詈。冲素性温柔,而一朝暴恚,遂发病荒悸,言语乱错,犹扼腕叫詈,称李彪小人。医药所不能疗,或谓肝藏伤裂,旬余日卒。时年四十九。

孝文始闻冲病状,谓右卫宋弁曰:"仆射执我枢衡,总厘朝务,使我无后顾之忧,一朝忽有此患,朕甚怆怀。"及闻冲卒,为举哀于县瓠,发声悲泣,不能自胜。诏书褒述其美曰:"可谓国之贤也,朝之望也。"于是赠司空公,给东园秘器一具、衣一袭,赠钱三十万、布五百匹、蜡二百斤。有司奏谥曰文穆。葬于覆舟山,近杜预冢,孝文之意也。后车驾自邺还洛,路经冲墓,左右以闻。孝文卧疾,望坟掩涕久之,遣太常致祭。及与留京百官相见,皆叙冲亡没之故,言及流泪,其相痛惜如此。

子延寔,字禧,性温良,少为太子舍人。宣武初,袭父爵清泉县侯。庄帝即位,以母舅之尊,超授侍中、太保,封濮阳郡王。延寔以太保犯祖讳,又以王爵非庶姓所宜,抗表固辞,徙封濮阳郡公,改授太傅。寻转司徒公,出为使持节、侍中、太傅、录尚书事、东道大行台、都督、青州刺史。尔朱兆入京,乘舆幽絷,延寔以外戚见害于州馆。孝武帝初,反葬洛阳,赠使持节、侍中、太师、太尉公、录尚书事、都督、雍州刺史,谥曰孝懿。

长子彧,字子文,尚庄帝姊丰亭公主,封东平郡公,位侍中、左光禄大夫、中书监、骠骑大将军、开府仪同三司、广州刺史。彧性豪侠,尔朱荣之死也,武毅之士,皆彧所进。孝静初,陷法见害。寻诏复本爵。子道端袭。彧七子,并彭城王勰女丰亭公主所生,以道、德、仁、义、礼、智、信为名。第四子义雄,有识悟,勤学,手不释书。仕齐,位琅邪郡守。义雄弟礼成,最知名。

礼成字孝谐,年七岁,与姑之子兰陵太守荥阳郑颢随魏武帝入关。颢母每谓人曰:“此儿平生,未尝回顾,当为重器。”及长,沈深有行检,不妄通宾客。在魏,历著作郎、太子洗马、员外散骑常侍。周受禅,拜平东将军、散骑常侍。于时贵公子皆竞习弓马,被服多为军容。礼成虽善骑射,而从容儒服,不失素望。后以军功拜车骑大将军、仪同三司,赐爵修阳,拜仓州刺史。时朝廷有所征发,礼成度以蛮夷不可扰,扰必为乱,上表固谏,武帝从之。伐齐之役,从帝围晋阳,齐将席毗罗精兵拒帝,礼成力战击退之。加开府,进封冠军县公,历北徐州刺史、户部中大夫。

礼成妻窦氏早没,知隋文帝有非常之表,遂聘帝妹为继室。及帝为丞相,进位上大将军,迁司武上大夫,委以心膂。及受禅,拜陕州刺史,进封绛郡公,赏赐优洽。累迁襄州总管、左大将军。时突厥屡为寇患,缘边要害,多委重臣,由是拜宁州刺史。以疾征还京,终于家。子世师,位度支侍郎。

礼成弟智源,有器量。仕齐,卒于高都郡守。

智源弟信则,方雅廉慎。齐武平中,位南阳王大司马属。信则形短,中书侍郎顿丘李若戏之曰:“弟为府属,可谓名以定体。”信则曰:“名以定体,岂过劣弱?”寻除尚书仓部郎中。入周,为东京司门下大夫。隋开皇中,卒于沔州刺史。

彧弟彬,字子儒。其父延寔既别封,彬袭祖爵清泉县侯。位中书侍郎,卒于左光禄大夫,赠骠骑大将军、光禄勋、齐州刺史,谥曰献。子桃杖袭。彬弟彰,位通直散骑侍郎,从父在青州,同时遇害。赠左将军、瀛州刺史。

延寔弟休纂,小字钟羌,颇有父风。位终太子舍人,赠骠骑大将军、尚书令、司徒公、雍州刺史,追封乐湄县公,后进封高阳郡公。子昂袭。

昂,魏末为广平郡太守,齐天保中,卒于光禄卿。

昂子道隆,有才识,明剖断。仕齐,位并省尚书左丞。隋开皇中,为尚书北部侍郎。

休纂弟延孝，位尚书屯田郎中。于河阴遇害，赠侍中、车骑大将军、司空公、定州刺史，进封临颍县公。

韶从弟仲遵，有器业，彭城王勰为定州，请为定州开府参军，累迁营州刺史。时四方州镇，逆叛相续，营州城内，咸有异心。仲遵单车赴州，及至，与大使卢同以恩信怀诱，率皆安帖。后明帝又遣诏卢同为行台，北出慰劳，同疑人情难信，聚兵将往。城人刘安定、就德兴等先有异志，谓欲图己，逐仲遵害之。

韶从祖抗，自凉州渡江左，仕宋，历晋寿、安陆、东莱三郡太守。

抗子思穆，字叔仁。有度量，善谈论，工草隶，为当时所谈。太和十七年，携家累自汉中归魏，位都水使者，及车驾南伐，以本官兼直阁将军，从平南阳，以功赐爵乐平子。宣武践祚，进爵为伯。累迁京兆内史，在郡八年，颇有政绩。卒于营州刺史，赠安东将军、华州刺史。有子十四人。嫡子斌袭，位散骑侍郎，早卒。

斌兄奖，字道休，为庄帝所亲，超赠思穆卫将军、中书监、左光禄大夫，谥曰宣武。奖以戚里恩泽，赐爵广平侯。历中书侍郎、兼散骑常侍、聘梁使主、黄门郎、司徒左长史，行瀛州事。齐天保初，兼侍中、冀瀛沧三州大使，观察风俗，还，拜魏尹。卒，赠济州刺史、中书令。子璨，位中书舍人、黄门郎。

韶族弟琰之，字景珍，小字墨蠡。少知名，号曰神童，从父冲雅所叹异。每曰："兴吾宗者，其此儿乎！"恒资给所须，爱同己子。弱冠举秀才，不行。曾游河内北山，便欲有隐遁意。会彭城王勰辟为行军参军，苦相敦引，冲又遣信喻之，久乃应召。寻为中尉李彪启兼著作佐郎，修撰国史。稍迁国子博士，领尚书仪曹郎中，转中书侍郎、司农少卿、黄门郎，修国史。迁国子祭酒，转秘书监，兼七兵尚书，迁太常卿。

孝庄初，大尉元天穆北讨葛荣，以琰之兼御史中尉，为北道军司。还，除征东将军，仍兼太常，出为卫将军、荆州刺史，兼尚书左仆射、三荆二郢大行台，寻加散骑常侍。琰之虽以儒素自业，而每语人,言吾家世将种,犹有关西风气。及至州之后,大好射猎,以示威武。尔朱兆入洛,南阳太守赵修延以琛之庄帝外戚,诬琛之规奔梁国,袭州城,遂被囚执。修延仍自行州事。城内人斩修延,还推琛之厘州任。孝武初,征兼侍中、车骑大将军、左光禄大夫、仪同三司。永熙二年薨,朝廷悼惜之,赠侍中、骠骑大将军、司徒公、雍州刺史,谥曰文简。

琛之少机警,善谈论,经史百家,无不悉览,朝廷疑事,多所访质。每云:“崔博而不精,刘精而不博,我既精且博,学兼二子。”谓崔光、刘芳也。论者许其博,未许其精。当时议咸共宗之。又自夸文章,从姨兄常景笑而不许。每休闲之际,恒闭门读书,不交人事。常谓人曰:“吾所以好读书者,不求身后之名。但异见异闻,心之愿也,是以孜孜搜讨,欲罢不能。岂为声名,疾劳世人也?此乃天性,非为力强。”前后再居史事,无所编缉。安丰王延明博闻多识,每有疑滞,常就琛之辨析,自以为不及也。

二子纲、慧,并从孝武帝入关中。纲位宜州刺史,仪同三司。

子充节,少慷慨,有英略。隋开皇中,频以行军总管击突厥有功,位上柱国、武阳郡公、朔州总管。甚有威名,为虏所惮。后有人潜其谋反,征还京师。上怒之,充节素刚,忧愤卒。子大亮。

晓字仁略,太尉虔之子也。少而简素,博涉经史,早有时誉,释褐员外散骑侍郎。尔朱荣之立孝庄,晓兄弟四人,与百僚俱将迎焉。其夜,晓衣冠为鼠噬,不成行而免。其上三兄皆遇害。晓乃携诸犹子,微服潜行,避难东郡。行至成皋,为荥阳令天水阎信所疑,辟易左右,谓晓曰:“观君仪貌,岂是常伦?古人相知,未必在早,必有急难,须悉心以告。天下岂独北海孙宾硕乎?”晓以能有长者之言,乃具告情实。信乃厚相资给以免。永安初,授轻车将军、尚书左右主客郎,仍转征虏将军、中散大夫,又除前将军、太中大夫。

天平初,迁都于邺,晓便寓居清河,依从母兄崔陵乡宅。陵给良田三十顷,晓遂筑室居焉。时豪右子弟,悉多骄恣,请托暴乱,州郡不能禁止。晓训勖子弟,咸以学行见称,时论以此多之。晓自河阴家祸之后,属王途未夷,无复宦情,备在名级而已。及迁都之后,因退私门,外兄范阳卢叔彪劝令出仕,前后数四,确然不从。武定末,齐文襄嗣事,高选僚寀,召晓及前开府长史房延佑,并为外兵郎。后徙平西将军、太尉府谘议参军事,除顿丘太守。天保中,频历广武、东二郡太守,所在有惠政,为吏人所怀。卒于郡,年五十九,赠本官将军、海州刺史。三子,伯山、仲举、季远。

　　超字仲举,以字行于世。性方雅善制,白晳美须眉,高简宏达,风调疏远。博涉经史,不守章句业,至于吉凶礼制,亲表咸取则焉。弱冠,仕齐为襄城王大司马参军事。时尚书左仆射元文遥以令长之徒,率多寒贱,奏请革选,妙尽高资。仲举与范阳卢昌衡等八人,同见征用。以仲举为司州修武令。仲举莅以宽简,吏人号曰宽明。于时昌衡为平恩令,百姓号曰恩明。故时称卢、李恩宽之政。武平初,持节,使南定。州人并是蛮左,接带边嶂。仲举具宣朝旨,边服清谧,朝廷大嘉之。还,授晋州别驾。

　　及周师围晋州,外无救援,行台左丞侯子钦内图离贰,欲与仲举谋,惮其严正,将言而止者数四。仲举揣知其情,乃谓之曰:"城危累卵,伏赖于公,今之所言,想无他事,欲言而还中止也?"子钦曰:"告急官军,永无消息,势之危急,且夕不谋,间欲不坐受夷戮,归命有道,于公何如?"仲举正色曰:"仆射高氏恩德未深,公于皇家没齿非答。臣子之义,固有常道,何至今日,翻及此言!"子钦惧泄,夜投周军。城寻破,周将梁士彦素闻仲举名,引与言其议。士彦曰:"百里、左车,不无前事,想亦得之。"见逼不已,仲举乃曰:"今者官军远来,方申吊伐,当先德泽,远示威怀,明至圣之情,弘招纳之略,令所至之所,归诚有地,所谓王者之师,征而不战也。"士彦深以为然,益相知重。初,城败之后,公私荡然,军人簿帐,悉多亡毁,户口仓储,无所凭据。事无大小,士彦一委仲举,推寻勾当,丝发无遗,于军用甚有助焉。

　　邺城平,仍将家随例入关。仲举以亲故流离,情不愿住,妻伯父京兆尹博陵崔宣猷留不许去。固辞,乃得还邺。寻有诏,素望旧资,命州郡勒送,仲举惧严命而至。补秋官宾部上士,深乖情愿,乃取急言归。

隋开皇中,秦王俊镇洛州,召补州主簿。友人蜀王府记室范阳卢士彦谓仲举曰:“丈人往经征辟,每致推辞,何为徒劳之任,忽尔降德?”仲举笑曰:“屈伸之事,非子所知。”寻被敕追赴京,朝廷以仲举婆娑州里,责黜左降为隆州录事参军。寻以疾归,以琴书自娱,优游赏逸,视人世蔑如也。会朝廷举士,著作郎王劭又举以应诏。以前致推迁为责,除冀州清江令。未几,又以疾还。后以资使,授帅都督、洛阳令。彭城刘逸人谓仲举曰:“君之才地,远近所知,久病在家,恐贻时论,具为武职,差若自安。”仲举曰:“吾性本疏惰,少无宦情,岂以垂老之年,求一阶半级?所言武职,挂徐君墓树耳。”竟不起。终于洛阳永康里宅。时年六十三,当世名贤,莫不伤惜之。二子,大师、行师。

大师字君威,幼而爽悟,神情警发,标格严峻,人并敬惮之。身长七尺五寸,风仪甚伟。好学,无所不窥,善缀文。备知前代故事,若指诸掌;商较当世人物,皆得其精。弱冠,州将贺兰宽召补主簿。宽当时位望,又与大师年事不侔,初见,言未及终,便改容加敬,曰:“名下故无虚士。今者非以相劳,自望坐啸有托耳。”每于私室接遇,恒尽忘年之欢。俄而以资调补左翊卫率,寻除冀州司户参军。炀帝初,改州为郡,仍除信都司户书佐。及大业暮年,王途驰紊,居官者率多侵渔,皆致润屋;大师独守清戒,无所营求,家产益致窘迫。郡丞鞠孝稜益相叹服,曰:“后于岁寒,此言于公得之。”十年,迁渤海郡主簿。

及窦建德据有山东,被召为尚书礼部侍郎。武德三年,被遣使京师,因送同安公主,遂求和好。使毕,还至绛州,而建德违约,又助世充抗王师于武牢。高祖大怒,命所在拘留其使。世充、建德寻平,遂以谴徙配西会州。

大师少时,尝筮仕长安,遇日者姓史,因使占。时有从兄子同、妹夫郑师万、河东裴寂同以宿卫简入文资。各使视即日官位,及将来所至。史生曰："裴二及李，皆当依资叙用，然裴君终致台辅。郑非直今岁虚归，后岁亦当本资不叙。"指大师曰："君才虽不减赵元叔，恐赋命亦将同之。"言子同亦无远到。时大师弟行师亦预宾贡，因问史生吉凶。生曰："此郎虽非裴君之匹，亦至方伯。"既而大师及子同、裴寂并以资补州佐。师万当年并差舛，明年而齐资不叙。师万任益州新都县尉。及武德初，裴寂任尚书左仆射、魏国公。大师至是迁播，因独笑曰："史生之言，于兹验矣。"行师贞观中历太常寺丞、都水使者、邛州刺史，皆如史生之占。

　　大师既至会州，忽忽不乐，乃为《羁思赋》以见其事。侍中、观公杨恭仁时镇凉州，见赋异之，召至河西，深相礼重，日与游处。

　　大师少有著述之志，常以宋、齐、梁、陈、齐、周、隋南北分隔，南书谓北为"索虏"，北书指南为"岛夷"。又各以其本国周悉，书别国并不能备，亦往往失实。常欲改正，将拟《吴越春秋》，编年以备南北。至是无事，而恭仁家富于书籍，得恣意披览。宋、齐、梁、魏四代有书，自余竟无所得。居二年，恭仁入为吏部尚书，大师复还会州。武德九年，会赦，归至京师。尚书右仆射封德彝、中书令房玄龄并与大师亲通，劝留不去，曰："时属惟新，人思自效。方事屏退，恐失行藏之道。"大师曰："昔唐尧在上，下有箕山之节，虽以不才，请慕其义。"于是俶装东归。家本多书，因编缉前所修书。贞观二年五月，终于郑州荥阳县野舍，时年五十九。既所撰未毕，以为没齿之恨焉。所制文笔诗赋，播迁及遭火，多致失落，存者十卷。子庆孙、正礼、利王、延寿、安世。

　　延寿与敬播俱在中书侍郎颜师古、给事中孔颖达下删削。既家有旧本，思欲追终先志，其齐、梁、陈五代旧事所未见，因于编缉之暇，昼夜抄录之。至五年，以内忧去职。服阕，从官蜀中，以所得者编次之。然尚多所阙，未得及终。十五年，任东宫典膳丞日，右庶子、彭阳公令狐德棻又启延寿修《晋书》，因兹复得勘究宋、齐、魏三代之事所未得者。十七年，尚书右仆射褚遂良时以谏议大夫奉敕修《隋书》十志，复准敕召延寿撰录，因此遍得披寻。时五代史既未出，延寿不敢使人抄录,家素贫罄,又不办雇人书写。至于魏、齐、周、隋、宋、齐、梁、陈正史,并手自写,本纪依司马迁体,以次连缀之。又从此八代正史外,更勘杂史于正史所无者一千余卷,皆以编入。其烦冗者,即削去之。始末修撰,凡十六载。始宋,凡八代,为《北史》、《南史》二书,合一百八十卷。其《南史》先写讫,以呈监国史、国子祭酒令狐德棻,始末蒙读了,乖失者亦为改正,许令闻奏。次以《北史》谘知,亦为详正。因遍谘宰相,乃上表。表曰:

臣延寿言:臣闻史官之立,其来已旧,执简记言,必资良直。是以《典谟》载述,唐、虞之风尤著;《诰誓》斯陈,殷、周之烈弥显。鲁书有作,鹿门贻鉴于臧孙;晋《乘》无隐,桃园取讥于赵孟。斯盖哲王经国,通贤垂范,惩诫之方,率由兹义。逮秦书既炀,周籍俱湮,子长创制,五三毕纪,条流且异,纲目咸张。自斯新以后,皆所取则。虽左史笔削,无乏于时,微婉所传,唯称班、范。次有陈寿《国志》,亦曰名家。并已见重前修,无俟扬榷。

洎紫气南浮,黄旗东徙,时更五代,年且三百。元熙以前,则总归诸晋,著述之士,家数虽多,泛而商略,未闻尽善。太宗文皇帝神资睿圣,天纵英灵,爰动冲襟,用纡玄览,深嗟芜秽,大存刊勒,既悬诸日星,方传不朽。然北朝自魏以还,南朝从宋以降,运行迭变,时俗污隆,代有载笔,人多好事,考之篇目,史牒不少,互陈闻见,同异甚多。而小说短书,易为湮落,脱或残灭,求勘无所。一则王道得丧,朝市贸迁,日失其真,晦明安取。二则至人高迹,达士弘规,因此无闻,可为伤叹。三则败俗巨蠹,滔天桀恶,书法不记,孰为劝奖。

臣轻生多幸,运奉千龄,从贞观以来,屡叨史局,不揆愚固,私为修撰。起魏登国元年,尽隋义宁二年,凡三代二百四十四年,兼自东魏天平元年,尽齐隆化二年,又四十四年行事,总编为本纪十二卷、列传八十八卷,谓之《北史》;又起宋永初元年,尽陈祯明三年,四代一百七十年,为本纪十卷、列传七十卷,谓之《南史》。凡八代,合为二书,一百八十卷,以拟司马迁

《史记》。就此八代，而梁、陈、齐、周、隋五书，是贞观中敕撰，以十志未奏，本犹未出。然其书及志，始末是臣所修。臣既夙怀慕尚，又备得寻闻，私为抄录，一十六年，凡所猎略，千有余卷。连缀改定，止资一手，故淹时序，迄今方就。唯鸠聚遗逸，以广异闻，编次别代，共为部秩。除其冗长，捃其菁华。若文之所安，则因而不改，不敢苟以下愚，自申管见。虽则疏野，远惭先哲，于披求所得，窃谓详尽，其《南史》刊勒已定，《北史》勘校粗了。既撰自私门，不敢寝默，又未经闻奏，亦不敢流传。轻用传闻，伏深战越。谨言。